本书出版得到

国家重点文物保护专项补助经费资助

中国田野考古报告集

考 古 学 专 刊

丁种第八十一号

云南省文物考古研究所田野考古报告第11号

耿 马 石 佛 洞

云 南 省 文 物 考 古 研 究 所
中 国 社 会 科 学 院 考 古 研 究 所
成 都 文 物 考 古 研 究 所　编著
临 沧 市 文 物 管 理 所
耿马傣族佤族自治县文化体育局

文物出版社

北京·2010

封面设计　周小玮
责任印制　陆　联
责任编辑　杨新改
　　　　　王　伟

图书在版编目(CIP)数据

耿马石佛洞/云南省文物考古研究所等编著.
—北京:文物出版社,2010.7
ISBN 978 - 7 - 5010 - 2966 - 2

Ⅰ.①耿…　Ⅱ.①云…　Ⅲ.①洞穴遗址 - 发掘报告 -
耿马县 - 先秦时代　Ⅳ.①K878.35

中国版本图书馆 CIP 数据核字(2010)第 078441 号

耿马石佛洞

云 南 省 文 物 考 古 研 究 所
中国社会科学院考古研究所
成 都 文 物 考 古 研 究 所　编著
临 沧 市 文 物 管 理 所
耿马傣族佤族自治县文化体育局

*

文 物 出 版 社 出 版 发 行
(北京东直门内北小街 2 号楼)
http://www.wenwu.com
E-mail:web@wenwu.com

北 京 君 升 印 刷 有 限 公 司 印刷
新　华　书　店　经　销

889×1194　1/16　印张:33.75
2010 年 7 月第 1 版　2010 年 7 月第 1 次印刷
ISBN 978 - 7 - 5010 - 2966 - 2　定价:380.00 元

SHIFODONG IN GENGMA

(With an English Abstract)

Compiled by

Yunnan Provincial Institute of Cultural Relics and Archaeology

The Institute of Archaeology, Chinese Academy of Social Sciences

Chengdu Municipal Institute of Cultural Relics and Archaeology

Lincang City Bureau of Cultural Relics

Gengma Dai and Wa Ethnicities Autonomous County Bureau of Culture and Sports

Cultural Relics Press

Beijing · 2010

目　录

附录

插图目录

插表目录

彩版目录

图版目录

第一章　绪　论

（一）地理环境

耿马地名源于傣语，巴利语称"辛吐袜纳塔"。"耿马"的"耿"系傣语，意为"地方"、"地域"；"马"为汉语。"耿马"合称，意为人们随着白色神马寻觅到的地方。境内外的民众称这里是"勐相耿坎"，意为黄金宝石之乡①。

耿马傣族佤族自治县地处云南省西南边陲临沧市，地理位置为北纬23°21′~24°01′，东经98°48′~99°54′之间。临沧是昆明通往缅甸仰光的陆上捷径，全市有沧源、耿马、镇康三个县与缅甸接壤，国境线长290.8公里。昆明经临沧出境至缅甸仰光公路里程仅1893公里，临沧被誉为"南方丝绸之路"、西南丝茶古道要冲，孙中山先生曾规划在临沧建立"欧亚第三大陆桥"②。

临沧还是中国佤文化的荟萃之地，全区现有佤族人口35万人，占全国佤族总人口的三分之二。沧源佤族自治县是佤族最集中的地区，神奇美丽的阿佤山有闻名海内外距今3500多年历史、中国八大古崖画之一的沧源崖画，有与缅甸山水相连的南滚河国家级自然保护区，有清代集建筑、雕刻、绘画为一体的云南民族地区南传上座部佛教代表建筑之一的广允佛寺，有保留较完整的从奴隶社会直接跨入现代文明的佤族原始群居村落，有丰富的佤族民间文学艺术和独特的饮食文化，其中木鼓舞、甩发舞享誉中外，集中展现了中国佤族文化的内涵③。

耿马傣族佤族自治县地处临沧市的西南部，东与临沧县、双江县交界，南与沧源县接壤，北与云县、永德、镇康三县毗连，西与缅甸联邦共和国山水相依。县城耿马镇位于县境中部，距云南省会昆明市719公里，距临沧市区146公里。县境南北宽42公里，东西长90公里，周长410.4公里，国境线长47.35公里。全县总面积3837平方公里，山地面积约占92.4%，坝区约占7.6%，人口密度为每平方公里57.2人。

耿马傣族佤族自治县辖4个镇、5个乡（其中1个民族乡），分别是耿马镇、勐永镇、勐撒

① 耿马傣族佤族自治县地方志编纂委员会：《耿马傣族佤族自治县志·概述》1页，云南民族出版社，1995年。
② 云南省临沧地区地方志编纂委员会：《临沧地区志·上·概述》73~91页，北京燕山出版社，2004年。
③ 云南省临沧地区地方志编纂委员会：《临沧地区志·上·概述》73~91页，北京燕山出版社，2004年；云南省沧源佤族自治县地方志编纂委员会：《沧源佤族自治县志》73页，云南民族出版社，1998年。

镇、孟定镇、大兴乡、芒洪拉祜族布朗族乡、四排山乡、贺派乡、勐简乡，还有勐撒和孟定两个
农场。境内生活着汉、傣、佤、拉祜、彝、布朗、景颇、德昂、回、白等 11 个民族，其中少数民
族人口占 49.8％。县城耿马城子是历代土司治所所在地，位于县境中部的耿马坝，海拔 1120 米，
面积 8.5 平方公里（图一）。

耿马自秦汉以来就成为西南丝绸之路的支道，孟定和耿马是中缅通商贸易的重要集镇，沿中
缅边境先后开辟的卖盐场、大水井、色树坝、清水河中缅边民互市街场日渐繁荣。耿马县城至清
水河界桥 29 公里，清水河至缅甸滚弄、户板两市均 19 公里，至缅北重镇腊戎 155 公里。清水河
界桥通车后，极大地方便了中缅之间乃至东南亚各国之间的经贸活动和文化交流。

1. 地质地貌

耿马位于滇西南横断山脉切割山地切割区的中下段，即碧罗雪山向南延伸余脉的尾部。由于
燕山和喜马拉雅山造山运动的地质作用，地貌褶皱表现强烈。县内地势呈东北高、西南低的态势，
全境地势自东北向西南逐渐呈梯级递降。东北部山峰高耸陡峭，中部宽阔起伏，西部略显狭窄，
坝子多为丘陵坝。最高点位于东部与双江县交界的大雪山，海拔 3233 米；最低处是南汀河与南帕
河汇合出境处，海拔 450 米。县城海拔 1125 米。境内山峰较多，大雪山和大青山均为怒山支脉老
别山系的余脉。因东北高、西南低的特殊地势，山水多呈东北至西南走向。县境中部西南走向的
耿马大山和东南走向的四排山呈“人”字形穿插其间，构成了南汀河和南碧河两大水系及北热带
半湿润和亚热带半湿润两大气候类型。

耿马地形大体可区分为平坝山谷、丘陵宽谷和深谷岩溶盆地三个地理单元。

一是南汀河流域山间宽谷冲积平坝和低热山谷。本地理单元沿南汀河两岸即芒帕河至南帕河，
由东北向西南呈长条形下倾，沿河形成了滇西纵谷带上较大的山间盆地孟定坝和山间宽谷勐简及
低热山谷班幸坝，盆坝四周有丘陵、台阶、低山、中山、高中山环绕。

二是南碧河下游低山丘陵宽谷盆地。该地理单元以老冲积丘陵宽谷盆地耿马坝为主，山间冲
积宽谷还有勐省坝。坝区丘陵起伏，沟谷纵横，河床低下，由于水系的长期冲刷、切割作用，形
成了密集的山丘。箐沟河岸有水田，河流阶岸有阶地，丘陵山头有荒地是该单元一大特点。

三是南汀河、南碧河上游高山深谷岩溶盆地。本地理单元内群山起伏，河流纵横，东北角切
割成高山深谷的新和槽子，冲积成山间宽谷的勐永坝，深切出高山峡谷的河底岗，还有石灰岩溶
盆地湖相老冲积坝子勐撒坝。坝槽稻田集中连片，山区险峻，箐深坡陡，旱地星罗棋布分散，是
该单元的特点。

耿马的地质历经多次地质构造运动的长期作用，表现出褶皱比较强烈，断层较为明显，构造
形态十分复杂的特征。整个地质构造以断裂为主，其地质构造可分为三尖山、大丫口山断层带，
其构造由下古生绢云母代的结晶灰岩、玄武岩、页岩、粉砂岩、石英砂岩等组成，厚度 2000～
5000 米。福荣山、耿马大山褶皱带由下古生代和中生代板岩等组成，厚度 940～5500 米。孟定坝

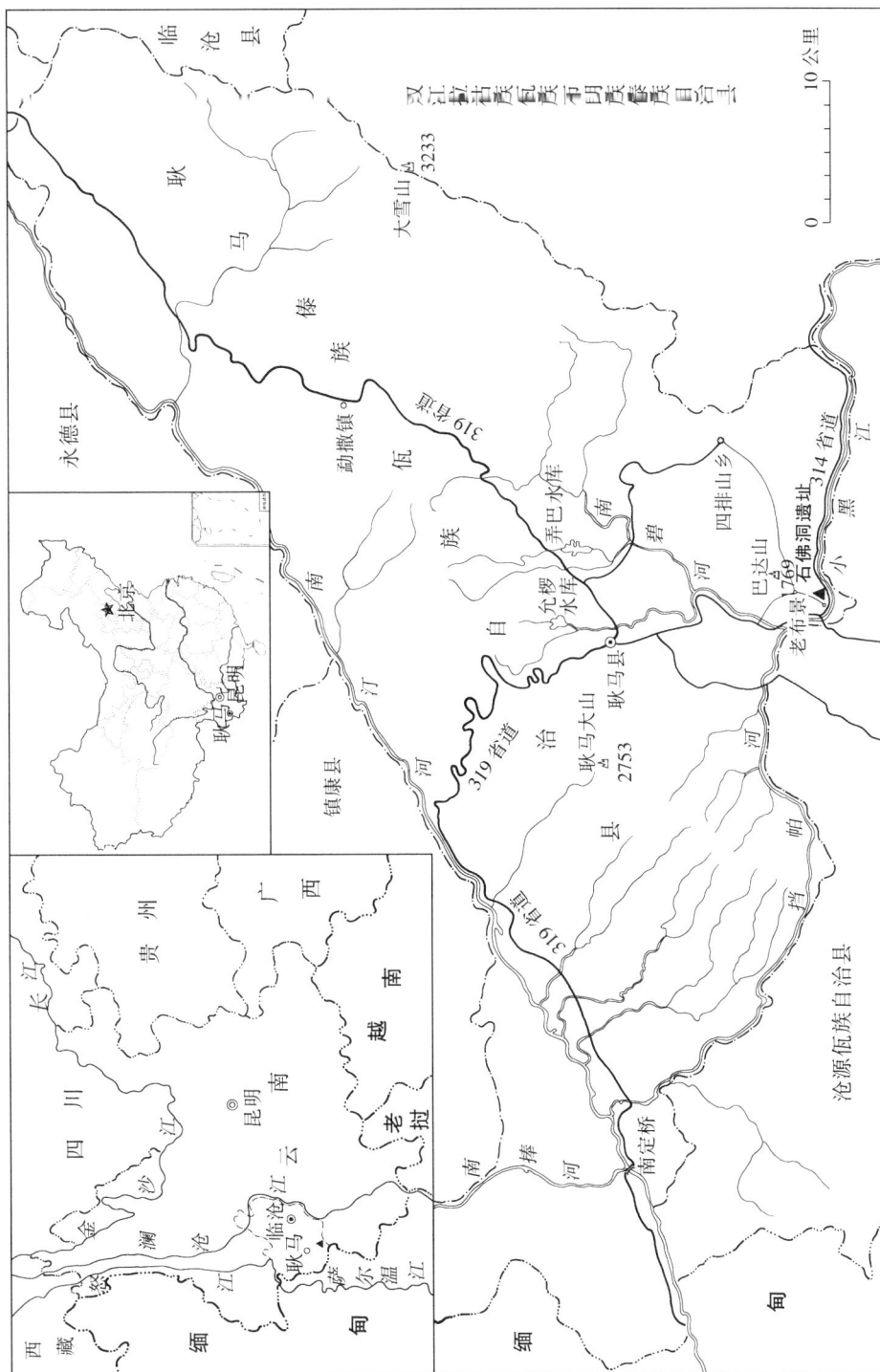

图一 石佛洞遗址地理位置示意图

子凹陷带为新生代的第四纪黏土质砂砾岩组成，厚度 500 米。耿马坝隆起带由新生代第三纪和中生代的泥岩组成，厚度 940~1269 米。

优越的自然条件和严峻的自然灾害并存，是耿马地区一大自然特点。由于地处腾冲澜沧地震带的中部，南汀河断裂带横贯全境，地震灾害频繁，有史料记载的有 1941 年 5 月 16 日的 7 级地震，1988 年 11 月 6 日的 7.2 级地震，1989 年 5 月 7 日的 6.3 级强余震，均造成巨大的人员伤亡和财产损失。

耿马县境岩石分布的特点是中部多为碳酸盐岩、碎屑岩等，东北与西北大部分地区则主要是变质岩。石佛洞遗址所处的四排山乡勐省坝为新生代第三纪泥岩，这些岩石中蕴藏着丰富的矿藏资源，主要有铅、铜、铁、金、银、煤、汞、石膏、大理石、汉白玉等十余种。清代曾开办过悉宜银厂、安雅水银矿，其中东坡辰砂早已驰名东南亚地区。

耿马境内山多地少，坝子大小共计 15 个，坝区面积占全县总面积的 8% 强。山地总面积 3434.1 平方公里，占 92%。山间沟壑纵横，丘陵起伏，其间穿插着高程 1283 米、面积 52.04 平方公里的勐撒坝，高程 1100 米、面积 115.52 平方公里的耿马坝，高程 511 米、面积 98.4 平方公里的孟定坝，高程 523 米、面积 26.7 平方公里的勐简坝。这些坝子属于山间盆地，呈开阔谷地地貌，为丘陵或低山地形，主要是由断层陷落和断裂带经侵蚀堆积作用而成。盆地内的地形主要是河漫滩与河谷阶地，由于河水的侵蚀切割作用，阶地已经不能完整保存。坝子内的成土母质，主要是第三纪和第四纪的老冲积红壤、坡积物与近代河流冲积物，是稻谷、甘蔗和茶等主产区。而位于四排山和河外两乡的汗母坝、干地方坝等坝子，属于中山岩溶地貌的山间谷地，由于地表水不发达，长年流水的沟渠稀少，农业灌溉以至于人畜饮水比较困难，是旱粮作物与畜牧业基地。

耿马土地广袤肥沃，土壤适应从温带到热带的各种农作物生长。境内耕地主要分布在海拔 450~2300 米范围内，绝大多数耕地分布低于海拔 2100 米，其中海拔 1100~1300 米范围内的耕地分布面积较大，占到近四分之一。林地在各高程都有分布，以海拔 1100~1300 米范围内的比例最大，约占六分之一。耿马境内的粮食作物以稻谷品种（水稻、陆稻、野生稻）数量最多，其次为玉米、大豆、小麦、小米、高粱、荞麦、洋芋和甘薯等。各种园地分布范围为 450~2300 米，橡胶园主要分布于海拔 700 米以下，甘蔗主要分布在 1100~1300 米范围内，茶园则集中于 1100~1500 米。除了海拔 2900 米以上不适宜人类生产活动的荒山和荒地外，宜农、宜牧、宜林的荒山荒地主要集中于海拔 1100~1300 米范围内，海拔 2300 米以上没有适宜耕地。耿马全县土地面积的 41.63%，耕地面积的 51.31%，园地面积的 89.12%，分布海拔低于 1300 米，处于北热带—南亚热气候带、砖红壤—赤红壤土壤带上，称为热区。而孟定镇土地面积的 51.63% 地处北热带气候的砖红壤带上，称为天然温室[1]。

① 耿马傣族佤族自治县地方志编纂委员会：《耿马傣族佤族自治县志》52~53 页，云南民族出版社，1995 年。

2. 河流水系

耿马境内的河流分属怒江、澜沧江水系，在其境内小范围内又分为南汀河水系和南碧河水系，有大小支流 75 条，河网密度 0.33 公里/平方公里，径流总量 33.9 亿立方米，水力资源蕴藏量 47.37 万千瓦。

（1）南汀河水系

南汀河水系属于怒江流域，其中较大的河流有发源于临沧县博尚的南汀河，流经临沧、云县入耿马境内的芒卡河后，进入孟定坝子，到南捧河大桥进入峡谷，于河外乡南帕河口出境，全长 311 公里。该河经勐简、孟定坝子的河床宽敞平缓，蜿蜒曲折，易于改道，洪峰季节容易形成洪涝灾害。该水系较大的支流主要为芒卡河、勐短河、芒茂河、铁厂河、老厂河、小黑河、南捧河、清水河等。

（2）南碧河水系

南碧河水系属于澜沧江流域，南碧河属于该水系最主要的河流，由发源于大雪山、大鹿山、老鼠山、大海子撒花你、三尖山、耿马大山、火草坝山的河流组成，流经勐省与小黑江汇合，全长约 103.2 公里。上、中游地区河岸相对平缓，担负着主要坝区的灌溉、生活用水；下游地区两岸坡陡河低，除勐省部分面积可灌溉外，别无受益。洪枯水量悬殊，勐省坝子每年都有不同程度的洪涝灾害。另外，发源于沧源县拱弄山、班列山及耿马境内的回汗山，是耿马、沧源两县的分界线，河床陡窄，比降较大①。

3. 气候

耿马处在低纬度地区，北回归线横穿县境，终年太阳高度角较大，变化范围小，投射到地面上的太阳辐射量大，热量多，这奠定了其北热带、亚热带气候的基础。

每年的 11 月至次年的 4 月为旱季，由于受南支副热带西风环流控制，支气流来自西面热带干燥地区的影响，因而形成晴朗多云、日照充足、太阳辐射量大、高温、昼夜温差较大、降水量少、湿度小、风速大的气候特征。每年的 5~10 月为当地的雨季，由于南副热带西风急速北上，受孟加拉湾西南温暖气流的影响，形成空气湿度增加、昼夜温差变小、云量雨量急剧增多、日照减少的气候特征。

低纬度和特殊的地形地貌以及海拔高度的悬殊，高山到低热河谷立体气候十分明显，"一山分四季，十里不同天"，由于位于耿马东部和北部的哀牢山、临沧大雪山、耿马大雪山、永德大雪山等高大山系的阻隔，来自北部或东北、西北南下的冷空气不容易入侵，冬季降温不突出。其气候可划分为以耿马坝为代表的南亚热带半湿润气候，以孟定坝为代表的北热带半湿润气候的两大气

---

① 耿马傣族佤族自治县地方志编纂委员会：《耿马傣族佤族自治县志》60~61 页，云南民族出版社，1995 年。

候类型。

县境内的气候四季不甚明显，年平均气温因海拔差异而有所变化，低热山区和坝区温度相对较高，高海拔地区的温度相对较低，但相对海拔高度内，气温差异不大。耿马县城年平均气温为18.8℃，最冷月平均气温11.6℃，最热月平均气温23.3℃。耿马平均相对湿度为78%，冬春多雾。年日照时数历年平均为2169小时，年日照百分率为49%，太阳辐射量计算值为134018卡/平方厘米。境内降水一般西部多于东部和东北部，山区多于坝区，迎风坡多于背风坡。因地形、地势、坡向等因素制约，各地降水量差异大，分布不匀，其共同特点是受季风气候影响，使得降水的年平均分配非常不均匀，在旱季各地降水量仅占年降水量13%，雨季各地降水量则占年降水量的87%。境内各地因降水量差异，可分为少雨区、一般雨区、多雨区、特多雨区，石佛洞遗址所处的勐省坝子则属于少雨区。地表年径流与降水量基本一致，分布不匀，径流变化在300～1500毫米之间，具有偏西南大、偏西北小、东大南小、河谷坝区小而山区大的分布规律。水面蒸发随着高程增加而减少，坝区大于山区，河谷大于山顶，因此干旱指数也随着高程而减少，坝区河谷的干旱指数要大于附近的山区①。

4. 植被和动物类型与种类

耿马境内的植被类型主要分为三类：

（1）热带雨林和季节雨林，由北热带半湿润气候影响形成，主要分布于南汀河流域的山间宽谷平坝和低热山谷，其特点是植被层次明显，乔木分高、中、低三层林，下游灌木和草丛，低山峡谷中分布有热带雨林型沟谷林。海拔750米以下广泛分布的是季节雨林，它主要分布于距村寨较远的丘陵地带。照叶林分布于海拔850米的石灰岩地区，芭蕉林则分布于沟谷附近的洼地阴坡。草地植被有放牧和旱性高草群落，沼泽植被有芦苇群落。主要植物有橡胶、槟榔、龙眼、油棕、菠萝蜜、大叶茶、胡椒、咖啡、甘蔗、木薯、芒果、葛根、木棉和龙舌兰等。

（2）季雨林和照叶林之间的过渡地带，系由亚热带半湿润气候条件影响而形成，主要分布于南碧河下游地区低山丘陵宽谷盆地，存在于森林片段和耕地之间的萌生灌丛和天然植被破坏后生成的班茅高、中、低草地，低草地适宜放牧。主要植物有云南松、橙木、木莲、龙竹、杜鹃、紫茎泽兰、野芭蕉及多种蕨类植物等。

（3）常绿针阔叶林和竹木混交林、竹林，系由温凉气候条件影响而形成，主要分布于南汀河、南碧河上游高山河谷。距离村寨较远，自然植被保存较为完整。主要树种有茅栗、云南松、思茅松、黄竹、大杜鹃、楠木等以及各种蕨类和树干附生的苔藓、地衣。

森林呈垂直分布，海拔在2000～3000米以上为高山阔叶林，1000～2500米的为云南松，1000米以下的沟谷地带为热带雨林。从水平分布而言，栎树主要分布于耿马东部的大雪山及福荣山，云南松主要分布于勐永新和及下四排山，季雨林则零星分布于南捧河与南汀河下游的沟谷地带。

---

① 耿马傣族佤族自治县地方志编纂委员会：《耿马傣族佤族自治县志》62～63页，云南民族出版社，1995年。

同时在不同类型的植被类型里分布着不同的天然草山草地，如混木林草场、山地疏林草场、山地灌丛次生林草场、河谷山地草本草场等。自然植被繁茂，且呈垂直分布，具有高山针叶林到低热河谷的热带雨林的各种植物类型植被景观。植物种类有 4000 余种，林地面积占 52.52%，优势乔木 38 科，森林覆盖率 25.82%。

现代耿马境内的野生动物有 60 余种，鸟类 340 余种，爬行动物 50 余种。列入国家重点保护的珍稀动物有孟加拉虎、金钱豹、懒猴和猕猴等。耿马境内现有的动物畜禽品种主要有猪、黄牛、水牛、马、驴、骡、山羊和绵羊，这些动物主要的共同特点是抗逆性、适应性强、耐粗饲。多数畜种的繁殖率和成活率较高，肉蛋品质和役用生产性能较佳。当地主要的地方品种有耿马水牛、临沧高峰黄牛、大象皮猪、油葫芦猪、雪山大种鸡和茶花鸡等，地方品种多属于原始品种。野生动物兽类有懒猴、金钱豹、印支虎、豚鹿、熊猴、短尾猴、豚尾猴、水鹿、水獭、黑熊、大羚猫、豹猫、岩羊等。爬行动物有巨蜥、蟒蛇、大壁虎（蛤蚧）。鸟类有黑鹳、双角犀鸟、黑颈长尾雉、斑冠犀鸟、白腹锦鸡、白鹇、绿孔雀、原鸡、胡兀鹫和鹦鹉。水生动物有鲤鱼、鲫鱼、鲢鱼、马头鱼、娃娃鱼、蛇鱼、薄刀鱼、面瓜鱼、甲鱼、鳝鱼、泥鳅和田螺、虾、蟹和蚌等①。

（二）历史沿革

西汉以前，耿马为益州哀牢地，东汉属益州永昌郡所辖。蜀汉时期隶属永昌郡地，两晋南朝同为宁州永昌郡，名"永寿"。"永"字系孟高棉语族佤德（昂）语支对村寨的称谓。隋时属剑南道濮部，唐时归南诏版图，永昌节度辖。宋大理国时期属永昌府，置景麻甸、小苗甸②。元至元三十一年（1294 年）四月，置孟定路军民总管府，以金齿归附官啊鲁为孟定路总管，配虎符，领景麻、孟缠二甸。泰定三年（1326 年）七月，于孟定府东南置谋粘路军民府，领小苗、孟凌二甸，由府官阿受治理。至正八年（1348 年），两路被勐卯思可法侵并，纳入麓川辖地，思伦法遣昭鲁汉媛前来治理孟定。

明洪武十五年（1382 年）三月，大兵下金齿后，析麓川辖地，置孟定御夷府。明万历十三年（1585 年），耿马土酋势力崛起，协助永昌参将刘綖、邓子龙抵御外侵，平息内乱，荣获朝廷犒赏，拔孟定坝罕洪南拱河以上数村，析孟定府置耿马安抚司。

清康熙二十二年（1683 年）耿马升宣抚司，直隶云南布政司。乾隆二十九年（1764 年），耿马宣抚司改隶顺宁府，将辖区划为九勐十三圈的行政单位。光绪十三年（1887 年），耿马宣抚司析勐董，置世袭土千总。

民国元年（1912 年），国民政府下令废府置县。耿马宣抚司仍隶顺宁县，孟定土司府由永昌府改属镇康县辖，所推行的乡（镇）保甲建制，均由土司属官员和大、小头人充乡保长，土司制

① 耿马傣族佤族自治县地方志编纂委员会：《耿马傣族佤族自治县志》81～87 页，云南民族出版社，1995 年。
② 耿马傣族佤族自治县地方志编纂委员会：《耿马傣族佤族自治县志》10～17 页，云南民族出版社，1995 年。

度与保甲制双轨运行。1939 年冬，云南省政府决定强化政体统一，废除土司制度，改土官为流官。1940 年耿马脱离顺宁县，成立设治局，由省委派来的设治局官员实行新政，但由于土司制度的根深蒂固，设治局难以施政，一切政令均须通过土司署方可实施，改土归流成为形式，土司体制仍旧正常运转。1942 年设治局行政属云南省第五行政都察区管辖，1947 年隶第九行政都察区，1948 年省政府派不出设治局长，由土司罕富廷任设治局长，土流并举维护治理到 1950 年。

1950 年 11 月耿马各族获得解放，1955 年 10 月实行民族区域自治，成立了以傣族、佤族为主体的耿马傣族佤族自治县。

（三）发掘与研究概况

1. 遗址简介

石佛洞遗址位于耿马县的东南部，遗址距县城约 25 公里，西距沧源佤族自治县勐省镇 2 公里，行政区划隶属耿马县四排山乡勐省村，地理位置为北纬 23°22′02.2″，东经 99°27′10.2″，海拔为 972 米（图二）。遗址南距中缅国境线约 25 公里。

遗址位于小黑江（属于澜沧江流域的南碧河水系）北岸半山腰的石灰岩溶洞穴内，洞口高出江面约 80 米，小黑江从洞口下蜿蜒东流而去（彩版一）。连接临沧市与沧源县的 314 省道从洞口下经过。洞口开阔，呈喇叭口状，宽约 80、高约 30 米，洞穴内宽敞曲折，内有 3 个可容千人的平台，洞内地势东北稍高西南略低（彩版二，1）。

石佛洞遗址洞口西南方即为沧源县勐省河谷地区，该地区属于亚热带地区，气候属于典型的南亚热带山地季风气候。该地区森林茂密，野生动植物资源极为丰富，年平均气温 18.8℃，夏无酷暑，冬无严寒，雨量充沛。

遗址于 1996 年评审为第 4 批全国重点文物保护单位。石佛洞系因洞内原有的佛像而得名，当地佤族相传该洞很早以前有替人叫魂的佤族先人居住，先人后来变成了石像。石佛洞在当地佤语中叫"冉布吕"，最早由当地佤族在此赕佛，当地的佤族 1950 年以前信奉小乘佛教。后来该洞逐渐成为周边地区傣族新年祈福的场所，当地傣族每年傣历新年举行泼水节活动时，在此举行一系列的活动。洞内"文化大革命"以前的佛像为泥塑，"文化大革命"时期被破坏，1986 年 8 月沧源佤族自治县勐省村四、五组的傣族群众集资重塑佛像，2002 年塑像再度被破坏。2003 年 3 月在洞口东南部又重新塑立一尊身披黄色袈衣的南传上座部肃穆佛像，通高约 3 米（彩版二，2）。

由于历经 1988、1989 年两次大地震的影响及近年旅游开发，给石佛洞遗址造成了极大的破坏，洞穴内的地形和地貌也相应的发生了很大的变化。靠洞口边缘砌起水泥挡墙，地表上散落有大量的巨型石块以及洞口东南部傣族佛像的建立，改变和破坏了洞内原有的地势和地形。现地表堆放有大量的工地碎石、河砂、石灰、毛竹、烧柴和垃圾等，给发掘布方工作造成较大困难，在发掘前花了几天时间方将这些垃圾清理完毕（图版一）。

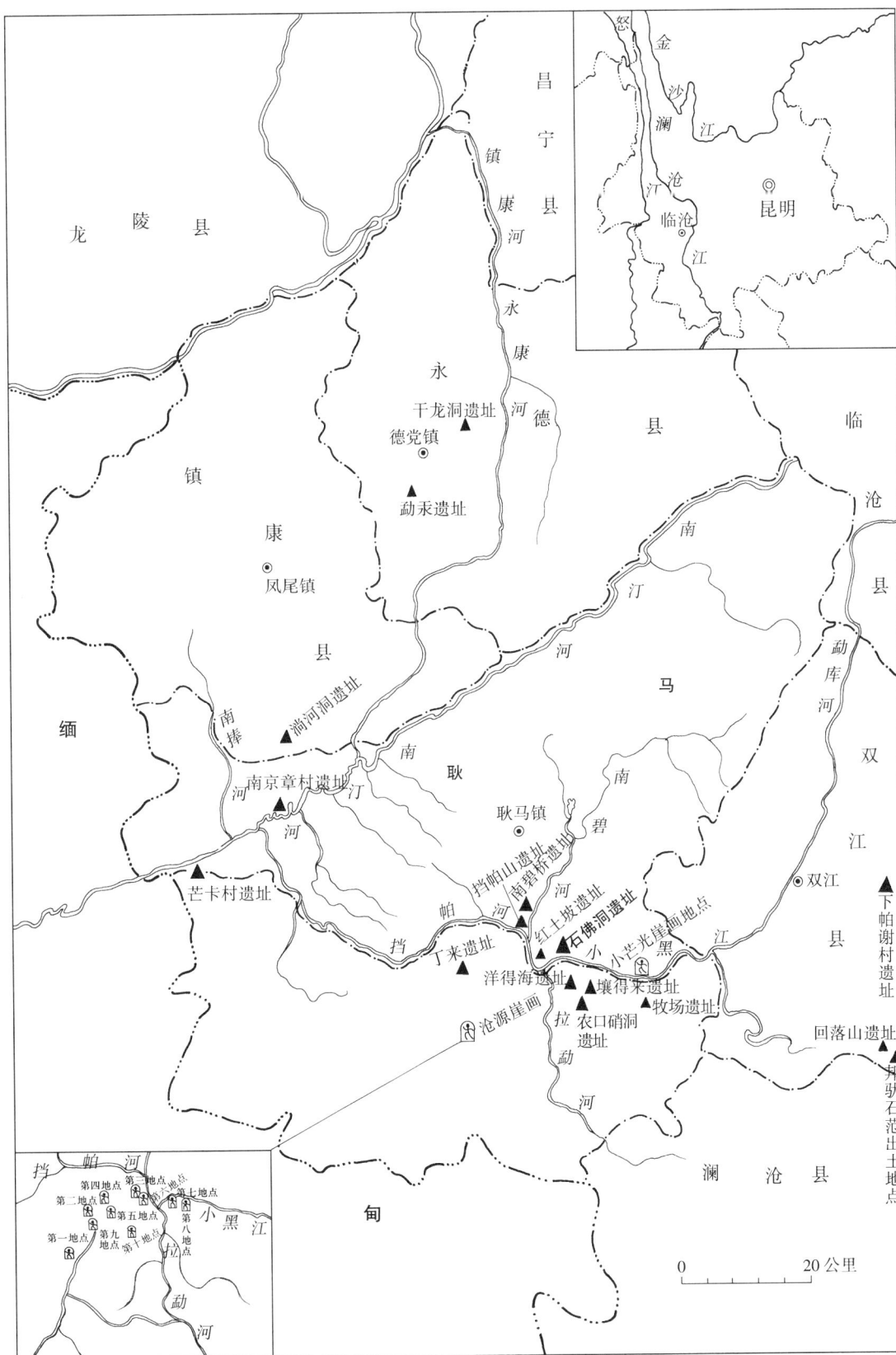

图二 耿马周边地区新石器遗址、崖画点分布图

　　1982 年调查时，该遗址面积估算为 3000 平方米，目前仅存约 1500 平方米。文化堆积较好的部分主要位于洞穴的东北部，但那一带采光较差，洞顶塌落的巨石分布也较多，危险因素较大。有鉴于此，我们选择在洞穴靠洞口的西北、东南、西南部进行发掘。

　　在石佛洞遗址周边地区分布着众多的同一文化类型的遗址点（图二），如距石佛洞遗址以西 500 米左右的红土坡遗址，其地理位置为北纬 23°22′02.0″，东经 99°26′45.8″，海拔 986 米。该遗址地表上发现了以打制和磨制石器并存为主要特征的石器①。此外，在耿马县发现的还有南碧桥遗址②、南京章村遗址③、挡帕山岩厦遗址④、小芒光崖画点⑤、农口硝洞旧石器时代遗址⑥、牧场新石器时代洞穴遗址⑦和芒卡新石器时代遗址⑧。小黑江流域一系列古代遗存的发现，进一步丰富了对石佛洞遗址文化内涵的认识，推进了小黑江流域古代族群间历史与文化的互动研究。

　　另外，相关的发现还有著名的沧源县崖画地点⑨、沧源丁来遗址⑩、壤得来遗址和洋得海遗址⑪，双江县下帕谢村遗址⑫和殷家坟遗址等⑬，永德县勐汞遗址⑭和干龙洞遗址⑮，镇康县淌河洞遗址⑯。此外，还在澜沧江干流二级台地上景东县的南北渡遗址⑰、景谷营盘地、大丙屯遗址⑱等

---

① 2003 年 7 月由中国社会科学院考古研究所王仁湘先生发现，分布面积约 2000 平方米。

② 云南省博物馆文物工作队：《南碧桥新石器时代洞穴遗址》，《云南文物》16 期，1984 年。

③ 临沧地区文物普查队：《临沧地区文物普查收获概述》，《云南文物》12 期，1982 年。

④ 位于耿马城东南，南碧桥南约 500 米。岩厦距河岸高约 40 米。岩厦顶部呈圆形，底部宽 50 米，下有一个高约 10 米的平台，岩厦面积 50 米×15 米，上部和南侧边缘有文化层堆积，发现绳纹陶片若干。南京章村新石器时代遗址 1973 年发现，位于耿马县孟定镇南京章村东岔路口的台地断面上，文化层宽 30、厚约 0.5 米，土呈黑黄色，出土有石网坠和陶片。网坠为扁圆形，呈葫芦状，宽 0.5、高 7.3 厘米，陶片有夹砂红陶和褐陶，均饰有绳纹（见国家文物局主编：《中国文物地图集·云南分册》294 页，云南科技出版社，2001 年）。

⑤ 时代为新石器时代，画呈红色，风格与沧源崖画相同（见国家文物局主编：《中国文物地图集·云南分册》294 页，云南科技出版社，2001 年）。

⑥ 位于沧源县城东北勐省区农克乡。洞高 50、宽 60、进深 30 米。出土数十件打制石器，有石片、石核、尖状器、刮削器、砍砸器和斧状器等（见国家文物局主编：《中国文物地图集·云南分册》294 页，云南科技出版社，2001 年）。

⑦ 位于沧源县城东北勐省区和平乡，洞口高 3、宽 4.5、进深 8 米。出土陶片和磨制石器等（见临沧地区文物普查队：《临沧地区文物普查收获概述》，《云南文物》12 期，1982 年）。

⑧ 位于沧源县城西北南腊区芒岗乡。遗址坐落在芒卡坝的半山坡上，出土磨制石器和陶片（见国家文物局主编：《中国文物地图集·云南分册》295 页，云南科技出版社，2001 年）。

⑨ 汪宁生：《云南沧源岩画的发现与研究》，文物出版社，1985 年。

⑩ 沧源崖画联合调查组：《沧源丁来新石器时代遗址清理报告》，《云南文物》17 期，1985 年。

⑪ 国家文物局主编：《中国文物地图集·云南分册》294 页，云南科技出版社，2001 年。

⑫ 国家文物局主编：《中国文物地图集·云南分册》293 页，云南科技出版社，2001 年。

⑬ 国家文物局主编：《中国文物地图集·云南分册》293 页，云南科技出版社，2001 年。

⑭ 位于永德县城南 10 公里的勐汞溶洞，发现人类用火遗迹、打制石斧、石碾和灵长类动物、犀牛、象、鹿、野猪等更新世中期动物化石（见国家文物局主编：《中国文物地图集·云南分册》292 页，云南科技出版社，2001 年）。

⑮ 国家文物局主编：《中国文物地图集·云南分册》293 页，云南科技出版社，2001 年。

⑯ 国家文物局主编：《中国文物地图集·云南分册》293 页，云南科技出版社，2001 年。

⑰ 南北渡遗址位于云南省思茅市景东县，为云南省文物考古研究所 2006 年发掘，其出土的夹砂陶片多为灰褐，陶片上普遍装饰纹饰，这些纹饰与石佛洞出土陶器上装饰相同，而在陶釜形器腹部接合部二次对接的风格也一致，它们应当属于同一文化类型系统。资料现存云南省文物考古研究所。

⑱ 云南省文物考古研究所：《文物考古年报 2007 年》，内部资料。资料现存云南省文物考古研究所。

都发现与石佛洞遗址文化面貌相近的遗存，这些遗址多分布于洞穴和岩厦内，遗址规模普遍较小，延续时间不长。

2. 工作概况

石佛洞遗址于 1982 年云南省第二次全国文物普查时发现，随后 1983 年 4 月由云南省博物馆文物工作队对石佛洞遗址进行了第一次试掘（图版二，1）。试掘共布两条探沟，编号为 T1，4 米 × 4 米（图版二，2）；T2，2 米 × 4 米。探沟分布于洞穴内的不同位置，其中 T1 处在 2003 年度发掘的 T16 边缘。

第一次试掘时的文化层堆积厚约 3.2 米，发掘面积共计 24 平方米。文化堆积中出土器物不仅数量多，而且类型也很丰富，包括生产工具、生活用具、动物骨骼遗存及大量的炭化稻谷，与此同时在洞穴内还发现了建筑遗存①。遗憾的是当时发掘的资料仅剩一张发掘 T1 时的黑白照片和许多标签混乱的器物。由于当时的发掘图像和文字资料未保存下来，目前我们对该年度发掘的相关信息仍然是非常模糊的，这是一个极大的遗憾。

2000 年由于耿马县旅游局在石佛洞进行旅游开发，对遗址造成一定程度的破坏，故由几个单位组成联合考古队，对石佛洞遗址进行了抢救性发掘。本次发掘工作也是云南省文物考古研究所"十五"期间"云南边境考古"项目的一个组成部分。

2003 年 6 ~ 8 月，由云南省文物考古研究所、中国社会科学院考古研究所、成都文物考古研究所、临沧市文物管理所等单位组成的联合考古队进行了历时三个月的考古发掘（彩版三；图版三、四）。本次发掘依据洞穴内的地形分两轮发掘，按正北向布方，第一轮布 5 米 × 5 米的探方 12 个（彩版四），第二轮布 5 米 × 5 米的探方 18 个（彩版五），共计 30 个。探方编号依据 1983 年试掘时的两条探沟顺次编号，为 T3 ~ T32，发掘面积共计 750 平方米（图三）。本年度发掘中发现了丰富的建筑遗存和其他相关遗迹现象（图四），出土了大量具有鲜明区域特色的遗物，这对于研究该区域早期古文化有着非常重要的意义。

（四）地层堆积

洞穴内地势起伏较大，由于自然和后期人为活动影响，造成了地势东高西低的态势。由于现代挡墙的垒砌，致使遗址西部地势较低矮的自然面已不可寻见。同时再加上累次地震的影响，大量塌落的巨大石块覆盖在早期文化堆积上。

洞里堆积的尘土为粉尘，结构非常疏松，很容易清理。从本次发掘的情况观察，可以发现该洞穴内的文化堆积层非常厚，最厚处超过 2 米。地层堆积随洞穴内的地势也呈东北高西南低的坡状分布，发掘至第 4D 层后，部分探方考虑回填保护的需要，未能完全发掘；部分探方由于清理难

---

① 阚勇：《云南耿马石佛洞遗址出土的炭化古稻》，《农业考古》1983 年 2 期。

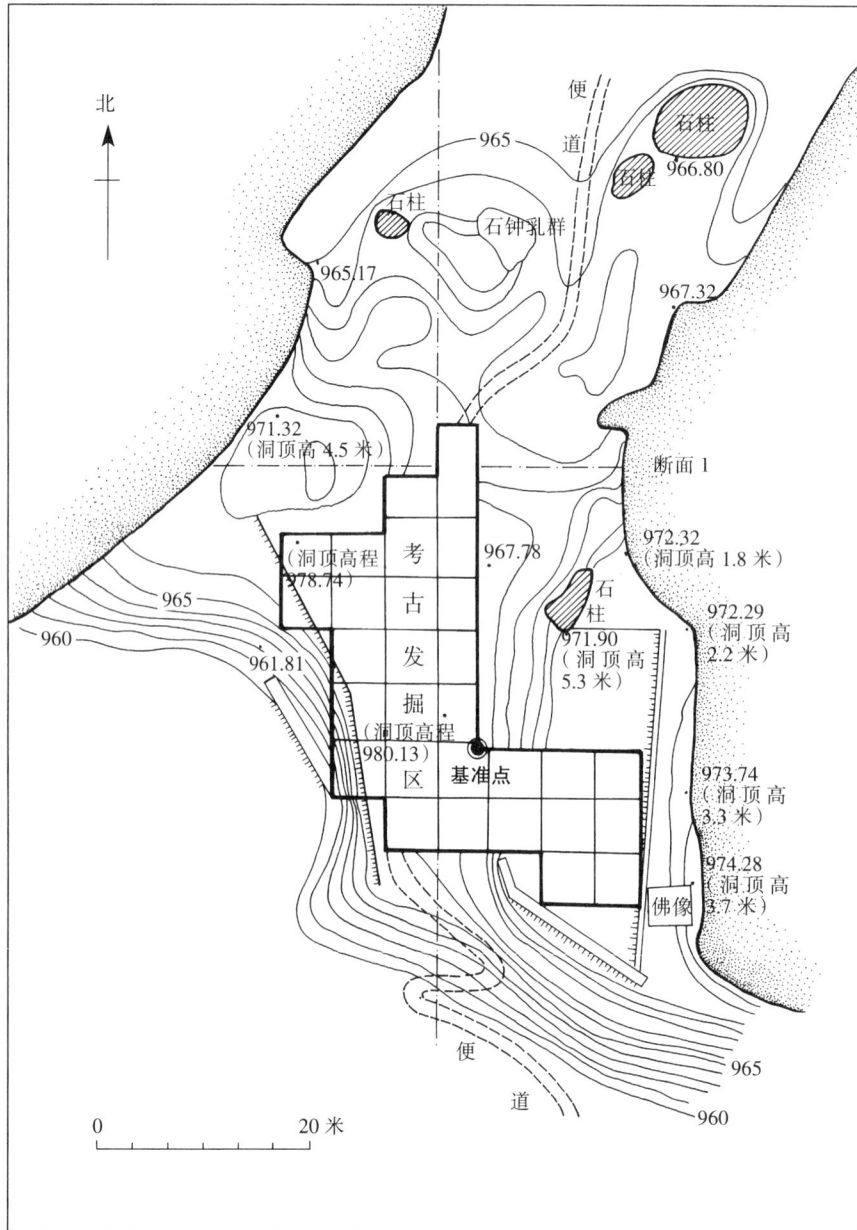

图三　石佛洞遗址洞穴平面图

度较大放弃发掘，其余发掘区内的探方全部清理完毕。

由于洞穴内地势高差较大，部分探方的地层有缺失情况，但为了研究与描述的统一，所有探方都经过统一的地层划分（彩版六），现选择 T19～T25 东壁（图五）和 T5、T8、T10、T12、T20、T26 北壁的地层堆积简述如下（图六）：

第 1 层：灰褐色土，土质细腻，易起粉尘，内含大量的碎石、河砂、陶片、石器残片，以及近年施工遗留的木屑和现代垃圾。局部地方堆积较厚，为近现代形成的地层。厚 5～155 厘米。

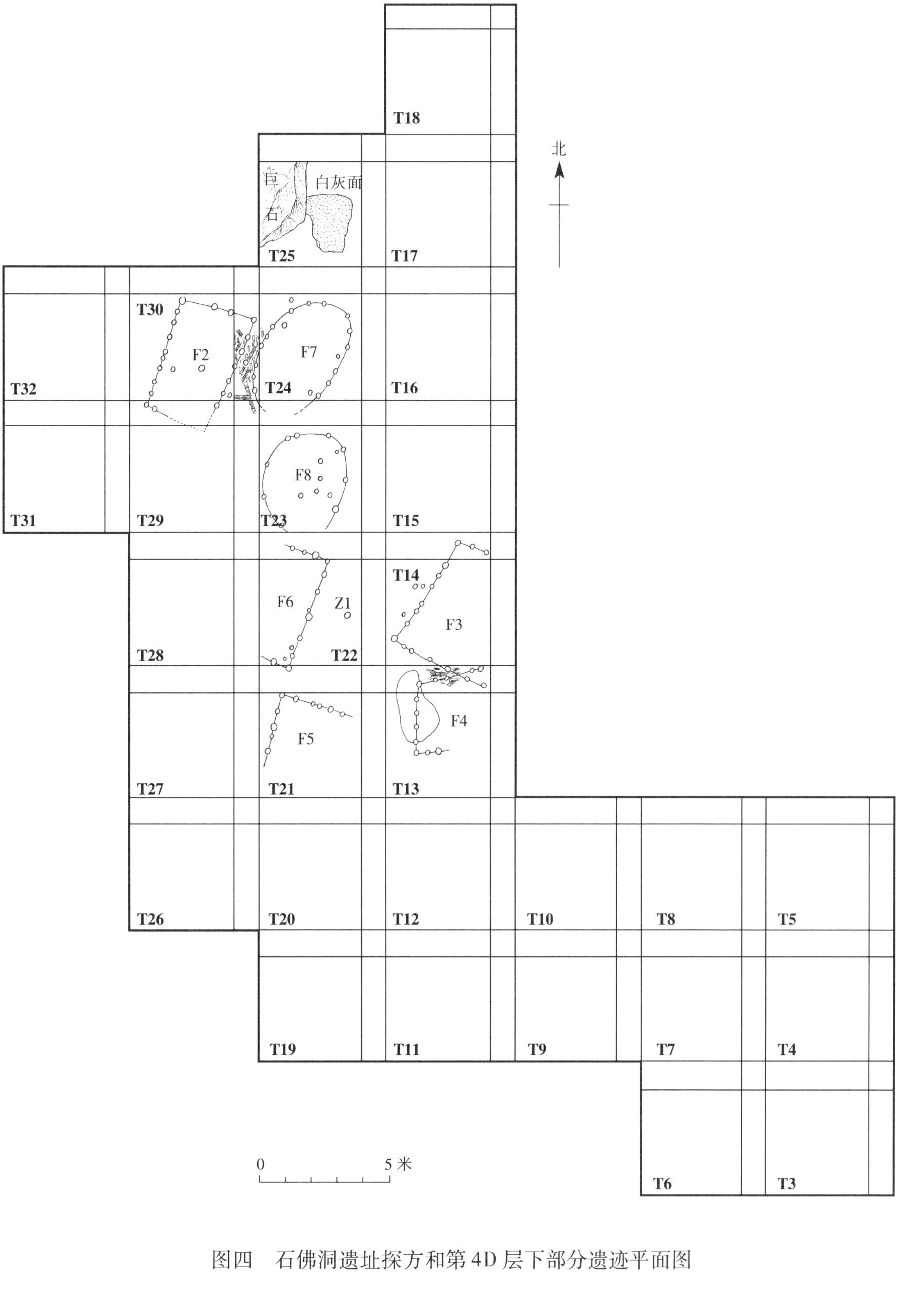

图四 石佛洞遗址探方和第 4D 层下部分遗迹平面图

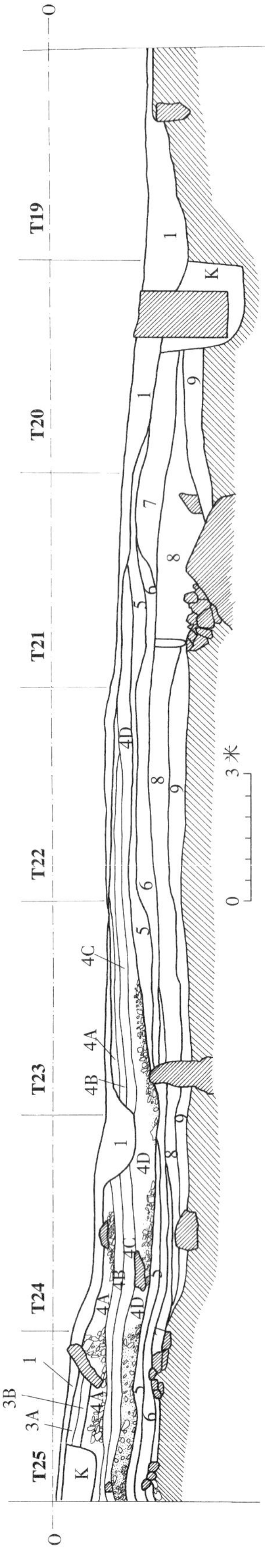

图五 T19～T25 北壁地层堆积图

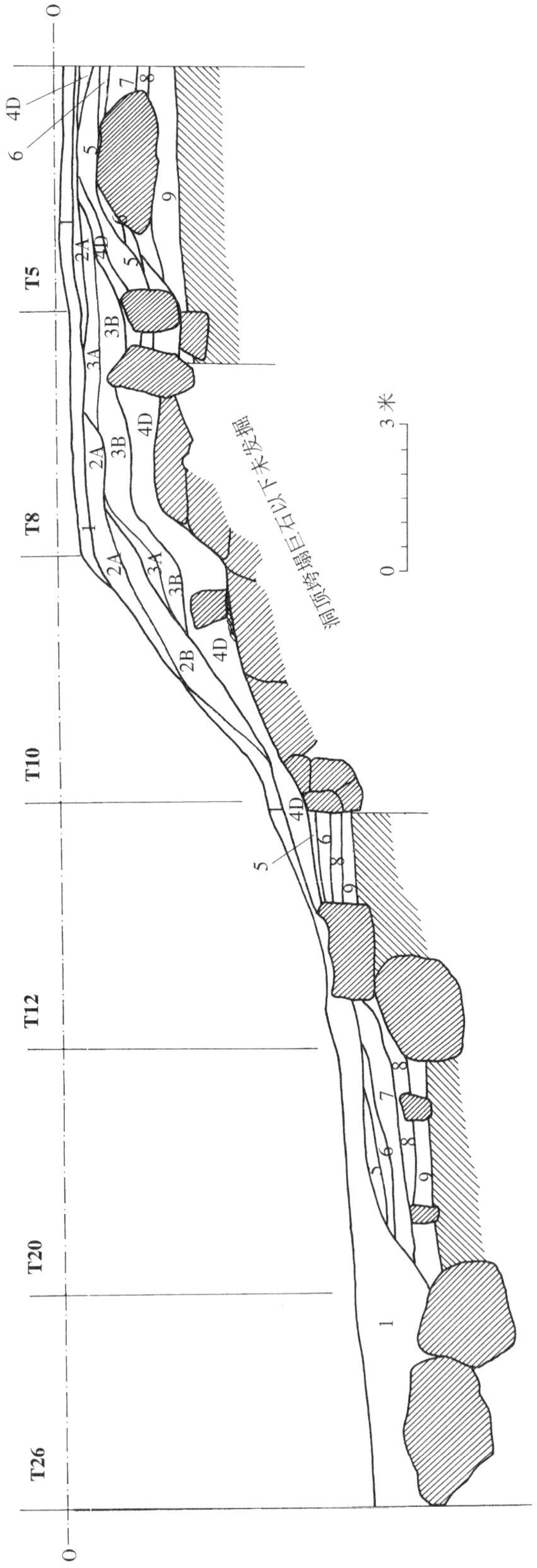

图六 T5、T8、T10、T12、T20、T26 东壁地层堆积图

2A层：褐色砂土，土质略紧。含有碎石块、石器、陶片、少量青花瓷片、白瓷片和铁钉等。其底部分布有一层近现代活动遗留的薄层黑色灰烬和少量的红烧土层。为近代地层，该层下均为早期地层，不见晚期遗物出土。厚0～50厘米，主要分布于发掘区的东南部。

2B层：褐黄色砂土，土质略松。包含物有蚌壳、夹砂灰褐陶片及少量的磨制石器，另外还有红烧土颗粒和炭屑。该层未见晚期遗物，仅见分布于T8、T10、T13、T17等靠东部少数探方内，厚约0～60厘米。

3A层：浅灰色灰烬层，土质较疏松。包含物多为蚌壳、红烧土、炭屑、陶片、石器等。局部地方有红烧土夹层。局部堆积，主要分布于发掘区东部探方内，厚0～30厘米。

3B层：褐灰色砂性土，土质疏松，包含较多的红烧土夹层。包含物有蚌壳、动物骨骼、红烧土、炭屑等，陶片和石器出土相对较少。局部堆积，主要分布于发掘区东部探方内，发掘区西南部不见，厚0～60厘米。

4A层：黑色碎石层，由石灰岩碎石构成，较松散，含部分红烧土，底部为一层黑色灰烬层。包含物为有丰富纹饰的夹砂灰褐陶片及陶支座和磨制石器。该层在发掘区分布范围较小，主要分布于发掘区西北部的T15～T18、T23～T25等探方内，厚0～50厘米。该层下普遍有柱洞分布，但多无规律可寻，不能确定其具体的平面形状和结构。

4B层：灰色砂土，土质略紧。包含物较少，主要为少量的陶片、石器、蚌壳、螺壳、动物骨骼，另有少量的炭屑和红烧土颗粒。主要集中分布于发掘区北部，厚0～25厘米。该层地面上有少量柱洞分布，其下少见遗迹，仅在T17④B层下发现约1平方米的踩踏硬面。

4C层：灰褐色砂土，土质略松，多夹有红烧土小夹层。包含物出土较少，主要为少量的陶片、石器、蚌壳、螺壳、动物骨骼，另有少量的炭屑和红烧土颗粒。该层下未发现遗迹分布。主要分布于发掘区的北部，厚约0～27厘米。

4D层：黑色碎石层，主要由石灰岩碎石构成，其上部多伴有崩落的巨石，同时伴出大量的黑色灰烬，尤以底部最多，结构较松散，分布较为广泛。包含遗物较为丰富，出土了大量的陶片、陶支座、石器，同时还伴出了大量的竹炭、炭化稻（彩版七，1、2）、炭化果核以及啮齿类、鸟类、鱼类等动物骨骸，另外在部分发掘区内还发现有赤铁矿粉末出现。该层为该遗址出土遗物最为集中的堆积。该层下叠压有大量的柱洞。该层分布较为广泛，发掘区除东南角外均有分布，厚0～60厘米。

第5层：灰黄色粉砂土，土质细腻较松散。有的地面分布有较薄的踩踏面，略显紧密。包含物较少，主要为陶片、石器、骨器以及少量的炭屑。该层地面上分布有大量的柱洞，可辨形状的有6座，以方形居多。本层下亦叠压有少量柱洞。该层广泛分布于发掘区，厚0～45厘米。

第6层：褐色砂土，土质略黏，结构较为紧密。包含物较少，仅见少量陶片和蚌壳。该层地面有少量柱洞分布，其下未见叠压其他遗迹。发掘区内广泛分布，厚0～46厘米。

第7层：灰色粉状土，土质较疏松，富含灰白色稻谷谷糠，质量较轻，有的地方可分成小夹层。包含物较少，主要是陶片、石器、蚌壳等。该层下叠压有柱洞遗迹，尤以 T21 最为集中，柱洞周围还可见红烧土围绕。发掘区内均有分布，厚 0～60 厘米。

第 8 层：红褐色砂土，土质稍黏，个别地方呈粉状，粉尘土较疏松。局部地面有踩踏硬面。包含物丰富，出土陶片中灰褐陶片较少，灰色和黑褐陶片比重增加，石器较少见，另外还出土有少量人头骨（图版五，1）和完整小陶碗（图版五，2）。该层下仅见叠压有 M1、H1，少见其他遗迹。主要分布于发掘的西北部，厚 0～90 厘米。

第 9 层：黄褐色土，含有少量砂质土，土质略松。包含物较少，出土陶片与其他层位出土陶片无论质地抑或器形均有较大的差别，陶器的胎壁较厚、火候较高，灰色陶片比例更是明显增加。该层下未见叠压有其他遗迹，底部为黄色生土，多石块等。发掘区内均有广泛分布，厚 0～45 厘米。

9 层以下为黄色生土，略带黏性，生土面无钙板石化层，多石灰岩和石块等。文化层直接叠压于其上。经对 T23、T30 解剖，未见文化遗物等。

第二章　出土器物类型学研究

　　器物类型学是考古学理论的基本内容之一，它主要用来研究遗迹和遗物的形态变化过程，寻找器物发展的演变规律，从而结合地层学判断年代，确定遗存的文化性质面貌，分析生产和生活状况以及社会关系、精神活动等。如陶器等使用周期短、变化特征明显的器物是其理想的研究对象。石佛洞遗址中，我们通过对具有明显变化特征遗物的分析，特别是陶器型式的排比，不但可探求器物的变化规律、逻辑发展序列和相互关系，而且在此基础上可以进行文化分期，便于对文化遗存的描述与阐释。

1. 陶器

　　陶器是石佛洞遗址中出土数量最多的遗物，陶器的胎土均用本地黏土做原料，视其类型和用途而掺加分量不等的砂粒。陶器以夹砂灰褐陶为主，少有泥质陶；肩部以上抹光，而其下装饰以绳纹为主的折肩釜或罐是该遗址一大特色。陶器有平底器、圜底器和圈足器，另有少量的带流器和带耳器，不见三足器。器物类型多样，以钵、釜、豆、罐、器盖为主，另有盆形器、壶形器、尊形器、瓮形器、杯形器、簋形器、缸、支座、碗、纺轮、陶拍等，这些器物具有较强的地域性特征。

　　由于 2003 年度第 1 层和 1983 年度的器物在挑选标本时仅选择了早期堆积中缺乏或不完整的器物，并未进行全面的拣选和统计，故其在统计陶器型式的件数时，仅指所挑选标本、型式的件数，未选标本并未纳入总数统计。

　　钵　461 件。此类器物是该遗址出土数量最多的器物，肩部普遍都经过磨光处理，腹部一般都施有绳纹，器物形态差异较小。依据腹部与肩部连接形态的差异，可分二型。

　　A 型　371 件。肩部与腹部连为一体，在一条弧线上。依据肩部形态的差异，可分三亚型。

　　Aa 型　118 件。折肩。依据口径大小和腹部深浅变化，可分四式。

　　Ⅰ式　26 件。口径略大，浅腹。如 T15⑧:124（图七，1）。

　　Ⅱ式　51 件。大口，口微敛，腹部略深。如 T19⑥:10（图七，2）。

　　Ⅲ式　8 件。小口，腹部略深，近鼓肩。如 T13④D:33（图七，3）。

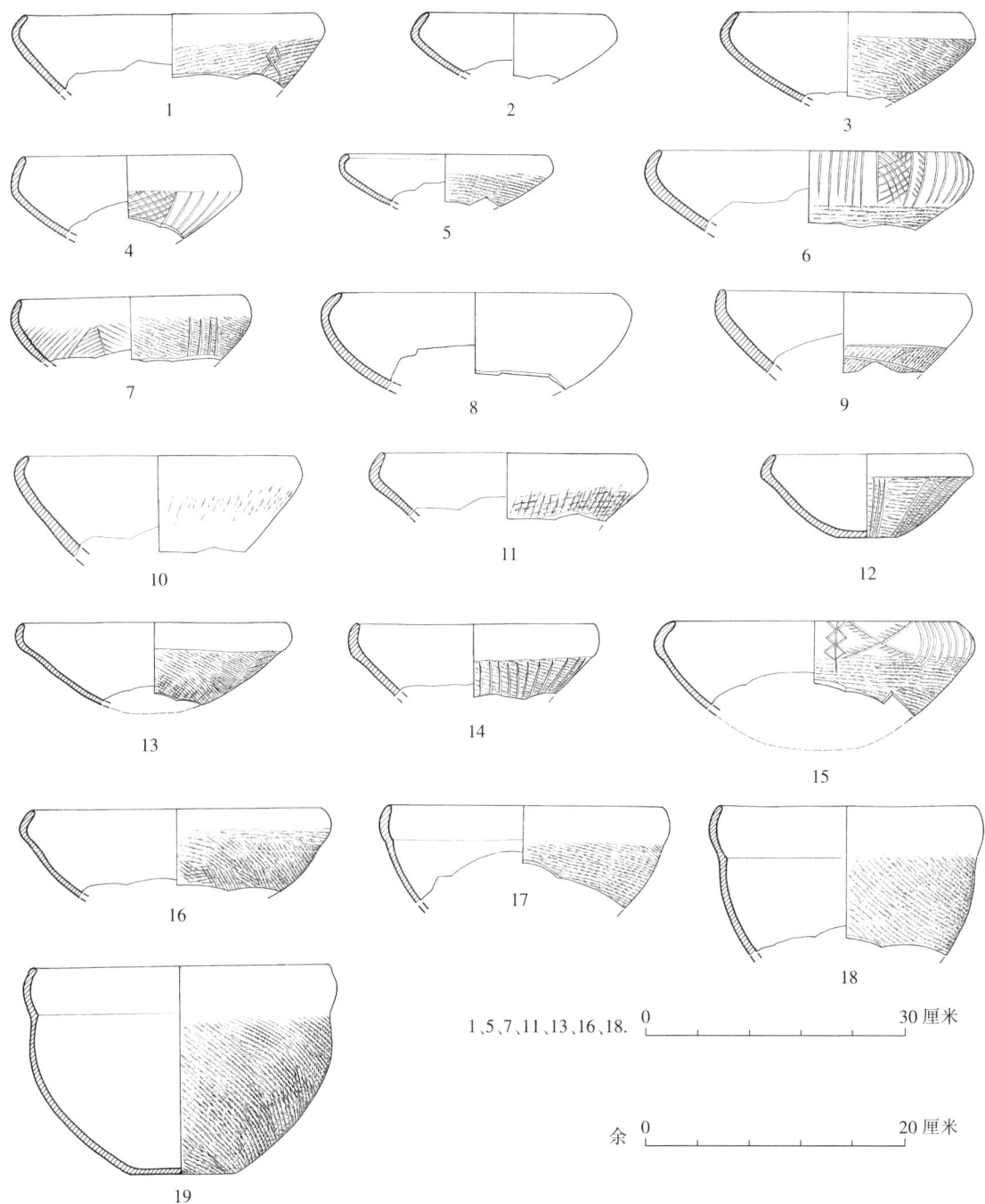

图七　陶钵

1. Aa 型Ⅰ式（T15⑧：124）　　2. Aa 型Ⅱ式（T19⑥：10）　　3. Aa 型Ⅲ式（T13④D：33）　　4. Aa 型Ⅳ式
（T30④B：290）　　5. Ab 型Ⅰ式（T15⑧：136）　　6. Ab 型Ⅱ式（T24⑤：83）　　7. Ab 型Ⅲ式（T5④D：408）
8. Ab 型Ⅳ式（T5③A：174）　　9. Ac 型Ⅰ式（T25⑦：82）　　10. Ac 型Ⅱ式（T7⑤：68）　　11. Ba 型Ⅰ式
（T29⑨：67）　　12. Ba 型Ⅱ式（T9⑤：41）　　13. Ba 型Ⅲ式（T17③B：229）　　14. Bb 型Ⅰ式（T20⑦：66）
15. Bb 型Ⅱ式（T25④A：181）　　16. Bc 型Ⅰ式（T15④D：393）　　17. Bc 型Ⅱ式（T25④A：195）　　18. Bd 型
Ⅰ式（T14④D：89）　　19. Bd 型Ⅱ式（T4③A：81）

Ⅳ式　33件。小口，深腹。如T30④B∶290（图七，4）。

Ab型　208件。鼓肩。依据腹部深浅变化，可分四式。

Ⅰ式　35件。口略大，浅腹，折肩突出。如T15⑧∶136（图七，5）。

Ⅱ式　20件。口略大，口微敛，腹部略深，近弧肩。如T24⑤∶83（图七，6）。

Ⅲ式　137件。大口，深腹。如T5①D∶408（图七，7）。

Ⅳ式　16件。口略大，浅腹。如T5③A∶174（图七，8）。

Ac型　45件。弧肩。依据腹部深浅变化，可分二式。

Ⅰ式　16件。口微敛，浅弧腹。如T25⑦∶82（图七，9）。

Ⅱ式　29件。口微敛，深腹。如T7⑤∶68（图七，10）。

B型　90件。肩部与腹部连接不在同一条弧线上。依据肩部形态的差异，可分四亚型。

Ba型　40件。折肩。依据腹部深浅和肩部宽窄以及装饰变化，可分三式。

Ⅰ式　26件。小口，浅腹微曲，折肩突出。纹饰复杂。如T29⑨∶67（图七，11）。

Ⅱ式　9件。口略大，浅腹微曲，宽折肩不突出。如T9⑤∶41（图七，12）。

Ⅲ式　5件。大口，浅腹微曲，宽肩。部分器物内壁出现装饰。如T17③B∶229（图七，13）。

Bb型　25件。弧肩。依据腹部深浅和体形大小，可分二式。

Ⅰ式　13件。敛口，深腹，体小。如T20⑦∶66（图七，14）。

Ⅱ式　12件。近侈口，浅腹，体宽。如T25④A∶181（图七，15）。

Bc型　21件。鼓肩。依据腹部深浅变化可分二式。

Ⅰ式　1件（T15④D∶393）。敛口，深腹，体宽（图七，16）。

Ⅱ式　20件。近侈口，浅腹，体小。如T25④A∶195（图七，17）。

Bd型　4件。敛口深腹钵。依据体形和腹部变化，可分二式。

Ⅰ式　3件。曲腹，体高。如T14④D∶89（图七，18）。

Ⅱ式　1件（T4③A∶81）。弧腹，体小（图七，19）。

碗　12件。依据口部形态的差异，可分三型。

A型　5件。侈口。依据肩部形态的差异，可分二亚型。

Aa型　4件。弧肩。依据腹部和肩部形态的变化，可分四式。

Ⅰ式　1件（T30⑨∶93）。大侈口，腹部较浅，肩部内弧（图八，1）。

Ⅱ式　1件（T5⑦∶67）。侈口微敛，浅腹，肩部外弧（图八，2）。

Ⅲ式　1件（T25⑦∶71）。口微侈，深腹（图八，3）。

Ⅳ式　1件（T16③B∶27）。口微侈，深腹，肩部外弧（图八，4）。

Ab型　1件（T30⑨∶129）。鼓肩（图八，5）。

B型　6件。敛口。依据肩部形态的差异，可分二亚型。

Ba型　4件。弧肩。依据肩部和腹部变化，可分二式。

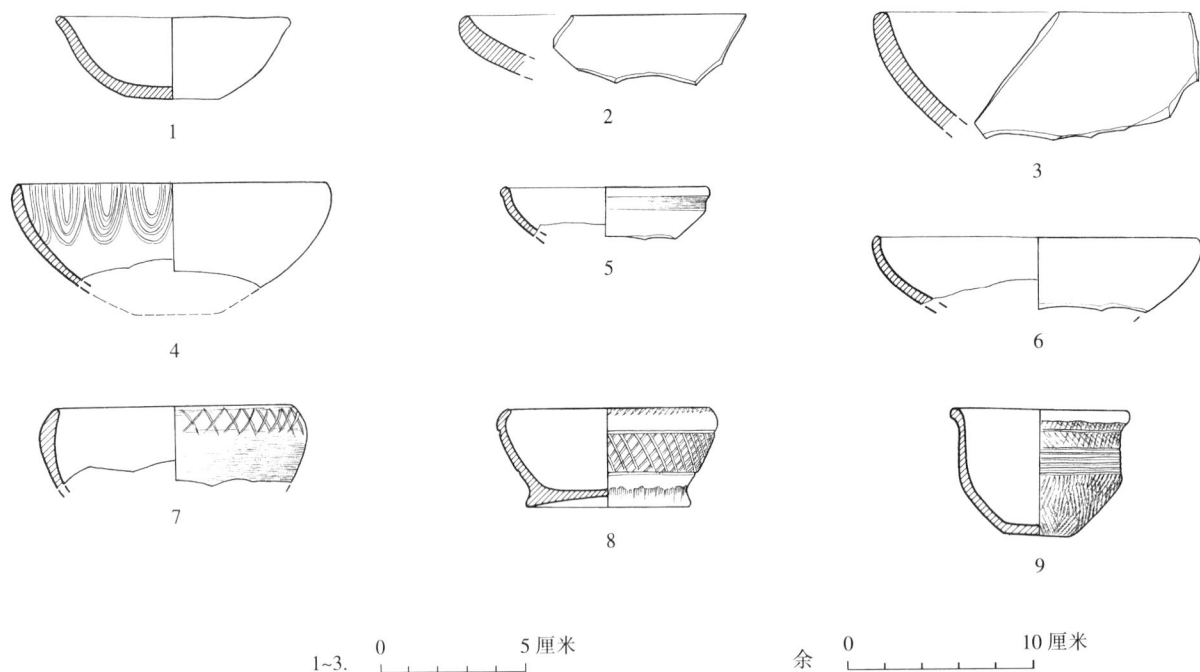

图八　陶碗

1. Aa 型 Ⅰ 式（T30⑨：93）　2. Aa 型 Ⅱ 式（T5⑦：67）　3. Aa 型 Ⅲ 式（T25⑦：71）　4. Aa 型 Ⅳ 式（T16
③B：27）　5. Ab 型（T30⑨：129）　6. Ba 型 Ⅰ 式（T30⑨：12）　7. Ba 型 Ⅱ 式（T23⑥：122）　8. Bb 型
（T25⑦：88）　9. C 型（T4⑧：28）

　　Ⅰ式　3件。浅腹，弧肩。如 T30⑨：12（图八，6）。

　　Ⅱ式　1件（T23⑥：122）。深腹，近鼓肩（图八，7）。

　　Bb 型　2件。鼓肩。如 T25⑦：88（图八，8）。

　　C 型　1件（T4⑧：28）。敞口（图八，9）。

　　豆　55件。依据口部形态的差异，可分二型。

　　A 型　48件。子母口。依据腹部和肩部形态的差异，可分二亚型。

　　Aa 型　43件。弧腹，肩部与腹部连为一体。依据腹部深浅、体形大小、肩部最大径位置及口径变化，可分四式。

　　Ⅰ式　14件。小口，浅腹，肩部最大径靠上。如 T15⑧：41（图九，1）。

　　Ⅱ式　14件。大口，腹变深，器体较宽。如 T15⑤：300（图九，3）。

　　Ⅲ式　7件。大口，深腹，宽肩，肩部最大径位于中部。如 T14④B：84（图九，2）。

　　Ⅳ式　8件。口径变小，腹部变浅，肩部下移。如 T30④B：289（图九，4）。

　　Ab 型　4件。曲腹，腹部与肩部不在一条线上。如 T15④D：147（图九，5）。

　　B 型　8件。敛口，依据肩部形态的差异，可分二亚型。

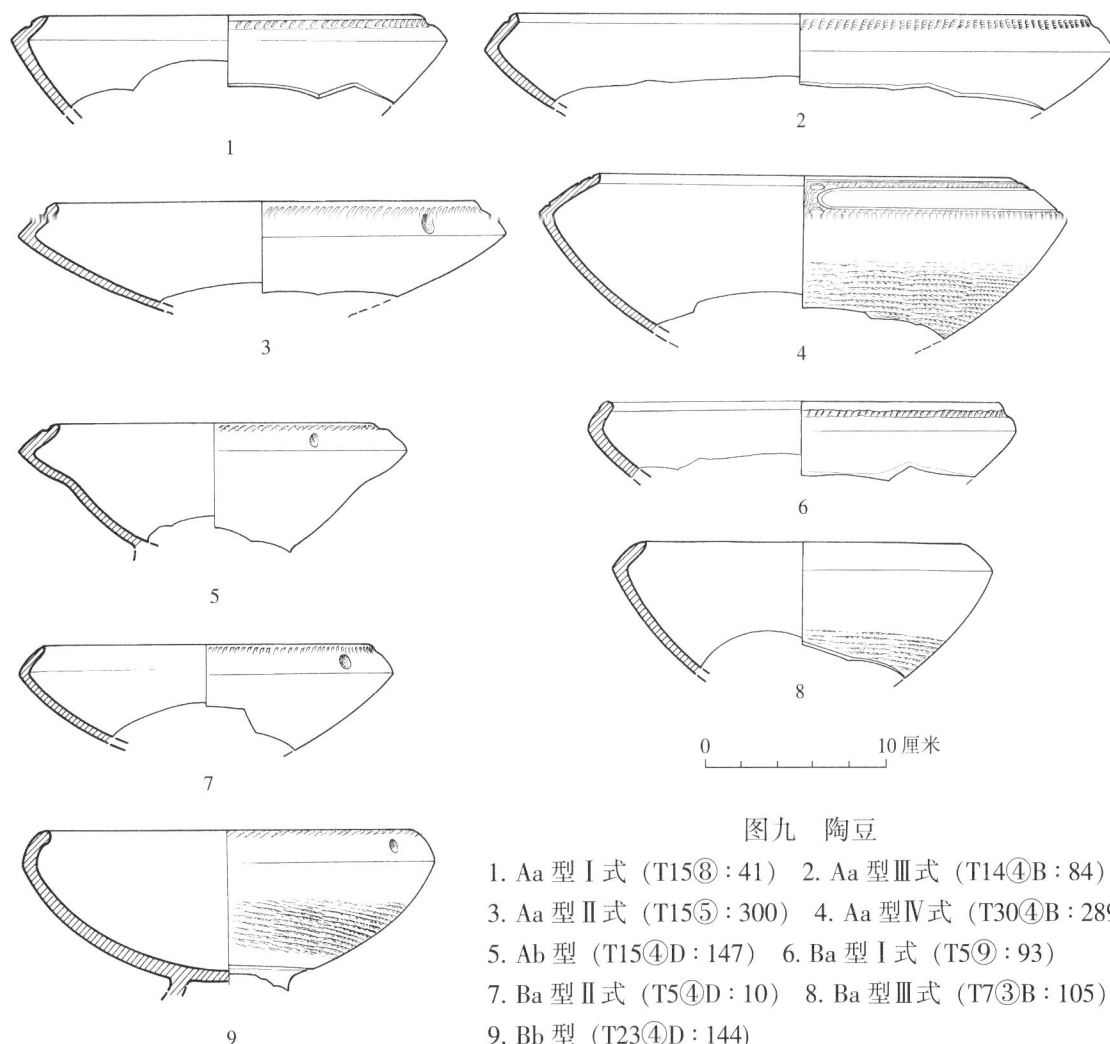

图九　陶豆

1. Aa 型 I 式（T15⑧：41）　2. Aa 型 III 式（T14④B：84）
3. Aa 型 II 式（T15⑤：300）　4. Aa 型 IV 式（T30④B：289）
5. Ab 型（T15④D：147）　6. Ba 型 I 式（T5⑨：93）
7. Ba 型 II 式（T5④D：10）　8. Ba 型 III 式（T7③B：105）
9. Bb 型（T23④D：144）

Ba 型　7 件。宽折肩。纹饰简单。依据腹部深浅变化，可分三式。

I 式　4 件。浅腹，窄肩，肩部最大径位于上部。如 T5⑨：93（图九，6）。

II 式　1 件（T5④D：10）。腹略深，宽肩（图九，7）。

III 式　2 件。深腹。纹饰简单。如 T7③B：105（图九，8）。

Bb 型　1 件（T23④D：144）。鼓肩。纹饰繁缛（图九，9）。

簋形器　18 件。依据口部形态的差异，可分四型。

A 型　5 件。子母口，深腹，鼓肩。依据腹部深浅的变化，可分二式。

I 式　1 件（T14④A：91）。浅弧腹（图一〇，1）。

II 式　4 件。深弧腹。如 T16③B：34（图一〇，2）。

B 型　9 件。敛口。依据肩部形态的差异，可分三亚型。

Ba 型　4 件。鼓肩。依据口径大小和腹部深浅变化，可分二式。

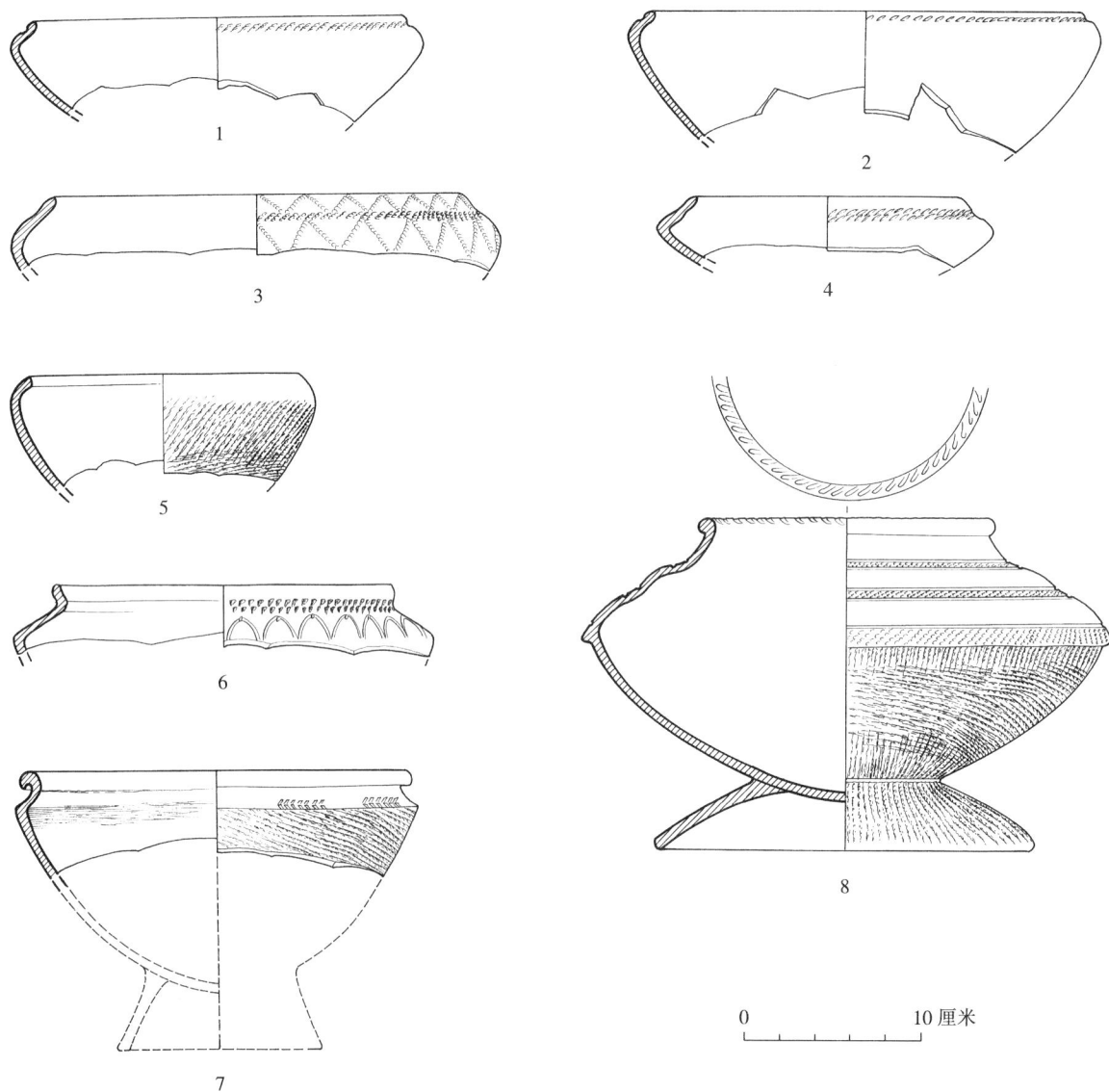

图一〇　陶簋形器

1. A 型 I 式（T14④A：91）　2. A 型 II 式（T16③B：34）　3. Ba 型 I 式（T17④B：148）　4. Ba 型 II 式
（T7③B：95）　5. Bc 型（T13④D：56）　6. C 型（T1④：126）　7. D 型（T29①：112）　8. Bb 型
（T24④D：108）

　　I 式　2 件。大口，深腹。如 T17④B：148（图一〇，3）。

　　II 式　2 件。小口，浅腹。如 T7③B：95（图一〇，4）。

　　Bb 型　2 件。弧肩。如 T24④D：108（图一〇，8）。

　　Bc 型　3 件。折肩。如 T13④D：56（图一〇，5）。

　　C 型　2 件。侈口。如 T1④：126（图一〇，6）。

　　D 型　2 件。敞口。如 T29①：112（图一〇，7）。

釜　357件。釜为该遗址出土器物中数量最多、种类最为丰富、装饰最为繁缛复杂的器类，是该遗址最具文化特征的器物。依据口部形态的差异，可分七型。

A型　127件。子母口。此类器物由于大多数标本仅存口沿，未有可修复完整之器物，其具体形态不清晰，因此该类器物在进行形态区分时依据领部和肩部以及沿部和颈部形态的差异，可分二亚型。

Aa型　116件。口径较小，折沿，高领，颈部内弧。依据口径和领部高矮的变化，可分五式。

Ⅰ式　13件。小口，矮领。如T5⑨：90，颈部凸棱明显（图一一，1）。

Ⅱ式　4件。小口，高领。如T15⑦：205（图一一，2）。

Ⅲ式　33件。口略大，矮领。凸棱不明显。如T25⑤：115（图一一，3）。

Ⅳ式　25件。大口，矮领，平沿。唇部内敛，束颈。如T13④D：51（图一一，4）。

Ⅴ式　32件。大口，领部较矮，沿部略平，唇部内敛，束颈。颈部与肩部多见二次对接制作的情形。如T24④B：124（图一一，5）。

Ⅵ式　9件。口变小，矮领。如T19④A：18（图一一，6）。

Ab型　2件。外口矮于内口，平折沿，浅盘。依据口径和领部高矮变化，可分二式。

Ⅰ式　1件（T30⑨：148）。小口，卷沿，高领（图一一，8）。

Ⅱ式　1件（T30⑧：162）。大口，折沿，矮领（图一一，7）。

Ac型　9件。高领，颈部外弧。依据口径大小和体形变化，可分二式。

Ⅰ式　5件。口略大，长颈，颈部凸棱明显。如T28⑨：7（图一一，9）。

Ⅱ式　4件。小口，矮领，颈部无凸棱。如T21④D：84（图一一，10）。

B型　82件。口部呈浅盘状。肩部与腹部多为二次对接而成，肩部以上都经过磨光处理，并在其上装饰有复合纹饰，腹部均饰绳纹，唇部内侧装饰戳印圆点纹。依据颈部和沿部形态的差异，可分三亚型。

Ba型　51件。卷沿，长颈。依据口径大小和腹部纹饰的变化，可分二式。

Ⅰ式　29件。小口。腹部纹饰简单。如T23⑨：61（图一一，11）。

Ⅱ式　22件。大口，高领。如T17④A：141（图一一，12）。

Bb型　29件。卷沿，短颈。依据口径大小变化，可分二式。

Ⅰ式　14件。大口。如T5⑦：107（图一一，13）。

Ⅱ式　15件。小口。如T4③A：13（图一一，14）。

Bc型　2件。折沿，短颈。依据口径大小变化，可分二式。

Ⅰ式　1件（T23⑧：65）。大口（图一一，15）。

Ⅱ式　1件（T32④C：83）。小口（图一一，16）。

C型　4件。喇叭口。如T30⑦：307（图一一，17）。

D型　55件。敞口。依据领部高矮差异，可分二亚型。

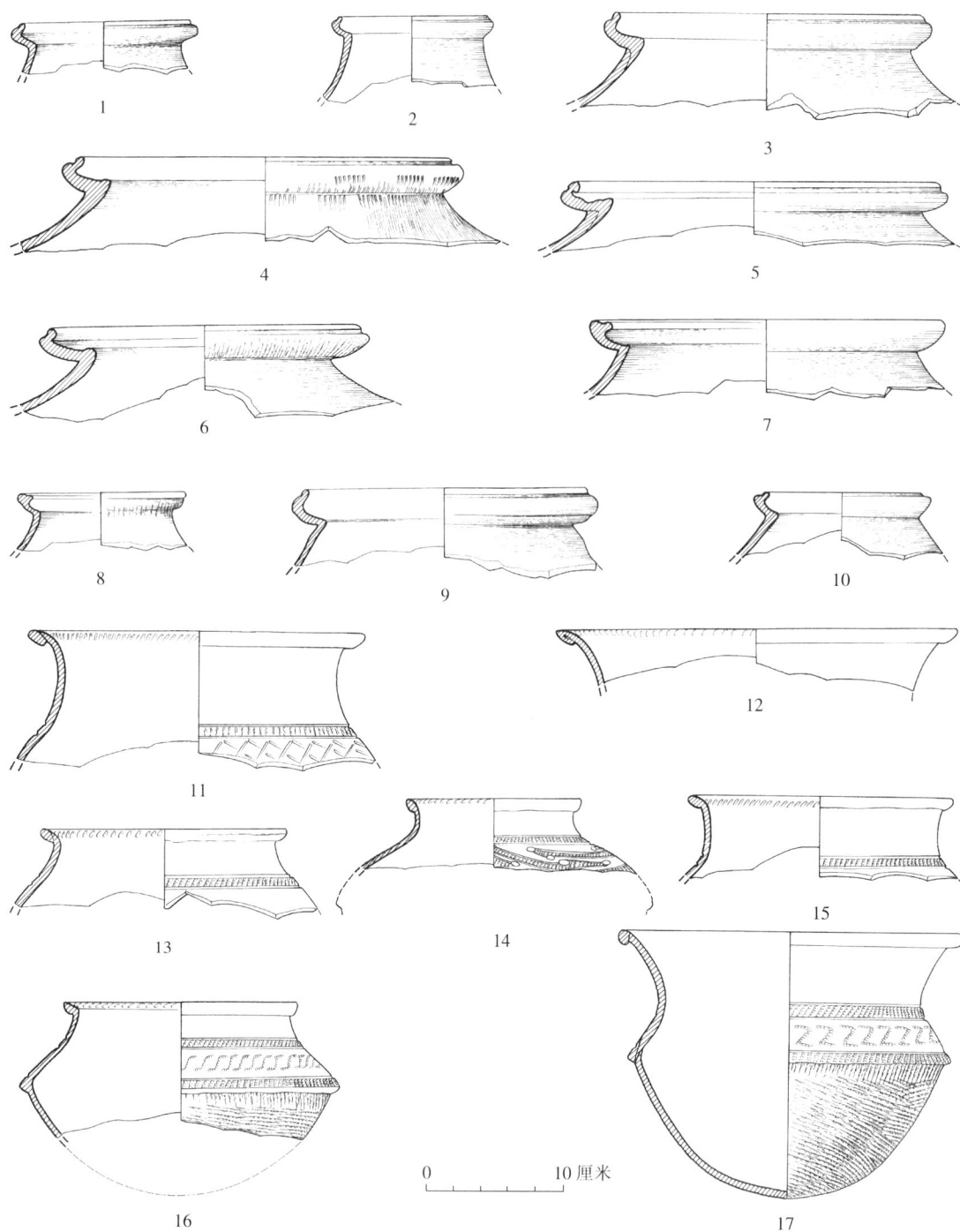

图一一　陶釜

1. Aa 型Ⅰ式（T5⑨：90）　 2. Aa 型Ⅱ式（T15⑦：205）　 3. Aa 型Ⅲ式（T25⑤：115）　 4. Aa 型Ⅳ式（T13④D：51）　 5. Aa 型Ⅴ式（T24④B：124）　 6. Aa 型Ⅵ式（T19④A：18）　 7. Ab 型Ⅱ式（T30⑧：162）　8. Ab 型Ⅰ式（T30⑨：148）　 9. Ac 型Ⅰ式（T28⑨：7）　 10. Ac 型Ⅱ式（T21④D：84）　 11. Ba 型Ⅰ式（T23⑨：61）　 12. Ba 型Ⅱ式（T17④A：141）　 13. Bb 型Ⅰ式（T5⑦：107）　 14. Bb 型Ⅱ式（T4③A：13）　15. Bc 型Ⅰ式（T23⑧：65）　 16. Bc 型Ⅱ式（T32④C：83）　 17. C 型（T30⑦：307）

Da 型　40 件。高领。依据口径大小和颈部变化，可分三式。

Ⅰ式　14 件。口径普遍较大，高领。如 T30⑦：195（图一二，1）。

Ⅱ式　14 件。口略小，口微敞，圆管状唇。领略矮，纹饰略繁。如 T24⑤：89（图一二，2）。

Ⅲ式　12 件。小口，领较矮，束颈。如 T22⑤：141（图一二，3）。

Db 型　15 件。矮领。依据口径大小变化，可分二式。

Ⅰ式　5 件。大口。如 T5⑦：106（图一二，4）。

Ⅱ式　10 件。小口。如 T5②A：180（图一二，5）。

E 型　77 件。侈口，折沿，束颈。此类器物是该类釜中出土数量最多的器类。依据沿部和肩部宽窄以及折沿形态的差异，可分三亚型。

Ea 型　10 件。宽折沿，近平折沿，广肩。依据口径和颈部大小变化，可分二式。

Ⅰ式　5 件。口略大，沿较仰，束颈明显。如 T15⑥：274（图一二，6）。

Ⅱ式　5 件。小口，束颈明显，颈部与肩部区分突出。如 T18④D：51（图一二，7）。

Eb 型　39 件。沿部较宽，尖唇，束颈，长溜肩。依据口径和肩部变化，可分三式。

Ⅰ式　28 件。大口，体大。如 T25⑤：108（图一二，10）。

Ⅱ式　9 件。口部略小，长颈，束颈明显。颈部与肩部为二次对接而成。如 T20④B：109（图一二，8）。

Ⅲ式　2 件。小口，体形较小。如 T4③A：48（图一二，9）。

Ec 型　28 件。仰折沿，宽沿，窄弧肩。器面无纹饰，但遗留有明显的轮磨痕迹。依据口径大小变化，可分二式。

Ⅰ式　15 件。小口，长颈，体大。如 T8④D：76（图一二，14）。

Ⅱ式　13 件。大口，短颈，体小。如 T18④D：70（图一二，11）。

F 型　10 件。敛口。依据口沿、领部的变化，可分三式。

Ⅰ式　1 件（T30⑧：157）。大口，仰折沿，高领（图一二，13）。

Ⅱ式　7 件。小口，平沿，领部较矮。如 T19④A：16（图一二，16）。

Ⅲ式　2 件。小口，仰折沿，矮领。如 T7③A：93（图一二，12）。

G 型　2 件。侈口，卷沿。依据颈部和腹部形态的差异，可分二亚型。

Ga 型　1 件（T2③：148）。短颈，扁鼓腹（图一二，17）。

Gb 型　1 件（T2③：187）。长颈，鼓腹（图一二，15）。

高领罐　107 件。依据领部高矮，可分二型。

A 型　78 件。沿部外翻，矮领。依据沿部、口部及肩部形态的差异，可分三亚型。

Aa 型　47 件。敞口，卷沿。依据口径大小和颈部长短变化，可分四式。

Ⅰ式　3 件。大口，领部相对较高，卷沿外翻。如 T23⑨：62（图一三，1）。

Ⅱ式　18 件。口径略小，领部略矮。如 T11⑦：74（图一三，2）。

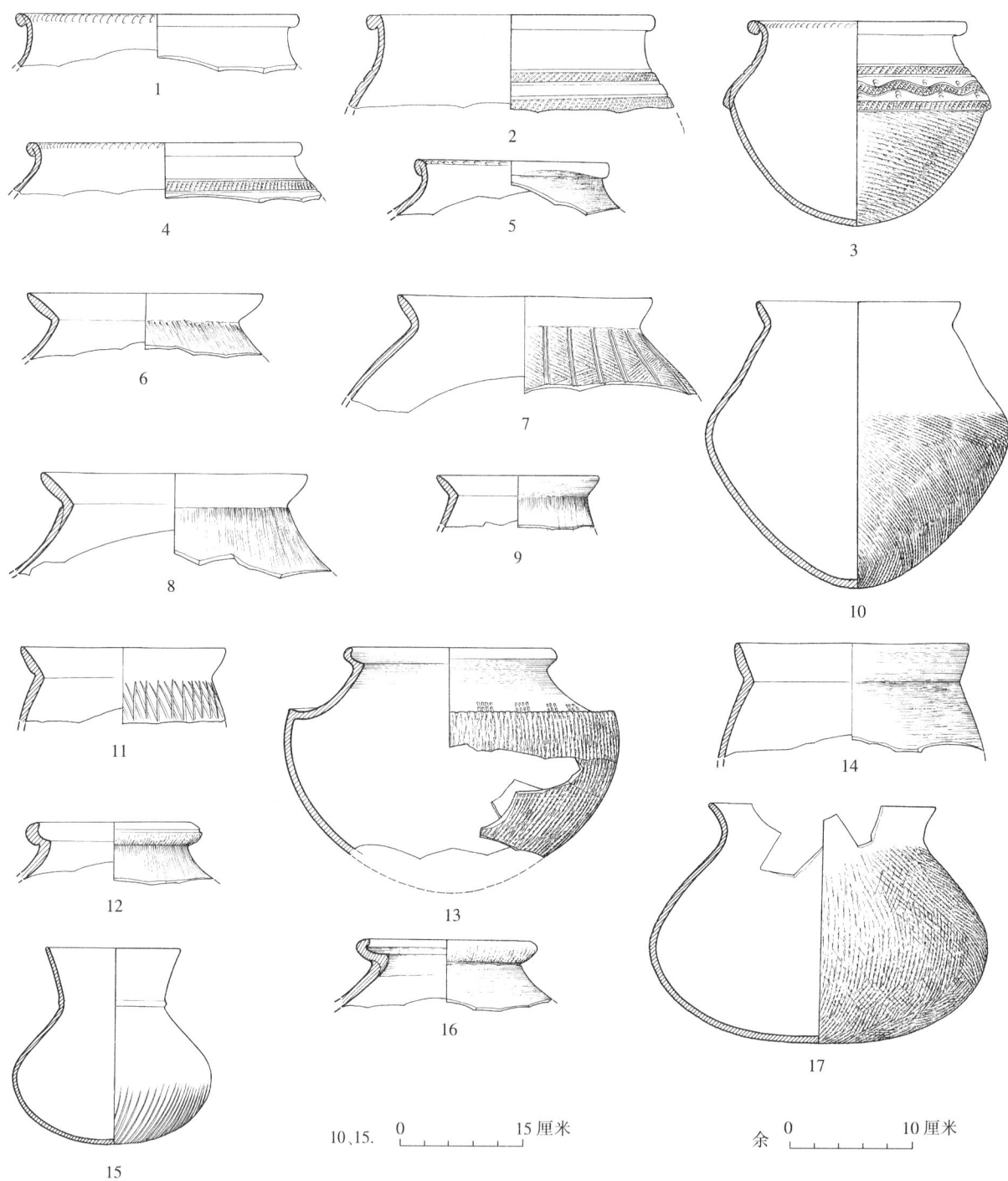

图一二　陶釜

1. Da 型Ⅰ式（T30⑦∶195）　2. Da 型Ⅱ式（T24⑤∶89）　3. Da 型Ⅲ式（T22⑤∶141）　4. Db 型Ⅰ式
（T5⑦∶106）　5. Db 型Ⅱ式（T5②A∶180）　6. Ea 型Ⅰ式（T15⑥∶274）　7. Ea 型Ⅱ式（T18④D∶51）
8. Eb 型Ⅱ式（T20④B∶109）　9. Eb 型Ⅲ式（T4③A∶48）　10. Eb 型Ⅰ式（T25⑤∶108）　11. Ec 型Ⅱ式
（T18④D∶70）　12. F 型Ⅲ式（T7③A∶93）　13. F 型Ⅰ式（T30⑧∶157）　14. Ec 型Ⅰ式（T8④D∶76）
15. Gb 型（T2③∶187）　16. F 型Ⅱ式（T19④A∶16）　17. Ga 型（T2③∶148）

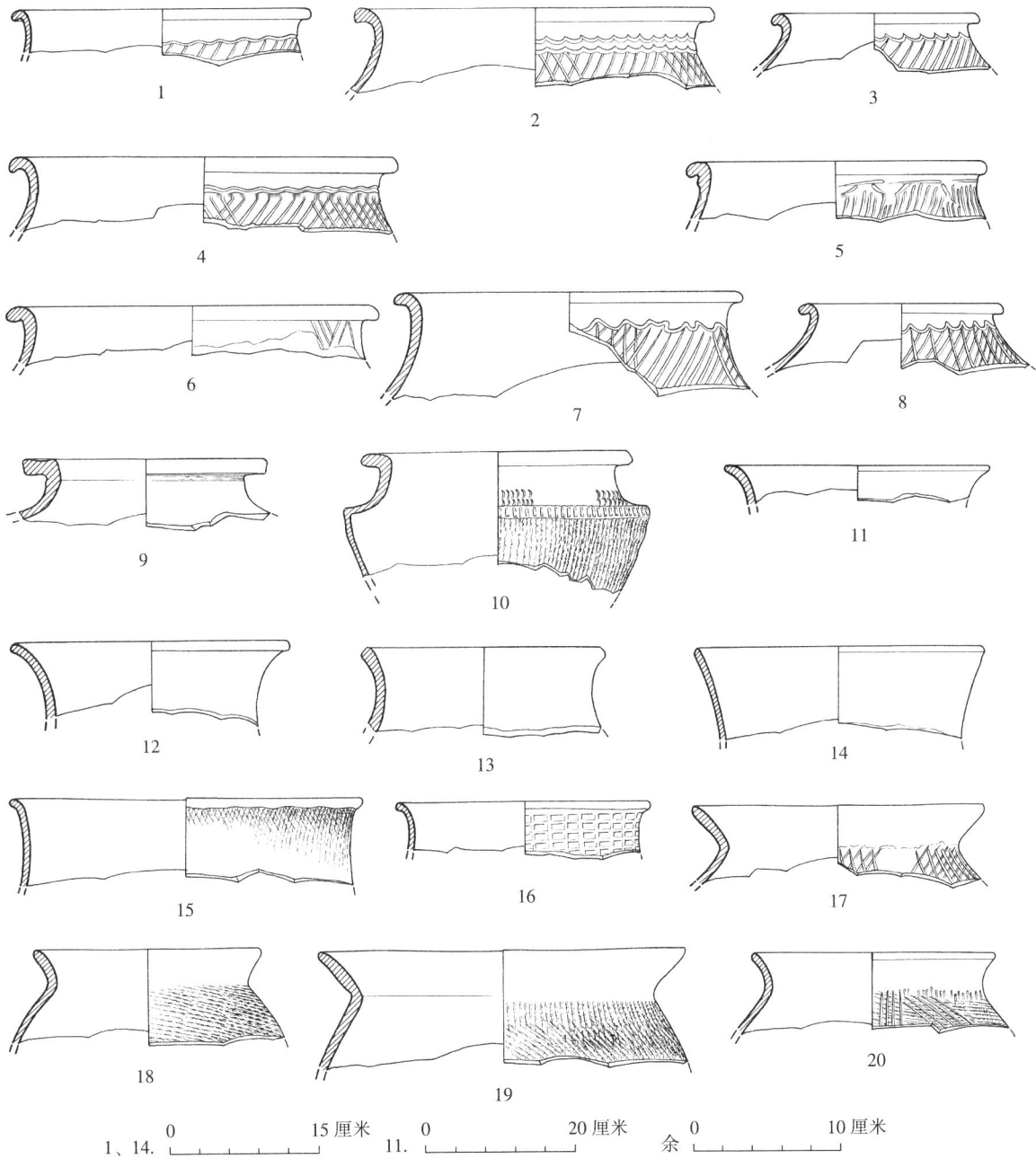

图一三　陶高领罐、罐

1. Aa 型 Ⅰ 式高领罐（T23⑨：62）　2. Aa 型 Ⅱ 式高领罐（T11⑦：74）　3. Aa 型 Ⅳ 式高领罐（T7③A：80）

4. Aa 型 Ⅲ 式高领罐（T8③B：98）　5. Ab 型 Ⅰ 式高领罐（T28⑧：16）　6. Ab 型 Ⅱ 式高领罐（T22④D：156）

7. Ab 型 Ⅲ 式高领罐（T17③B：233）　8. Ab 型 Ⅳ 式高领罐（T7③A：192）　9. Ac 型 Ⅰ 式高领罐（T29⑦：86）　10. Ac 型 Ⅱ 式高领罐（T15⑤：313）　11. Ba 型 Ⅰ 式高领罐（T29⑨：74）　12. Ba 型 Ⅱ 式高领罐（T24⑧：65）　13. Ba 型 Ⅲ 式高领罐（T25⑦：51）　14. Bb 型高领罐（T12④D：56）　15. Bc 型高领罐（T30⑨：98）　16. Bd 型高领罐（T8⑨：40）　17. Aa 型 Ⅰ 式罐（T9⑥：23）　18. Aa 型 Ⅱ 式罐（T25⑥：105）　19. Aa 型 Ⅲ 式罐（T8④D：9）　20. Aa 型 Ⅳ 式罐（T13④B：78）

Ⅲ式　13 件。小口，近平沿，矮领。如 T8③B：98（图一三，4）。

Ⅳ式　13 件。小口。如 T7③A：80（图一三，3）。

Ab 型　27 件。侈口，折沿。依据口径大小和领部变化，可分四式。

Ⅰ式　8 件。口微侈，矮领。如 T28⑧：16（图一三，5）。

Ⅱ式　8 件。大口，领略高。如 T22④D：156（图一三，6）。

Ⅲ式　4 件。口略大，高领。如 T17③B：233（图一三，7）。

Ⅳ式　7 件。小口。如 T7③A：192（图一三，8）。

Ac 型　4 件。宽平折沿，折肩。依据口径大小变化，可分二式。

Ⅰ式　3 件。大口，近直口。如 T29⑦：86（图一三，9）。

Ⅱ式　1 件（T15⑤：313）。小口，口微侈（图一三，10）。

B 型　29 件。高领，口径相对较大。依据口部形态差异，可分四亚型。

Ba 型　20 件。喇叭口。依据口径大小变化，可分三式。

Ⅰ式　3 件。大口。如 T29⑨：74（图一三，11）。

Ⅱ式　10 件。小口。如 T24⑧：65（图一三，12）。

Ⅲ式　7 件。小口，矮领。如 T25⑦：51（图一三，13）。

Bb 型　1 件（T12④D：56）。侈口，折沿（图一三，14）。

Bc 型　6 件。浅盘口。如 T30⑨：98（图一三，15）。

Bd 型　2 件。敞口，卷沿。如 T8⑨：40（图一三，16）。

罐　332 件。依据口部形态的差异，可分五型。

A 型　259 件。侈口。依据沿部、肩部及领部形态的差异，可分六亚型。

Aa 型　40 件。侈口，折沿，束颈。此类器物的沿部略经磨光处理，沿部下再饰绳纹或其他纹饰。依据肩部和颈部的变化，可分四式。

Ⅰ式　7 件。口略大，折沿，短颈，鼓肩。如 T9⑥：23（图一三，17）。

Ⅱ式　15 件。卷沿，长颈，弧肩。如 T25⑥：105（图一三，18）。

Ⅲ式　7 件。口略大，长颈。如 T8④D：9（图一三，19）。

Ⅳ式　11 件。口微敞，卷沿，长颈。如 T13④B：78（图一三，20）。

Ab 型　78 件。宽折沿，弧肩。颈部一般都装饰有一圈戳印纹或一圈水波纹，腹部普遍通饰绳纹，并在绳纹上一般都饰有草叶划纹。依据口径大小变化，可分四式。

Ⅰ式　15 件。小口，体小。如 T30⑧：163（图一四，1）。

Ⅱ式　29 件。大口，束颈明显。如 T15⑦：164（图一四，2）。

Ⅲ式　15 件。口略小，仰折沿。如 T30④C：269（图一四，3）。

Ⅳ式　19 件。口略小，短颈。颈部与肩部为二次对接。如 T15④B：373（图一四，4）。

Ac 型　30 件。此类器物的溜肩连弧呈假双肩，肩部以上都经过磨光处理，其上装饰有比较繁

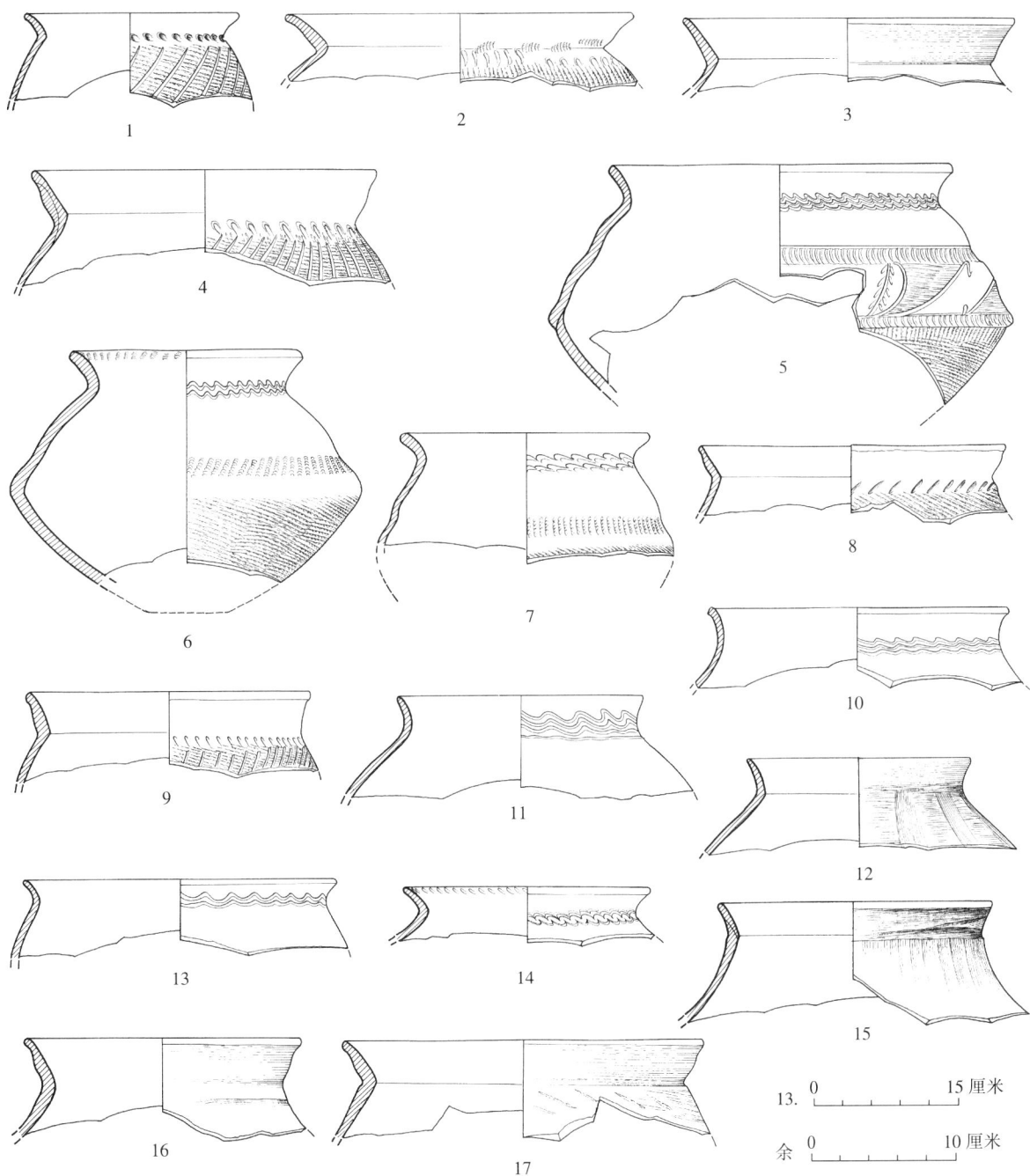

图一四　陶罐

1. Ab 型Ⅰ式（T30⑧：163）　2. Ab 型Ⅱ式（T15⑦：164）　3. Ab 型Ⅲ式（T30④C：269）　4. Ab 型Ⅳ式（T15④B：373）　5. Ac 型Ⅰ式（T15⑧：126）　6. Ac 型Ⅱ式（T15⑧：121）　7. Ac 型Ⅲ式（T15⑤：311）　8. Ad 型Ⅰ式（T29⑨：64）　9. Ad 型Ⅱ式（T15④D：405）　10. Ae 型Ⅰ式（T30⑦：182）　11. Ae 型Ⅱ式（T13④D：46）　12. Ae 型Ⅲ式（T30④C：226）　13. Ae 型Ⅳ式（T12④B：56）　14. Ae 型Ⅴ式（T17④A：173）　15. Af 型Ⅰ式（T25④A：180）　16. Af 型Ⅱ式（T15③B：435）　17. Af 型Ⅲ式（T17②B：131）

缛的复合纹饰，肩部上则装饰绳纹。依据沿部、肩部及腹部对接制法的变化，可分三式。

Ⅰ式　14件。大口，卷沿，束颈，肩部较鼓，体宽。如T15⑧：126（图一四，5）。

Ⅱ式　9件。小口，折沿。纹饰简单。如T15⑧：121，肩部与腹部为一次对接而成，肩部装饰的纹饰相对简单。束颈程度大（图一四，6）。

Ⅲ式　7件。口径略小。装饰繁缛。如T15⑤：311（图一四，7）。

Ad型　10件。束颈，溜肩。依据口径大小、肩部弧度及沿部仰折变化，可分二式。

Ⅰ式　8件。大口，沿略平，肩部较斜。如T29⑨：64（图一四，8）。

Ⅱ式　2件。小口，沿较仰折，肩部近弧。如T15④D：405（图一四，9）。

Ae型　82件。口微侈，卷沿，广圆鼓肩。此类器物的颈部和肩部都经过磨光处理，沿部一般装饰有数条水波划纹，肩部下再饰绳纹或其他纹饰。依据颈部长短变化，可分五式。

Ⅰ式　26件。小口，短颈，窄肩。如T30⑦：182（图一四，10）。

Ⅱ式　28件。口略小，长颈。如T13④D：46（图一四，11）。

Ⅲ式　17件。小口，颈部略短。如T30④C：226（图一四，12）。

Ⅳ式　5件。大口。如T12④B：56（图一四，13）。

Ⅴ式　6件。小口，短颈。如T17④A：173（图一四，14）。

Af型　19件。侈口，仰折沿，短颈。依据口径大小和颈部长短变化，可分三式。

Ⅰ式　5件。小口，沿部较仰。颈部与口部多为二次对接。如T25④A：180（图一四，15）。

Ⅱ式　12件。口略大，沿略斜。颈部与口为一次对接而成。如T15③B：435（图一四，16）。

Ⅲ式　2件。大口。如T17②B：131（图一四，17）。

B型　43件。敞口。依据沿部形态的差异，可分三亚型。

Ba型　9件。折沿。依据口径大小和颈部长短变化，可分二式。

Ⅰ式　5件。大口，体大。如T30⑨：123（图一五，1）。

Ⅱ式　4件。大口，束颈明显。如T5③A：172（图一五，2）。

Bb型　30件。卷沿。依据口径大小和颈部长短变化，可分三式。

Ⅰ式　4件。大口，短颈。如T30⑨：112（图一五，3）。

Ⅱ式　7件。口径略大，颈部略短。如T18④A：62（图一五，4）。

Ⅲ式　19件。小口，短颈，沿部略卷。如T30④A：247（图一五，5）。

Bc型　4件。卷沿。如T9⑤：33（图一五，6）。

C型　6件。子母口，方唇。依据口沿形态的差异，可分二亚型。

Ca型　4件。折沿。如T30④C：215（图一五，7）。

Cb型　2件。卷沿。如T29④C：26（图一五，8）。

D型　14件。盘口。依据口沿形态的差异，可分二亚型。

Da型　4件。卷沿。依据口径大小和沿部变化，可分二式。

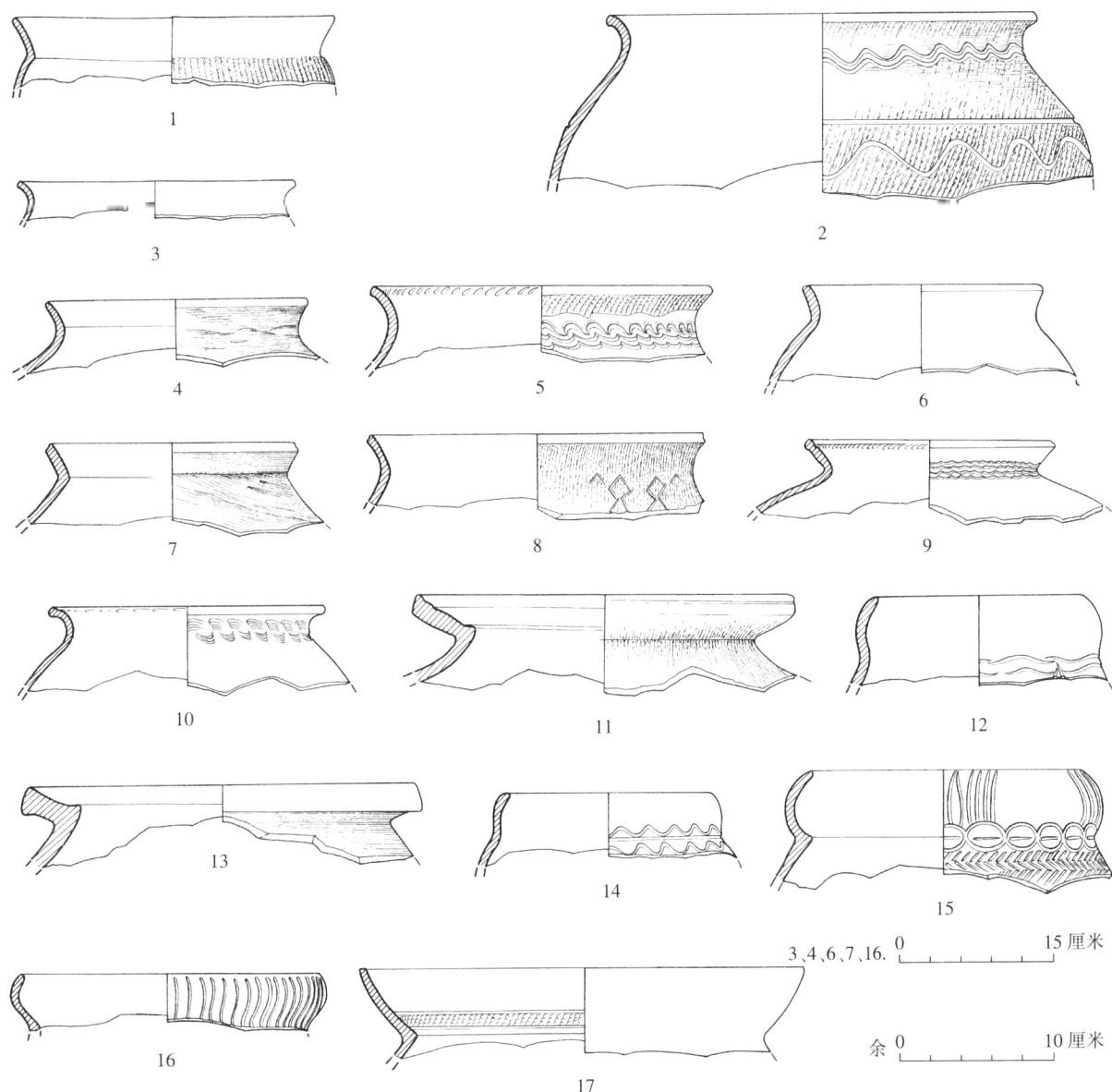

图一五　陶罐

1. Ba 型Ⅰ式罐（T30⑨：123）　2. Ba 型Ⅱ式罐（T5③A：172）　3. Bb 型Ⅰ式罐（T30⑨：112）　4. Bb 型Ⅱ式罐（T18④A：62）　5. Bb 型Ⅲ式罐（T30④A：247）　6. Bc 型罐（T9⑤：33）　7. Ca 型罐（T30④C：215）　8. Cb 型罐（T29④C：26）　9. Da 型Ⅰ式罐（T30⑦：186）　10. Da 型Ⅱ式罐（T7③A：78）　11. Db 型Ⅰ式罐（T20⑤：87）　12. Ea 型Ⅰ式罐（T28⑧：21）　13. Db 型Ⅱ式罐（T10④A：14）　14. Ea 型Ⅱ式罐（T5③A：100）　15. Eb 型Ⅰ式罐（T8⑤：65）　16. Eb 型Ⅱ式罐（T17④C：1）　17. 单耳罐口沿（T32①：95）

　　Ⅰ式　2件。小口，宽折沿，长颈，广圆肩。如 T30⑦：186（图一五，9）。

　　Ⅱ式　2件。大口，宽平卷沿，短颈，窄弧肩。如 T7③A：78（图一五，10）。

Db 型　10 件。折沿。依据口部和领部形态的变化，可分二式。

Ⅰ式　2 件。沿部仰折程度大，深盘口。如 T20⑤：87（图一五，11）。

Ⅱ式　8 件。浅盘口，矮领。如 T10④A：14（图一五，13）。

E 型　10 件。葫芦口。依据沿部形态的差异，可分二亚型。

Ea 型　7 件。卷沿。依据口部、体形变化，可分二式。

Ⅰ式　1 件（T28⑧：21）。体形较大（图一五，12）。

Ⅱ式　6 件。器形较小。如 T5③A：100（图一五，14）。

Eb 型　3 件。折沿。依据口径大小和体形变化，可分二式。

Ⅰ式　2 件。小口，体形小。如 T8⑤：65（图一五，15）。

Ⅱ式　1 件（T17④C：1）。大口，沿部仰折，体形较大（图一五，16）。

单耳罐口沿　3 件。均为泥质磨光黑陶。敛口，口部呈覆碗状。如 T32①：95（图一五，17）。

鋬耳罐　1 件（T23④D：128）。深盘口，折沿，束颈，折肩，平底内凹（图一六，1）。

花边口沿罐　26 件。均为夹砂陶，以灰褐陶多见，另有少量的褐陶。器表由于后来被火二次焚烧，表面一般都呈黑色或泛黑。该类器物最大的特征是唇部装饰有绳纹或锯齿状花边，颈部上往往都有一圈附加堆纹装饰。依据口径大小和唇部形态的差异，可分二型。

A 型　1 件（T15⑧：159）。喇叭口，口径较大，侈口，高领（图一六，2）。

B 型　25 件。口径较小，敞口。依据唇部花边装饰差异，可分二亚型。

Ba 型　7 件。侈口。唇部附加一泥条上装饰抹断绳纹或捺窝纹。依据口部以及领部、体形形态变化，可分三式。

Ⅰ式　3 件。口略侈，矮领。如 T30⑨：143（图一六，3）。

Ⅱ式　2 件。口略侈，高领，体瘦。如 T4⑧：36（图一六，4）。

Ⅲ式　2 件。侈口，矮领。如 T12④D：57（图一六，5）。

Bb 型　18 件。敞口。直接在唇部上装饰压印绳纹或锯齿状花边。依据口径大小和颈部长短的变化，可分三式。

Ⅰ式　6 件。大口，口微敞，短颈。如 T32⑨：43（图一六，6）。

Ⅱ式　11 件。小口，长颈。如 T5⑦：122（图一六，7）。

Ⅲ式　1 件（T25⑥：104）。小口，矮领（图一六，8）。

器盖　28 件。器物外壁多因火烧而呈黑色。器纽均残，器盖肩部外壁都有轮修痕迹，肩部和腹部之间有明显浅凹槽。平面形状多见呈覆碗。尖唇，敛口，深弧腹，腹部都通施交错细绳纹。依据腹部和口部形态的差异，可分三型。

A 型　22 件。覆碗状。肩部与腹部不在同一弧线上。依据口部形态的差异，可分三亚型。

Aa 型　17 件。子母口状。依据口径、腹部形态和圈足的变化，可分四式。

Ⅰ式　4 件。深腹，体矮。如 T30⑧：151（图一七，1）。

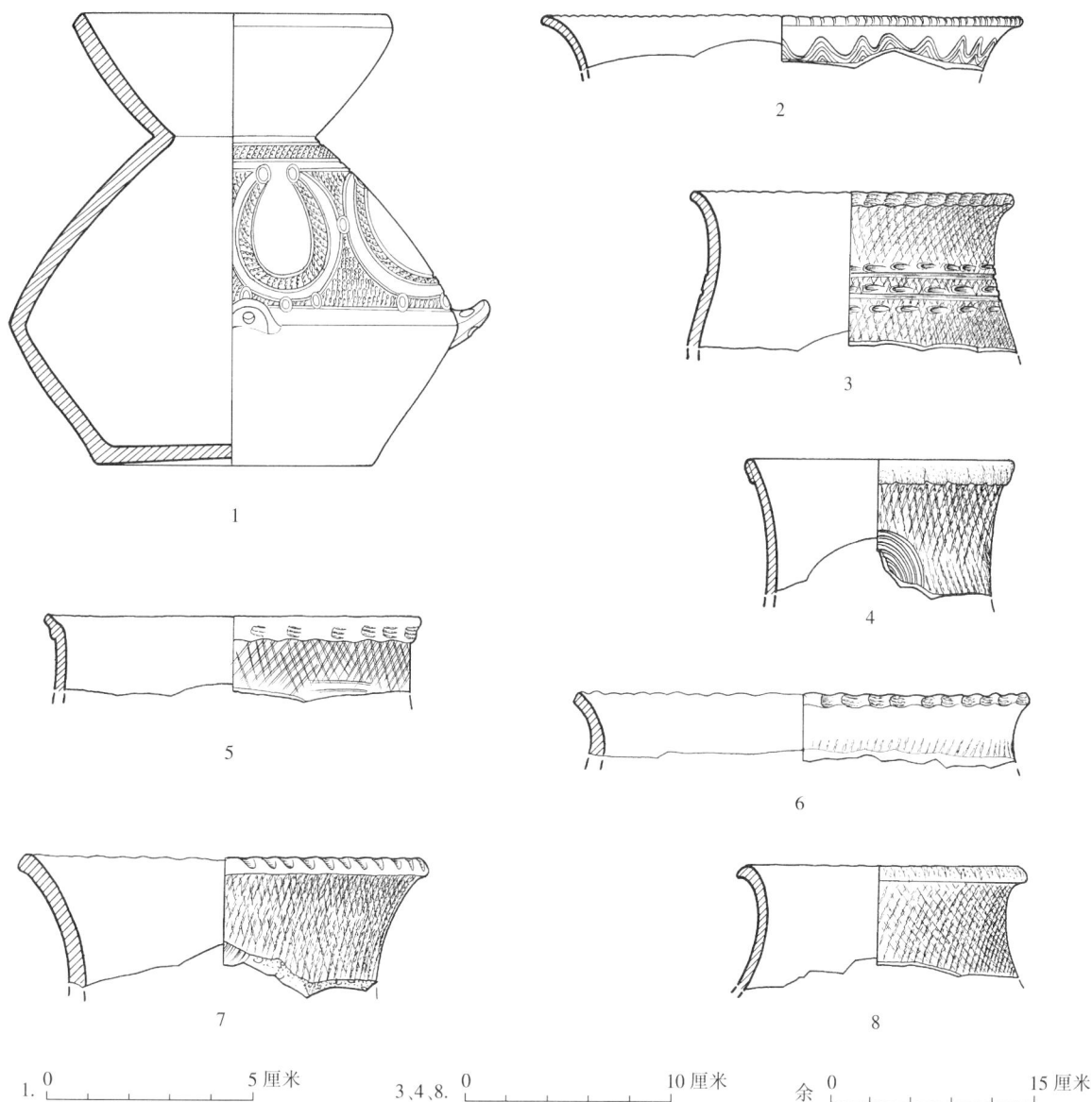

1. 0　　　　　5 厘米
3、4、8. 0　　　　　10 厘米
余 0　　　　　15 厘米

图一六　陶竖耳罐、花边口沿罐

1. 竖耳罐（T23④D：128）　2. A 型花边口沿罐（T15⑧：159）　3. Ba 型 I 式花边口沿罐（T30⑨：143）

4. Ba 型 II 式花边口沿罐（T4⑧：36）　5. Ba 型 III 式花边口沿罐（T12④D：57）　6. Bb 型 I 式花边口沿罐

（T32⑨：43）　7. Bb 型 II 式花边口沿罐（T5⑦：122）　8. Bb 型 III 式花边口沿罐（T25⑥：104）

II 式　5 件。腹部略浅，矮圈足，体略瘦。如 T30⑦：821（图一七，2）。

III 式　6 件。口略大，腹部浅。如 T5④D：162（图一七，3）。

IV 式　2 件。小口，浅弧腹。如 T25④B：171（图一七，4）。

Ab 型　4 件。敛口。依据体形和腹部形态的变化，可分二式。

I 式　3 件。深腹，体高。如 T15⑧：120（图一七，5）。

II 式　1 件（T15⑦：232）。腹部略浅，体矮（图一七，6）。

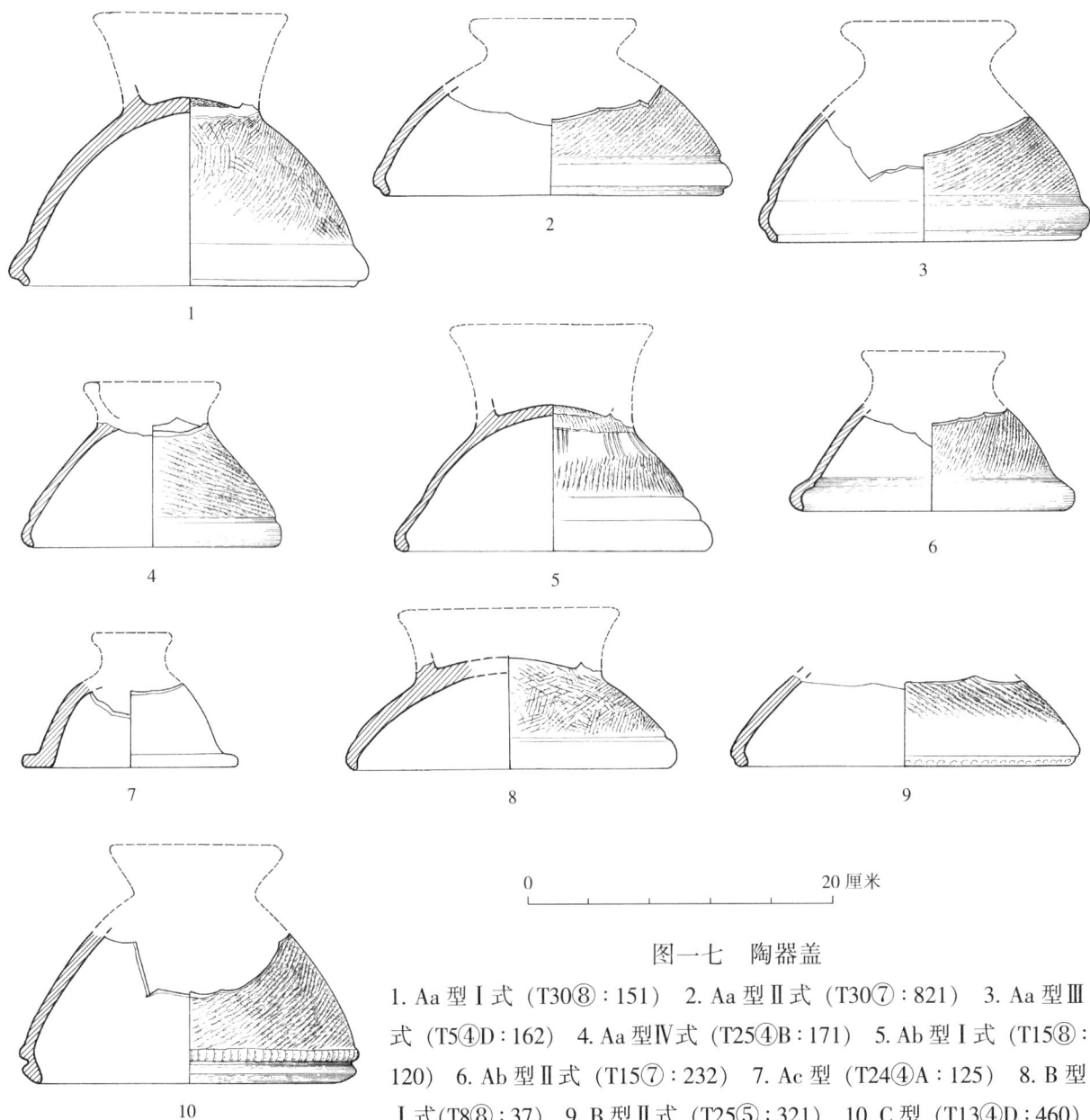

图一七　陶器盖

1. Aa 型 Ⅰ 式（T30⑧：151）　2. Aa 型 Ⅱ 式（T30⑦：821）　3. Aa 型 Ⅲ
式（T5④D：162）　4. Aa 型 Ⅳ 式（T25④B：171）　5. Ab 型 Ⅰ 式（T15⑧：
120）　6. Ab 型 Ⅱ 式（T15⑦：232）　7. Ac 型（T24④A：125）　8. B 型
Ⅰ 式（T8⑧：37）　9. B 型 Ⅱ 式（T25⑤：321）　10. C 型（T13④D：460）

Ac 型　1 件（T24④A：125）。侈口，平沿（图一七，7）。

B 型　5 件。覆钵形。肩部与腹部连为一体。依据腹部深浅，可分二式。

Ⅰ 式　1 件（T8⑧：37）。浅弧腹（图一七，8）。

Ⅱ 式　4 件。深弧腹。如 T25⑤：321（图一七，9）。

C 型　1 件（T13④D：460）。敛口，深腹，覆盆状（图一七，10）。

壶形器　17 件。依据口部形态的差异，可分四型。

A 型　6 件。敞口。依据领部变化，可分二式。

Ⅰ 式　2 件。高领。如 T30⑨：108（图一八，1）。

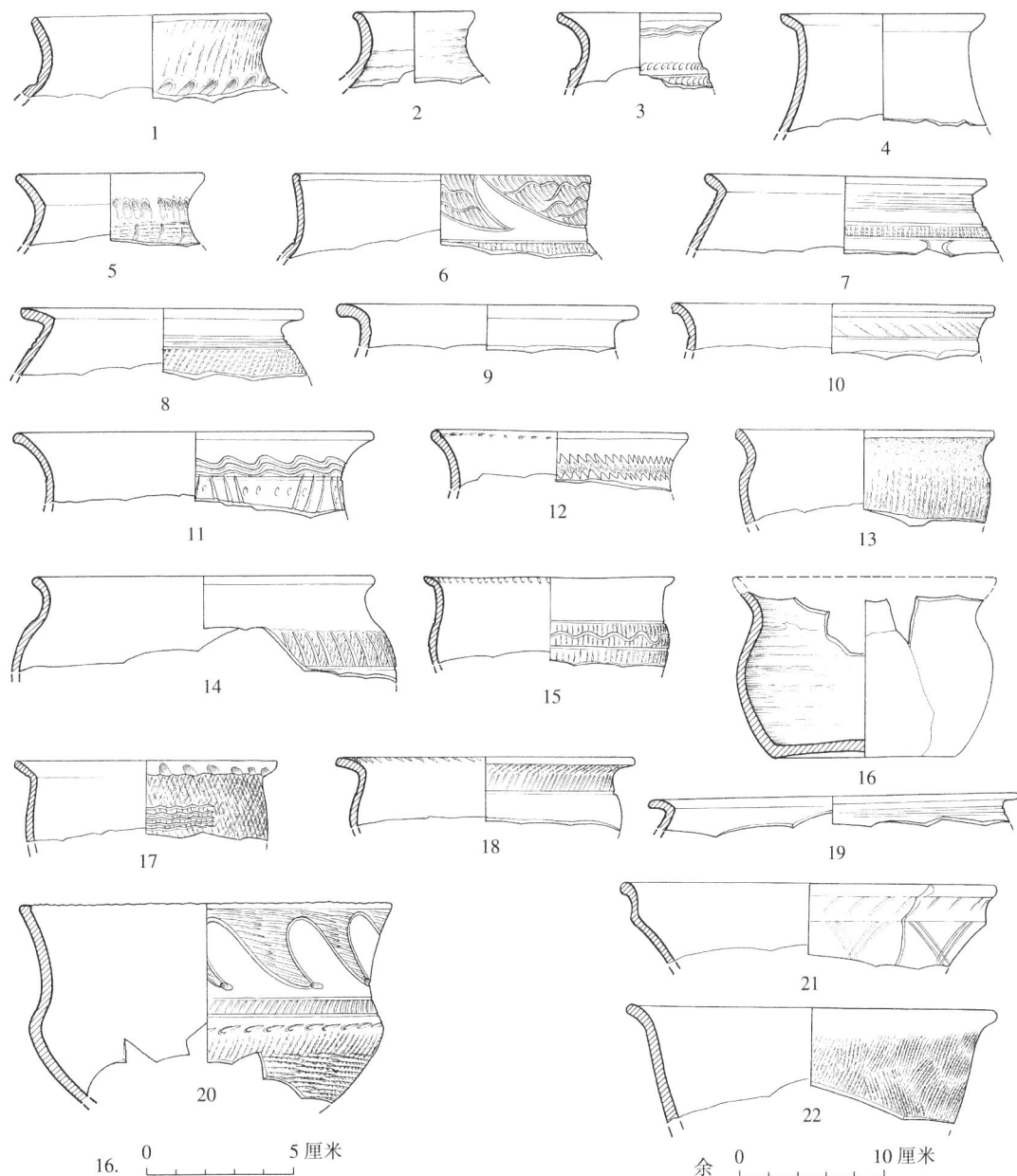

图一八 陶壶形器、尊形器、盆形器

1. A 型 I 式壶形器（T30⑨：108） 2. A 型 II 式壶形器（T24⑧：54） 3. Ba 型壶形器（T15⑧：131） 4. Bb 型壶形器（T30⑦：189） 5. C 型壶形器（T15③B：457） 6. D 型壶形器（T7③B：125） 7. Aa 型 I 式尊形器（T32⑦：54） 8. Aa 型 II 式尊形器（T7③B：101） 9. Ab 型 II 式尊形器（T4②A：88） 10. B 型 I 式尊形器（T28⑨：10） 11. B 型 II 式尊形器（T5⑦：124） 12. C 型尊形器（T17②B：132） 13. A 型 II 式盆形器（T25⑦：53） 14. A 型 I 式盆形器（T15⑧：158） 15. A 型 III 式盆形器（T24④D：104） 16. A 型 IV 式盆形器（T15③A：461） 17. B 型 I 式盆形器（T5⑦：127） 18. B 型 II 式盆形器（T8③B：33） 19. Ab 型 I 式尊形器（T15⑧：140） 20. Cb 型盆形器（T15⑧：122） 21. Ca 型盆形器（T29⑨：75） 22. Cc 型盆形器（T15⑦：163）

Ⅱ式　4件。领部较矮。如 T24⑧:54（图一八，2）。

B 型　3件。盘口。依据口沿形态的差异，可分二亚型。

Ba 型　1件（T15⑧:131）。卷沿（图一八，3）。

Bb 型　2件。折沿，高领。如 T30⑦:189（图一八，4）。

C 型　6件。侈口。如 T15③B:457（图一八，5）。

D 型　2件。近直口，矮领。如 T7③B:125（图一八，6）。

尊形器　13件。依据口部形态的差异，可分三型。

A 型　4件。侈口。依据口沿形态的差异，可分二亚型。

Aa 型　2件。折沿。依据折沿和肩部的变化，可分二式。

Ⅰ式　1件（T32⑦:54）。仰折沿，弧肩（图一八，7）。

Ⅱ式　1件（T7③B:101）。平折沿，鼓肩（图一八，8）。

Ab 型　2件。卷沿。依据口径大小变化，可分二式。

Ⅰ式　1件（T15⑧:140）。大口（图一八，19）。

Ⅱ式　1件（T4②A:88）。小口（图一八，9）。

B 型　8件。敞口，宽沿。依据颈部长短变化，可分二式。

Ⅰ式　1件（T28⑨:10）。沿较宽，口微敞，颈部略短（图一八，10）。

Ⅱ式　7件。大口外翻，长颈。如 T5⑦:124（图一八，11）。

C 型　1件（T17②B:132）。小口，口微敛，体小，器表装饰繁缛（图一八，12）。

盆形器　11件。依据口部形态的差异，可分三型。

A 型　4件。敞口。依据领部、沿部等的变化，可分四式。

Ⅰ式　1件（T15⑧:158）。敞口，卷沿，矮领，鼓腹（图一八，14）。

Ⅱ式　1件（T25⑦:53）。口微敞，卷沿，腹部微鼓，束颈（图一八，13）。

Ⅲ式　1件（T24④D:104）。口微敛，弧腹，长颈，高领（图一八，15）。

Ⅳ式　1件（T15③A:461）。口微侈，折沿，束颈，弧腹（图一八，16）。

B 型　3件。盘口，宽沿，束颈。依据沿部和腹部变化，可分二式。

Ⅰ式　2件。近盘口，折沿，深弧腹。如 T5⑦:127（图一八，17）。

Ⅱ式　1件（T8③B:33）。沿微折，浅腹（图一八，18）。

C 型　4件。侈口。依据腹部形态的差异，可分三亚型。

Ca 型　1件（T29⑨:75）。大侈口，卷沿，折肩（图一八，21）。

Cb 型　1件（T15⑧:122）。鼓肩（图一八，20）。

Cc 型　2件。弧肩。如 T15⑦:163（图一八，22）。

杯形器　3件。依据口部和腹部形态的差异，可分三型。

A 型　1件（T22①:100）。近敛口，折腹。疑为圈足杯（图一九，1）。

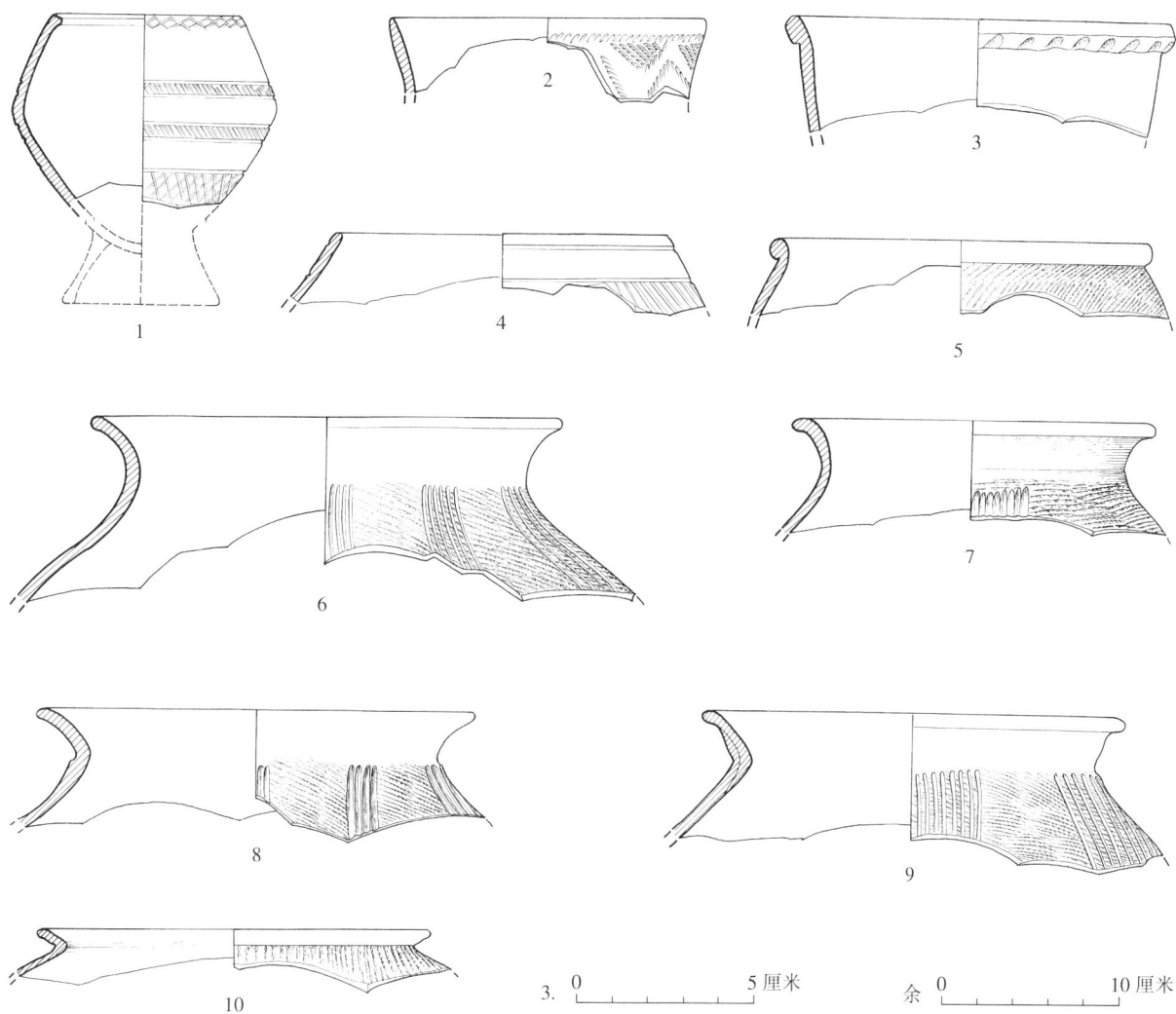

图一九　陶杯形器、瓮形器

1. A 型杯形器（T22①：100）　2. B 型杯形器（T11⑧：38）　3. C 型杯形器（T30⑨：141）　4. Aa 型瓮形
器（T30⑨：107）　5. Ab 型瓮形器（T15④D：387）　6. Ba 型Ⅰ式瓮形器（T15⑧：123）　7. Ba 型Ⅱ式瓮
形器（T30⑥：201）　8. Bb 型Ⅰ式瓮形器（T15⑤：298）　9. Bb 型Ⅱ式瓮形器（T14④B：79）　10. C 型
瓮形器（T30⑨：136）

　　B 型　1 件（T11⑧：38）。大侈口，腹部内弧（图一九，2）。

　　C 型　1 件（T30⑨：141）。口微侈，方唇，折沿，弧腹（图一九，3）。

　　瓮形器　44 件。依据口部形态的差异，可分三型。

　　A 型　16 件。敛口，窄肩。依据肩部形态的差异，可分二亚型。

　　Aa 型　7 件。溜肩。如 T30⑨：107（图一九，4）。

　　Ab 型　9 件。弧肩。如 T15④D：387（图一九，5）。

　　B 型　24 件。敞口。依据沿部和肩部形态的差异，可分二亚型。

Ba 型　9 件。卷沿，溜肩。依据口径大小变化，可分二式。

Ⅰ式　3 件。大口，宽卷沿，长颈。如 T15⑧：123（图一九，6）。

Ⅱ式　6 件。口略小。如 T30⑥：201（图一九，7）。

Bb 型　15 件。折沿，弧肩。依据口径大小和颈部制作变化，可分二式。

Ⅰ式　10 件。大口。如 T15⑤：298（图一九，8）。

Ⅱ式　5 件。小口。如 T14④B：79（图一九，9）。

C 型　4 件。侈口，束颈，溜肩。如 T30⑨：136（图一九，10）。

纺轮　17 件。依据器物形态的差异，可分四型。

A 型　13 件。穿孔圆陶片。一般系利用废弃陶片或残陶片制作。平面形状多呈圆形，中间有圆形穿孔，周缘一般都经过打磨处理。如 T30④D：39。

B 型　2 件。截尖锥形。如 T13④D：5。

C 型　1 件（T13④D：14）。球形。

D 型　1 件（T30④C：18）。陀螺状。

器底　146 件。依据底部形态的差异，可分二型。

A 型　142 件。平底。依据底部直径大小，可分二亚型。

Aa 型　51 件。大平底，直径大于 10 厘米。如 T15④D：162。

Ab 型　91 件。小平底，直径小于 10 厘米。如 T17⑤：110。

B 型　4 件。圜底。如 T5⑦：238。

圈足　92 件。依据足部形态的差异，可分二型。

A 型　81 件。喇叭口状。依据足部高矮差异，可分二亚型。

Aa 型　71 件。矮圈足。依据足径大小和高矮变化，可分二式。

Ⅰ式　26 件。足径较小，圈足相对较矮。如 T5⑨：92。

Ⅱ式　45 件。足径较大，圈足较高。如 T13④D：62。

Ab 型　10 件。高圈足。依据足径大小和高矮变化，可分二式。

Ⅰ式　1 件（T15⑦：90）。足径较小，圈足较矮。

Ⅱ式　9 件。足径较大，圈足较高。如 T25⑦：247。

B 型　11 件。浅覆盘状。依据足部高矮形态差异，可分二亚型。

Ba 型　5 件。矮圈足。如 T28⑨：9。

Bb 型　6 件。高圈足。如 T29⑧：82。

2. 石器

遗址出土的石器数量和种类均较丰富，石器以磨制石器为主，少见打制石器；磨制石器磨制精细，表面光滑。器形种类有斧、锛、凿、砺石、网坠、矛、镞、星形器、璧、磨盘、磨棒、臼、石拍、纺轮、弹丸等，另外还有大量的坯料和半成品，其中斧、锛、凿、砺石、网坠等数量类型最多。主要是生产工具，其次为渔猎工具和生活用具。本文对几类较为常见的石器描述，仅限于器物类型的分析。

斧　261件。依据体量大小的差异，可分三型。

A型　20件。体量大且厚重。石器表面多保留其自然面。多打制，仅局部有磨制痕迹。依据平面形状的差异，可分二亚型。

Aa型　16件。平面形状近椭圆形。如T20①：4（图二〇，1）。

Ab型　4件。平面形状呈手斧状，腰身明显。如T7⑨：61（图二〇，2）。

B型　168件。体量较大。表面磨制较为规整。依据平面形状的差异，可分六亚型。

Ba型　47件。平面形状呈长条形或圆柱形，舌形刃。器表普遍磨制较为精细。如T11④B：47（图二〇，3）。

Bb型　32件。平面形状呈梯形。多见平顶，刃部多弧刃。如T20⑤：49（图二〇，4）。

Bc型　20件。平面形状呈长方形。平顶，多弧刃。如T17④B：56（图二〇，5）。

Bd型　5件。平面形状呈不规则三角形。弧顶，弧刃。如T30⑦：89（图二〇，6）。

Be型　29件。平面形状呈锤状。体厚。弧顶，舌形刃。如T15⑤：70（图二〇，7）。

Bf型　35件。平面形状呈椭圆形。多弧顶，弧刃。如T24④D：42（图二〇，8）。

C型　73件。体量较小。依据平面形状的差异，可分四亚型。

Ca型　41件。平面形状呈长条形或圆柱形。舌形刃。器表磨制精细。如T13④D：16（图二〇，9）。

Cb型　14件。平面形状呈梯形。多见平顶，刃部多弧刃。如T30⑤：75（图二〇，10）。

Cc型　10件。平面形状呈锤状。体厚。弧顶，舌形刃。如T22④B：22（图二〇，11）。

Cd型　8件。平面形状呈椭圆形。弧刃，多弧顶。如T28④D：11（图二〇，12）。

锛　140件。依据体量大小差异，可分二型。

A型　95件。体量较大。依据平面形状的差异，可分五亚型。

Aa型　44件。平面形状呈梯形。体宽。近平顶。如T22④D：31（图二一，1）。

Ab型　17件。平面形状呈长方形。体瘦长。平顶。如T30⑦：73（图二一，2）。

Ac型　28件。平面形状呈三角形。弧顶。如T25⑦：39（图二一，3）。

Ad型　4件。长条形。如T15⑦：90（图二一，4）。

Ae型　2件。平面形状呈椭圆形。如T30⑦：41（图二一，5）。

B型　45件。体量较小。依据平面形状的差异，可分四亚型。

Ba型　16件。平面形状呈梯形。体宽。近平顶。如T30④D：33（图二一，6）。

Bb型　16件。平面形状呈长方形。体瘦长。平顶。如T18④D：57（图二一，8）。

Bc型　11件。平面形状呈三角形。弧顶。如T22④B：9（图二一，9）。

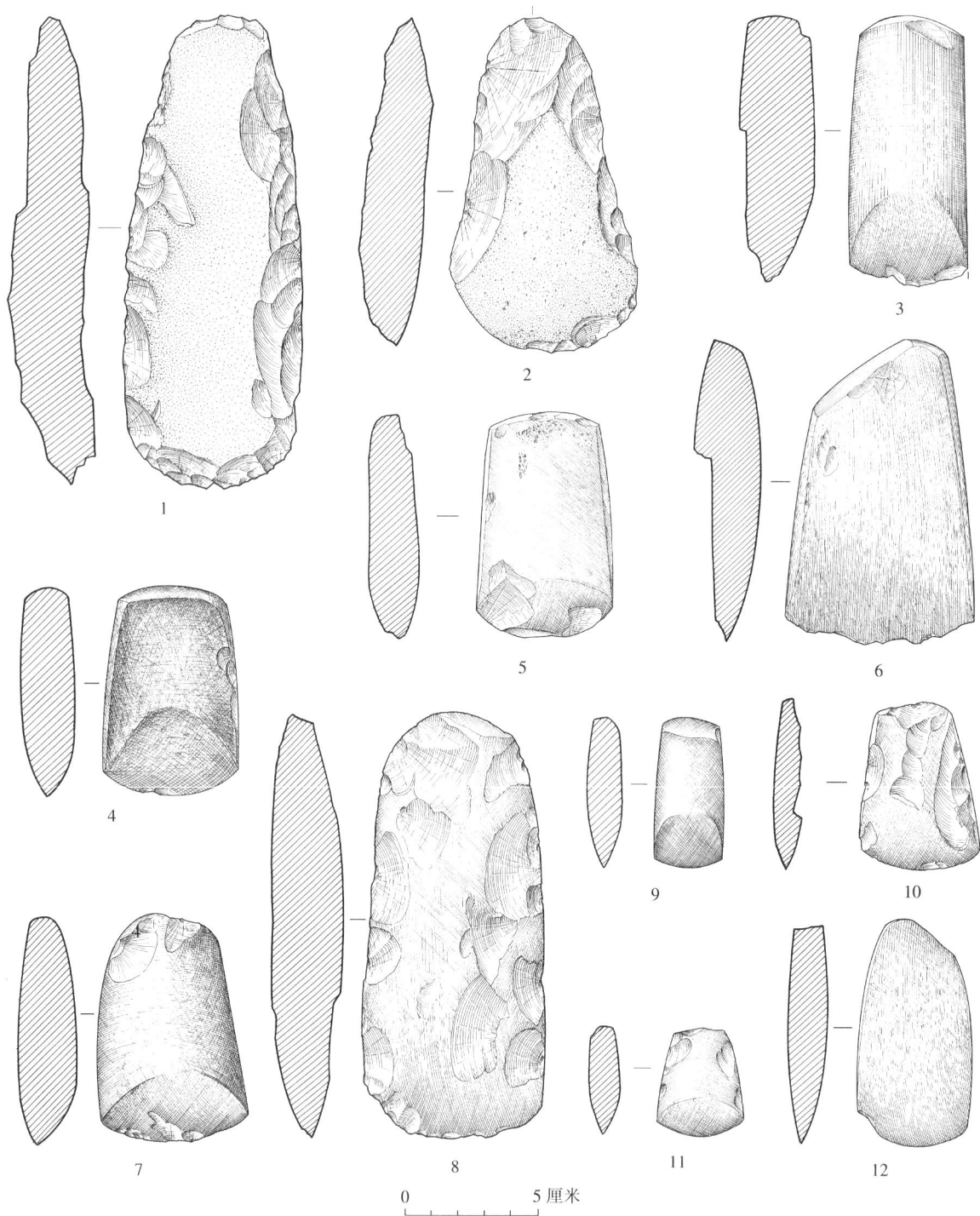

図二〇　石斧

1. Aa 型（T20①：4 ）　2. Ab 型（T7⑨：61 ）　3. Ba 型（T11④B：47 ）　4. Bb 型（T20⑤：49 ）　5. Bc 型
（T17④B：56 ）　6. Bd 型（T30⑦：89 ）　7. Be 型（T15⑤：70 ）　8. Bf 型（T24④D：42 ）　9. Ca 型（T13
④D：16 ）　10. Cb 型（T30⑤：75 ）　11. Cc 型（T22④B：22 ）　12. Cd 型（T28④D：11 ）

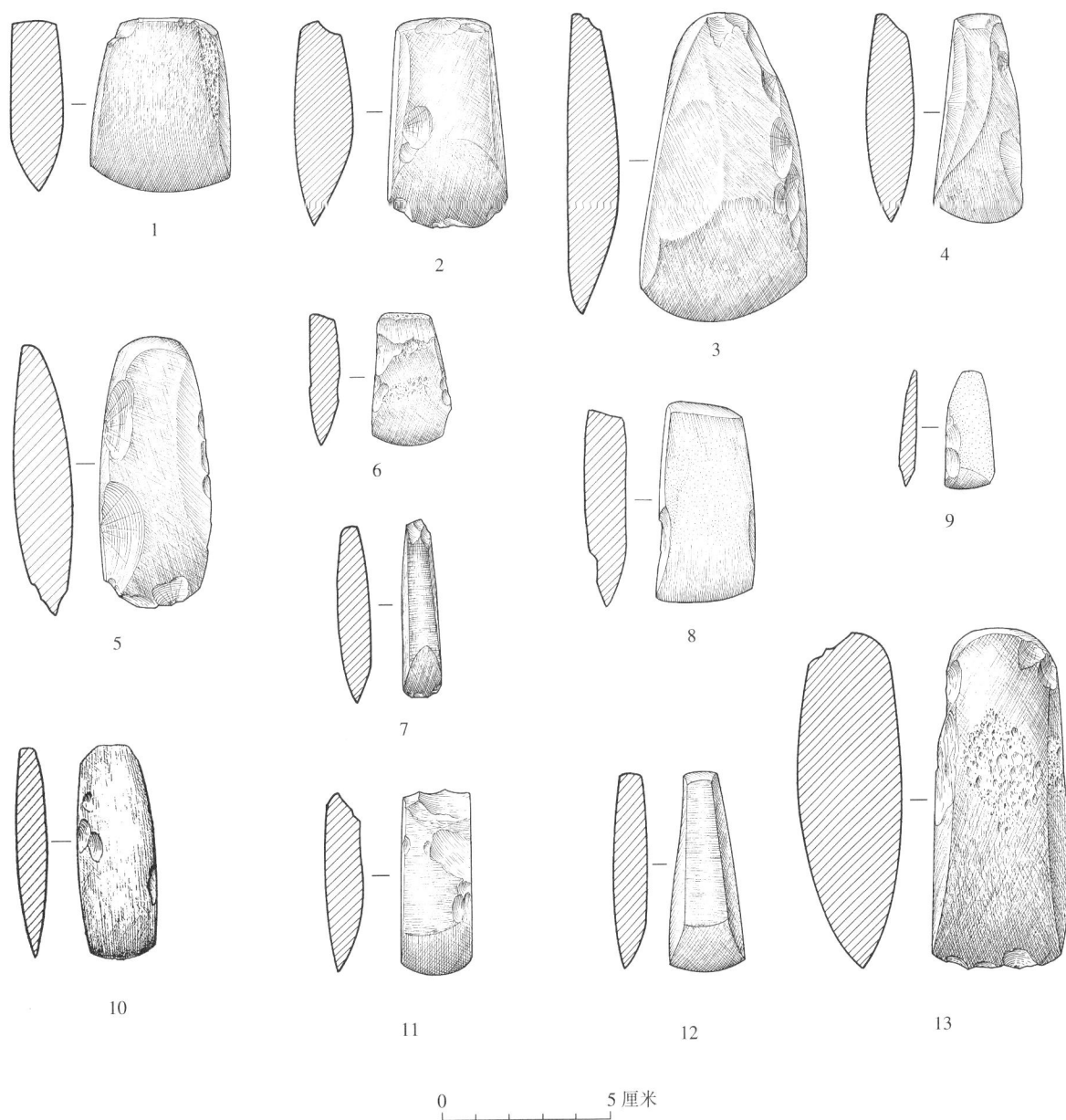

图二一　石锛、凿

1. Aa 型锛（T22④D：31）　2. Ab 型锛（T30⑦：73）　3. Ac 型锛（T25⑦：39）　4. Ad 型锛（T15⑦：
90）　5. Ae 型锛（T30⑦：41）　6. Ba 型锛（T30④D：33）　7. A 型凿（T21⑤：25）　8. Bb 型锛（T18
④D：57）　9. Bc 型锛（T22④B：9）　10. Bd 型锛（T26④D：17）　11. D 型凿（T20⑤：22）　12. B 型
凿（T12⑤：8）　13. C 型凿（T24⑤：38）

　　Bd 型　2 件。长条形。如 T26④D：17（图二一，10）。

　　凿　44 件。依据平面形状的差异，可分四型。

　　A 型　23 件。长条形。如 T21⑤：25（图二一，7）。

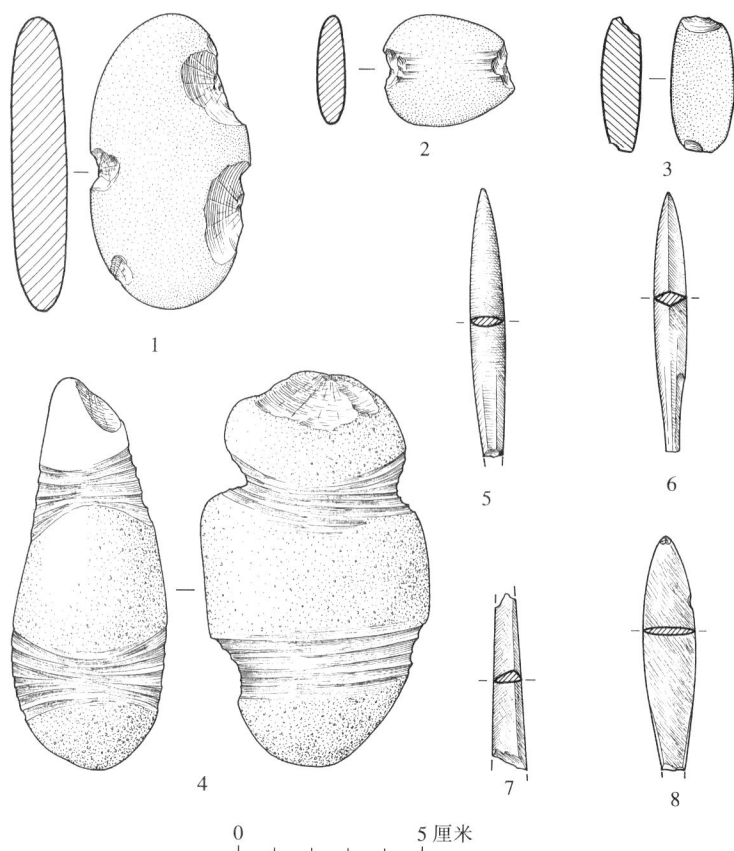

图二二　石网坠、镞

1. A 型网坠（T5⑦：71） 2、3. B 型
网坠（T5⑥：64、T4④D：28） 4. C
型网坠（T8⑥：24） 5. A 型镞（T11
⑤：31） 6. B 型镞（T5⑤：31）
7. C 型镞（T18⑤：22） 8. D 型镞
（T20⑦：38）

0　　　　　　　　5 厘米

B 型　6 件。平面形状呈梯形。平顶，弧刃。如 T12⑤：8（图二一，12）。

C 型　9 件。平面形状多呈阔叶形。体量大。如 T24⑤：38（图二一，13）。

D 型　6 件。平面形状呈长方形。平顶，弧刃。如 T20⑤：22（图二一，11）。

网坠　173 件。依据体量大小、平面形状和打击位置的差异，可分三型。

A 型　10 件。平面形状呈鞋垫状。体大。亚腰。打击点位于腰部。如 T5⑦：71（图二二，1）。

B 型　162 件。数量最多。均用来自附近河流的灰褐色砾岩制成。平面形状以条形和圆形多
见。体量较小。打击点位于砾岩两端。如 T5⑥：64、T4④D：28（图二二，2、3）。

C 型　1 件（T8⑥：24）。陀螺状。体大（图二二，4）。

镞　21 件。依据平面形状的差异，可分四型。

A 型　4 件。梭形。如 T11⑤：31（图二二，5）。

B 型　2 件。针叶形。如 T5⑤：31（图二二，6）。

C 型　10 件。柳叶形。如 T18⑤：22（图二二，7）。

D 型　5 件。阔叶形。如 T20⑦：38（图二二，8）。

第三章　2003 年度发掘的遗迹和遗物

本次发掘共发现建筑遗迹 8 座，开口层位不一，其建筑形式都为在地面挖柱洞起建，究竟为干栏式建筑或系地面建筑还需进一步的研究。这些建筑遗迹的平面形状呈长方形和圆形，以长方形居多，圆形次之。柱洞平面形状呈圆形和椭圆形，剖面形状呈锥形，尖底，从部分柱洞内残留炭化的竹子推测柱洞内的支撑物多为竹子。在建筑遗迹的"地面"上往往可以发现较硬的地面，其厚度一般为 5～10 厘米，地面上发现有石磨盘、磨棒、砺石、石锛、石斧等遗物。而此类建筑遗迹"地面"一般是用谷糠或蚌壳和泥土踩踏而成，结构紧密，非常坚硬。

陶器是石佛洞遗址出土数量最多的遗物，陶器的胎土均用本地黏土做原料，视其类型和用途而掺入分量不等的砂粒。陶器以夹砂灰褐陶为主，少有泥质陶。肩部以上抹光，而其下装饰以绳纹为主的折肩罐是石佛洞遗址一大特色。陶器烧制较精，火候较高；质地坚硬，胎壁较厚。制作方法多属手制，少数轮制。石佛洞遗址出土的陶器大多都有纹饰，纹饰种类繁多，常见的有绳纹、篮纹、附加堆纹、水波纹、弦纹、网纹、划纹、篦点纹、四叶花瓣纹等。在器物抹光后形成的光面上再压或印纹是该遗址陶器纹饰的一大特点。陶器有平底器、圜底器和圈足器，不见三足器，器物类型多样，以罐为主，另有盆形器、钵、缸、支座、碗、纺轮、陶拍等，其中单耳罐、折肩罐、圜底钵别具一格，具有较强的地域性特征。

石器有磨制和打制两种，以磨制石器为主，此类石器均为通体磨光，磨制较精。器类复杂多样，生产工具有斧、锛、凿、镞、铲、星形器、砺石、穿孔石器、石拍、石磨盘、石磨棒、石臼、研磨器、石锄等；渔猎工具有弹丸、石球、网坠；另有纺轮、石环、耳玦等。骨器主要为锥、凿、镞、耳玦、针、鱼钩、骨匕、骨刀等；牙器有穿孔牙饰、牙锥形饰，另有少量的角锥。

在第二章类型学研究基础上，下文将按堆积层位分层描述出土遗物。

（一）第 9 层出土遗物

1. 陶器

该层出土的陶片数量较少，种类也较为单一。陶器以夹砂黑褐陶多见，另有少量的磨光褐陶和灰褐陶，夹砂陶中多清晰可见方解石或石英石（表一）；夹砂陶火候较低，磨光陶火候相对较

表一　第9层出土陶片陶质、陶色统计表

陶质 / 陶色 / 探方号	夹砂						泥质						合计
	灰褐	黑褐	褐	灰	红褐	黄褐	灰褐	黑褐	褐	灰	红褐	黄褐	
T8	3	1			6								10
T12	2	1			1					1			5
T30	19	48		1	10		24	16	11	6	1		136
T22	10	19		2				4	2	6			43
T20	95	53			24		12		1				185
T29	17	18	10			2	2	4	5	2			60
T28	2	2	5										9
T5	4	21						4	2	1			32
T7	5	4											9
T23	5	27	15				7	5	2				61
T32	15	11	11	1			9	12		4			63
合计	177	205	41	4	41	2	54	45	23	20	1		
总计	470（76.7%）						143（23.3%）						613

表二　第9层出土陶片纹饰统计表

纹饰 / 探方号	绳纹	素面	网格	戳印纹	弦纹	篦点纹	附加堆纹	水波纹	指甲纹	划纹	压印纹	合计
T8	8	2										10
T12	4	1										5
T30	65	59			8		1			3		136
T22	25	16	2									43
T20	152	24		1（戳印圆圈）	3	2		1		2		185
T29	33	16		2	4		1	2	1	1		60
T28	4	3		2								9
T5	18	7			4	3						32
T7	4	5										9
T23	44	8		2	4	3						61
T32	26	33									4	63
合计	383	174	2	7	23	8	2	3	4	3	4	613
百分比（%）	62.5	28.4	0.3	1.1	3.8	1.3	0.3	0.5	0.7	0.5	0.7	100

图二三 第 9 层出土陶片纹饰拓片

1. 附加堆纹和绳纹（T23⑨：102） 2. Ba 型Ⅰ式花边口沿罐上的绳纹、弦纹和戳印纹（T3⑨：143） 3. Ba 型Ⅰ式花边口沿罐上的附加堆纹和锯齿纹（T29⑨：72） 4. Ba 型Ⅰ式釜上的弦纹和压印栉纹组成的复合纹饰带和"∫"字划纹（T23⑨：61） 5. Ab 型器底上的绳纹（T30⑨：140） 6. 水波和草叶划纹（T23⑨：62） 7. Ad 型Ⅰ式罐上的绳纹和戳印穗纹（T29⑨：64） 8. Aa 型Ⅰ式圈足上的弦纹和斜向锥刺点状纹组成的复合纹饰带（T5⑨：92）

高。纹饰装饰手法有压印、戳印、附加、刻划，常见的纹饰种类有绳纹、弦纹、水波纹、篦点纹、草叶划纹、附加堆纹、月牙压印纹以及少量的复合纹饰带等（表二；图二三）；绳纹数量较为多见，罐的口沿上多装饰有抹断绳纹或锯齿状花边，这是该层器物一大特征。花边口沿罐、Ba 型高领罐、碗、A 型釜、瓮形器、壶形器等多见，钵、豆、B 型釜、尊形器、杯形器等少见，E 型釜、器盖、纺轮、陶拍等不见。

钵 7 件。

Aa 型Ⅰ式 5 件。T29⑨：68，夹砂灰褐陶。腹部通饰绳纹，绳纹上再饰草叶划纹。肩部和内壁经过磨光处理。口径 23、残高 4 厘米（图二四，1；图版五，3）。

Ba 型Ⅰ式 2 件。T29⑨：67，夹砂灰褐陶。腹部通饰绳纹。肩部经过磨光处理。口径 28.5、残高 7.2 厘米（图二四，2；图版五，4）。

碗 3 件。

Aa 型Ⅰ式 1 件（T30⑨：93）。泥质灰陶。圆唇，弧肩，平底。口径 8、底径 3、高 2.7 厘米（图二四，3；图版六，1）。

Ab 型 1 件（T30⑨：129）。夹砂红褐陶。圆唇，鼓肩。口径 11.4、残高 2.6 厘米（图二四，4）。

Ba 型Ⅰ式 1 件（T30⑨：12）。泥质灰褐陶。圆唇，敛口，鼓肩。口径 17.6、残高 3.8 厘米（图二四，5；图版六，2）。

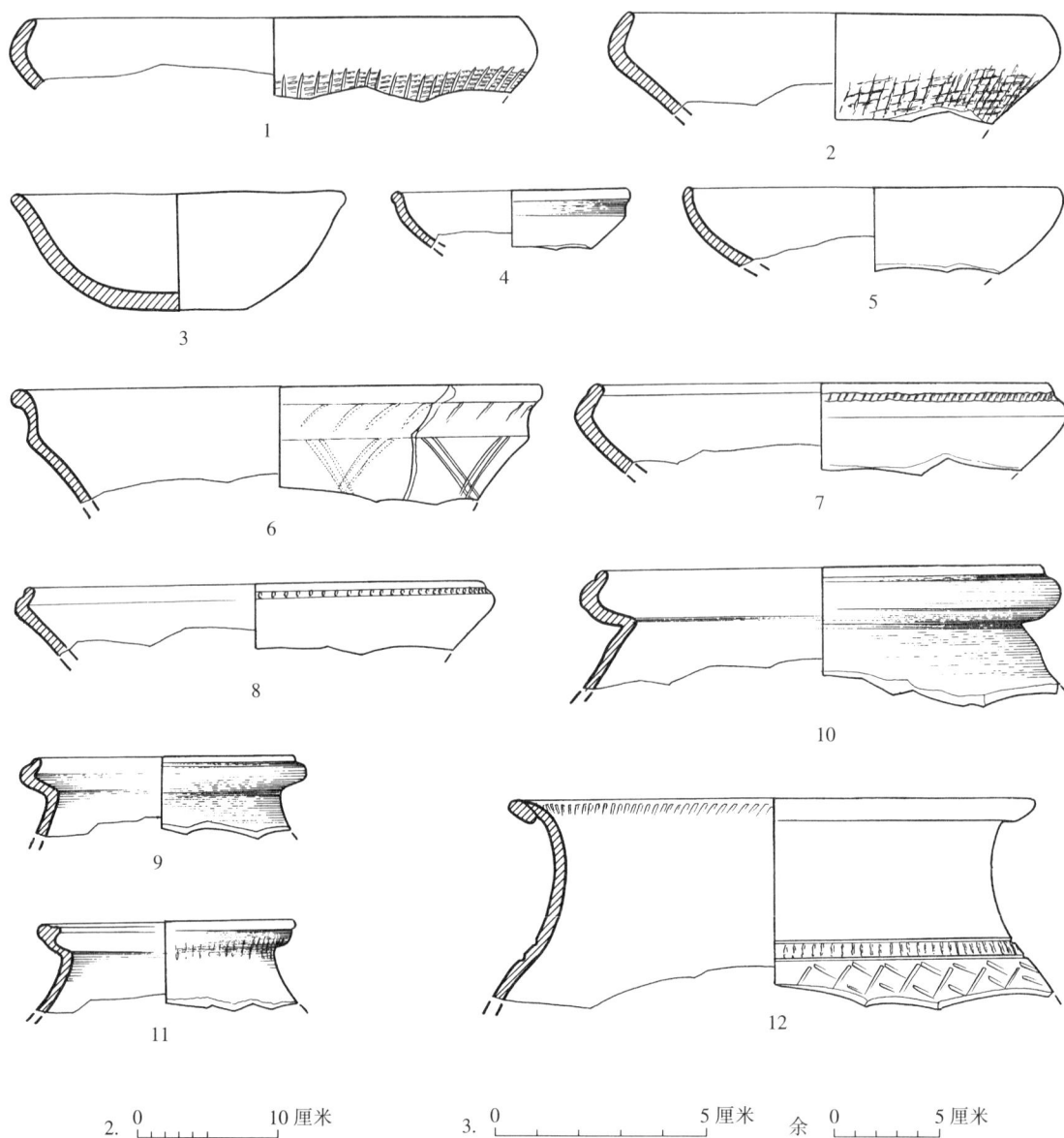

2. ├─────── 10厘米　　3. ├─────── 5厘米　　余 ├─────── 5厘米

图二四　第9层出土陶器

1. Aa 型Ⅰ式钵（T29⑨：68）　2. Ba 型Ⅰ式钵（T29⑨：67）　3. Aa 型Ⅰ式碗（T30⑨：93）
4. Ab 型碗（T30⑨：129）　5. Ba 型Ⅰ式碗（T30⑨：12）　6. Ca 型盆形器（T29⑨：75）　7. Ba
型Ⅰ式豆（T5⑨：93）　8. Aa 型Ⅰ式豆（T23⑨：63）　9. Aa 型Ⅰ式釜（T5⑨：90）　10. Ac 型
Ⅰ式釜（T28⑨：7）　11. Ab 型Ⅰ式釜（T30⑨：148）　12. Ba 型Ⅰ式釜（T23⑨：61）

豆　4件。

Aa 型Ⅰ式　3件。T23⑨：63，夹砂灰褐陶。腹部内弧。口径22、残高3.2厘米（图二四，8；
图版六，3）。

Ba 型Ⅰ式　1件（T5⑨：93）。夹砂磨光黑褐陶。近唇部有一圈压印纹，肩部上有一捺窝纹。

口径 21.4、残高 3.8 厘米（图二四，7）。

釜　7 件。

Aa 型Ⅰ式　3 件。沿部微折，近卷沿，弧肩。T5⑨：90，夹砂黑褐陶。圆尖唇，高领。口径 12.2、残高 3.2 厘米（图二四，9）。

Ab 型Ⅰ式　1 件（T30⑨：148）。夹砂灰褐陶。圆尖唇，侈口，近盘口，近卷沿，高领。口径 12.4、残高 3.8 厘米（图二四，11；图版六，4）。

Ac 型Ⅰ式　1 件（T28⑨：7）。夹砂灰褐陶。圆唇，肩部靠颈处微鼓。口径 20.6、残高 6.4 厘米（图二四，10；图版六，5）。

Ba 型Ⅰ式　2 件。侈口，高领。T23⑨：61，泥质褐陶。表面由于受到火烧影响，局部呈黑色。厚圆唇外翻。唇部内侧装饰一圈压印点纹，肩部装饰一圈压印栉纹，其下装饰有斜"⌐"字刻划纹。器物表面经过磨光处理。口径 25.2、残高 9.8 厘米（图二四，12；图版六，6）。

高领罐　16 件。

Aa 型Ⅰ式　1 件（T23⑨：62）。夹砂灰褐陶。颈部上装饰水波状划纹，其下再饰草叶划纹。口径 30、残高 5.4 厘米（图二五，1；图版七，1）。

Ba 型Ⅰ式　1 件（T29⑨：74）。泥质磨光灰陶。尖圆唇，大口。口径 36、残高 4.2 厘米（图二五，4；图版七，2）。

Ba 型Ⅱ式　8 件。T30⑨：111，泥质磨光褐陶。尖圆唇。口径 23、残高 11.7 厘米（图二五，5；图版七，3）。T29⑨：73，泥质磨光灰陶。口径 26、残高 3.6 厘米（图二五，6；图版七，4）。T30⑨：99，泥质磨光灰陶。口径 24、残高 3 厘米（图二五，7；图版七，5）。

Bc 型　4 件。T30⑨：98，夹砂灰褐陶。尖圆唇。颈部原装饰有绳纹，后经刮磨处理。口径 23.8、残高 5 厘米（图二五，3；图版七，6）。

Bd 型　2 件。T8⑨：40，夹砂灰褐陶。颈部装饰压印方格纹。器物内壁经过磨光处理。口径 17、残高 3.8 厘米（图二五，2；图版八，1）。

罐　12 件。

Ad 型Ⅰ式　8 件。T29⑨：64，夹砂黄褐陶。近颈部有一圈戳印纹，其下为交错绳纹。器物内壁经磨光处理。口径 21、残高 5.4 厘米（图二五，8；图版八，2）。

Ba 型Ⅰ式　1 件（T30⑨：123）。夹砂黑褐陶。尖圆唇，弧肩。腹部通饰绳纹。口径 20.6、残高 4.2 厘米（图二五，9；图版八，3）。

Bb 型Ⅰ式　3 件。T30⑨：112，夹砂黑褐陶。器物表面因受火烧影响而泛黑。圆方唇。口径 27、残高 3.2 厘米（图二五，10）。

花边口沿罐　8 件。

Ba 型Ⅰ式　3 件。T30⑨：143，夹砂黑褐陶。唇部装饰锯齿纹，领部和肩部装饰交错细绳纹，近肩部处有三条平行戳印纹和两条弦纹交错组成的复合纹饰带。口径 15.8、残高 7.2 厘米（图二

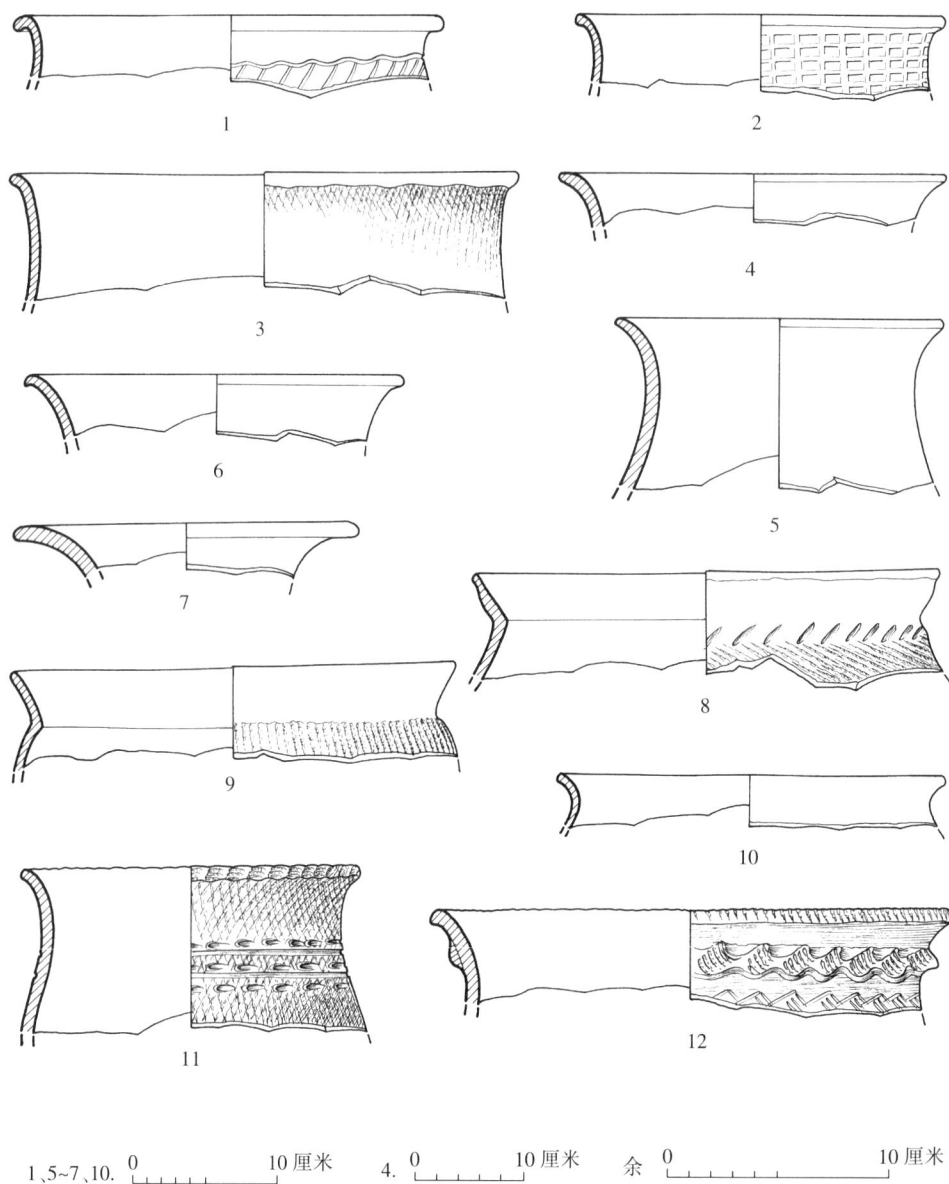

图二五　第9层出土陶高领罐、花边口沿罐

1. Aa 型 Ⅰ 式高领罐（T23⑨：62）　2. Bd 型高领罐（T8⑨：40）　3. Bc 型高领罐
（T30⑨：98）　4. Ba 型 Ⅰ 式高领罐（T29⑨：74）　5 ~ 7. Ba 型 Ⅱ 式高领罐
（T30⑨：111、T29⑨：73、T30⑨：99）　8. Ad 型 Ⅰ 式罐（T29⑨：64）　9. Ba 型 Ⅰ
式罐（T30⑨：123）　10. Bb 型 Ⅰ 式罐（T30⑨：112）　11、12. Ba 型 Ⅰ 式花边口沿
罐（T30⑨：143、T29⑨：72）

五，11；图版八，4）。T29⑨：72，夹砂灰褐陶。唇部装饰有锯齿纹，领部上则装饰压印捺窝纹组
成的附加堆纹。口径24、残高4.8厘米（图二五，12；图版八，5）。

Bb 型 Ⅰ 式　5 件。方唇，长颈。T30⑨：127，夹砂黑褐陶。唇部装饰锯齿纹，领部以下装饰交错细绳纹。唇部和领部之间有磨光处理。口径 17.5、残高 7.2 厘米（图二六，1；图版八，6）。T32⑨：43，夹粗砂褐陶。由于受火烧影响，内部呈黑色。颈部饰有斜向细绳纹。口径 33.6、残高 5.4 厘米（图二六，2；图版九，1）。T30⑨：102，夹砂黑褐陶。圆唇。唇部为附加泥条上压印捺窝纹，颈部通饰绳纹，并在其上再饰有水波划纹。口径 17.8、残高 3.3 厘米（图二六，3；图版九，2）。

尊形器　1 件。

B 型 I 式　1 件（T28⑨：10）。夹砂磨光褐陶。圆尖唇。颈部装饰有斜向绳纹和一道弦纹。口径 22、残高 3.2 厘米（图二六，8；图版九，3）。

盆形器　1 件。

Ca 型　1 件（T29⑨：75）。夹砂褐陶。圆唇，卷沿，折肩，腹部内弧。腹部装饰有交叉划纹。口径 25.5、残高 5.4 厘米（图二四，6；图版九，4）。

瓮形器　4 件。

Aa 型　1 件（T30⑨：107）。夹砂黑褐陶。圆唇，斜肩。领部从上往下装饰有两道凹弦纹，在第二道弦纹下为纵向划纹。领部经过磨光处理。口径 18.6、残高 4.4 厘米（图二六，4）。

C 型　3 件。T30⑨：136，夹砂灰褐陶。厚唇，溜肩，束颈。器物内壁经过磨光处理。口径 22、残高 3.4 厘米（图二六，5；图版九，5）。

壶形器　5 件。

A 型 I 式　2 件。T30⑨：108，夹砂黑褐陶。领部饰有细绳纹。领与肩接合处饰有一圈戳印捺窝纹。口径 16.2、残高 5.2 厘米（图二六，7；图版一〇，1）。

C 型　3 件。T30⑨：113，夹砂黑褐陶。颈部饰有细绳纹。口径 7.8、残高 3.6 厘米（图二六，6）。

杯形器　1 件。

C 型　1 件（T30⑨：141）。夹砂黑褐陶。方唇，折沿。唇部为附加泥条，其上饰有压印捺窝纹。口径 11、残高 3 厘米（图二六，9；图版一〇，2）。

圈足　2 件。

Aa 型 I 式　1 件（T5⑨：92）。泥质黑褐陶。组部上装饰着两条凹弦纹带，弦纹中间填充着斜向锥刺点状纹。圈足外壁经过磨光。足径 20.2、高 3.6 厘米（图二六，10；图版一〇，3）。

Ba 型　1 件（T28⑨：9）。夹砂褐陶。足部装饰有绳纹。底部外侧磨光处理。足径 12.2、高 1 厘米（图二六，11）。

器底　7 件。

Aa 型　3 件。T30⑨：142，夹粗砂灰褐陶。底径 12.8、残高 1.6、厚 1 厘米（图二六，12）。

Ab 型　4 件。T30⑨：140，夹砂灰褐陶。近底部外壁上装饰有绳纹。底径 11、残高 3.4、厚 0.9 厘米（图二六，13）。

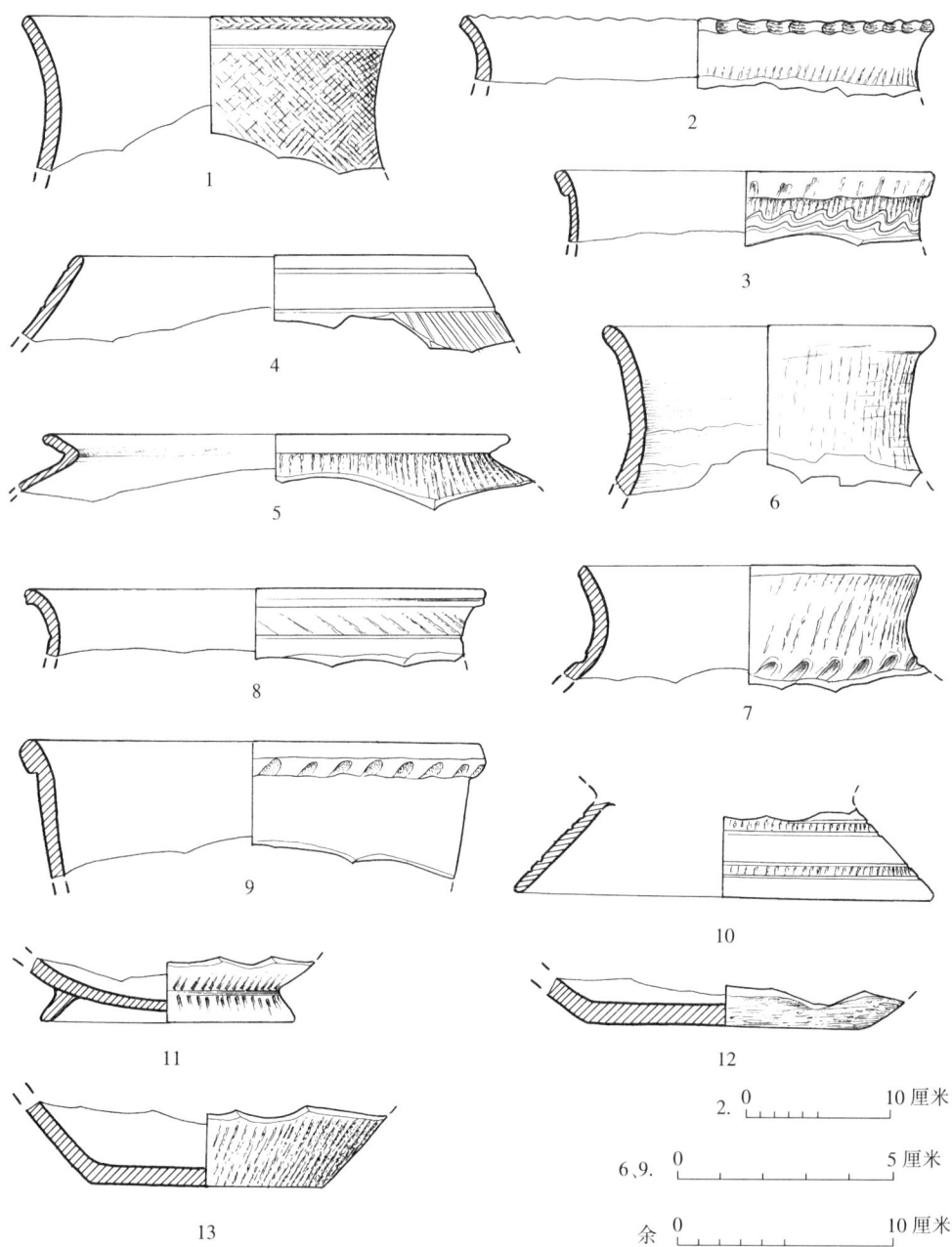

图二六　第 9 层出土陶器

1～3. Bb 型 I 式花边口沿罐（T30⑨：127、T32⑨：43、T30⑨：102）　4. Aa 型瓮形器（T30⑨：107）

5. C 型瓮形器（T30⑨：136）　6. C 型壶形器（T30⑨：113）　7. A 型 I 式壶形器（T30⑨：108）

8. B 型 I 式尊形器（T28⑨：10）　9. C 型杯形器（T30⑨：141）　10. Aa 型 I 式圈足（T5⑨：92）

11. Ba 型圈足（T28⑨：9）　12. Aa 型器底（T30⑨：142）　13. Ab 型器底（T30⑨：140）

2. 石器

该层出土的石器数量及种类均较少，仅见 A 型斧、B 型网坠、环以及半成品，这些石器打制痕迹显著，仅个别部位有磨制痕迹，大多数石器表面保留其自然面。磨制石器的数量较少，仅见半成品，其表面磨痕清晰。

斧　2 件。

Aa 型　1 件（T28⑨：38）。青灰色闪长岩。平面形状不规则，近椭圆形。一面保留岩石自然面，另一面则为打制破裂面，凹凸不平；刃部内凹，周缘有多处崩疤痕迹。器身无磨制痕迹。长 11.8、宽 4.3~6.9、厚 0.8~2.5 厘米（图二七，2；图版一〇，4）。

Ab 型　1 件（T7⑨：61）。灰褐色长石，含少量黑母。平面形状不规则，呈手斧状。弧刃，有使用痕迹。两面保留岩石自然面；仅刃部磨制锋利，顶部和肩部均打制而成，遗留有明显的崩疤痕迹。长 11.4、宽 2.6~7、厚 0.7~2.3 厘米（图二七，1；图版一〇，5）。

网坠　1 件。

B 型　1 件（T30⑨：61）。浅灰色砂岩。平面形状呈不规则长方形。两面保留岩石自然面，两端稍加打制。长 2.3~2.4、宽 2.5、厚 0.7 厘米（图二七，4）。

环　1 件。

T30⑨：92，残。浅黄色板岩。残长 4.5、截面直径 0.4 厘米（图二七，6；图版一一，1）。

半成品　2 件。

T12⑨：15，仅存一段。黄灰色泥质砂岩。平面形状呈不规则长方形。顶部和背面遗留显著的打制破裂面。表面和刃部遗留有清晰的磨制痕迹。残长 6.9、宽 3.7~3.9、厚 0.3~2.3 厘米（图二七，5）。T30⑨：91，黑灰色角闪岩。平面形状呈不规则长方形。表面有明显的磨制痕迹，两侧面仍有许多打制崩疤痕迹。一侧台面磨制平整光滑。器形不明。长 7.7、宽 1.1~4、厚 1.4 厘米（图二七，7；图版一一，2）。

石料　1 件。

T30⑨：94，黄灰色泥质砾岩。平面形状呈不规则三角形。表面保留岩石较为光滑的自然面。一侧有一显著的崩疤，另一端则有磨制痕迹。长 7.7、宽 1.1~4、厚 1.4 厘米（图二七，3）。

3. 骨、牙器

该层骨器和牙器出土数量非常少，仅见 1 件骨镞和 1 件穿孔牙饰，磨制精致。

骨镞　1 件。

T30⑨：95，尖部残，平面形状呈柳叶形。断面呈椭圆形。磨制较为精细。残长 6.4、厚 0.3 厘米（图二七，9；图版一一，3）。

牙饰　1 件。

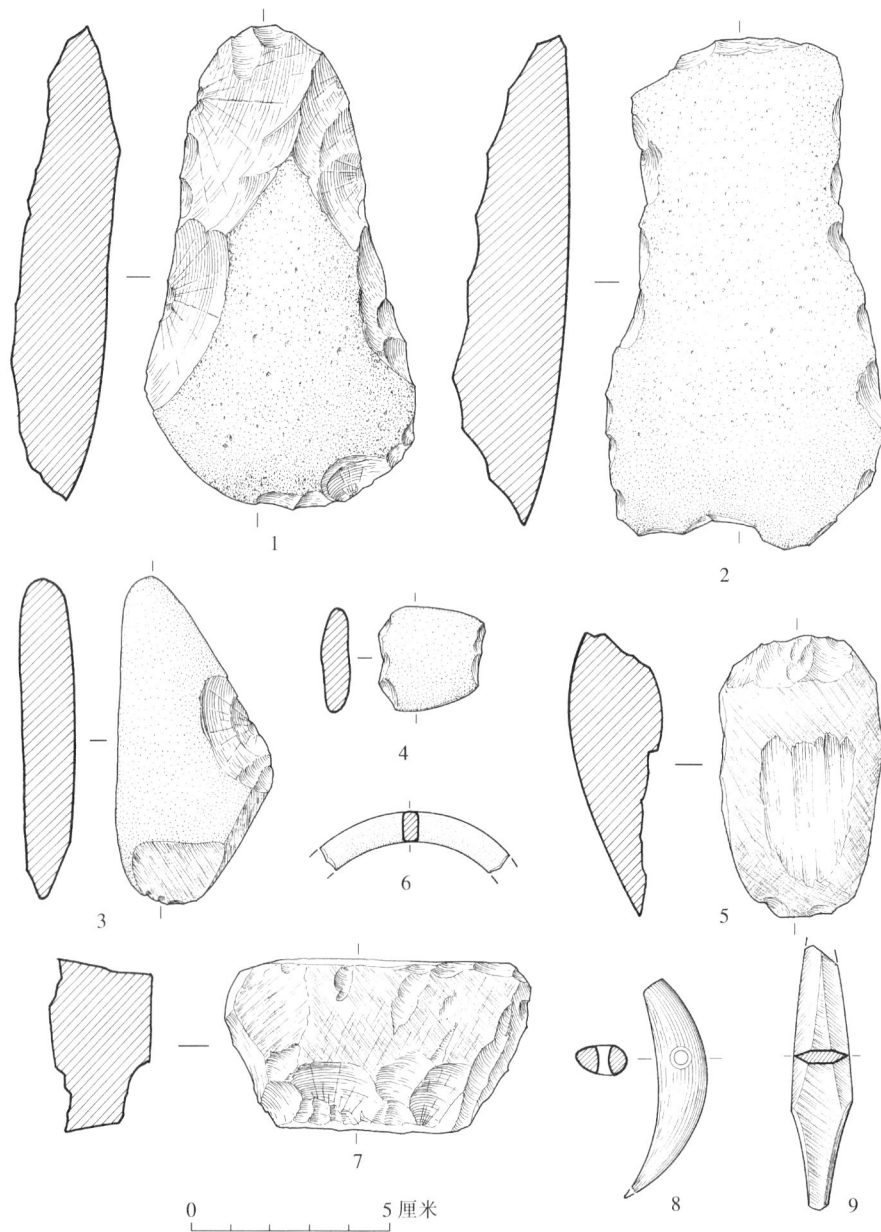

图二七　第9层出土石、骨器

1. Ab 型石斧（T7⑨：61）　2. Aa 型石斧（T28⑨：38）　3. 石料（T30⑨：94）　4. B 型石网坠（T30⑨：61）
5、7. 半成品（T12⑨：15、T30⑨：91）　6. 石环（T30⑨：92）　8. 牙饰（T15⑨：119）　9. 骨镞（T30⑨：95）

　　T15⑨：119，牙尖略残。上端有一对穿圆孔。表面光滑。长5.2、厚0.7厘米（图二七，8；图版一一，4）。

（二）开口于第8层下的遗迹

　　叠压于该层下的遗迹现象单一，仅见灰坑1个和墓葬1座，不见柱洞和其他与建筑相关的遗迹现象。

H1 位于 T15 的西南角,开口于第 8 层下,打破生土。坑口平面形状呈圆形,直壁,平底,四壁光滑平整。坑口直径为 1.2~1.3 米,坑口至底部深 0.71 米。坑内填土为红烧土块。出土石斧 2 件,残陶罐、石锛、砺石、石镞各 1 件(图二八;图版一二,1)。

陶罐 1 件。

Bb 型 I 式 1 件 (H1:6)。夹砂褐陶。尖唇,敞口,卷沿,圆肩,弧腹。肩部装饰有水波划纹,肩部以下通饰绳纹。肩部以上经过打磨处理,有明显的轮磨痕迹。口径 17.6、残高 14.2 厘米(图二九,1)。

石镞 1 件。

D 型 1 件 (H1:1)。灰绿色玄武岩。平面形状呈阔叶状,纺锤状剖面。尖弧刃,短双翼长铤。刃部磨制精细。长 9.5、宽 3、厚 0.8 厘米(图二九,2;图版一一,5)。

石斧 2 件。

Ba 型 1 件 (H1:3)。灰绿色玄武岩。弧顶。刃部磨制较为精细。长 9.1、宽 2.8~4.2、厚 1.5 厘米(图二九,3)。

Bb 型 1 件 (H1:4)。灰绿色玄武岩。近平顶,扇形刃。刃部磨制锋利。长 5.8、宽 2.2~5、厚 1 厘米(图二九,5)。

石锛 1 件。

Ba 型 1 件 (H1:2)。灰色玄武岩。平顶,弧刃。一侧边有崩疤。刃部磨制锋利。通长 4.3、宽 2.1~3.3、厚 0.9 厘米(图二九,4)。

砺石 1 件。

H1:5,系褐色砂岩制成。形状呈不规则长方形。平面有较深的磨痕。长 21、宽 9.6~10.6、厚 3.8~4.2 厘米(图二九,6)。

M1 位于 T15 的东北角,开口于第 8 层下,打破生土。方向 70°。填土为灰褐色砂土,结构疏松,内无包含物。墓边

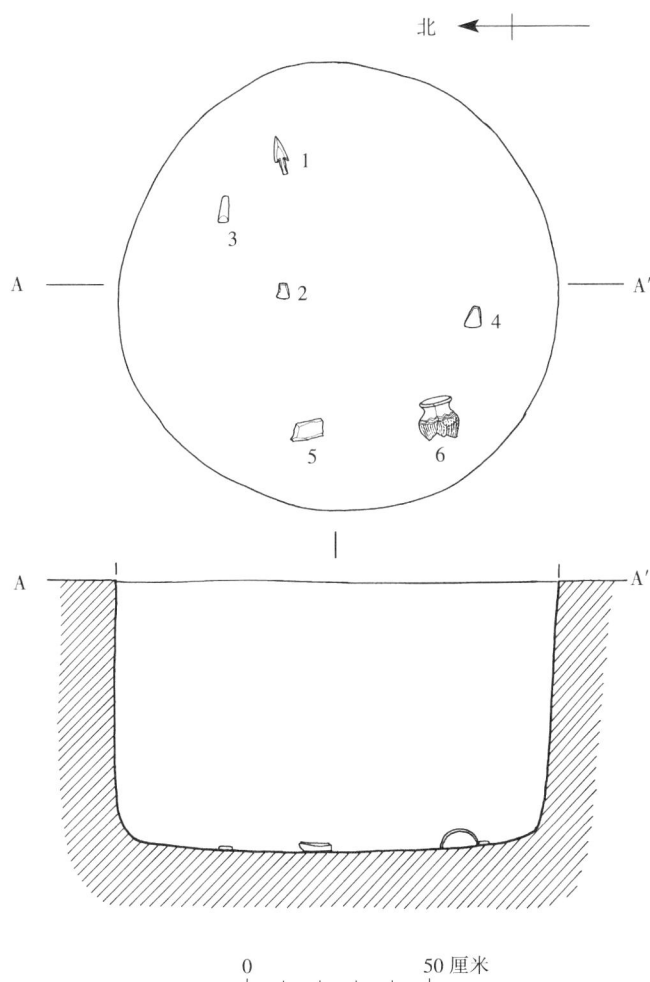

图二八 H1 平、剖面图

1. 石镞 2. 石锛 3、4. 石斧 5. 砺石 6. 陶罐

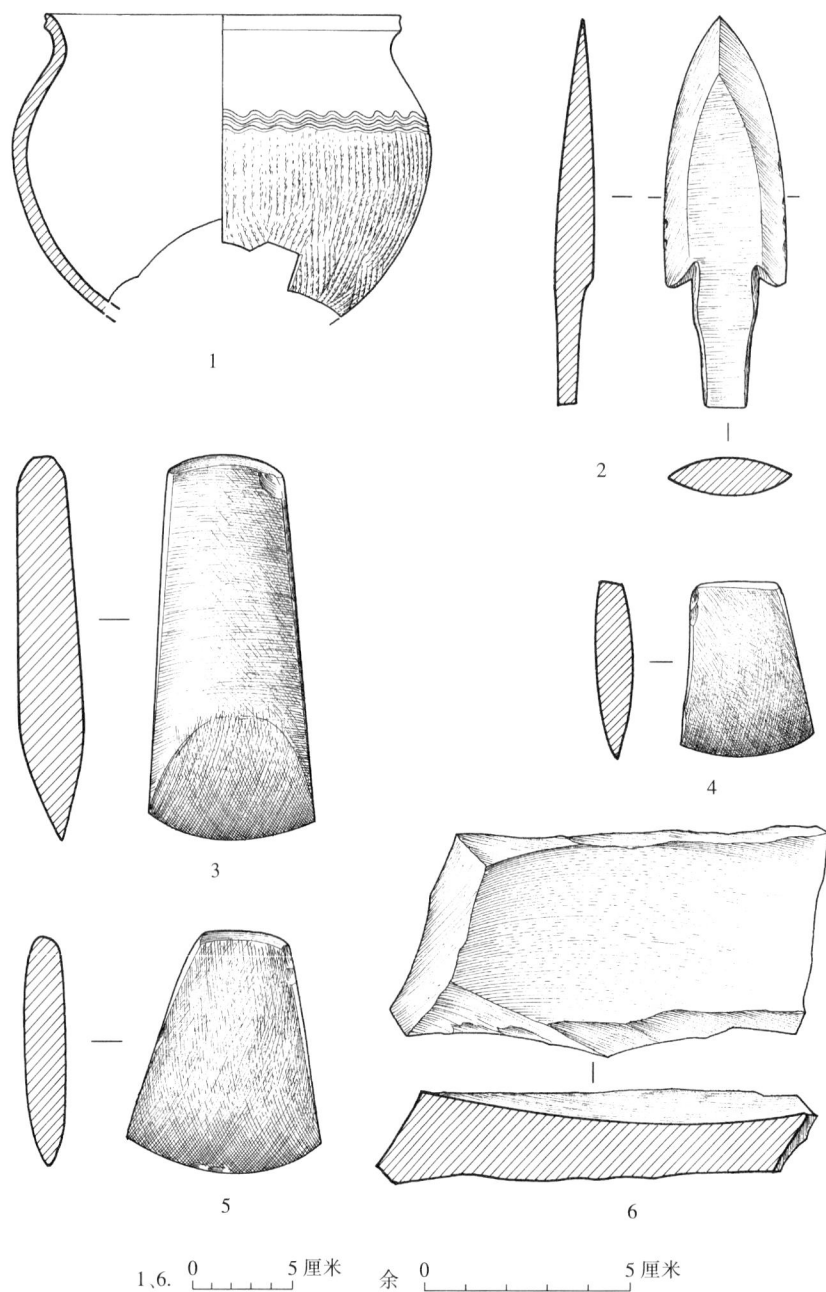

图二九　H1 出土陶、石器

1. Bb 型Ⅰ式陶罐（H1：6）　2. D 型石镞（H1：1）　3. Ba 型石斧（H1：3）　4. Ba 型石锛（H1：2）

5. Bb 型石斧（H1：4）　6. 砺石（H1：5）

不甚清楚，推测为不规则长方形竖穴土坑墓。墓壁略斜直，近平底。墓坑长约 1.74、宽约 0.62～0.73、残深约 0.18 米。人骨架保存较差，严重腐蚀，为一次葬；骨架葬式作侧身屈肢状。墓坑内未发现随葬品和葬具之遗留，该墓主人性别为成年女性（图三〇；图版一二，2）。

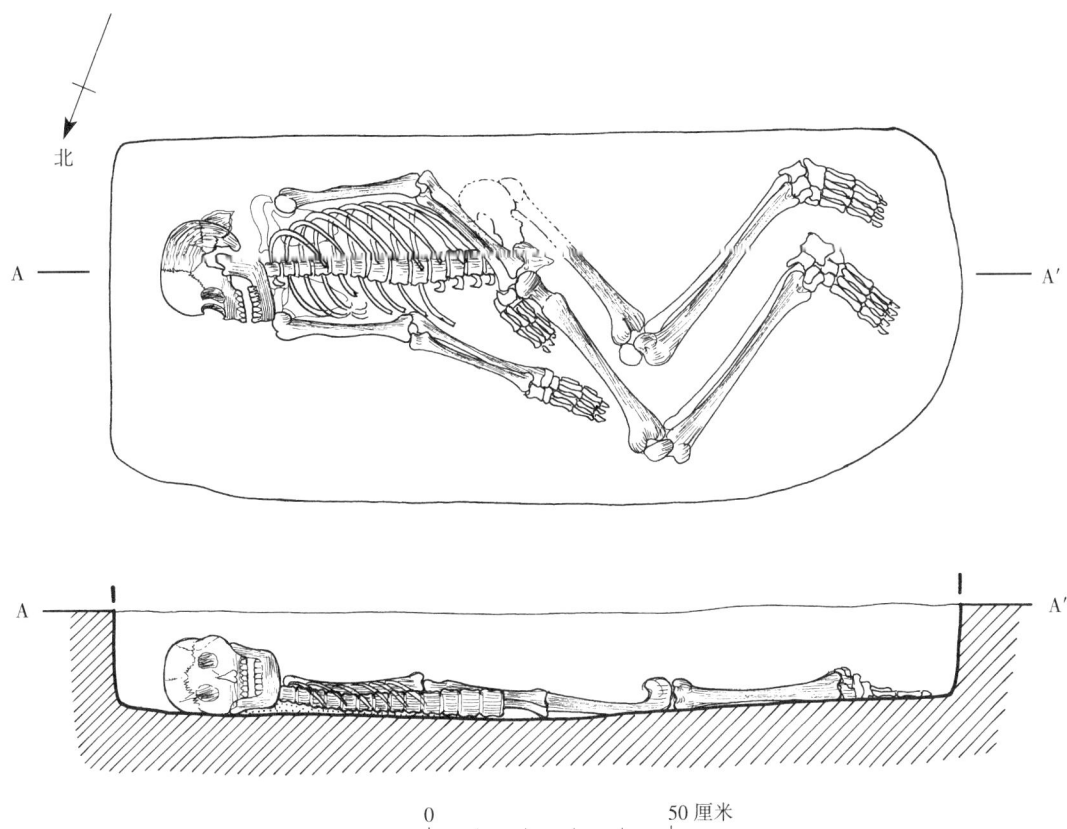

图三〇 M1 平、剖面图

（三）第 8 层出土遗物

1. 陶器

该层出土的陶片仍然以夹砂黑褐陶居多，次为灰褐、红褐、褐、灰等；泥质陶少，以磨光黑褐陶和灰褐多见（表三）。常见的纹饰装饰手法有压印、刻划以及戳印等，种类有绳纹、弦纹、水波纹、篦点纹、网格纹、几何形纹等，复合纹饰较少见（表四；图三一）。该层出土的陶器无论数量或种类均较为丰富，钵、碗、A 型和 B 型釜、高领罐、花边口沿罐、盆形器、Ac 型和 Ba 型罐、A 型器盖、壶形器、陶拍等多见，B 型和 E 型罐、尊形器、杯形器等器物少见。

钵 16 件。

Aa 型 I 式 10 件。T15⑧：124，夹砂灰褐陶。圆唇，斜腹。肩部以下饰斜向绳纹，绳纹上再饰折线划纹。口径 33.3、残高 7.8 厘米（图三二，1；图版一三，1、2）。T20⑧：46，夹砂灰褐陶。近方唇。口径 34、残高 5.7 厘米（图三二，2）。T20⑧：48，夹砂灰褐陶。尖圆唇。肩部以下饰交错绳纹。口径 26、残高 7.8 厘米（图三二，3；图版一三，4）。T15⑧：127，夹砂红褐陶。尖圆唇，斜腹。肩部以下饰斜向绳纹。口径 22.5、残高 6 厘米（图三二，4；图版一三，5）。

表三　第8层出土陶片陶质、陶色统计表

陶质＼陶色＼探方号	夹砂						泥质							合计
	灰褐	黑褐	褐	灰	红褐	黄褐	灰褐	黑褐	褐	灰	红褐	黄褐	黑	
T8	5	12	1		8	1	4		6		1		2	40
T23	4	20			3		1	1	3					32
T20	12	11			2		4	1	4					34
T22	11	20	12		1		2	4	3					53
T4	12	21	1					4	2					40
T29	7	16	7				1	7	4					42
T7	3	3	3											9
T15	25	43	8	1	7		4	15	10					113
T32	3	3	3	1			2	10	2					24
T28	6	10	3		2		5	4	2					32
T24	5	7		2	1		8	7		2		1		33
T5	11	38			15	11	2	3	5					85
T21	11	12		21			2	5	1	2				54
T30	10	16	2		11	2	2	1	2		1			47
合计	125	232	40	25	50	14	37	62	44	4	2	1	2	638
百分比（％）	19.6	36.4	6.3	3.9	7.8	2.2	5.8	9.7	6.9	0.6	0.3	0.2	0.3	100
	69.9						30.1							

表四　第8层出土陶片纹饰统计表

纹饰＼探方号	绳纹	素面	网格	戳印	附加堆纹	带状压印篦点纹	水波纹	划纹	弦纹	几何形纹	压印纹	"〈"形纹	合计
T8	28	8		4									40
T23	30	2											32
T20	26	4		1	1	1	1						34
T22	28	19		1		1		1	3				53
T4	30	7						2	1				40
T29	26	11				3			2				42
T7	9												9
T15	76	12		11	1	5	2	4		2			113
T32	10	9		1		1				3			24
T28	19	5				4	2		2				32
T24	14	17							1		1		33
T5	62	15				1		2	2			3	85
T21	43	10	1										54
T30	22	2		9		6		3	5				47
合计	423	121	1	27	2	22	5	12	16	5	1	3	638
百分比（％）	66.3	19.0	0.2	4.2	0.3	3.4	0.8	1.9	2.5	0.8	0.2	0.5	100

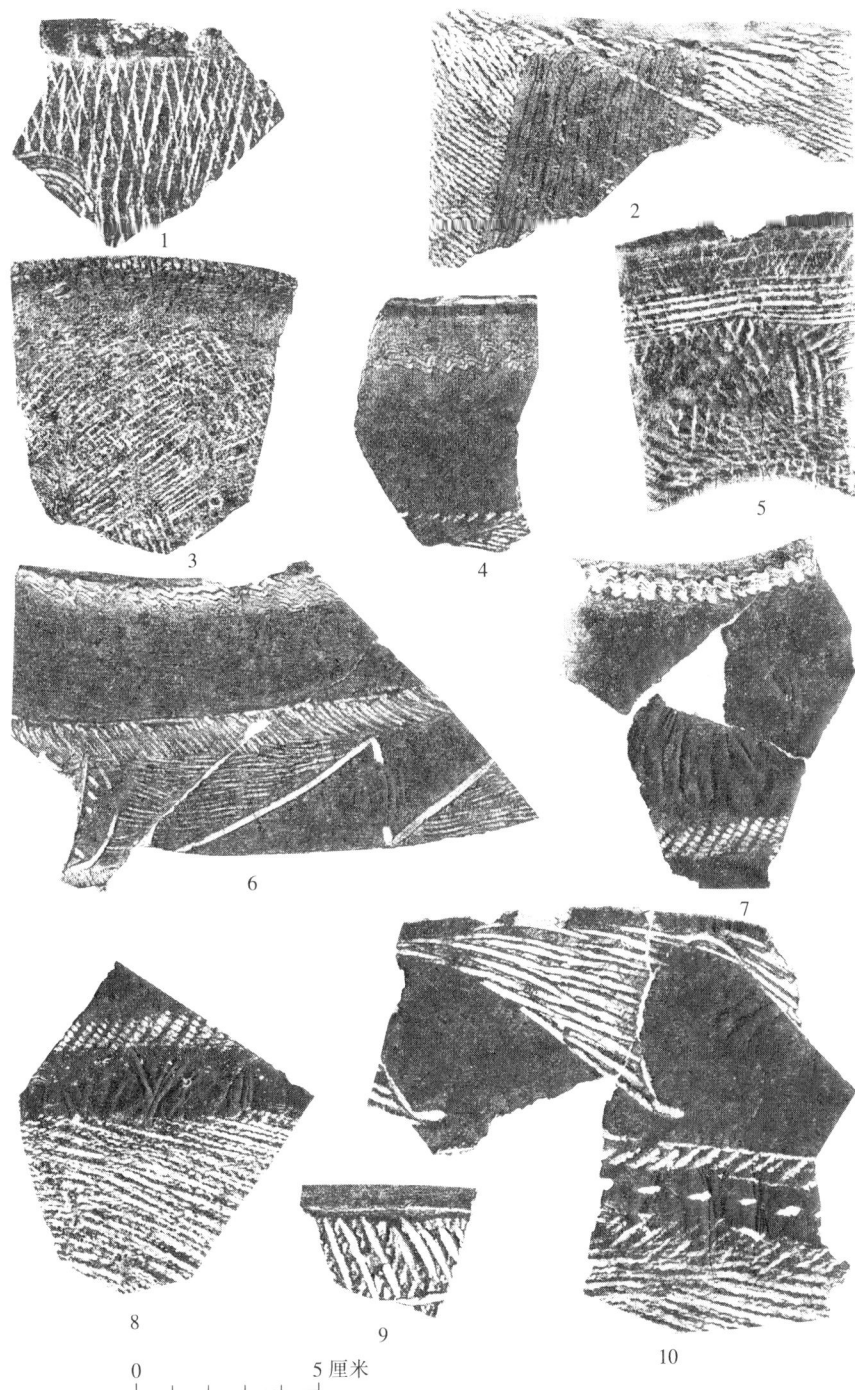

图三一 第 8 层出土陶片纹饰拓片

1. Ba 型 II 式花边口沿罐上的交错细绳纹和同心圆圈涡纹（T4⑧:36） 2. Ba 型 I 式瓮形器上的斜向绳纹（T15⑧:123）
3. Ba 型 II 式花边口沿罐上的交错细绳纹（T21⑧:53） 4. Ac 型 I 式罐上的水波划纹和磨光面（T21⑧:52） 5. C 型
碗上的绳纹和弦纹（T4⑧:28） 6. Ac 型 I 式罐上的水波划纹、羽状划纹和草叶划纹（T15⑧:126） 7. Ac 型 II 式罐
上的水波划纹、戳印篦点纹及磨光面（T15⑧:121） 8. Ac 型 I 式罐上的戳印点纹和羽状划纹（T21⑧·52） 9. A 型
I 式盆形器上的交叉划纹（T15⑧:158） 10. Cb 型盆形器上的羽状划纹和磨光面及绳纹（T15⑧:122）

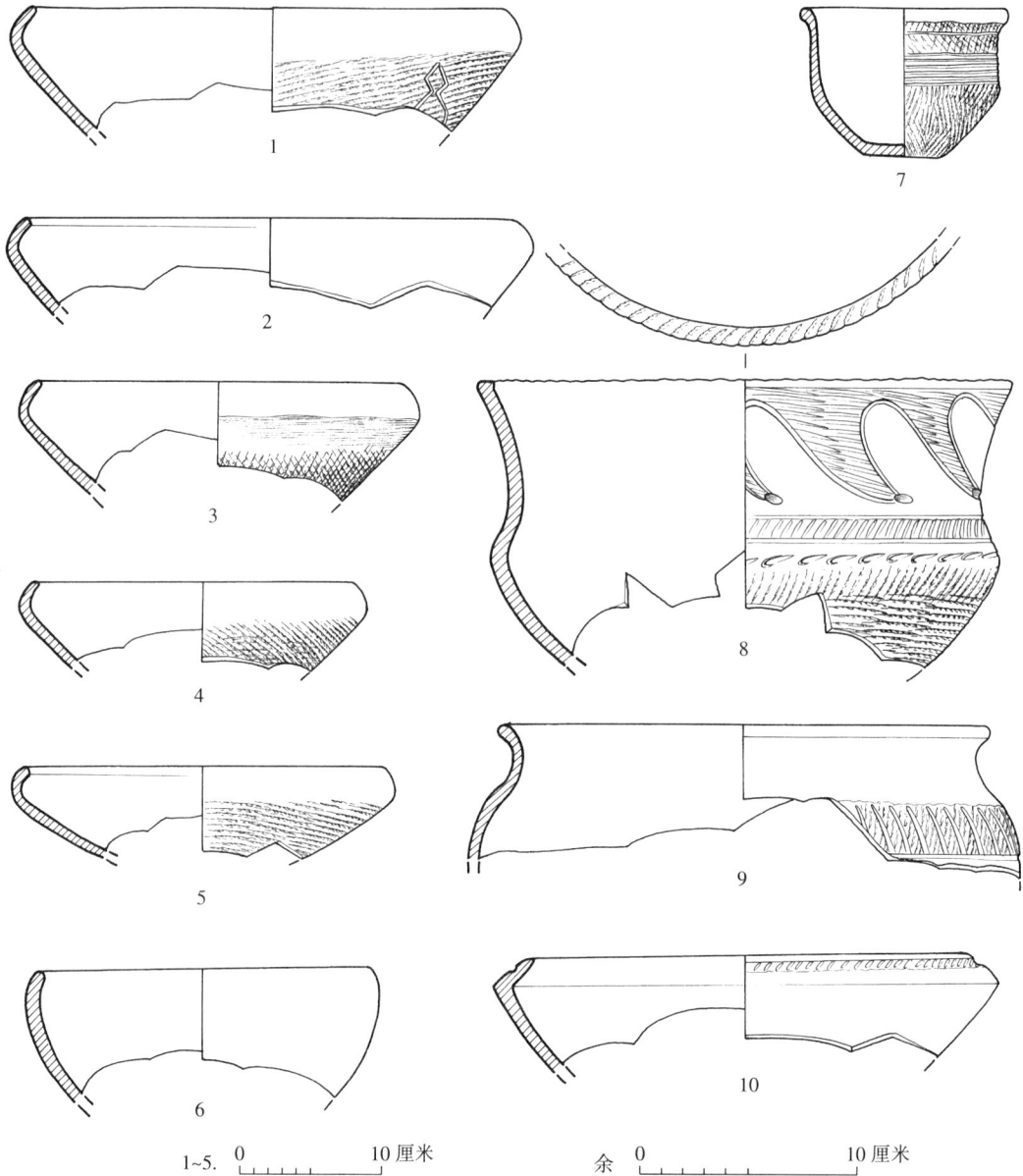

图三二　第8层出土陶器

1～4. Aa 型 I 式钵（T15⑧:124、T20⑧:46、T20⑧:48、T15⑧:127）　5. Ab 型 I 式钵
（T15⑧:136）　6. Ba 型 I 式碗（T30⑧:154）　7. C 型碗（T4⑧:28）　8. Cb 型盆形器
（T15⑧:122）　9. A 型 I 式盆形器（T15⑧:158）　10. Aa 型 I 式豆（T15⑧:41）

Ab 型 I 式　6件。T15⑧:136，夹砂褐陶。圆唇，斜腹。肩部以下饰斜向绳纹。口径 25.5、残高 6 厘米（图三二，5；图版一三，3）。

碗　2件。

Ba 型 I 式　1件（T30⑧:154）。泥质灰褐陶。圆唇，敛口，弧肩。口径 15.8、残高 6 厘米

（图三二，6；图版一四，3）。

C 型　1 件（T4⑧：28）。夹砂黑褐陶。圆唇，敞口，弧腹，平底。腹部装饰交错绳纹，绳纹上再饰有弦纹。口径 9.8、底径 3.8、高 6.8 厘米（图三二，7；图版一四，1、2）。

豆　3 件。

Aa 型Ⅰ式　3 件。T15⑧：41，泥质磨光黑陶。尖圆唇，子母口，折肩，弧腹。近唇部装饰一圈戳印点纹带。口径 20、残高 4.2 厘米（图三二，10；图版一三，6）。

釜　28 件。

Aa 型Ⅰ式　10 件。T15⑧：128，夹砂褐陶。尖唇，口微敛，近直口，折沿。器物外壁经过刮磨处理。口径 23、残高 8.8 厘米（图三三，1；图版一四，4）。T30⑧：152，夹砂褐陶。尖圆唇，敛口，束颈。口径 21.6、残高 7.2 厘米（图三三，2；图版一四，5）。

Ab 型Ⅱ式　1 件（T30⑧：162）。夹砂灰褐陶。尖圆唇，平折沿，束颈。器物颈部外壁经过刮磨处理。口径 25.4、残高 5.2 厘米（图三三，3；图版一四，6）。

Ba 型Ⅰ式　13 件。T30⑧：160，泥质磨光褐陶。厚圆唇外翻，卷沿，高领。唇部内侧装饰戳印点纹。口径 20.4、残高 5.6 厘米（图三三，5）。T4⑧：39，泥质磨光褐陶。厚圆唇，高领。唇部内侧装饰戳印横长点纹。口径 25.7、残高 4.8 厘米（图三三，6）。

Bc 型Ⅰ式　1 件（T23⑧：65）。泥质磨光褐陶。圆唇，折沿，高领。唇部内侧装饰戳印斜长点纹，近肩部装饰由两条凹弦纹和一圈戳印斜长点纹组成的纹饰带。口径 19.6、残高 5.6 厘米（图三三，7；图版一五，2）。

Da 型Ⅰ式　2 件。敞口，高领。T8⑧：41，泥质磨光灰褐陶。唇部内侧装饰压印点纹。口径 18.8、残高 5.2 厘米（图三三，8）。T22⑧：100，泥质磨光黑褐陶。唇部内侧装饰压印点纹，肩部装饰由两条弦纹和一圈竖戳印索纹组成的纹饰带。口径 14.2、残高 5.4 厘米（图三三，9）。

F 型Ⅰ式　1 件（T30⑧：157）。夹砂灰褐陶。圆唇，敛口，溜肩。肩部上装饰由六个戳印点纹组成一组的纹饰，腹部则饰有粗绳纹。颈部有明显的刮磨处理的痕迹。口径 16.5、残高 16.4 厘米（图三三，4；图版一五，1）。

器盖　6 件。

Aa 型Ⅰ式　2 件。T30⑧：151，夹砂红褐陶。子母口深腹器盖，尖圆唇，弧腹。盖身装饰细密交错绳纹。口径 21.2、残高 12 厘米（图三四，1；图版一五，3、4）。

Ab 型Ⅰ式　3 件。T15⑧：120，夹砂褐陶。圆唇，敛口，鼓肩，上腹呈假腹，深腹。盖身以细密交错绳纹为底纹，近足部还装饰着草叶划纹。口径 20、残高 9.5 厘米（图三四，2）

B 型Ⅰ式　1 件（T8⑧：37）。夹砂灰褐陶。尖唇，折肩，浅弧腹。覆钵形。盖身饰以细密交错绳纹，近肩部装饰一条凹弦纹。口径 21、残高 7 厘米（图三四，3；图版一五，5、6）。

盆形器　2 件。

A 型Ⅰ式　1 件（T15⑧：158）。夹砂褐陶。敞口，卷沿，圆唇，弧肩。肩部以绳纹为底纹，

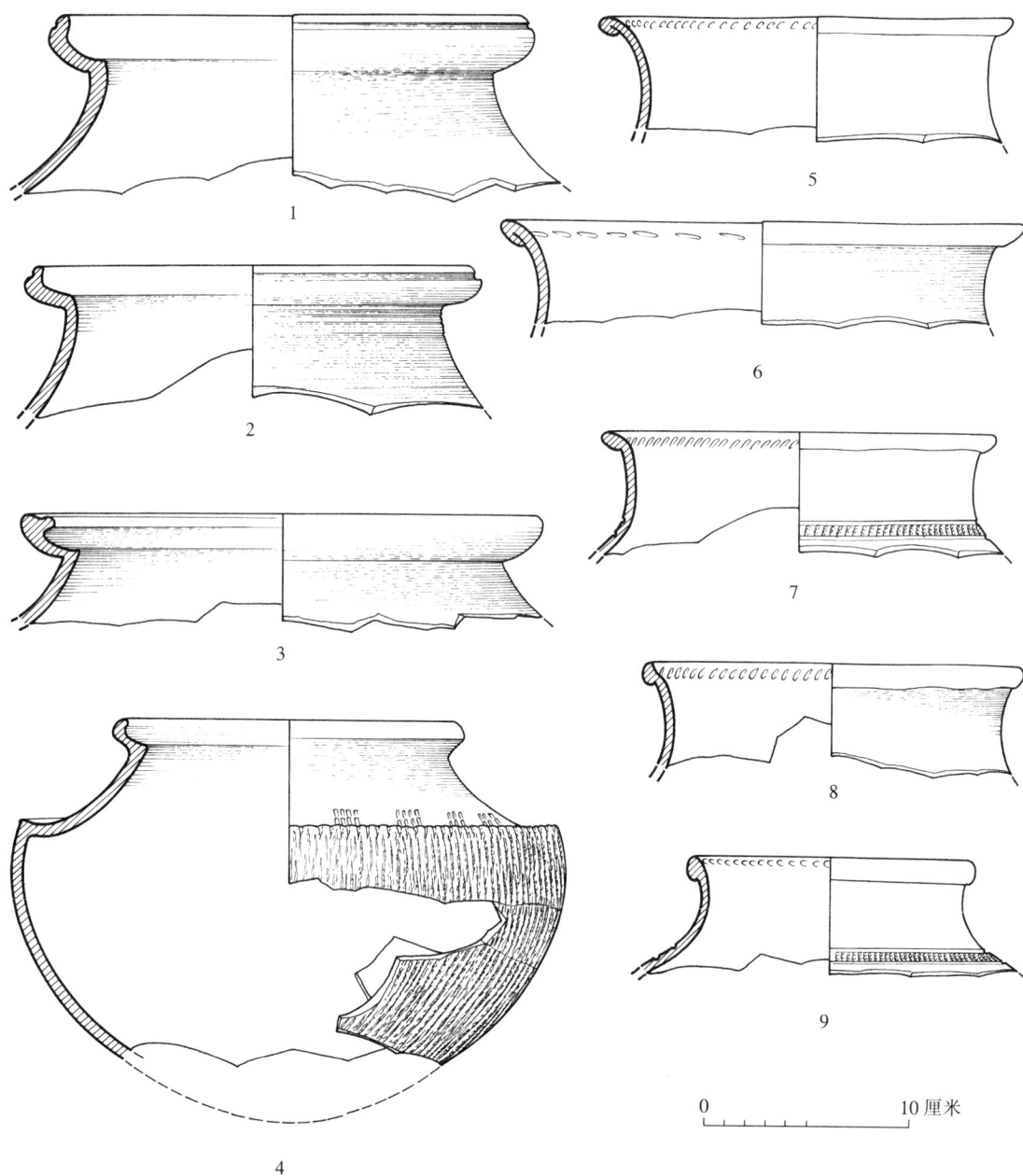

图三三　第 8 层出土陶釜

1、2. Aa 型Ⅰ式（T15⑧：128、T30⑧：152）　3. Ab 型Ⅱ式（T30⑧：162）　4. F 型Ⅰ式（T30⑧：157）

5、6. Ba 型Ⅰ式（T30⑧：160、T4⑧：39）　7. Bc 型Ⅰ式（T23⑧：65）　8、9. Da 型Ⅰ式（T8⑧：41、T22⑧：100）

其上有纵向条形划纹，肩腹部用一条凹弦纹分割。颈部内外壁经过磨光处理。口径 23、残高 6.2 厘米（图三二，9；图版一六，1）。

Cb 型　1 件（T15⑧：122）。泥质磨光黑褐陶。方唇，口微敛，长颈，鼓肩。唇部内侧装饰一圈戳印长点纹，颈部则饰有蕉叶纹，近肩部装饰由两条弦纹和一圈戳印长点纹组成的纹饰带，肩

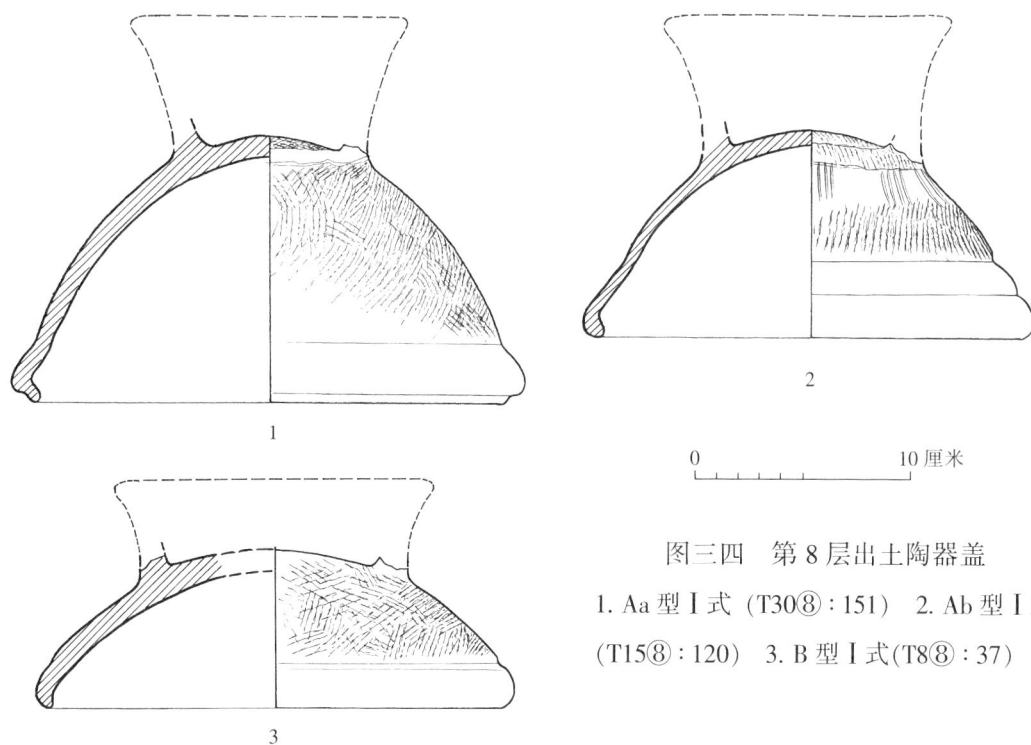

图三四　第 8 层出土陶器盖
1. Aa 型 I 式 (T30⑧：151)　2. Ab 型 I 式
(T15⑧：120)　3. B 型 I 式(T8⑧：37)

部装饰一圈戳印长斜点纹，腹部则是交错绳纹。口径 25、残高 13 厘米（图三二，8；图版一六，2）。

高领罐　5 件。

Aa 型 II 式　1 件（T15⑧：25）。夹砂灰褐陶。口微侈，厚圆唇，卷沿外翻。领部装饰条形划纹。口径 22、残高 4.6 厘米（图三五，8）。

Ab 型 I 式　1 件（T28⑧：16）。夹砂灰褐陶。侈口，厚方唇，宽折沿。领部装饰条形划纹。口径 20.2、残高 3.6 厘米（图三五，9）。

Ba 型 I 式　2 件。T32⑧：50，泥质磨光黑褐陶。喇叭口，方唇。口径 23、残高 18.3 厘米（图三五，2；图版一六，5）。

Ba 型 II 式　1 件（T24⑧：65）。泥质磨光灰陶。喇叭口，圆唇。口径 18.8、残高 4.4 厘米（图三五，1）。

花边口沿罐　3 件。

A 型　1 件（T15⑧：159）。夹砂灰褐陶。喇叭口。唇部呈抹断绳纹装饰，颈部上装饰有水波划纹。口径 35、残高 3.3 厘米（图三五，5）。

Ba 型 II 式　2 件。T4⑧：36，夹砂黑褐陶。侈口，厚圆唇，高领。唇部饰有附加泥条堆纹，领部上以交错细绳纹为底纹，其上有同心圆圈涡纹。口径 13.2、残高 6.2 厘米（图三五，3；图版一六，3）。T21⑧：53，夹粗砂黑褐陶。侈口，圆唇，高领。唇部装饰压印锯齿纹，领部则装饰交

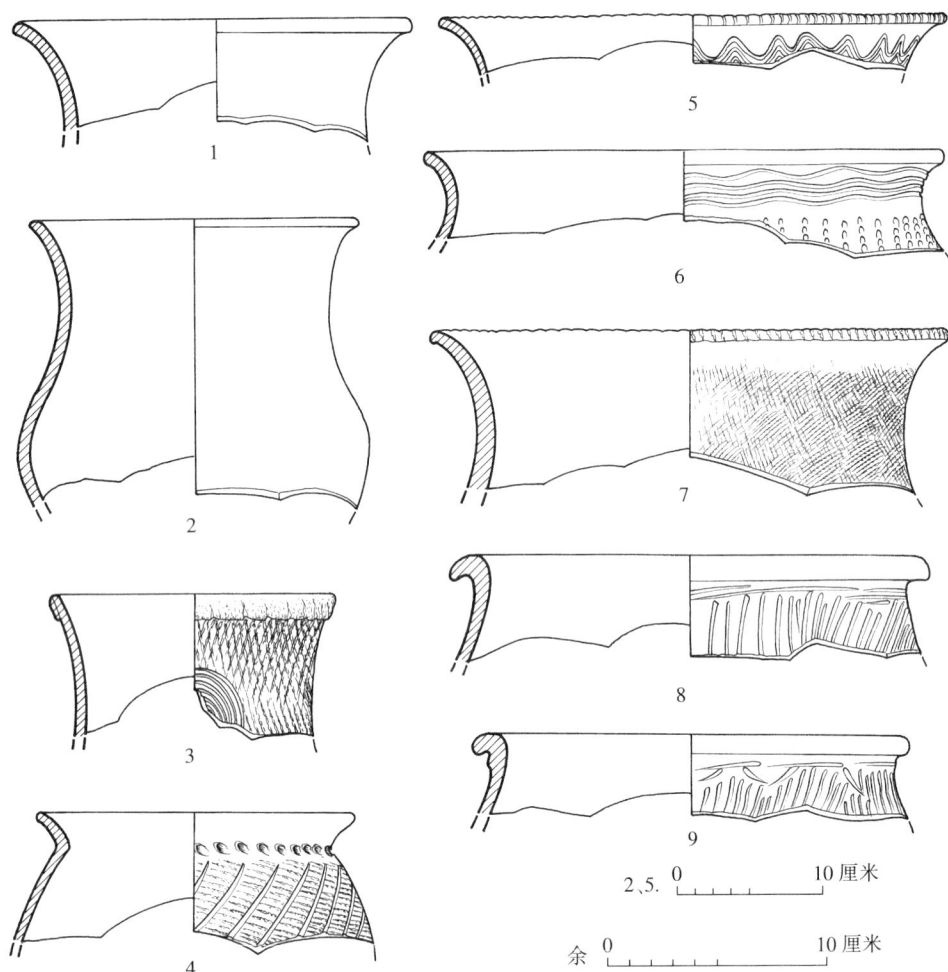

图三五　第8层出土陶器

1. Ba 型 Ⅱ 式高领罐（T24⑧：65）　2. Ba 型 Ⅰ 式高领罐（T32⑧：50）　3、7. Ba 型
Ⅱ 式花边口沿罐（T4⑧：36、T21⑧：53）　4. Ab 型 Ⅰ 式罐（T30⑧：163）　5. A 型
花边口沿罐（T15⑧：159）　6. Ba 型 Ⅰ 式罐（T15⑧：144）　8. Aa 型 Ⅱ 式高领罐
（T15⑧：25）　9. Ab 型 Ⅰ 式高领罐（T28⑧：16）

错细绳纹。口径23.8、残高7厘米（图三五，7；图版一六，4）。

罐　26件。

Ab 型 Ⅰ 式　4件。T30⑧：163，夹砂灰褐陶。圆唇，宽折沿，弧肩。颈部饰有戳印圆点纹，
肩部上以绳纹为底纹，其上再饰草叶划纹。口径14.8、残高6.2厘米（图三五，4）。

Ac 型 Ⅰ 式　12件。T15⑧：126，夹细砂磨光褐陶，由于受火烧影响，部分外壁呈黑色。方
唇，溜肩连弧呈假双肩。颈部饰有水波划纹，上肩部饰有一条弦纹和一圈近"牙状"条形划纹，
下肩部则饰有树叶纹和羽状划纹，腹部和肩部接缝处则在泥条上戳印一圈条状堆纹，腹部则装饰
交错绳纹。口径23.6、残高15.6厘米（图三六，1；图版一七，1）。T21⑧：52，夹细砂磨光灰褐

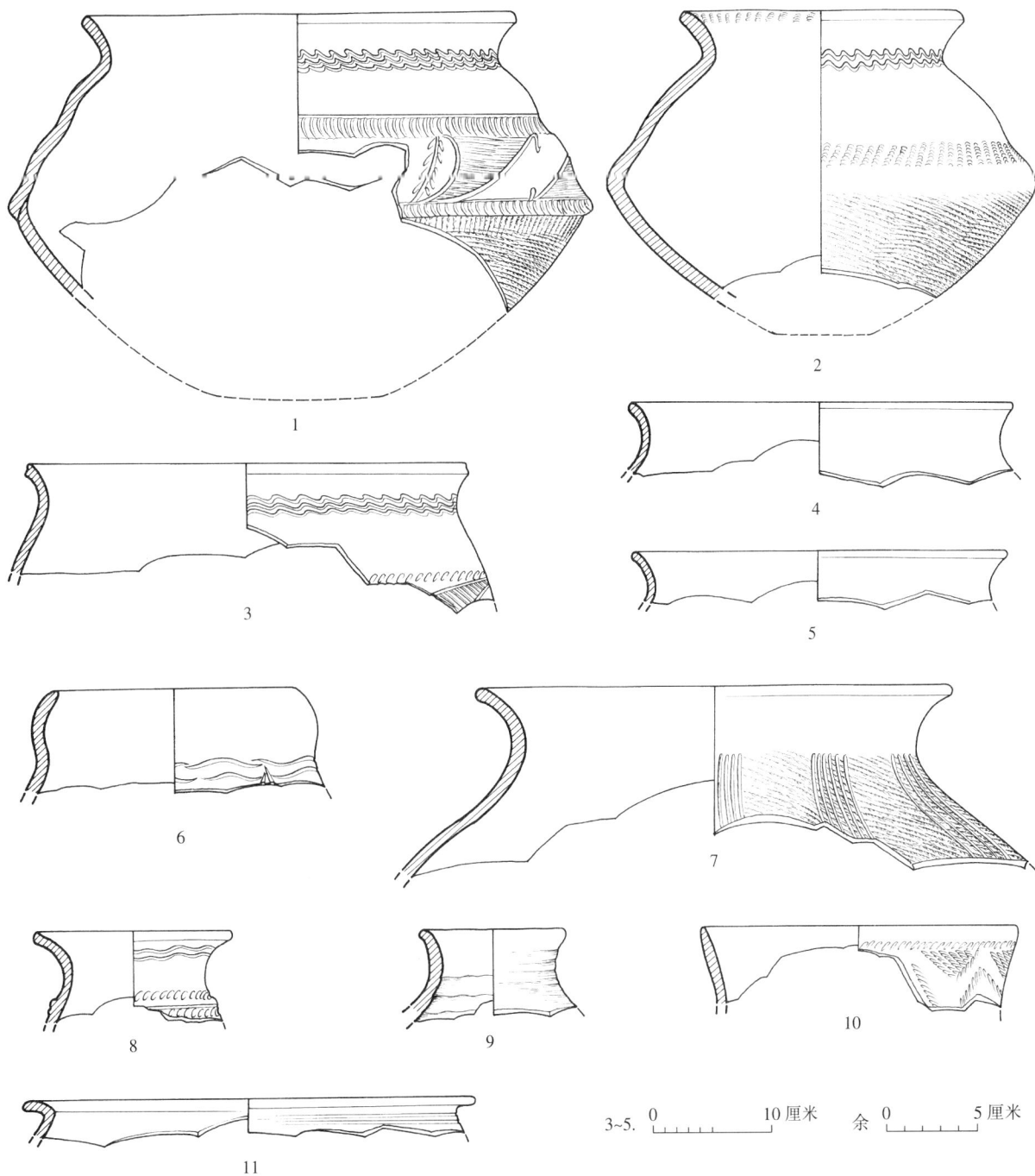

图三六　第 8 层出土陶器

1、3. Ac 型Ⅰ式罐（T15⑧：126、T21⑧：52）　2. Ac 型Ⅱ式罐（T15⑧：121）　4、5. Ba 型Ⅰ式罐（T15⑧：157、T22⑧：94）　6. Ea 型Ⅰ式罐（T28⑧：21）　7. Ba 型Ⅰ式瓮形器（T15⑧：123）　8. Ba 型壶形器（T15⑧：131）　9. A 型Ⅱ式壶形器（T24⑧：54）　10. B 型杯形器（T11⑧：38）　11. Ab 型Ⅰ式尊形器（T15⑧：140）

陶。方唇，溜肩。颈部饰有水波划纹，肩部饰有一圈戳印点纹和羽状划纹。口径 36、残高 11.7 厘米（图三六，3；图版一六，6）。

Ac 型 Ⅱ 式　5 件。T15⑧：121，泥质磨光褐陶。厚方唇，束颈，溜肩，折腹。唇部内侧装饰压印点纹，颈部饰有水波划纹，肩部饰有绳索状压印纹，腹部则饰交错绳纹。口径 15.4、残高 15.4 厘米（图三六，2；图版一七，2）。

Ba 型 Ⅰ 式　4 件。敞口，折沿。T15⑧：157，泥质灰褐陶。近方唇。口径 32、残高 6.6 厘米（图三六，4）。T22⑧：94，泥质灰褐陶。圆唇。口径 31、残高 4.5 厘米（图三六，5）。T15⑧：144，泥质灰褐陶。圆唇。口径 23.6、残高 5 厘米（图三五，6）。

Ea 型 Ⅰ 式　1 件（T28⑧：21）。夹砂灰褐陶。葫芦口，尖圆唇，卷沿。肩部饰有水波和草叶划纹。口径 13.2、残高 5.4 厘米（图三六，6）。

瓮形器　1 件。

Ba 型 Ⅰ 式　1 件（T15⑧：123）。夹砂褐陶。厚圆唇，长颈，溜肩。器物外侧颈部以下装饰斜向细绳纹，绳纹上有一组组纵向刮划处理。器物内壁经过磨光处理。口径 26.6、残高 9.6 厘米（图三六，7；图版一七，3、4）。

壶形器　2 件。

A 型 Ⅱ 式　1 件（T24⑧：54）。泥质灰陶。领部较矮。领部内壁有明显的泥条盘筑痕迹。口径 8、残高 4.8 厘米（图三六，9）。

Ba 型　1 件（T15⑧：131）。夹砂黑褐陶。尖唇，口微敛，近盘口。颈部上饰有水波划纹，肩部装饰两圈戳印点纹和一条弦纹。口径 11、残高 5 厘米（图三六，8）。

尊形器　1 件。

Ab 型 Ⅰ 式　1 件（T15⑧：140）。泥质褐陶。圆唇，侈口，宽折沿。器物内侧经过磨光处理，颈部上有刮磨的痕迹。口径 25、残高 1.8 厘米（图三六，11）。

杯形器　1 件。

B 型　1 件（T11⑧：38）。泥质褐陶。尖唇。表面装饰压印"羽毛"压印纹。口径 17.6、残高 4.6 厘米（图三六，10）。

陶拍　2 件。

T21⑧：50，残。夹砂褐陶。表面饰有交错绳纹。直径 7.9、厚 0.5 厘米（图三七，8；图版一七，5）。T15⑧：145，夹砂黑褐陶。表面饰有斜向绳纹。直径 2.6～2.8、厚 0.4 厘米（图三七，9；图版一七，6）。

纺轮　1 件。

A 型　1 件（T23⑧：37）。残。夹砂黑褐陶。素面。直径 4～6.1、孔径 0.7、厚 0.7 厘米（图三七，10）。

圈足　2 件。

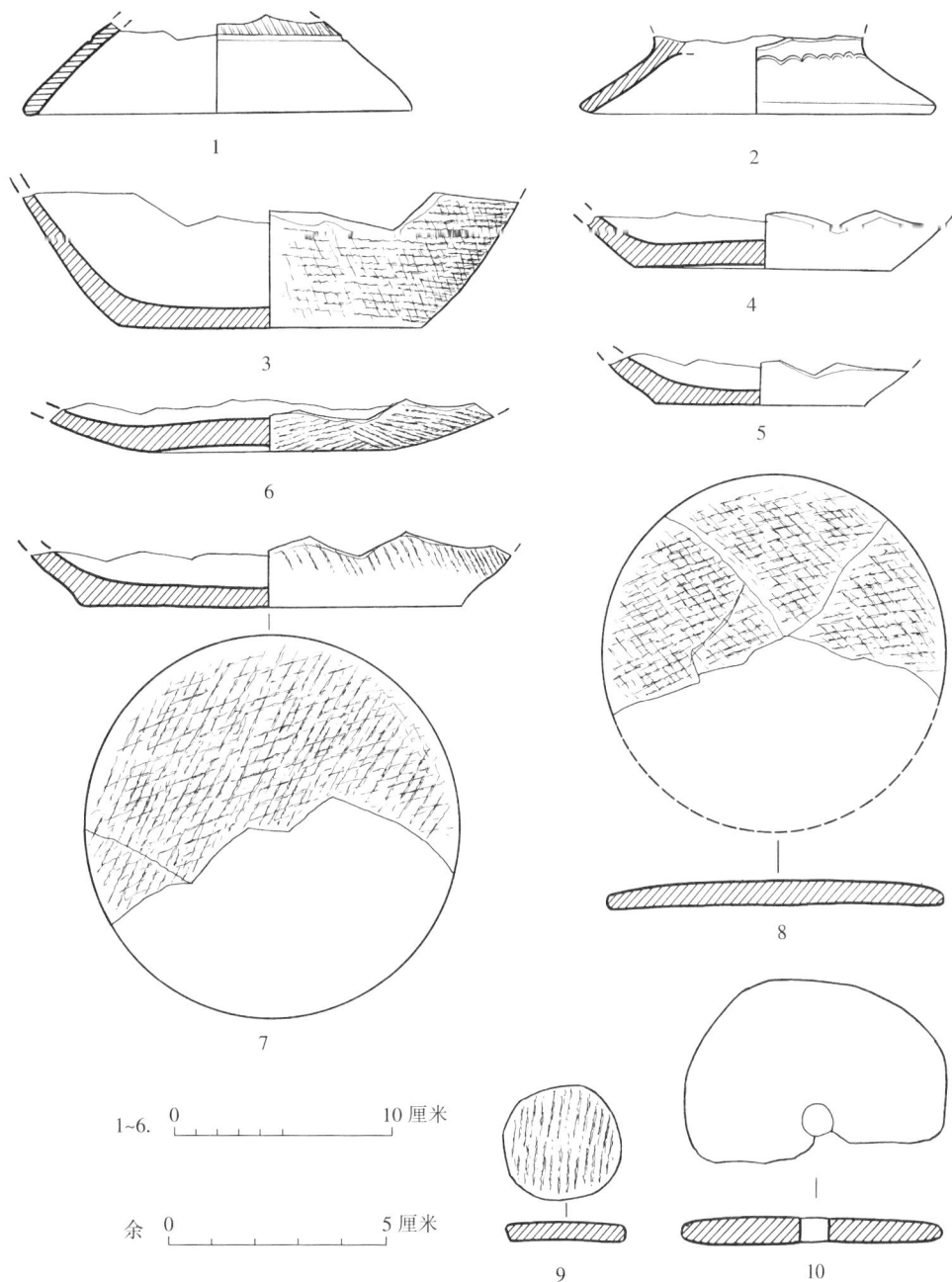

图三七　第 8 层出土陶器

1. Aa 型Ⅰ式圈足（T28⑧：20）　2. Bb 型圈足（T29⑧：82）　3 ~ 5. Aa 型器底（T24
⑧：66、T15⑧：160、T24⑧：61）　6、7. Ab 型器底（T15⑧：154、T15⑧：134）
8、9. 陶拍（T21⑧：50、T15⑧：145）　10. A 型纺轮（T23⑧：37）

　　Aa 型Ⅰ式　1 件（T28⑧：20）。泥质褐陶。足上装饰一圈凹弦纹和压印竖条纹。内壁上遗留
有红色颜料痕迹。底径 18、残高 4.3 厘米（图三七，1）。

　　Bb 型　1 件（T29⑧：82）。夹砂灰褐陶。足上饰有波浪纹。底径 16.5、残高 3.4 厘米（图三七，2）。

器底　13件。

Aa型　5件。T24⑧：66，夹砂灰褐陶，内侧由于受火烧影响呈黑色。底径14、底厚0.8、残高6.2厘米（图三七，3）。T15⑧：160，泥质红褐陶。底部微内凹。底径12、底厚1.1、残高2.6厘米（图三七，4）。T24⑧：61，泥质灰褐陶。底径8.8、底厚0.8、残高1.8厘米（图三七，5）。

Ab型　8件。T15⑧：154，夹砂黑褐陶。底部内凹。底径5.5、底厚1.2、残高1.1厘米（图三七，6）。T15⑧：134，夹砂灰陶。底面饰有交错细绳纹。底径8.8、底厚0.4、残高1.5厘米（图三七，7）。

2. 石器

该层出土的石器数量和种类相对较多，以生产工具和渔猎工具为主，有斧、锛、凿、砺石、研磨器、矛、匕首、镞、网坠、环等，其中以斧、镞、研磨器、砺石多见。网坠、环、锛、凿等出土的数量相对较少。石器中仅少量石器为打制，磨制石器数量较多，器表磨制光滑，器形规整。石器岩性以玄武岩最多，另有闪长岩、硅质岩、千枚岩、砾岩、板岩、砂岩等。

斧　7件。

Aa型　1件（T21⑧：45）。灰绿色闪长岩。顶部残。体形较大，器物厚重。仅刃部经过磨制，刃部有明显的崩疤痕迹。残长11.4、宽6.3～8.2、厚3.6厘米（图三八，1）。

Ba型　1件（T15⑧：93）。灰绿色玄武岩。器形厚重，长方形。顶部略残，弧刃，刃部磨制较为精细，但多残缺。残长9.3、宽4.3～6、厚2.1厘米（图三八，2；图版一八，1）。

Bb型　2件。梯形，器形相对薄。顶部残断，弧刃，刃部略残。T23⑧：37，灰色玄武岩。残长5.9、宽4.1～5.5、厚1厘米（图三八，3）。T15⑧：112，灰绿色玄武岩。残长7.8、宽5.4～6.2、厚2.6厘米（图三八，5；图版一八，3）。

Ca型　3件。体量较小，平面形状呈长方形。T29⑧：58，灰绿色玄武岩。弧顶和舌形刃，刃部磨制较为精细，略残。长5.8、宽3.1～3.8、厚1.4厘米（图三八，6；图版一八，2）。

锛　3件。

Aa型　1件（T23⑧：36）。灰绿色玄武岩。器形厚重。平顶和弧刃，刃部磨制较为精细，顶部和一侧有崩疤痕迹。长5.8、宽3.7～4.6、厚1.9厘米（图三八，7；图版一八，4）。

Ba型　2件。器形较小。T29⑧：57，浅灰绿色玄武岩。平顶和弧刃，刃部磨制较为精细，刃部有残缺，上部一面剥落一段。长4.1、宽2.1～3.6、厚0.6厘米（图三八，8）。

凿　2件。

A型　2件。平面形状多呈长条形。弧刃。磨制精细。T23⑧：5，灰色玄武岩。顶部残。残长3.5、宽2.1～2.3、厚0.6厘米（图三八，4）。T5⑧：78，浅灰绿色玄武岩。顶部残。弧刃。刃部磨制较为精细。长5.6、宽2、厚0.8厘米（图三八，9）。

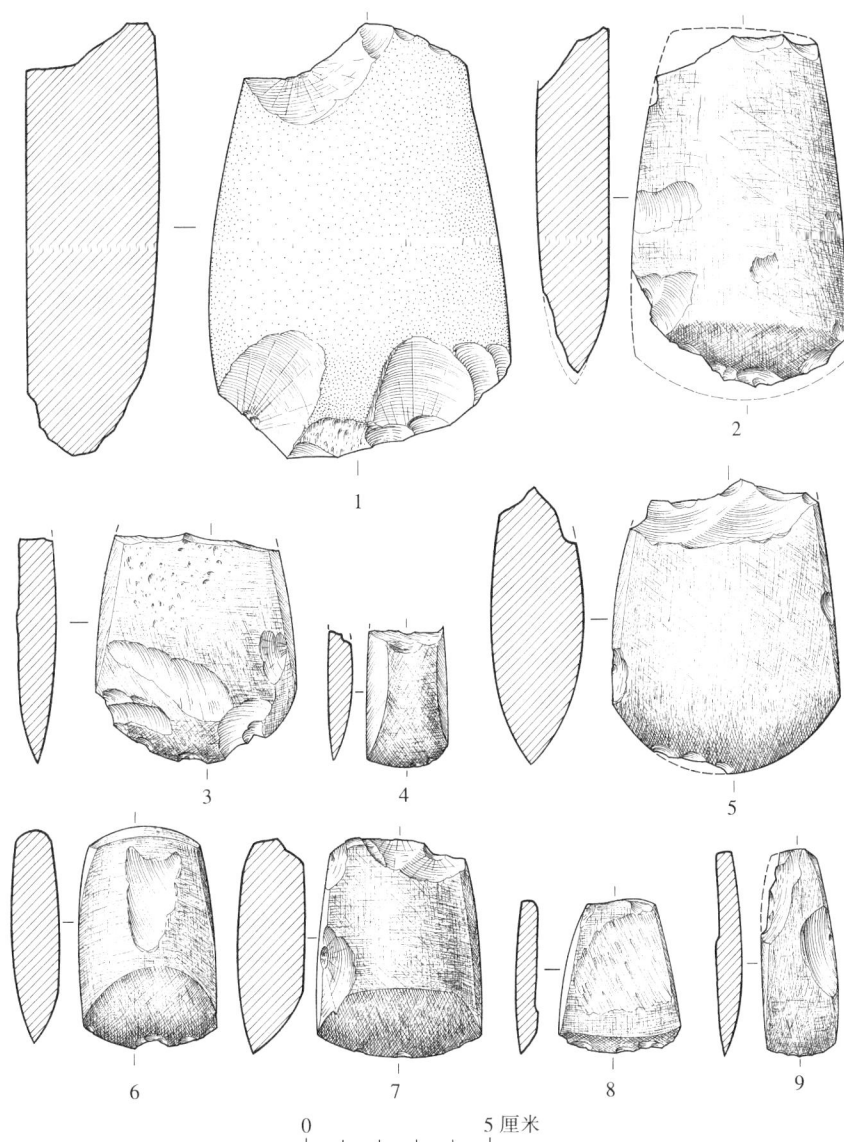

图三八　第 8 层出土石器

1. Aa 型斧（T21⑧:45）　2. Ba 型斧（T15⑧:93）　3、5. Bb 型斧（T23
⑧:37、T15⑧:112）　4、9. A 型凿（T23⑧:5、T5⑧:78）　6. Ca 型斧
（T29⑧:58）　7. Aa 型锛（T23⑧:36）　8. Ba 型锛（T29⑧:57）

研磨器　4 件。

T23⑧:39，灰色砾岩。平面形状呈扁长条形。上部微内收，便于手握，底部有磨制痕迹。长 17.6、宽 4.2 ~ 5.5、厚 1.7 ~ 1.9 厘米（图三九，1）。T15⑧:115，灰色砾岩。长 5.9、宽 0.7 ~ 1.6、断面厚 1.7 厘米（图三九，3）。

残石器　4 件。器形不明。表面均有显著的磨制痕迹。

T23⑧:48，灰色角闪岩。残长 5、宽 1.8 ~ 3.9、厚 1.4 厘米（图三九，4）。

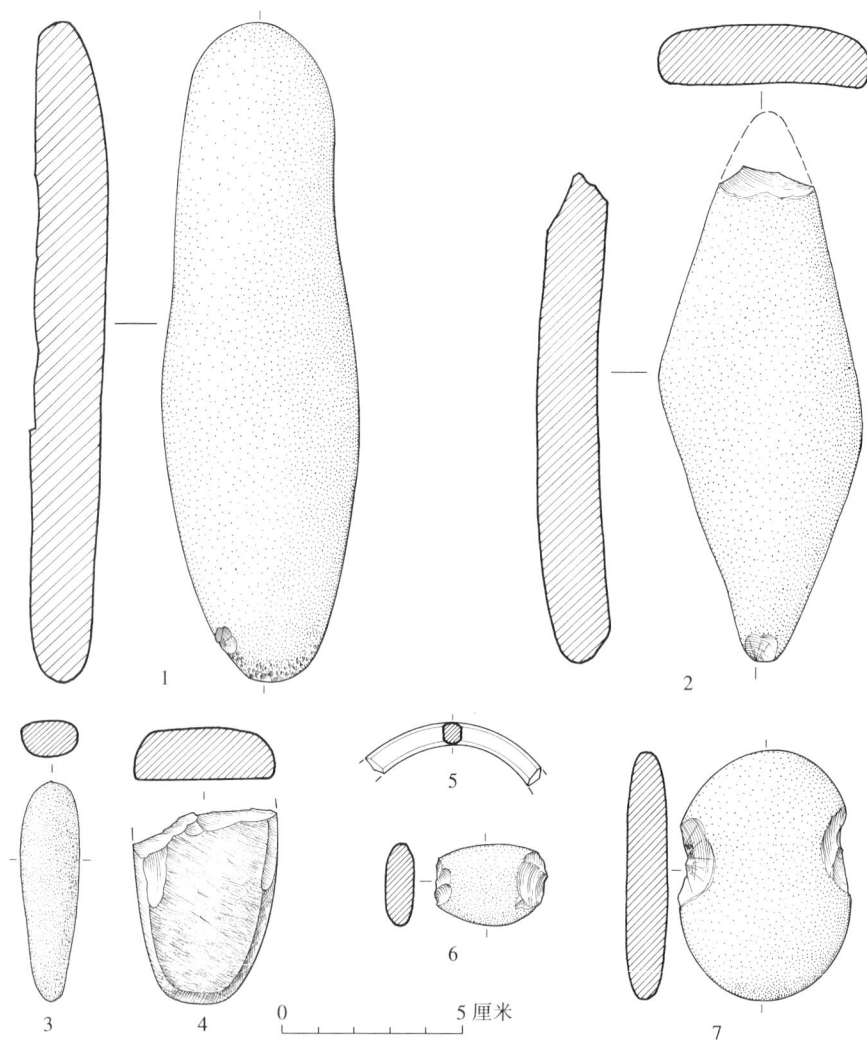

图三九　第 8 层出土石器

1、3. 研磨器（T23⑧：39、T15⑧：115）　2. 梭形石器（T5⑧：85）　4. 残

石器（T23⑧：48）　5. 环（T12⑧：13）　6. B 型网坠（T29⑧：59）　7. A

型网坠（T22⑧：77）

环　1 件。

T12⑧：13，残。浅灰褐色板岩。磨制精致。残长 4.8、截面直径 0.5 厘米（图三九，5；图版

一八，5）

网坠　2 件。

A 型　1 件（T22⑧：77）。浅灰褐色砂岩。长 6.7、宽 4.8、厚 1.1 厘米（图三九，7；图版一

八，6）。

B 型　1 件（T29⑧：59）。灰色砂岩。长 3.1、宽 2.2、厚 0.9 厘米（图三九，6）。

梭形器　1 件。

T5⑧：85，浅黄灰色砾岩。一端残，平面形状呈菱形。表面保留其自然面，背面略加磨制。残长 13.1、宽 1~5.4、厚 1.6 厘米（图三九，2）。

星形器 1 件。

T22⑧：76，灰绿色硅质岩。仅存一部，平面形状呈放射状星状。复原后基本平面形状中部为一圆形，立面呈筒状，内壁遗留显著的磨制痕迹，外沿对称分布着十四个大小锥状齿轮，齿轮长度均为等分，其中七个小齿轮与七个大齿轮对称交叉分布，磨制精细，几何切割和磨制技术均显示出高超的水平。直径约 7.7、高 7.7 厘米；小齿轮长 2.6 厘米，大齿轮长 4.6 厘米，小齿轮和大齿轮连线长度分别为 12.7、16.3 厘米（图四〇；彩版七，3；图版一九，1、2）。

砺石 3 件。形状多不规则。

T4⑧：30，紫色砂岩。侧面和平面均有纵向磨痕，其中平面上呈三级磨痕。长 14.2、宽 6~7.1、厚 0.5~1.5 厘米（图四一；图版一九，3）。

矛 1 件。

T24⑧：53，浅灰色千枚岩。柄部残。刃部呈阔叶状，端面呈六棱形。磨制光滑。残长 7.5、宽 3.8、厚 0.8 厘米（图四二，1；图版一九，4）。

匕首 1 件。

T15⑧：114，灰黑色千枚岩，面上有丝绢光泽。平面形状呈长方形。尖部残，仅存柄部。磨制规整。残长 9.7、宽 2.6~3.3、厚 1.3 厘米（图四二，2；图版一九，5）。

镞 6 件。

A 型 3 件。T5⑧：87，浅灰色千枚岩。尖部和身部均残，断面呈椭圆形，中部至尖收缩为脊。

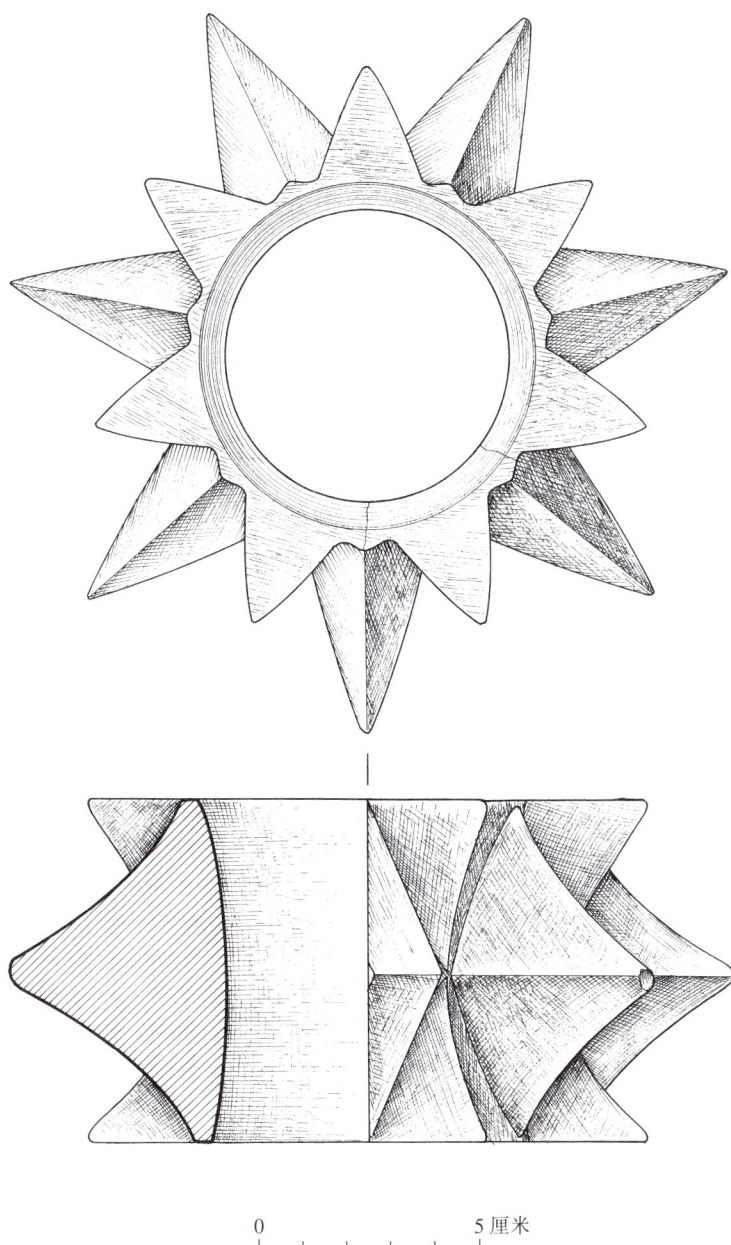

图四〇 第 8 层出土石星形器复原图（T22⑧：76）

残长约4.9、宽1.3~1.5、厚0.4厘米（图四二，5）。

B型　1件（T21⑧：44）。浅灰色泥岩。尖部残，断面呈菱形。残长约5.4、宽0.6~0.8、厚0.8厘米（图四二，6）。

C型　2件。T22⑧：78，灰色千枚岩。近锋部、尖部和铤部均残断，断面呈六棱形。磨制精细，磨痕显著。残长约4、宽1.1~1.5、厚0.4厘米（图四二，3；图版一九，6）。T22⑧：79，灰色千枚岩。尖部和身部均残断，断面呈菱形，短铤部。残长约4.6、宽0.7~1.2、厚0.4厘米（图四二，4）。

石料　1件。

T21⑧：47，浅灰黄色砾岩。平面复原可能为圆形。表面保留其自然面，上有红色颜料遗留。残高约4.5、宽2.2~3.7、厚约1.6厘米（图四二，9）。

3. 骨器

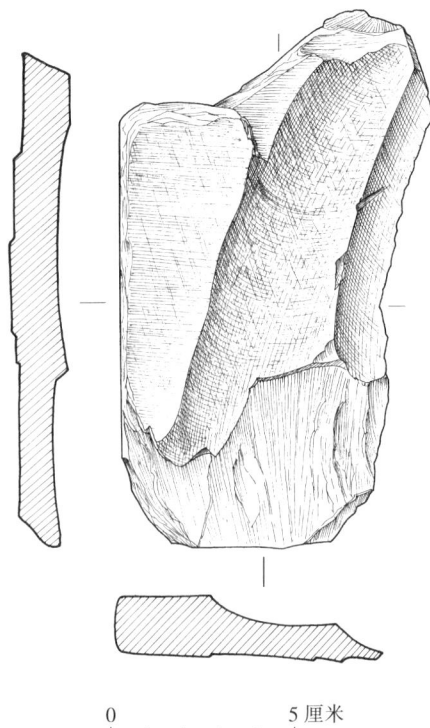

图四一　第8层出土砺石（T4⑧：30）

该层出土骨器的数量仍然较少，以骨锥、骨镞多见，另有牌饰。骨器多利用动物肢骨和骨条磨制而成，骨片磨制的少见，骨器表面磨制精致。

镞　2件。

T15⑧：111，系骨条制成，平面形状呈三棱形。通体磨光，一端磨尖，另一端加工呈铤部，铤部略残。残长8.8、截面直径0.4~1厘米（图四二，7）。

锥　2件。

T15⑧：116，锥部残。用动物肢骨制成，以关节为柄部。残长6.4厘米（图四二，8）。

牌饰　1件。

T20⑧：30，残缺一部，系用骨片磨制而成。平面形状呈椭圆形，上部有两个平行的对穿圆孔，中部有一椭圆形单面穿，下部有两个对称排列椭圆形状凹槽，凹槽下端有一排呈牙齿状的凹槽，整个形态近似一张人脸。残长8.2、宽3.4、厚0.3~0.8厘米（图四二，10；彩版七，4）。

（四）开口于第7层下的遗迹

该层下发现遗迹现象较少，仅在T5和T15内发现少量柱洞，共计22个，集中于T15内，分布无规律，其平面形状或走向不明。柱洞的平面形状均呈圆形，剖面形状以圆锥状居多，圆柱状少见；柱洞的直径普遍较小。填土多为灰色砂土，结构疏松，其内多不包含文化遗物。

柱洞均开口于第7层下，打破第8层。其平面形状呈圆形。均为小型圆形柱洞，直径0.06~

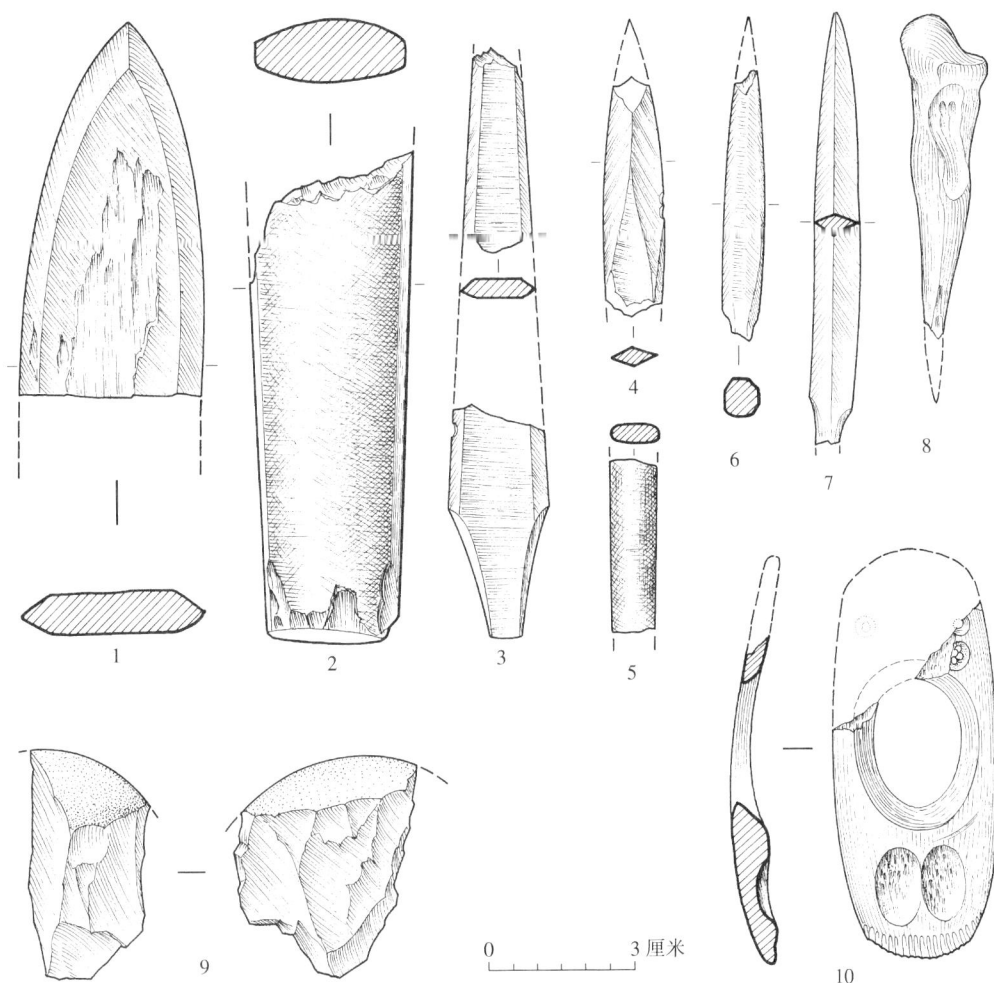

图四二　第 8 层出土石、骨器

1. 石矛（T24⑧：53）　2. 石匕首（T15⑧：114）　3、4. C 型石镞（T22⑧：78、T22⑧：79）

5. A 型石镞（T5⑧：87）　6. B 型石镞（T21⑧：44）　7. 骨镞（T15⑧：111）　8. 骨锥

（T15⑧：116）　9. 石料（T21⑧：47）　10. 骨牌饰（T20⑧：30）

0.15、深 0.08 ~ 0.67 米。T5 仅南部发现一个柱洞。T15 内发现 21 个，由于探方狭小，柱洞分布凌乱，不可辨明其分布形状。洞壁均向内斜收，除 T15D7、T15D21 剖面为圆柱形外，其余剖面均为圆锥形。填土为浅灰色砂土，结构疏松，多数柱洞内不见遗物，仅见少量的小型动物骨骸或残蚌壳碎片夹杂其中。

（五）第 7 层出土遗物

1. 陶器

该层出土的陶片数量众多，种类也较为丰富。陶质仍然以夹砂陶最多，占 89.6%，其中黑褐、灰褐、褐陶较常见；泥质陶数量相对较少，仅占 10.4%，以黑褐、褐、灰褐常见（表五）。陶器为手制，多经过快轮加工，其中钵、釜、豆等器物肩部以上普遍经过磨光处理。陶片表面多饰有纹饰，素面陶少见，常见纹饰的装饰手法有压印、刻划和戳印；纹饰种类有绳纹、弦纹、草叶划纹、水波划纹、椭圆形捺窝戳印纹、花瓣划纹、变形戳印鸟纹、篦点纹、戳印芒纹、"Z"字纹等，复合纹饰开始多见（表六；图四三）。器形以圜底器和平底器居多，另有少量的圈足器，不见三足器。常见器形有钵、碗、盆形器、豆、盘，A、B、E 型釜，Aa 型器盖，尊形器，壶形器，A、Ba 型高领罐，Ab 型罐，A 型纺轮等。花边口沿罐、瓮形器、器流、尊形器等少见。其中盘、E 型釜、器流、支座为新出现器物。

钵　53 件。

Aa 型Ⅰ式　6 件。T30⑦：188，夹砂黑褐陶。敛口，折肩，浅腹。腹部饰交错粗绳纹，近肩处有一圆形穿孔。口径 24、残高 7 厘米（图四四，1；图版二〇，1）。

Ab 型Ⅰ式　17 件。T25⑦：42，夹砂灰褐陶。尖圆唇。腹部饰斜向细绳纹。口径 19、残高 4.4

表五　第 7 层出土陶片陶质、陶色统计表

探方号	夹 砂						泥 质						合计
	灰褐	黑褐	褐	灰	红褐	黄褐	灰褐	黑褐	褐	灰	红褐	黄褐	
T27	3	11	4		4	1	1	1	1				26
T8		20	11		2			6	5				44
T32	1	12	8				1	1	1				24
T12	16	28	3		1	1	1	1	1				52
T29	4	2			2	2					4	2	16
T5	78	146	50		41	1	3	16	3		1		339
T20	50	66	44		8		2	6					176
T15	50	120	30		6			12	5	1	5		229
T17	26	141	14		4			11	10				206
T24	5	16	2						1				24
T30	62	81	15		18	19	3	18	3	3	4		226
T21	38	81	20		15			15	7				176
T25	3	2		1	3		1	3		2	1		16
合计	336	726	201	1	104	24	12	90	37	6	15	2	1554
总计	1392（89.6%）						162（10.4%）						

表六　第 7 层出土陶片纹饰统计表

纹饰＼探方号	绳纹	素面	带状篦点纹	戳印纹	弦纹	水波纹	指甲纹	划纹	带状斜线纹	栉纹	菱形纹	"S"形纹	堆纹	网格	穿孔	"Z"字纹	合计
T27	15	11															26
T8	28	5	4	2	5												44
T32	12	3	2		4	3											24
T12	32	9	4		3	1	1	2									52
T29	9	4		1					1	1							16
T5	272	37	2	3	16	5		3			1						339
T20	143	8	5	7	7	2		4									176
T15	167	34	4	6	6	5		3				2	2				229
T17	156	31		2	10	4			3								206
T24	20	3				1											24
T30	131	58	6		19	3	1	4	1				2			1	226
T21	104	30	9	2	20	5		6									176
T25	8	5							1					1	1		16
合计	1097	238	36	23	90	29	2	22	6	1	1	2	4	1	1	1	1554
百分比（%）	70.6	15.3	2.3	1.5	5.8	1.9	0.1	1.4	0.4	0.1	0.1	0.1	0.3	0.1	0.1	0.1	100

厘米（图四四，2）。T25⑦：44，夹砂灰褐陶。尖圆唇，口微敛，浅腹。腹部装饰交错细绳纹，绳纹上再饰草叶划纹。口径 20、残高 7.2 厘米（图四四，3）。T8⑦：38，夹砂红褐陶。由于受火烧影响，唇部和腹部呈黑色。尖圆唇。腹部饰以细绳纹为底纹，绳纹上再装饰草叶状划纹。口径 20、残高 5.8 厘米（图四四，4；图版二〇，2）。

Ac 型 I 式　7 件。T25⑦：82，夹砂红褐陶。由于受火烧影响，唇部和肩部泛黑。圆唇。腹部原通饰有细绳纹，后经刮磨处理，仅下腹遗留有绳纹痕迹。口径 18.5、残高 6 厘米（图四四，5）。

Ba 型 I 式　13 件。T24⑦：68，夹砂褐陶。圆唇，平底。腹部饰交错细绳纹。口径 16、底径 8.4、高 7.1 厘米（图四四，6；图版二〇，3、4）。

Ba 型 II 式　2 件。T30⑦：81，夹砂褐陶。平底微内凹。腹部以细绳纹为底纹，绳纹上再饰草叶和花瓣形划纹，底部饰有四叶花瓣划纹。口径 20、底径 7.2、高 7.7 厘米（图四四，7；彩版七，5、6）。

Bb 型 I 式　8 件。T20⑦：66，夹砂灰褐陶。圆唇，口微敛，斜腹。口径 18、残高 5.4 厘米（图四四，8）。T30⑦：171，夹砂褐陶。尖唇，近直口，斜腹。腹部饰斜向细绳纹。口径 20、残高 4.8 厘米（图四四，9）。

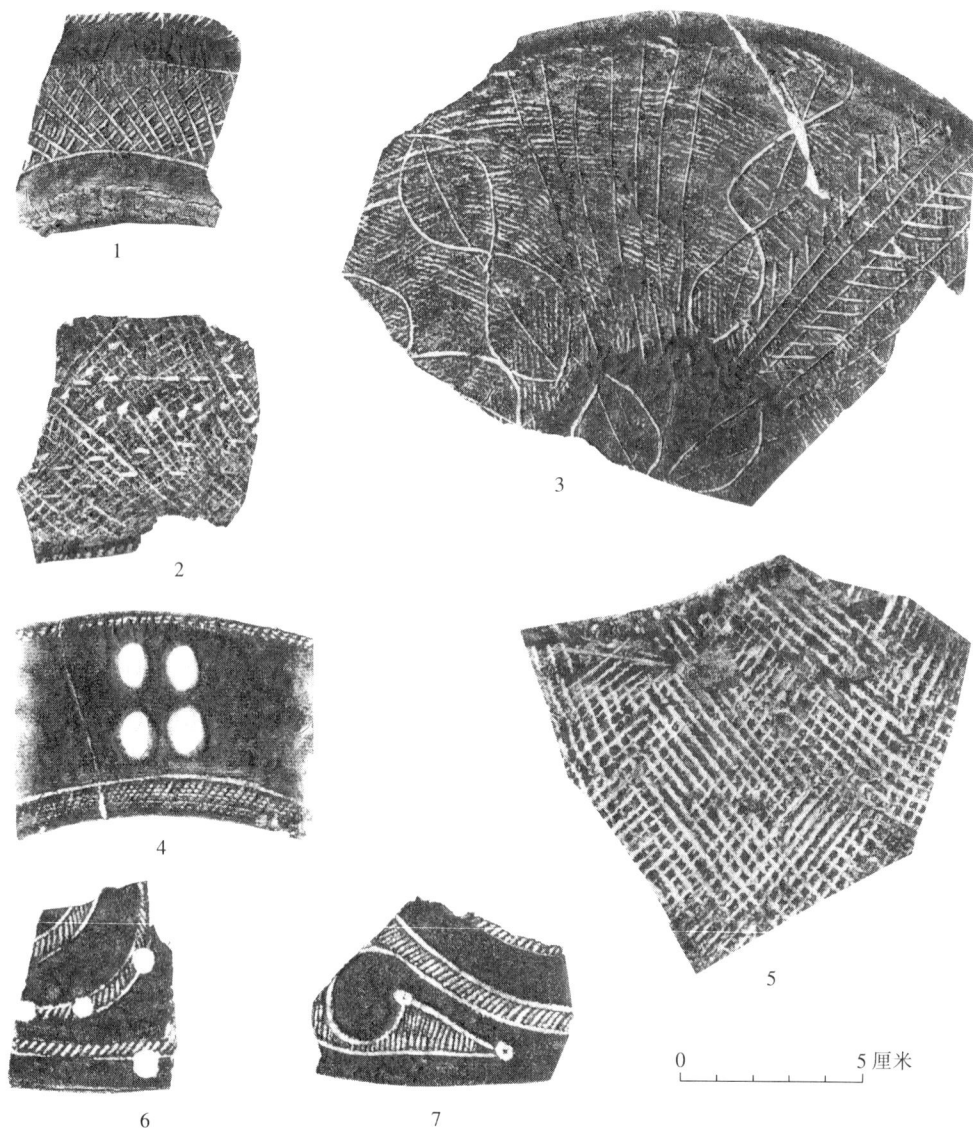

图四三　第7层出土陶片纹饰拓片

1. Bb 型碗上的网格划纹（T25⑦：88）　2. Bb 型Ⅱ式花边口沿罐上的绳纹、戳印点纹
（T25⑦：45）　3. Ba 型Ⅱ式钵上的花瓣纹、绳纹、草叶划纹（T30⑦：81）　4. 盘上
的压印椭圆形捺窝纹、戳印篦点纹及磨光面（T30⑦：168）　5. 交错绳纹（T26⑦：96）
6. Ab 型Ⅰ式圈足上的弦纹、捺窝纹、绳纹复合纹饰带（T25⑦：90）　7. Ab 型Ⅱ式圈
足上的弦纹、绳纹、戳印圆圈和篦点纹组成的复合变形鸟纹（T15⑦：247）

碗　5件。

Aa 型Ⅱ式　1件（T5⑦：67）。泥质褐陶。圆唇，侈口，浅弧腹。残高2.4厘米（图四五，1）。

Aa 型Ⅲ式　1件（T25⑦：71）。泥质灰陶。厚圆唇，深弧腹。残高4.4厘米（图四五，2）。

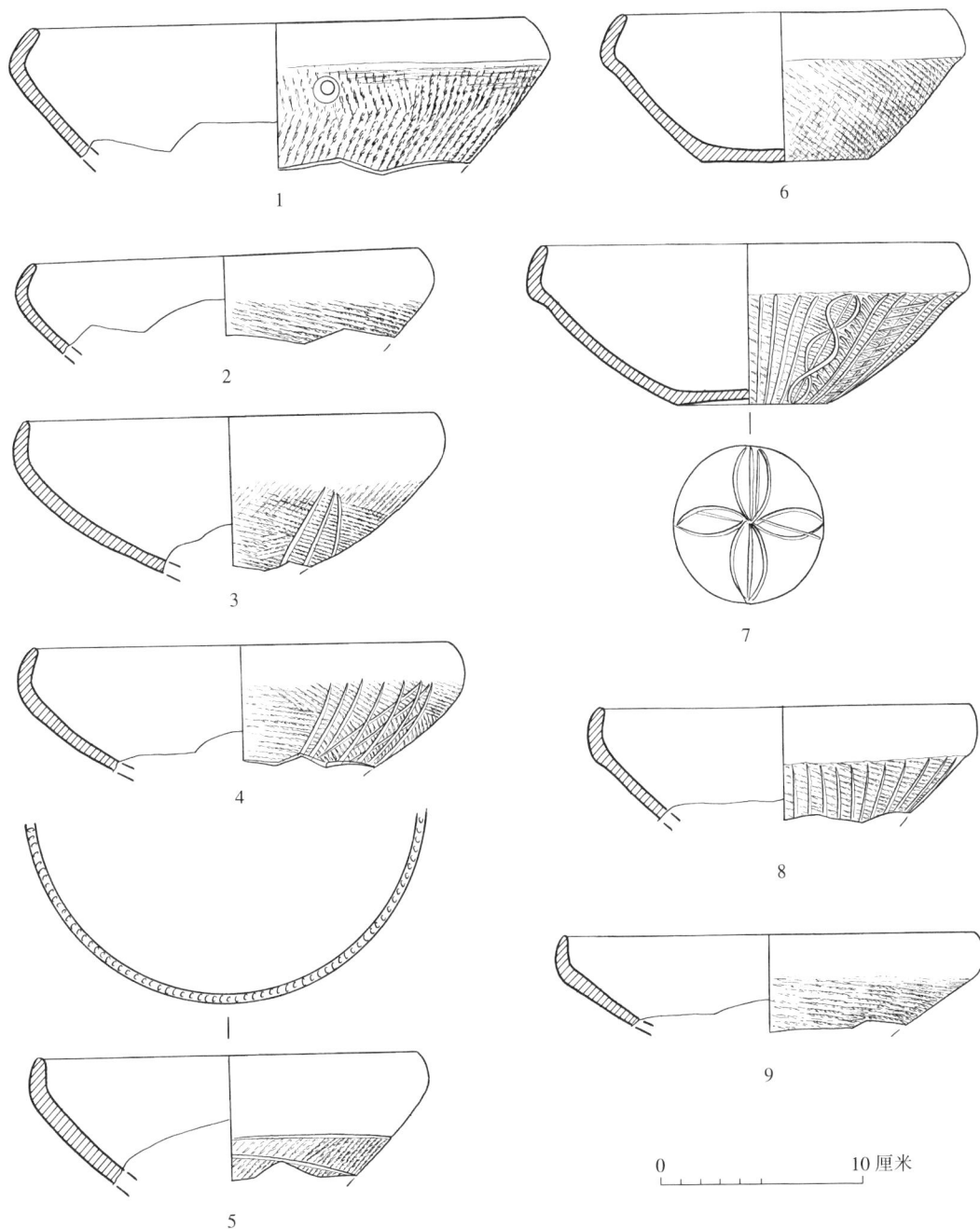

图四四　第 7 层出土陶钵

1. Aa 型 I 式（T30⑦：188）　2～4. Ab 型 I 式（T25⑦：42、T25⑦：44、T8⑦：38）　5. Ac 型 I 式（T25⑦：82）　6. Ba 型 I 式（T24⑦：68）　7. Ba 型 Ⅱ 式（T30⑦：81）　8、9. Bb 型 I 式（T20⑦：66、T30⑦：171）

Ba 型 I 式　1 件（T25⑦：85）。泥质灰陶。圆唇，深弧腹。残高 4.5 厘米（图四五，3）。

Bb 型　2 件。T25⑦：89，泥质磨光褐陶。尖圆唇，斜腹。腹部装饰一道凹弦纹，其下则饰有网格划纹。残高 3.5 厘米（图四五，4）。T25⑦：88，泥质磨光褐陶。尖圆唇，弧腹，平底内凹。

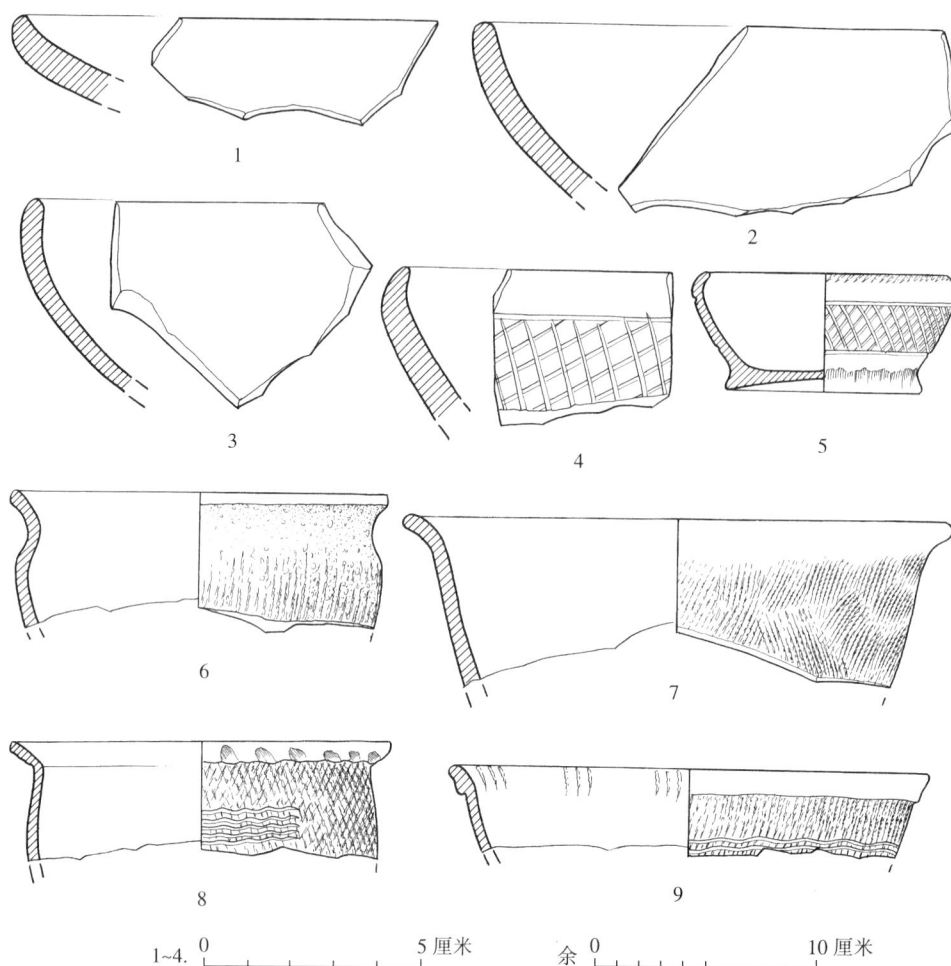

图四五　第7层出土陶器

1. Aa 型Ⅱ式碗（T5⑦：67）　2. Aa 型Ⅲ式碗（T25⑦：71）　3. Ba 型Ⅰ式碗（T25⑦：85）
4、5. Bb 型碗（T25⑦：89、T25⑦：88）　6. A 型Ⅱ式盆形器（T25⑦：53）　7、9. Cc 型
盆形器（T15⑦：163、T27⑦：14）　8. B 型Ⅰ式盆形器（T5⑦：127）

唇部外侧饰戳印锯齿状纹，肩部和腹部装饰两道凹弦纹，其间则饰有网格划纹。口径 11.2、底径
9.2、高 5.2 厘米（图四五，5；彩版八，1、2）。

盆形器　4件。

A 型Ⅱ式　1件（T25⑦：53）。夹砂灰褐陶。方唇，卷沿，鼓肩。通体饰斜向细绳纹。口径
17.2、残高 6.2 厘米（图四五，6）。

B 型Ⅰ式　1件（T5⑦：127）。夹砂褐陶。近方唇，盘口，折沿，束颈，深腹。唇部外侧装饰
有一圈戳印捺窝纹，腹部饰有交错细绳纹。口径 17.5、残高 5.2 厘米（图四五，8）。

Cc 型　2件。T15⑦：163，夹砂褐陶。圆唇，卷沿，弧腹。腹部装饰交错细绳纹。口径 24.8、
残高 7.4 厘米（图四五，7）。T27⑦：14，夹砂灰褐陶。圆唇，弧腹。唇部外侧装饰一条泥条附加

堆纹，内侧饰三条短线一组的压印纹。口径 21.8、残高 3.8 厘米（图四五，9）。

豆　6 件。

Aa 型 I 式　4 件。T5⑦：128，泥质磨光灰褐陶。近唇部装饰一圈戳印鳞纹。口径 16、残高 3.6 厘米（图四六，1）。T15⑦：198，泥质磨光黑褐陶。近唇部装饰一圈戳印鳞纹，鳞纹下均匀分布着几个戳印捺窝点纹。口径 25.2、残高 3.8 厘米（图四六，2；图版二〇，5）。T15⑦：100，泥质磨光黑褐陶。近唇部装饰一圈戳印鳞纹，鳞纹下均匀分布着几个戳印捺窝点纹。口径 21.2、残高 3.4 厘米（图四六，3）。

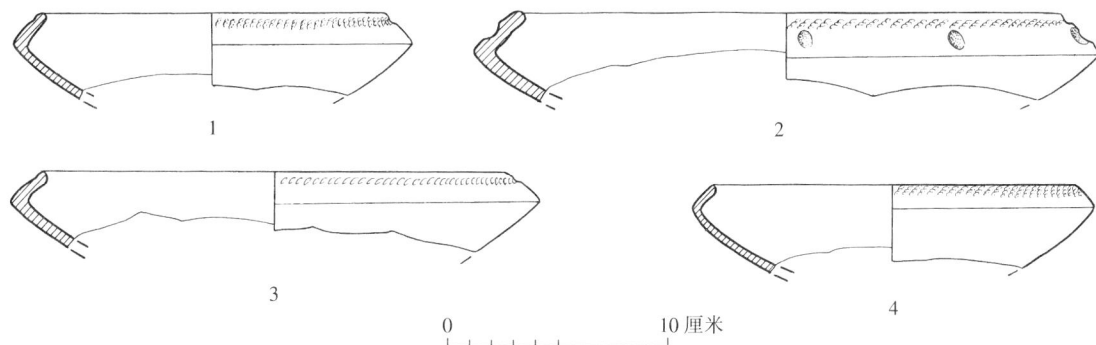

图四六　第 7 层出土陶豆

1~3. Aa 型 I 式（T5⑦：128、T15⑦：198、T15⑦：100）　4. Ba 型 I 式（T5⑦：61）

Ba 型 I 式　2 件。T5⑦：61，泥质磨光褐陶。圆唇。近唇部装饰一圈戳印鳞纹。口径 16.8、残高 3.8 厘米（图四六，4）。

盘　2 件。均为泥质磨光黑褐陶。侈口。圈足均残。

T25⑦：98，腹部较浅。盘口唇部和盘口内侧装饰有两条由弦纹和压印"鱼鳞"纹组成的复合纹饰带，盘面上再间隔分布三组由四个戳印椭圆形捺窝点纹组成一组的纹饰。口径 29.8、残高 10.2 厘米（图四七，2）。T30⑦：168，仅存一段，腹部较深。盘口内有两圈由弦纹和压印"鱼鳞"纹组成的复合纹饰带，在两纹饰带之间间隔由鱼鳞纹和弦纹及圆形戳印捺窝纹组成的呈"x"状复合纹饰连接。口径 23.6、残高 5 厘米（图四七，2）。

釜　47 件。

Aa 型 II 式　2 件。T15⑦：205，夹砂褐陶。尖圆唇，折肩，高领。口径 10.8、残高 5 厘米（图四八，1）。

Aa 型 III 式　12 件。T15⑦：236，夹砂褐陶。束颈，高领。口径 21.6、残高 8 厘米（图四八，2）。T30⑦：179，夹砂灰褐陶。矮领。口径 14、残高 5.5 厘米（图四八，3）。T5⑦：130，夹砂灰褐陶。口径 24、残高 5 厘米（图四八，5）。T30⑦：190，夹砂灰褐陶。尖圆唇。口径 19.8、残高 5.5 厘米（图四八，6）。

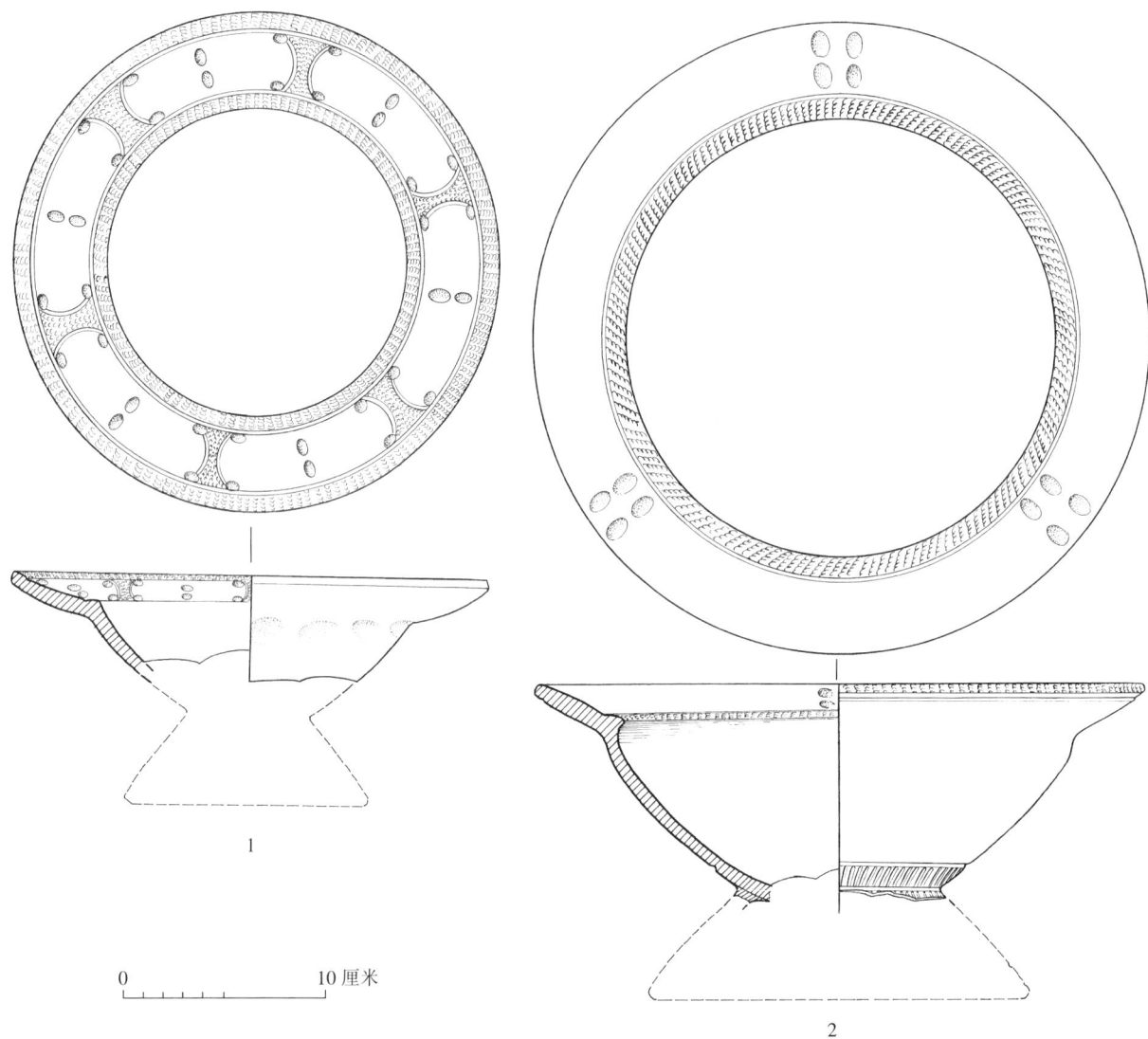

图四七　第 7 层出土陶盘

1. T30⑦：168　　2. T25⑦：98

Ba 型 I 式　10 件。T20⑦：60，泥质磨光黑褐陶。圆唇，卷沿外翻。唇部内侧装饰一圈戳印点纹。口径 24.6、残高 7.2 厘米（图四八，7）。

Bb 型 I 式　7 件。T5⑦：107，泥质磨光褐陶。厚圆唇，矮领。唇部内侧装饰一圈戳印点纹，肩部装饰两条平行横点压印纹。口径 18.2、残高 6.2 厘米（图四八，8）。

C 型　3 件。T30⑦：307，泥质磨光灰陶。圆唇，折沿外翻，溜肩，弧腹，圜底。唇部内侧装饰一圈戳印点纹，领部与肩部接合处饰由两条凹弦纹和大量戳印鳞纹组成的复合纹饰带，肩部饰由戳印点纹构成的“Z”字形纹，肩腹接合处的附加堆纹上饰戳印鳞纹，腹部通饰交错绳纹。领部经过刮磨处理。口径 24.6、高 19 厘米（图四八，9）。

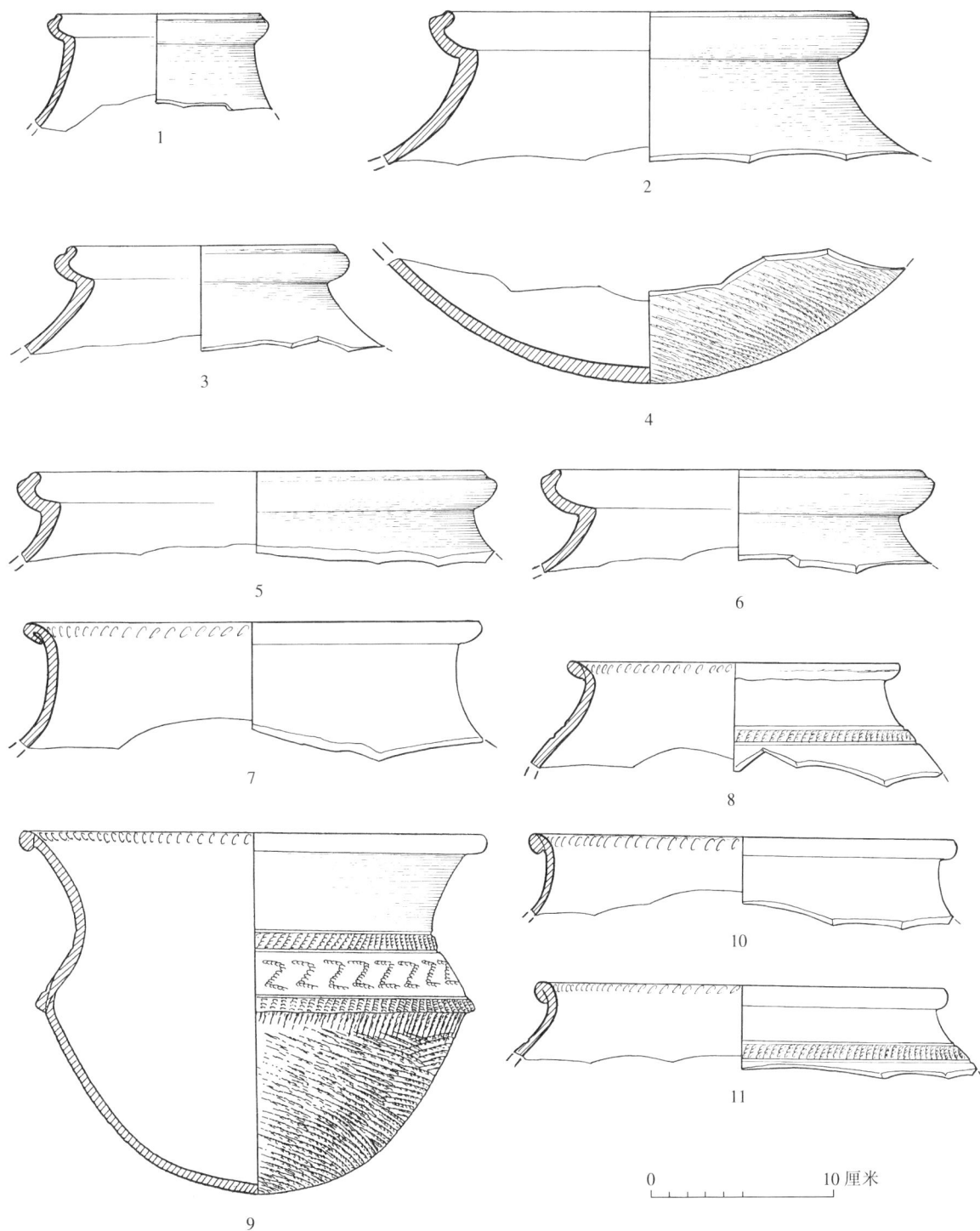

图四八　第 7 层出土陶釜、器底

1. Aa 型 II 式釜（T15⑦：205）　　2、3、5、6. Aa 型 III 式釜（T15⑦：236、T30⑦：179、T5⑦：130、

T30⑦：190）　4. B 型器底（T15⑦：238）　7. Ba 型 I 式釜（T20⑦：60）　8. Bb 型 I 式釜（T5⑦：107）

9. C 型釜（T30⑦：307）　10. Da 型 I 式釜（T30⑦：195）　11. Db 型 I 式釜（T5⑦：106）

Da 型 I 式　2 件。T30⑦：195，泥质磨光灰陶。唇部内侧装饰一圈戳印点纹。口径 22.8、残高 4.8 厘米（图四八，10）。

Db 型 I 式　3 件。T5⑦：106，泥质磨光黑褐陶。矮领。唇部内侧装饰一圈戳印点纹，领部与肩部接合处饰由两条凹弦和大量戳印鳞纹组成的复合纹饰带。口径 21.8、残高 4.6 厘米（图四八，11）。

Eb 型 I 式　6 件。T5⑦：104，夹砂灰褐陶。肩部饰有粗绳纹。内壁经过磨光处理。口径 23.6、残高 6.2 厘米（图四九，1）。

Eb 型 II 式　2 件。T15⑦：206，夹砂褐陶。圆唇，弧肩。肩部饰有绳纹。口径 23、残高 8.4 厘米（图四九，2）。

高领罐　18 件。

Aa 型 II 式　5 件。T17⑦：74，夹砂灰褐陶。圆唇，卷沿外翻，溜肩。颈部饰有两道水波划纹，肩部通饰交叉网格状划纹。口径 23.8、残高 5.2 厘米（图四九，4）。

Ab 型 I 式　3 件。圆唇，卷沿外翻，溜肩。T17⑦：94，夹砂黑褐陶。颈部饰有一道水波划纹，肩部通饰斜向绳纹，绳纹上再饰草叶状划纹。内壁经过磨光处理。口径 20.6、残高 6.2 厘米（图四九，5）。

Ac 型 I 式　3 件。T29⑦：86，夹砂灰褐陶。厚平唇，宽沿。领部上饰有一条凹弦纹。口径 16、残高 4.6 厘米（图四九，3）。

Ba 型 II 式　2 件。T5⑦：181，泥质褐陶。圆唇。口径 20.6、残高 7.2 厘米（图四九，6；图版二一，1）。

Ba 型 III 式　5 件。T25⑦：51，泥质红褐陶。方唇。口径 15.4、残高 5.6 厘米（图四九，7）。

花边口沿罐　11 件。

Bb 型 II 式　11 件。T5⑦：122，夹砂灰褐陶。圆唇。唇部装饰有压印磨断绳纹，领部饰交错细绳纹。口径 19.2、残高 6.6 厘米（图四九，8）。T25⑦：45，夹砂黑褐陶。圆唇，高领。唇部装饰有压印锯齿状花边纹，通体饰交错细绳纹，在领部的绳纹上再施横长点线纹。口径 13.2、残高 7.3 厘米（图四九，9；图版二一，2）。

罐　32 件。

Ab 型 I 式　10 件。T30⑦：176，夹砂灰褐陶。圆唇，圆肩。颈部装饰有戳印点纹，肩部上饰以绳纹，绳纹上再装饰草叶划纹。口径 15.4、残高 6 厘米（图四九，11；图版二一，3）。

Ab 型 II 式　15 件。T15⑦：164，夹细砂褐陶。尖圆唇，鼓肩。颈部装饰有压印鳞纹，肩部上饰有斜向绳纹，绳纹上再饰有戳印点纹、条纹。内壁经过磨光处理。口径 24、残高 5.2 厘米（图四九，12）。

Ae 型 I 式　5 件。T30⑦：182，泥质磨光灰陶。方唇。颈部饰有水波划纹。口径 20.6、残高 5.4 厘米（图四九，10）。

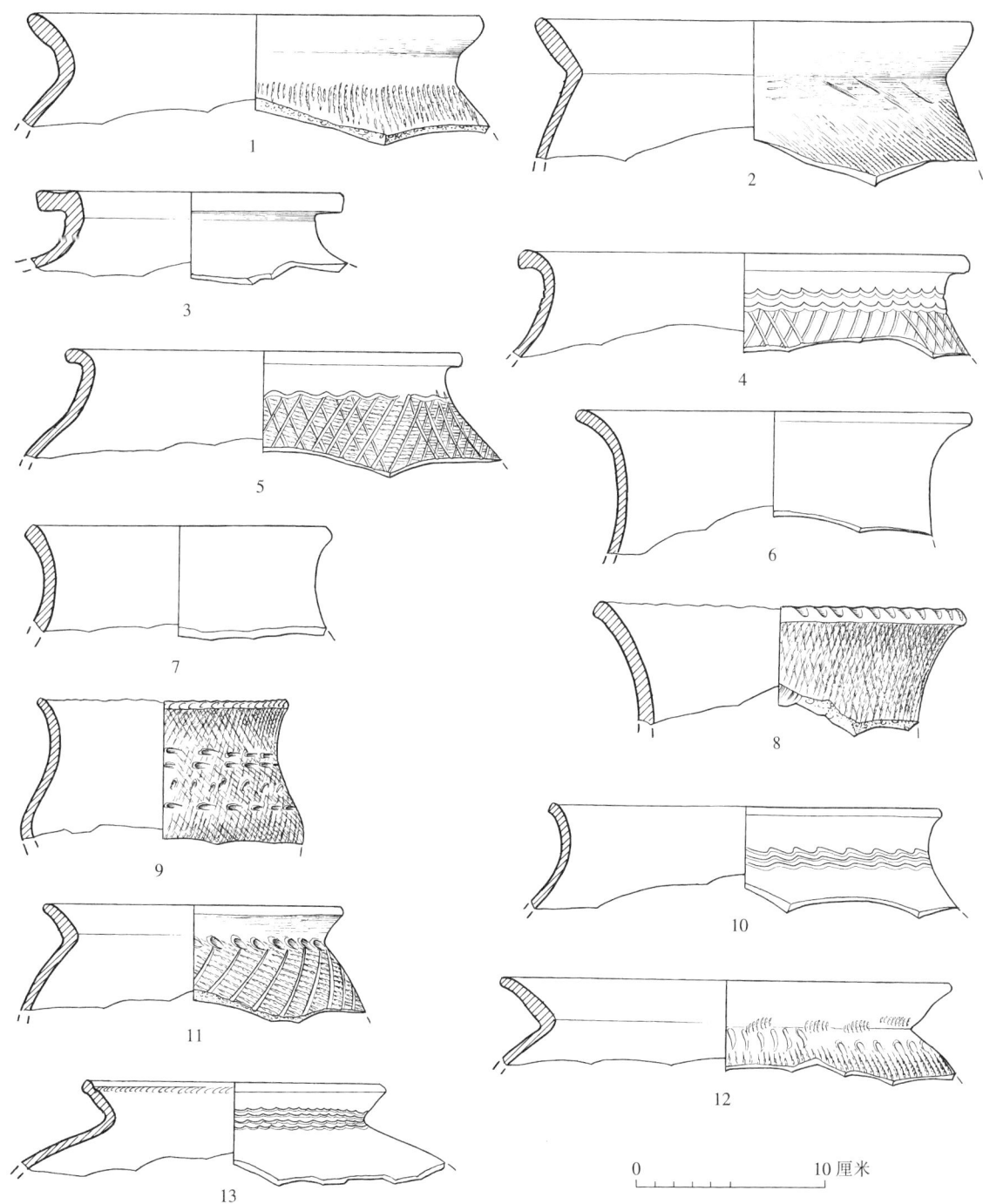

图四九　第 7 层出土陶器

1. Eb 型 I 式釜（T5⑦：104）　2. Eb 型 II 式釜（T15⑦：206）　3. Ac 型 I 式高领罐（T29⑦：86）
4. Aa 型 II 式高领罐（T17⑦：74）　5. Ab 型 I 式高领罐（T17⑦：94）　6. Ba 型 II 式高领罐（T5⑦：
181）　7. Ba 型 III 式高领罐（T25⑦：51）　8、9. Bb 型 II 式花边口沿罐（T5⑦：122、T25⑦：45）
10. Ae 型 I 式罐（T30⑦：182）　11. Ab 型 I 式罐（T30⑦：176）　12. Ab 型 II 式罐（T15⑦：164）
13. Da 型 I 式罐（T30⑦：186）

Da 型 I 式　2 件。T30⑦：186，夹砂黑褐陶。圆唇，束颈，溜肩。唇部内侧有一圈戳印点纹，颈部上饰有水波划纹。口径 15.6、残高 5 厘米（图四九，13）。

瓮形器　5 件。

Bb 型 I 式　5 件。T15⑦：162，夹砂灰褐陶。圆唇，折沿，束颈，弧肩。肩部上饰有斜向绳纹，绳纹上遗留有显著的草叶形刮痕。器物内壁及领部外壁经过磨光处理。口径 23.4、残高 9.2 厘米（图五〇，1；图版二一，4）。

壶形器　5 件。

A 型 II 式　3 件。T5⑦：109，夹砂黑褐陶。圆唇，高领。领部内壁遗留有明显的泥条盘筑痕迹。该器体量较小，可能作为明器使用。口径 10、残高 4.2 厘米（图五〇，3）。

Bb 型　2 件。T30⑦：189，夹砂灰褐陶。尖唇，近盘口，折沿，束颈，高领。口径 13.6、残高 7.2 厘米（图五〇，2）。

尊形器　2 件。

Aa 型 I 式　1 件（T32⑦：54）。夹砂褐陶。圆唇，束颈，弧肩。颈部与领部交接处饰六道凹弦纹，肩部装饰两条凹弦纹，两条弦纹间则是密布戳印小三角点纹，弦纹带下有月牙状印纹装饰。内壁经过磨光处理。口径 19、残高 5 厘米（图五〇，5；图版二一，5）。

B 型 II 式　1 件（T5⑦：124）。夹砂灰褐陶。圆唇，高领。领部装饰有水波、草叶划纹以及一圈戳印点纹。口径 24、残高 5.3 厘米（图五〇，4）。

器盖　3 件。

Aa 型 II 式　2 件。T30⑦：821，夹砂灰褐陶。圆唇，凸肩，弧腹。盖身饰斜向粗绳纹。口径 22、残高 6.8 厘米（图五〇，6）。T30⑦：82，夹砂灰褐陶。纽部平面形状呈覆碗状。盖身饰交错绳纹，纽部遗留明显制作痕迹。口径 17.8、纽径 8.8、高 11.2 厘米（图五〇，7）。

Ab 型 II 式　1 件（T15⑦：232）。夹砂灰褐陶。弧腹。盖身饰斜向绳纹。口径 17.4、残高 6.2 厘米（图五〇，8）。

器纽　4 件。

T15⑦：178，夹砂灰褐陶。纽壁较厚，呈喇叭状外侈。纽径 11、高 3.5 厘米（图五〇，9）。

陶拍　4 件。

T15⑦：203，夹砂褐陶。表面饰斜向细绳纹，绳纹上有数条纵向刮痕处理。直径 4.3~4.9、厚 0.5 厘米（图五一，11；图版二一，6）。

纺轮　2 件。

A 型　2 件。T30⑦：83，夹砂灰褐陶。周缘打磨部光整。表面饰有交错细绳纹。直径 3.6、孔径 1、厚 0.9 厘米（图五一，8；图版二二，1）。T25⑦：40，夹砂灰陶。仅存一半。表面饰有斜向细绳纹。直径 7.3、孔径 1.2、厚 0.8 厘米（图五一，9）。

器流　1 件。为钵形器上的流。

图五〇　第 7 层出土陶器

1. Bb 型 I 式瓮形器（T15⑦：162）　2. Bb 型壶形器（T30⑦：189）　3. A 型 II 式壶形器
（T5⑦：109）　4. B 型 II 式尊形器（T5⑦：124）　5. Aa 型 I 式尊形器（T32⑦：54）　6、
7. Aa 型 II 式器盖（T30⑦：821、T30⑦：82）　8. Ab 型 II 式器盖（T15⑦：232）　9. 器纽
（T15⑦：178）

　　T17⑦：73。泥质磨光黑褐陶。管状，短流。流径 2.6～3.2、厚 0.4、残高 5.6 厘米（图五一，
12；图版二二，2）。

　　圈足　5 件。

　　Aa 型 I 式　3 件。T17⑦：78，泥质黑褐陶。圈足近底处有纵向刮划条纹。足径 17.8、残高 3.6

图五一　第 7 层出土陶器

1、2. Aa 型 I 式圈足（T17⑦：78、T12⑦：28）　3. Ab 型 I 式圈足（T25⑦：90）　4. Ab 型 II 式圈足（T15⑦：247）　5、7. Aa 型器底（T25⑦：58、T25⑦：96）　6. Ab 型器底（T15 ⑦：231）　8、9. A 型纺轮（T30⑦：83、T25⑦：40）　10. 支座（T21⑦：36）　11. 陶拍（T15 ⑦：203）　12. 器流（T17⑦：73）

厘米（图五一，1）。T12⑦：28，泥质磨光褐陶。仅存圈足与器底接合部，接合部装饰有三条平行弦纹和压印鱼鳞纹组成的复合纹饰带。残高 3.8 厘米（图五一，2）。

Ab 型 Ⅰ 式　1 件（T25⑦：90）。泥质磨光红褐陶。足部外壁装饰由圆圈和鱼鳞及弦纹形成的复合变形"羽纹"。足径 19.4、残高 4.4 厘米（图五一，3；彩版八，3）。

Ab 型 Ⅱ 式　1 件（T15⑦：247）。泥质磨光褐陶。外壁装饰变形羽纹，近足底处饰有弦纹和鱼鳞纹以及捺窝纹。足径 25、残高 5.4 厘米（图五一，4；彩版八，4）。

器底　10 件。

Aa 型　4 件。T25⑦：58，夹砂灰褐陶。底径 20、残高 3.8 厘米（图五一，5）。T25⑦：96，夹砂红褐陶。底部表面经过磨光处理。底径 18、残高 9.1 厘米（图五一，7；图版二二，5）。

Ab 型　3 件。T15⑦：231，夹砂红褐陶。底径 8.8、残高 2.2 厘米（图五一，6；图版二二，3、4）。

B 型　3 件。T15⑦：238，夹砂灰褐陶。腹部外壁通施斜向粗绳纹。残高 6.2 厘米（图四八，4）。

支座　1 件。

T21⑦：36，夹砂红褐陶。器形较小，仅存底部一段，上部残。平底内凹，支座的表面经过刮磨修整，其上装饰数组短竖线划纹。底径 12、残高 8.4 厘米（图五一，10；图版二二，6）。

2. 石器

该层出土石器的数量和种类较为丰富，主要为生产和渔猎工具，另有少量的生活用具。均为磨制石器，不见打制石器，磨制精致而规整。大型石器数量相对较少，小型石器常见。石器岩性以玄武岩最多，次为砾岩、砂岩、硅质岩、板岩等。斧、锛、凿、网坠、砺石等数量和种类最多，砍砸器、切割器、镞、石拍、石臼、石球、研磨器等少见。

斧　21 件。

Ba 型　2 件。均为深灰色玄武岩制成。个体较大，长条近长方形，弧顶，弧刃。磨制规整。T23⑦：31，刃部略残。表面有多处崩疤。长 13.9、宽 4～6、厚 1.9 厘米（图五二，3；图版二三，1）。T20⑦：34，刃部残缺。表面有多处崩疤。顶部有使用痕迹。残长 14.3、宽 3.9～5.8、厚 1.5 厘米（图五二，4；图版二三，2）。

Bb 型　4 件。器体较为宽厚。T5⑦：62，灰绿色玄武岩。近平顶，弧形刃。表面有若干崩疤。通体磨光。长 8.7、宽约 4.1～6.7、厚 2.2 厘米（图五三，1；图版二三，3）。T15⑦：17，灰绿色玄武岩。顶部残断。扇形刃。通体磨光。残长 7.6、宽约 5～6.2、厚 2.2 厘米（图五三，7；图版二三，4）。

Bd 型　1 件（T30⑦：89）。灰绿色闪长岩。斜顶，弧刃，刃部背部剥落大片。通体磨光。长

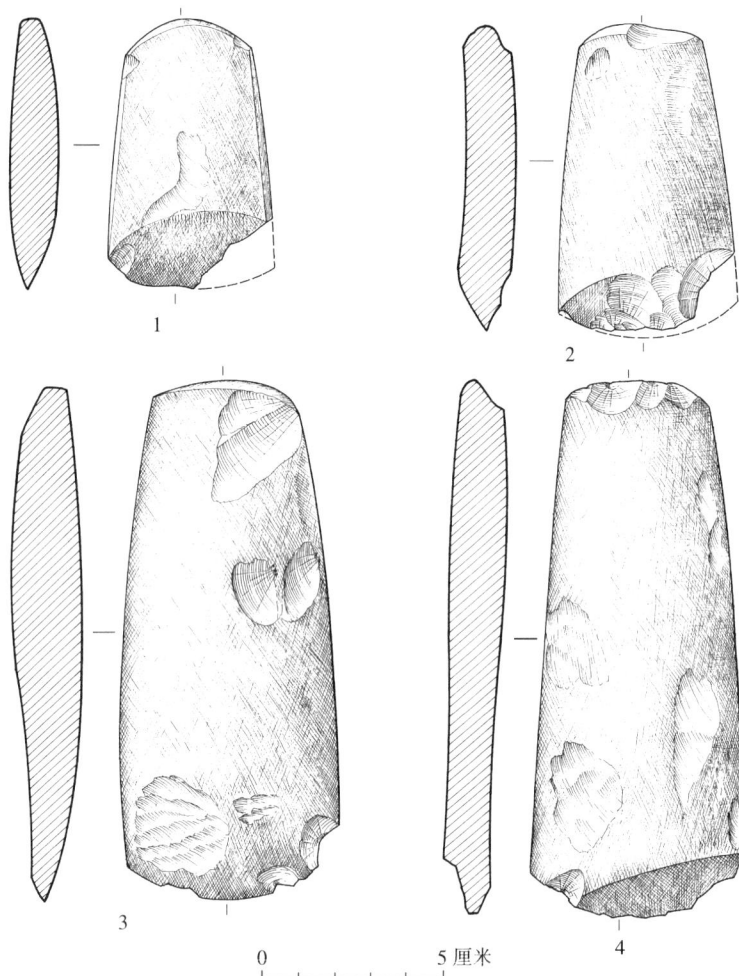

图五二　第7层出土石斧

1、2. Ca 型（T15⑦：104、T15⑦：107）　3、4. Ba 型（T23⑦：31、
T20⑦：34）

10.6、宽 5.1～6.8、厚 2.5 厘米（图五三，8）。

　　Ca 型　10 件。体量相对较小，长条形。弧顶，凹刃。磨制光滑。T15⑦：104，灰绿色玄武岩。刃部残缺。长 7.2、宽 3.5～4.7、厚 1.5 厘米（图五二，1；图版二三，5）。T15⑦：107，灰绿色玄武岩。体细长。刃部残缺，且有多处崩疤。残长 8.2、宽 3.5～5、厚 1.4 厘米（图五二，2；图版二三，6）。T5⑦：97，深灰色玄武岩。弧顶，凹刃，刃部残缺。表面有多处崩疤。长 8.6、宽 2.7～3.7、厚 1.5 厘米（图五三，4；图版二四，1）。T30⑦：42，灰绿色闪长岩。刃部略残。弧顶。长 7.4、宽 2.1～3.5、厚 1.5 厘米（图五三，5）。T23⑦：44，灰色砾岩。弧刃。表面遍布打制崩疤。残长 7.6、宽约 3.3、厚 2.3 厘米（图五三，6）。

　　Cb 型　4 件。平顶，弧刃。T8⑦：29，深灰色玄武岩。凹刃。顶部和刃部有多处崩疤。长 5.2、宽 2.5～4.1、厚 1.5 厘米（图五三，2）。T5⑦：83，灰绿色闪长岩。平顶。顶部有砸击痕迹。长 4.5、宽 2～3、厚 1 厘米（图五三，3）。

　　锛　18 件。

　　Ab 型　3 件。T20⑦：35，灰绿色玄武岩。刃部略残。弧顶，凹刃。通体磨光。长 5.2、宽 2.3～3.3、厚 1.4 厘米（图五四，8；图版二四，2）。T30⑦：73，灰绿色玄武岩。平顶，凹刃。体上有多处崩疤。磨制精细。长 6、宽 2.8～3.6、厚 1.8 厘米（图五四，10；图版二四，3）。

　　Ac 型　3 件。T25⑦：39，灰色玄武岩。体形较大。顶部和一侧边有多处崩疤。弧顶，扇形刃，刃部锋利。磨制精细。长 8.9、宽 1.6～5、厚 1.5 厘米（图五四，1）。T15⑦：96，灰绿色玄

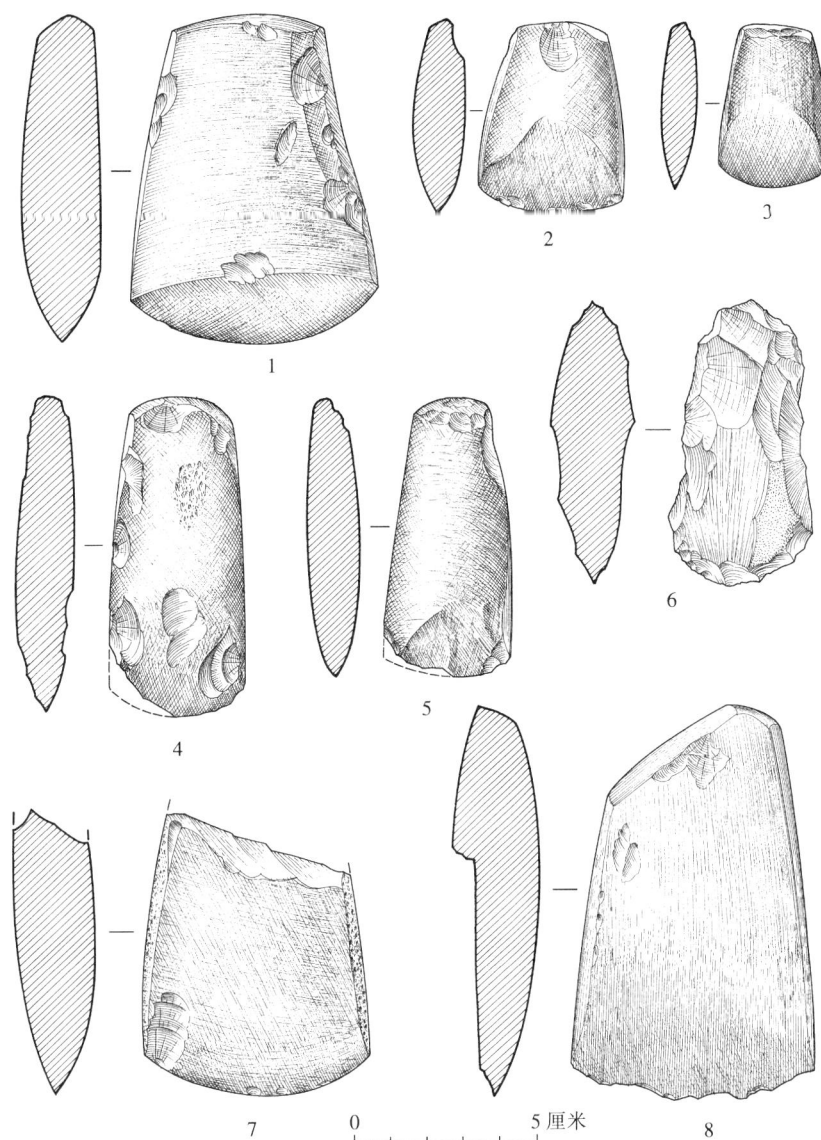

图五三　第 7 层出土石斧

1、7. Bb 型（T5⑦：62、T15⑦：17）　　2、3. Cb 型（T8⑦：29、T5⑦：83）

4～6. Ca 型（T5⑦：97、T30⑦：42、T23⑦：44）　8. Bd 型（T30⑦：89）

武岩。尖顶，扇形刃，刃部非常锋利。表面有少量较小崩疤。长 6.5、宽约 3.1、厚 1.4 厘米（图
五四，2）。

　　Ad 型　4 件。长条形，体细长。磨制较精致。T15⑦：90，灰色玄武岩。近平顶，新月形刃。
长 6、宽 1.3～2.7、厚 1.5 厘米（图五四，3；图版二四，4）。T5⑦：79，灰绿色玄武岩。弧顶，
弧刃，剖面呈梯形台状。刃部锋利。长 5.8、宽 2.3、厚 1.2 厘米（图五四，5；图版二四，5）。
T15⑦：95，灰绿色玄武岩。顶部残断。舌形刃，刃部非常锋利。残长 6.4、宽 2.1～3.1、厚 0.8

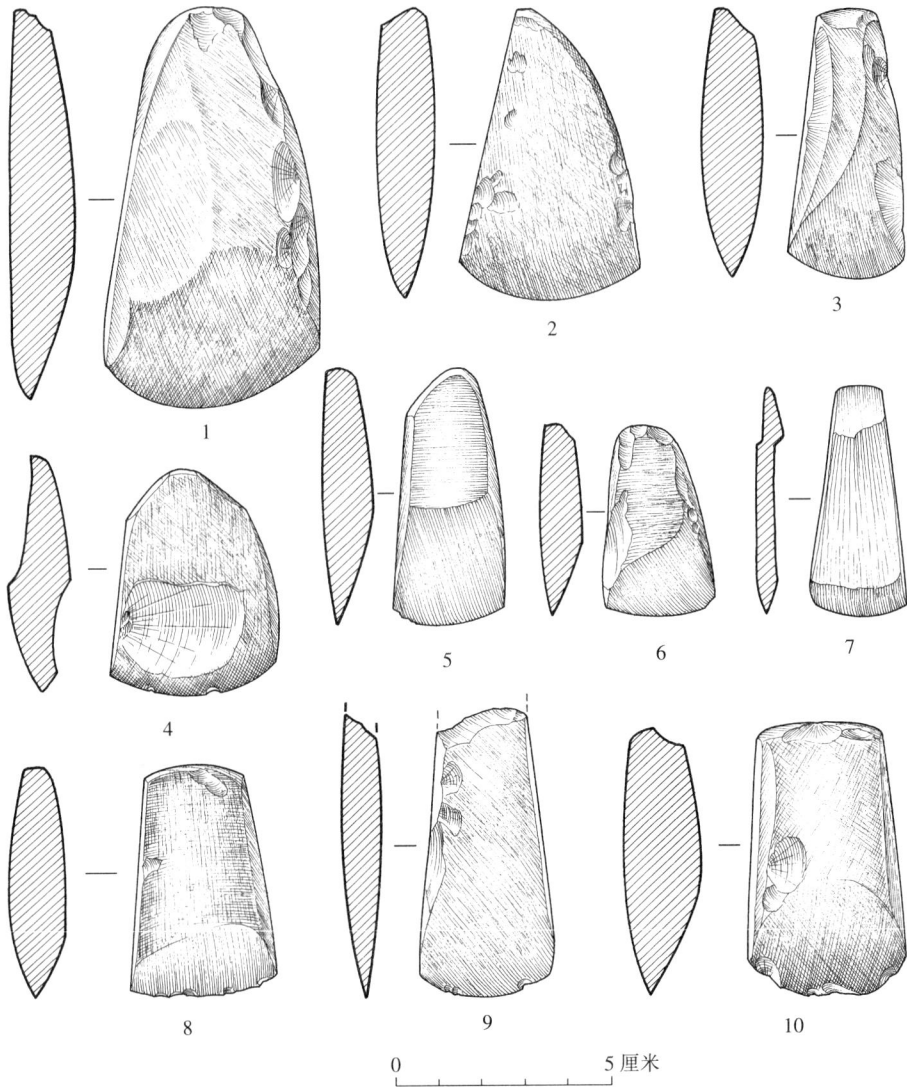

图五四 第 7 层出土石器

1、2. Ac 型锛（T25⑦：39、T15⑦：96） 3、5、9. Ad 型锛（T15⑦：90、T5⑦：
79、T15⑦：95） 4. Bc 型锛（T15⑦：92） 6. Ba 型锛（T20⑦：33） 7. B 型凿
（T21⑦：37） 8、10. Ab 型锛（T20⑦：35、T30⑦：73）

厘米（图五四，9；图版二四，6）。

Ae 型 2 件。T30⑦：41，灰绿色玄武岩。椭圆形。弧顶，弧刃，刃部残缺。体上有多处崩
疤。磨制精细。长 7.8、宽 2.3～3.1、厚 1.7 厘米（图五五，1）。T32⑦：1，灰绿色玄武岩。近平
顶，弧刃。表面剥落一部。长 6、宽 1.6～2.3、厚 0.6 厘米（图五五，2）。

Ba 型 2 件。梯形。T20⑦：33，灰色玄武岩。体较小。平顶，弧刃。表面和顶部有多处崩
疤。长 4.3、宽 1.3～2.6、厚 1 厘米（图五四，6）。

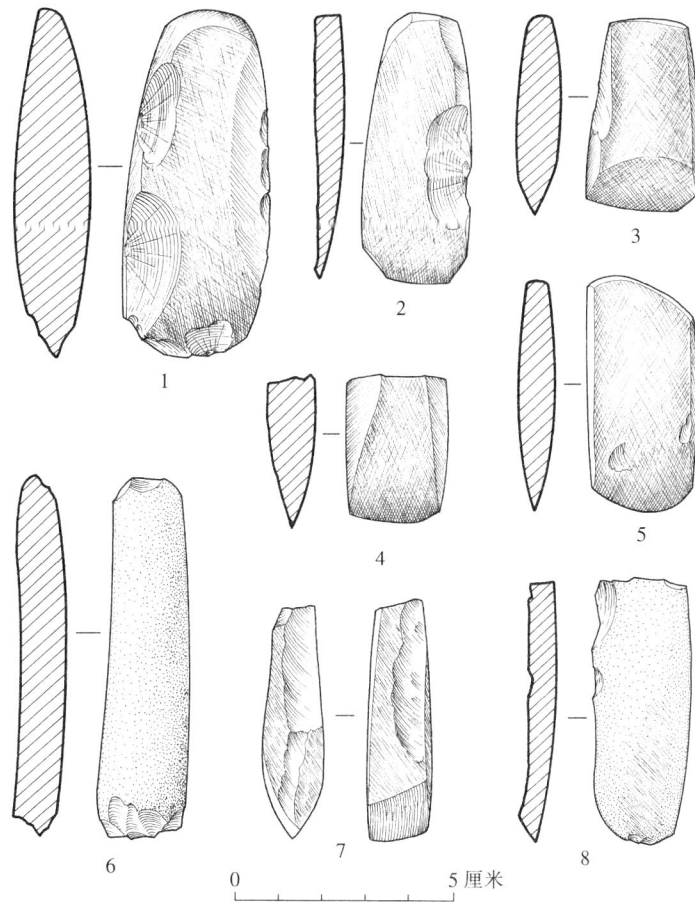

图五五　第 7 层出土石器

1、2. Ae 型锛（T30⑦：41、T32⑦：1）　　3、5. Bb 型锛（T5
⑦：39、T21⑦：38）　　4、7. A 型凿（T5⑦：52、T25⑦：35）
6、8. 石凿半成品（T5⑦：82、T20⑦：39）

　　Bb 型　3 件。T5⑦：39，灰绿色玄武岩。一侧边剥落一段。平顶，凹刃。磨制精细。长 4.4、
宽 1.7～2.6、厚 1 厘米（图五五，3）。T21⑦：38，灰绿色玄武岩。平面形状近方形。弧顶，弧
刃。磨制精细。长 5.3、宽 2.3～2.5、厚 0.9 厘米（图五五，5）。

　　Bc 型　1 件（T15⑦：92）。灰绿色玄武岩。体较小。圭形顶，弧刃。近顶和近刃部处各有石
片剥落。长 5、宽 3.5、厚 1.5 厘米（图五四，4）。

　　凿　7 件。

　　A 型　5 件。T5⑦：52，灰绿色硅质岩。顶部残断。弧刃。磨制精细。残长 3.4、宽约 2.1～
2.3、厚 1.1 厘米（图五五，4）。T25⑦：35，灰绿色玄武岩。顶残。体细长。弧刃。磨制精细。
残长 5.4、宽 1～1.4、厚 1.3 厘米（图五五，7）。

　　B 型　2 件。T21⑦：37，灰绿色玄武岩。体较小。背部残缺大部。平顶，弧刃。长 5.1、宽 1～

2.2、厚0.6厘米（图五四，7）。

石凿半成品　2件。灰褐色砾岩。长条形。仅刃部经过加工处理，其余保留其自然面。

T5⑦：82，顶部和刃部均残。弧顶。残长8、宽1.6～2、厚1厘米（图五五，6）。T20⑦：39，体稍宽长。顶残。弧刃。近刃部有明显的磨痕。残长5.9、宽1.9～2.1、厚0.6厘米（图五五，8）。

镞　3件。

D型　3件。T20⑦：38，灰绿色页岩。铤部残断，断面呈椭圆形。残长6.1、宽1.4、厚0.1厘米（图五六，2；图版二五，1）。

切割器　1件。

T21⑦：48，灰褐色砾岩。平面形状呈横长方形。两侧边和刃部打制而成，顶部和表面保留其自然面。长5.4、宽4.4、厚0.6厘米（图五六，5）。

石球　2件。

T12⑦：12，灰褐色砾岩，表面多有小坑窝。平面形状近圆形。长4.8、宽4.4厘米（图五六，4；图版二五，2）。T30⑦：76，灰黑色砾岩，表面多有小坑窝。周缘略残。平面为椭圆形。直径6～6.7、厚2.2厘米（图五八，2；图版二五，3）。

穿孔器　1件。

T20⑦：7，灰褐色砂岩。刃部残断。柄部有一对穿圆形穿孔，一边略有凸棱。磨制光滑。残长5.4、宽2.8、厚0.7厘米，孔径0.7厘米（图五六，3；图版二五，4）。

残匕首　1件。

T30⑦：75，灰绿色硅质岩。仅残余柄部一段。断面呈椭圆形。磨制精致。残长13.5、宽2～3.6、厚1.1厘米（图五六，1；图版二五，5）。

砍砸器　1件。

T28⑦：5，灰褐色砾岩。平面形状呈圆形。周缘均为打制，表面保留其自然面。长6、宽5.6、厚1.2厘米（图五六，6）。

网坠　32件。

A型　4件。T5⑦：71，灰褐色砾岩。腰子形或鞋垫形，长大于宽。体量较大。长7.7、宽4.4、厚1.5厘米（图五六，7；图版二五，6）。T5⑦：75，灰褐色砾岩。平面呈椭圆形，长略大于宽。体量相对大。长5.2、宽4、厚1.4厘米（图五六，9；图版二五，6）。

B型　28件。均为灰褐色砾岩。横椭圆形，长短于宽。体量较小。T5⑦：48，长3.9、宽4.2、厚0.8厘米（图五六，8；图版二六，1）。T24⑦：52，长2.7、宽3.5、厚0.5厘米（图五六，10；图版二六，1）。

石环　1件。

T23⑦：43，灰绿色板岩。残断。断面呈方形。磨制精致。残长4.3、宽0.4、厚0.4厘米（图

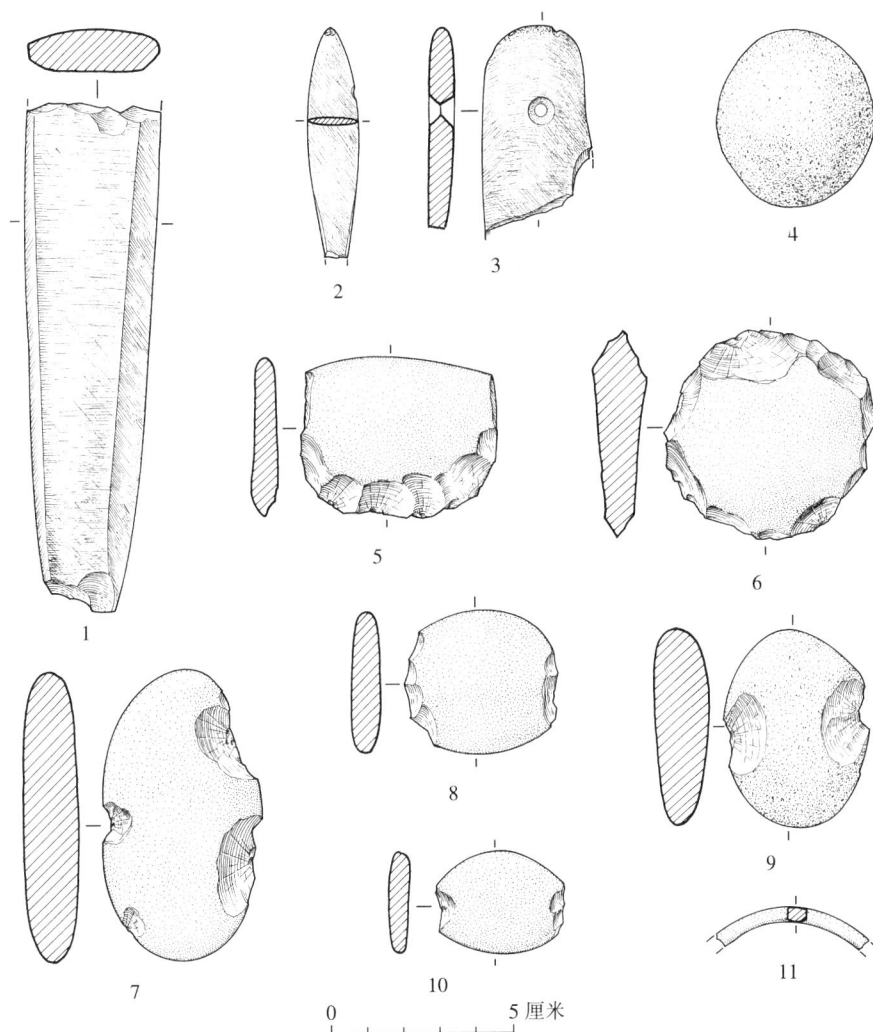

图五六 第 7 层出土石器

1. 残匕首（T30⑦∶75） 2. D 型镞（T20⑦∶38） 3. 穿孔器（T20⑦∶7） 4. 石球（T12⑦∶12）

5. 切割器（T21⑦∶48） 6. 砍砸器（T28⑦∶5） 7、9. A 型网坠（T5⑦∶71、T5⑦∶75） 8、10. B 型

网坠（T5⑦∶48、T24⑦∶52） 11. 石环（T23⑦∶43）

五六，11）。

砺石 3 件。均用灰褐色砂岩制成，均残。平面形状呈不规则状。多面都有明显的弧形磨痕，这表明这些砺石都经过长期重复使用。

T5⑦∶54，长 11.8、宽 3.5 ~ 6.4、厚 0.8 ~ 2.8 厘米（图五七，1）。T5⑦∶56，在该砺石一磨槽内发现有红色矿物颜料，这是否反映出该砺石曾作为加工或研磨矿物颜料之用？长 8.2、宽 2.5 ~ 4.5、厚 0.2 ~ 1.5 厘米（图五七，2）。

石拍 1 件。

T30⑦∶79，灰白色砂岩制成。平面形状呈圆形，立面呈梯形。单面模，其上刻划由纵向和横

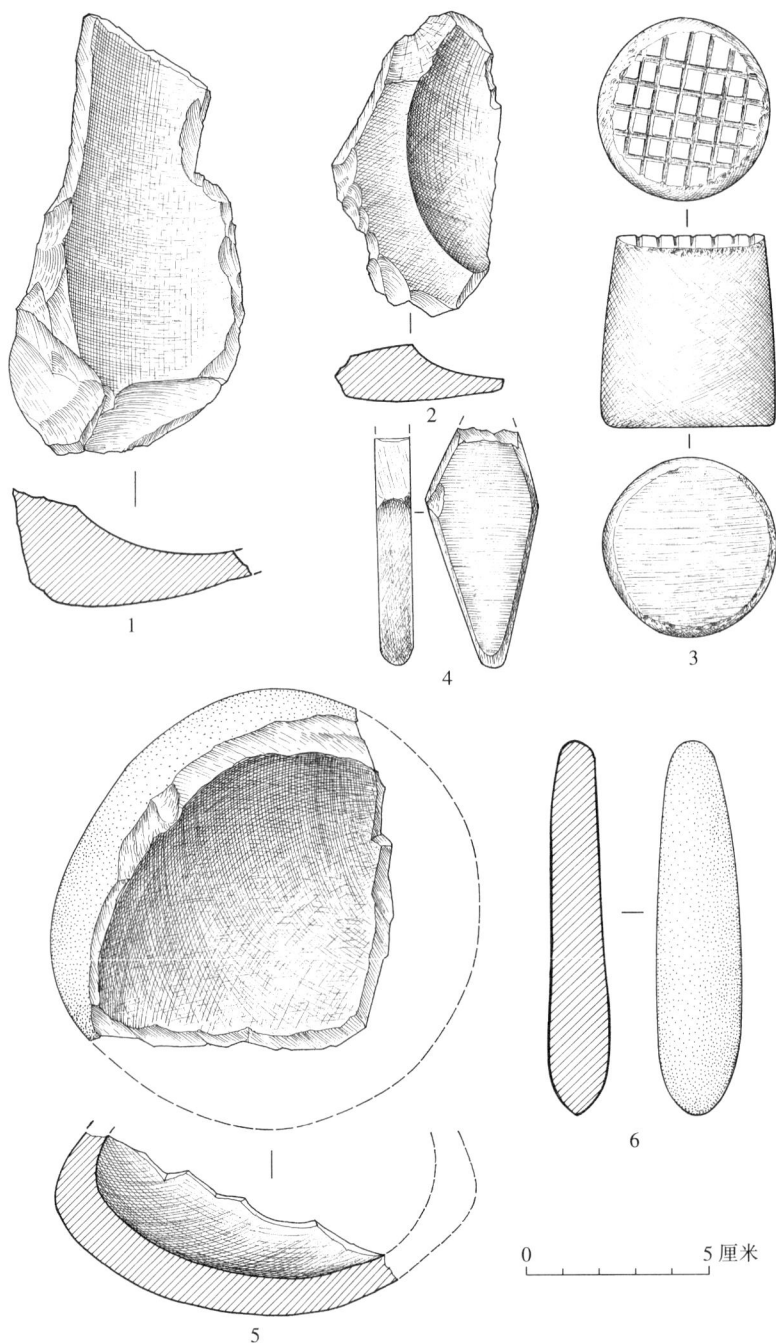

图五七　第 7 层出土石器

1、2. 砺石（T5⑦：54、T5⑦：56）　3. 石拍（T30⑦：79）　4. 半成
品（T5⑦：72）　5. 石臼（T30⑦：86）　6. 研磨器（T23⑦：35）

向各六道和五道划纹组成的网格划纹。上径 4.1、下径 4.9、高 5.1 厘米（图五七，3；图版二六，
3、4）。

　　半成品　3 件。

T5⑦：72，灰绿色玄武岩。平面形状近菱形。一端残断。表面磨制光滑。残长 6.1、宽 0.8～3、厚 0.9 厘米（图五七，4；图版二六，2）。

臼　1 件。

T30⑦：86，黄色砂岩制成。残缺一部。平面形状近圆形。臼窝人工磨制痕迹明显。复原后直径 11.8、厚 0.7～1.3、残高 4.9 厘米（图五七，5）。

研磨器　3 件。均为灰褐色砾岩制成。大小不一，形状基本相同，平面形状呈长条形。

T23⑦：35，细长条状，柄部略细于研磨面。长 10.1、宽 1～2.3、厚 1.4 厘米（图五七，6；图版二六，5）。T30⑦：73，体较宽。长 16.6、宽 8、厚 2.6 厘米（图五八，3）。

铲　1 件。

T28⑦：41，利用自然砾岩稍加工制成。体较宽，柄部残断，仅存刃部一段。刃部呈弧形。残长 14、宽 9.2～10.2、厚 2 厘米（图五八，1；图版二六，6）。

六角星璧形器　2 件。由墨绿色硅质岩制成，硬度较大，显得较为细腻，断口呈现贝壳状。残，仅存两角。平面形状呈璧形，其肉部六等分。表面磨制精致。T23⑦：43，直径 17.8、肉厚 0.1～0.9、角长 5.9 厘米，穿孔直径 6、厚 0.9 厘米（图五九；彩版八，5）。T23⑦：45，角部锋利。直径 18.4、肉厚 0.05～1.3、角长 6 厘米，穿孔直径 6.4、厚 1.3 厘米（图六〇）。

3. 骨、牙器

该层出土的骨、角、牙器数量仍然不多，器形主要是骨锥、骨戒指、骨器半成品、牙锥形饰及穿孔牙饰等，多系用动物肢骨和牙尖制作而成，骨片制作的少见。

骨锥　3 件。

T23⑦：34，系用动物肢骨制成，保留较粗关节为柄部，将肢骨下端破裂面磨光作为锥尖，锥部略残。长 9.9 厘米（图六一，1；图版二七，1）。

骨戒指　1 件。

T5⑦：74，残，系用肢骨接近关节一段磨制而成。立面呈竹节状。磨制精致。直径 2.8、厚 0.4、高 1.4 厘米（图六一，2；图版二七，2）。

骨器半成品　3 件。

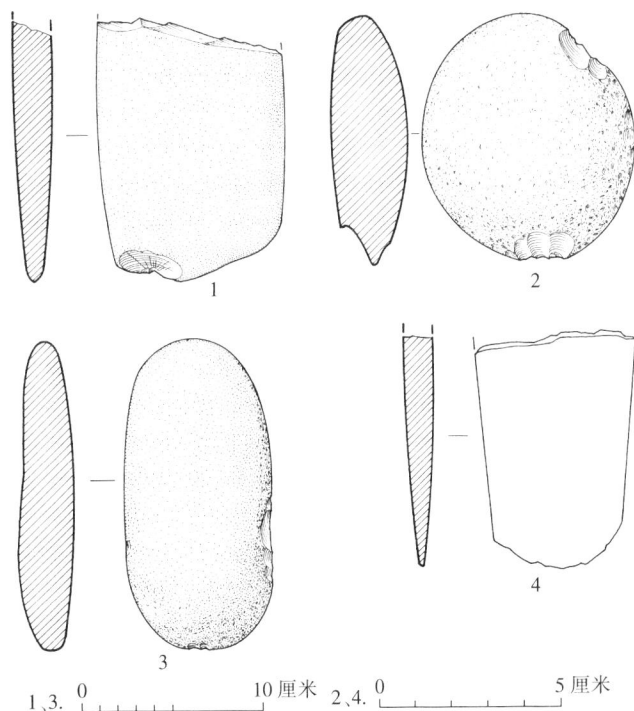

图五八　第 7 层出土石、青铜器

1. 石铲（T28⑦：41）　2. 石球（T30⑦：76）　3. 石研磨器（T30⑦：73）　4. 青铜器（T12⑦：7）

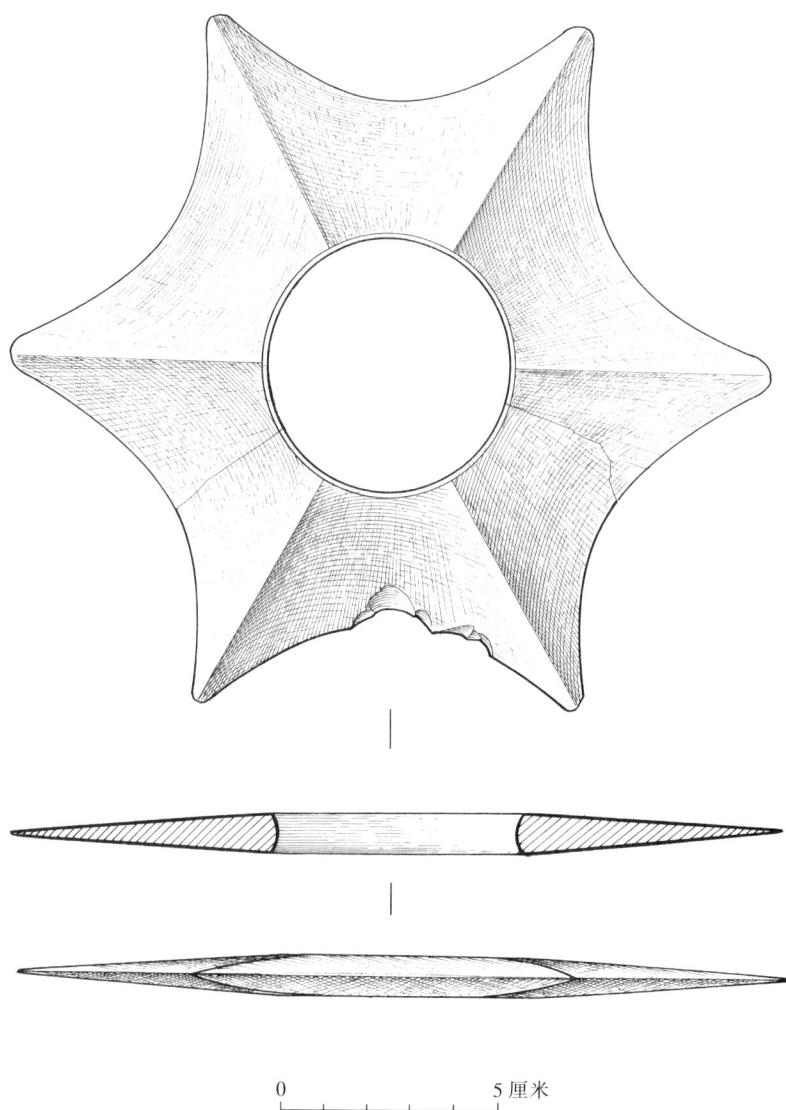

图五九　第 7 层出土六角星石璧形器（T23⑦：43）

T5⑦：88，系用动物肋骨制成，一端保留其关节，另一端有人工加工的痕迹。器形不明。长11.3、直径0.8厘米（图六一，4；图版二七，3、4）。T5⑦：41，用动物肢骨的骨片制成，一面保留其自然骨面，另一面则磨制光滑。平面形状呈椭圆形。用途不明。长2.3、宽1.8、直径0.3～0.4厘米（图六一，5；图版二七，5）。

穿孔牙饰　1件。

T20⑦：37，牙尖略残。根部有一对穿圆孔。残长2.9、宽0.6～1厘米（图六一，6）。

牙锥形饰　1件。

T30⑦：43，牙根残。牙尖磨制精细。残长7.1、直径0.6厘米（图六一，3；图版二七，6）。

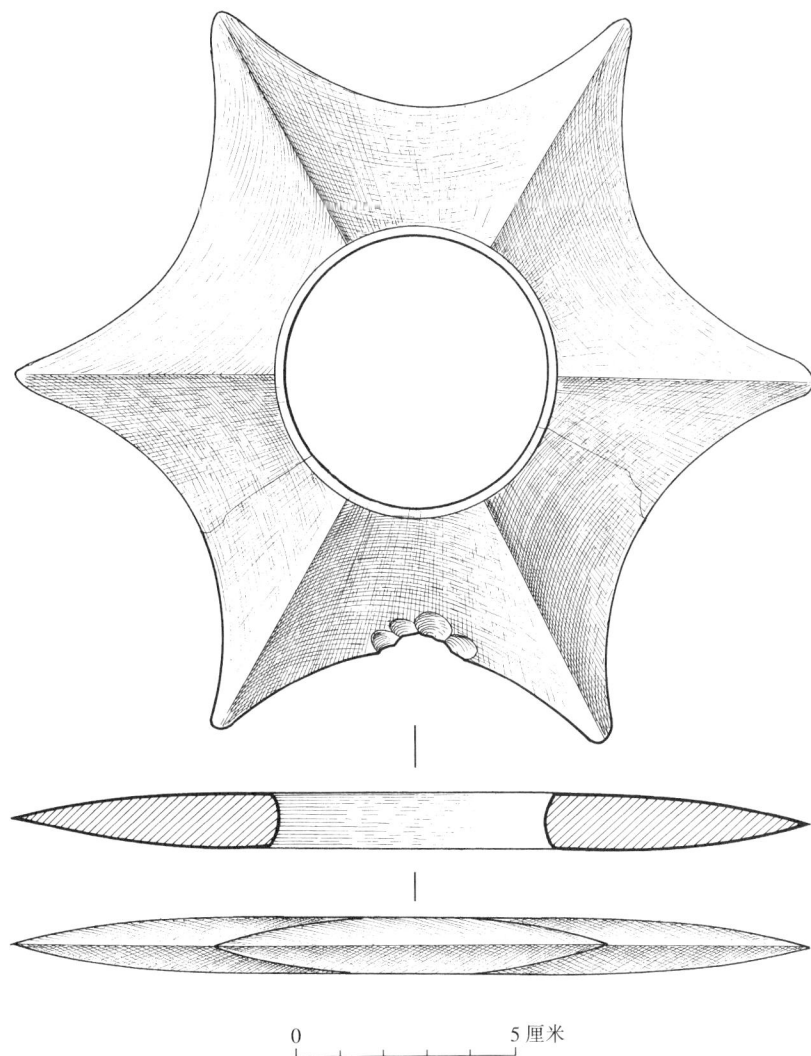

图六〇 第 7 层出土六角星石璧形器（T23⑦：45）

4. 青铜器

1 件。这是该遗址出土的唯一一件青铜器，它对于我们认识该遗址的社会发展阶段有着重要的意义。

T12⑦：7，残。实心。锈蚀严重，表面清晰可见青铜锈斑和气孔。上部残断，平面形状呈椭圆形，刃部呈弧形。从其平面形状推测为铜斧。宽 3.5～4.4、厚 0.7、残高 6.2 厘米（图五八，4；彩版八，6）。

（六）开口于第 6 层下的遗迹

蚌壳堆积 位于 T5 东北角，探方西部被巨石所压，未作清理。开口于第 6 层下，分布于第 7

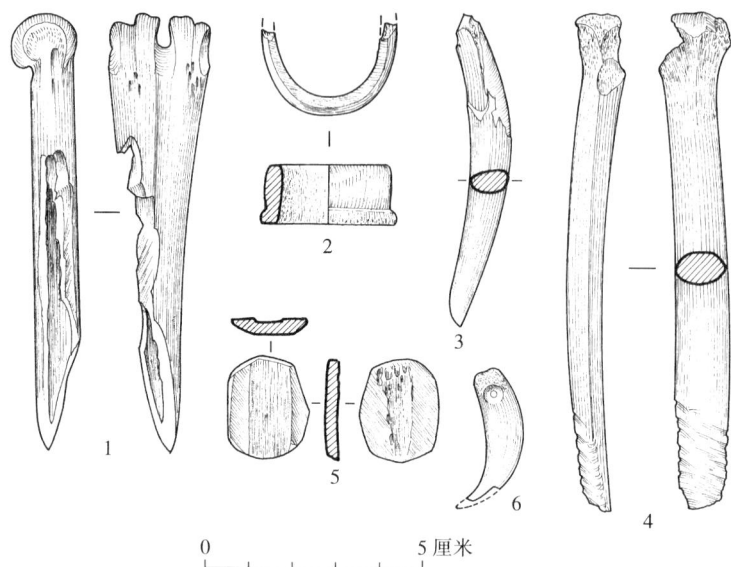

图六一　第7层出土骨、牙器

1. 骨锥（T23⑦：34）　2. 骨戒指（T5
⑦：74）　3. 牙锥形饰（T30⑦：43）

4、5. 骨器半成品（T5⑦：88、T5⑦：
41）　6. 穿孔牙饰（T20⑦：37）

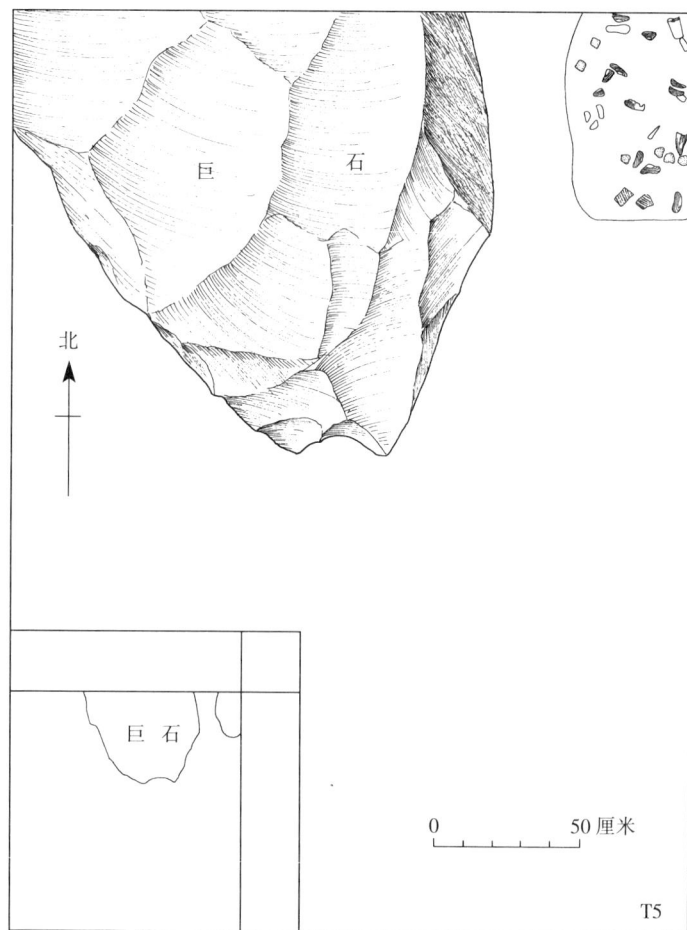

图六二　蚌壳堆积平面图

层地面上。平面形状大致呈长方形，长约 0.7、宽约 0.4 米，距地表深 1.35 米。堆积内除有大量
蚌壳外，还伴出石网坠 6 件、石斧 1 件（图六二；彩版九，1）。

（七）第 6 层出土遗物

1. 陶器

该层出土的陶片数量较多，器类丰富。夹砂黑褐、灰褐、褐多见；泥质陶较少，仅占 8.9%，黑
褐最多，次为褐、灰褐等（表七）。陶胎质地细腻，器表多经过磨光处理，在钵、豆、釜、罐等器物
上表现突出。陶器火候较高，器物质地较硬。器物上多饰有纹饰，素面陶少见，常见的纹饰装饰手
法以压印、刻划常见，另有少量的戳印和剔划。纹饰种类有绳纹、弦纹、圆圈纹、草叶划纹、"S"
状篦点纹带、条形篦点纹带、"Z"字形纹、羽状划纹、戳印圆形捺窝纹等，其中绳纹、弦纹、草叶
划纹最多，其次为由圆圈纹、弦纹和压印鱼鳞纹组成圆形和变形鸟纹复合纹饰（表八；图六三）。该
层最常见的器形为钵、豆、釜、罐、器盖等，其中 A 型和 Ba 型钵、Aa 型豆、Aa 型罐、Aa 型和 Da
型釜较多，花边口沿罐、器盖、碗、高领罐、瓮形器等少见，篓形器、杯形器、壶形器等不见。

钵　44 件。

Aa 型Ⅰ式　5 件。T15⑥:272，夹砂灰褐陶。圆唇。口径 34、残高 6.3 厘米（图六四，2）。

表七　第 6 层出土陶片陶质、陶色统计表

陶质 陶色 探方号	夹 砂						泥 质						合计
	黑褐	灰褐	褐	灰	红褐	黄褐	黑褐	灰褐	褐	灰	红褐	黄褐	
T22	6	11	11				4	2	1		2		37
T12	36	11	37				1		6				91
T30	18	7	11				2		2				40
T8	36	9	48				3		2		1		99
T5	93	20					1		2				116
T20	110	36	7		5		4		3				165
T24	7	6	5				2		1				21
T32	31	11	11		2		4		1		1		61
T9	22	11	10				4		1				48
T25	36	5	8		1		5		7				62
T15	46	31	12		11		6	5	2		1		114
T23	160	29	32		19		18	6					264
合计	601	187	192		38		54	13	28		5		1118
百分比（%）	53.8	16.7	17.2		3.4		4.8	1.2	2.5		0.4		100

表八　第6层出土陶片纹饰统计表

探方号＼纹饰	绳纹	水波纹	刻划	网格划	圆圈戳印	素面	带状	之字纹	栉纹	弦纹	附加堆纹	箆点纹	菱形纹	斜线划纹	几何纹	"Z"字纹	"ろ"形纹	合计
T22	21	2	1	1	2	9	1											37
T12	70					17		1	3									91
T30	31				3	2			4									40
T8	80				3	7			5	4								99
T5	104				2	5			3		2							116
T20	141	2		3		8			6		5							165
T24	15				1	3			2									21
T32	39	2	1		2	5			4	5	3							61
T9	33			1	1	8				3		1	1					48
T25	46	1			3	7			1	3	1							62
T15	92	1			5	2			5	3	3	1		1			1	114
T23	198	2		2	12	30			14		3			2	1			264
合计	870	10	2	7	34	103	1	1	47	18	17	2	1	3	1		1	1118
百分比（%）	77.8	0.9	0.2	0.6	3.0	9.2	0.1	0.1	4.2	1.6	1.5	0.2	0.1	0.3	0.1		0.1	100

Aa 型 Ⅱ 式　15 件。T9⑥：10，夹砂褐陶。圆唇。口径 14、残高 4.8 厘米（图六四，1）。T20⑥：44，夹砂红褐陶。尖唇，大平底。内壁有红色颜料遗留的痕迹。口径 20、底径 9.2、高 7.6 厘米（图六四，3）。T23⑥：13，夹砂灰褐陶。圆唇。口径 20.4、残高 9 厘米（图六四，4）。

Ab 型 Ⅰ 式　12 件。T30⑥：200，夹砂灰褐陶。圆唇。腹部绳纹上再饰草叶划纹。口径 23.8、残高 6.2 厘米（图六四，5）。T23⑥：125，夹砂灰褐陶。圆唇。腹部绳纹上再饰草叶和花瓣划纹。口径 21.6、残高 4 厘米（图六四，7）。T20⑥：83，夹砂灰褐陶。圆唇。腹部绳纹上再饰草叶划纹。口径 26.4、残高 7.8 厘米（图六四，8）。

Ac 型 Ⅰ 式　1 件（T23⑥：76）。夹砂红褐陶。尖唇。器物原通体装饰有斜向绳纹，而后其肩部刮磨出两道光面，其间用竹栉划出的羽纹；肩部以下绳纹上再饰以草叶划纹。口径 26、残高 8.5 厘米（图六四，6）。

Ba 型 Ⅰ 式　11 件。T24⑥：79，夹砂灰褐陶。圆唇。腹部原通饰绳纹，后经刮磨处理，在处理面上再饰有草叶划纹。口径 20、残高 5.2 厘米（图六四，9）。

碗　1 件。

Ba 型 Ⅱ 式　1 件（T23⑥：122）。泥质灰褐陶。圆唇。器物原通饰有绳纹，后经过磨光处理，肩部上再饰一圈连续"x"或网格状划纹，腹部仍然可见绳纹痕迹。口径 12.8、残高 3.9 厘米（图六四，10）。

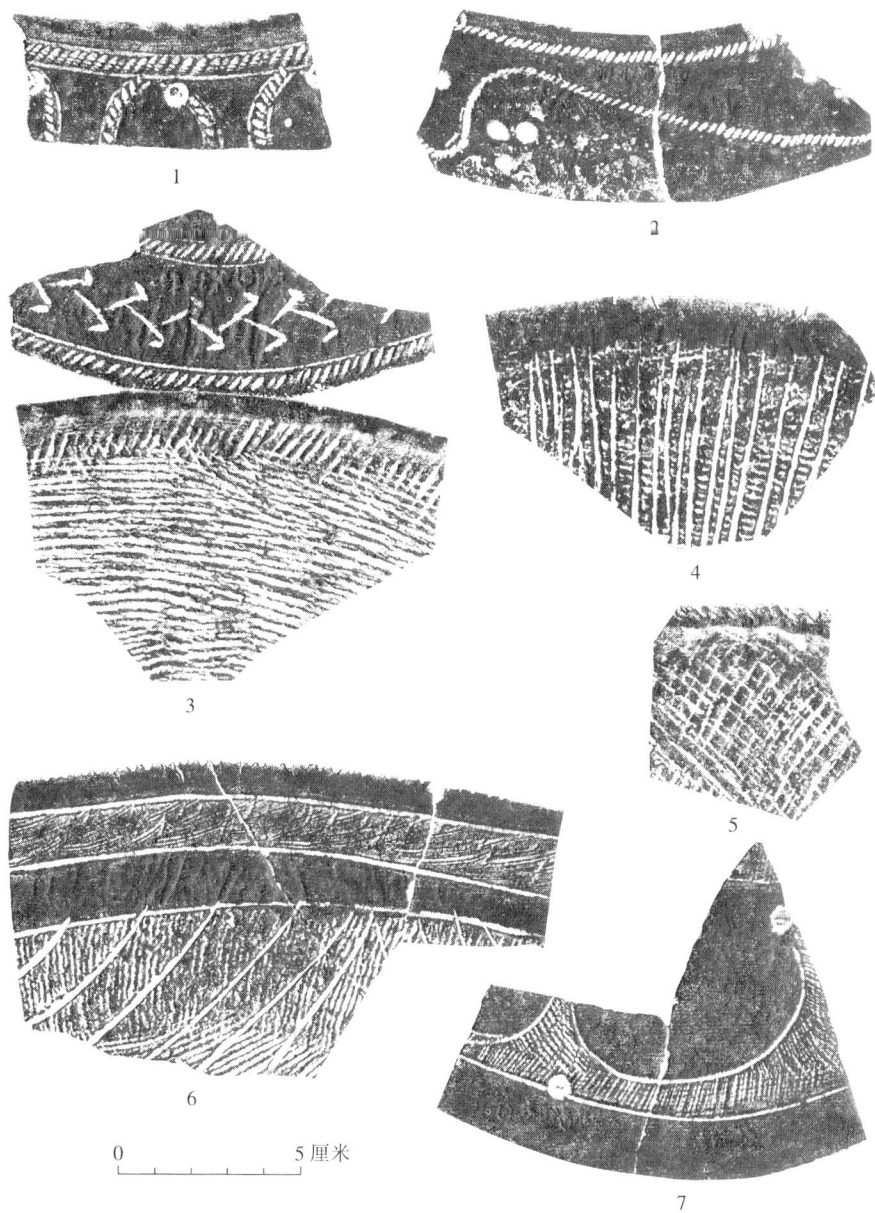

图六三　第 6 层出土陶片纹饰拓片

1. Ab 型Ⅱ式罐上的变形鸟纹（T30⑥：212）　2. Aa 型Ⅱ式豆上的横 "S" 状戳印篦点纹和圆形捺窝纹组成的复合纹饰带（T23⑥：88）　3. 釜身上的弦纹、篦点纹及 "く" 状划纹组成的复合纹饰带和绳纹（T12⑥：47）　4. Ab 型Ⅰ式钵上的草叶划纹和绳纹（T30⑥：200）　5. Bb 型Ⅲ式花边口沿罐上的绳纹（T25⑥：104）　6. 磨光、草叶划纹和绳纹（T32⑥：76）　7. Aa 型Ⅱ式圈足上的变形鸟纹（T23⑥：108）

　　豆　10 件。

　　Aa 型Ⅰ式　2 件。T32⑥：131，泥质磨光褐陶。圆唇，窄肩，浅弧腹。近唇部装饰一圈戳印（压印）绳索纹，肩部饰有两个戳印并列圆点纹对称分布的纹饰。口径 14.8、残高 4.4 厘米（图六五，1）。

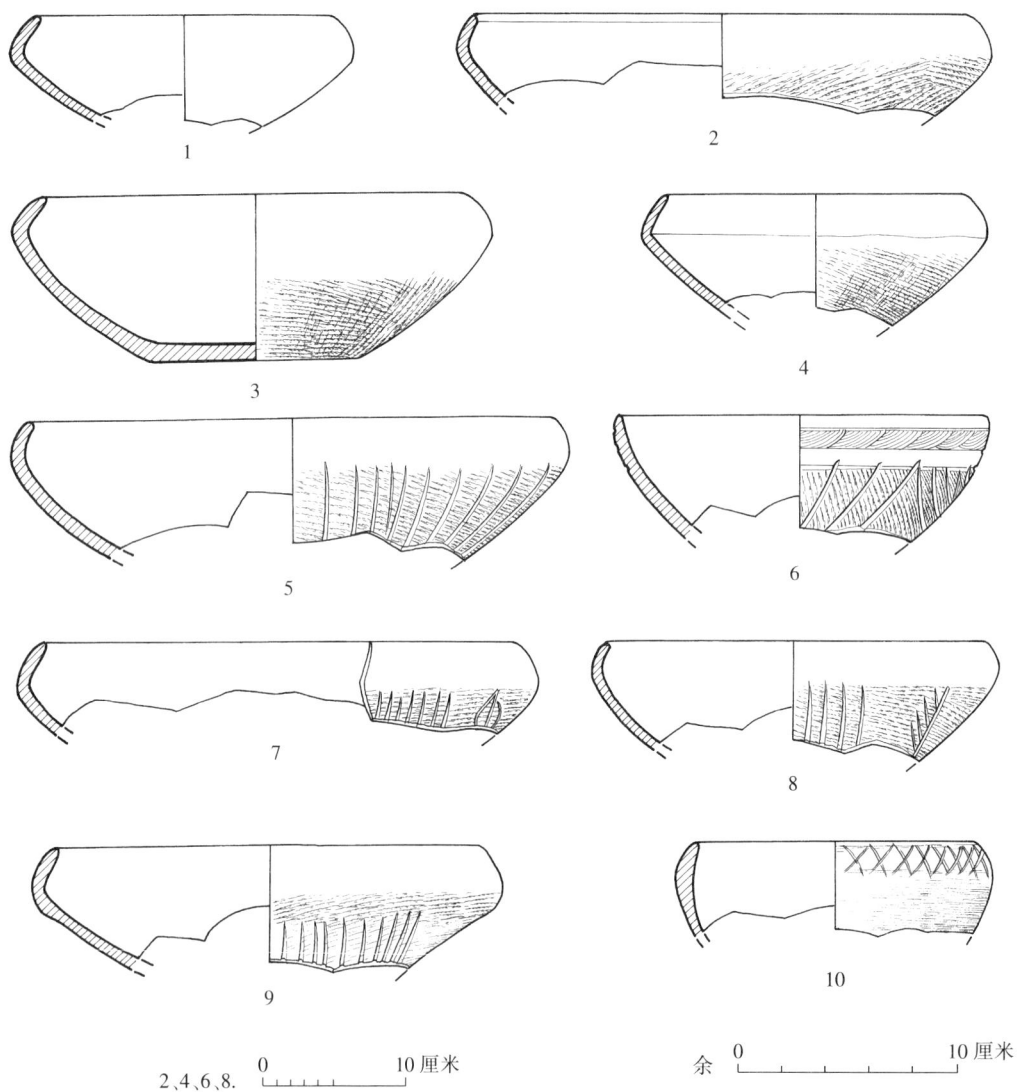

图六四　第6层出土陶钵、碗

1、3、4. Aa 型 Ⅱ 式钵（T9⑥：10、T20⑥：44、T23⑥：13）　2. Aa 型 Ⅰ 式钵（T15⑥：
272）　5、7、8. Ab 型 Ⅰ 式钵（T30⑥：200、T23⑥：125、T20⑥：83）　6. Ac 型 Ⅰ 式钵
（T23⑥：76）　9. Ba 型 Ⅰ 式钵（T24⑥：79）　10. Ba 型 Ⅱ 式碗（T23⑥：122）

Aa 型 Ⅱ 式　8 件。T23⑥：77，泥质黑褐陶。圆唇，敛口微侈，窄肩，弧腹稍深。近唇部装饰
一圈戳印（压印）绳索纹。口径 28.8、残高 7.6 厘米（图六五，2）。T23⑥：126，泥质黑褐陶。
圆唇，弧腹稍深。近唇部装饰一圈戳印（压印）绳索纹，肩部饰有间隔戳印圆点纹。口径 19.4、
残高 5.2 厘米（图六五，3）。T23⑥：88，泥质磨光黑褐陶。圆唇，宽肩，浅弧腹。腹部最大径位
于中部。近唇部装饰一圈戳印（压印）绳索纹，肩部则饰有戳印点纹组成的一条"S"状纹，其
间间隔排列由三个戳印圆点纹组成的纹饰。口径 22.8、残高 4.8 厘米（图六五，4）。

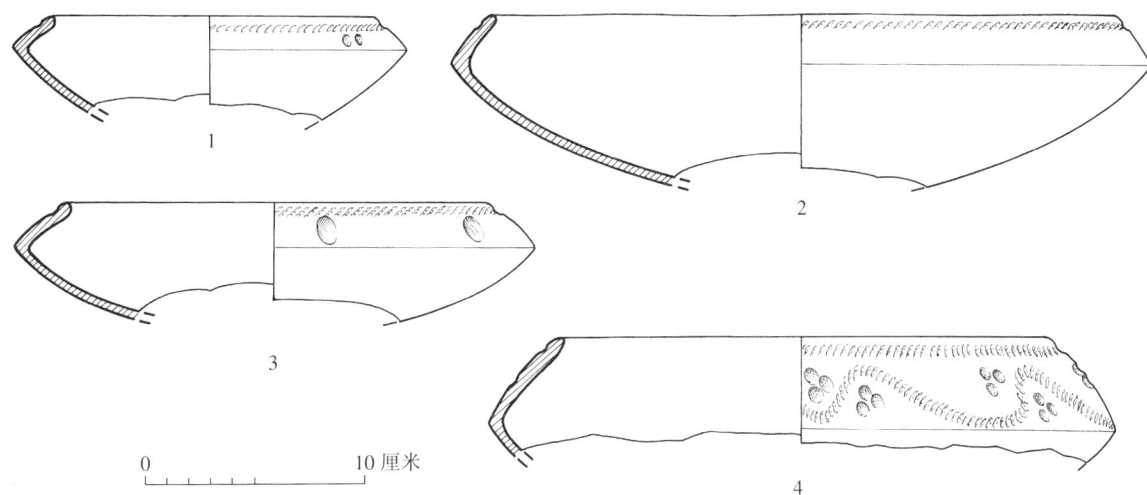

图六五 第 6 层出土 Aa 型陶豆

1. I 式（T32⑥：131） 2~4. II 式（T23⑥：77、T23⑥：126、T23⑥：88）

釜 27 件。

Aa 型 II 式 2 件。T8⑥：58，夹砂灰褐陶。尖圆唇。口径 13、残高 5.6 厘米（图六六，1）。

Aa 型 III 式 8 件。T23⑥：79，夹砂灰褐陶。颈部饰两条凹弦纹，其下则通饰网格划纹。口径 23、残高 6.2 厘米（图六六，2）。T24⑥：61，夹砂褐陶。口径 28.2、残高 6.2 厘米（图六六，3）。T32⑥：64，夹砂灰褐陶。口径 18.2、高 18 厘米（图六六，4）。

Ba 型 I 式 4 件。T23⑥：83，泥质磨光红褐陶。厚唇，口外侈，近盘口，束颈。唇部内侧饰有一圈戳印斜点纹。领部刮磨光滑。口径 27.4、残高 6.6 厘米（图六六，5；图版二八，1）。

Da 型 I 式 8 件。唇部外均用一圈泥条附加，唇部内侧多饰有戳印芒纹。肩部以上均经过磨光处理，腹部通施绳纹。T23⑥：111，泥质磨光黑褐陶。厚唇，口微侈，矮领。领部近唇处还残留部分绳纹，肩部则装饰一圈由两条凹弦纹和压印短线纹组成的复合纹饰带。口径 22.4、残高 6.2 厘米（图六六，6）。T15⑥：267，泥质磨光褐陶。厚唇，束颈。肩部则装饰一圈由两条凹弦纹和压印短线纹组成的复合纹饰带。口径 24、残高 6 厘米（图六六，7；图版二八，2）。

Ea 型 I 式 2 件。T15⑥：274，夹砂红褐陶。圆唇。肩部原来饰有绳纹，后经过刮磨处理。口径 19.2、残高 4.8 厘米（图六六，10）。

Eb 型 I 式 3 件。T23⑥：28，夹砂褐陶。圆唇，矮领。领部原来饰有绳纹，后刮磨处理。肩部通饰绳纹。口径 21.2、残高 5 厘米（图六六，9）。

釜身 2 件。

T12⑥：47，泥质磨光黑褐陶。口部和底部均残。折肩，弧腹。近领部则饰一圈由两条凹弦纹和压印绳索纹组成的纹饰带，肩部则饰 "弓" 状划纹。肩部和腹部为二次对接而成，对接处加固泥条上饰一条凹弦纹和一圈压印绳纹，腹部通饰绳纹。残高 12.8 厘米（图六六，8）。

图六六　第6层出土陶釜

1. Aa 型Ⅱ式釜（T8⑥：58）　 2 ~ 4. Aa 型Ⅲ式釜（T23⑥：79、T24⑥：61、T32⑥：64）　5. Ba 型Ⅰ式釜
（T23⑥：83）　 6、7. Da 型Ⅰ式釜（T23⑥：111、T15⑥：267）　8. 釜身（T12⑥：47）　9. Eb 型Ⅰ式釜
（T23⑥：28）　 10. Ea 型Ⅰ式釜（T15⑥：274）

罐　17 件。

Aa 型Ⅰ式　7 件。T9⑥：23，夹砂灰褐陶。圆唇。肩部装饰交叉草叶划纹。口径 19.6、残高
5.2 厘米（图六七，2）。T9⑥：44，夹砂灰褐陶。圆唇，卷沿，束颈。肩部装饰戳印鱼鳞状纹，期

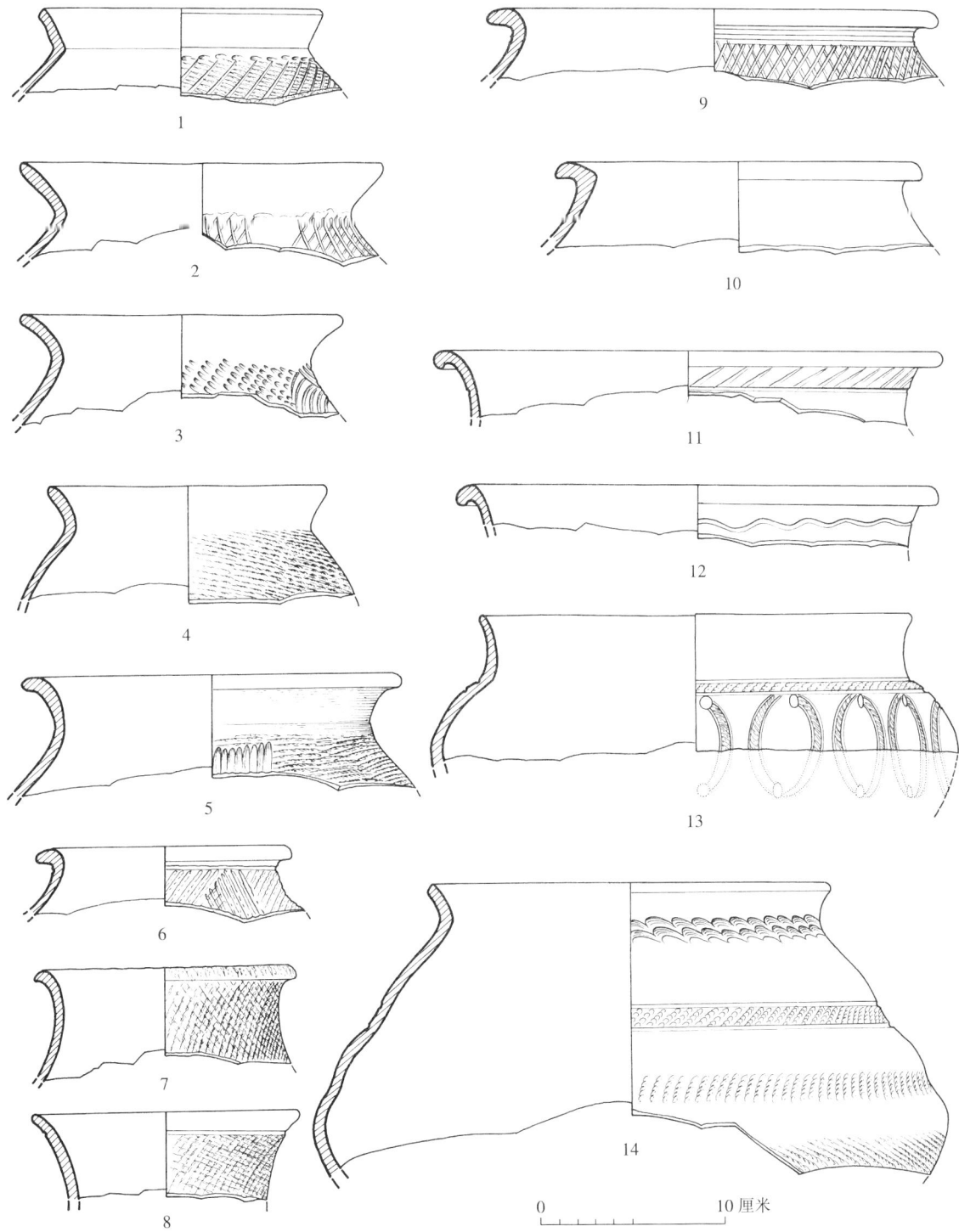

图六七　第 6 层出土陶器

1. Ae 型Ⅰ式罐（T15⑥：271）　　2、3. Aa 型Ⅰ式罐（T9⑥：23、T9⑥：44）　　4. Aa 型Ⅱ式罐（T25⑥：105）
5. Ba 型Ⅱ式瓮形器（T30⑥：201）　　6、9. Aa 型Ⅱ式高领罐（T23⑥：103、T30⑥：79）　　7. Bb 型Ⅲ式花边口沿
罐（T25⑥：104）　　8. Ba 型Ⅲ式高领罐（T25⑥：74）　　10. Ab 型Ⅰ式高领罐（T30⑥：196）　　11、12. B 型Ⅱ式
尊形器（T23⑥：123、T23⑥：85）　　13. Ab 型Ⅱ式罐（T30⑥：212）　　14. Ac 型Ⅱ式罐（T8⑥：75）

间饰有草叶划纹。口径 17、残高 5.2 厘米（图六七，3）。

Aa 型 Ⅱ 式　2 件。T25⑥：105，夹砂灰褐陶。圆唇，束颈，圆肩。肩部装饰绳纹。口径 15、残高 6 厘米（图六七，4）。

Ab 型 Ⅱ 式　1 件（T30⑥：212）。泥质磨光褐陶。圆唇，弧肩，腹部残。领部饰一圈由两条凹弦纹和压印绳索纹组成的纹饰带，肩部间隔排列由戳印圆点纹和弧线纹组成的椭圆形纹。口径 22.4、残高 7.2 厘米（图六七，13）。

Ac 型 Ⅱ 式　4 件。T8⑥：75，泥质磨光黑褐陶。近方唇，弧腹。腹部残。颈部装饰水波划纹，肩部上段装饰一圈由两条凹弦纹和压印绳索纹组成的纹饰带，肩部下段则饰一圈由斜向短压印绳索组成的纹饰带，腹部通饰绳纹。口径 22、残高 15.2 厘米（图六七，14）。

Ae 型 Ⅰ 式　3 件。T15⑥：271，夹砂灰褐陶。方唇。肩部上饰一圈戳印点纹，其下则通饰绳纹，在绳纹上再饰有草叶划纹。口径 15、残高 4.8 厘米（图六七，1）。

尊形器　5 件。

B 型 Ⅱ 式　5 件。T23⑥：123，夹砂灰褐陶。圆唇，宽沿外翻。颈部饰有一条凹弦纹，弦纹上则饰一圈短斜草叶划纹。口径 27.2、残高 3.6 厘米（图六七，11）。T23⑥：85，夹砂褐陶。圆唇，卷沿外翻。颈部饰一圈水波划纹。口径 25.2、残高 3.2 厘米（图六七，12）。

花边口沿罐　1 件。

Bb 型 Ⅲ 式　1 件（T25⑥：104）。夹砂灰褐陶。尖唇，矮领。唇部用泥条压制形成浅花边，领部则通饰细绳纹。口径 13.4、残高 5 厘米（图六七，7）。

高领罐　11 件。

Aa 型 Ⅱ 式　7 件。T23⑥：103，夹砂灰褐陶。圆唇，沿外翻，束颈。颈部饰一条凹弦纹，其下则通饰交错粗绳纹。口径 13.2、残高 4.2 厘米（图六七，6）。T30⑥：79，夹砂褐陶。宽唇。领部装饰有数道凹弦纹，弦纹下再饰网格划纹。口径 23、残高 4.2 厘米（图六七，9）。

Ab 型 Ⅰ 式　3 件。T30⑥：196，夹砂褐陶。宽方唇。口径 20、残高 4.8 厘米（图六七，10）。

Ba 型 Ⅲ 式　1 件（T25⑥：74）。夹砂黑陶。圆唇。领部上装饰一条凹弦纹，弦纹下通饰细绳纹。口径 14.6、残高 4.6 厘米（图六七，8）。

瓮形器　5 件。

Ba 型 Ⅱ 式　5 件。T30⑥：201，夹砂灰褐陶。圆唇，宽沿外翻。肩部通饰绳纹，在绳纹上再饰刮划条形纹。领部经过刮磨处理。口径 20、残高 6 厘米（图六七，5）。

器盖　1 件。

Aa 型 Ⅰ 式　1 件（T15⑥：100）。夹砂灰褐陶。器纽残。圆唇，敛口。口径 15.2、残高 7 厘米（图六八，3）。

纺轮　1 件。

A 型　1 件（T5⑥：34）。泥质褐陶。残缺大部。平面形状呈圆形，中间有一圆形穿孔。直径

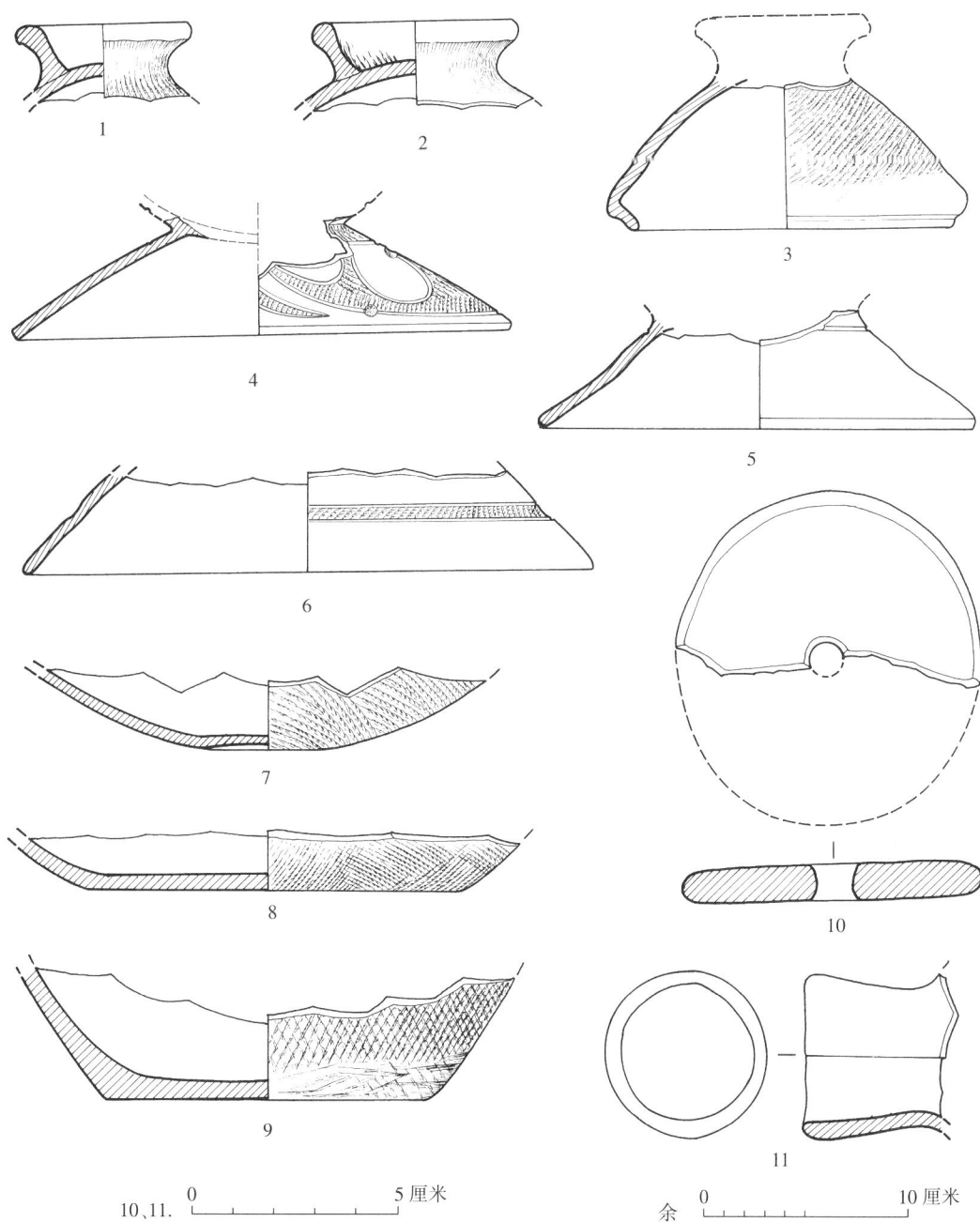

图六八　第 6 层出土陶器

1、2. 器纽（T15⑥：264、T25⑥：106）　3. Aa 型Ⅰ式器盖（T15⑥：100）　4、6. Aa 型Ⅱ式圈足（T23⑥：108、T30⑥：197）　5. Ab 型Ⅱ式圈足（T23⑥：89）　7. Ab 型器底（T23⑥：117）　8、9. Aa 型器底（T5⑥：132、T25⑥：102）　10. A 型纺轮（T5⑥：34）　11. 器流（T23⑥：77）

7.5、孔径1、厚0.8厘米（图六八，10）。

器纽　5件。

T15⑥：264，夹砂红褐陶。足部外侈。足径8.6、足高2.4、残高3.6厘米（图六八，1）。T25⑥：106，夹砂灰褐陶。足部内敛。足径9.2、足高2.6、残高4厘米（图六八，2）。

圈足　7件。

Aa型Ⅱ式　5件。足部内敛。T23⑥：108，泥质磨光黑褐陶。外壁装饰由戳印点纹和内填压印绳索纹的几何弧线划纹组成的变形鸟纹。足径24.2、残高5.8厘米（图六八，4）。T30⑥：197，泥质磨光褐陶。外壁装饰一圈由两条凹弦纹和其间填以压印绳索纹组成的纹饰带。足径28、残高4.8厘米（图六八，6）。

Ab型Ⅱ式　2件。足部外侈。T23⑥：89，泥质磨光黑褐陶。近底部装饰一条凹弦纹。足径21.3、残高5.8厘米（图六八，5）。

器流　1件。

T23⑥：77，夹砂红褐陶。管状。直径3.6、长3.7、壁厚0.4厘米（图六八，11；图版二八，3、4）。

器底　14件。

Aa型　6件。T5⑥：132，夹砂灰褐陶。近底部装饰交错绳纹。底径18、厚0.8、残高2.8厘米（图六八，8）。T25⑥：102，夹砂褐陶。近底部装饰网格划纹。底径15.4、厚0.8、残高6.8厘米（图六八，9）。

Ab型　8件。T23⑥：117，夹砂褐陶。底部内凹。近底部的腹部装饰交错绳纹。底径6.2、厚0.4、残高3.2厘米（图六八，7）。

2. 石器

全部为磨制石器，不见打制石器，其表面磨制光滑，形制规整。石器岩性仍然以玄武岩为大宗，其次为砾岩、砂岩、硅质岩、泥岩、片岩、汉白玉等。石斧的体形普遍较大，数量较多；石锛相对较小，数量较少。常见的器类为斧、锛、网坠、镞、磨盘、磨棒、砺石、星形器等，主要为生产、渔猎工具及生活用具。

斧　31件。

Aa型　1件（T15⑥：89）。灰褐色砾岩。顶部残断。弧刃。表面保留其自然磨光面。残长6.7、宽4.9~6、厚1.7厘米（图七一，4）。

Ba型　7件。圆柱状。弧顶，凹刃。通体磨光。T5⑥：66，深灰色玄武岩。顶部略残，刃部残断。残长7.8、残宽4.4~5.6、厚1.8厘米（图六九，2）。T24⑥：50，灰绿色玄武岩。刃部略残。长9.3、宽4.6~5.6、厚2厘米（图六九，4；图版二九，1）。T23⑥：15，深灰色玄武岩。北部近刃部处剥落一部，顶部有显著的使用痕迹。长8.4、宽4~5、厚2厘米（图六九，6；图版二

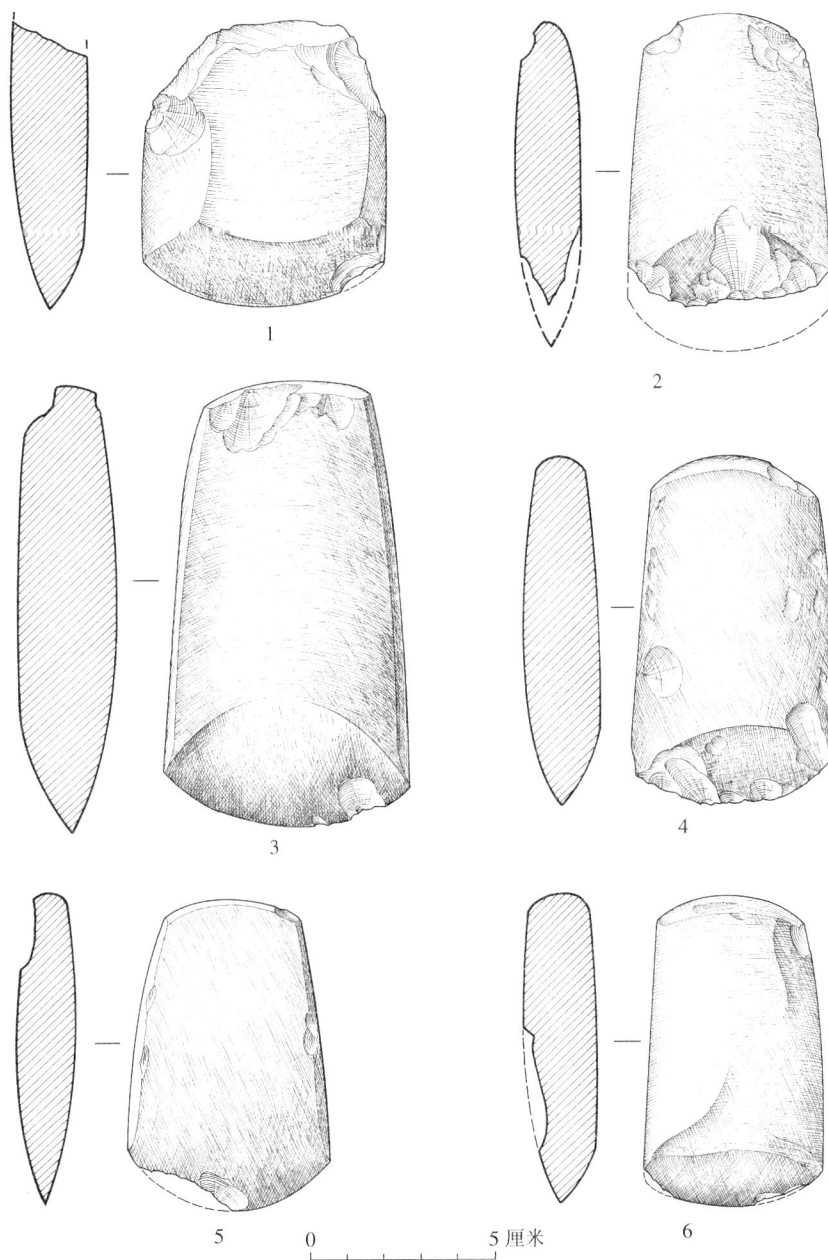

图六九 第6层出土石斧

1、3、5. Bc 型（T20⑥：32、T9⑥：13、T30⑥：64） 2、4、6. Ba 型

（T5⑥：66、T24⑥：50、T23⑥：15）

九，3）。T30⑥：19，深灰色玄武岩。刃部锋利。顶部有明显的使用痕迹。长9.9、宽3.8～5、厚
2.8厘米（图七〇，2；图版二八，6）。

Bb 型 2件。梯形。多平顶。T22⑥：67，灰绿色玄武岩。平顶，凹刃略残，刃部锋利。顶部
和两侧边有多处崩疤。长6.4、宽3.2～5.2、厚1.6厘米（图七二，3）。

Bc 型 15件。长方形，多见平顶。T20⑥：32，灰绿色闪长岩。顶部残断。弧刃锋利。磨制

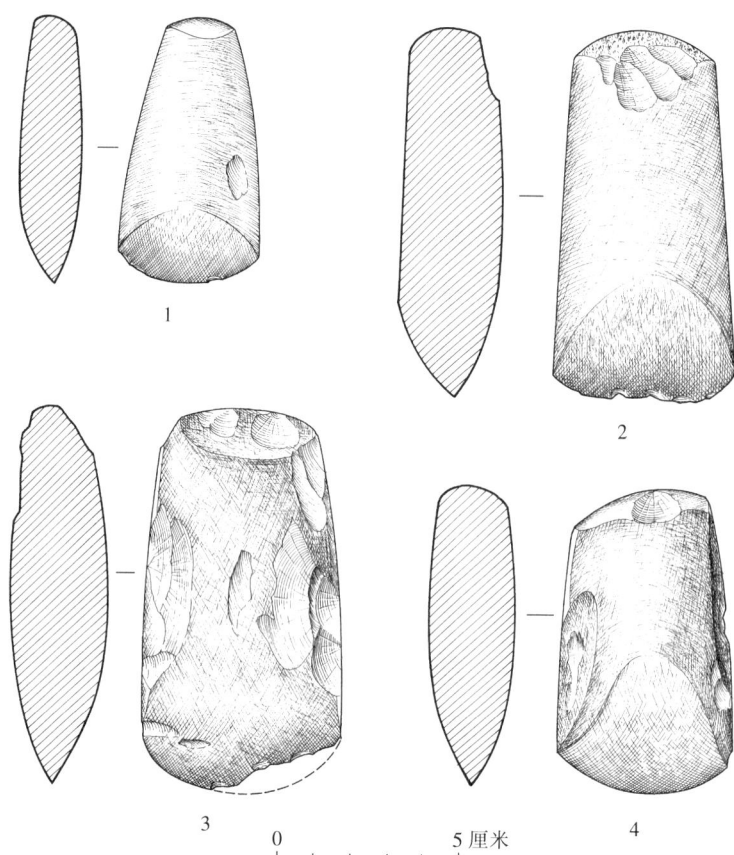

图七○　第6层出土石斧

1. Ca 型（T9⑥：12）　2. Ba 型（T30⑥：19）　3、4. Bc 型（T18⑥：
25、T30⑥：72）

光滑。残长7.7、残宽5.6～6.7、厚1.9厘米（图六九，1）。T9⑥：13，灰绿色闪长岩。近平顶，凹刃。通体磨光。长12、宽4.5～6.8、厚2.6厘米（图六九，3；图版二八，5）。T30⑥：64，灰绿色闪长岩。弧顶，弧刃残缺一部。通体磨光。长8.3、宽3.7～5.5、厚1.6厘米（图六九，5）。T18⑥：25，深灰色玄武岩。表面保留其打击痕迹。自然台面形成顶部，刃部残缺。长10.1、宽4～5.5、厚2.7厘米（图七○，3；图版二八，5）。T30⑥：72，灰绿色玄武岩。弧顶，扇形刃，刃部锋利。通体磨光。长8.1、宽3.7～4.9、厚2.3厘米（图七○，4）。T30⑥：59，深灰色玄武岩。顶部和刃部均残断。两侧边缘全是打制崩疤。残长10.2、宽5～6.1、厚2.8厘米（图七一，1；图版二

九，4）。T23⑥：25，灰色玄武岩。平顶，刃部均残断。两侧边缘全是打制崩疤。残长10.1、宽4.1～5.7、残厚1.5厘米（图七一，2；图版二九，5）。T27⑥：11，灰绿色玄武岩。弧顶，弧刃，刃部锋利。顶部和表面遗留有明显的打击崩疤。长10、宽3.6～5、厚2.1厘米（图七一，3）。T15⑥：161，灰绿色闪长岩。顶部残，弧刃。残长6.9、残宽4.7～5.5、厚1.7厘米（图七二，2）。T23⑥：26，浅灰色玄武岩。顶和刃部均残。残长5.4、宽约4.9、厚1.6厘米（图七二，4）。

　　Ca 型　5件。T9⑥：12，深灰色玄武岩。椭圆形弧顶。刃部锋利。磨制精致。长7.1、宽1.9～3.9、厚1.6厘米（图七○，1）。T25⑥：100，深灰色玄武岩。刃部略残。长6.7、宽4.5～5、厚1.4厘米（图七二，1；图版二八，6）。T5⑥：35，灰绿色玄武岩。刃部略残。长6.1、宽2.8～4、厚1.2厘米（图七二，6；图版二九，2）。T32⑥：37，灰绿色玄武岩。刃部锋利。长6.8、宽3～4、厚1.3厘米（图七二，7）。

　　Cb 型　1件（T15⑥：102）。灰色玄武岩。平顶，弧刃刃部锋利。表面有砸击痕迹。长4.6、宽2～3.5、厚0.7厘米（图七二，5）。

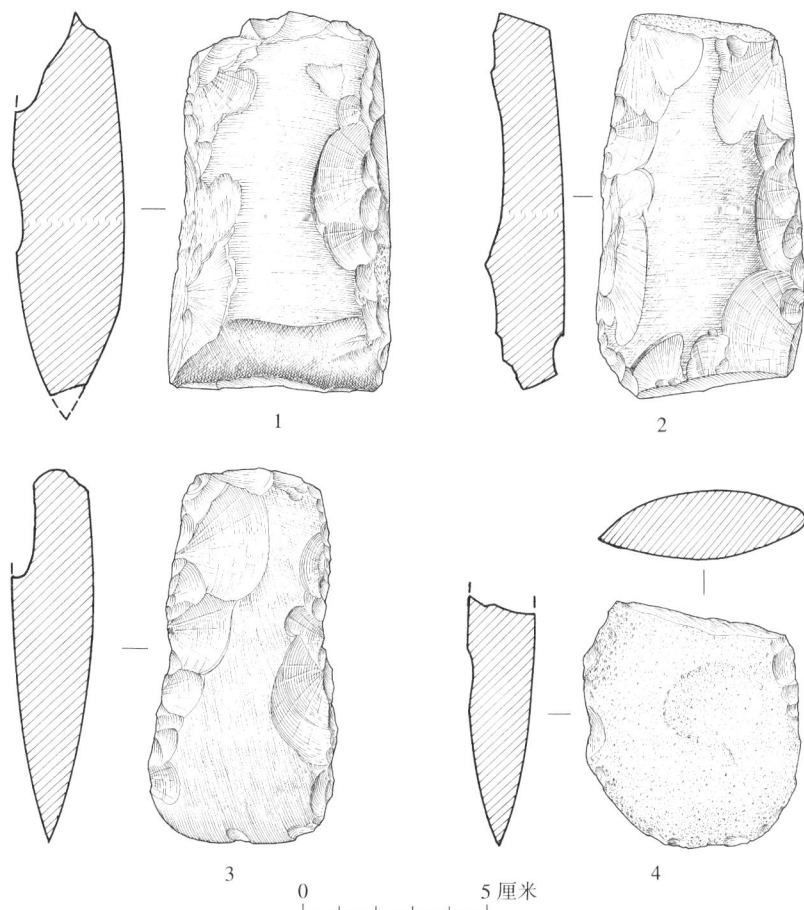

图七一　第 6 层出土石斧

1 ~ 3. Bc 型 （T30⑥:59、T23⑥:25、T27⑥:11）　4. Aa 型 （T15⑥:89）

锛　15 件。

Aa 型　10 件。T5⑥:33，灰色玄武岩。弧顶，弧刃，刃部锋利。表面有一处砸击痕迹和多处崩疤。磨制规整。长 8、宽 2.8 ~ 5、厚 2 厘米 （图七三，1；图版二九，6）。T23⑥:21，灰绿色玄武岩。顶部和刃部略残。斜顶，弧刃，刃部锋利。通体磨光。长 7、宽 3 ~ 5.2、厚 2 厘米 （图七三，2；图版三○，3）。T15⑥:51，灰褐色玄武岩。顶部断面呈三角形。弧刃锋利。仅刃部磨光，其余保留其自然面。长 6.4、宽 2.2 ~ 4、厚 1.7 厘米 （图七三，3）。T15⑥:15，灰绿色玄武岩。弧顶，弧刃锋利。长 4.1、宽 2.8 ~ 3.9、厚 1 厘米 （图七三，4；图版三○，2）。T24⑥:31，灰绿色玄武岩。近平顶，弧刃，刃部锋利。表面有几处崩疤。通体磨光。长 4.3、宽 2.2 ~ 3.4、厚 1.1 厘米 （图七三，6）。T23⑥:26，灰绿色玄武岩。近尖顶，弧刃略残。表面有砸击痕迹。长 6.5、宽 1.6 ~ 3.3、厚 1.2 厘米 （图七三，8）。

Ab 型　5 件。T5⑥:38，灰绿色玄武岩。近平顶，弧刃。磨制规整。长 5.2、宽 2.4 ~ 3.1、厚 1.4 厘米 （图七三，7；图版三○，4）。T15⑥:82，灰绿色玄武岩。顶部略残。弧顶，弧刃，刃部

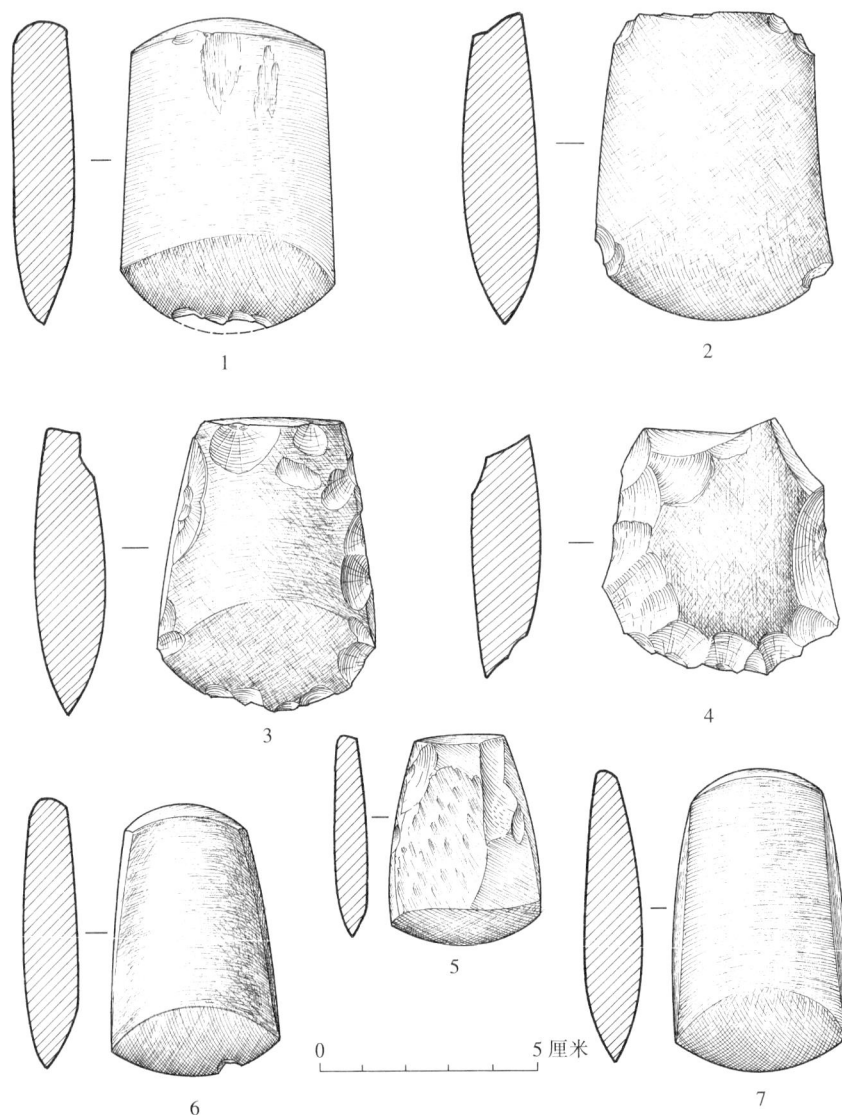

图七二　第6层出土石斧

1、6、7. Ca 型（T25⑥：100、T5⑥：35、T32⑥：37）　2、4. Bc 型（T15⑥：
161、T23⑥：26）　3. Bb 型（T22⑥：67）　5. Cb 型（T15⑥：102）

锋利。通体磨光。长 4.7、宽 2~3.2、厚 1.3 厘米（图七三，5；图版三〇，1）。

镞　4件。

C 型　3件。T23⑥：18，灰绿色玄武岩。锋残。细长铤。残长 5.3、宽 0.9、厚 0.2 厘米（图七四，2；图版三〇，5）。

D 型　1件（T24⑥：51）。灰色片岩。三角形锋，断面呈长方形。残长 4.4、宽 1、厚 0.6 厘米（图七四，1；图版三〇，6）。

圆形石片　1件。残缺一半，平面形状呈圆形。

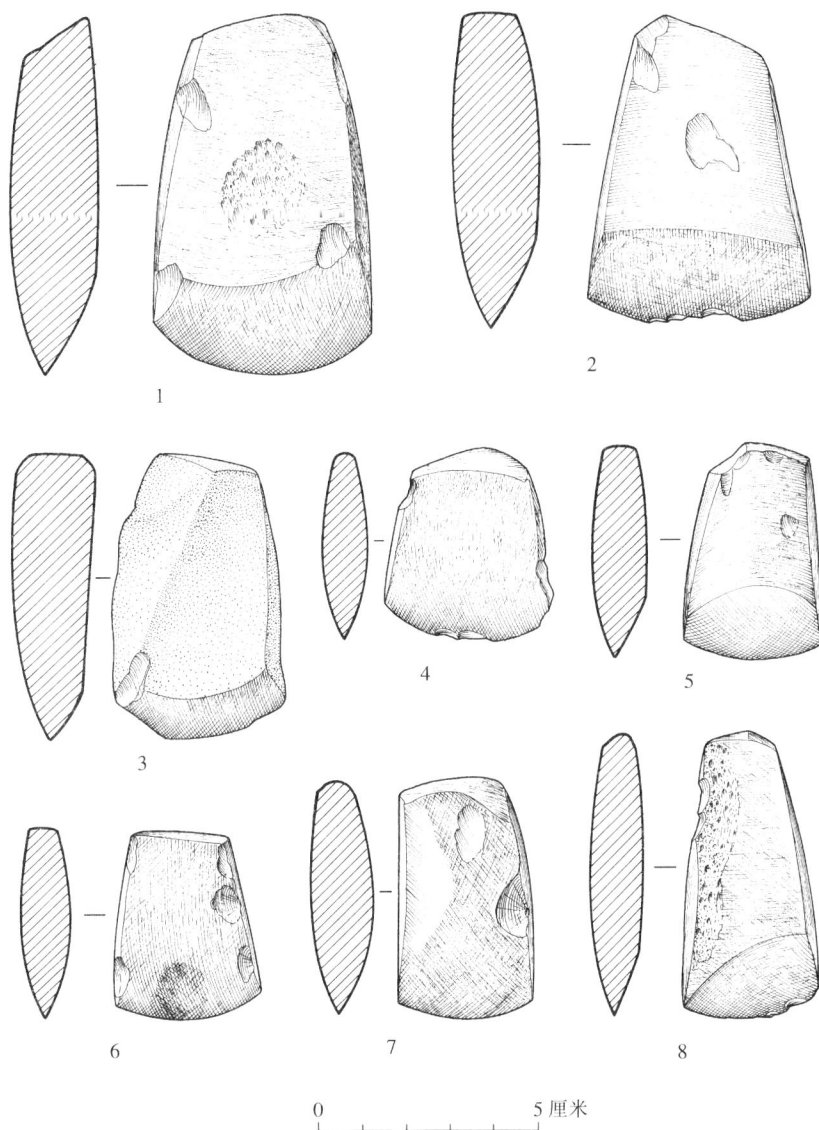

图七三　第 6 层出土石锛

1~4、6、8. Aa 型（T5⑥:33、T23⑥:21、T15⑥:51、T15⑥:15、T24
⑥:31、T23⑥:26）　5、7. Ab 型（T15⑥:82、T5⑥:38）

T22⑥:73，汉白玉制成。磨制光滑。长 2.6、残宽 0.8、厚 0.4 厘米（图七四，3）。

网坠　20 件。

A 型　1 件（T23⑥:30）。灰褐色砂岩。腰子状。长大于宽。长 5.3、宽 4.3、厚 1.2 厘米
（图七四，6）。

B 型　18 件。平面呈横椭圆形或纺锤状，长短于宽，体量普遍较小。均采用灰褐色扁圆形的
砂岩石块对打而成。由于长期的使用，表面遗留有明显绑缚痕迹。T15⑥:91，长 3.3、宽 3.6、厚
0.6 厘米（图七四，4）。T5⑥:64，长 2.9、宽 3.3、厚 0.7 厘米（图七四，5）。

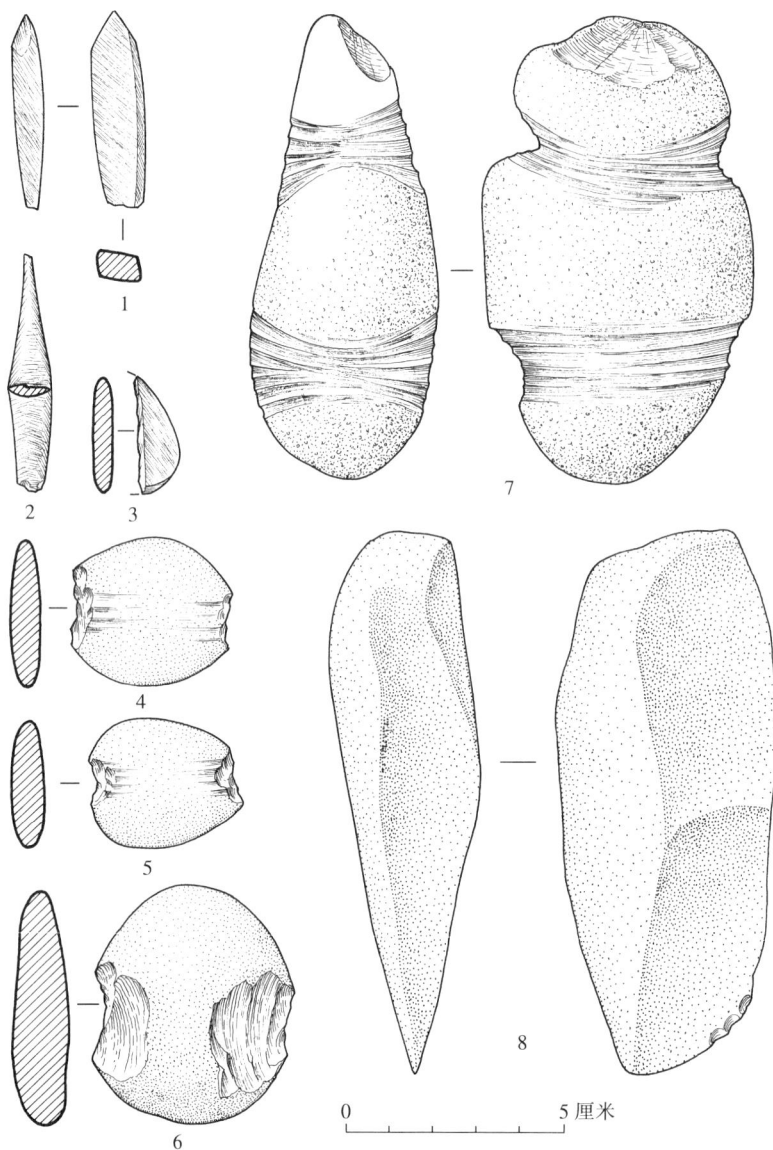

图七四　第6层出土石器

1. D 型镞（T24⑥：51）　2. C 型镞（T23⑥：18）　3. 圆形石片（T22
⑥：73）　4、5. B 型网坠（T15⑥：91、T5⑥：64）　6. A 型网坠
（T23⑥：30）　7. C 型网坠（T8⑥：24）　8. 切割器（T5⑥：65）

　　C 型　1 件（T8⑥：24）。利用天然黄色泥岩制成。陀螺状，器体较大。两端由于绳子长期的绑缚，而形成深深的凹槽。长 10.4、宽 6.1、厚 4.1 厘米（图七四，7；图版三一，1）。

　　切割器　1 件。

　　T5⑥：65，黄褐色砾岩。一端较为锋利。仅局部磨光，其余保留自然面。长 12.1、宽 3.5～5、厚 3 厘米（图七四，8；图版三一，2）。

　　磨盘　1 件。

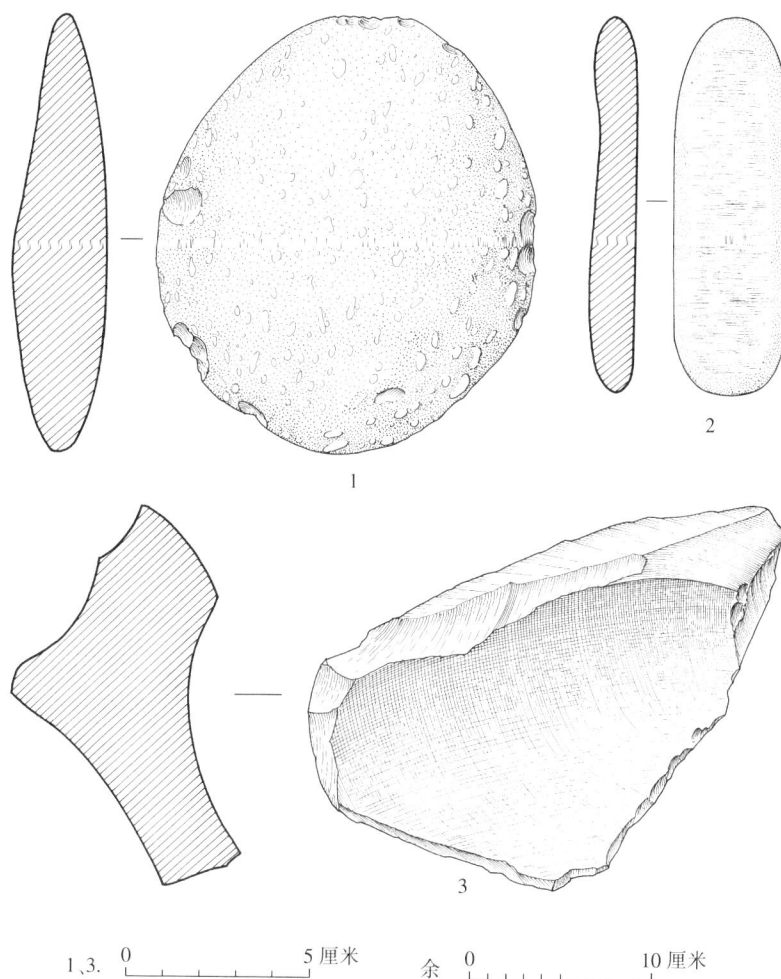

图七五　第 6 层出土石器
1. 磨盘（T22⑥:71）　2. 磨棒（T20⑥:27）　3. 砺石（T22⑥:69）

T22⑥:71，浅灰色砾岩，表面清晰可见碎石英石。平面形状呈圆形，表面光滑平整，边缘略有残缺。长径11.8、短径10.4、厚2.6厘米（图七五，1）。

磨棒　1件。

T20⑥:27，灰色砾岩。平面形状呈条形，一面有清晰的磨痕，其他则仍保留其自然面。长20.4、宽6.2、厚2.4厘米（图七五，2）。

砺石　1件。

T22⑥:69，灰褐色板岩。平面形状呈不规则状，断面呈锥状。多面都有使用痕迹。长12.2、宽3~8.8、厚3.1厘米（图七五，3）。

星形器　1件。

T15⑥:46，灰绿色硅质岩。齿轮尖部均残，平面形状呈放射状星状。复原后基本平面形状中部为一圆形，立面呈筒状，内壁遗留显著的磨制痕迹，上下沿对称分布着十二个小锥状齿轮，中

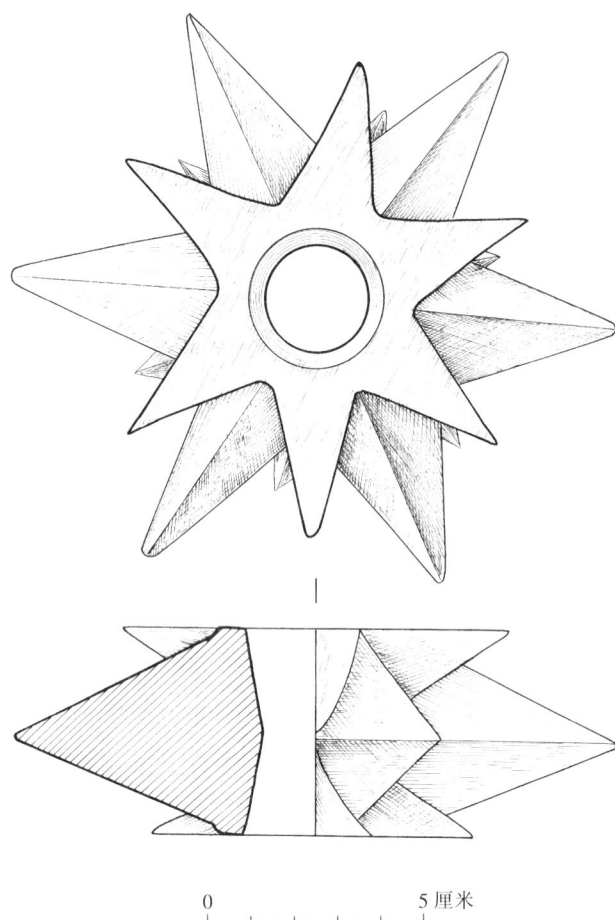

图七六　第6层出土石星形器复原图（T15⑥:46）

间也对称分布六个大小均一的长齿轮，齿轮长度大致等分，其中六个小齿轮与六个大齿轮对称交叉分布，磨制精细，几何切割和磨制技术均显示出高超的水平。穿孔上部直径3.15、下部直径2.8厘米，高4.6厘米；复原后小齿轮长约3厘米，大齿轮4.7厘米，大、小齿轮之间连线长度为14厘米和10.6厘米（图七六；彩版九，2）。

3. 骨器

该层出土骨器数量和种类较为丰富，多用动物肢骨磨制而成，器物磨制精细，形制规整，刃部或锋部锋利。器类有骨锥、骨镞、骨刀、骨镖、骨针等。

刀　2件。

T15⑥:11，系用骨片制成。平面形状近长方形。偏刃，近刃部处有一对穿圆孔。刃部磨制精细。长10.1、宽1.8~3.1、厚0.7厘米（图七七，1；图版三一，3）。T15⑥:109，系用骨片制成。长条形，锋部尖锐。表面磨制光滑，里面保留其自然纹理。长14、宽2.4、厚0.5厘米（图七七，2；图版三一，4）。

锥　5件。

T15⑥:18，系用肢骨一段制成，一端磨尖。长条形。锥尖残。残长10.6、直径0.6~0.9厘米（图七七，3；图版三一，5）。T5⑥:37，仅存锥尖，系用骨片一段制成。一端磨尖。长叶形。周身磨制精细。长5.4、直径0.6厘米（图七七，4）。T15⑥:99，仅存锥尖，系用骨条破裂面制成。锥部呈针状。磨制精细。长6.4、直径0.5厘米（图七七，5）。

镞　1件。

T23⑥:17，镞身圆锥形，圆铤，略残。磨制精细。残长4.9、直径0.7厘米（图七七，7；图版三一，6）。

镖　1件。

T23⑥:57，仅存一半，系用肢骨一段制成。表面有多道凹槽，由于长期使用，中段凹槽较深。宽1.5、厚0.6、高3.3厘米（图七七，6；图版三一，7）。

针　1 件。

T15⑥：91，系用鱼骨制成。一端磨尖，一端保留关节作为柄部。长 4.5、直径 0.2 厘米（图七七，8）。

（八）开口于第 5 层下的遗迹

该层下的遗迹仅见柱洞一种，数量仅见 1 个，分布于 T23 东部，平面形状呈椭圆形，编号 T23D1，洞壁近直壁，剖面呈圆柱状。填土为浅灰色砂土，结构疏松，内含少量小型动物骨骸。长径 0.13、短径 0.06、深 0.32 米。

（九）第 5 层出土遗物

1. 陶器

该层出土的陶片数量相对较少，夹砂黑褐、灰褐、褐陶最多，泥质黑褐、灰褐、褐陶较少（表九）。器形以平底器多见，其次为圜底器、圈足器，不见三足器和带流器。常见器形有钵、豆、釜、高领罐、罐、

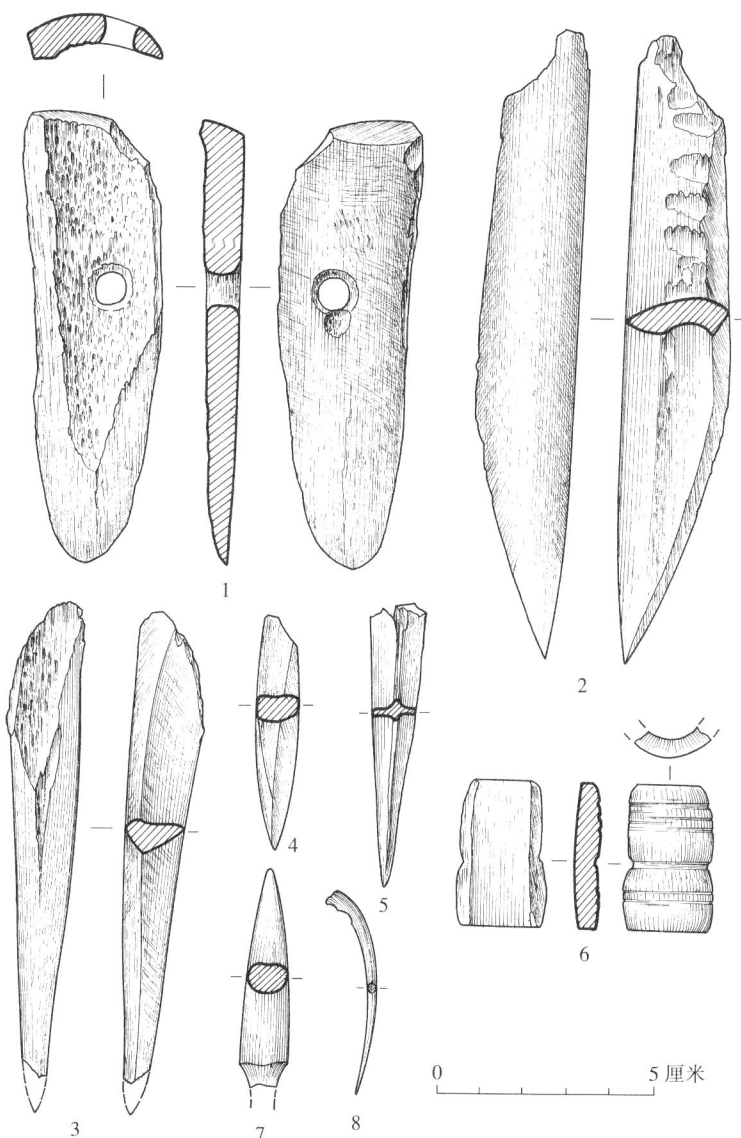

图七七　第 6 层出土骨器

1、2. 骨刀（T15⑥：11、T15⑥：109）　3～5. 骨锥（T15⑥：18、T5⑥：37、T15⑥：99）　6. 骨镖（T23⑥：57）　7. 骨镞（T23⑥：17）　8. 骨针（T15⑥：91）

瓮形器、器盖、陶拍及纺轮等，其中 A 型钵，Aa 型豆，A 型、D 型和 E 型釜，B 型瓮形器等多见。新出现 Db 型、Eb 型罐及马鞍形支座等；碗、篮形器、尊形器、杯形器、壶形器等不见。陶器表面上多饰有纹饰，常见的装饰手法以拍印、刻划为主，另有少量的戳印，而且不同的装饰手法在同一器物的不同部位上往往复合使用。纹饰种类有绳纹、弦纹、草叶划纹、网纹、条形划纹、玫瑰花瓣划纹、附加堆纹、箆点纹、花瓣纹、网格纹、麦穗纹以及"S"形纹等，其中绳纹、弦纹、刻划条形纹最为常见（表一〇；图七八）。

表九　第5层出土陶片陶质、陶色统计表

陶质 陶色 探方号	夹 砂						泥 质						合计
	黑褐	灰褐	褐	灰	红褐	黄褐	黑褐	灰褐	褐	灰	红褐	黄褐	
T22	178	34	14				7		3				236
T25	142	42	5				6	1	2				198
T24	19	5	2				3						29
T8	54	20	28		7		2				1		112
T18	16	7	5	2			4	1					35
T32	11	11			5		4						31
T29	16	14		1	1		4		3		4		43
T17	10	4	4	2	2		2		1				25
T21	210	60	15		16		15	6	2				324
T12	54	6			16		11		2				89
T20	12	2	2		2		3	1					22
T9	22	7			6		3	2	1		1		42
T30	32	9	5		6		2						54
T7	4	3	5				1	4			1		18
T23	1	4	1				1		1				8
T5	14	10	5		2		4						35
T15	114	30	20	2	3		20	6					195
T19	65	20	7		5		3		2		1		103
合计	974	288	118	7	71		95	21	17		8		1599
百分比（%）	60.9	18.0	7.4	0.4	4.4		5.9	1.3	1.1		0.5		100

钵　36件。

Aa 型Ⅱ式　11件。T20⑤：95，夹砂褐陶。近方唇，腹部急收呈斜腹状。腹部通饰交错粗绳纹。肩部经过磨光处理。口径27、残高8.1厘米（图七九，1）。T29⑤：88，夹砂红褐陶。圆唇，肩部略窄。腹部通饰细绳纹，在其上再饰有草叶划纹。口径16.4、残高4.2厘米（图七九，2）。T22⑤：108，夹砂褐陶。圆唇。腹部通饰交错细绳纹。肩部都经过磨光处理。口径25、残高7.8厘米（图七九，3；图版三二，1）。

Ab 型Ⅱ式　17件。T24⑤：83，夹砂褐陶。圆唇。肩部装饰草叶划纹，腹部通施细绳纹。口径23.5、残高5.4厘米（图七九，4；图版三二，2）。T23⑤：132，夹砂褐陶。圆唇，平底。腹部通施交错细绳纹。肩部经过磨光处理。口径26、通高8.7、底径10.5厘米（图七九，5；图版三二，3）。T15⑤：299，夹砂红褐陶。圆唇。肩部通体磨光，上饰草叶划纹。口径20.4、残高4.2

表一○　第 5 层出土陶片纹饰统计表

纹饰 / 探方号	绳纹	素面	栉纹	斜线划纹	水波纹	戳印圆点	弦纹	附加堆纹	篦点纹	网格划纹	"之"字纹	几何纹	"S"形纹	花瓣纹	压印纹	合计
T22	200	37	3	1	1	3						1				236
T25	170	21	3	1		3										198
T24	19	5	2	1		2										29
T8	75	27	2		2	1	3					2				112
T18	21	5	2		1		4			1			1			35
T32	23	6	2													31
T29	27	5	4			2	4			1						43
T17	11	4	2		4	1	3									25
T21	248	50	15			6		2	2			1				324
T12	54	25	6			3								1		89
T20	8	4	2		3	1	2	1				1				22
T9	32	4	4			1				1						42
T30	44	6	1	1	2											54
T7	12	3	2												1	18
T23	5	2	1													8
T5	20	8	1		5		1									35
T15	142	39	7	1		2						1			3	195
T19	77	12	5		1		6	2								103
合计	1188	253	64	5	19	25	23	5	2	3	2	4	1	1	4	1599
百分比（%）	74.3	15.8	4.0	0.3	1.2	1.6	1.4	0.3	0.1	0.2	0.1	0.3	0.1	0.1	0.3	100

厘米（图七九，6；图版三二，4）。T22⑤：142，夹砂黑褐陶。尖圆唇，圆鼓肩。腹部通饰细绳纹。肩部经过磨光处理。口径 16、残高 5.8 厘米（图七九，7）。

Ac 型 Ⅱ 式　6 件。T7⑤：68，夹砂褐陶。圆唇，斜腹。表面通体都经过磨光处理，但依稀可辨绳纹遗迹。口径 20.6、残高 7 厘米（图七九，8）。T21⑤：54，夹砂灰褐陶。圆唇，近直口。窄弧肩，斜腹。腹部通饰交错绳纹。肩部都经过磨光处理。口径 15.2、残高 6.4 厘米（图七九，9）。

Ba 型 Ⅱ 式　2 件。T9⑤：41，夹砂灰褐陶。圆唇，肩部略窄。腹部通饰细绳纹，在其上再饰草叶划纹。口径 15、底径 4.8、高 6.2 厘米（图七九，10；图版三二，5、6）。

豆　6 件。

Aa 型 Ⅰ 式　2 件。T8⑤：73，夹砂红褐陶。尖圆唇。近唇部外侧装饰一圈戳印锥刺点纹。口径 18.4、残高 3 厘米（图八〇，1）。

Aa 型 Ⅱ 式　3 件。斜腹，器物较高。T15⑤：300，夹砂黑褐陶。圆唇。近唇部外侧装饰一圈戳印锥刺点纹，另在肩部间隔分布压印捺窝纹。口径 23、残高 4.8 厘米（图八〇，2；图版三三，2）。

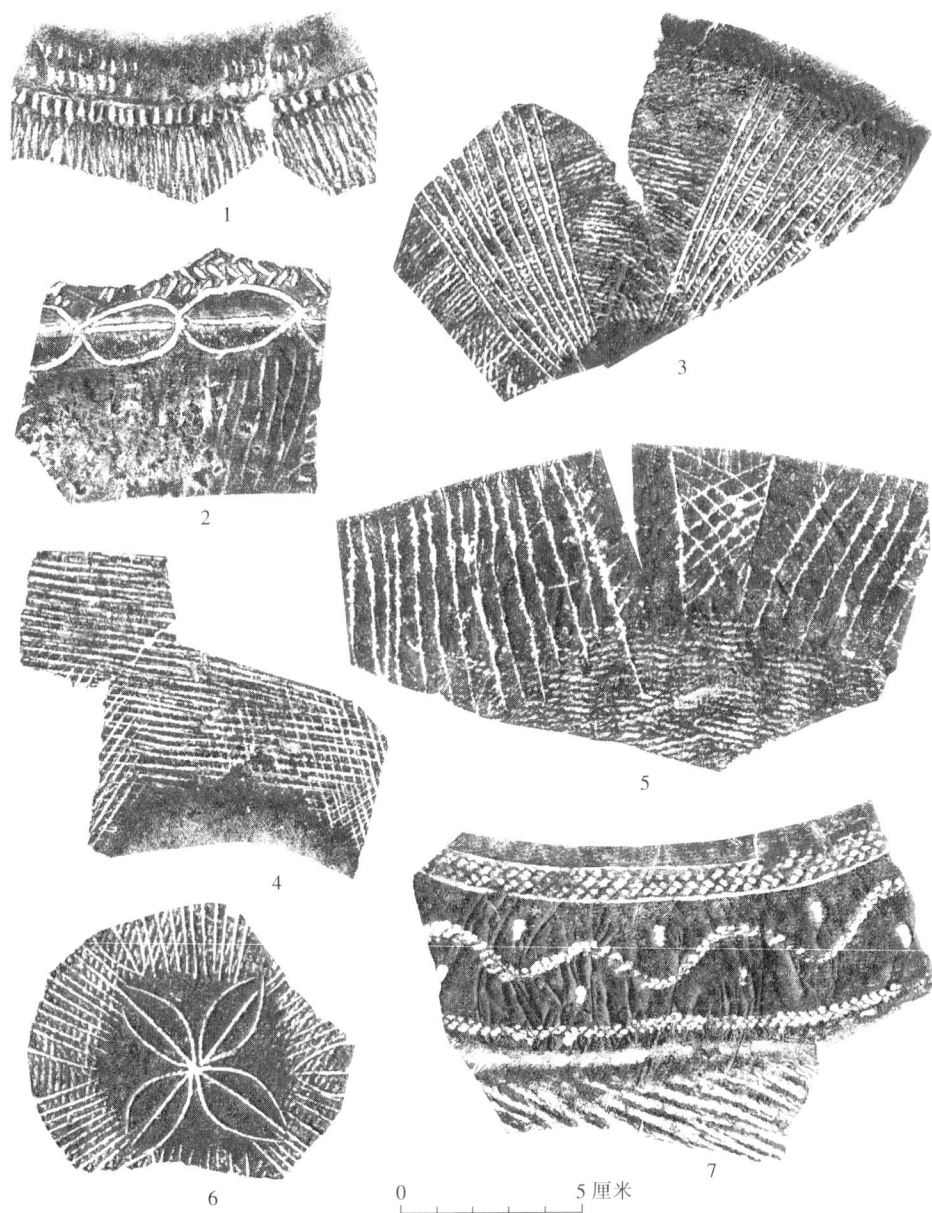

图七八　第 5 层出土陶片纹饰拓片

1. Ac 型 II 式高领罐上的绳纹、附加堆纹（T15⑤：313）　2. Eb 型 I 式罐上的连续椭圆形划纹和戳印麦穗纹（T8⑤：65）　3. Ba 型 II 式钵上的绳纹、草叶划纹（T9⑤：41）　4. 交错细绳纹（T23⑤：133）　5. Ab 型 II 式钵上的绳纹、草叶划纹（T24⑤：83）　6. Ab 型器底上的绳纹、草叶划纹、花瓣纹（T12⑤：44）
7. Da 型 III 式釜上的绳纹和由弦纹、戳印箆点纹组成的复合纹饰带（T22⑤：141）

　　Ba 型 I 式　1 件（T15⑤：312）。夹砂褐陶。圆唇，宽折肩，弧腹。器物较矮。肩部外侧突起形成一道凸棱纹。口径 17.6、残高 5.7 厘米（图八〇，3；图版三三，1）。

　　釜　42 件。

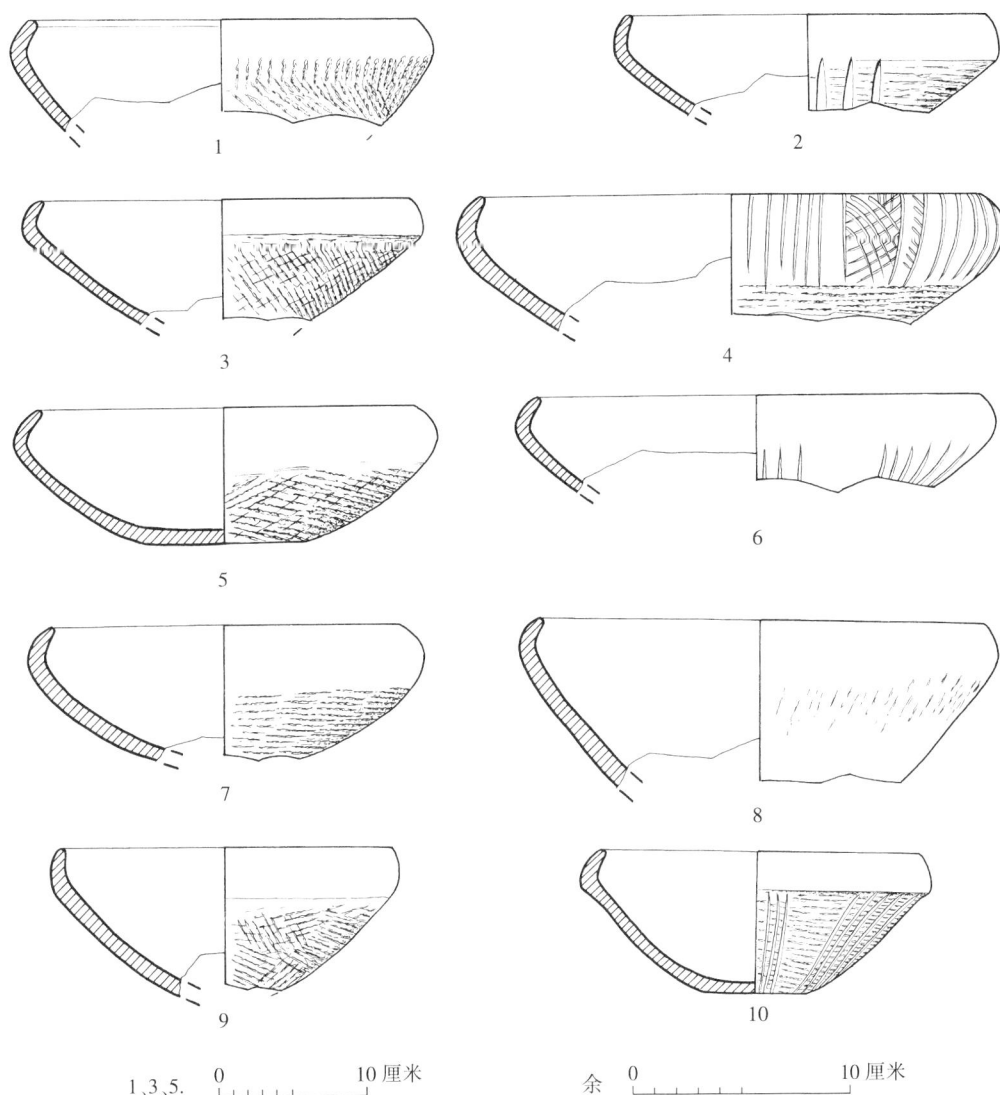

图七九 第 5 层出土陶钵

1 ~ 3. Aa 型Ⅱ式（T20⑤：95、T29⑤：88、T22⑤：108）   4 ~ 7. Ab 型Ⅱ式（T24⑤：83、
T23⑤：132、T15⑤：299、T22⑤：142）   8、9. Ac 型Ⅱ式（T7⑤：68、T21⑤：54）
10. Ba 型Ⅱ式（T9⑤：41）

Aa 型Ⅲ式   8 件。T21⑤：55，夹砂灰褐陶。尖圆唇，宽仰折沿。口径 19、残高 5.8 厘米（图
八〇，5）。T25⑤：115，夹砂褐陶。圆唇，窄折沿，弧肩，束颈。颈部经过刮磨处理，上有明显
的刮痕。口径 21.4、残高 7.2 厘米（图八〇，6；图版三三，4）。T22⑤：135，夹砂褐陶。尖圆
唇，宽仰折沿。口径 18、残高 6.6 厘米（图八〇，8）。

Ac 型Ⅰ式   4 件。T15⑤：320，夹砂褐陶。圆唇，窄沿。颈部经过刮磨处理。口径 22、残高 7
厘米（图八〇，7；图版三三，3）。

Da 型Ⅱ式   11 件。T24⑤：89，泥质磨光褐陶。口微敞，近直口，厚圆唇，矮领，肩部以下

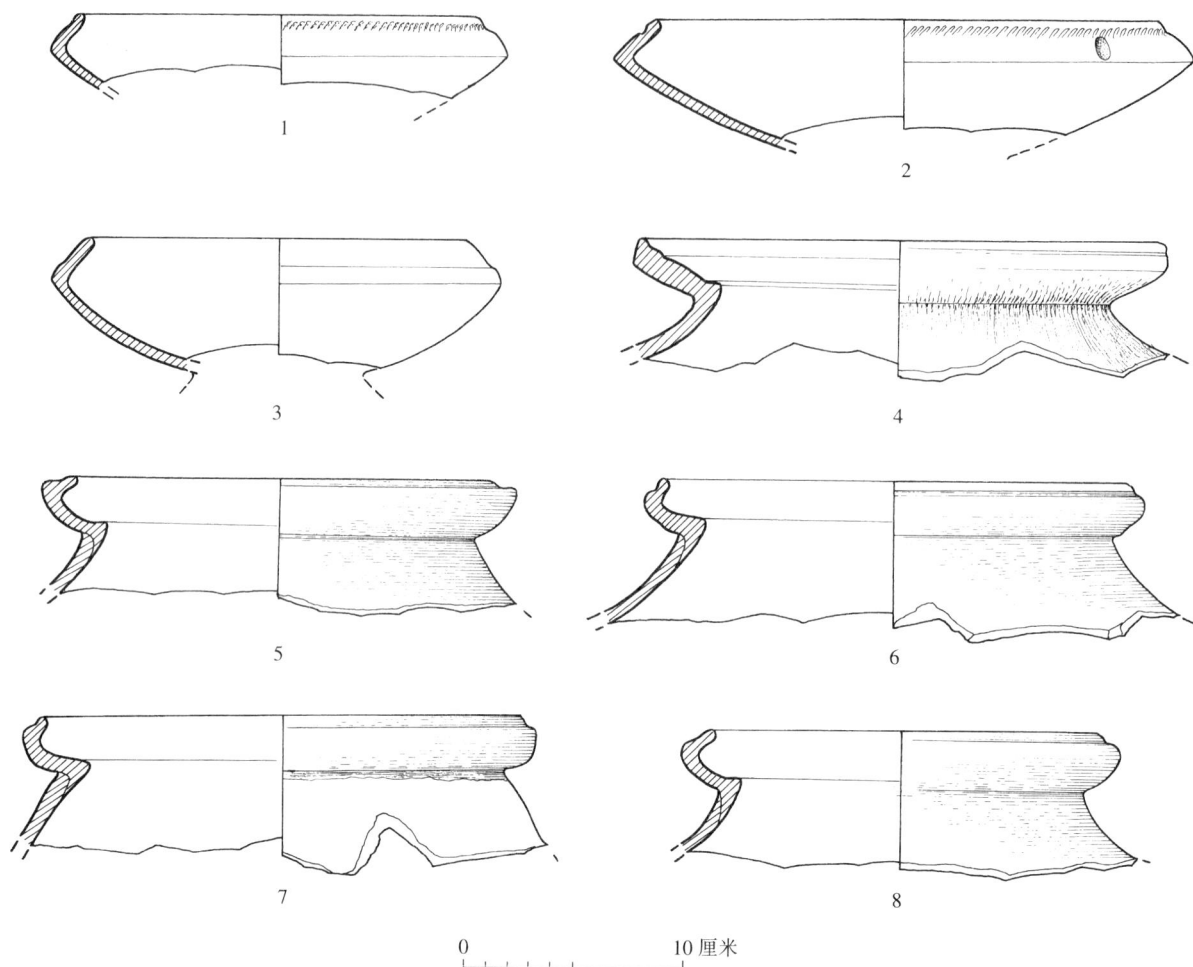

图八〇 第5层出土陶器

1. Aa 型 I 式豆（T8⑤：73） 2. Aa 型 II 式豆（T15⑤：300） 3. Ba 型 I 式豆（T15⑤：312） 4. Db 型 I 式罐（T20⑤：87） 5、6、8. Aa 型 III 式釜（T21⑤：55、T25⑤：115、T22⑤：135） 7. Ac 型 I 式釜（T15⑤：320）

残。肩部饰由两条平行凹弦纹和其间填以戳印短绳索纹组成的两组平行纹饰带。口径 23、残高 7.8 厘米（图八一，1）。T21⑤：58，夹砂磨光褐陶。圆唇外翻，卷沿，领部以下残。唇部内侧扎一圈戳印锥刺点纹。口径 25.4、残高 5 厘米（图八一，3；图版三四，3）。

Da 型 III 式 3 件。敞口。T22⑤：141，泥质磨光黑褐陶。唇部和肩部均为二次对接加工。厚圆唇外翻，卷沿，矮领，鼓肩，底部残。唇部内侧扎一圈戳印锥刺点纹；肩与领部接合处则饰由两条平行凹弦纹和其间填以戳印短绳索纹组成的纹饰带。肩部装饰一条横"S"戳印纹饰带，其上下凹处再饰两个一组的压印点纹。而肩部与腹部接合处附加泥条上则饰以戳印纹。腹部通施绳纹。口径 17.6、高 16 厘米（图八一，2）。

Ea 型 I 式 3 件。T21⑤：75，夹砂褐陶。圆唇。肩部装饰压印短线纹。口径 14.6、残高 5.2

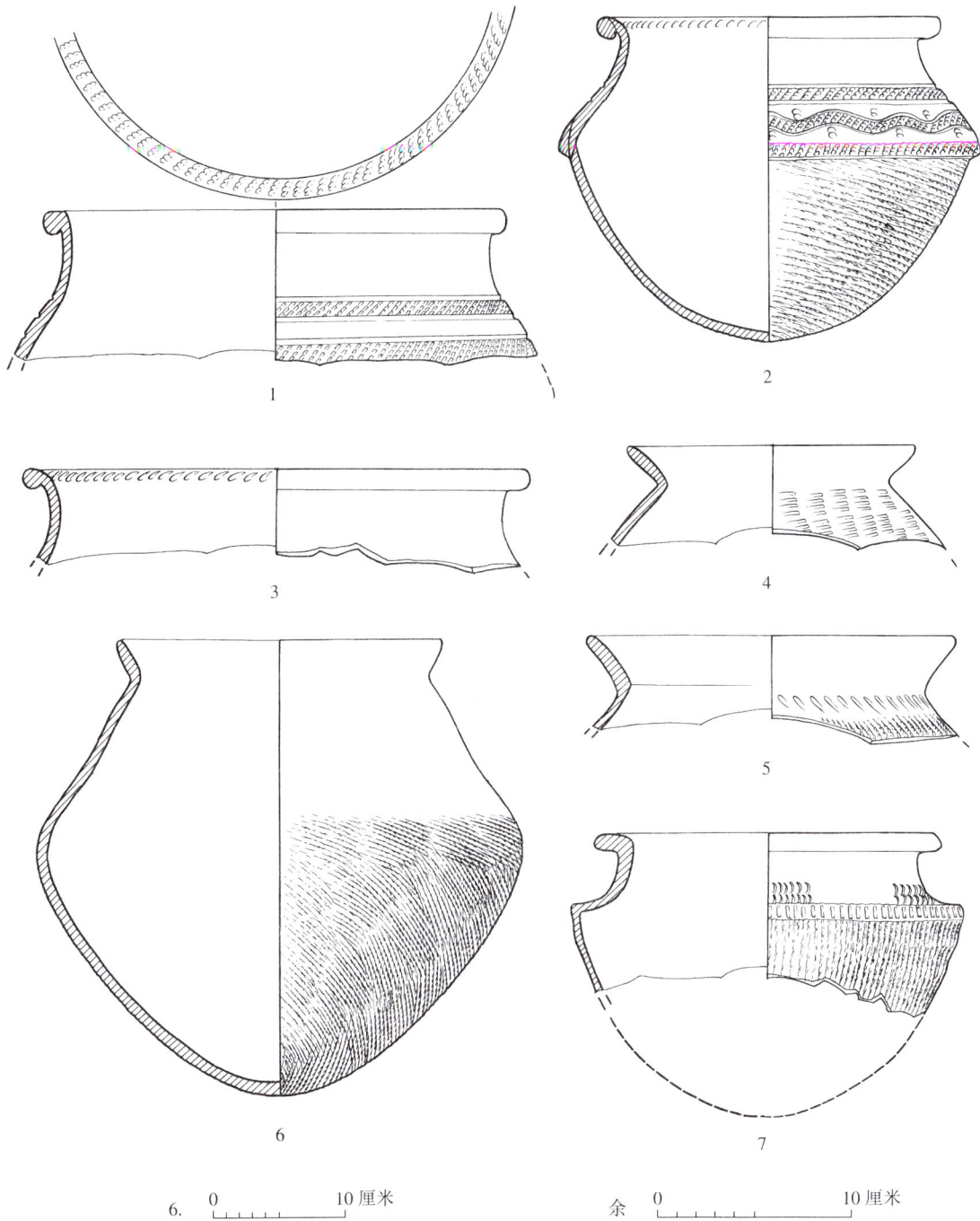

图八一　第 5 层出土陶釜、罐

1、3. Da 型 Ⅱ 式釜（T24⑤：89、T21⑤：58）　2. Da 型 Ⅲ 式釜（T22⑤：141）　4. Ea 型 Ⅰ 式釜
（T21⑤：75）　5. Ab 型 Ⅱ 式罐（T30⑤：213）　6. Eb 型 Ⅰ 式釜（T25⑤：108）　7. Ac 型 Ⅱ 式高
领罐（T15⑤：313）

厘米（图八一，4）。

Eb 型 I 式　13 件。T25⑤：108，夹砂褐陶。圆唇，长溜肩。肩部原饰有绳纹，后经过刮磨处理；腹部则通施交错绳纹。口径 24.6、高 34.2 厘米（图八一，6）。

高领罐　4 件。

Aa 型 II 式　1 件（T17⑤：107）。夹砂褐陶。圆唇，沿外翻，短颈。颈部上装饰两圈倒"V"字形划纹；肩部通饰绳纹，并在其上再饰草叶划纹。口径 17.4、残高 5.8 厘米（图八二，5；图版三四，2）。

Aa 型 III 式　1 件（T17⑤：102）。夹砂褐陶。圆唇，沿外翻。肩部上装饰一圈水波划纹。肩部通饰草叶状划纹。口径 12.4、残高 5.8 厘米（图八二，6）。

Ab 型 I 式　1 件（T20⑤：301）。夹砂黑褐陶。圆唇，敛口，折沿外翻。肩部上装饰一圈水波划纹。肩部通饰草叶状划纹。口径 22.4、残高 4 厘米（图八二，7）。

Ac 型 II 式　1 件（T15⑤：313）。夹砂褐陶。圆唇，宽平沿，折沿外翻。肩部间隔装饰月牙纹，肩部附加泥条上压印一圈小方格纹，腹部通饰粗绳纹。口径 17、残高 9.2 厘米（图八一，7）。

罐　21 件。

Ab 型 II 式　9 件。T30⑤：213，夹砂褐陶。圆唇，束颈。颈部装饰一圈戳印点纹，肩部饰绳纹。口径 18.8、残高 5.2 厘米（图八一，5）。

Ac 型 III 式　6 件。T15⑤：311，夹砂磨光黑褐陶。圆唇，束颈，弧腹。下腹部残。肩部呈凹凸状，形成假肩，腹部最大径位于下部。颈部装饰两圈水波划纹，肩部饰斜向戳印短绳索组成的纹饰带，腹部通饰绳纹。口径 17、残高 8.8 厘米（图八二，2）。

Bc 型　3 件。T9⑤：33，夹砂灰褐陶。圆唇，口微侈，卷沿，束颈，圆肩。肩部残。腹部最大径处有一道折棱。表面经过磨光处理。它与 T2④：187 属于同类器物。口径 22.2 厘米（图八二，1；图版三四，1）。

Db 型 I 式　1 件（T20⑤：87）。夹砂红褐陶。方唇，折沿，束颈。颈部经过刮磨处理后还遗留部分绳纹遗迹。口径 24、残高 6 厘米（图八〇，4；图版三三，5）。

Eb 型 I 式　2 件。葫芦口状。表面都经过磨光处理。T8⑤：65，夹砂红褐陶。圆唇，束颈。领部装饰刻划几组草叶纹，颈则饰一圈中间有横条划纹的联珠椭圆划纹组成的纹饰带，肩部横饰数圈压印麦穗纹。口径 17.4、残高 7.6 厘米（图八二，4；彩版九，3）。T21⑤：65，夹砂灰褐陶。圆唇，束颈，矮领。领部装饰刻划几组草叶纹。颈部饰一圈中间有横条划纹的联珠椭圆划纹组成的纹饰带。颈部以下残。口径 11.6、残高 5.4 厘米（图八二，3）。

瓮形器　3 件。

Ba 型 I 式　2 件。T18⑤：43，夹砂褐陶。圆唇，沿外翻。颈部经过刮磨处理，上饰刮划纹，肩部通饰绳纹，并在其上再饰刮条纹。口径 26、残高 5.6 厘米（图八二，8；图版三三，6）。T17⑤：104，夹砂褐陶。圆唇，敞口，卷沿外翻，矮领。肩部通饰绳纹，并在其上再饰草叶划纹。颈

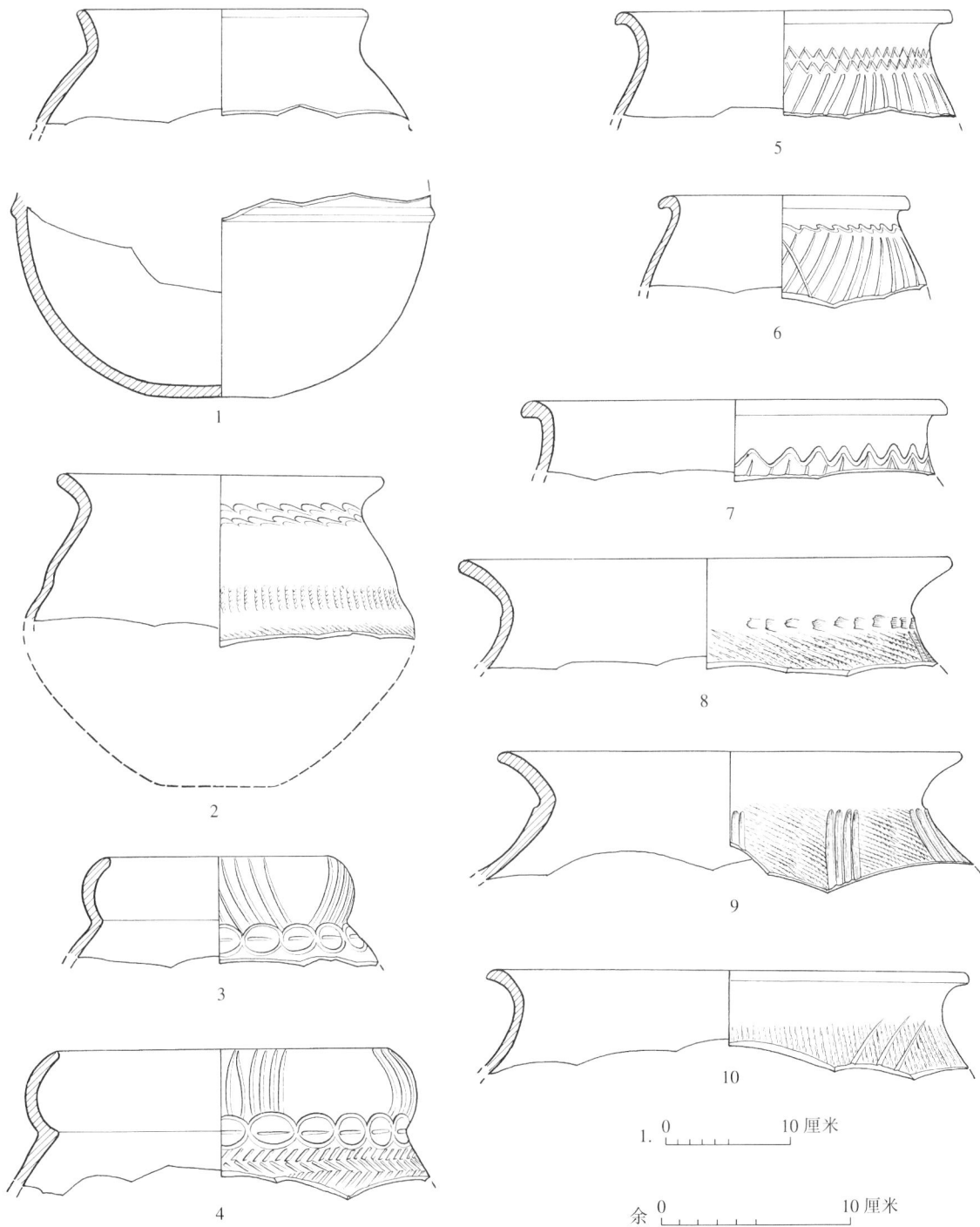

图八二　第 5 层出土陶器

1. Bc 型罐（T9⑤：33）　2. Ac 型Ⅲ式罐（T15⑤：311）　3、4. Eb 型Ⅰ式罐（T21⑤：65、T8⑤：65）

5. Aa 型Ⅱ式高领罐（T17⑤：107）　6. Aa 型Ⅲ式高领罐（T17⑤：102）　7. Ab 型Ⅰ式罐（T20 ⑤：

301）　8、10. Ba 型Ⅰ式瓮形器（T18⑤：43、T17⑤：104）　9. Bb 型Ⅰ式瓮形器（T15⑤：298）

部经过刮磨处理。口径 25.4、残高 5.2 厘米（图八二，10）。

Bb 型 I 式　1 件（T15⑤：298）。夹砂灰褐陶。圆唇，宽沿外翻，束颈。肩部通饰绳纹，并在其上间隔平行再饰由四条一组的刮划长条纹。颈部经过刮磨处理。口径 24.4、残高 7 厘米（图八二，9）。

器盖　5 件。

Aa 型 II 式　2 件。T21⑤：66，夹砂褐陶。器纽残，腹部与肩部不在同一条直线上。口部内

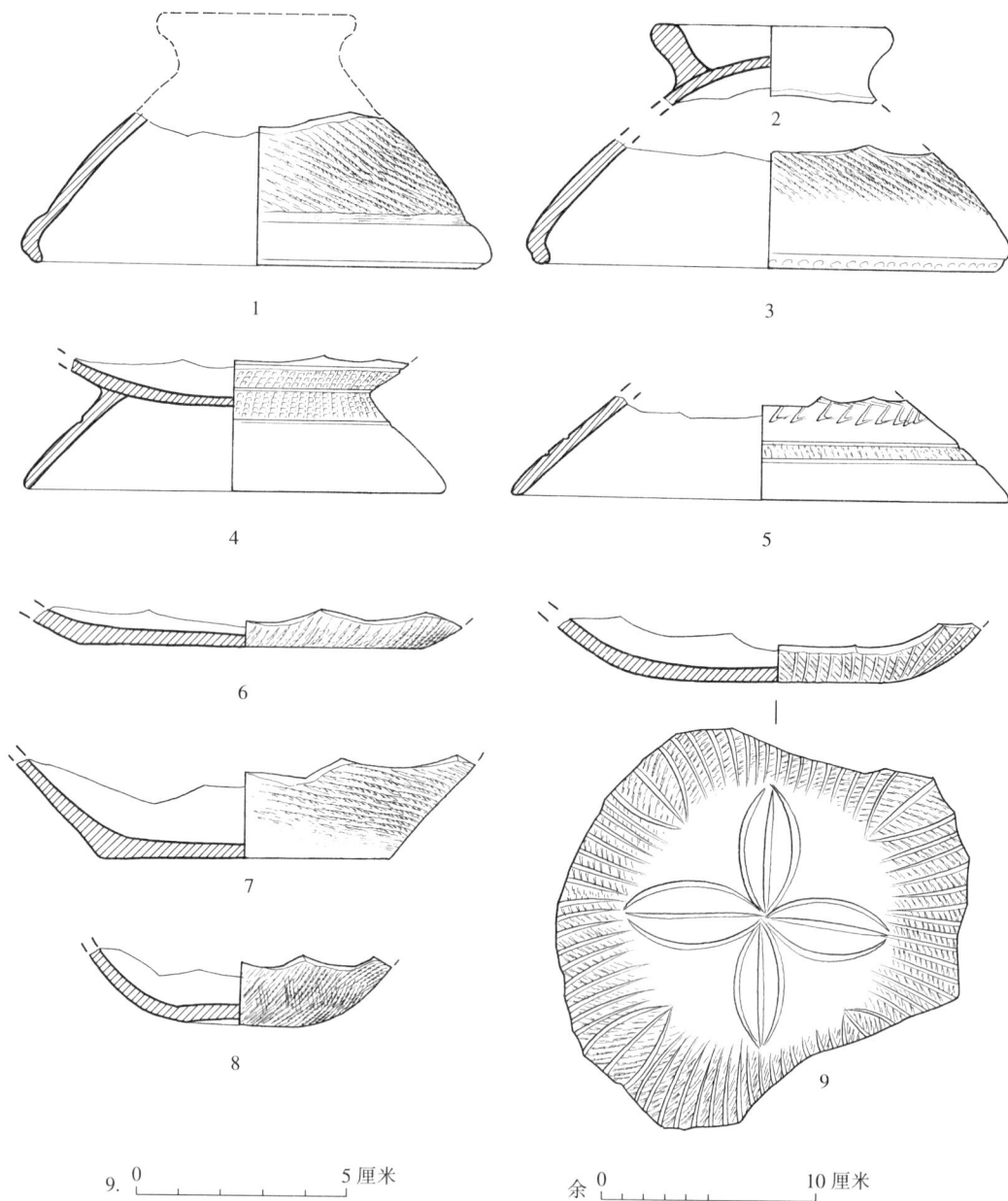

图八三　第 5 层出土陶器

1. Aa 型 II 式器盖（T21⑤：66）　2. 器纽（T25⑤：113）　3. B 型 II 式器盖（T25⑤：321）　4、5. Aa 型 I 式圈足（T29⑤：96、T21⑤：61）　6、7. Aa 型器底（T24⑤：95、T18⑤：40）　8、9. Ab 型器底（T17⑤：110、T12⑤：44）

敛，弧腹。盖身上装饰有绳纹。口径 21.4、残高 7 厘米（图八三，1）。

B 型 II 式　3 件。T25⑤：321，夹砂黑褐陶。器纽残，腹部和肩部在同一直线上。口部内敛，弧腹。口部外部扎有一圈戳印联珠纹，盖身上则饰有斜向绳纹。口径 22、残高 5.8 厘米（图八三，3）。

器纽　1 件。

T25⑤：113，夹砂灰褐陶。足部外侈，厚壁。足径 11、残高 3.2 厘米（图八三，2）。

陶拍　2 件。陶片正中未见穿孔，周缘打磨不甚规整。

T15⑤：13，夹砂褐陶。器物表面装饰横向绳纹。直径约 3.6、厚 0.6 厘米（图八四，1；图版三五，1）。T15⑤：23，夹砂褐陶。器物表面装饰横向绳纹。直径约 2、厚 0.4 厘米（图八四，2；图版三五，2）。

纺轮　4 件。

A 型　4 件。T9⑤：5，夹砂灰褐陶。器物表面装饰有斜向绳纹。直径 4.6～5.1、孔径 0.6、厚 0.5 厘米（图八四，3；图版三四，4）。T15⑤：75，夹砂红褐陶。器物内外表面都经过刮磨处理。直径 7.2、孔径 0.8、厚 0.7 厘米（图八四，4；图版三四，5）。

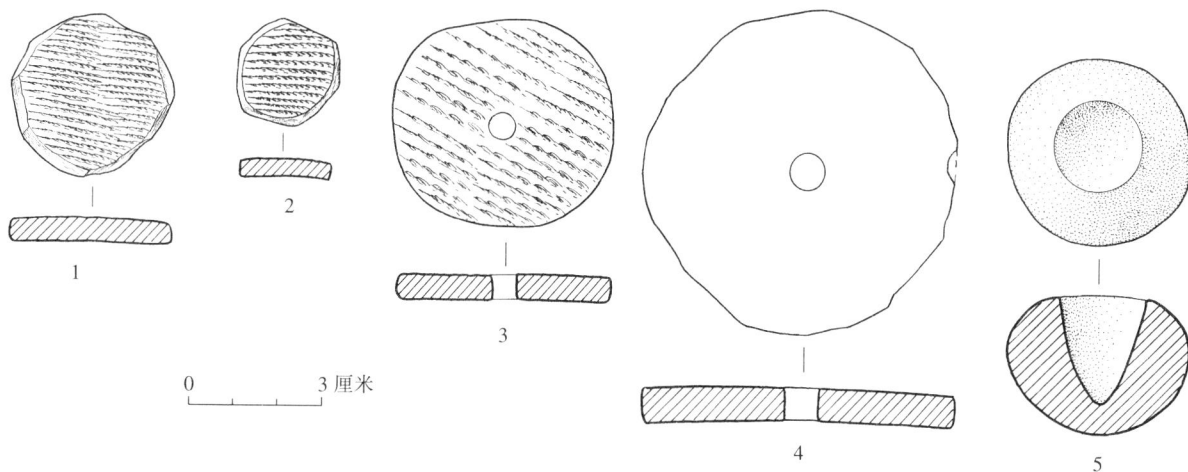

图八四　第 5 层出土陶器

1、2. 陶拍（T15⑤：13、T15⑤：23）　3、4. A 型纺轮（T9⑤：5、T15⑤：75）　5. 陶臼（T8⑤：23）

陶臼　1 件。

T8⑤：23，夹砂褐陶。厚胎，平面形状呈圆形，中间有圆形臼窝。器形较小。可能是玩具。外径 4.3、内径 2.1、高 3.1 厘米（图八四，5；图版三五，3、4）。

圈足　13 件。

Aa 型 I 式　13 件。T29⑤：96，夹砂灰褐陶。存器物底部和圈足接合部。足部微内敛。足和底接合部装饰由三条平行凹弦纹和中间填以压印网格纹组成的纹饰带。足径 20、足高 4.6 厘米，器残高 6.2 厘米（图八三，4）。T21⑤：61，夹砂褐陶。仅存圈足一部，足部略外侈。足装饰有斜"Z"字形划纹，下部则饰两道平行弦纹。足径 23.6、残高 4.6 厘米（图八三，5）。

器底　11 件。

Aa 型　5 件。T24⑤：95，夹砂褐陶。近底腹部装饰有绳纹。底径 16.2、残高 1.8 厘米（图八三，6）。T18⑤：40，夹砂灰陶。近底部经过刮磨处理，其上装饰有绳纹。底径 13.8、残高 4.6 厘米（图八三，7）。

Ab 型　6 件。T17⑤：110，夹砂灰陶。平底内凹。腹部则在通饰绳纹的基础上再间隔装饰草叶划纹。底径 6、残高 3.1 厘米（图八三，8）。T12⑤：44，夹砂灰褐陶。底部正中装饰一四叶花瓣划纹，腹部则在通饰绳纹的基础上再间隔装饰草叶和花瓣划纹。底径 6、残高 1.4 厘米（图八三，9；图版三五，5）。

支座　2 件。质地疏松，火候较低。

T22⑤：72，泥质褐陶。该支座仅存底部一段。底部平面呈圆形。底部直径约 8 厘米，残高约 5.9 厘米（图八五，1）。T8⑤：36，泥质红褐陶。保存相对完整，仅中部略残一段。顶部侧面呈马鞍形，中间有一圆形穿孔，两端突出。底部平面呈圆形，支座整体侧面呈椭圆形。顶部残长 19、宽约 17.2 厘米，底部直径约 17 厘米，高约 34 厘米（图八五，2；图版三五，6）。

2. 石器

该层出土的石器数量较多，种类丰富，以磨制石器为主，打制石器较少见（多为坯料或半成品）。石器岩性中玄武岩最多，其次为砾岩、砂岩、闪长岩、硅质岩、板岩、千枚岩、泥岩等。磨制石器形制规整，表面精细。常见的器形为斧、锛、凿、网坠、镞，另有环、球、纺轮、星形器、犁形器等。大型石器数量较少，小型石器数量和种类均较为丰富。

斧　40 件。

Ba 型　8 件。体形宽大，顶和刃部宽窄差异较小。弧顶，多见凹刃。T13⑤：12，灰黑色玄武岩。顶部和刃部略残，一侧边缺失。残长 9.5、宽 5～5.8、厚 1.8 厘米（图八六，1）。T18⑤：35，灰黑色玄武岩。表面有多处崩疤。顶部和刃部略残。长 11.8、宽 5.3～6.2、厚 2.8 厘米（图八六，2；图版三六，1）。T21⑤：24，灰黑色玄武岩。顶部和表面有砸击痕迹，刃部略残。长 9.4、宽 4.4～5.2、厚 1.8 厘米（图八六，3）。T30⑤：65，深灰色玄武岩。弧顶，凹刃。刃部略有残缺。通体磨光。体细长，磨制精致。长约 9.7、宽 3.8～4.3、厚 2.3 厘米（图八六，4）。T23⑤：12，灰色玄武岩。顶残断，凹刃，刃部残缺。残长 4.7、宽 4～4.4、厚 1.2 厘米（图八六，6）。

Bb 型　5 件。T18⑤：10，灰绿色玄武岩。顶部和刃部均残缺，弧顶，体宽，扁平。磨制光滑。残长 14.7、宽约 7.2、厚 2.7 厘米（图八七，1；图版三六，2）。T15⑤：22，灰绿色玄武岩。近平顶，刃部残缺。磨制光滑。残长 8.3、宽 4.3～6.7、厚 2.4 厘米（图八七，2；图版三六，3）。T20⑤：49，灰绿色玄武岩。弧顶略平，其上有明显的磨痕，刃部略缺。长 7.3、宽 4～5.4、

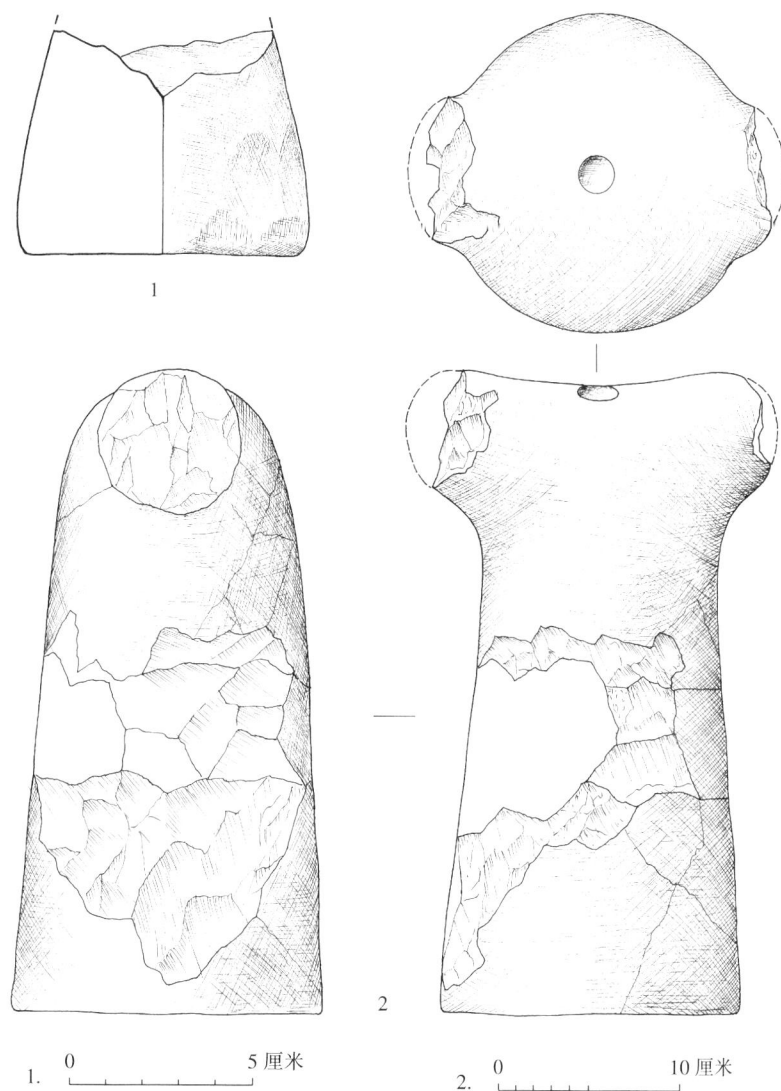

图八五　第 5 层出土陶支座
1. T22⑤：72　　2. T8⑤：36

厚 2 厘米（图八八，4）。

　　Bc 型　2 件。T30⑤：71，灰色闪长岩。平顶，弧刃。刃部略有残缺。通体磨光。长 8.4、宽 2.6～3.6、厚 1.5 厘米（图八六，5）。

　　Bd 型　3 件。三角形。T5⑤：77，深灰色玄武岩。弧顶，扇形刃，刃部锋利，略有残缺。表面有多处崩疤。长 6.8、宽 2.2～5、厚 1.7 厘米（图八九，2）。T24⑤：34，深灰色玄武岩。平面形状近圭状。近尖顶，弧刃略残，刃部锋利，身中部打制内凹形成柄部。表面有多处崩疤。长 9.1、宽 3～3.7、厚 1.6 厘米（图八九，3；图版三七，1）。

　　Be 型　4 件。T29⑤：49，灰色玄武岩。弧顶，凹刃，刃部残缺。磨制光滑。残长 8.5、宽 4～5.7、厚 2.1 厘米（图八七，3；图版三六，4）。T15⑤：70，深灰色玄武岩。弧顶，近顶处有少量

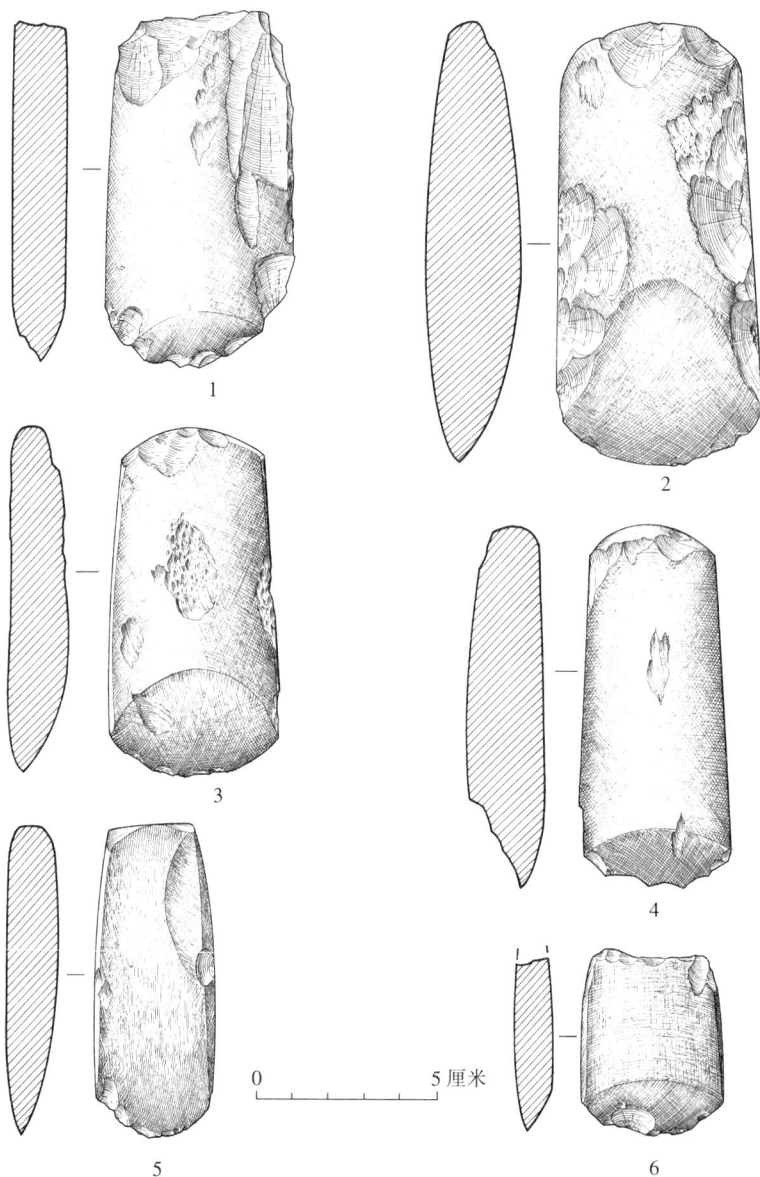

图八六　第5层出土石斧
1~4、6. Ba 型（T13⑤：12、T18⑤：35、T21⑤：24、T30⑤：65、
T23⑤：12）　5. Bc 型（T30⑤：71）

崩疤。偏凹刃略残。磨制光滑。长8、宽3.8~5.3、厚2厘米（图八七，4；图版三六，5）。T15
⑤：35，灰色玄武岩。弧顶，扇形刃，刃部锋利。顶部有明显的使用痕迹。长6.6、宽3.2~5.1、
厚2.4厘米（图八七，5；图版三六，6）。

　　Ca 型　13件。T15⑤：71，灰绿色闪长岩。刃部略残。平面形状近圆方形。弧顶，弧刃。表
面有砸击痕迹和崩裂面。残长7.6、宽3.8~4.3、厚1.8厘米（图八八，1）。T18⑤：9，灰色玄武
岩。弧顶，凹刃，刃部略残。顶上有使用痕迹。长6.2、宽3.9~4.3、厚1.5厘米（图八八，3）。

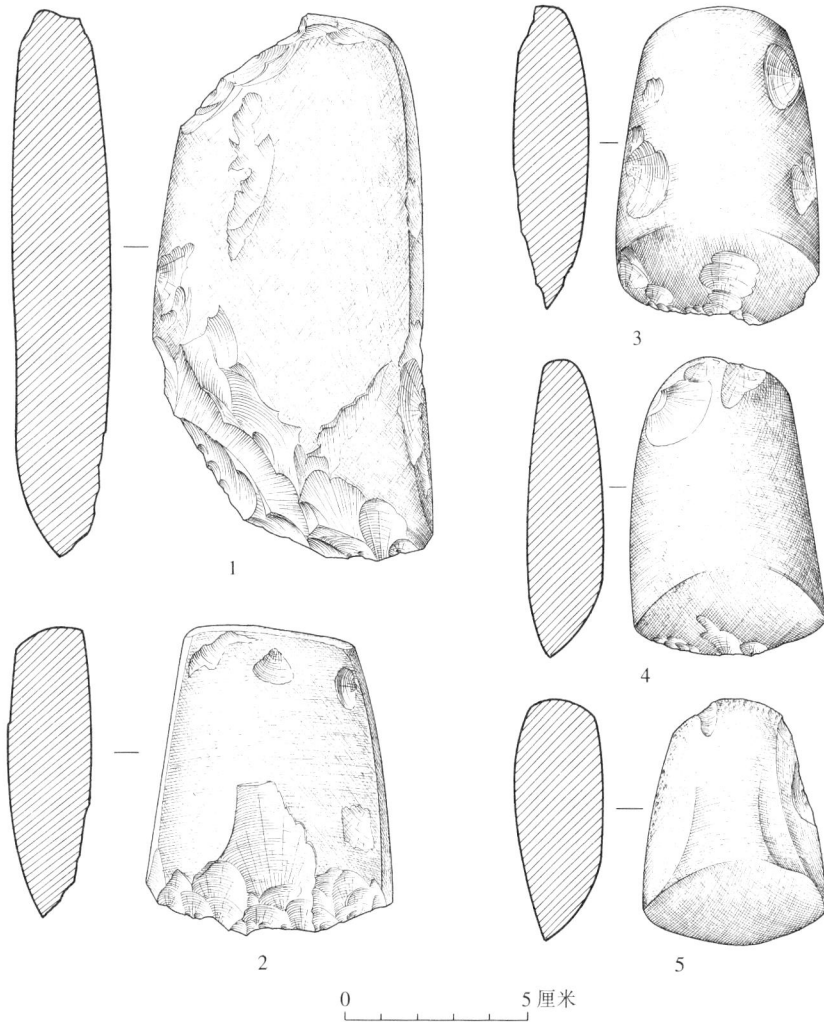

图八七　第 5 层出土石斧
1、2. Bb 型（T18⑤：10、T15⑤：22）　　3～5. Be 型（T29⑤：49、T15⑤：
70、T15⑤：35）

T18⑤：32，灰色玄武岩。刃部残缺，弧顶。表面遗留部分自然面，两侧边遗留明显的打制痕迹。残长 7.3、宽 3～4.1、厚 1.4 厘米（图八八，5）。T24⑤：32，灰绿色玄武岩。断面呈椭圆形。弧顶，凹刃。近顶处表面有崩裂面。长 6.2、宽 3.3～3.7、厚 1.5 厘米（图八八，6）。T18⑤：77，灰绿色玄武岩。弧顶，凹刃。近顶处有多处崩疤。长 5.3、宽 2.8～3.4、厚 1.2 厘米（图八八，7）。T15⑤：34，灰绿色玄武岩。斜顶，扇形刃。近顶处有两处崩疤。长 5.2、宽 3.4～4.2、厚 1.4 厘米（图八八，8）。

　　Cb 型　5 件。T15⑤：76，灰色闪长岩。顶残，弧刃，刃部残缺一部。刃部磨制锋利。残长 6.6、宽 3.2～4.4、厚 1.7 厘米（图八八，2）。T30⑤：75，灰色玄武岩。平顶，扇形刃，刃部锋利。表面有多处崩疤。长 5.8、宽 2.7～4.3、厚 1 厘米（图八九，1）。T15⑤：72，灰色玄武岩。

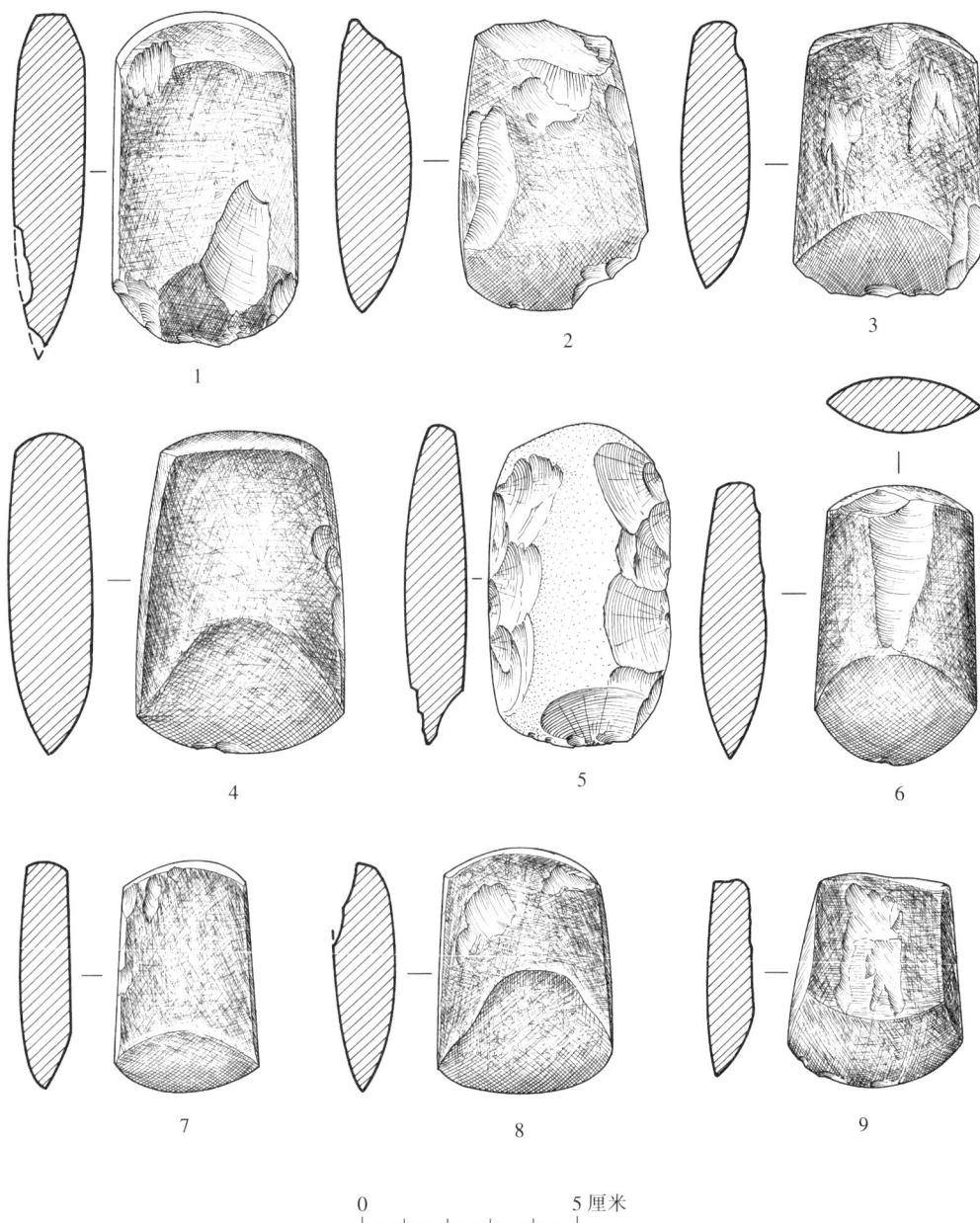

图八八　第5层出土石斧、锛

1、3、5~8. Ca 型斧（T15⑤：71、T18⑤：9、T18⑤：32、T24⑤：32、T18⑤：77、T15

⑤：34）　2. Cb 型斧（T15⑤：76）　4. Bb 型斧（T20⑤：49）　9. Aa 型锛（T23⑤：13）

残顶。弧刃。长6.7、宽3.8、厚1.2厘米（图九〇，8）。

　　石斧半成品　5件。均为玄武岩，其基本形状已具雏形。周身打制痕迹明显。

　　T15⑤：40，由石核打制，部分表面保留其自然面。长10.5、宽4.8~7.2、厚约2厘米（图八

九，4；图版三七，2）。T32⑤：38，由石片打制而成。表面有显著的放射线痕迹。长12.9、宽4.4~

7、厚1.5厘米（图八九，5；图版三七，3）。

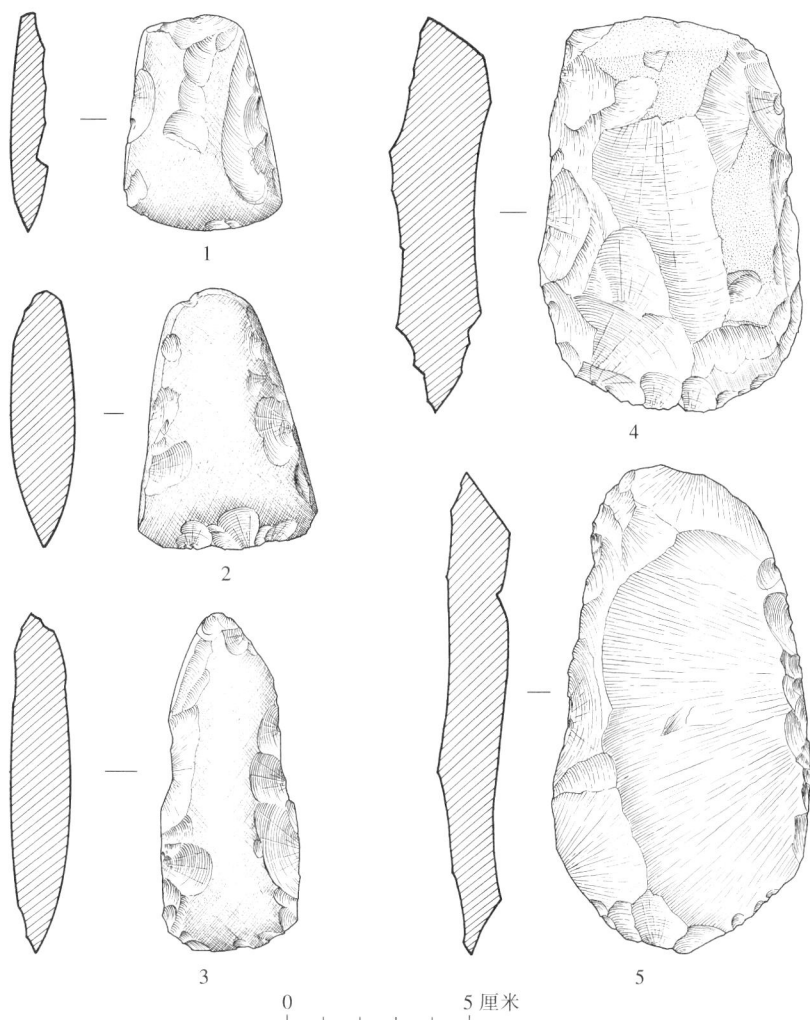

图八九　第 5 层出土石器

1. Cb 型石斧（T30⑤：75 ）　2、3. Bd 型石斧（T5⑤：77、T24⑤：34）　4、5. 石斧半成品（T15⑤：40、T32⑤：38）

锛　27 件。均为玄武岩制成。磨制精细。

Aa 型　9 件。T23⑤：13，灰绿色玄武岩。近平顶，弧刃。表面有崩裂面。磨制锋利。长 4.5、宽 2.9～4、厚 1 厘米（图八八，9）。T30⑤：54，刃部略残。平顶，偏刃。长 5.7、宽 2.9～4.4、厚 1.5 厘米（图九〇，1；图版三八，2）。T30⑤：67，长 6、宽 4～4.8、厚 1.4 厘米（图九〇，2；图版三八，3）。T24⑤：45，弧顶。长 4.4、宽 2.4～3.5、厚 1.2 厘米（图九〇，3）。T14⑤：30，平面形状近钺。近平顶，扇形刃。长 5、宽 1.5～3.9、厚 1.1 厘米（图九〇，9）。

Ab 型　7 件。长方形。平顶，弧刃。顶和刃部宽窄差异不大。磨制普遍精制。T12⑤：9，刃部残缺一部。长 5.7、宽 2.1～3、厚 1.4 厘米（图九一，1；图版三七，4）。T22⑤：65，长 4.5、宽 2.1～2.6、厚 0.6 厘米（图九一，2）。T29⑤：52，偏刃。长 5.9、宽 2.4～3.1、厚 1.2 厘米

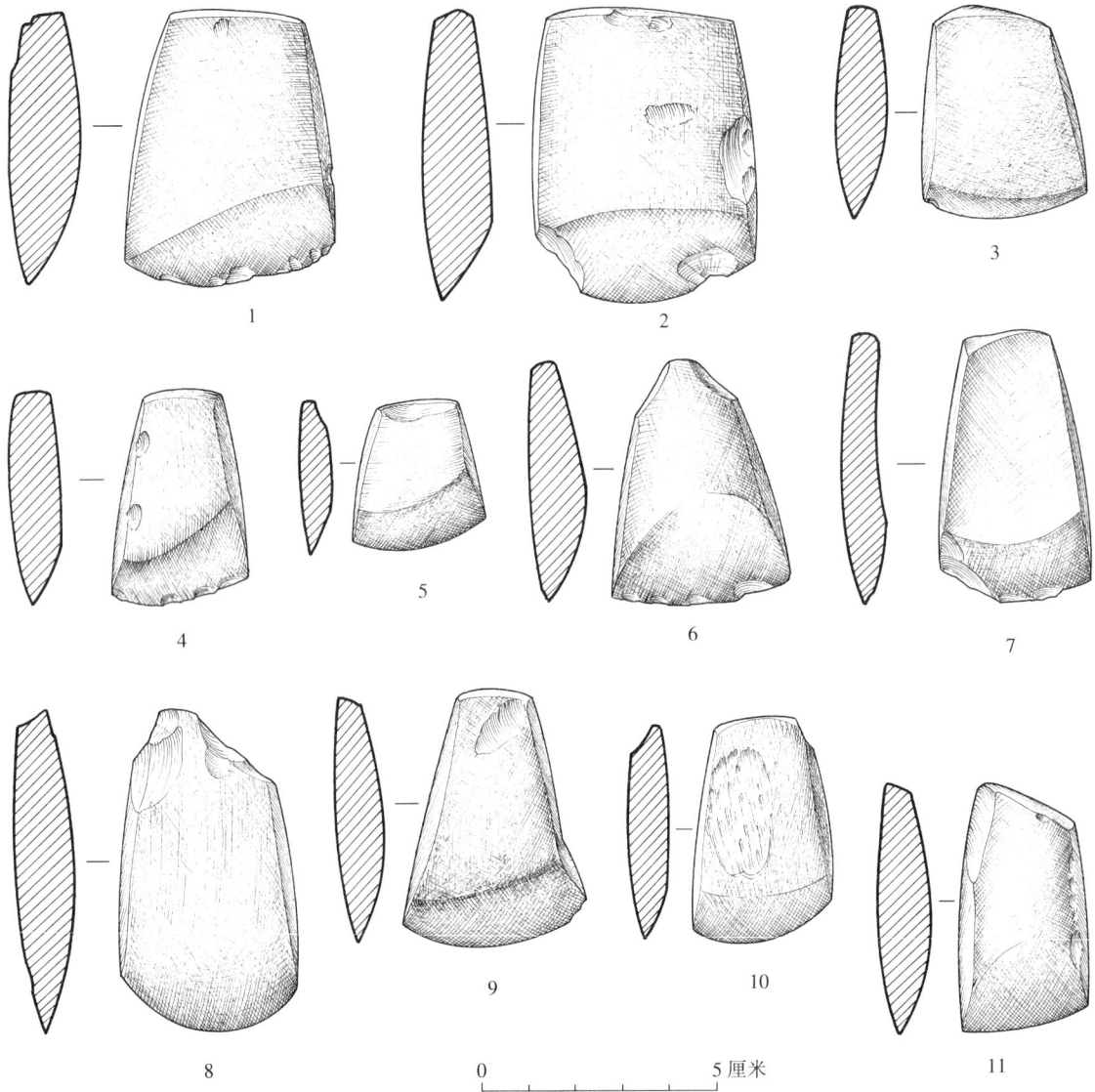

图九〇　第5层出土石器

1～3、9. Aa 型锛（T30⑤：54、T30⑤：67、T24⑤：45、T14⑤：30）　4、5、10. Ba 型锛（T15⑤：38、T22⑤：46、T30⑤：96）　6. Ac 型锛（T21⑤：27）　7、11. Ab 型锛（T25⑤：34、T22⑤：61）　8. Cb 型斧（T15⑤：72）

（图九一，3）。T29⑤：51，刃部和一侧边略残。长4.7、宽2.1～3、厚1厘米（图九一，4）。T25⑤：34，刃部残缺。近平顶，偏刃，背部内凹。长5.6、宽1.8～3.2、厚0.8厘米（图九〇，7）。T22⑤：61，斜顶，偏刃。长5.3、宽2.7、厚1.1厘米（图九〇，11；图版三七，6）。

　　Ac 型　2件。T21⑤：27，平面形状呈圭形。乳头状顶，凹刃。刃部残缺。长5、宽0.6～3.7、厚1.1厘米（图九〇，6；图版三七，5）。

　　Ba 型　5件。T15⑤：38，近平顶，偏刃。长4.4、宽1.4～3、厚1厘米（图九〇，4；图版

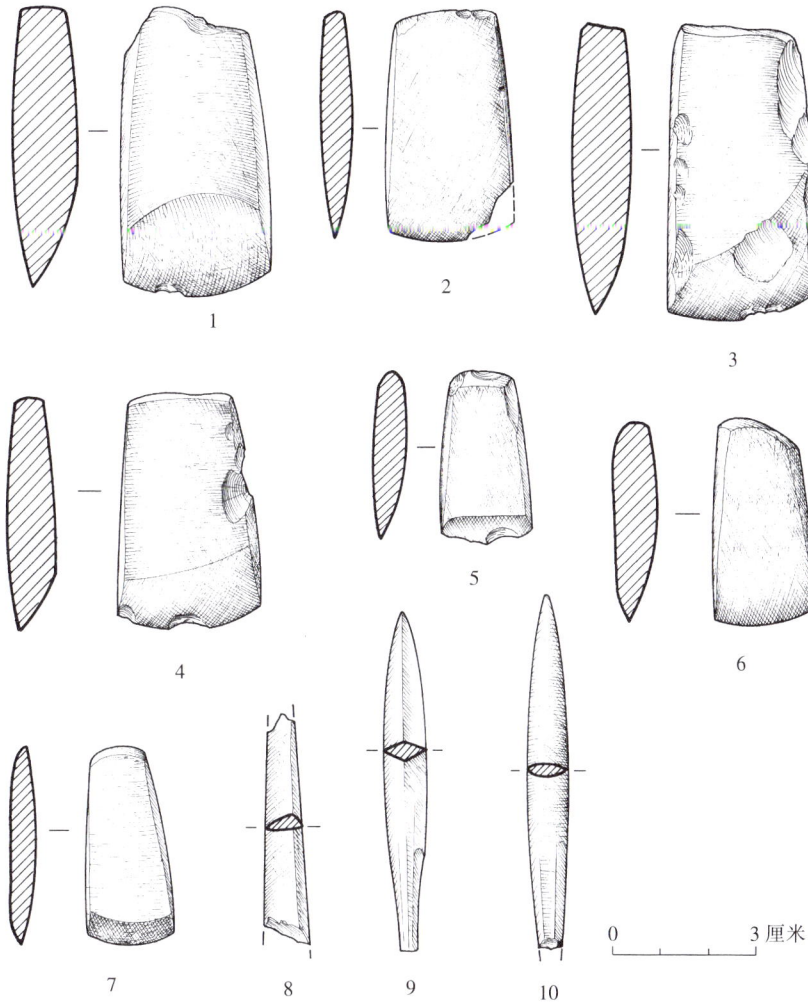

图九一　第 5 层出土石器

1～4. Ab 型锛（T12⑤：9、T22⑤：65、T29⑤：52、T29⑤：51）　5、

7. Bb 型锛（T24⑤：41、T20⑤：22）　6. Bc 型锛（T24⑤：40）　8. C 型

镞（T18⑤：22）　9. B 型镞（T5⑤：31）　10. A 型镞（T11⑤：31）

三八，1）。T22⑤：46，平顶，弧刃。长 3.1、宽 1.7～2.8、厚 0.7 厘米（图九〇，5）。T30⑤：96，平顶，偏刃。长 4.4、宽 1.7～3、厚 0.9 厘米（图九〇，10）。

　　Bb 型　3 件。均为玄武岩制成。体形较小。弧顶，顶和刃部宽窄差异相对较大。磨制普遍精制。T24⑤：41，刃部残缺。长 3.4、宽 1～1.9、厚 0.7 厘米（图九一，5）。T20⑤：22，长 4.1、宽 1.1～1.8、厚 0.5 厘米（图九一，7）。

　　Bc 型　1 件（T24⑤：40）。长 3.9、宽 1.2～2.2、厚 0.9 厘米（图九一，6）。

　　镞　5 件。

　　A 型　1 件（T11⑤：31）。灰褐砂岩。尖锋，长铤略残，中间无脊。断面呈椭圆形。磨制较精。残长7、宽0.8、厚0.25厘米（图九一，10；图版三八，4）。

B 型　1件（T5⑤：31）。针叶形。灰绿岩。尖锋，长铤，三棱形脊。断面呈菱形。磨制精致。长6.8、宽0.9、厚0.4厘米（图九一，9；图版三八，5）。

C 型　3件。柳叶形。T18⑤：22，灰褐页岩。锋和铤部均残。残长4.6、宽0.6～1、厚0.3厘米（图九一，8）。

凿　12件。

A 型　5件。T5⑤：29，灰色硅质岩。弧顶，双弧刃。顶部和刃部均有残缺。长约9.1、宽2.1～2.8、厚1.5厘米（图九二，3）。T21⑤：25，灰褐色硅质岩。柄部略残。刃部呈凹刃。长5.1、宽0.9、厚0.9厘米（图九二，5）。

B 型　2件。T12⑤：8，灰色硅质岩。弧顶，单弧刃。长5.8、宽1～1.5、厚1厘米（图九二，4；图版三九，1、2）。T24⑤：39，灰绿色玄武岩。凹顶，单弧刃略偏。表面有多处崩疤。长6.2、宽1.3～2.6、厚1.2厘米（图九二，6）。

C 型　2件。体长且宽。T24⑤：38，灰色玄武岩。弧顶，弧刃。表面有砸击痕迹，刃部略有残缺。长约10、宽3～4、厚3.3厘米（图九二，1；图版三九，3）。T20⑤：11，深灰色玄武岩。顶部和刃部均残，弧刃。磨制精细。残长15.7、宽4.4～5.1、厚2.6厘米（图九二，8）。

D 型　3件。T20⑤：22，灰绿色玄武岩。平面呈长方形。近平顶，单弧刃。顶部略残。长约5.2、宽1.9～2.1、厚1.1厘米（图九二，2）。

矛　1件。

T23⑤：45，绿色千枚岩。锋部残断，中间有脊，骹部残，呈波浪状收缩。平面形状近柳叶形，断面呈菱形。磨制精致。残长8.3、宽3.1、厚0.8厘米（图九二，7；图版三八，6）。

璧　1件。

T21⑤：46，由浅灰色板岩制成，大部残缺。残长3.3、宽2.5、厚0.6厘米（图九三，1）。

石环　2件。由灰色板岩制成，质地细腻。均残。磨制精细。

T15⑤：81，残长4、宽0.5、厚0.6厘米（图九三，2）。T21⑤：32，残长4.1、宽0.7、厚1.1厘米（图九三，3）。

穿孔器　1件。

T22⑤：54，灰绿色玄武岩。一端残断，平面形状呈长方形，中有一圆形穿孔。表面有大量崩疤痕迹。残长4.8、宽3.2、厚1.2厘米（图九三，4）。

网坠　18件。多由砂岩制成，少量的由泥岩制成。一般在天然砂岩两端或两侧直接打制成腰部。

A 型　3件。T22⑤：56，长4.7、宽3.5、厚0.8厘米（图九三，5）。

B 型　15件。T22⑤：51，长3.3、宽3.7、厚0.9厘米（图九三，6）。T14⑤：41，长3.1、宽3.3、厚1.1厘米（图九三，7）。T22⑤：40，长2.3、宽2.4、厚0.7厘米（图九三，8）。T22⑤：

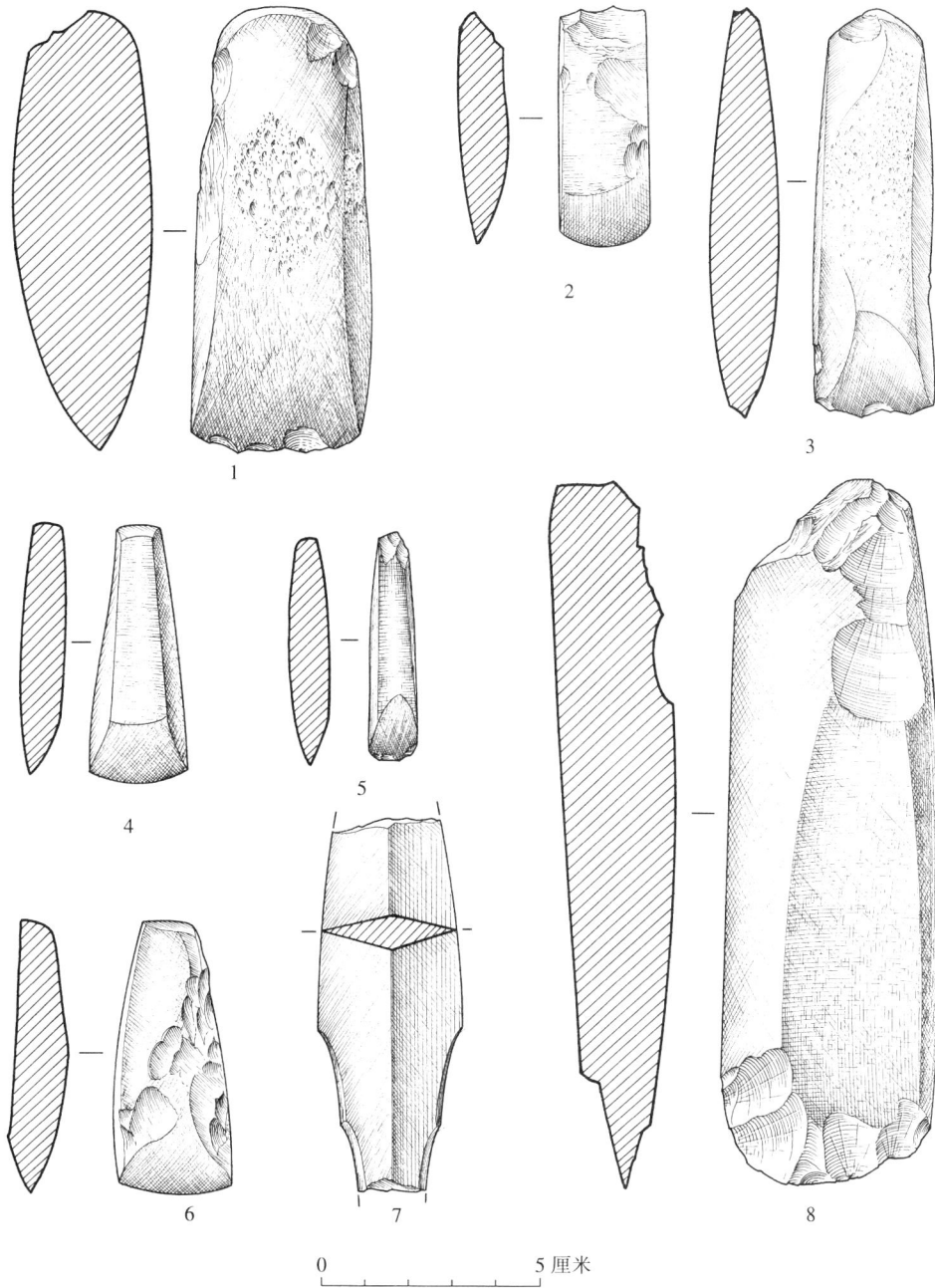

图九二　第 5 层出土石器

1、8. C 型凿（T24⑤：38、T20⑤：11）　2. D 型凿（T20⑤：22）　3、5. A 型凿
（T5⑤：29、T21⑤：25）　4、6. B 型凿（T12⑤：8、T24⑤：39）　7. 矛（T23⑤：45）

49，长 3.5、宽 3.3、厚 0.8 厘米（图九三，9）。T21⑤：49，长 2.4、宽 3.2、厚 1 厘米（图九三，10）。

星形器残件　1 件。

T22⑤：57，灰绿色硅质岩。两端残断，平面形状呈锥状。磨制较精。残长 3.2、宽 0.6~1.7、

ᵉ

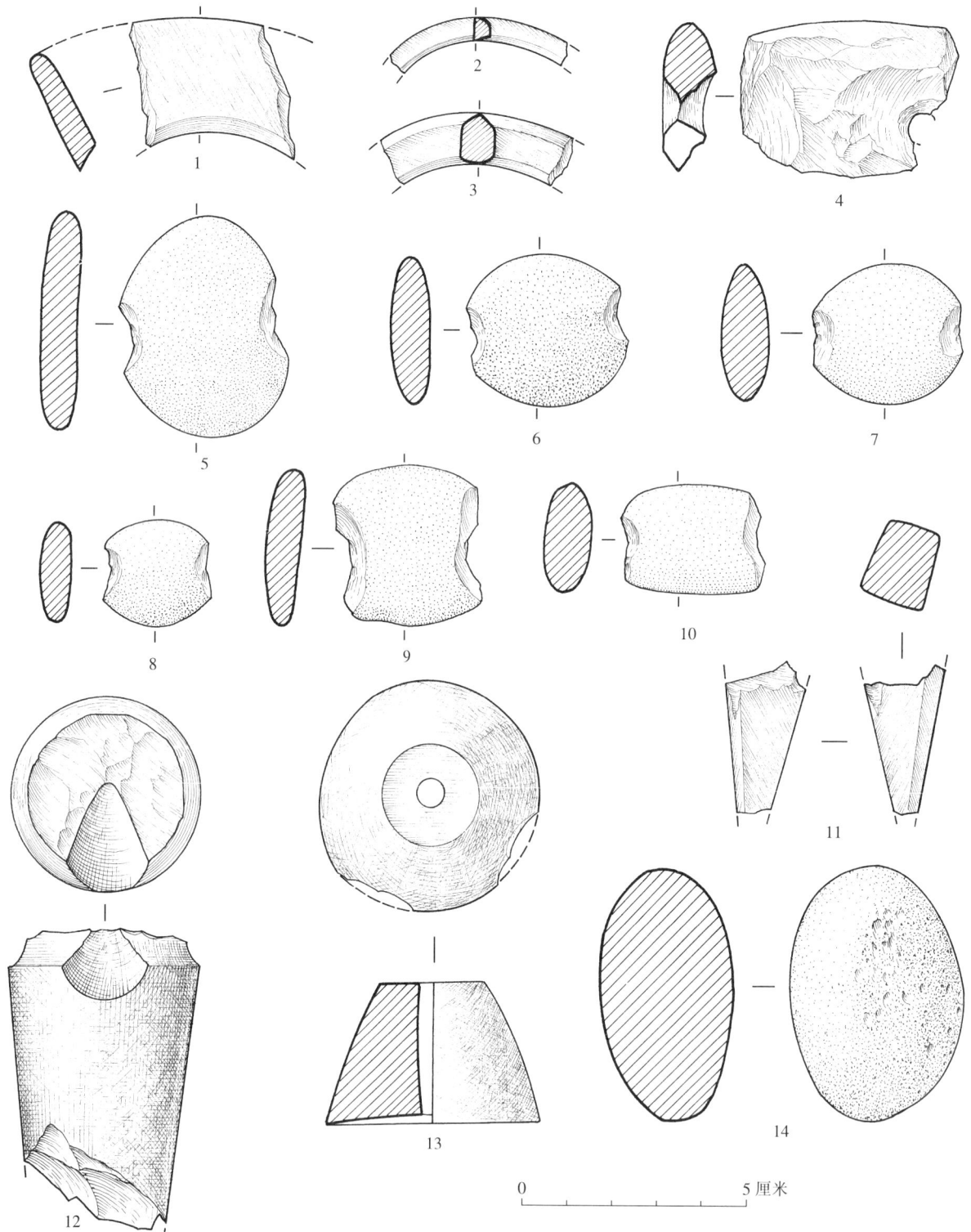

图九三　第5层出土石器

1. 石璧（T21⑤：46）　2、3. 石环（T15⑤：81、T21⑤：32）　4. 穿孔器（T22⑤：54）　5. A 型网坠
（T22⑤：56）　6~10. B 型网坠（T22⑤：51、T14⑤：41、T22⑤：40、T22⑤：49、T21⑤：49）　11. 星
形器残件（T22⑤：57）　12. 锥形器（T25⑤：30）　13. 纺轮（T21⑤：29）　14. 石球（T30⑤：66）

厚 1.3 厘米（图九三，11）。

锥形器　1 件。该器物可能为某类器物上的附属构件。

T25⑤：30，灰绿色硅质岩。因两端残断，其平面形状不明。上端面上有残缺单面钻半圆孔，器下端收缩呈锥状。上端平面呈圆形。磨制较精。直径 4.3、残高 6.6 厘米（图九三，12；图版三九，4）。

纺轮　1 件。

T21⑤：29，灰绿色板岩。边缘略有残缺。剖面形状呈截尖锥形，中有一小圆孔，底部内凹。上径 2.4、宽 4.9、孔径 0.3、高 3.1 厘米（图九三，13；图版三九，5）。

石球　1 件。

T30⑤：66，黄色天然砾岩制成，因石英脱落，表面遗留有小坑凹。平面形状呈椭圆形。长 5.6、宽 3.4、厚 3 厘米（图九三，14；图版三九，6）。

犁（或镐）形器　1 件。

T5⑤：24，由天然黄色砾岩制成。平面形状近圭状，柄部近顶处两侧突起，便于手握。弧刃略残。刃部有使用痕迹。长 19、宽 5.1~6.2、厚 5.7 厘米（图九四）。

3. 骨、角器

骨器数量较多，多系用动物肢骨和骨片磨制而成。常见的器形有骨锥、耳块、环、戒指、骨匕、圆形骨片、马鞍形骨饰等。

骨锥　3 件。

T15⑤：27，系用骨管制成。锋部略残。残长 8.9、直径 1.2~1.4、厚 0.6 厘米（图九五，1）。T20⑤：22，系用半剖骨管制成，有明显的骨槽。尖锋锐利。残长 7.1、直径 1.7、厚 0.5 厘米（图九五，2）。T21⑤：30，系用半剖骨管制成，有明显的骨槽和破裂面。尖锋偏斜，细长锐利。残长 6.5、直径 1.1、厚 0.4 厘米（图九五，3）。

骨匕　1 件。

T22⑤：59，系用骨片制成，无骨槽和破裂面。仅存柄部。平面形状呈长方形，近柄端部有对穿圆孔。残长 5、宽 2.9、厚 0.8 厘米（图九五，4；图版四〇，3）。

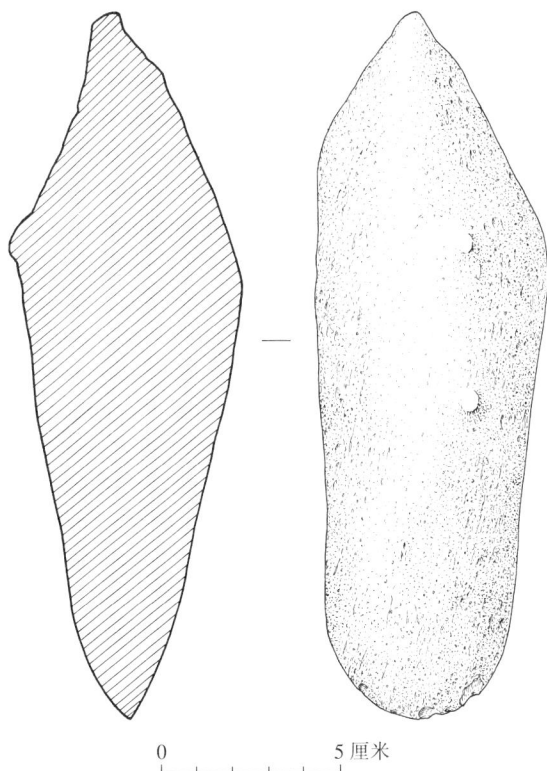

图九四　第 5 层出土石犁（或镐）形器
（T5⑤：24）

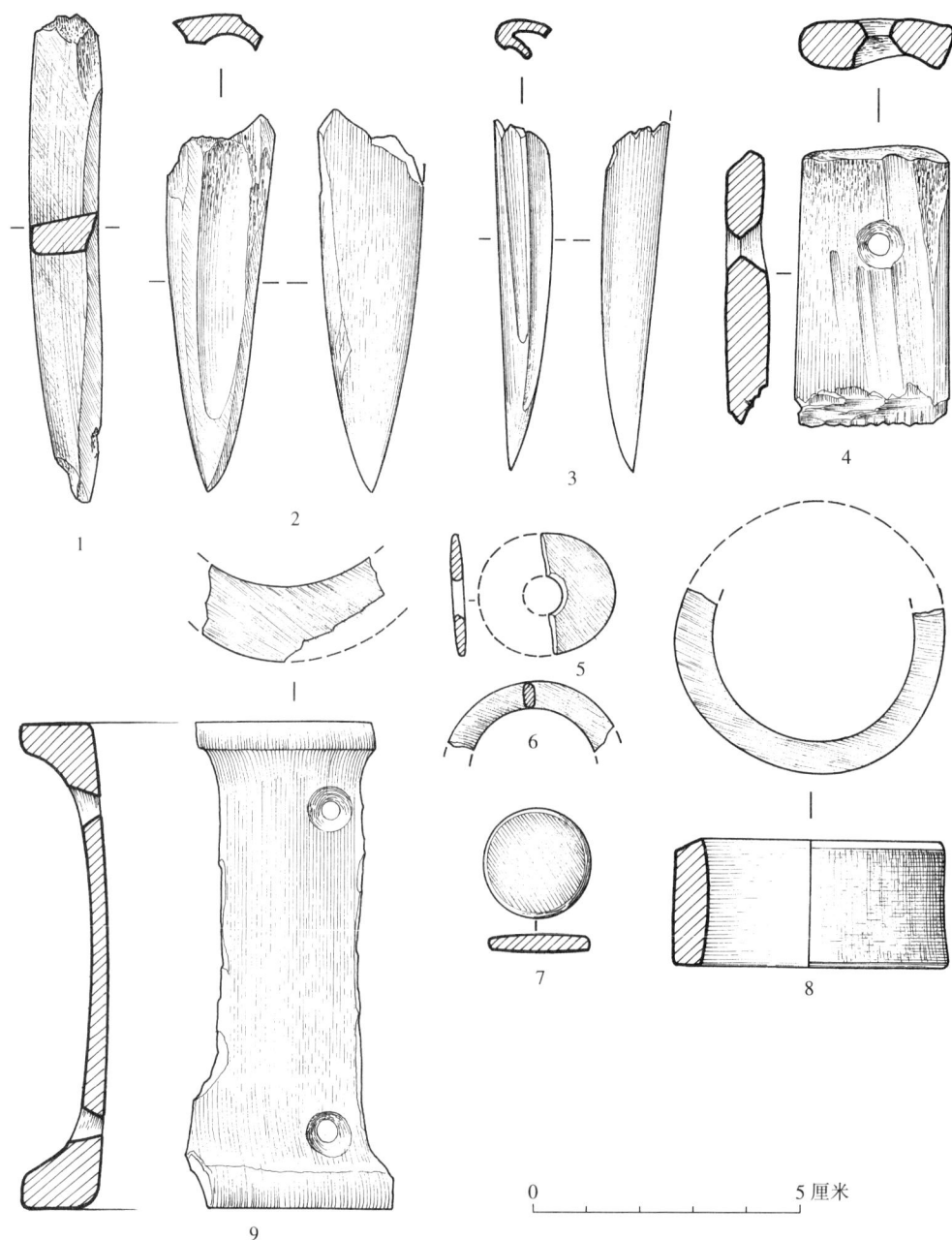

图九五　第5层出土骨器

1～3. 骨锥（T15⑤:27、T20⑤:22、T21⑤:30）　4. 骨匕（T22⑤:59）　5. 耳玦
（T14⑤:32）　6. 环（T22⑤:63）　7. 圆形骨片（T21⑤:22）　8. 戒指（T15⑤:11）

9. 马鞍形骨饰（T15⑤:45）

骨耳玦　1件。

T14⑤:32，紫红色，系用骨片制成。平面形状呈圆形，中有圆孔，宽肉。磨制精致。直径
2.5、孔径0.8、厚0.15厘米（图九五，5；图版四〇，1、2）。

骨环 1件。

T22⑤:63，骨黄色，系用骨片制成。平面形状呈环形。磨制精致。残长2.9、宽0.5、厚0.2厘米（图九五，6）。

圆形骨片 1件。

T21⑤:22，骨黄色，系用骨片制成。平面形状呈圆形。表面有显著的磨制痕迹。周缘磨制规整。直径2、厚0.4厘米（图九五，7；图版四○，4）。

骨戒指 1件。

T15⑤:11，系用骨黄色骨管制成。平面形状呈环形。表面磨制精致而光滑。外径5.1、内径3.9厘米，环面宽0.6、厚0.7厘米，高2.3厘米（图九五，8；图版四○，5）。

马鞍形骨饰 1件。

T15⑤:45，系用白色骨管制成，两端保留了部分自然关节端。近关节处各分布一个从外往内穿的圆孔。内外面磨制规整。剖面形状呈马鞍状，其可能为绑缚或装饰品。宽3.4～3.7、厚0.3～1.5、高9厘米（图九五，9；图版四○，6）。

角锥 5件。

T22⑤:61，系用水鹿角加工而成，保存完整，分两支，主枝与眉枝夹角约60°，从角盘处自然脱落，有烧过痕迹。除了基部未磨制外，其余均磨制光滑。长20.6、宽8.5、厚2.2厘米（图二○四，5）。T22⑤:60，系用赤麂右侧角加工而成。丫形叉角，两角尖磨制成锥形。长9.4、宽3、厚1.3厘米（图二○四，3）。

（一○）开口于第4D层下的遗迹

该层下的遗迹现象相对较为丰富，共计7座，其建筑形式以柱洞式建筑为主，平面形状以长方形居多，圆形仅见2座。这些建筑遗迹为地面式建筑，还是干栏式建筑，目前还不清晰。在大多数探方更多的是分布着大量无规律可寻的柱洞，其平面形状以圆形居多，另有少量的椭圆形和圆角方形。许多柱洞内还残留有清晰的炭化竹（木）柱础。填土为灰色砂土，结构疏松，其中较少有包含物，仅有少量柱洞内可见少量的残碎蚌壳、陶片、动物骨骸、石网坠等。柱洞编号以探方为单位。在这些建筑或柱洞的周边还发现少量的有稻壳（图版四一，2）和谷糠组成的浅白灰色硬面、陶灶、蚌壳堆积以及"门槛"（彩版一○，1）等现象。

1. 建筑遗迹

7座。均开口于第4D层下，叠压第5层。均为柱洞式建筑，平面形状以长方形居多，圆形仅见2座（彩版一○，2）。

F2 位于T30东部，F7的西侧，其东南角因位于发掘区外，未作清理。平面形状呈长方形，长约4.2、宽约2.7米。为柱洞式建筑，发现柱洞25个，平面形状以圆形居多（D1～D21、D23～

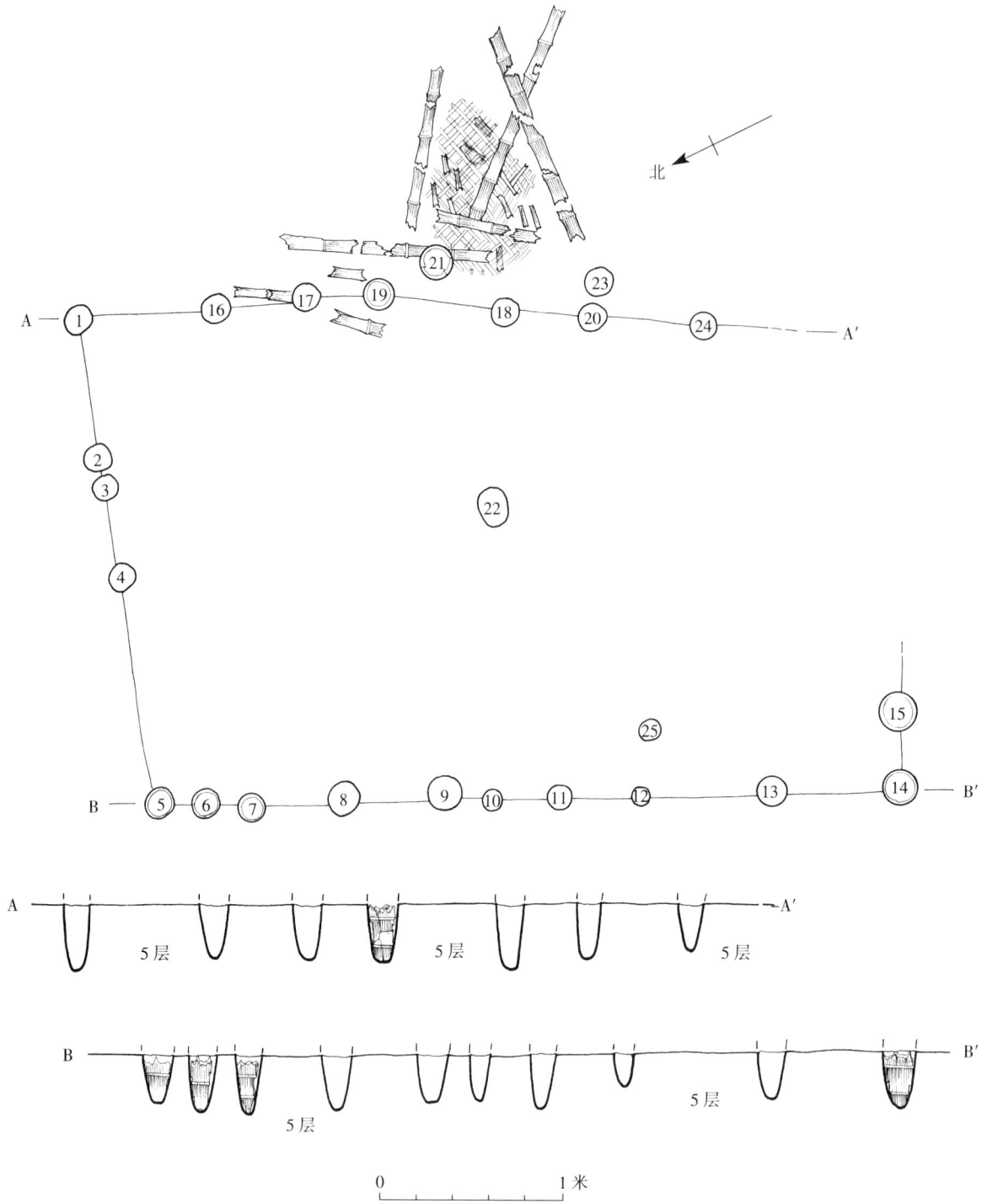

北

A — A'

B — B'

5层

5层

5层

5层

5层

5层

0   1米

图九六　F2 平、剖面图

1～24. 柱洞

D25），直径大小不一，约 0.09 ~ 0.19、深约 0.06 ~ 0.46 米。椭圆形柱洞仅见 1 个（D22），位于建筑中部，直径较大，长径 0.21、短径 0.15 米。柱洞剖面多呈圆锥状，少见圆柱状。填土为浅灰色砂土，结构疏松，多无文化包含物。部分柱洞内还残留有炭化竹子柱础（D5 ~ D7、D14、D15、D19、D21）。在该建筑东侧与 F7 之间发现有一片由数段炭化竹柱、竹编篱笆墙及少量炭化稻和果

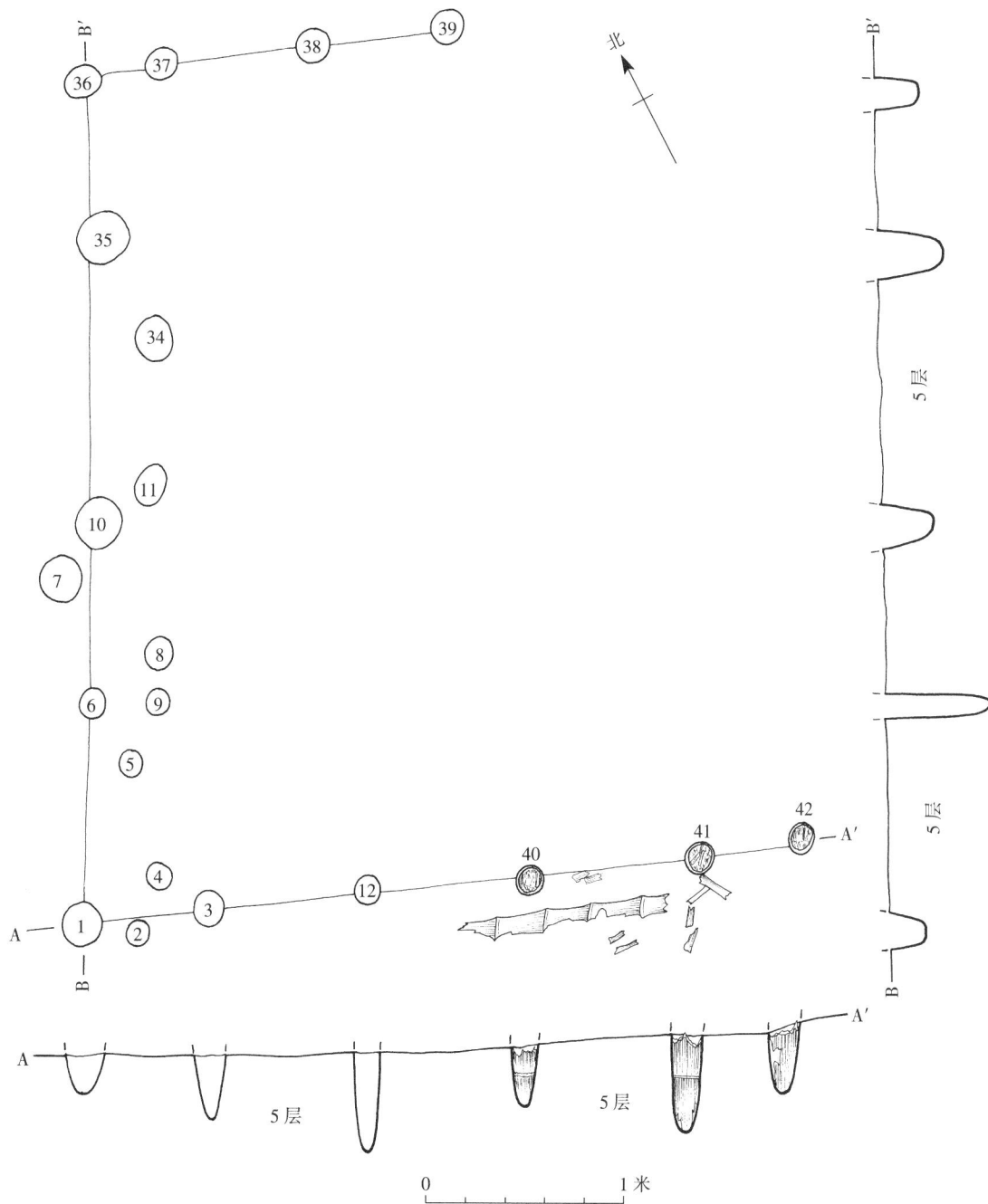

图九七　F3 平、剖面图

1 ~ 12、34 ~ 42. 柱洞

核黑色堆积面，平面略呈长方形，长2、宽1.8米，可能为火灾倒塌形成。该建筑周围未发现门道、踩踏硬面等相关结构（图九六；彩版一一；图版四一，1）。

F3 位于T14东部，建筑的东侧和南侧柱洞因T12北侧被破坏和位于发掘区外而形状不明。从暴露的柱洞观察，平面形状大致呈长方形。南北残长约4.12米，东西残宽约1.7~3.7米。共发现柱洞21个，平面形状均呈圆形，直径约0.12~0.19、深约0.2~0.5米。柱洞剖面以圆柱状多见，部分圆柱状柱洞的底部较平，洞壁较直；圆锥状的少见。填土为浅灰色砂土，结构疏松，多无文化包含物。在该建筑的东南部发现一段炭化竹柱和3个炭化竹柱做柱础的柱洞，柱洞内清晰可见炭化竹柱，在其周围地面上分布有大量炭化稻和部分残陶支座（图九七；彩版一二，1、2）。

F4 位于T13东北部，建筑的东部位于发掘区外未作清理，其南侧被F3打破。平面形状大致

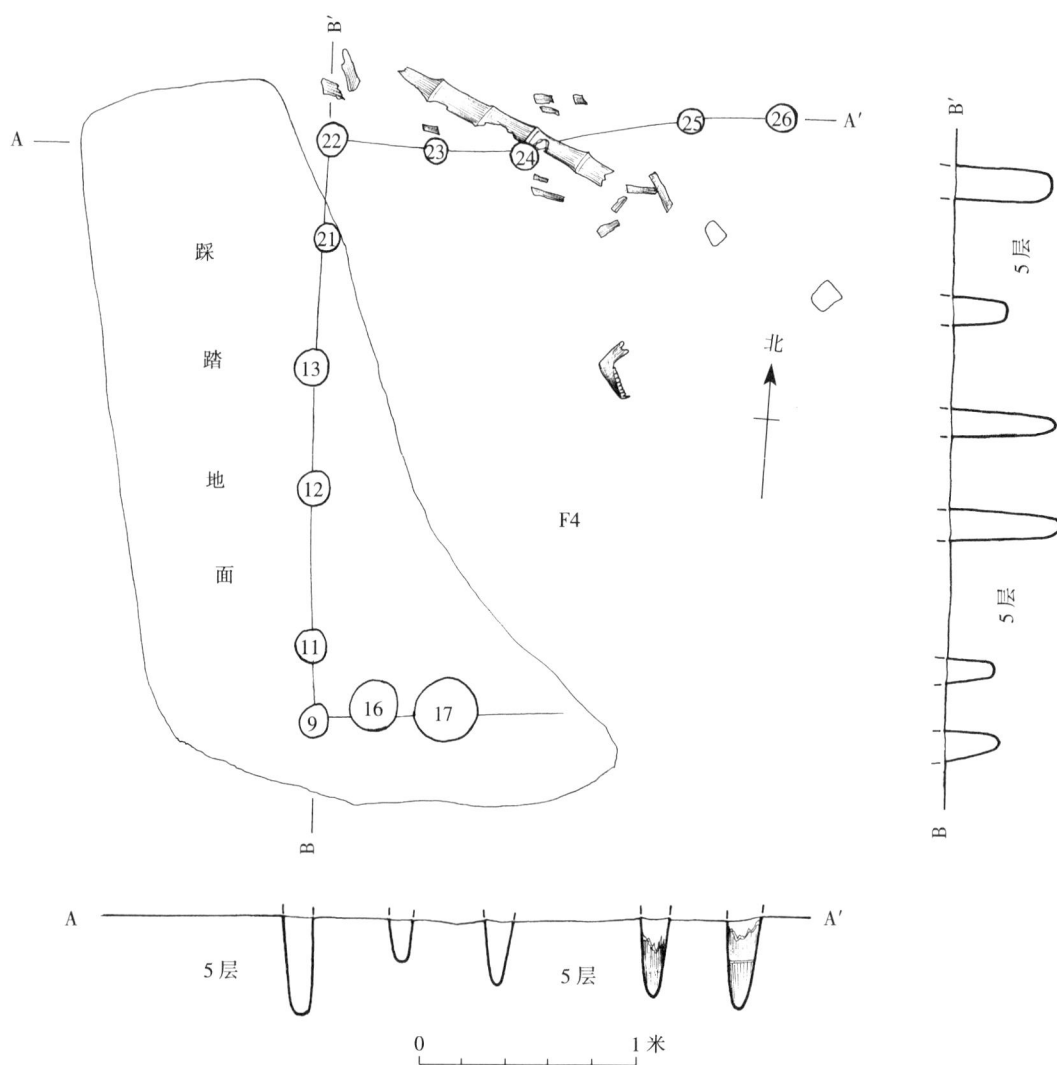

图九八　F4平、剖面图

图中数字为柱洞编号

呈长方形。南北残长约 3.4 米，东西残宽约 1.4～2.4 米。共发现柱洞 12 个，平面形状为圆形，直径约 0.12～0.25、深约 0.05～0.6 米。柱洞剖面以圆柱状多见，少量呈圆柱状的底部较平，洞壁较直；圆锥状的少见，但普遍较深。填土为浅灰色砂土，结构疏松，多无文化包含物。在该建筑北侧的地面上可见数段炭化竹柱、几个陶支座及猪下颌骨和石器，此外，在建筑西侧柱洞内外可发现一片平面呈不规则的踩踏地面，南北长约 2.8 米，东西宽约 2.1 米（图九八；彩版一二，1、3、4）。

　　F5　位于 T21 东北部，建筑东侧和南侧柱洞因 T20、T13 南侧被破坏而形状不明。从暴露的柱洞观察，平面形状大致呈长方形。南北残长约 3.2 米，东西残宽约 2.4 米。共发现柱洞 10 个，平面形状以圆形居多，直径约 0.1～0.45、深约 0.13～0.54 米；椭圆形柱洞长径 0.18～0.26 米，短

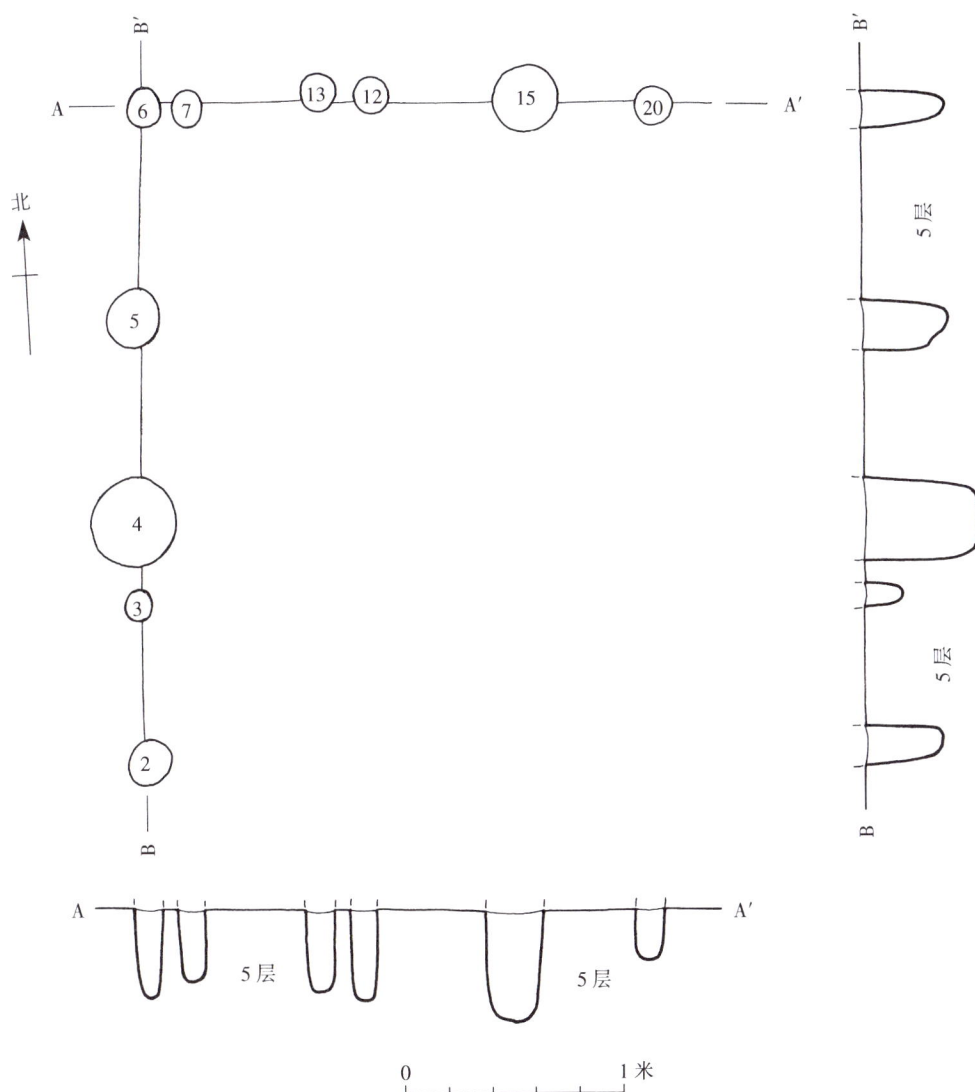

图九九　F5 平、剖面图

2～7、12、13、15、20. 柱洞

径约0.15~0.22米，残深0.35~0.42米（D5、D13）。柱洞剖面以圆柱状多见，部分圆柱状底部较平，洞壁较直，不见洞壁斜直的圆锥状柱洞。填土为浅灰色砂土，结构疏松，多无文化包含物（图九九）。

F6 位于T22西部，建筑西侧一部分柱洞残缺，形状不明。从目前暴露柱洞分布的平面观察，其形状呈长方形。南北长约4.4米，东西宽约1.6米。共发现柱洞16个，平面形状以圆形居多，直径约0.12~0.3、深约0.08~0.60米；椭圆形柱洞长径0.18~0.2、短径约0.08~0.1米，残深0.3~0.33米（D8、D9）。柱洞剖面以圆柱状多见，部分圆柱状底部较平，洞壁也较直；圆锥状的数量则少见，洞壁斜直。在该建筑的西南，分布有两个平面形状呈圆形的红烧土"柱墩"，柱墩的壁系用加工处理过的红烧土做成，中间留圆孔，便于插器物。剖面呈圆柱体状。此类经过特殊处理的柱墩可能为插某类特殊器物之用。柱洞的填土均为浅灰色砂土，结构疏松，多无文化包含物（图一〇〇；彩版一三，1）。

F7 位于T24西部，F2的东侧。平面形状略呈不规则椭圆形，长径约4米，短径约1.9~2.8米。为柱洞式建筑，共发现柱洞20个，平面形状以圆形居多（D1~D13、D15~D19），直径大小

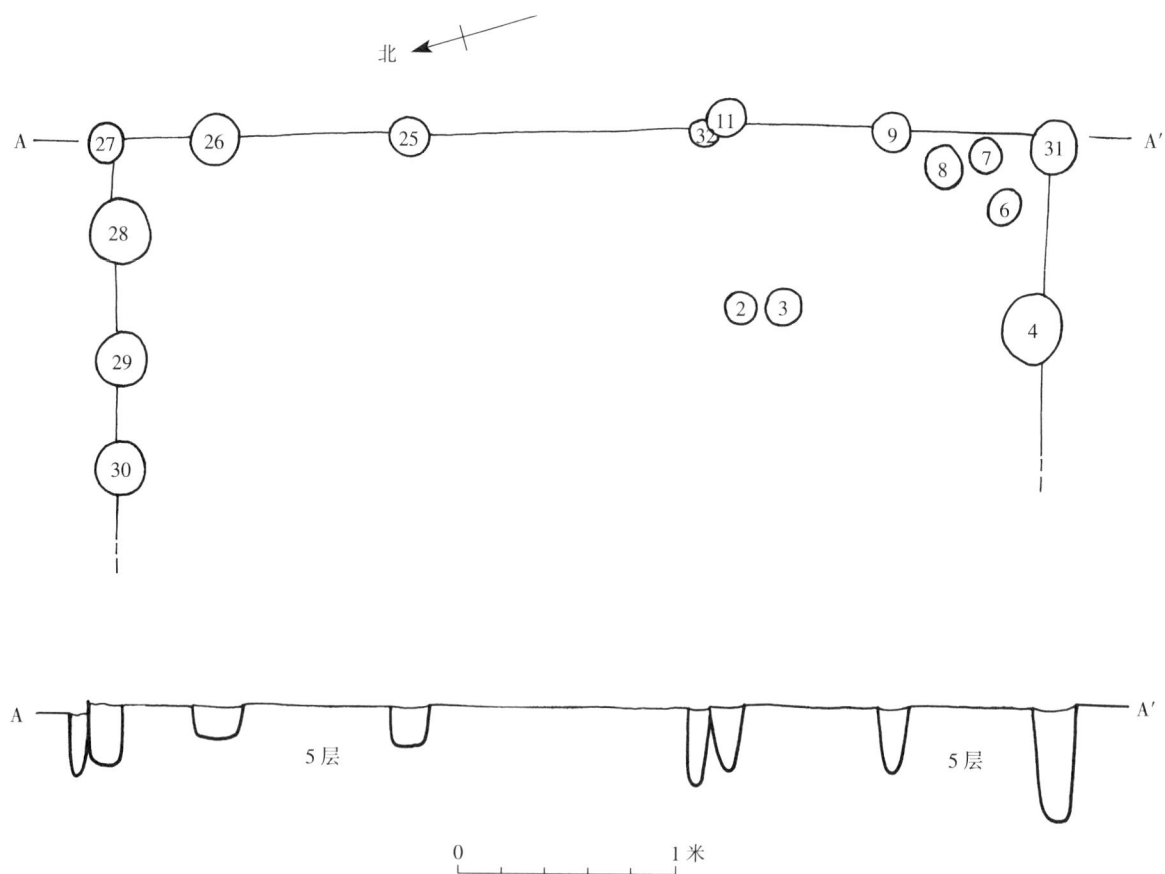

图一〇〇　F6平、剖面图

图中数字为柱洞编号

不一,约 0.07 ~ 0.21、深约 0.07 ~ 0.43 米。椭圆形柱洞仅见 1 个(D14),长径 0.18、短径 0.15 米。建筑中部和南部均未发现柱洞,南部缺口可能为门道方向。柱洞剖面多呈圆锥状,少见圆柱状。填土为浅灰色砂土,结构疏松,多无文化包含物。该建筑东侧与 F2 之间发现有一片受火灾影响形成的由炭化竹柱、竹编篱笆墙及少量炭化稻和果核黑色堆积面(图一○一;彩版一三,2、3)。

F8 位于 T23 中部,平面形状略呈椭圆形。长径约 3.9 米,短径约 3.5 米。共发现柱洞 16 个,平面形状以圆形居多,直径约 0.1 ~ 0.2、残深约 0.12 ~ 0.6 米(如 D2、D3、D5 等);椭圆形柱洞长径 0.12、短径约 0.1、残深 0.33 米(如 D1)。柱洞剖面以圆锥状多见,圆柱状则相对少见。填土为浅灰色砂土,结构疏松,多无文化包含物,仅见少量的动物骨骸和残陶片。建筑南部有一缺口,门道可能位于南边(图一○二;彩版一三,4)。

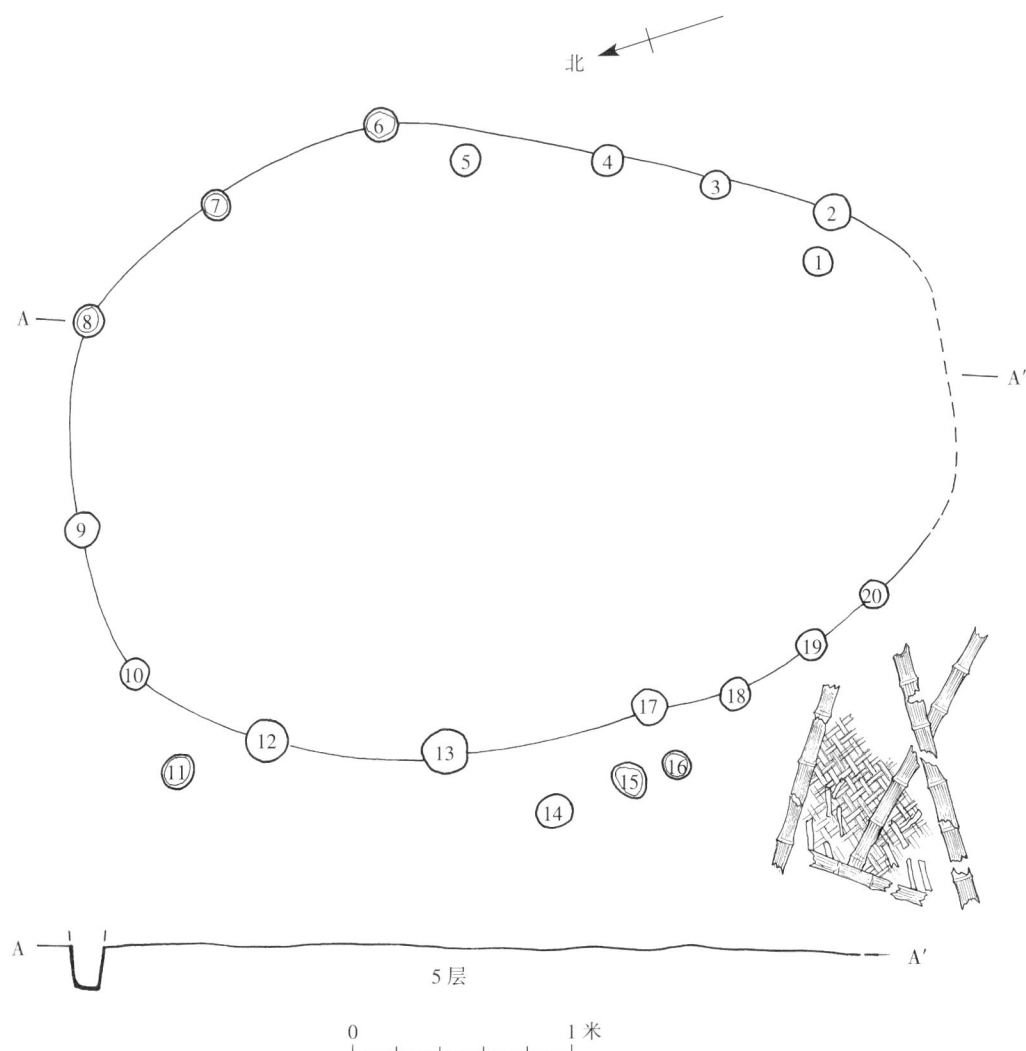

图一○一 F7 平、剖面图

1 ~ 20. 柱洞

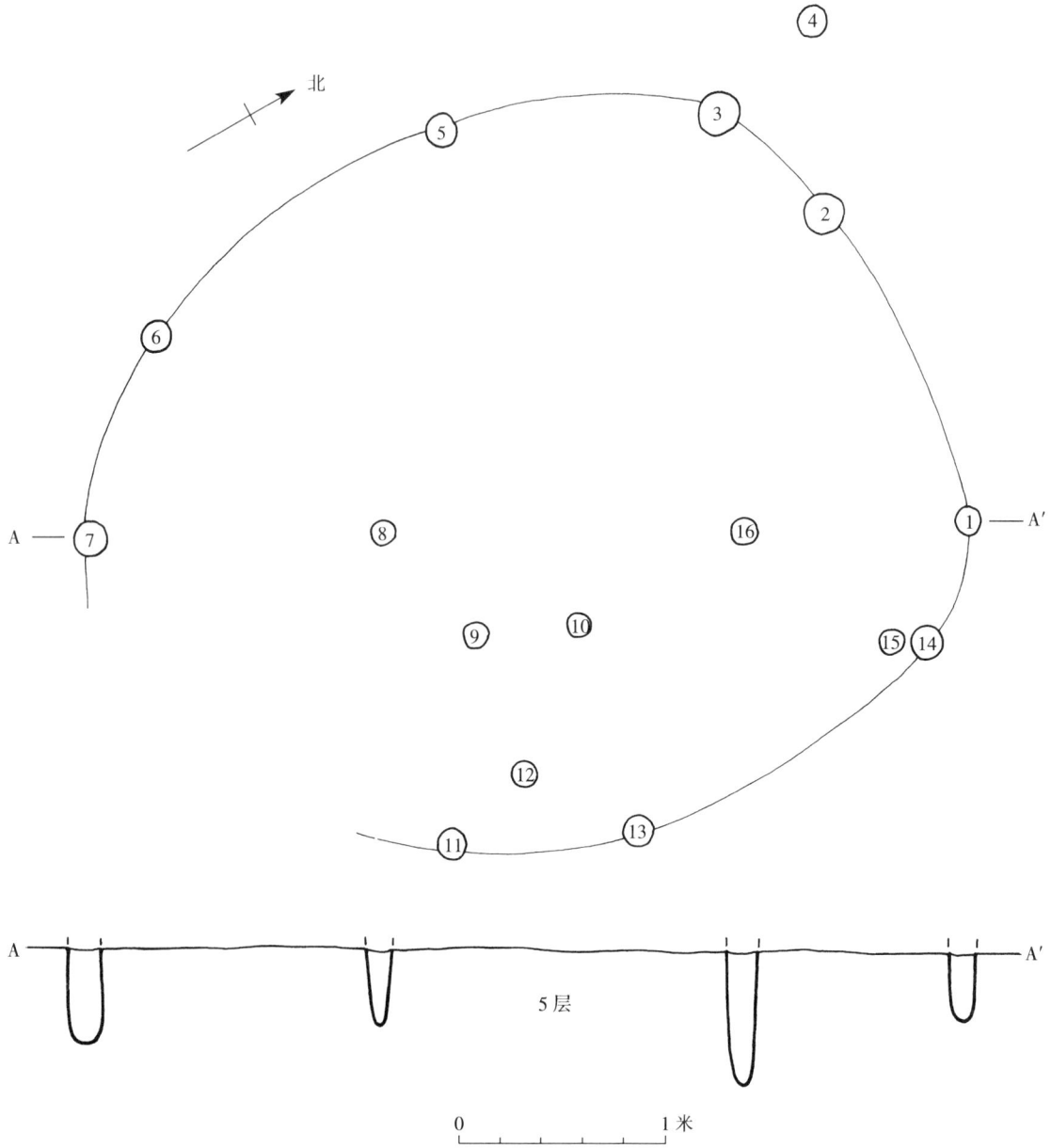

图一〇二　F8 平、剖面图

1 ~ 16. 柱洞

2. 柱洞

该层下发现的柱洞数量最多，共计 86 个，主要分布于发掘区的西北部。柱洞主要集中分布于
T14（16 个）、T25（9 个）、T17（35 个）、T15（20 个）、T18（6 个）内，叠压于第 5 层上。柱洞
平面形状以圆形居多，直径大小不一，约 0. 06 ~ 0. 25、深约 0. 05 ~ 0. 73 米。椭圆形柱洞少见，长
径 0. 12 ~ 0. 2、短径 0. 08 ~ 0. 18、深 0. 13 ~ 0. 72 米。柱洞剖面以圆柱状多见，普遍较浅；次为圆

锥状，普遍较深。底部以圜底多见，此为尖底和平底。填土多为浅灰色砂土，结构疏松，多无包含物，少见碎陶片、小型动物骨骸、石网坠等遗物。下文简述这几种常见的柱洞形状。

T25D4　平面形状均为圆形，斜直壁，尖底。直径 0.13、深 0.73 米。填土为灰色砂土，结构疏松，内含少量碎陶片（图一○三，3）。

T18D6　平面形状呈椭圆形，斜直壁，剖面呈圆锥状，尖底。长径约 0.2、短径约 0.13、深 0.43 米。填土为浅灰色砂土，结构疏松，无文化遗物（图一○三，4）。

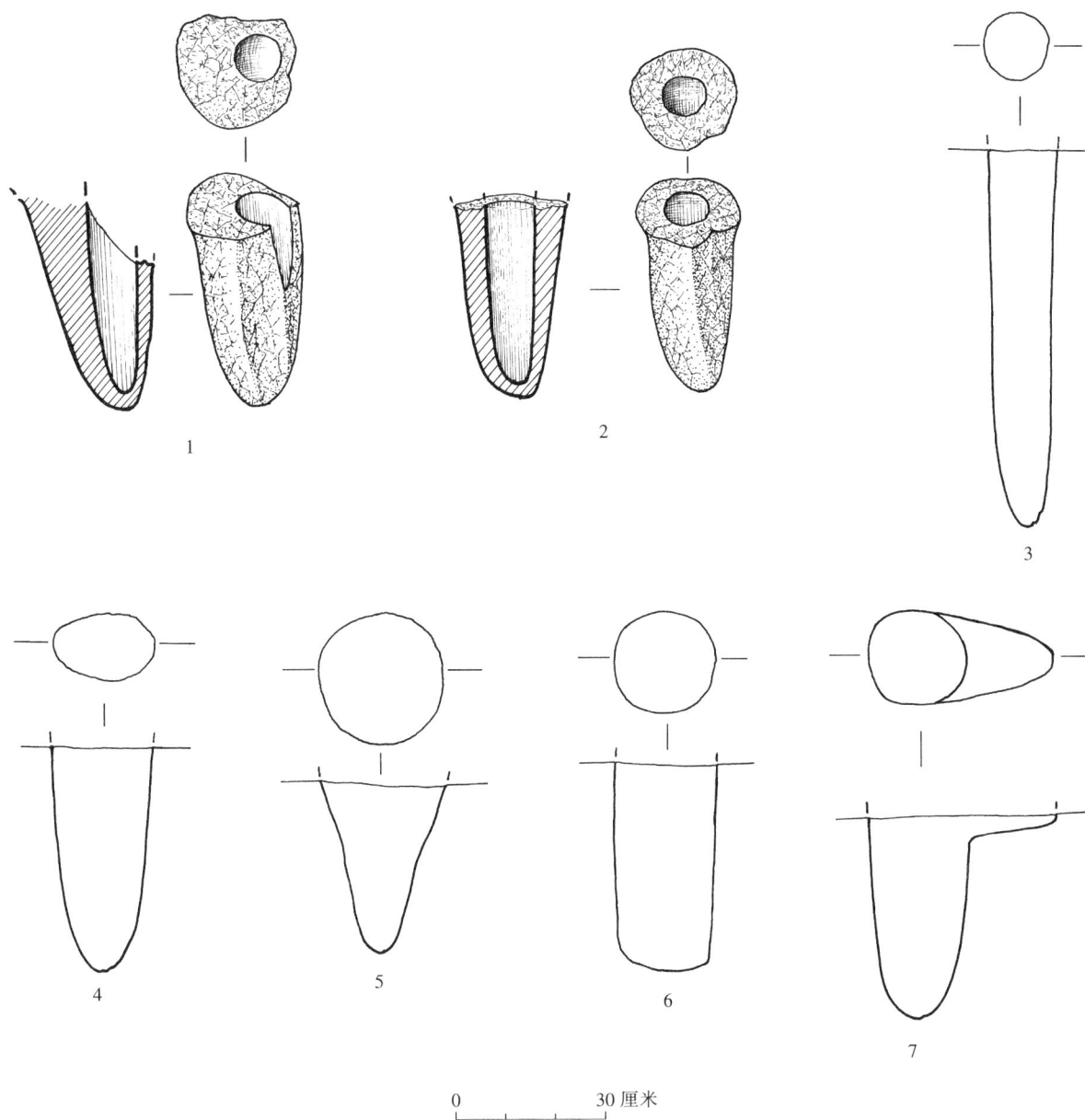

0　　　　　　30 厘米

图一○三　柱洞平、剖面图

1. T22D1　2. T22D2　3. T25D4　4. T18D6　5. T15D21　6. T14D32　7. T15D36

北

T5

0　　　　　　　　　　　　50厘米

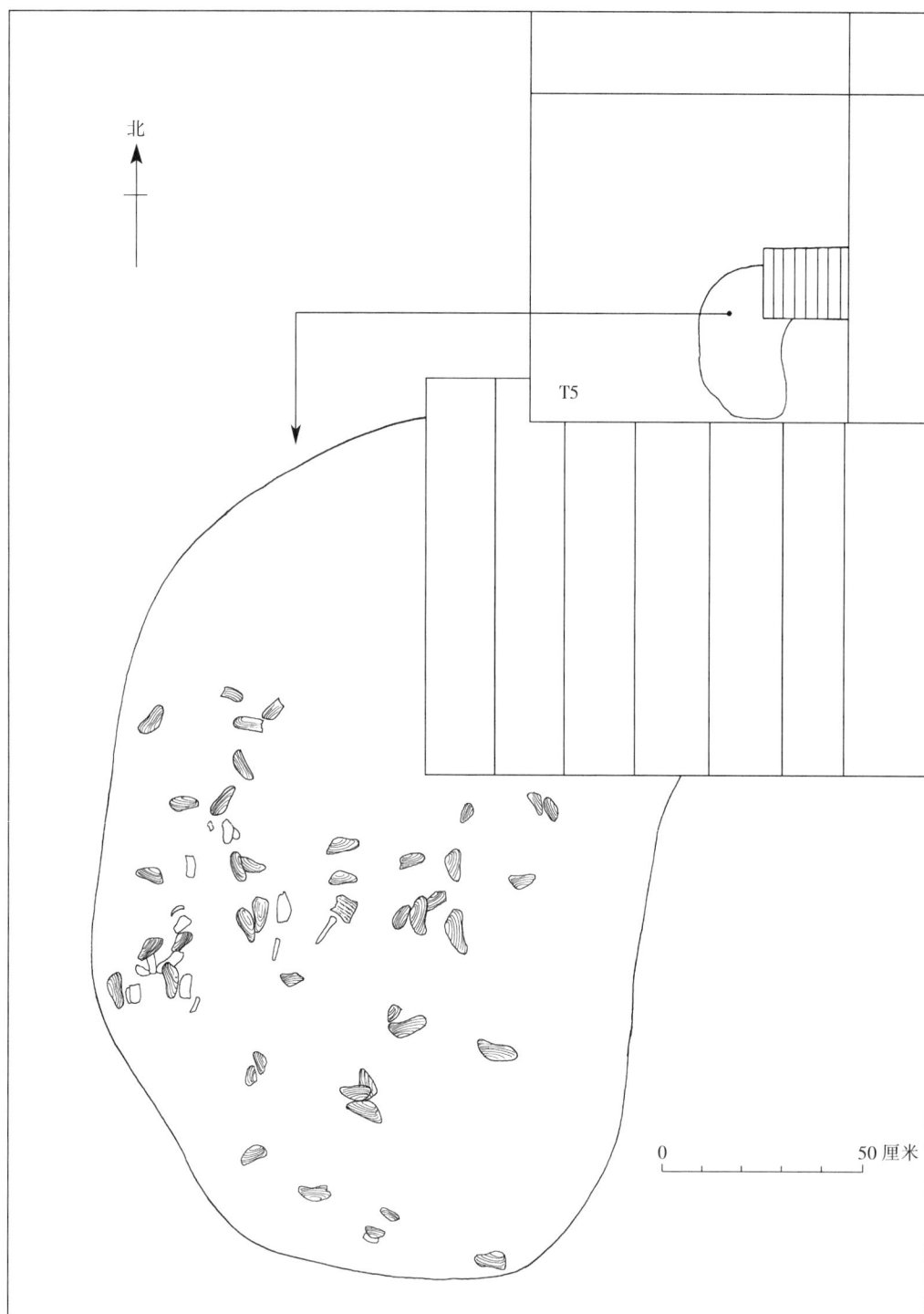

图一〇四　蚌壳堆积平面图

T15D21 平面形状呈圆形，剖面呈倒三角状，斜壁，圜底。直径0.25、深0.33 米。填土为浅灰色砂土，结构疏松，无包含物（图一〇三，5）。

T14D32 平面形状呈圆形，剖面呈圆柱状，直壁，平底。直径0.21、深0.41 米。填土为浅灰色砂土，结构疏松，无包含物（图一〇三，6）。

T15D36 平面形状呈不规则圆锥形，剖面呈圆柱状，斜壁，圜底。长径0.37、短径约0.16、深0.39 米。填土为浅灰色砂土，结构疏松，无包含物（图一〇三，7）。

红烧土柱洞 2 个，仅见于 T22 中部，开口于第 4D 层下，打破第 5 层。平面形状呈圆形，剖面呈圆锥状，斜壁，圜底。柱洞周壁系用红烧土加工而成。T22D1 内径0.09、外径约0.3、残深约0.4 米。T22D2 内径0.08、外径约0.21、残深约0.38 米。填土为浅灰色砂土，结构疏松，无包含物（图一〇三，1、2）。

3. 蚌壳堆积

位于 T5 西南部，其东北部被现代水泥阶梯破坏。分布平面形状大致呈椭圆形。长径约2.1、短径约1.38 米。堆积中主要由蚌壳组成，另有少量的陶片和骨器（图一〇四）。

4. 烧灶址

Z1 位于 T22 东部，方向 225°。其西南一段被现代所砌挡墙破坏。平面形状略呈不规则三角

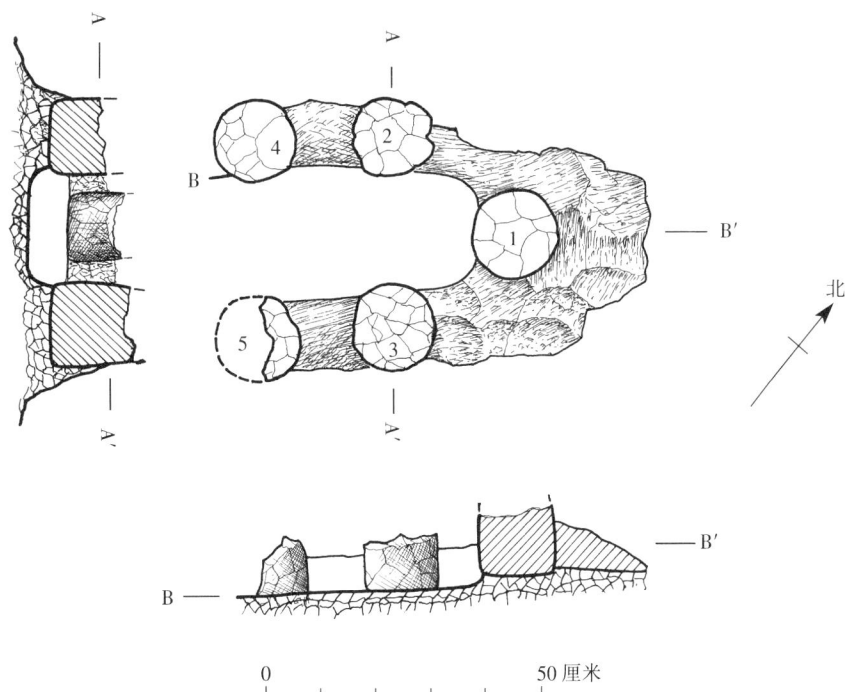

图一〇五 Z1 平、剖面图

1～5. 陶支座

形，系用红烧土硬面围成灶壁，火塘中间平整，平面形状呈长方形，低于红烧土烧结面；红烧土烧结面上放置有五个平面呈圆形烧裂的陶支座。灶残长约0.8、宽约0.23～0.48、残高约0.12米，灶壁较直，厚约0.11～0.32米。火塘呈圆角长方形，残长0.35、宽约0.21～0.24米。红烧土支座，直径约为0.15米（图一〇五；彩版一四，1）。

5. 白灰硬面堆积

位于T25中部，西北部被崩落的巨石块所压。平面形状呈不甚规则状，长约2.34、宽约

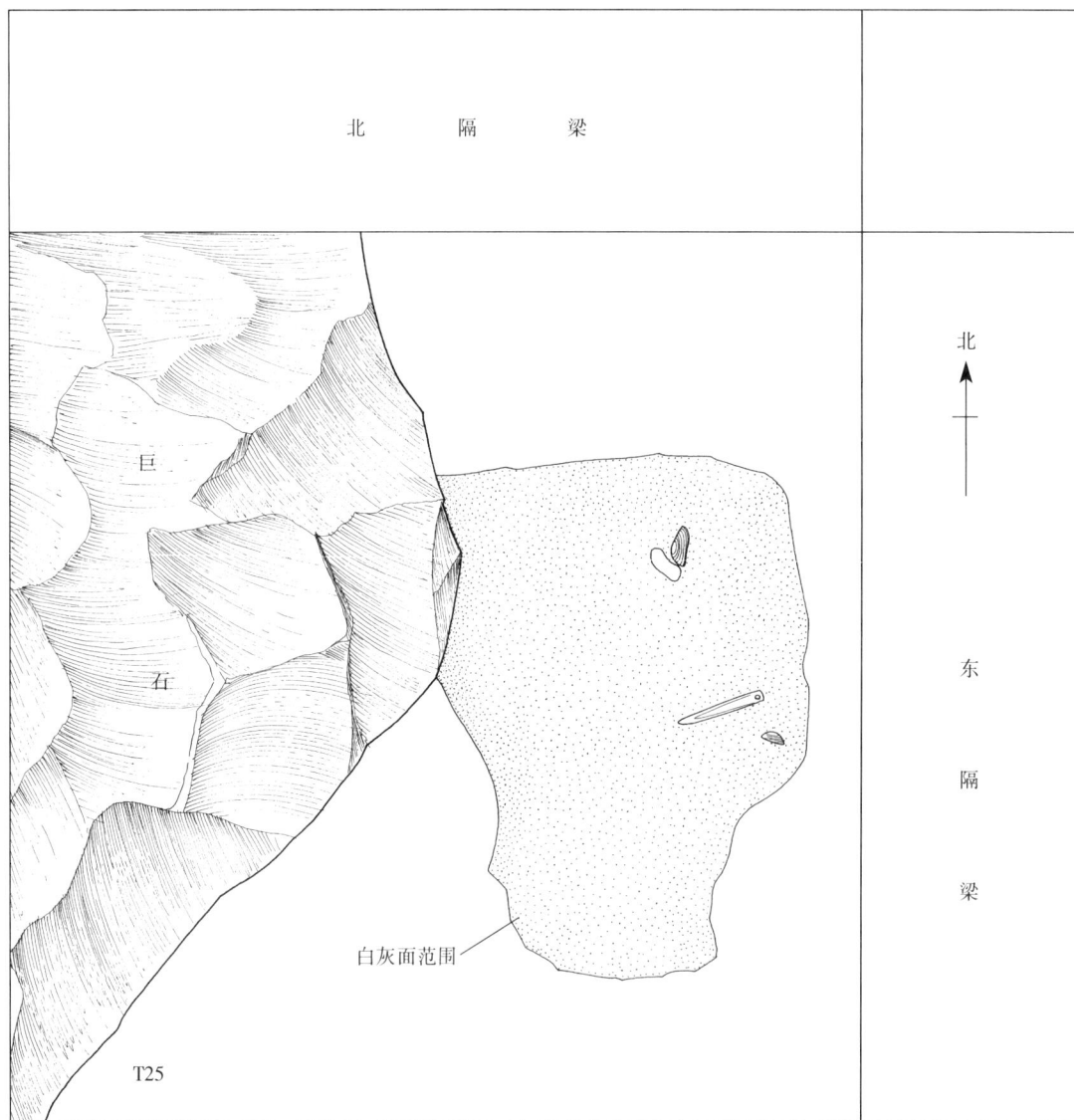

图一〇六　白灰面分布图

0.92～1.6米。由稻谷壳和谷糠杂合而成。其硬面上堆积有少量贝壳和1件石匕首（图一〇六；彩版一四，2）。

（一）第4D层出土遗物

1. 陶器

该层是该遗址出土器物最为丰富的地层，出土了大量的陶片，器形和种类均较为丰富。夹砂黑褐、红褐、灰褐陶多见；泥质黑褐、红褐、灰褐陶少见，占11.3%（表一一）。陶器的火候较高，器物为手制，多经过快轮加工，钵、豆、簋形器、B型和D型釜的肩部都经过磨光处理。器类以圜底器最常见，其次为圈足器和平底器，不见三足器。钵、豆、簋形器、釜、盆形器、高领罐、罐、瓮形器、器盖、纺轮、陶拍、支座等是常见器形，其中钵、豆、釜、高领罐等大量集中出现，种类较为丰富；新出现了Bd型钵、鋬耳罐、Bc和Bb型簋形器、B型和C型纺轮、空心支座、缸等器物；花边口沿罐、缸、盆形器等少见；杯形器、壶形器等不见。陶器主要的装饰手法以压印、刻划、戳印常见，许多器物上往往是多种装饰手法复合使用，如在豆、釜、子母口罐等

表一一　第4D层出土陶片陶质、陶色统计表

探方号	夹砂						泥质						合计
	黑褐	灰褐	褐	红褐	黄褐	灰	黑褐	灰褐	褐	红褐	黄褐	灰	
T17	58	12	5	3	2		5	1	3				89
T23	29	6	7	5			3	1		2			53
T12	61	21	7	2			1						92
T18	36	11	4	10			2	1					64
T29	56	28	22	9			3						118
T21	54	8		22			1	1					86
T22	54	26	20	12	1		4	2		1			120
T24	68	24	11	26			6	2		7			144
T32	21	3		25			4	2		8			63
T15	65	31		41			12			5			154
T8	165	45		67			7			25			309
T14	160	40		52	1		18			18			289
T13	86	26		60	11		29	6		28			246
T5	150	15		37			21	4					227
合计	1063	296	76	371	15		116	20	3	94			2054
总计	1821（88.7%）						233（11.3%）						

表一二　第4D层出土陶片纹饰统计表

纹饰 / 探方号	绳纹	素面	栉纹	水波纹	弦纹	戳印纹	划纹	网格划纹	附加堆纹	"Z"字纹	"S"形纹	几何纹	合计
T17	63	10	7		3	4	2						89
T23	43	7	2				1						53
T12	80	7			4				1				92
T18	50	7	1	1			1	3	1				64
T29	97	15	2		2	2							118
T21	71	4	3		7					1			86
T22	95	16	5		2		2						120
T24	118	13	5			4	3				1		144
T32	38	6	7		6	1		3		1	1		63
T15	114	11	13			9	3		2	2			154
T8	265	14	11	3		11	1			1	3		309
T14	228	27	13		5	13	1			1	1		289
T13	177	23	15		4	16	5		3		3		246
T5	166	15	21		6	15			2			2	227
合计	1605	175	105	4	39	75	19	6	9	6	9	2	2054
百分比（%）	78.1	8.5	5.1	0.2	1.9	3.7	0.9	0.3	0.4	0.3	0.4	0.1	100

器物上压印、刻划以及戳印往往在不同部位同时使用。纹饰种类较为繁缛，以绳纹、弦纹、戳印圆圈纹、水波纹、草叶划纹、栉纹、戳印篦点纹、"Z"字纹、条形划纹等多见，在豆和釜形器肩部上饰弦纹、"S"形纹、压印椭圆形捺窝纹、变形鸟纹等复合纹饰常见（表一二；图一〇七、一〇八）。

钵　47件。

Aa型Ⅲ式　3件。T13④D:33，夹砂红褐陶。尖圆唇，深腹。口径17.6、残高6.8厘米（图一〇九，1）。

Aa型Ⅳ式　12件。T5④D:161，夹砂红褐陶。圆唇，浅弧腹。腹部通饰绳纹。口径27、残高6.6厘米（图一〇九，2；图版四二，5）。T15④D:391，夹砂红褐陶。尖圆唇。口径23.6、残高7.2厘米（图一〇九，3）。

Ab型Ⅲ式　26件。T15④D:363，夹砂红褐陶。圆唇，弧腹。肩部内侧有一凸棱。腹部原通饰绳纹，后经过刮磨处理，刮痕清晰。口径27、残高6.3厘米（图一〇九，4）。T13④D:45，夹砂黄褐陶。口径24、残高7.5厘米（图一〇九，5）。T5④D:408，夹砂红褐陶。口微敛，弧腹。腹部通饰绳纹，绳纹上再饰草叶划纹；腹部内壁饰树叶划纹。口径26、残高7.2厘米（图一〇九，6；图

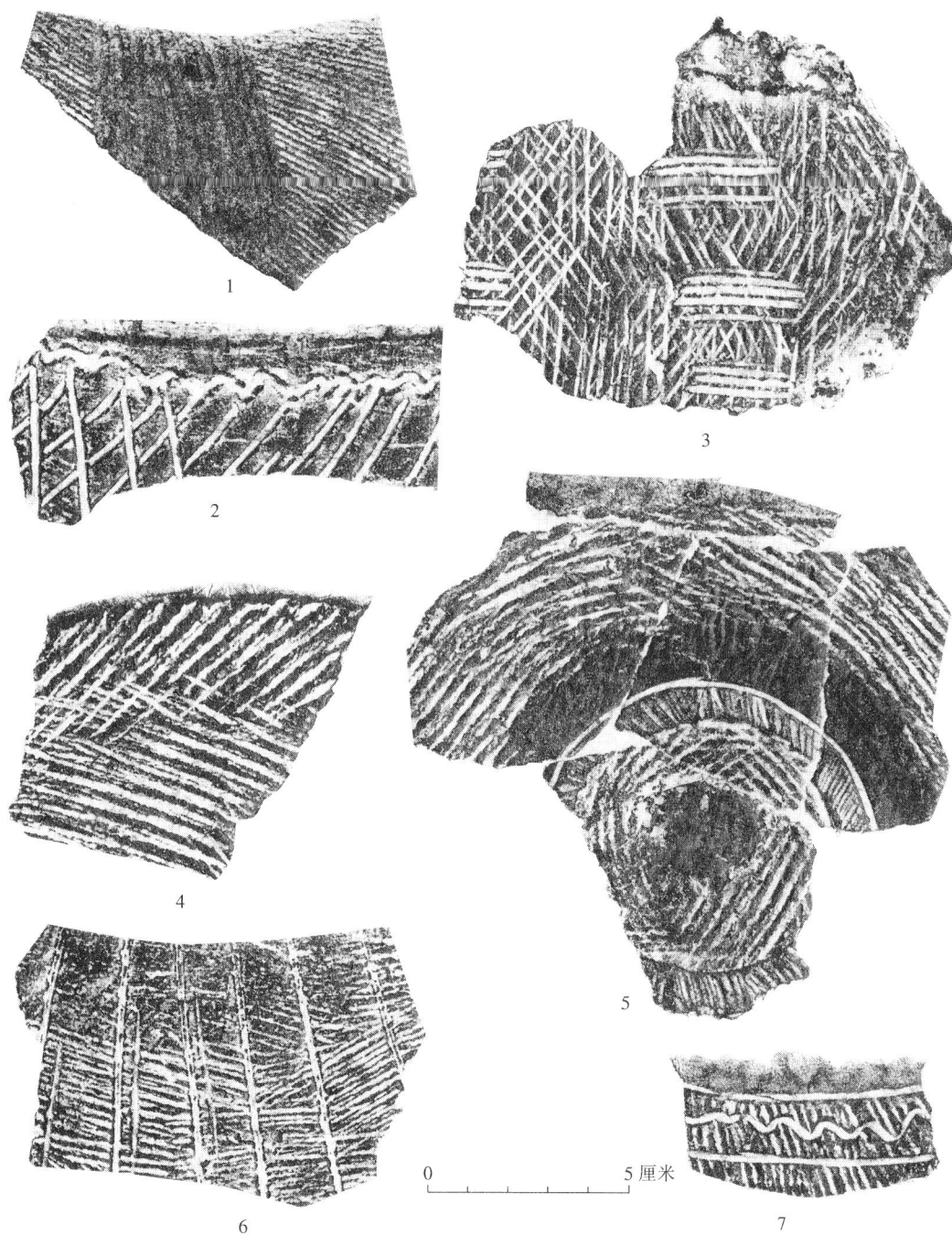

图一〇七　第 4D 层出土陶片纹饰拓片

1. Bb 型 I 式瓮形器上的细绳纹和磨光痕迹（T15④D：380）　2. Ab 型 II 式高领罐上的网格和水波划纹（T8④D：87）　3. 缸上的划纹（T12④D：58）　4. 交错绳纹（T15④D：39）

5. Bb 型豆上的旋涡状绳纹（T23④D：144）　6. Ea 型 II 式釜上的绳纹、草叶划纹（T18④D：51）

7. A 型 III 式盆形器上的绳纹、水波划纹、弦纹（T24④D：104）

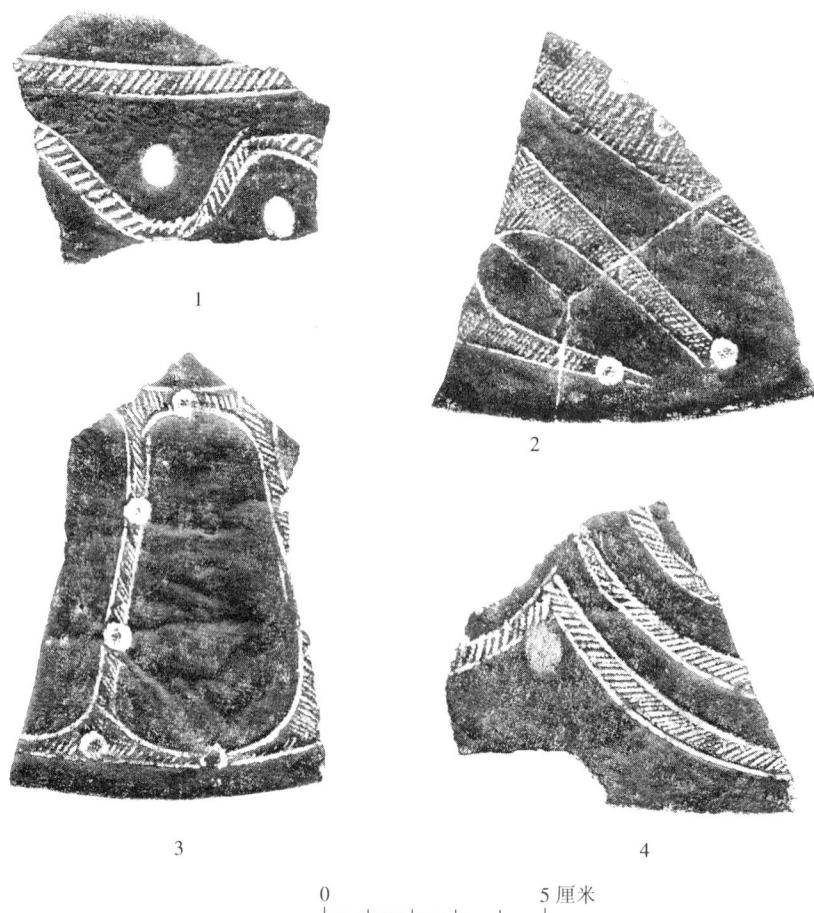

图一〇八　第4D层出土陶片纹饰拓片

1. 弦纹、篦点纹、圆形捺窝纹组成的复合纹饰带（T15④D：356）　2. 弦纹、篦点纹、戳印圆圈纹组成的复合变形鸟纹（T15④D：403）　3. Aa型Ⅱ式圈足上的弦纹、戳印圆圈纹、短线划纹组成的复合纹饰（T14④D：57）　4. Aa型Ⅱ式圈足上的弦纹、戳印鱼鳞纹组成连续"〈"状复合纹饰（T13④D：62）

版四二，4）。T23④D：137，夹砂黑褐陶。圆唇，弧腹。腹部通饰绳纹。口径35、残高5.1厘米（图一〇九，7；图版四二，3）。T21④D：85，夹砂红褐陶。仅存口部、肩部。厚圆唇。口径41.4、残高4.8厘米（图一〇九，8）。

　　Ac型Ⅱ式　2件。T15④D：400，泥质红褐陶。唇部外饰一圈戳印椭圆形点纹，肩部上则装饰一条由椭圆形戳印点纹组成的弧形纹饰带。口径22.2、残高4.6厘米（图一〇九，9；图版四二，1）。T24④D：61，泥质红褐陶。唇部外饰一圈戳印椭圆形点纹，肩部上则装饰一圈"S"状戳印点纹。口径20.2、残高4.4厘米（图一〇九，10）。

　　Bc型Ⅰ式　1件（T15④D：393）。夹砂红褐陶。圆唇，深腹微曲。腹部通饰绳纹。口径33、残高9厘米（图一〇九，11；图版四二，3）。

　　Bd型Ⅰ式　3件。T14④D：89，夹砂黑褐陶。敛口深腹钵。圆唇，弧肩，曲腹。腹部通饰细

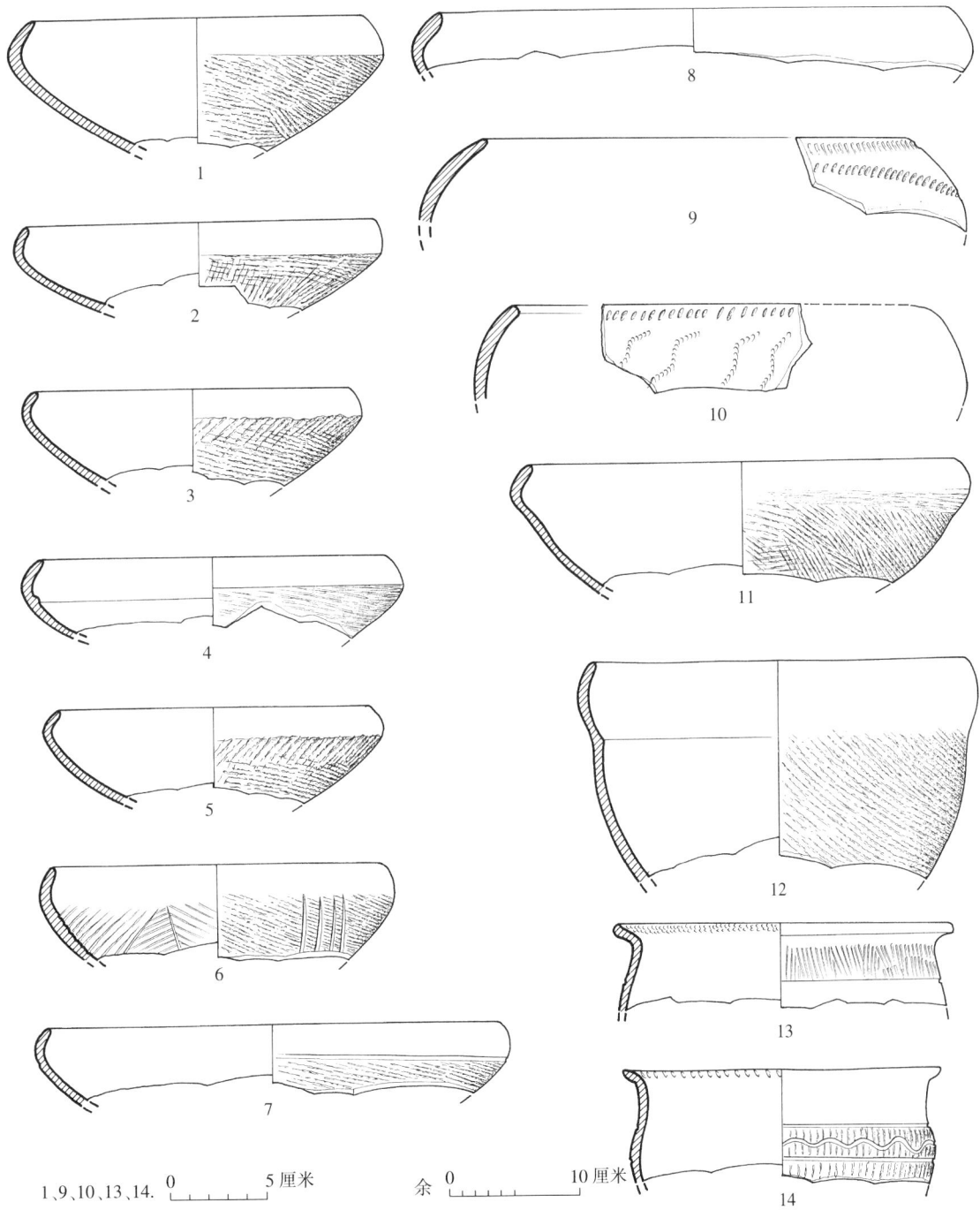

1、9、10、13、14. ⊢0————5厘米   余 0————10厘米

图一〇九 第 4D 层出土陶器

1. Aa 型Ⅲ式钵（T13④D：33）　2、3. Aa 型Ⅳ式钵（T5④D：161、T15④D：391）　4～8. Ab 型Ⅲ式钵（T15④D：363、T13④D：45、T5④D：408、T23④D：137、T21④D：85）　9、10. Ac 型Ⅱ式钵（T15④D：400、T24④D：61）　11. Bc 型Ⅰ式钵（T15④D：393）　12. Bd 型Ⅰ式钵（T14④D：89）　13. B 型Ⅰ式盆形器（T8④D：81）　14. A 型Ⅲ式盆形器（T24④D：104）

绳纹。口径29.1、残高16.8厘米（图一〇九，12；图版四二，2）。

豆　6件。

Aa型Ⅱ式　3件。T14④D：120，泥质灰褐陶。尖唇，窄肩，浅弧腹。唇部压印一圈戳印点纹，肩腹外壁有明显的打磨痕迹，圈足与腹部接合处装饰由平行弦纹和压印纵向鱼鳞纹组成的复合纹饰。覆盘状圈足，圈足上装饰由两条平行弦纹和压印鱼鳞纹组成的纹饰带。口径26、底径20.2、高16.5厘米（图一一〇，1）。T5④D：145，泥质黑褐陶。尖圆唇，深弧腹。唇部凹槽内压印一圈短弦纹。口径23、残高5.6厘米（图一一〇，4）。

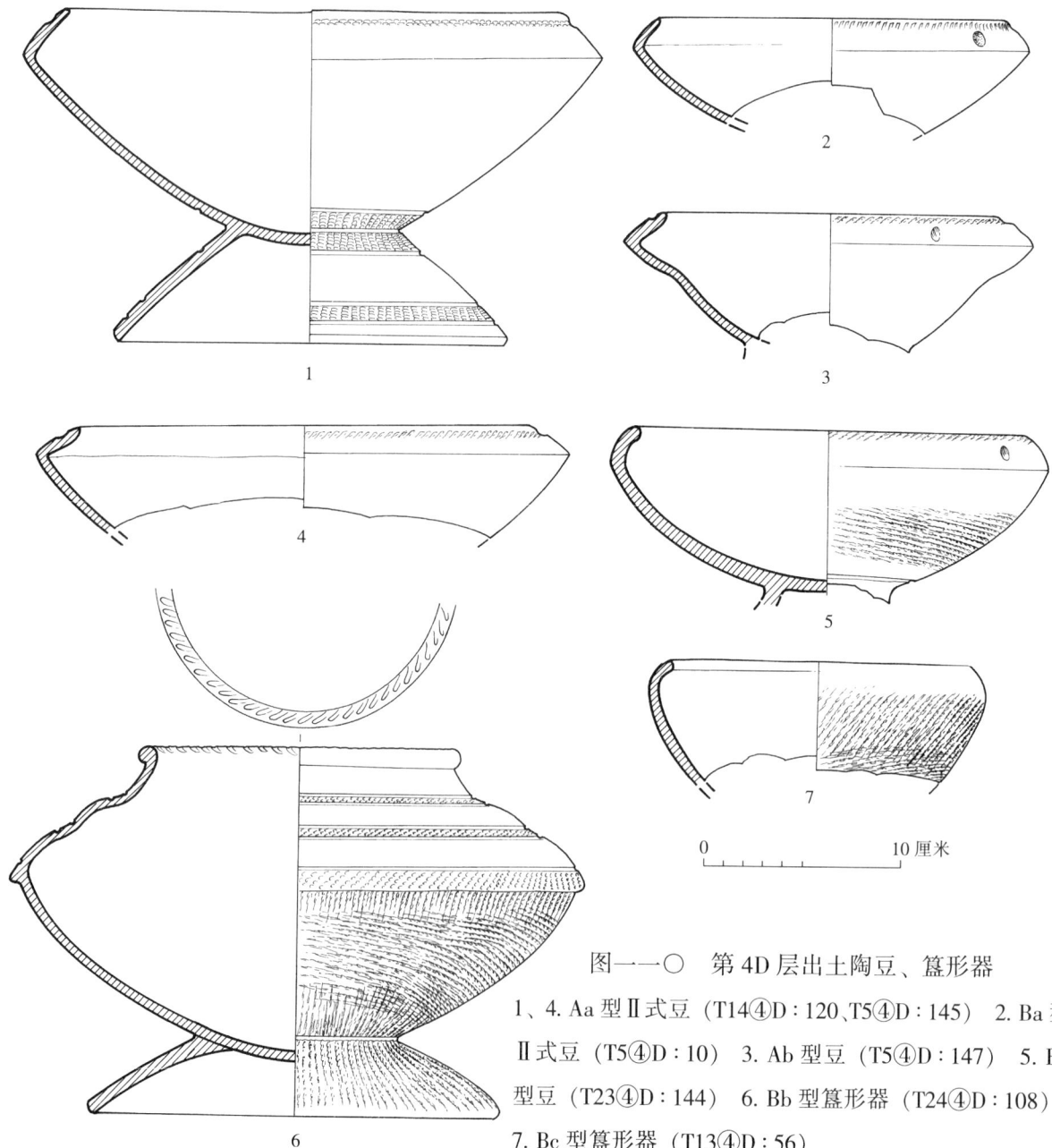

图一一〇　第4D层出土陶豆、簋形器

1、4. Aa型Ⅱ式豆（T14④D：120、T5④D：145）　2. Ba型Ⅱ式豆（T5④D：10）　3. Ab型豆（T5④D：147）　5. Bb型豆（T23④D：144）　6. Bb型簋形器（T24④D：108）　7. Bc型簋形器（T13④D：56）

Ab 型 1 件 (T5④D:147)。夹砂黑褐陶。尖圆唇,深曲腹。唇部凹槽内戳印或压印一圈鱼鳞纹,肩部间隔饰有压印椭圆形捺窝纹。口径 17.3、残高 7 厘米 (图一一〇,3;图版四二,6)。

Ba 型 Ⅱ式 1 件 (T5④D:10)。泥质灰褐陶。尖唇,窄折肩,浅弧腹。唇部压印一圈短弦纹,肩部间隔饰有压印椭圆形捺窝纹。口径 17.5、残高 5.6 厘米 (图一一〇,2;图版四二,6)。

Bb 型 1 件 (T23④D:144)。泥质红褐陶。圈足脱落。器表原通饰绳纹,后经轮磨处理,肩部和腹部交接处磨光,肩部磨光面上间隔装饰压印椭圆形捺窝纹;唇部和腹下部仍有绳纹痕迹。口径 19.4、残高 8.4 厘米 (图一一〇,5)。

簋形器 5 件。

Bb 型 2 件。T24④D:108,泥质磨光红褐陶。圆唇。唇部压印一圈短弦纹,肩部则饰以两条戳印连续水滴纹组成的条形纹饰带,腹部最大径处装饰一条表面上饰以戳印连续水滴纹饰带,下腹部和圈足上则遍饰绳纹。肩部表面经过磨光处理。口径 16.2、底径 21.2、高 18.3 厘米 (图一一〇,6;彩版一五,1)。

Bc 型 3 件。T13④D:56,夹砂灰褐陶。方唇,深弧腹。腹部通饰绳纹。口径 15、残高 6 厘米 (图一一〇,7)。

釜 45 件。

Aa 型 Ⅳ式 16 件。乳头状唇,弧肩。肩部以上一般都经过打磨修整。T22④D:145,夹砂褐陶。尖唇,敛口,平沿,领部较高,弧肩。一般肩部以上都经过轮磨修整。口径 22.8、残高 7.2 厘米 (图一一一,2)。T17④D:127,夹砂灰褐陶。肩部装饰有花瓣划纹。口径 23.9、残高 7.6 厘米 (图一一一,3;图版四三,1)。T13④D:51,夹砂黑褐陶。颈部装饰有剔划草叶划纹。口径 27、残高 5.8 厘米 (图一一一,4;图

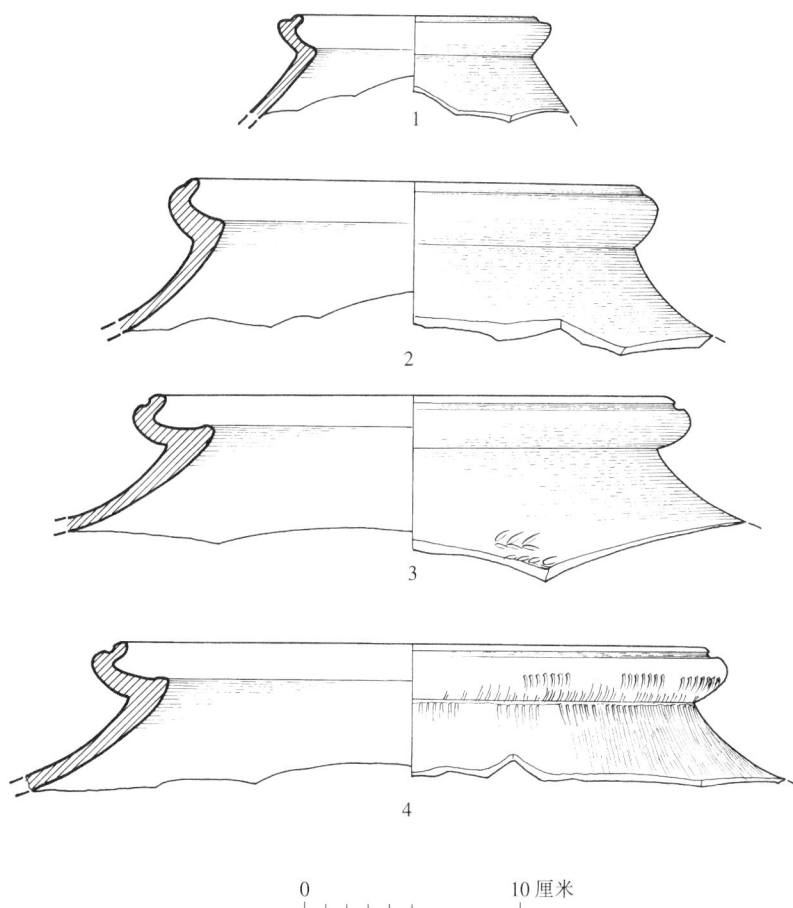

图一一一 第 4D 层出土陶釜

1. Ac 型 Ⅱ式 (T21④D:84) 2~4. Aa 型 Ⅳ式 (T22④D:145、T17④D:127、T13④D:51)

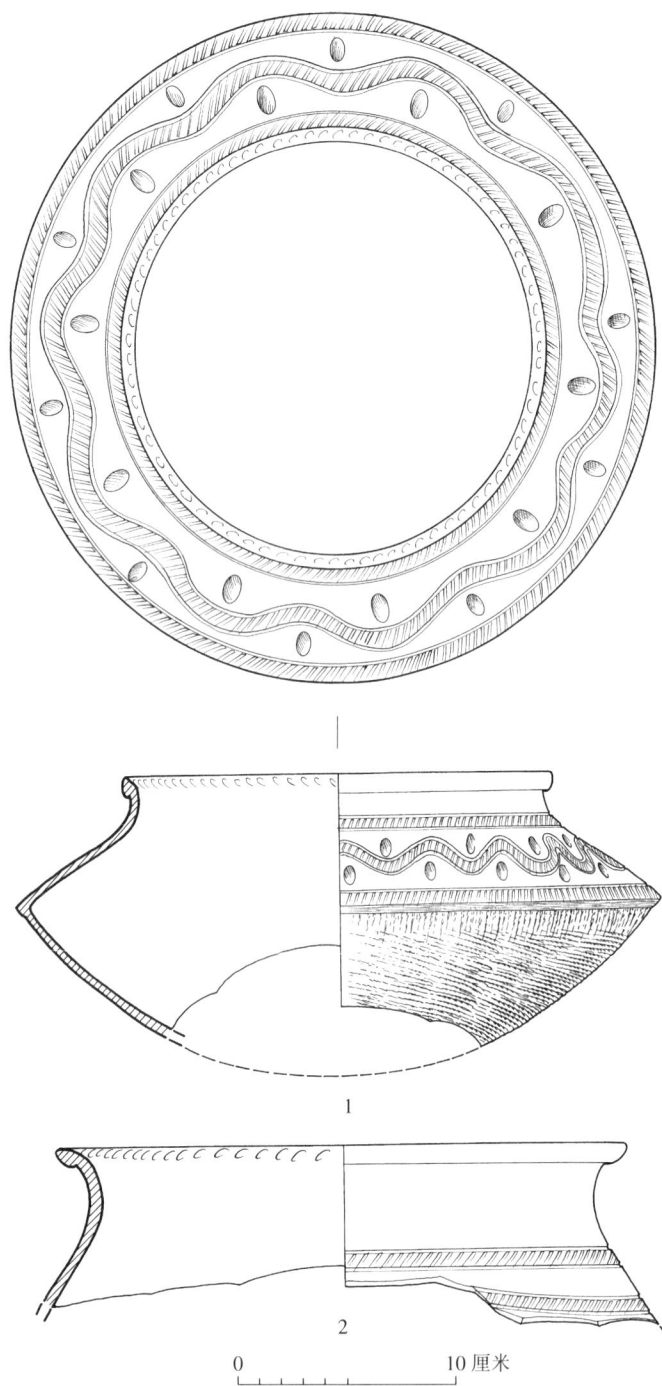

图一一二　第4D层出土陶釜

1. Db 型 II 式（T15④D：413）　2. Ba 型 II 式（T13④D：238）

版四三，2）。

Ac 型 II 式　4 件。T21④D：84，夹砂黑褐陶。尖唇，领部较高，束颈，溜肩。肩部以上都经过轮磨修整。口径 11、残高 4.4 厘米（图一一一，1）。

Ba 型 II 式　3 件。T13④D：238，泥质磨光黑褐陶。尖唇，卷沿，沿部较宽。唇部内装饰一圈戳印点纹，肩部则饰两圈各由两条平行凹弦纹和短线剔划纹组成的纹饰带。领部经过轮磨处理。口径 26.6、残高 8 厘米（图一一二，2；图版四三，3）。

Db 型 II 式　1 件（T15④D：413）。泥质磨光黑褐陶。口和底部均残。圆唇，敞口，卷沿，折肩。肩部与腹部为二次对接而成。唇部内装饰一圈戳印点纹，近领部装饰由两条凹弦纹和戳印鱼鳞纹组成的纹饰带；肩上则饰一条由弧线划纹和剔刺短弦纹组成的"S"或波浪状纹饰，"S"形纹饰的凸凹处都装饰有压印椭圆形捺窝纹。肩部与腹部连接处附加泥条上饰有由一条凹弦纹和剔划短弦纹组成的纹饰带。腹部通饰绳纹。口径 20.1、残高 12 厘米（图一一二，1；图一一三；图版四三，4）。

Ea 型 II 式　5 件。T18④D：51，夹砂灰褐陶。圆唇，广肩。颈部以下通饰绳纹，绳纹上再饰草叶状刮划纹。颈部以上都经过磨光处理。口径 21、残高 7.6 厘米（图一一四，8）。

Ec 型 I 式　7 件。圆唇，弧肩。器物表面原通体饰绳纹，颈部有明显的轮修痕迹，肩部还遗留有绳纹痕迹。T17④D：125，夹砂褐陶。口径 24.6、残高 6.8 厘米（图一一四，1；图版四三，

图一一三　第 4D 层出土 Db 型 II 式陶釜（T15④D：413）肩部纹饰拓片

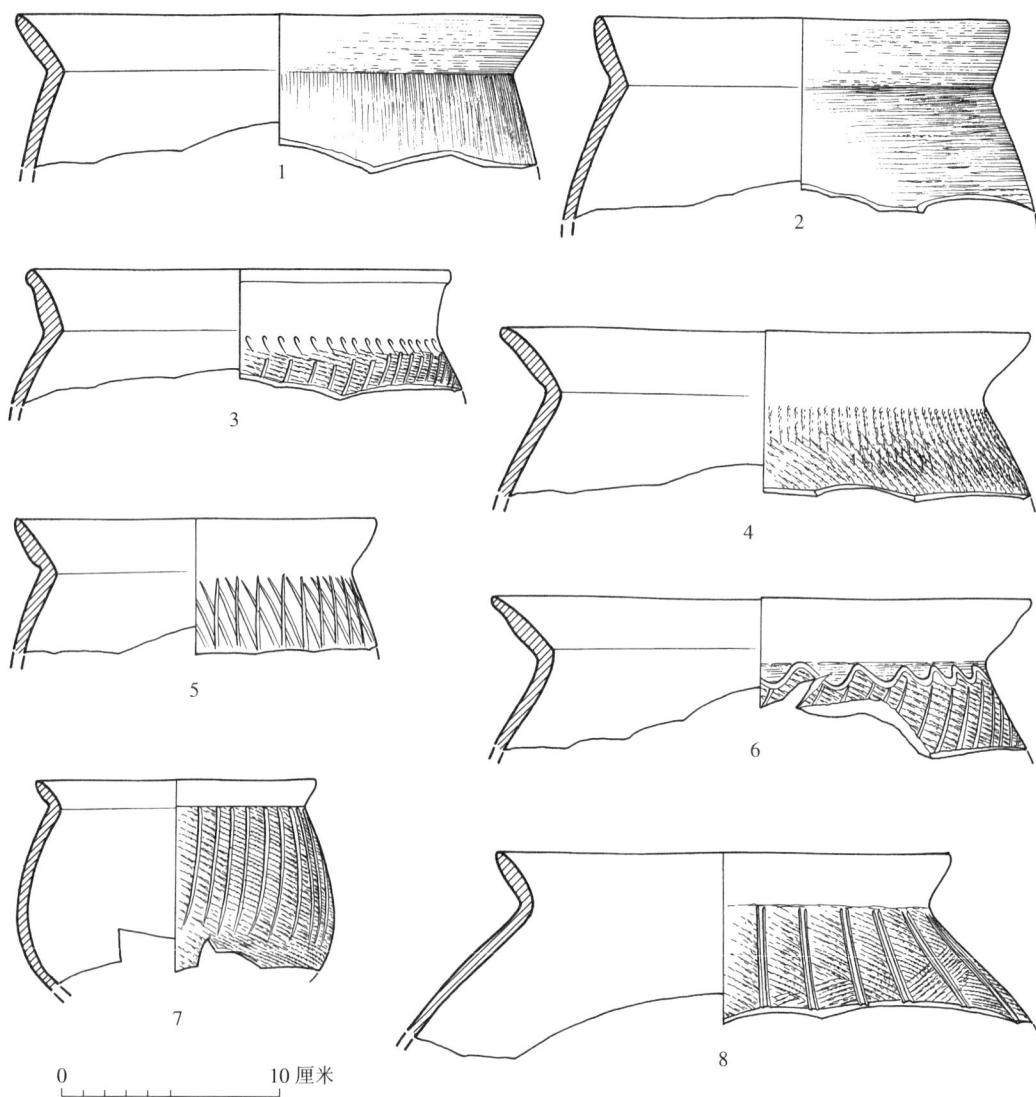

图一一四　第4D层出土陶釜、罐

1、2. Ec 型 I 式釜（T17④D：125、T8④D：76）　3. Ad 型 II 式罐（T15④D：405）　4. Aa 型
III 式罐（T8④D：9）　5、7. Ec 型 II 式釜（T18④D：70、T15④D：46）　6. Ab 型 III 式罐
（T13④D：25）　8. Ea 型 II 式釜（T18④D：51）

5）。T8④D：76，夹砂红褐陶。口径 18.8、残高 8.6 厘米（图一一四，2）。

　　Ec 型 II 式　9件。T18④D：70，夹砂灰褐陶。尖圆唇，窄弧肩，球腹。颈部以上都经过磨光
处理，颈部以下通饰草叶状划纹。口径 16.5、残高 6 厘米（图一一四，5；图版四三，6）。T15④
D：46，夹砂褐陶。尖圆唇，窄弧肩，球腹。颈部以下通饰绳纹，绳纹上再饰草叶状划纹。颈部以
上都经过磨光处理。口径 12.7、残高 8.6 厘米（图一一四，7）。

　　釜身　4件。T15④D：355，夹砂黑褐陶。底部残。肩部与腹部为二次对接而成，肩部以上经

过磨光处理。近领部装饰由两条凹弦纹和戳印鱼鳞纹组成的纹饰带；肩上则饰五条各由五个戳印
圆圈纹、弧线划纹和剔刺短弦纹组成的纹饰带，各纹饰带之间呈"工"字状连接，连接处各有一
圆圈纹对称分布。肩部与腹部连接处附加泥条上饰有由一条凹弦纹和剔划短弦纹组成的纹饰带。
腹径 30.6、残高 14.2 厘米（图一一五、一一六）。

高领罐　11 件。

Aa 型Ⅱ式　4 件。T22④D：147，
泥质磨光灰褐陶。圆唇，沿部较窄。
唇部内装饰一圈戳印芒纹，领部饰一
条凹弦纹，在弦纹上饰三条一组剔划
条纹，而近肩处则饰一圈压印短弦
纹。领部经过磨光处理。口径 26.3、
残高 4.6 厘米（图一一七，12）。

Ab 型Ⅱ式　6 件。T22④D：156，
夹砂灰褐陶。领部经过轮修，饰有
"W"状划纹。口径 24、残高 3.2 厘
米（图一一七，5）。T8④D：87，夹
砂灰褐陶。领部一般都经过轮修，饰
有网格和水波划纹。口径 24.2、残高
5.8 厘米（图一一七，7）。T23④D：
133，夹砂黑褐陶。敞口，卷沿，矮
领。领部饰有绳纹，绳纹上则再饰条
状刮划纹。领部经过轮修。口径
23.9、残高 4 厘米（图一一七，9）。

Bb 型　1 件（T12④D：56）。夹
砂灰褐陶。方唇。口径 29.6、残高
8.7 厘米（图一一七，6）。

罐　41 件。

Aa 型Ⅲ式　7 件。T8④D：9，夹
砂灰褐陶。圆唇，大敞口，弧肩。颈
部以下通饰绳纹。口径 24.5、残高 7
厘米（图一一四，4）。

Ab 型Ⅲ式　3 件。T13④D：25，夹
砂灰褐陶。圆唇，盘口，仰折沿，束

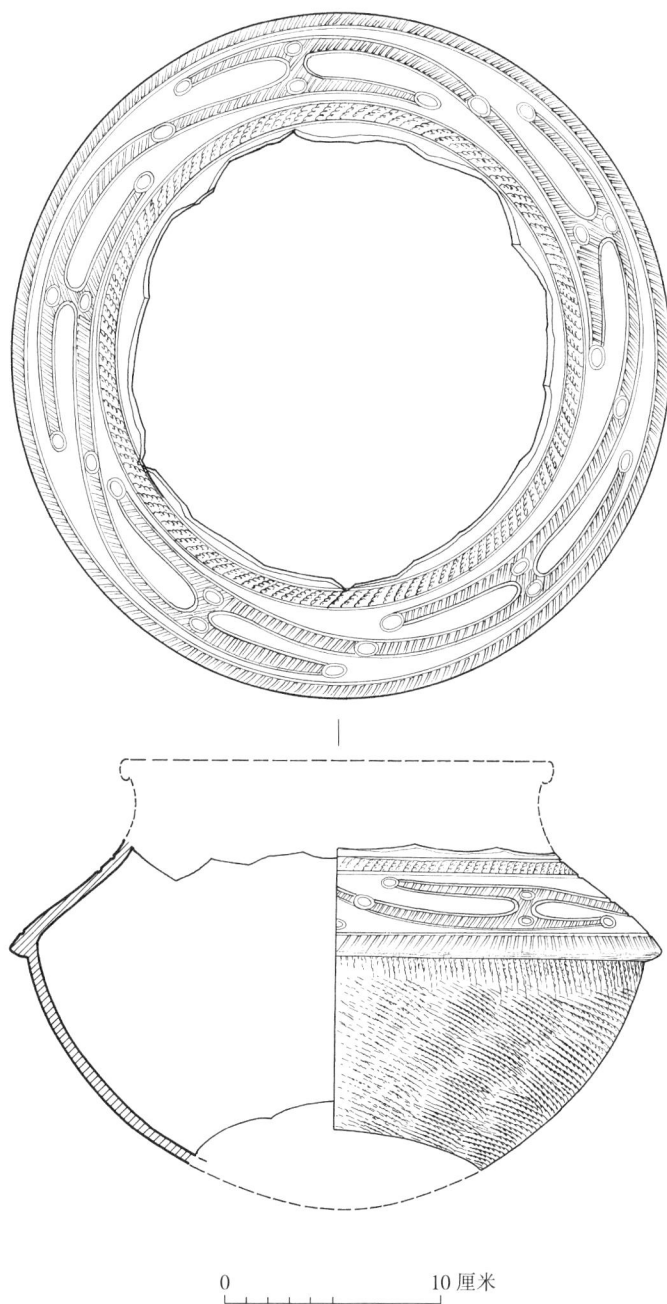

0　　　　　　　　　　10 厘米

图一一五　第 4D 层出土陶釜身（T15④D：355）

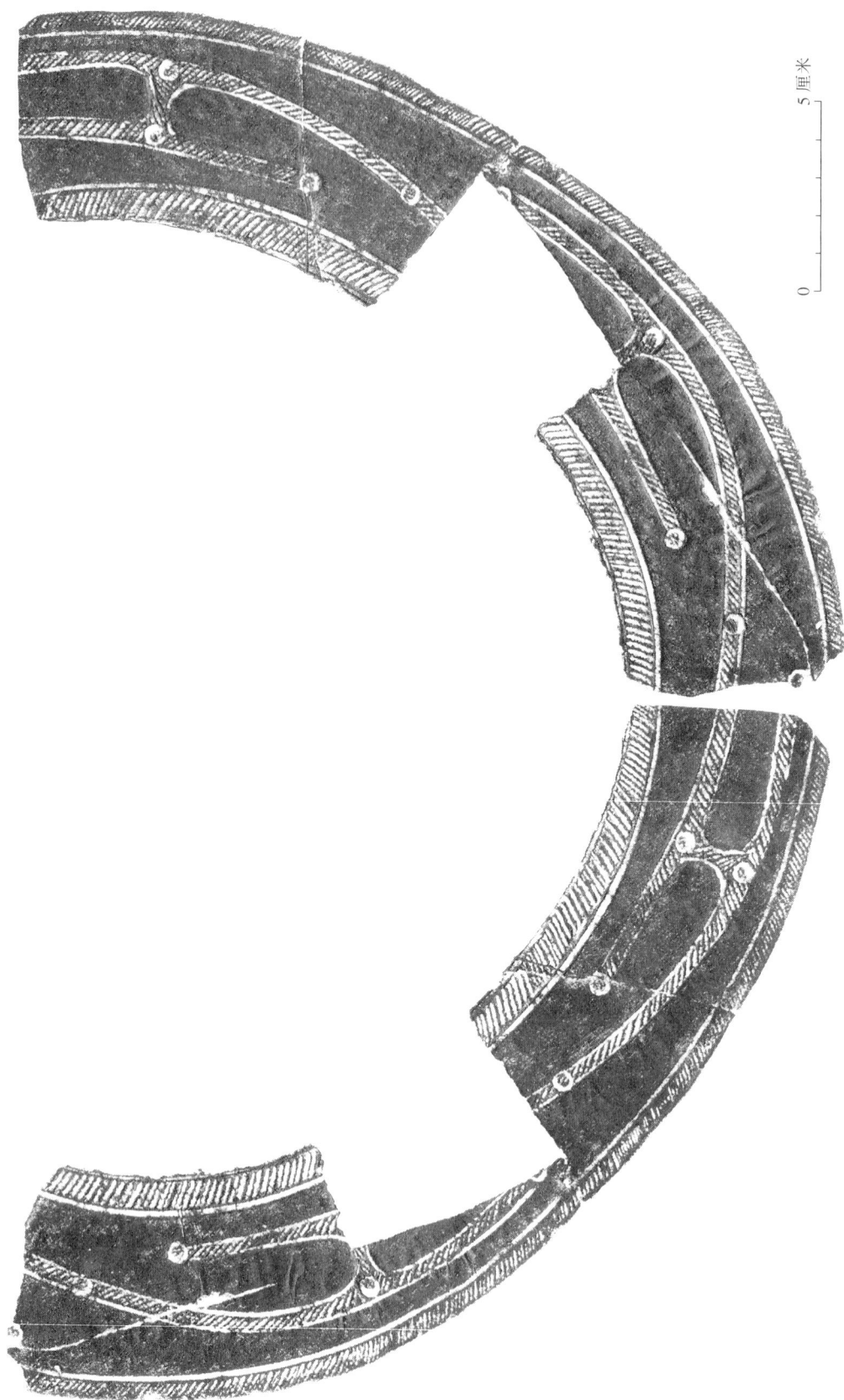

图一一六 第 4D 层出土陶釜身（T15④D：355）肩部纹饰拓片

5 厘米

0

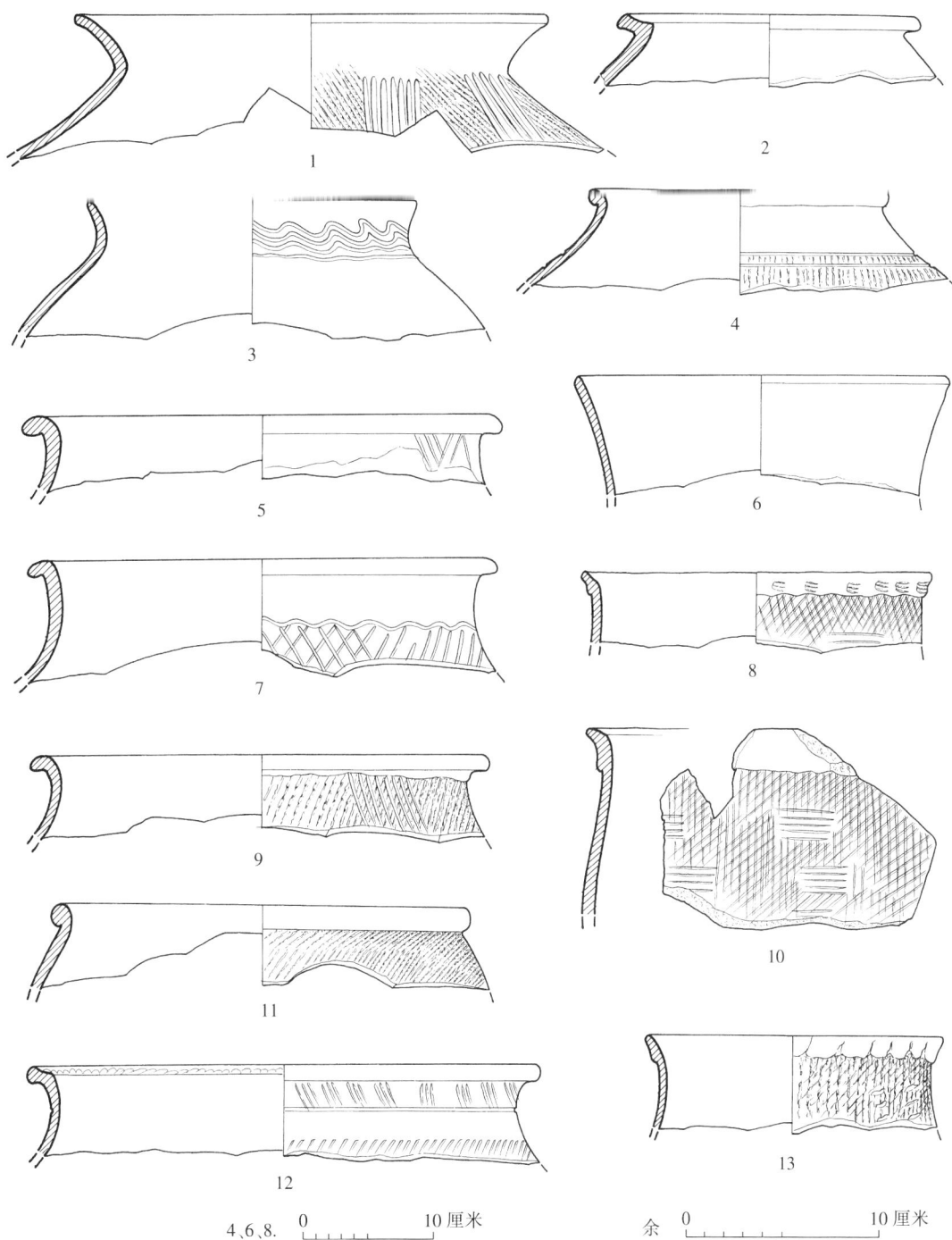

图一一七　第 4D 层出土陶器

1. Bb 型 I 式瓮形器（T15④D：380）　2. Db 型 I 式罐（T14④D：58）　3. Ae 型 II 式罐（T13④D：46）
4. C 型瓮形器（T15④D：381）　5、7、9. Ab 型 II 式高领罐（T22④D：156、T8④D：87、T23④D：133）
6. Bb 型高领罐（T12④D：56）　8、13. Ba 型 III 式花边口沿罐（T12④D：57、T12④D：55）　10. 缸（T12④D：58）　11. Ab 型瓮形器（T15④D：387）　12. Aa 型 II 式高领罐（T22④D：147）

颈。颈部装饰有水波状划纹，颈部以下通饰绳纹，绳纹上再饰草叶状划纹。口径 24.8、残高 6.8 厘米（图一一四，6；图版四四，1）。

Ad 型Ⅱ式　2 件。T15④D：405，夹砂灰褐陶。侈口，折沿，管状唇，弧肩。颈部装饰一圈戳印点纹，颈部下通饰绳纹，绳纹上再饰草叶状划纹。口径 19.9、残高 5.8 厘米（图一一四，3）。

Ae 型Ⅱ式　28 件。圆鼓肩，敞口，卷沿。肩部以上都经过抛光处理。T13④D：46，夹砂灰褐陶。尖圆唇。颈部装饰水波划纹。口径 16.9、残高 6.8 厘米（图一一七，3；图版四四，2）。

Db 型Ⅰ式　1 件（T14④D：58）。夹砂黑褐陶。方唇，溜肩。口径 15.5、残高 3.4 厘米（图一一七，2）

鋬耳罐　1 件。

T23④D：128，泥质红褐陶。方唇，束颈。近颈部装饰一圈由两条平行凹弦纹和绳索纹组成的纹饰带，肩部饰由凹弦纹和绳纹及戳印圆圈纹组成的变形几何状复合纹饰。肩部与腹部接合处还间隔装饰三个穿孔小鋬耳。口径 7.6、底径 6.6、高 10.5 厘米（图一一八、一一九；彩版一五，2）。

缸　1 件。

T12④D：58，夹砂灰陶。敞口，尖圆唇。唇部用宽泥条附加而成。唇部下通饰网格状细划纹，网格纹上有零星短线划纹。残高 9.8 厘米（图一一七，10）。

盆形器　2 件。

A 型Ⅲ式　1 件（T24④D：104）。泥质磨光灰褐陶。敞口，卷沿，矮领。肩部以下通饰绳纹，肩部和腹部各饰一条平行凹弦纹，平行弦纹间再饰一圈水波划纹。口径 16.8、残高 5.4 厘米（图一〇九，14）。

B 型Ⅰ式　1 件（T8④D：81），泥质红褐陶。圆唇，近盘口，卷沿，矮领，弧腹。领部装饰一条凹弦纹，弦纹上则饰剔划短线纹。口径 17.8、残高 4.2 厘米（图一〇九，13）。

瓮形器　3 件。

Ab 型　1 件（T15④D：387）。夹砂灰褐陶。口略敞，圆唇，弧肩。唇部内侧装饰一圈戳印椭圆形捺窝纹，肩部通饰绳纹。口径 21.6、残高 3.8 厘米（图一一七，11）。

Bb 型Ⅰ式　1 件（T15④D：380）。夹砂灰褐陶。大敞口，圆唇，束颈，广溜肩。肩部通饰绳纹，绳纹上再饰以条状刮划纹。颈部经过轮修处理，有磨光痕迹。口径 24.3、残高 6.6 厘米（图一一七，1；图版四四，3）。

C 型　1 件（T15④D：381）。夹砂磨光黑褐陶。圆唇，沿部较窄。肩部通饰绳纹，其上再饰两条平行凹弦纹。领部经过磨光处理。口径 23.7、残高 7.5 厘米（图一一七，4；图版四四，4）。

花边口沿罐　2 件。

Ba 型Ⅲ式　2 件。T12④D：57，夹砂灰褐陶。尖圆唇，矮领。唇部用上饰压印捺窝纹的泥条附加而成，领部则饰交叉细网格划纹。口径 27.2、残高 6 厘米（图一一七，8）。T12④D：55，夹砂

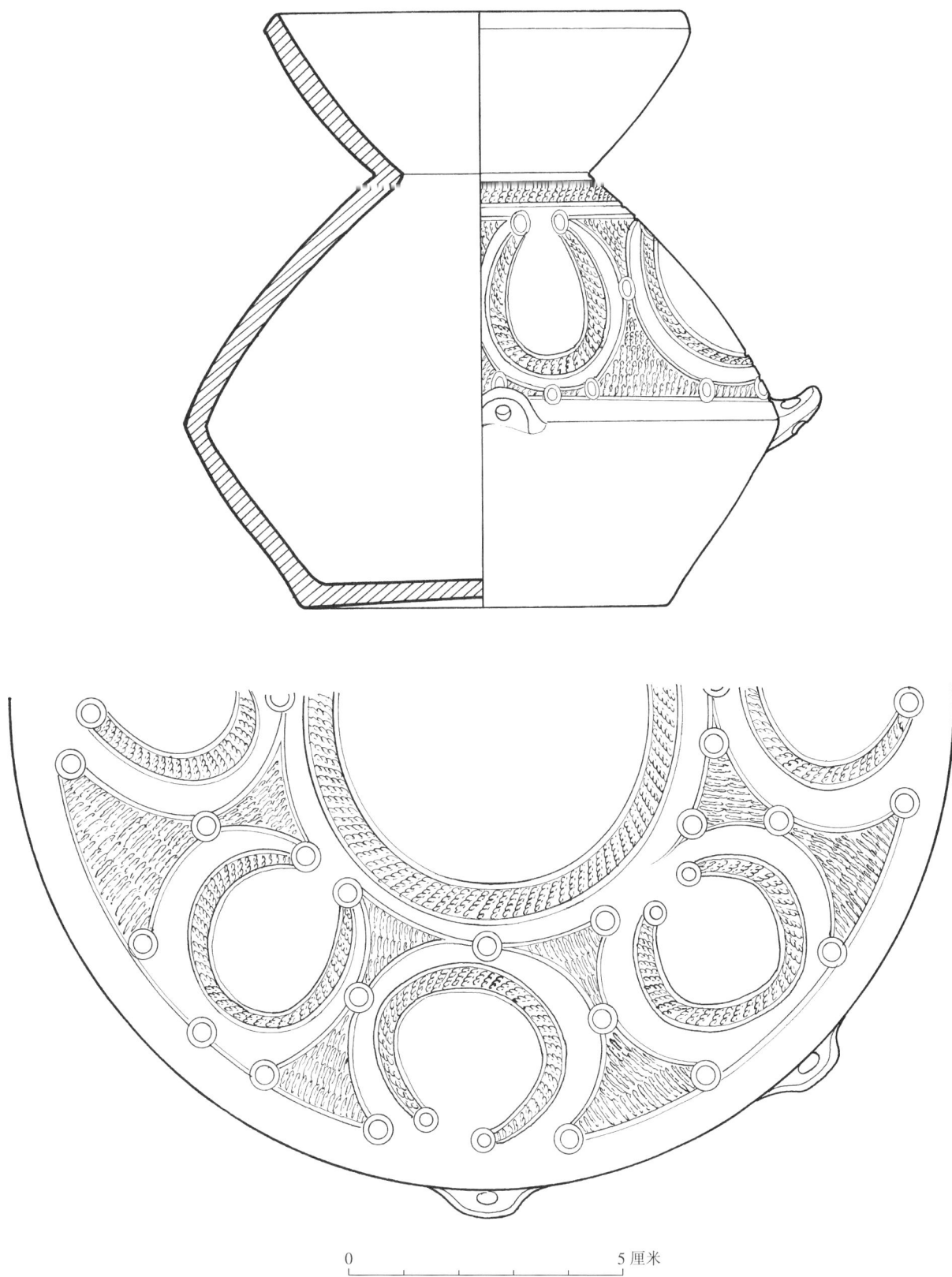

图一一八 第 4D 层出土陶錾耳罐（T23④D：128）

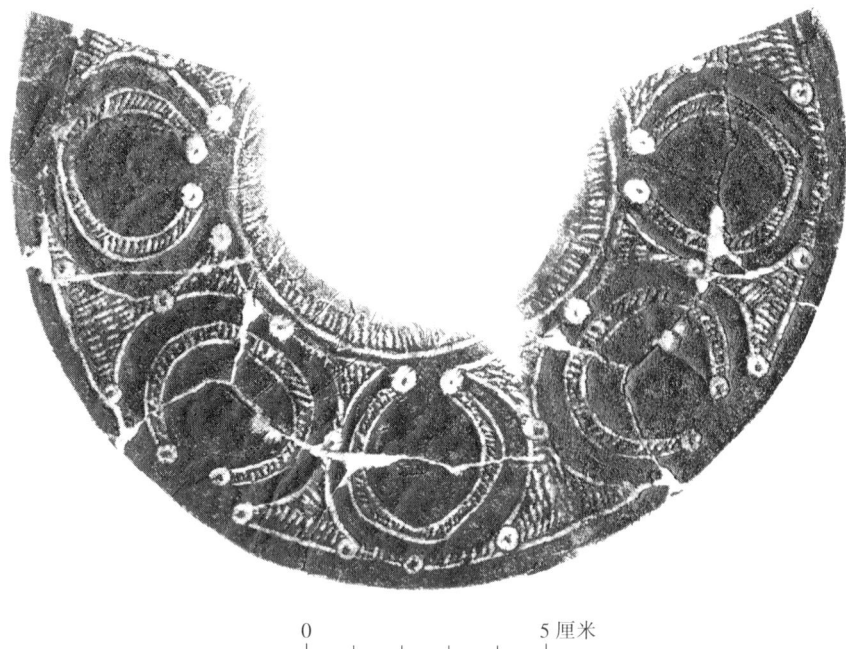

图一一九　第4D层出土陶錾耳罐（T23④D：128）肩部纹饰拓片

灰褐陶。敞口，尖圆唇，矮领。唇部用磨断泥条附加而成，领部通饰绳纹，绳纹上有零星压印点纹。口径15.4、残高4.6厘米（图一一七，13）。

器盖　2件。

Aa型Ⅲ式　1件（T5④D：162）。夹砂黑褐陶。底部微内凹。口径19.6、残高8厘米（图一二〇，1）。

C型　1件（T13④D：460）。夹砂灰褐陶。器纽残。厚圆唇，弧壁。唇部有一折棱。折棱下附加一条装饰戳印锥刺纹的附加堆纹。器盖腹壁上装饰有绳纹。口径19.6、残高9.6厘米（图一二〇，2；图版四四，5）。

圈足　20件。

Aa型Ⅰ式　5件。T17④D：125，夹砂黑褐陶。足部外侈，呈浅盘状。圈足与底部接合处装饰由两条平行凹弦纹和短线划纹组成的纹饰带，足部则饰由两条平行凹弦纹和戳印鱼鳞纹组成的纹饰带。足径17.8、残高5厘米（图一二〇，6；图版四四，6）。

Aa型Ⅱ式　15件。T14④D：57，夹砂黑褐陶。足部微侈。足部呈覆碗状。表面装饰由两条平行凹弦纹分区的纹饰带，在弦纹间分布着一圈纵向椭圆形光面，在每个椭圆形光面周缘则间隔饰以戳印圆圈纹和短线划纹。足径28、残高6.8厘米（图一二〇，3）。T13④D：62，夹砂灰褐陶。足部微敛，呈覆碗状。表面装饰由弧形弦纹和戳印鱼鳞纹组成的几组"仌"状的弧状纹饰带。足径22、残高5.2厘米（图一二〇，5）。

残圈足器　1件。

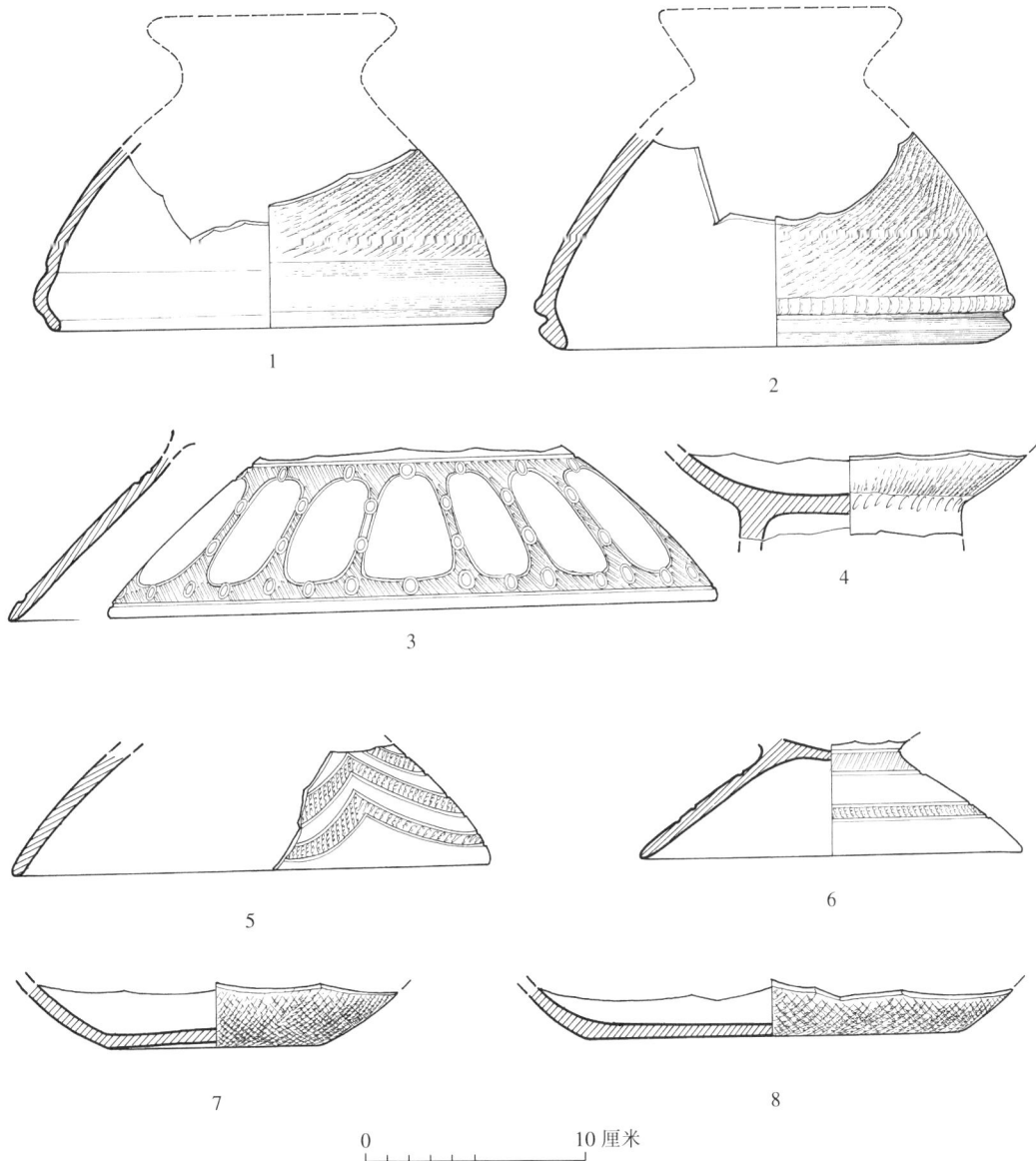

图一二〇　第 4D 层出土陶器

1. Aa 型Ⅲ式器盖（T5④D∶162）　2. C 型器盖（T13④D∶460）　3、5. Aa 型Ⅱ式圈足（T14
④D∶57、T13④D∶62）　4. 残圈足器（T13④D∶26）　6. Aa 型Ⅰ式圈足（T17④D∶125）

7. Ab 型器底（T29④D∶105）　8. Aa 型器底（T5④D∶161）

T13④D∶26，夹砂灰褐陶。圈足残，仅存圈足与器物底部接合处，足底形态不明。器底与圈足接合处外壁装饰有一圈戳印点纹。残高 3.6 厘米（图一二〇，4）。

器底　5 件。近器底的腹部装饰交错绳纹。

Aa 型　1 件（T5④D∶161）。夹砂灰褐陶。底径 17.2、厚 0.4、残高 2.2 厘米（图一二〇，8）。

Ab 型　4 件。T29④D∶105，夹砂红褐陶。底部微内凹。底径 9.6、厚 0.5、残高 2.9 厘米

（图一二〇，7）。

纺轮　4件。

A 型　1件（T30④D∶39）。夹砂黑褐陶。圆孔为单面钻。直径5.9、孔径1、厚0.7厘米（图一二一，3；图版四五，1）。

B 型　2件。T13④D∶5，泥质红褐陶。上径2.6、下径3.8、孔径0.5、厚3厘米（图一二一，2；图版四五，3、4）。

C 型　1件（T13④D∶14）。泥质红褐陶。直径3.3、孔径0.4、厚3.2厘米（图一二一，1；图版四五，2）。

陶拍　5件。

T22④D∶143，夹砂红褐陶。平面形状呈不规则圆形。周缘经过修整。表面还残留原器物上的斜向绳纹。直径约3.3、厚0.5厘米（图一二一，4；图版四五，5）。

支座　2件。

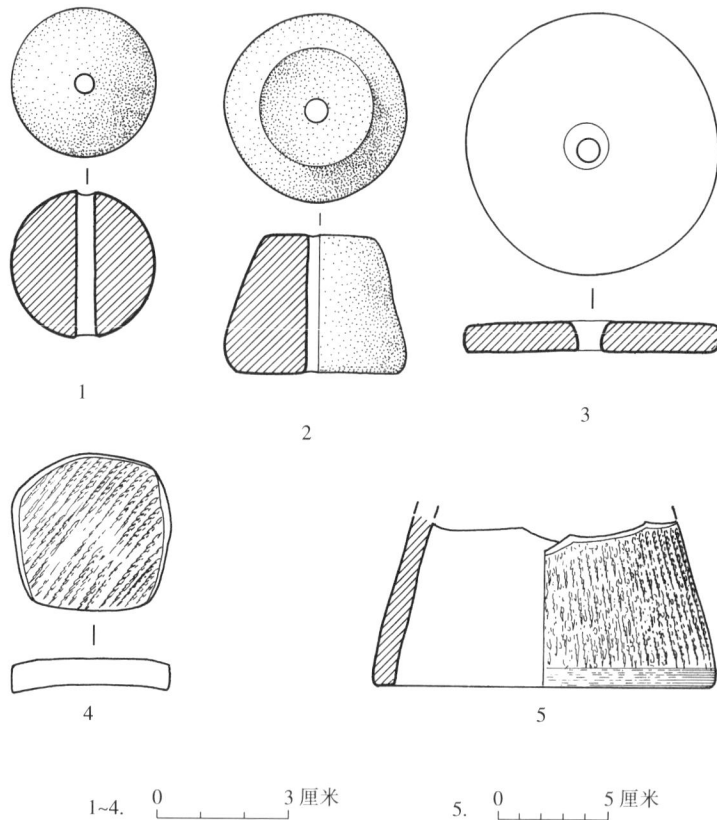

图一二一　第4D层出土陶器

1. C 型纺轮（T13④D∶14）　2. B 型纺轮（T13④D∶5）　3. A 型纺轮（T30④D∶39）　4. 陶拍（T22④D∶143）　5. 支座（T13④D∶20）

T13④D∶20，夹砂红褐陶。上段残，足部微敛，中空。表面通饰斜向绳纹。近底部有轮修痕迹。足径15.7、残高7.3厘米（图一二一，5；图版四五，6）。

2. 石器

本层位磨制石器占有绝对优势，另有少量的石器仅打制周缘，表面未进行深加工，仍然保留岩石自然面。磨制石器的岩性以玄武岩为大宗，其次为砾岩、砂岩、硅质岩、板岩、砂岩、千枚岩、页岩等。器形种类以斧、锛、凿、网坠、砺石、镞多见，另有石拍、纺轮、石锄、石璧、磨盘、星形器、穿孔重石、石匕首、环等。主要是生产和渔猎工具，其次为生活用具和装饰品。

斧　41件。

Aa 型　10件。刃部有琢痕，

表面和背面均利用天然台面。T13④D：23，利用天然砾岩打制而成。平面形状呈长条形，近弧顶，弧刃。表面保留其自然光滑面，背面则有明显的破裂面，两侧有显著的打制痕迹。长11.6、宽2.5～5.5、厚1.7厘米（图一二二，1；图版四六，1）。

Ba 型 5件。T23④D：26，灰绿色玄武岩。弧顶，舌形刃。顶部和刃部有明显使用痕迹。磨制精致。长10.6、宽3.5～4.5、厚1.2厘米（图一二二，2）。T3④D·18，灰色玄武岩。近平顶。舌形刃。顶部和刃部残缺一部，一侧有多处崩疤。磨制精致。长8.3、宽4.8～5.3、厚2.1厘米（图一二二，3）。T26④D：28，浅灰绿色玄武岩。弧顶，舌形刃。磨制精致。长7.2、宽3.6～4.2、厚2厘米（图一二二，4）。T15④D：64，灰绿色玄武岩。近平顶，舌形刃。顶部和刃部有明显的使用痕迹。长8、宽3.5～4.3、厚2厘米（图一二二，5）。T12④D：5，灰绿色玄武岩。刃部和顶部略残。平顶。表面磨痕清晰。长7.9、宽2.8～3.5、厚1.4厘米（图一二二，6）。

Bb 型 2件。T25④D：27，灰色玄武岩。平顶，弧刃。表面有多处崩疤。长8.7、宽3.8～5.2、厚2厘米（图一二三，1；图版四六，2）。

Be 型 7件。T25④D：25，灰绿色玄武岩。顶部略残。弧顶，舌形刃。长10.7、宽3.6～5.2、厚2.1厘米（图一二三，2；图版四六，3）。T4④D：33，灰绿色玄武岩。体厚，弧顶，舌形刃。顶部有明显使用痕迹，一侧有多处崩疤。磨制精致。长8.7、宽3.6～5、厚2.3厘米（图一二三，3；图版四六，4）。T5④D：20，灰绿色玄武岩。刃部残缺一部。弧顶，舌形刃。顶部和刃部有明显使用痕迹。磨制精致。长8.5、宽4.3～5.7、厚2.2厘米（图一二三，4）。T24④D：27，灰绿色玄武岩。刃部残缺一端。弧顶，舌形刃。磨制精致。长6.7、宽3.3～4.8、厚1.8厘米（图一二三，6）。T18④D：50，浅灰绿色玄武岩。刃部略残。弧顶，舌形刃。磨制精致。长8.1、宽4.8～6.2、厚1.3厘米（图一二三，5）。

Bf 型 10件。T24④D：42，深灰色玄武岩。刃部略残。弧顶，弧刃。顶部和表面有多处崩疤。长14.7、宽4.4～6.5、厚2.6厘米（图一二四，1；图版四六，5）。T12④D：23，灰绿色玄武岩。顶部略残。弧顶，弧刃。长11.3、宽3.6～5.2、厚2.8厘米（图一二四，2）。T13④D：6，深灰色玄武岩。体薄，柄残缺，刃部锋利，弧刃。磨制精致。残长11.5、宽6.5～7、厚1.6厘米（图一二四，3；图版四六，6）。T24④D：46，深灰绿色玄武岩。平顶，弧刃。表面有多处崩疤，顶部有明显的使用痕迹。长9.1、宽3.6～5.1、厚2厘米（图一二四，4）。T14④D：22，浅灰绿色玄武岩。弧顶，弧刃。磨制精致。长7.4、宽3.8～4.9、厚1.3厘米（图一二五，1）。

Ca 型 3件。T25④D：32，深灰绿色玄武岩。顶部残缺一部。近平顶，舌形刃。磨制精致。长6.3、宽3.1～3.5、厚1.1厘米（图一二五，2）。T13④D：16，灰绿色玄武岩。近平顶，舌形刃。磨制精致。长5.2、宽2.1～2.5、厚1.4厘米（图一二五，4）。

Cb 型 1件（T30④D：34）。灰绿色玄武岩。平顶，弧刃。表面有多处崩疤。磨制精致。长5.5、宽2.7～4.6、厚1.1厘米（图一二五，3）。

Cd 型 3件。T28④D：11，浅灰绿色玄武岩。顶和刃部均残一部。斜顶，弧刃。磨制精致。

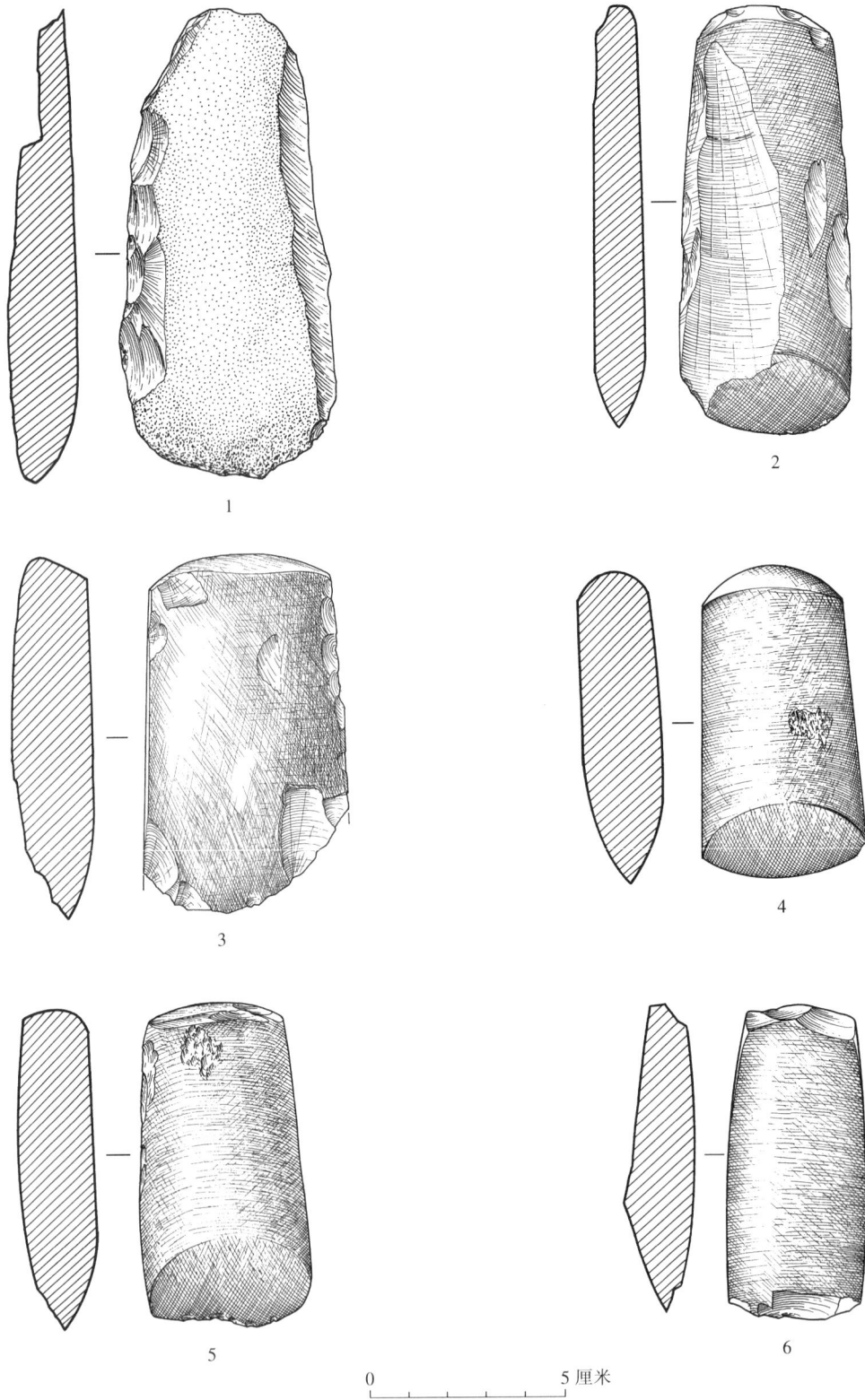

图一二二　第 4D 层出土石斧

1. Aa 型（T13④D：23）　2～6. Ba 型（T23④D：26、T5④D：18、T26④D：28、T15④D：64、T12④D：5）

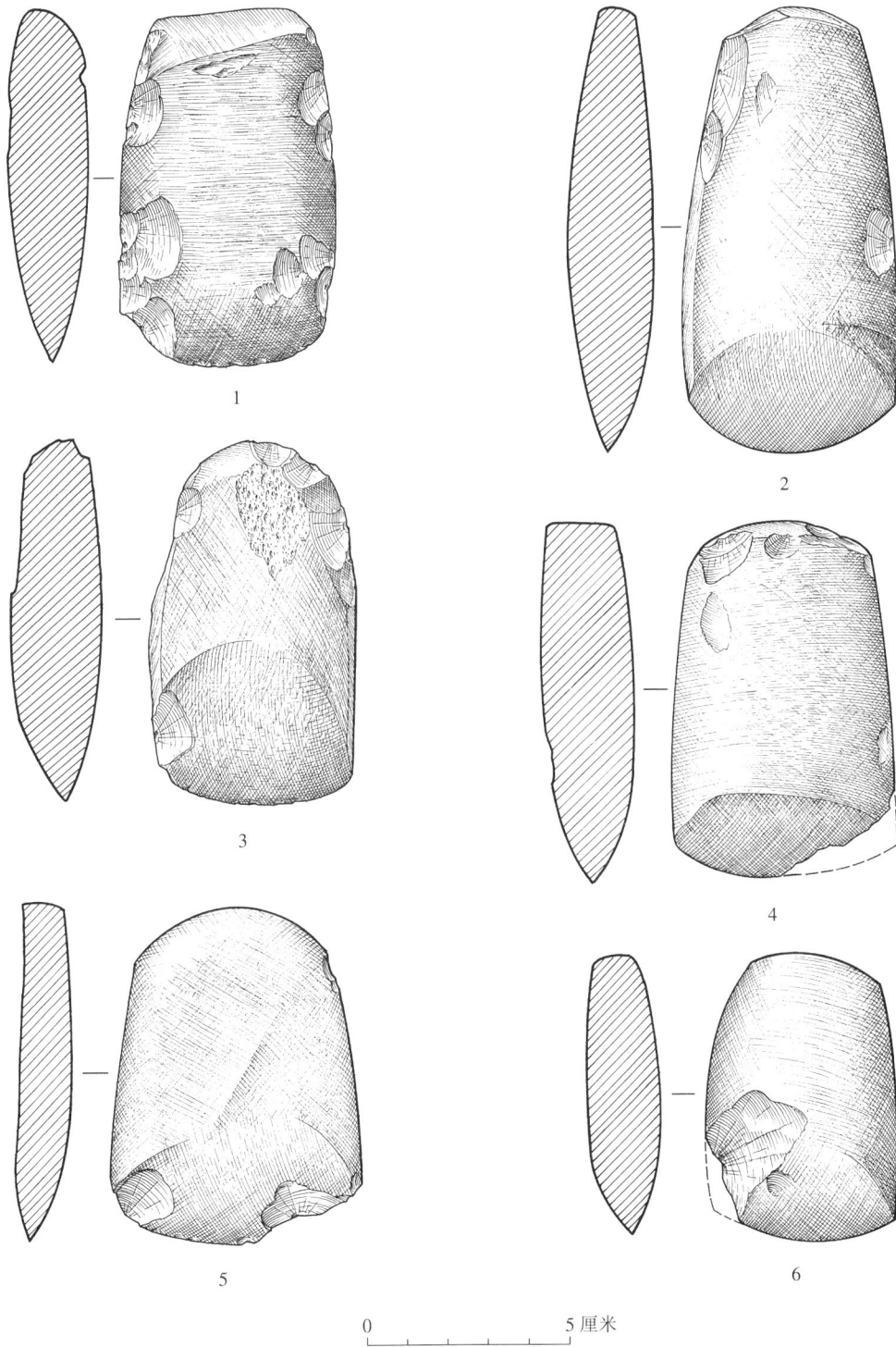

0　　　　　　　5 厘米

图一二三　第 4D 层出土 B 型石斧

1. Bb 型（T25④D：27）　　2 ~ 6. Be 型（T25④D：25、T4④D：33、T5④D：20、T18④D：50、T24④D：27）

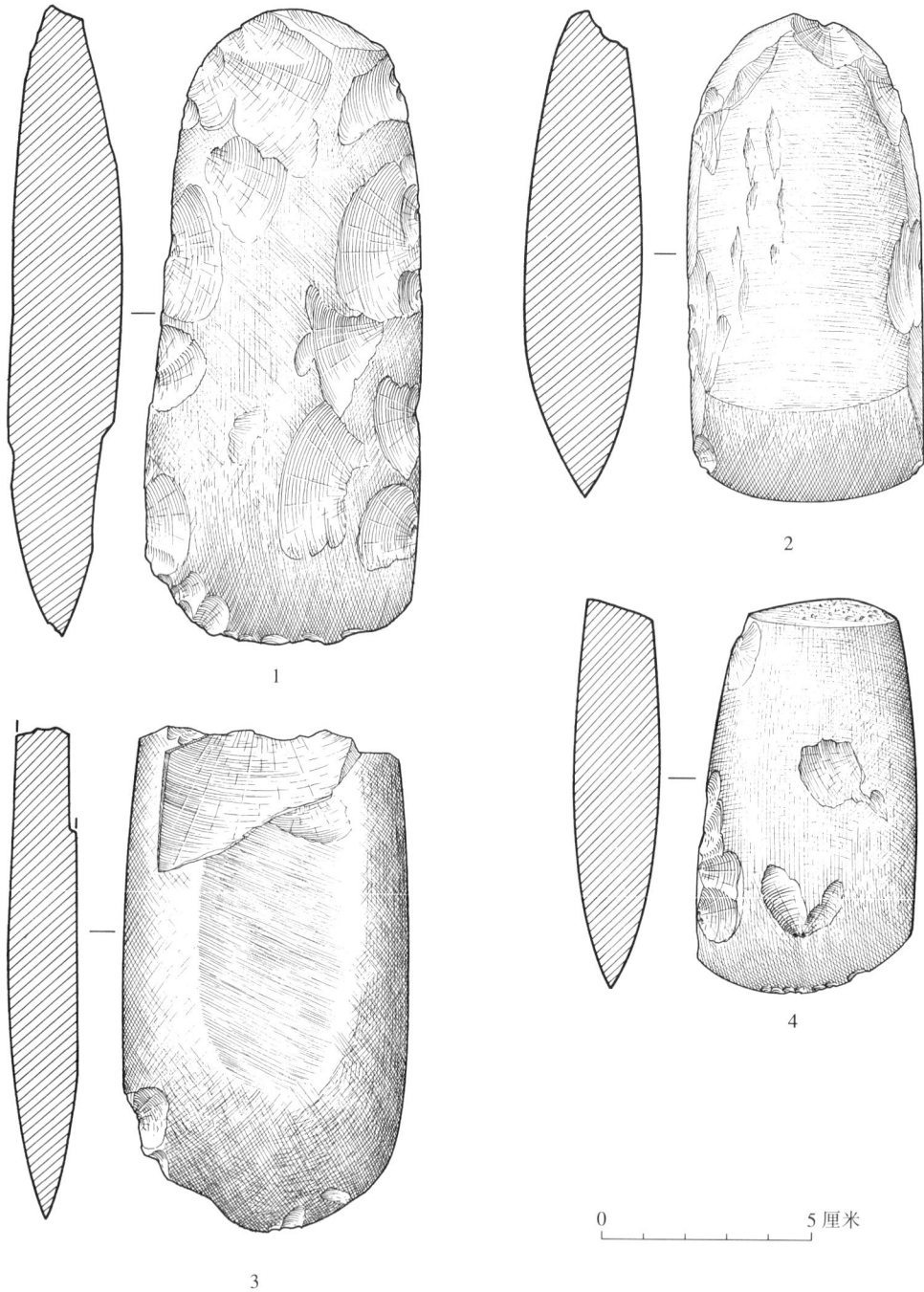

图一二四　第4D层出土Bf型石斧

1. T24④D：42　2. T12④D：23　3. T13④D：6　4. T24④D：46

长7.8、宽1.2～4.1、厚1.5厘米（图一二五，5）。T5④D：21，深灰色玄武岩。一侧有残缺。弧顶，弧刃。磨制精致。长6.8、宽3.5～4.8、厚1.8厘米（图一二五，6）。

　　锛　27件。

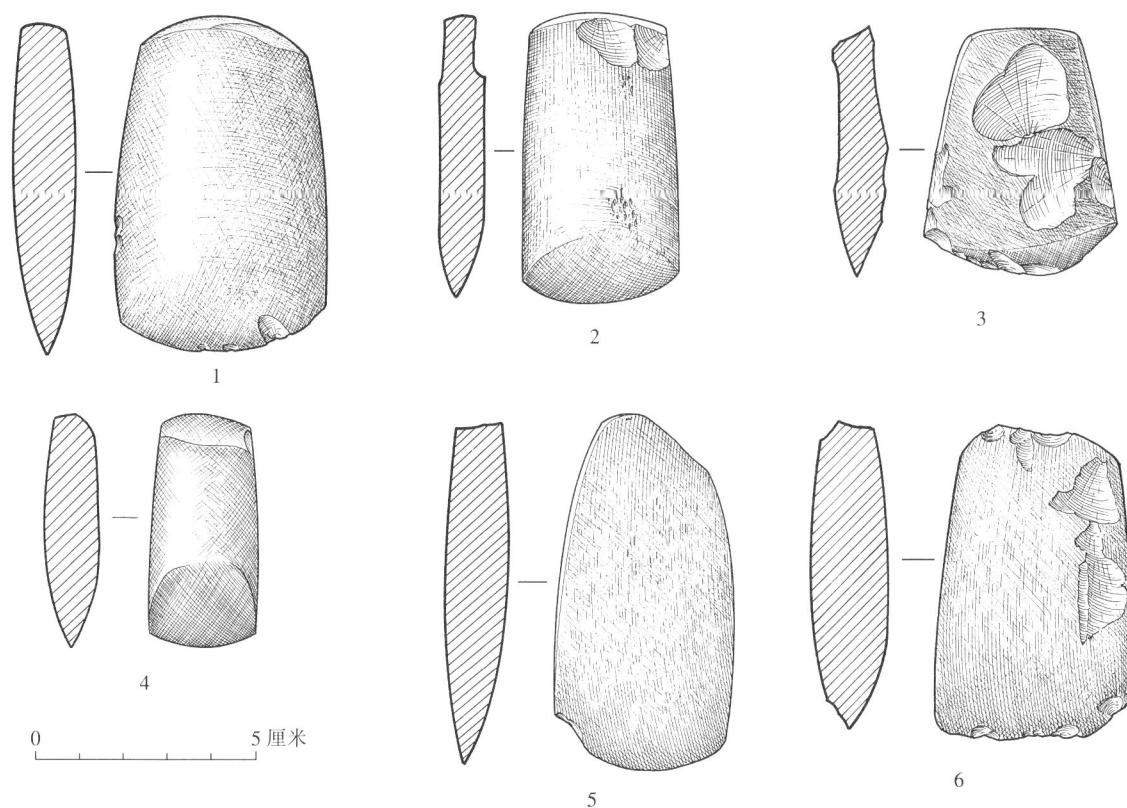

图一二五　第 4D 层出土石斧

1. Bf 型（T14④D：22）　2、4. Ca 型（T25④D：32、T13④D：16）　3. Cb 型（T30④D：34）　5、6. Cd 型（T28④D：11、T5④D：21）

Aa 型　12 件。T22④D：31，浅灰绿色玄武岩。平顶，弧刃，刃部锋利。磨制精致。长 5.1、宽 3～4.1、厚 1.6 厘米（图一二六，1；图版四七，1）。T21④D：17，灰绿色玄武岩。近平顶，弧刃，刃部锋利。磨制光滑。长 5.3、宽 3～3.6、厚 1.6 厘米（图一二六，2；图版四七，2）。T22④D：32，灰绿色玄武岩。近平顶，弧刃，刃部锋利。一侧有多处崩疤。长 4.3、宽 2.4～3.1、厚 0.8 厘米（图一二六，4；图版四七，3）。T22④D：16，灰色玄武岩。顶凹凸，弧刃。一侧有两处崩疤。长 4.2、宽 2.2～3、厚 1.1 厘米（图一二六，6；图版四七，4）。

Ba 型　5 件。T4④D：21，灰绿色玄武岩。刃部略残。体量较小。近平顶，弧刃，刃部锋利。长 2.9、宽 0.8～1.2、厚 0.3 厘米（图一二六，3）。T30④D：33，灰色玄武岩，顶部略残。近平顶，弧刃，刃部锋利。长 3.8、宽 1.5～2.4、厚 1 厘米（图一二六，5；图版四七，5）。

Bb 型　10 件。T24④D：44，深灰色玄武岩。顶部略残。近平顶，弧刃。磨制光滑。长 6.3、宽 2.1～3.3、厚 1.4 厘米（图一二七，3）。T18④D：57，浅灰色角闪片岩。两侧近刃处略残。斜顶，偏刃。表面遗留其自然光面。刃部磨制精细。长 5.7、宽 2.5～3.1、厚 1.2 厘米（图一二七，6；图版四八，1）。T24④D：43，灰绿色玄武岩。刃部和顶部均残。表面磨制光滑。残长 3.8、宽

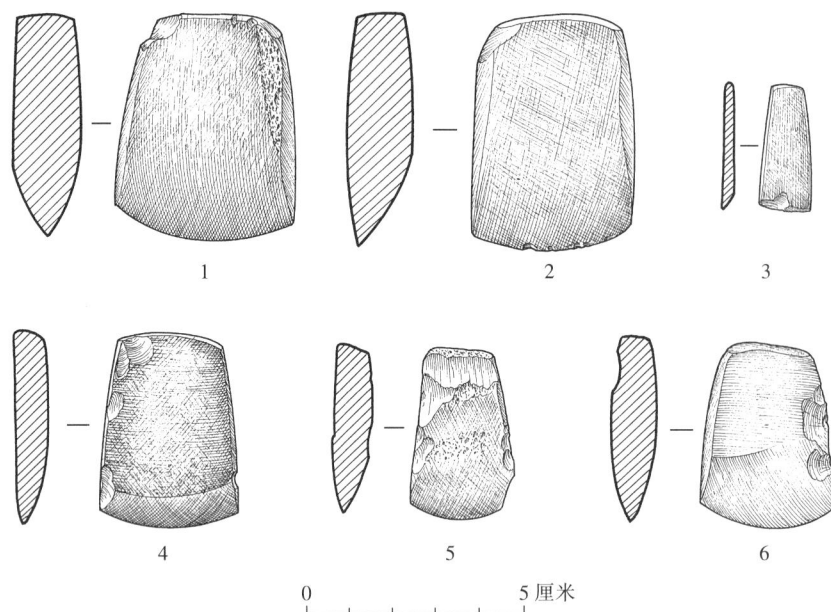

图一二六　第4D层出土石锛

1、2、4、6. Aa 型（T22④D：31、T21④D：17、T22④D：32、T22④D：16）

3、5. Ba 型（T4④D：21、T30④D：33）

2.4～2.7、厚1.5厘米（图一二七，7；图版四八，2）。

　　Bc 型　5件。T24④D：36，深灰色玄武岩。刃部略残。磨制精制。长5.5、宽0.7～2.5、厚1.2厘米（图一二七，1；图版四八，3）。T12④D：6，灰色玄武岩。表面残留部分自然面，局部磨制。长6.4、宽0.7～2.3、厚0.9厘米（图一二七，2；图版四八，4）。

　　Bd 型　2件。T26④D：17，灰绿色玄武岩。弧顶，弧刃。表面有多处崩疤。磨制光滑。长6.2、宽1.8～2.4、厚0.9厘米（图一二七，5；图版四八，5）。

　　凿　5件。

　　A 型　3件。T14④D：44，灰绿色玄武岩。弧顶，弧刃。表面有多处崩疤。刃部和顶部有明显的使用痕迹。磨制光滑。长4.7、宽1.1～1.8、厚0.9厘米（图一二七，4；图版四八，6）。

　　锄　1件。

　　T21④D：33，灰褐色砾岩，平面形状呈舌状，剖面近弓形。刃部外弧，有使用痕迹；柄部内弧，便于手握。仅表面保留自然面。长23.6、宽4.6～7.6、厚2.6～4.2厘米（图一二八，1；图版四九，1）。

　　砺石　11件，均为多次使用。器物表面均有明显的磨痕，形成很深的凹槽。

　　T24④D：24，灰褐色砾岩。平面形状呈不规则状，三面均有很深的纵向磨痕。长23.6、宽6～13、厚5.2～7.2厘米（图一二八，2；图版四九，2）。

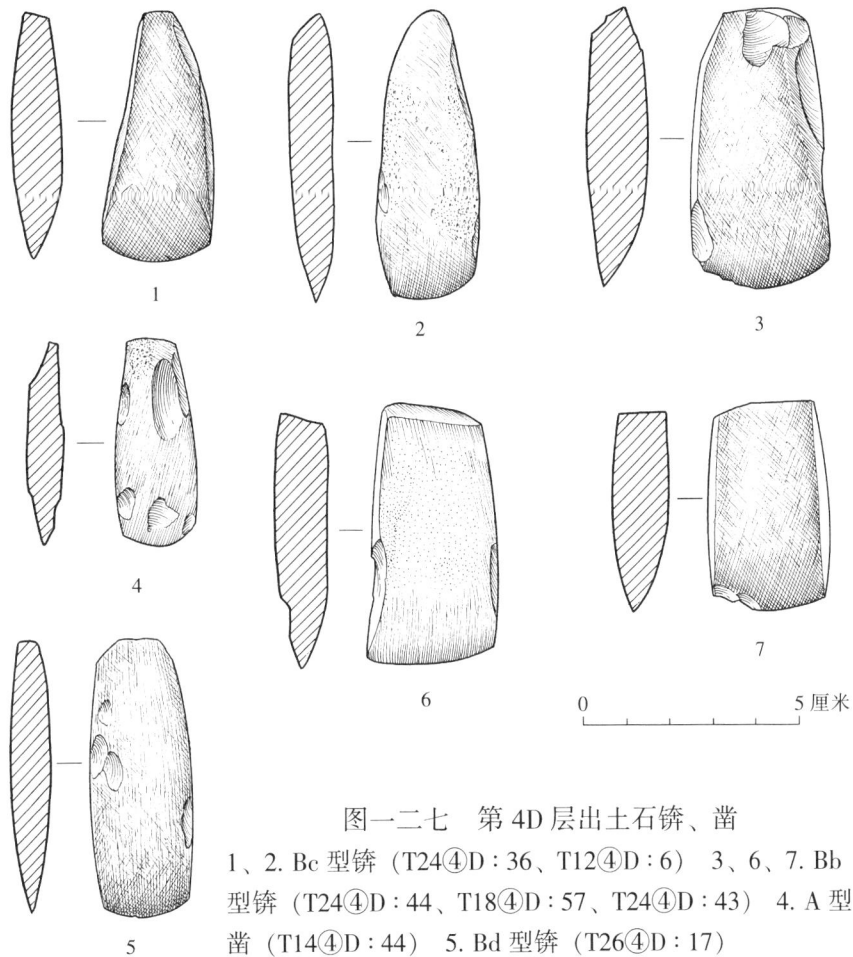

图一二七　第 4D 层出土石锛、凿
1、2. Bc 型锛（T24④D：36、T12④D：6）　3、6、7. Bb
型锛（T24④D：44、T18④D：57、T24④D：43）　4. A 型
凿（T14④D：44）　5. Bd 型锛（T26④D：17）

石拍　1 件。

T15④D：65，灰白色砂岩。模面平面形状近椭圆形，立面近圆圭状。器物正面刻划有六道划纹，模面宽厚；柄部窄细，可能是为便于手握。模面直径 4.2～5.2、柄部宽 2.4、高 8.5 厘米（图一二八，3；图版四九，3）。

纺轮　1 件。

T8④D：19，深灰色页岩。平面形状呈圆形，中间有对穿圆孔一个；边缘有两处残缺。表面磨制光滑。直径 5.6、孔径 1、厚 0.6 厘米（图一二八，4）。

磨盘　2 件。平面形状呈扁椭圆形。

T32④D：30，灰黄色砂岩制成，因风化而呈球状。平面形状呈圆形；剖面呈橄榄形，中间厚，边缘薄。表面有明显的使用痕迹。长 13.1、宽 11.3、厚 2.9 厘米（图一二九，3；图版四九，4）。

璧　1 件。

T29④D：44，深灰色硅质岩。保存较好，仅刃部略残。肉部有边缘向孔部增厚，缘部锋利。平面形状呈圆形，璧中有对穿圆孔。磨制光滑。直径 11.5、孔径 2.3、高 1.2 厘米（图一二九，

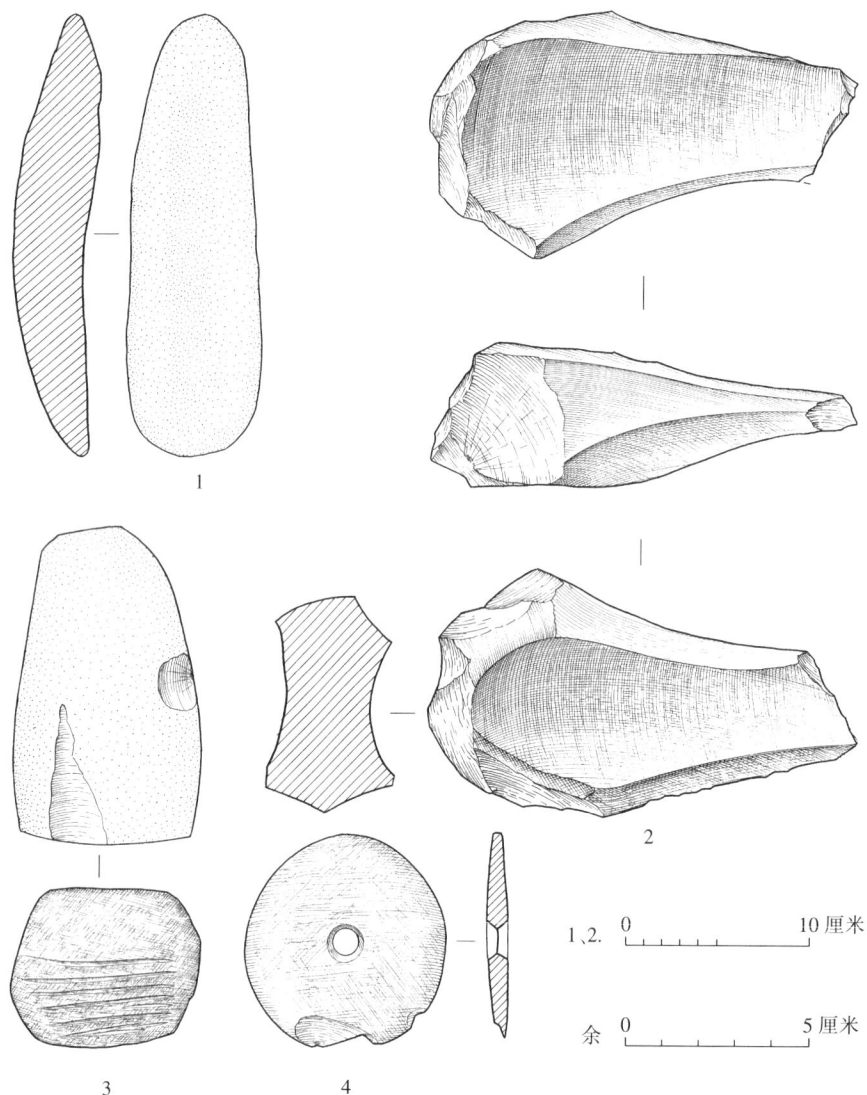

图一二八　第4D层出土石器

1. 石锄（T21④D：33）　2. 砺石（T24④D：24）　3. 石拍（T15④D：65）
4. 纺轮（T8④D：19）

2；彩版一五，3；图版五〇，1）。

星形器　1件。

T27④D：11，深灰色绿岩制成，因蛇纹石化而带绿色。上下小齿轮六等分，中间夹六等分大齿轮，大齿轮尖均残断，平面形状呈放射状六角星状。复原后基本平面形状中部为一圆形，立面呈筒状，内壁遗留显著的磨制痕迹，上下沿对称分布着六个小锥状齿轮，中间也对称分布六个大小均一的长齿轮，齿轮长度大致等分，其中六个小齿轮与六个大齿轮对称交叉分布，磨制精细，几何切割和磨制技术均显示出高超的水平。穿孔直径2.1～2.7厘米，复原后小齿轮长约2.4、大

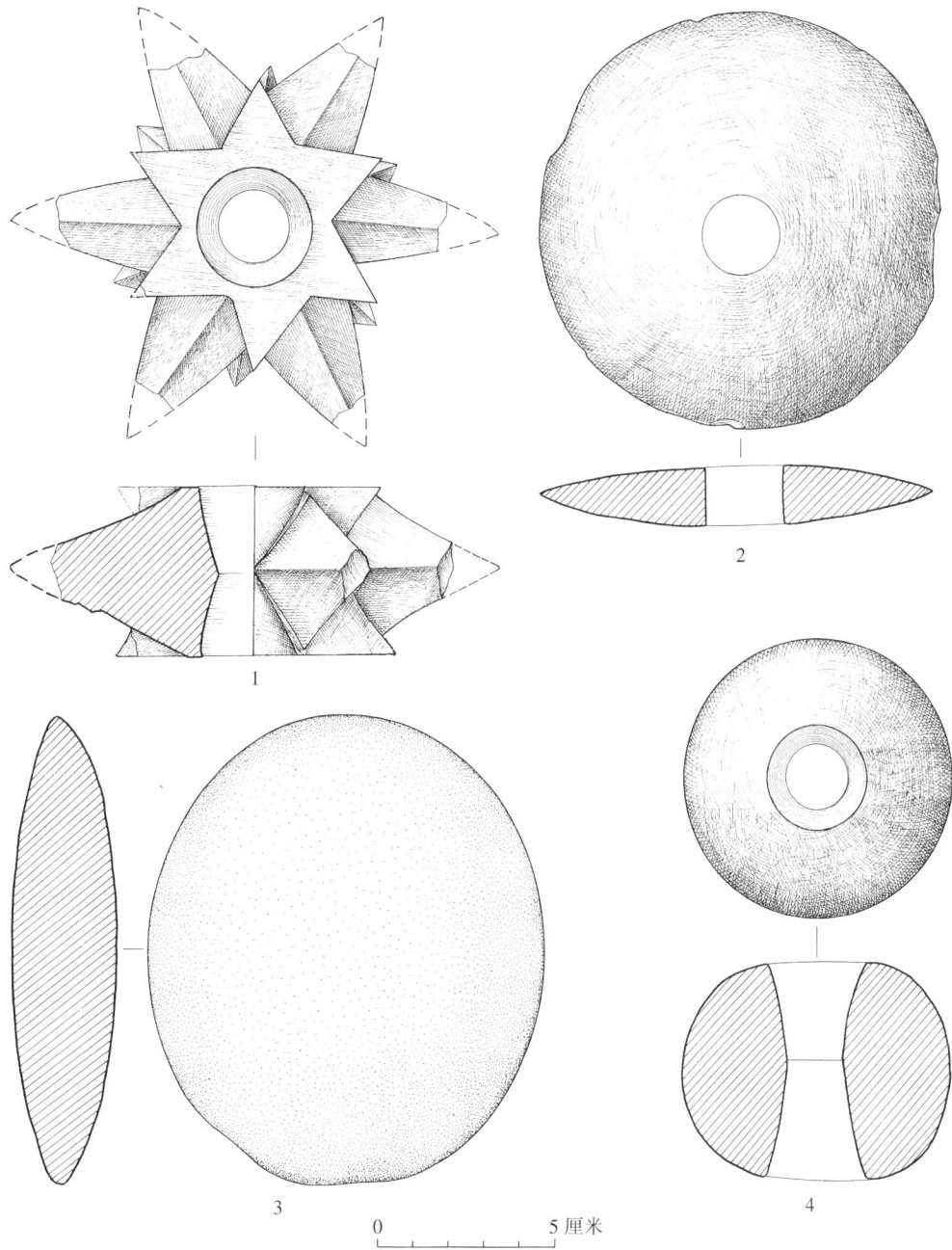

图一二九　第 4D 层出土石器

1. 星形器（T27④D∶11）　2. 石璧（T29④D∶44）　3. 磨盘（T32④D∶40）　4. 穿孔重石（T5④D∶16）

齿轮 5.3 厘米，大、小齿轮之间连线长度为 13.9 厘米和 8.2 厘米，高 4.7 厘米（图一二九，1；彩版一五，4；图版五〇，2）。

穿孔重石　1 件。

T5④D∶16，黑色硅质岩制成。残缺一部，平面呈圆形。直径 7.8、孔径 1.8 ~ 3、厚 6 厘米

（图一二九，4；图版四九，5）。

　　匕首　2件。平面形状呈圭形，由灰蓝色千枚岩制成，面上常见丝绢光泽，略带黑色斑点构造，显得较为美观。打磨沿岩石矿物定向排列方向进行，力学性质较好，容易打成长轴的形状。表面磨制精致，上有明显的磨痕。

　　T25④D：26，锋部略残。弧刃，断面圆柱形。长 23、宽 2.8～3.5、厚 1.6 厘米（图一三○，1；图版五一，1、2）。T25④D：40，锋部略残，柄部背面残缺一部。弧刃，断面呈橄榄形。长17.5、宽 2.5～3.5、厚 1.3 厘米（图一三○，2；图版五一，3）。

　　镞　2件。

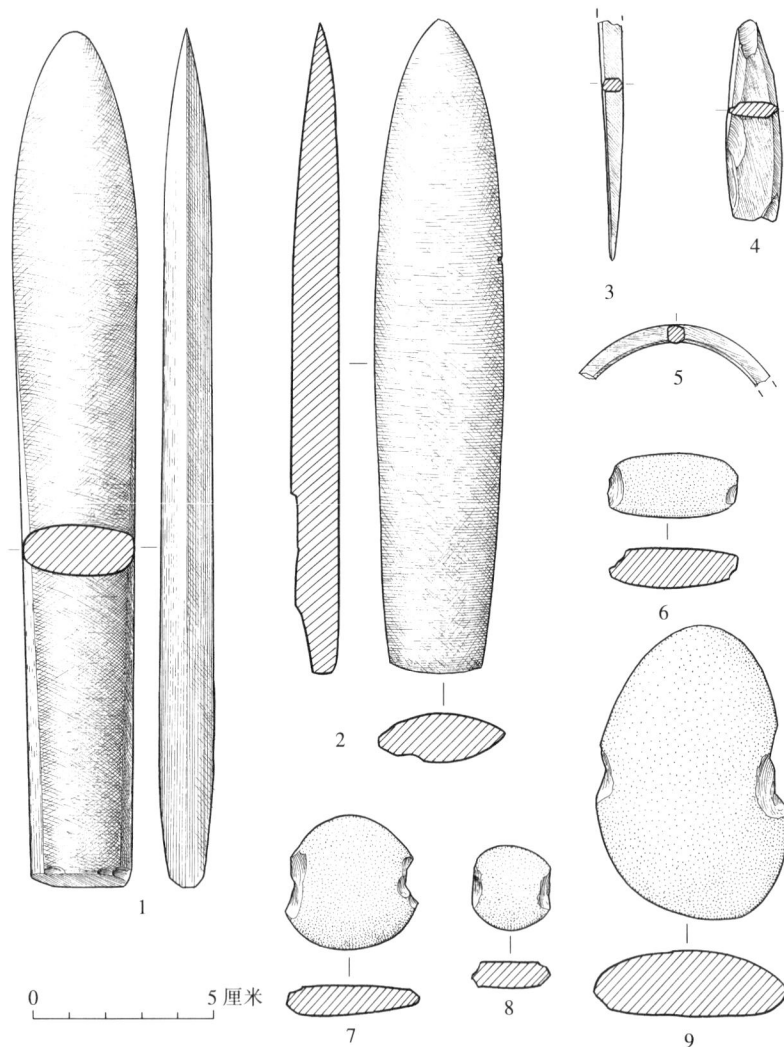

图一三○　第4D层出土石器

1、2. 匕首（T25④D：26、T25④D：40）　3. 针（T29④D：42）　4. C 型镞（T14④D：43）　5. 环（T4④D：16）
6～8. B 型网坠（T4④D：28、T29④D：46、T7④D：43）　9. A 型网坠（T22④D：41）

C 型　2 件。T14④D：43，灰色片岩。平面形状呈柳叶形，锋部残，短铤。残长 5.4、宽 1.4、厚 0.4 厘米（图一三〇，4）。

环　1 件。

T4④D：16，深灰色板岩。仅残剩一段，平面形状呈弧形，剖面近似方形。残长 5.2、宽 0.3、厚 0.5 厘米（图一三〇，5；图版五一，5）。

针　1 件。

T29④D：42，灰色硅质岩。柄部残，锋部尖锐。残长 6.4、宽 0.3～0.6、厚 0.3 厘米（图一三〇，3；图版五一，4）。

网坠　37 件。均由砂岩制成，一般在天然砂岩两端或两侧直接打制成腰部。

A 型　1 件（T22④D：41）。长 7.9、宽 5.2、厚 1.7 厘米（图一三〇，9）。

B 型　36 件。T4④D：28，长 3.6、宽 1.7、厚 1.1 厘米（图一三〇，6）。T29④D：46，长 3.6、宽 3.8、厚 0.8 厘米（图一三〇，7；图版五〇，3）。T7④D：43，长 2.3、宽 2.2、厚 0.7 厘米（图一三〇，8）。

3. 骨、角器

本层出土的骨角器相当丰富，多为动物骨条和骨片磨制而成，器物普遍磨制精细。器类有骨匕、鱼钩、骨锥、角锥、骨扳指、骨矛等，其中骨鱼钩、角锥、骨矛等为新出现的器形。

骨匕　1 件。

T25④D：29，系用黄色半剖的骨管制成，骨槽痕迹仍然明显。平面形状呈长叶形，平顶，弧刃，近柄端部有一对穿圆孔。整件器物磨制精细，表面光滑，上有显著的使用痕迹，为骨器中之精品。长 20.4、宽 2.8、厚 0.6 厘米，孔径 1.3 厘米（图一三一，1；图版五二，1、2）。

骨鱼钩　5 件。

T5④D：3，系用黄色骨条制成。体形较小。钩部倒刺不明显。磨制精细。截面直径 0.1、高 2.3 厘米（图一三一，2；图版五二，3）。T5④D：7，系用黄色骨条制成。末端略残，钩部有倒刺。磨制精细。体形较大，是该遗址目前发现最大的鱼钩。截面直径 0.8、残高 6.8 厘米（图一三一，3；彩版一五，5）。

骨锥　4 件。

T25④D：28，系用骨管制成，骨头呈黄色，一端保留关节作为柄部，另一端用起破裂面磨尖为锋。尖叶形，锋居中。磨制精致。长 10.5、宽 1.6、厚 0.4 厘米（图一三一，5；图版五二，4）。T13④D：7，用半剖的骨管制成，一面还保留有骨槽。骨头经过火烧呈黑色，上端残。长条形，锋居中。磨制光滑。残长 9.7、宽 1.5、厚 0.4 厘米（图一三一，8；图版五三，1）。T30④D：41，骨头呈黄色。磨制规整。残长 8.4、宽 2.2、厚 0.4 厘米（图一三一，9；图版五三，2）。

角锥　1 件。

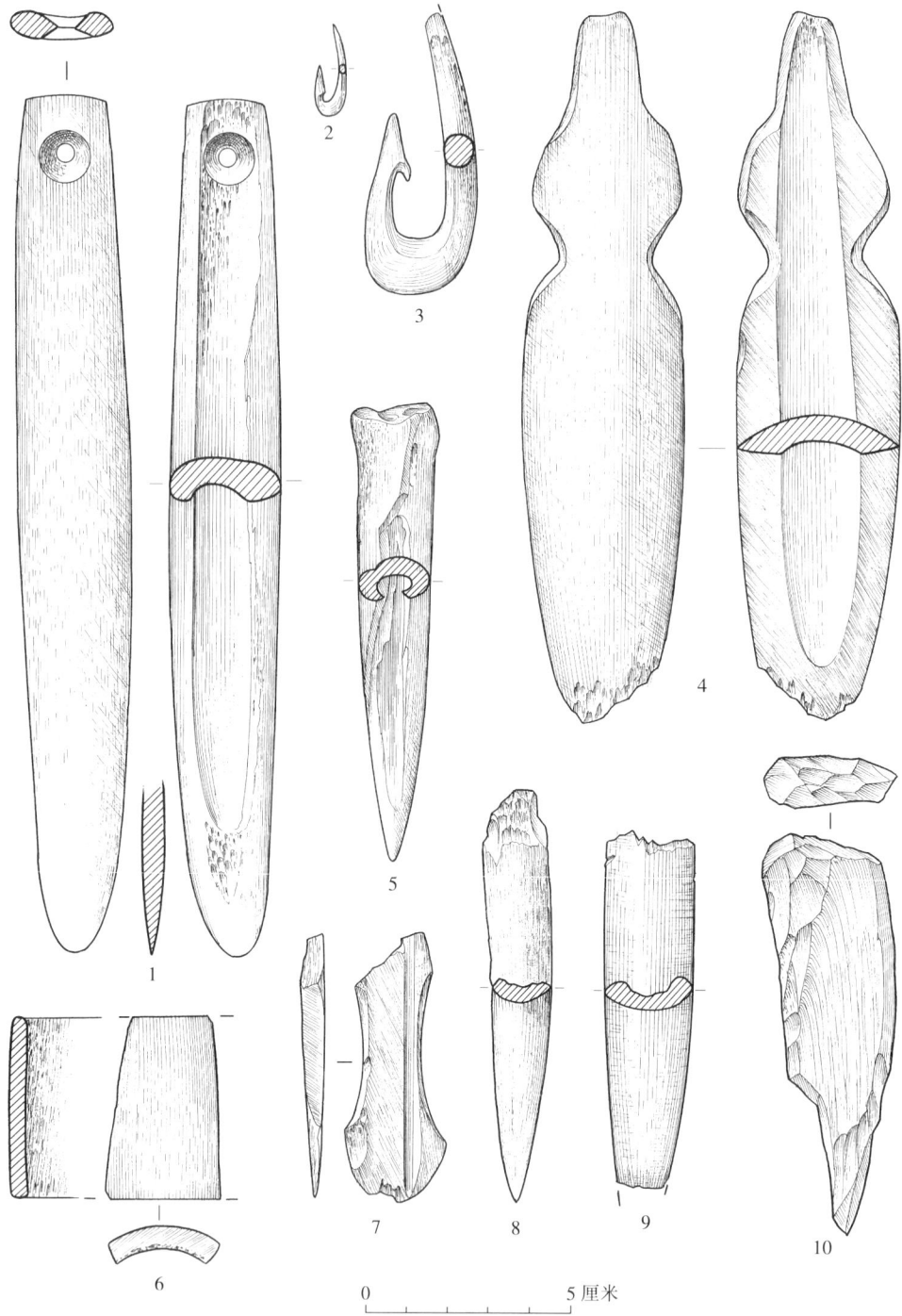

图一三一　第4D层出土骨、角器

1. 骨匕（T25④D：29）　2、3. 鱼钩（T5④D：3、T5④D：7）　4. 骨矛（T13④D：82）　5、
8、9. 骨锥（T25④D：28、T13④D：7、T30④D：41）　6. 骨扳指（T30④D：35）　7. 琵琶
形骨饰（T22④D：29）　10. 角锥（T15④D：62）

T15④D：62，用角料制成，经过火烧呈黑色。平面呈不规则状，偏锋。锋部细长锐利。长9.3、宽2.5~3.2、厚1.1厘米（图一三一，10；图版五三，3）。

骨扳指　1 件。

T30④D：35，残，系用骨管制成，呈象牙黄。周身磨制精致。沿宽0.6、厚0.4、高4.3厘米（图一三一，6；图版五二，5）。

琵琶形骨饰　1 件。

T22④D：29，呈灰白色骨片制成。一端残，平面呈"8"字形。表面有凹槽。残长6.4、宽1.5~2.5、厚0.4厘米（图一三一，7；图版五三，4）。

骨矛　1 件。

T13④D：82，系用半剖骨管制成，呈象牙黄，有明显的骨槽。锋部略残。弧刃，短铰，锋部后端各有一对称凹槽，便于绑缚。磨制精致。残长16.7、宽3.9、厚0.6厘米（图一三一，4；图版五三，5）。

鹿角　6 件。

T15④D：56，水鹿分枝，下端有砍切的痕迹。两面均经过打磨，大部分磨光，但外侧还保留着鹿角本身固有的凹凸痕迹。长21、宽2.5、厚2厘米（图二〇四，1）。

（一二）第 4C 层出土遗物

1. 陶器

该层出土的陶片数量较少，以夹砂黑褐、灰褐、褐陶为主，其次为红褐；泥质陶的数量有所增加，占11.1%，颜色仍然以黑褐、灰褐为主，其次为褐、红褐（表一三）。钵、豆、釜、高领罐、罐、器盖等常见，但数量和种类相对较少，另有少量的花边口沿罐、纺轮等，不见尊形器、瓮形器、杯形器、壶形器等器物。装饰手法以压印、刻划、戳印为主，不同的装饰手法在同一器物往往组合使用形成一些特殊的纹饰带。常见的纹饰种类以绳纹、弦纹、水波划纹多见，另有少量的椭圆形戳印捺窝纹、"Z"字纹以及菱形网格纹等（表一四；图一三二）。

钵　23 件。

Ab 型Ⅲ式　15 件。T30④C：225，夹砂灰褐陶。圆唇，腹部微曲。肩部以下原通饰绳纹，下腹部则保留原饰的交错绳纹。腹部近肩部处经过刮磨处理，但刮痕下还残留有绳纹痕迹。口径23、残高7.8厘米（图一三三，1；图版五四，1）。T30④C：237，夹砂黑褐陶。浅弧腹。口径20、残高7厘米（图一三三，2；图版五四，2）。

Ab 型Ⅳ式　5 件。T22④C：156，夹砂灰褐陶。口微敛，近盘口，折沿，领部较矮，束颈。腹部饰绳纹，其上再饰草叶划纹。口径13、残高4.8厘米（图一三三，4）。

表一三　第 4C 层出土陶片陶质、陶色统计表

陶质 陶色 探方号	夹砂						泥质						合计
	黑褐	灰褐	褐	灰	红褐	黄褐	黑褐	灰褐	褐	灰	红褐	黄褐	
T25	18	4	9		3		5	1		5			45
T16	11	2	4		5		2	1	1				26
T17	3	2	3		1		1				1		11
T13	6	3	2						1				12
T24	26	5	3		2		2	2	3				43
T23	19	7	3		5		3	1			2		40
T22	90	11	7		6		3						117
T29			1										1
T30	138	28	19		19		21	1			2		228
T20		2											2
T32						2							2
合计	311	64	51		41	2	37	6	5	5	5		527
总计	469（89.3%）						58（11.1%）						

表一四　第 4C 层出土陶片纹饰统计表

纹饰 探方号	绳纹	素面	戳印窝纹	划纹	栉纹	附加堆纹	弦纹	网格划纹	篦点纹	菱形网格	"Z"字纹	"S"形纹	合计
T25	32	10	1	1	1								45
T16	23				2	1							26
T17	5	1			2		3						11
T13	7	4			1								12
T24	30	3			4	1	3	1	1				43
T23	24	3			4	2			3				40
T22	108	5		1	3								117
T29									1				1
T30	169	20	9	4	18		4				1	3	228
T20	2												2
T32											2		2
合计	400	46	10	6	35	4	14	1	5		3	3	527
百分比（%）	75.9	8.7	1.9	1.1	6.6	0.8	2.7	0.2	1.0		0.6	0.6	100

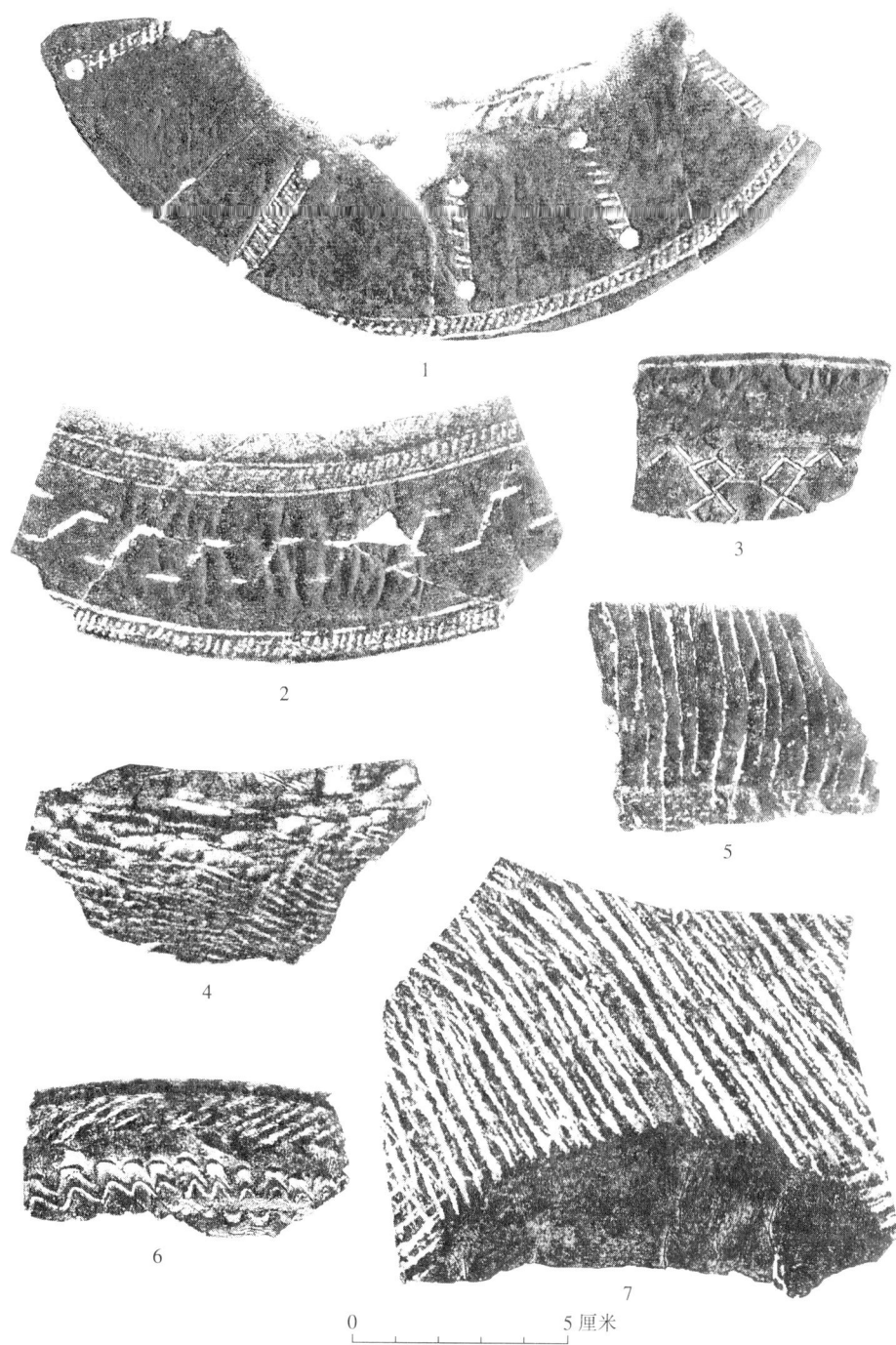

图一三二 第 4C 层出土陶片纹饰拓片

1. Aa 型Ⅰ式圈足上的压印捺窝纹和戳印点纹及弦纹组成的复合纹饰带（T17④C：137） 2. Bc 型Ⅱ式釜上的弦纹、戳印鱼鳞纹、"Z" 字形划纹（T32④C：83） 3. Cb 型罐上的交叉方格划纹（T29④C：26）
4. 绳纹（T24④C：109） 5. Eb 型Ⅱ式罐上的弧形划纹（T17④C：1） 6. 水波划纹（T30④C：247）
7. 粗绳纹（T30④C：214）

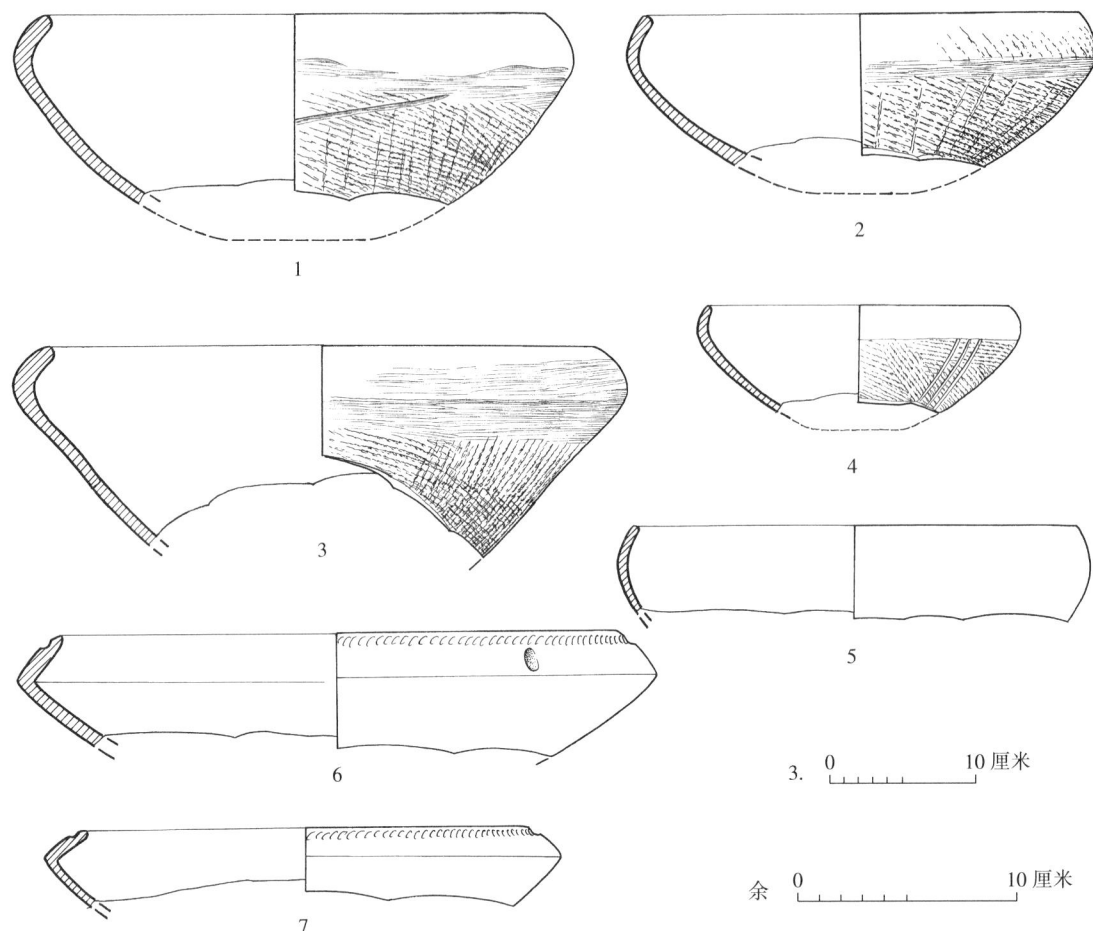

图一三三　第4C层出土陶器

1、2. Ab 型 Ⅲ 式钵（T30④C：225、T30④C：237）　3. Bc 型 Ⅱ 式钵（T30④C：235）　4. Ab 型 Ⅳ 式钵（T22④C：156）　5. Ac 型 Ⅱ 式钵（T25④C：22）　6、7. Aa 型 Ⅲ 式豆（T30④C：234、T30④C：252）

Ac 型 Ⅱ 式　1 件（T25④C：22）。泥质灰陶。圆唇，弧腹。口径 20、残高 4 厘米（图一三三，5；图版五四，3）。

Bc 型 Ⅱ 式　2 件。T30④C：235，夹砂灰褐陶。圆唇，宽肩，腹部微曲。腹部近肩部处有明显横向刮痕，下腹部则通饰绳纹。口径 38、残高 14.1 厘米（图一三三，3；图版五四，4）。

豆　5 件。

Aa 型 Ⅲ 式　5 件。圈足均残。T30④C：234，泥质黑褐陶。尖圆唇。近唇部浅凹槽内装饰一圈戳印点纹带，纹饰带下间隔还饰有椭圆形戳印捺窝纹。口径 25.6、残高 5.2 厘米（图一三三，6；图版五四，6）。T30④C：252，泥质黑褐陶。圆唇。口径 20、残高 3.2 厘米（图一三三，7；图版五四，5）。

釜　9 件。

Aa 型 Ⅲ 式　1 件（T30④C：256）。夹砂褐陶。圆唇，折沿。口径 15、残高 4.2 厘米（图一三四，1）。

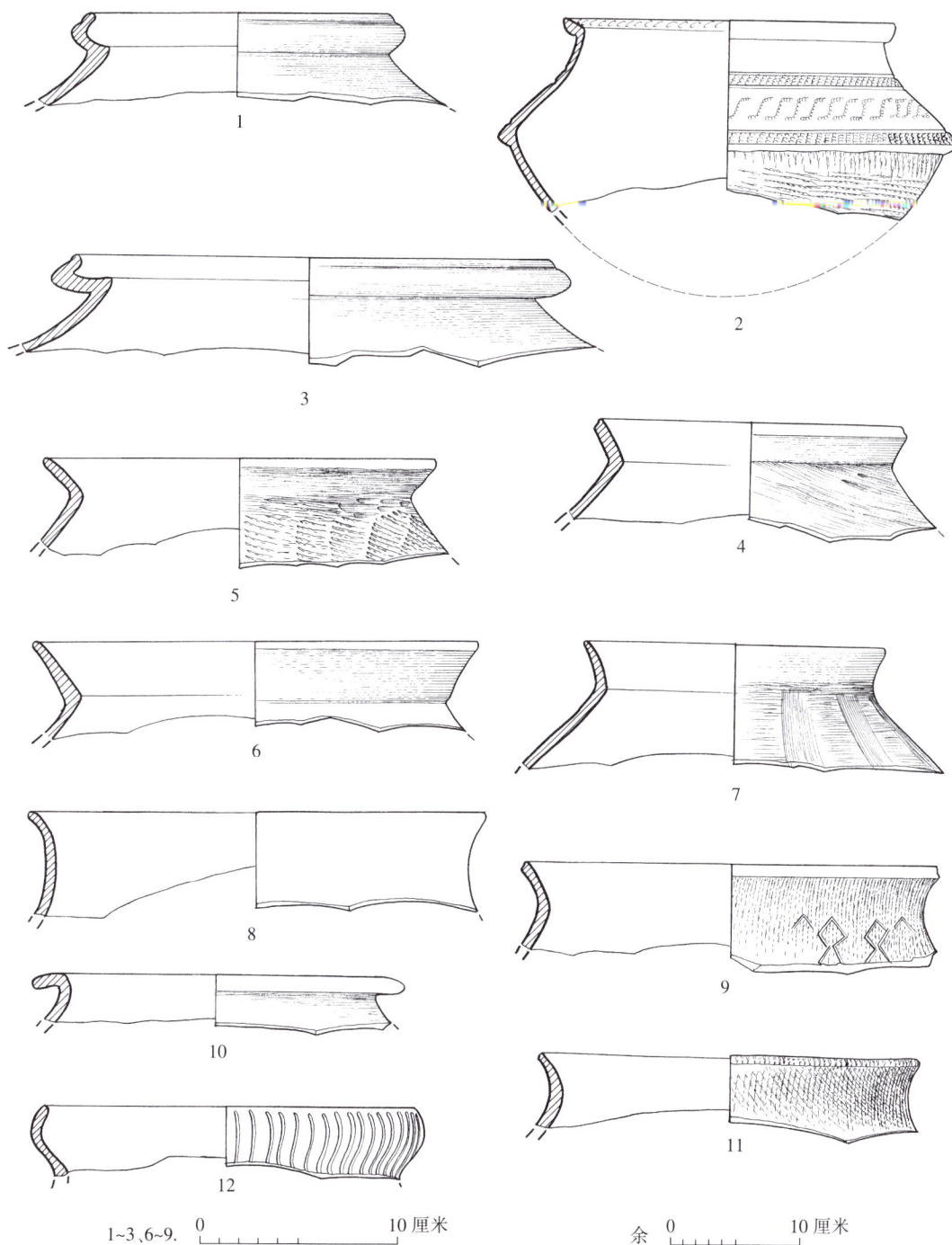

图一三四 第4C层出土陶器

1. Aa 型Ⅲ式釜（T30④C：256） 2. Bc 型Ⅱ式釜（T32④C：83） 3. Aa 型Ⅳ式釜（T20④C：236） 4. Ca 型罐（T30④C：215） 5. Ab 型Ⅱ式罐（T30④C：109） 6. Ab 型Ⅲ式罐（T30④C：269） 7. Ae 型Ⅲ式罐（T30④C：226） 8. Bc 型高领罐（T25④C：23） 9. Cb 型罐（T29④C：26） 10. Ab 型Ⅱ式高领罐（T30④C：255） 11. Bb 型Ⅰ式花边口沿罐（T25④C：20） 12. Eb 型Ⅱ式罐（T17④C：1）

Aa 型Ⅳ式　7 件。T20④C：236，夹砂灰褐陶。口微敛，圆唇，折沿，领部较矮，束颈。口径 22.5、残高 5.2 厘米（图一三四，3）。

Bc 型Ⅱ式　1 件（T32④C：83）。泥质磨光黄褐陶。尖唇，盘口，折沿，矮领，折肩，弧腹。唇部内侧装饰一圈戳印带点纹带，肩部上则装饰两组由凹弦纹和戳印鱼鳞纹组成的平行纹饰带，在这两组纹饰带间再饰一圈戳印连续 "Z" 字形纹饰带；腹部通饰绳纹。口径 17、残高 9.8 厘米（图一三四，2；图版五五，1）。

高领罐　4 件。

Ab 型Ⅱ式　2 件。T30④C：255，夹砂褐陶。口微敞，圆唇，宽折沿。口径 28.5、残高 3.9 厘米（图一三四，10）。

Bc 型　2 件。T25④C：23，夹砂褐陶。圆唇，卷沿，高领。领部外侧经过磨光处理。口径 22.6、残高 4.8 厘米（图一三四，8）。

花边口沿罐　1 件。

Bb 型Ⅰ式　1 件（T25④C：20）。夹砂灰褐陶。近方唇。唇部装饰有压印绳纹花边，颈部则通饰细绳纹。此件器物可能为扰动早期地层的遗物。口径 30.5、残高 6.3 厘米（图一三四，11；图版五五，2）。

罐　10 件。

Ab 型Ⅱ式　1 件（T30④C：109）。夹砂褐陶。圆唇。颈部下装饰压印绳纹。沿部外壁磨光。口径 30.2、残高 8.1 厘米（图一三四，5；图版五五，3）。

Ab 型Ⅲ式　1 件（T30④C：269）。夹砂灰褐陶。圆唇。沿部外壁有显著的轮修痕迹，颈部则装饰一圈压印弧点纹或月牙纹。口径 22.8、残高 4.4 厘米（图一三四，6）。

Ae 型Ⅲ式　1 件（T30④C：226）。夹砂褐陶。尖唇，束颈。肩部上经过轮修处理。口径 15.5、残高 6 厘米（图一三四，7）。

Ca 型　4 件。T30④C：215，夹砂褐陶。方唇。沿部外侧有明显轮修痕迹，颈部以下虽然经过轮修处理，但原装饰的绳纹痕迹隐约可辨。口径 24.2、残高 8.7 厘米（图一三四，4；图版五五，4）。

Cb 型　2 件。T29④C：26，夹砂褐陶。方唇。颈部装饰细绳纹，在绳纹上再饰交叉方格划纹。口径 21.5、残高 4.9 厘米（图一三四，9；图版五五，5）。

Eb 型Ⅱ式　1 件（T17④C：1）。泥质磨光红褐陶。圆唇，束颈。唇部外装饰有一圈纵向弧形划纹带。口径 28.4、残高 4.2 厘米（图一三四，12；图版五五，6）。

器盖　2 件。器纽均残，未见完整器。器盖肩部外侧有凸棱，凸棱上下均经过刮磨处理。盖口呈敛口状，腹部饰绳纹。

Aa 型Ⅲ式　1 件（T16④C：24）。夹砂褐陶。器盖肩部外壁遗留有明显的轮修痕迹，腹部饰斜向绳纹。口径 21.2、残高 7.2 厘米（图一三五，1）。

图一三五 第4C 层出土陶器

1. Aa 型Ⅲ式器盖（T16④C：24） 2. Aa 型Ⅳ式器盖（T17④C：134） 3. Aa 型Ⅰ式圈足
（T17④C：137） 4、6. Ba 型圈足（T17④C：135、T30④C：243） 5. 圈足器（T30④C：223）
7. Ab 型器底（T25④C：25） 8. D 型纺轮（T30④C：18）

Aa 型Ⅳ式　1 件（T17④C：134）。夹砂灰褐陶。体形较小。腹部饰斜向粗绳纹。器盖肩部经过磨光处理。口径 12.8、残高 4.8 厘米（图一三五，2）。

圈足　5 件。

Aa 型Ⅰ式　3 件。为豆的圈足。T17④C：137，夹砂磨光黑褐陶。足部呈覆杯形，口部微外侈。近底处装饰一圈纵向短绳索带，中部则装饰纵向分布着由两个圆形压印捺窝纹和戳印点纹组成一组的纹饰带，近跟部饰一圈由两条平行凹弦纹和戳印鱼鳞组成的纹饰带。足径 16、足高 6、器残高 7.4 厘米（图一三五，3；彩版一五，6）。

Ba 型　2 件。矮（饼）圈足。T17④C：135，夹砂灰褐陶。足部平面形状呈饼状，足部外侈。足部与底部内壁装饰逆时针方向饰的绳纹，足部外壁也装饰有绳纹。圈足底部内侧则装饰放射状水滴戳印纹。足径 9.3、残高 2.7 厘米（图一三五，4；图版五六，1、2）。T30④C：243，夹砂灰褐陶。足部外侈。外壁上装饰一圈由上下两个戳印点纹为一组的纹饰带。足径 12.6、残高 4 厘米（图一三五，6；图版五六，5）。

圈足器　2 件。仅存圈足与器底接合部，从装饰风格与高矮观察，可能属于豆。

T30④C：223，夹砂黑褐陶。圈足残。足部内弧。足部与底部接合处外壁装饰两圈各由两条平行凹弦纹和中间填以戳印鱼鳞纹组成的纹饰带，圈足底部内侧则按顺时针方向饰绳纹。表面磨光。残高 4.4 厘米（图一三五，5；图版五六，3、4）。

器底　3 件。

Ab 型　3 件。T25④C：25，夹砂灰褐陶。底径 9.8、器残高 3 厘米（图一三五，7）。

纺轮　1 件。

D 型　1 件（T30④C：18）。泥质红褐陶。平面形状呈陀螺状。表面有被啮齿类动物啃咬的痕迹。直径 2.8、孔径 0.3、厚 2.1 厘米（图一三五，8）。

2. 石器和骨、角器

该层出土的石器数量相对第 4D 层较少，全部为磨制石器，大型石器较少，主要为小型石器。石器岩性仍然是以玄武岩为主，其他有砾岩、硅质岩、砂岩等。器形仍然以斧、锛、凿、网坠为主，其他有石璧、弹丸。骨器仅见骨锥一种，系用动物肢骨磨制而成。角器仅见角锥一种。

石斧　17 件。

Ba 型　1 件（T30④C：58）。灰绿色玄武岩。平顶，舌形刃。长 7、宽约 3.7～4、厚 1.7 厘米（图一三六，5；图版五七，1）。

Bb 型　1 件（T24④C：38）。灰黑色玄武岩。平顶，舌形刃。长 5.5、宽约 4.4～5、厚 1.6 厘米（图一三六，3）。

Be 型　5 件。均为灰绿色玄武岩。T30④C：55，弧顶，舌形刃。表面有崩疤。长 8.5、宽 4.2～5.5、厚 2.4 厘米（图一三六，1；图版五七，2）。T17④C：59，顶部和刃部均残。弧顶。表

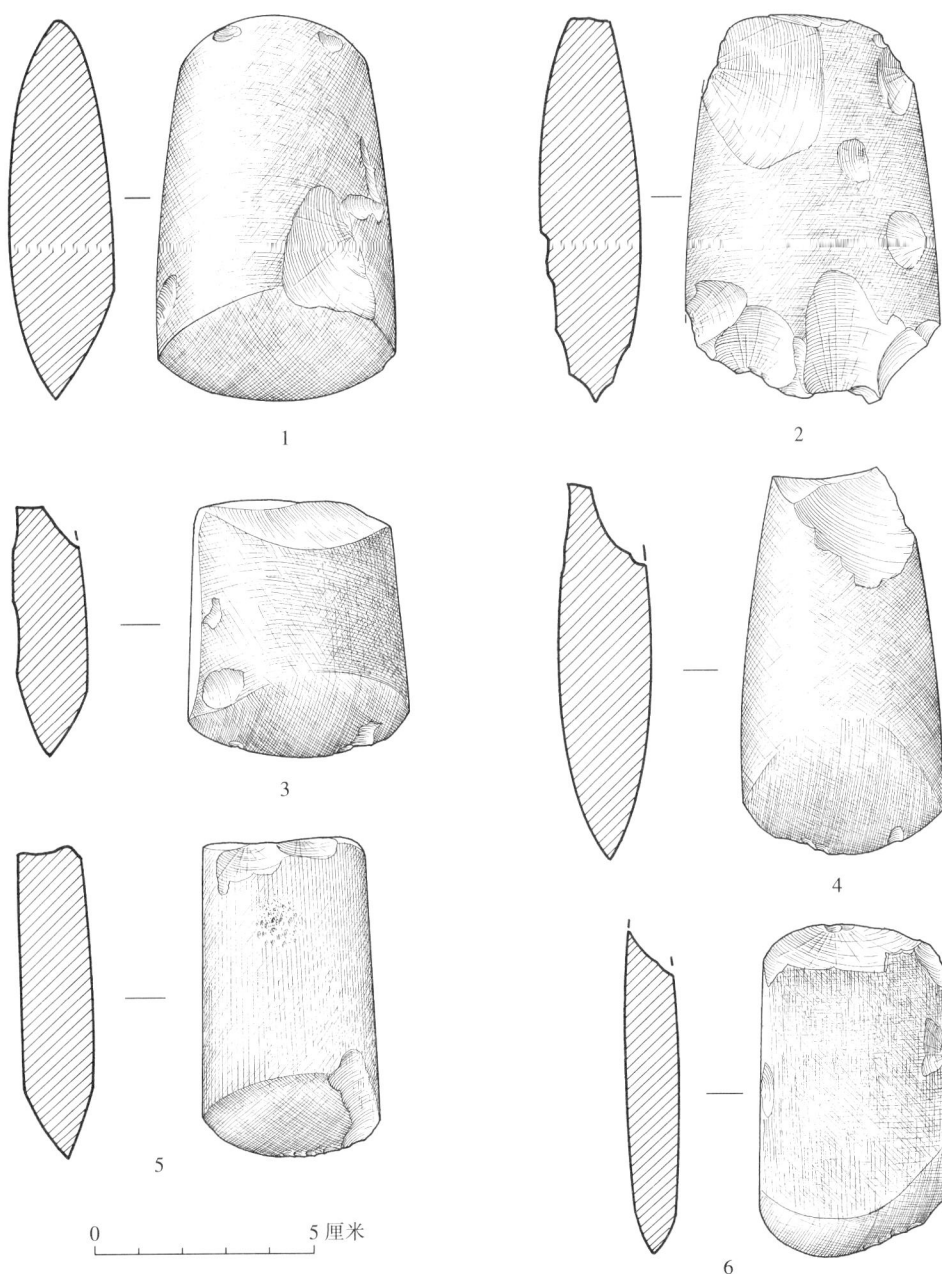

图一三六　第 4C 层出土石斧

1、2、4. Be 型（T30④C∶55、T17④C∶59、T24④C∶28）　3. Bb 型（T24④C∶38）

5. Ba 型（T30④C∶58）　6. Bf 型（T30④C∶14）

面有多处崩疤痕迹。残长 8.5、宽 4～5.8、厚 2.3 厘米（图一三六，2）。T24④C∶28，顶残。舌形刃。长 8.4、宽约 2.5～4.6、厚 2.2 厘米（图一三六，4）。

Bf 型　8 件。平面近椭圆形。器体较薄。两侧打制痕迹明显，表面磨痕清晰。T30④C∶14，灰黑色玄武岩。顶残。弧刃。残长 7.2、宽 4.2～4.4、厚 1.2 厘米（图一三六，6；图版五七，3）。T30④C∶13，灰绿色玄武岩。刃部略残。弧顶，弧刃。长 7.9、宽 2～3.9、厚 1.2 厘米（图一三

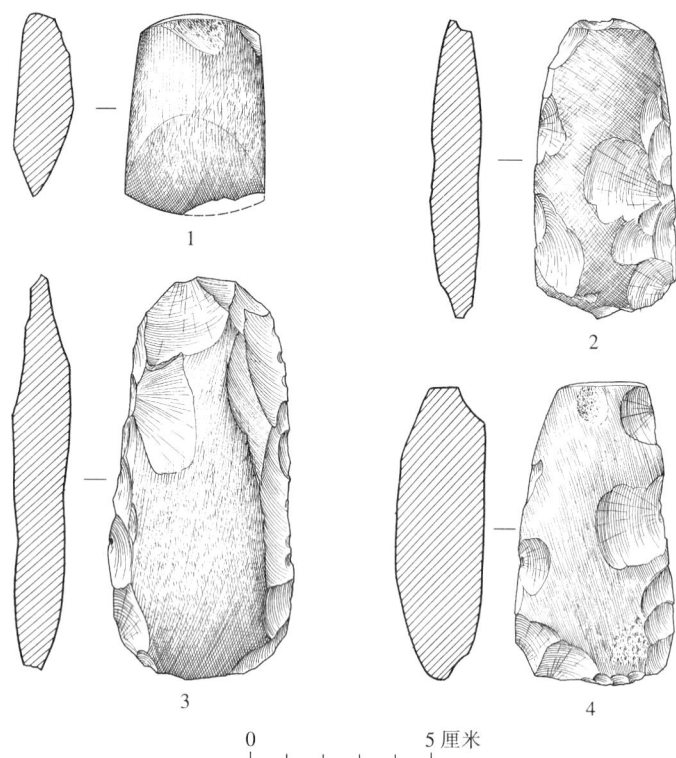

图一三七　第4C层出土石斧

1. Cc 型（T22④C∶38）　2～4. Bf 型（T30④C∶13、T22④C∶42、T17④C∶64）

七，2）。T22④C∶42，灰褐色闪长岩。弧顶，弧刃。长10.7、宽2～5.2、厚1.4厘米（图一三七，3）。T17④C∶64，灰黑色玄武岩。平顶，弧刃。两侧和刃部有明显崩疤。长8.1、宽2.5～4.3、厚2.5厘米（图一三七，4）。

Ca 型　1件（T30④C∶32）。灰绿色玄武岩。顶部有显著的砸击痕迹。平顶，斜刃。长3.6、宽1.8～2.2、厚0.8厘米（图一三九，8）。

Cc 型　1件（T22④C∶38）。灰绿色玄武岩。弧顶，舌形刃。顶部有使用痕迹。磨制精细。长5.2、宽3.3～3.9、厚1.6厘米（图一三七，1；图版五七，4）。

石锛　14件。

Aa 型　1件（T29④C∶36）。灰褐色玄武岩。梯形。平顶微内凹，弧刃略残。表面有大量崩疤，身部横向磨痕和刃部纵向磨痕清晰。磨制精致。长6.7、宽3～4.4、厚1.1厘米（图一三八，1；图版五七，5）。

Ac 型　12件。体大多扁平，瘦长，斜顶。T17④C∶63，灰黑色玄武岩。顶残缺一部。弧刃。表面磨痕清晰。磨制精致。长5.6、宽2.7～3.8、厚1.7厘米（图一三八，2；图版五七，6）。T22④C∶8，灰绿色玄武岩。弧刃。表面一部剥落。磨痕清晰。长4.9、宽1.5～3、厚0.8厘米（图一三八，3；图版五八，1）。T30④C∶22，灰绿色玄武岩。斜顶，偏刃。顶上有显著砸击痕迹。磨痕清晰。长5.6、宽2.9～3.9、厚1.6厘米（图一三八，4）。T18④C∶21，绿色玄武岩。弧刃。表面有大量崩疤。磨制精致。长5.5、宽2.8～3.9、厚1.4厘米（图一三八，5）。T30④C∶46，灰褐色玄武岩。平顶，顶部残，弧刃。磨制精致。长5.1、宽1.1～3.1、厚0.9厘米（图一三九，3）。T22④C∶7，灰褐色砾岩，一侧保留其自然面，微内凹。平顶，弧刃。表面磨制精致。长5.9、宽1.2～3.1、厚1.3厘米（图一三九，4）。T17④C∶30，灰褐色玄武岩。平顶，顶部残，弧刃。磨制精致。长6.7、宽1.7～3.3、厚1.3厘米（图一三九，5；图版五八，2）。T30④C∶7，灰绿色玄武岩。舌形刃。表面有砸击和崩疤痕迹。磨制精细。长4.8、宽2.1～3、厚1厘米（图一三九，7）。

Ba 型　1件（T16④C∶14）。绿色玄武岩。平面形状呈横长方形。体量小。平顶，顶部有三处

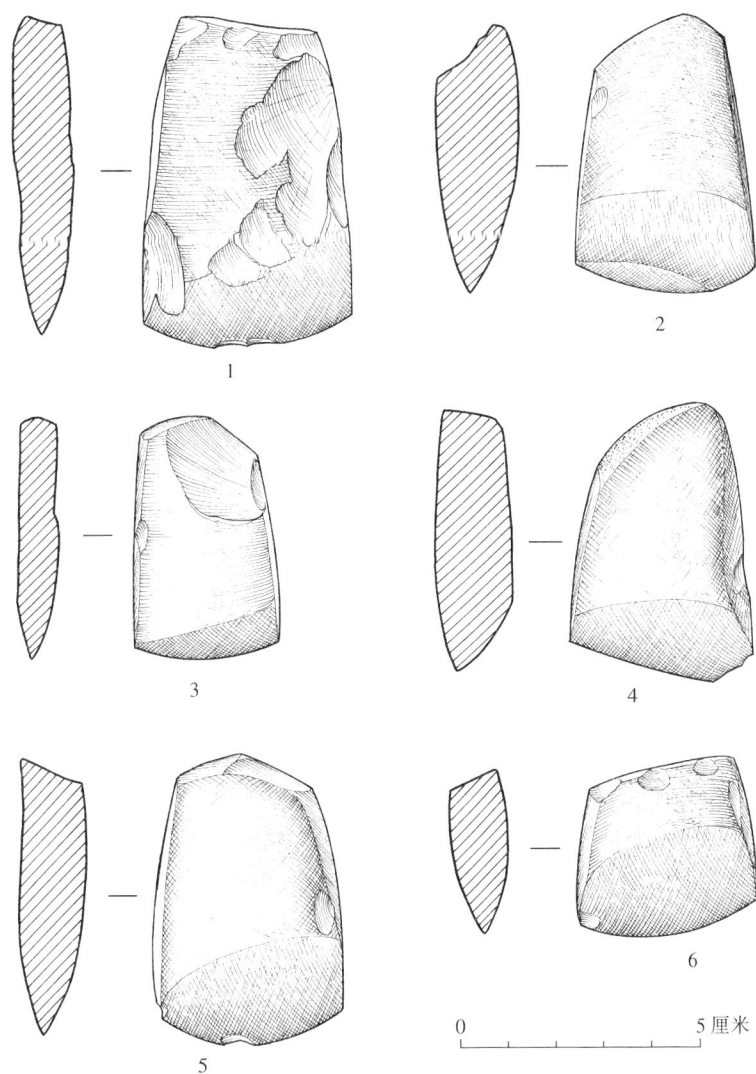

图一三八 第 4C 层出土石锛

1. Aa 型（T29④C：36） 2～5. Ac 型（T17④C：63、T22④C：8、T30④C：22、T18④C：21） 6. Ba 型（T16④C：14）

崩窝，弧刃。表面有大量纵向磨痕。磨制精细。长 3.3、宽 3.2～3.8、厚 1.3 厘米（图一三八，6；图版五八，3）。

石凿 5 件。

A 型 2 件。长叶形。体扁平，舌状刃。T22④C：6，灰绿色硅质岩。顶部残断。残长 4.5、宽 1.8、厚 0.7 厘米（图一三九，6）。

C 型 1 件（T30④C：26）。灰绿色玄武岩。近平顶，背部残缺一部；弧刃，刃部锋利。磨制精致。长 6.4、宽 1.7～2.8、厚 1.3 厘米（图一三九，9；图版五八，4）。

D 型 2 件。长条形。体厚，平顶，弧刃。器表磨制精致。T17④C：28，灰黑色硅质岩。刃部

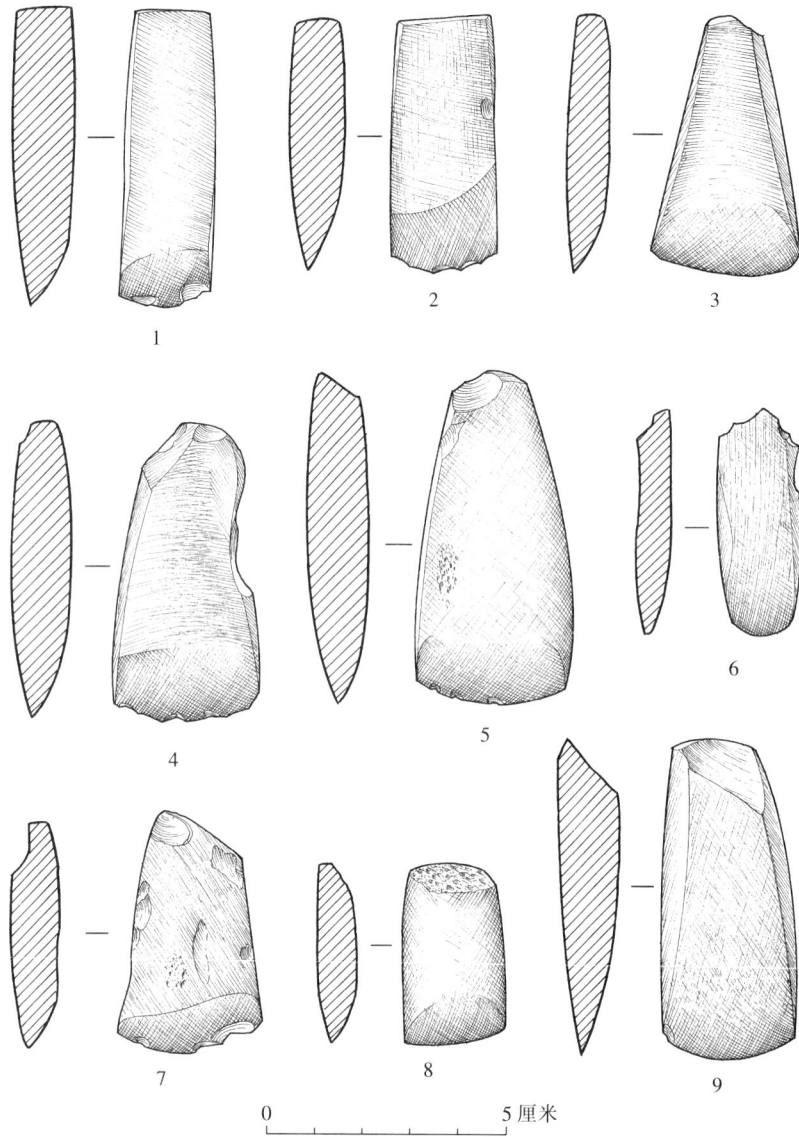

图一三九　第 4C 层出土石器

1、2. D 型凿（T17④C：28、T30④C：24）　3～5、7. Ac 型锛（T30④C：46、T22④C：7、T17
④C：30、T30④C：7）　6. A 型凿（T22④C：6）　8. Ca 型斧（T30④C：32）　9. C 型凿
（T30④C：26）

略残。长 5.9、宽 1.9、厚 1.2 厘米（图一三九，1；图版五八，5）。T30④C：24，长 5、宽 2.1、
厚 1.1 厘米（图一三九，2；图版五八，6）。

　　石网坠　5 件。

　　B 型　5 件。均由灰褐色砾岩打制而成。T30④C：56，平面形状近纺锤形。长 3.2、宽 2.5、厚
0.8 厘米（图一四〇，3；图版五九，1）。T30④C：37，平面呈腰子形。长 3.3、宽 3.7、厚 1.1 厘
米（图一四〇，4；图版五九，1）。T30④C：19，长 3.9、宽 2.8、厚 0.9 厘米（图一四〇，5）。

T30④C：32，平面形状近方形。亚腰，腰部利用自然腰面稍加打制而成。长 2.9、宽 3.2、厚 0.4
厘米（图一四〇，6）。

　　石璧　1 件。

　　T17④C：31，深灰色硅质岩。肉部有边缘向孔部增厚，缘部锋利。璧中有对穿圆孔。仅存一
部。磨制光润。复原直径 13、孔径 1.8～2.2、厚 1.4 厘米（图一四〇，1；图版五九，2）。

　　石弹丸　1 件。

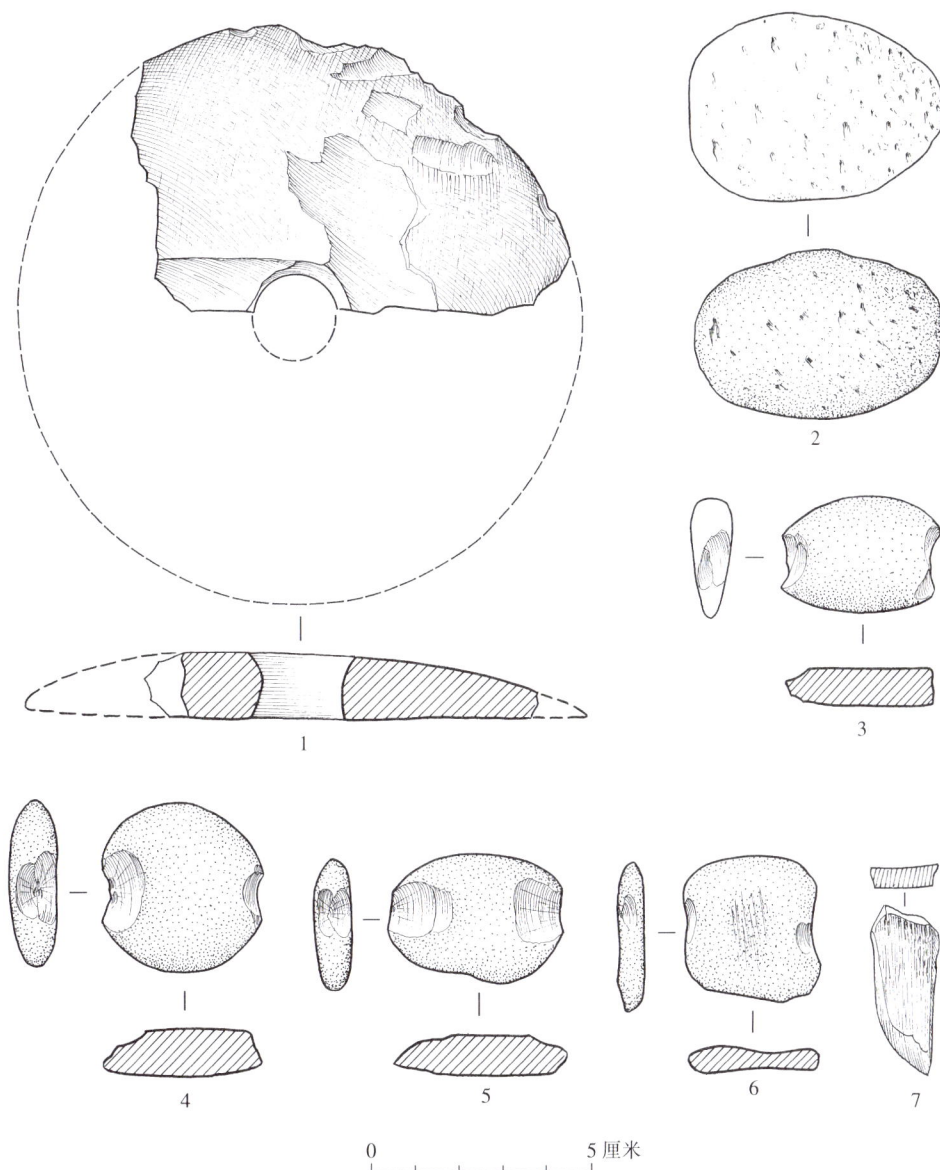

图一四〇　第 4C 层出土石、骨器

1. 石璧（T17④C：31）　2. 石弹丸（T29④C：38）　3～6. B 型石网坠（T30④C：56、
T30④C：37、T30④C：19、T30④C：32）　7. 骨锥（T18④C：29）

T29④C：38，灰蓝色砂岩。平面形状呈椭圆形。长5.9、宽约3.6、厚4.1厘米（图一四〇，2；图版五九，3）。

骨锥　1件。

T18④C：29，系用浅黄骨片制成。仅存锋部，偏锋。残长3.8、宽1.6、厚0.4厘米（图一四〇，7）。

角锥　2件。

T13④C：3，系用赤麂右侧角加工而成。锥状，尖部磨制尖锐。表面磨制光滑。长10.2、宽1.5、厚1.5厘米（图二〇四，4）。

（一三）第4B层出土遗物

1. 陶器

该层出土的陶片数量较多，以夹砂黑褐陶为主，其次为灰褐、褐、红褐陶；泥质陶数量有所增加，占12.7%，黑褐陶多见，次为灰褐、红褐、褐陶等（表一五）。钵、豆、釜、罐、器盖等常见，篮形器、带流钵形器、瓮形器、陶拍、支座等少见，杯形器、尊形器、壶形器等不见。颈

表一五　第4B层出土陶片陶质、陶色统计表

陶质 陶色 探方号	夹　砂						泥　质						合计
	黑褐	灰褐	褐	灰	红褐	黄褐	黑褐	灰褐	褐	灰	红褐	黄褐	
T18	38	38	24			1	17	20	3				141
T13	29	20	8		19	4	2	3	5		1		91
T24	24	5	10				1	2					42
T12	6	12	2		1		2	2					25
T30	7	1	1		2		6	2	2				21
T17	40	50	29	1	7		4	1	2				134
T20	95	26	14		7		3	2	1				148
T32	8	7	5		2		2						24
T14	60	35	27		6		11	3					142
T25	58	22	20		12		5	2			2		121
T16	8	3	3		4								18
T23	95	24	15		60		12	3	3		1		213
T15	12		17										29
合计	480	243	175	1	120	5	65	40	16		4		1149
总计	1024（89.1%）						125（10.9%）						100

部与肩部为二次对接而成是该层陶器制作一大特色。陶器上纹饰繁缛，素面陶较少见，仅占14.8%；装饰手法以压印、戳印和刻划为主，常见的纹饰种类有绳纹、弦纹、圆圈纹、篦点纹、麦穗划纹、花瓣划纹、附加堆纹、草叶划纹等，以及由压印鱼鳞纹与弦纹组成的复合纹饰，如变形鸟纹、"W"形纹、"Z"字形纹等（表一六；图一四一）。

表一六 第 4B 层出土陶片纹饰统计表

纹饰\探方号	绳纹	素面	栉纹	戳印圆圈	戳印纹	篦点纹	"Z"字纹	划纹	网格划纹	弦纹	附加堆纹	几何纹	水波划纹	花瓣纹	折线纹	合计
T18	80	30	16	3	8	1	1	1	1							141
T13	54	19	10	1	5			1		1						91
T24	23	11	2			2		1		3						42
T12	15	4	1		1					2	1	1				25
T30	8	5	4	2					1				1			21
T17	112	10	4				1	1	1	3	1	1				134
T20	115	22	3							5	2			1		148
T32	11	4	3							2	2	1				24
T14	110	16	9								3		2	1	1	142
T25	90	12	7	1		2	2		4				2	1		121
T16	12	6														18
T23	173	27	7					6								213
T15	18	1			5			2			3					29
合计	821	167	66	7	18	6	4	12	8	16	12	3	5	3	1	1149
百分比（%）	71.5	14.5	5.7	0.6	1.6	0.5	0.3	1.0	0.7	1.4	1.0	0.3	0.4	0.3	0.1	100

钵 59 件。

Aa 型Ⅲ式 2 件。T30④B：302，夹砂黑褐陶。圆唇，深弧腹。肩部以下外壁通饰绳纹，内壁则饰草叶和折线划纹。口径 28.8、残高 8.7 厘米（图一四二，1）。

Aa 型Ⅳ式 6 件。T30④B：290，夹砂磨光褐陶。圆唇，阔肩。肩部以下装饰网格和草叶划纹。口径 15.6、残高 6 厘米（图一四二，2）。

Ab 型Ⅲ式 45 件。T30④B：281，夹砂灰褐陶。宽肩。肩部以下通饰绳纹，在绳纹上再装饰有零星戳印小方格纹。肩部内外壁有明显的轮磨痕迹。口径 25.5、残高 8.7 厘米（图一四二，3）。T32④B：88，夹砂灰褐陶。深弧腹。肩部以下通饰绳纹，在绳纹上再装饰草叶划纹。口径 29.1、残高 10.1 厘米（图一四二，4）。

Ac 型Ⅱ式 1 件（T17④B：140）。夹砂灰褐陶。圆唇，窄沿，肩部上移或较窄。腹部微曲。肩部以下外壁通饰绳纹，内壁则饰树叶划纹。口径 25.4、残高 8.4 厘米（图一四二，5）。

Ba 型Ⅱ式 5 件。T15④B：360，夹砂褐陶。口微敛，圆唇，窄沿，曲腹，弧肩，肩部上移或

图一四一　第4B层出土陶片纹饰拓片

1. Aa 型Ⅳ式豆上的戳印短绳索纹、圆圈纹、弦纹组成的复合纹饰（T30④B：289）　2. Aa 型Ⅳ式钵上的网格和草叶划纹（T30④B：290）　3. 釜身上的弦纹、戳印短绳索纹、捺窝圆点纹组成的复合变形鸟纹（T25④B：146）　4. Ba 型 I 式簋形器上的"W"状划纹（T17④B：148）　5. 釜身上的弦纹、短绳索纹、近"Z"字形纹组成的复合纹饰（T15④B：418）　6. 罐身上的戳印芒点纹、草叶划纹和细绳纹（T14④B：72）

较窄。肩部以下外壁通饰绳纹。口径 18.8、残高 7 厘米（图一四二，6）。

　　带流钵形器　1 件。残，仅存管状流一部。为钵形器上的流。

　　T13④B：79，夹砂红褐陶。为管状流。器物内壁遍饰树叶划纹。流长 4、流口直径为 2.4、流壁厚 0.4 厘米，器残高 5.8 厘米（图一四二，7；图版五九，5、6）。

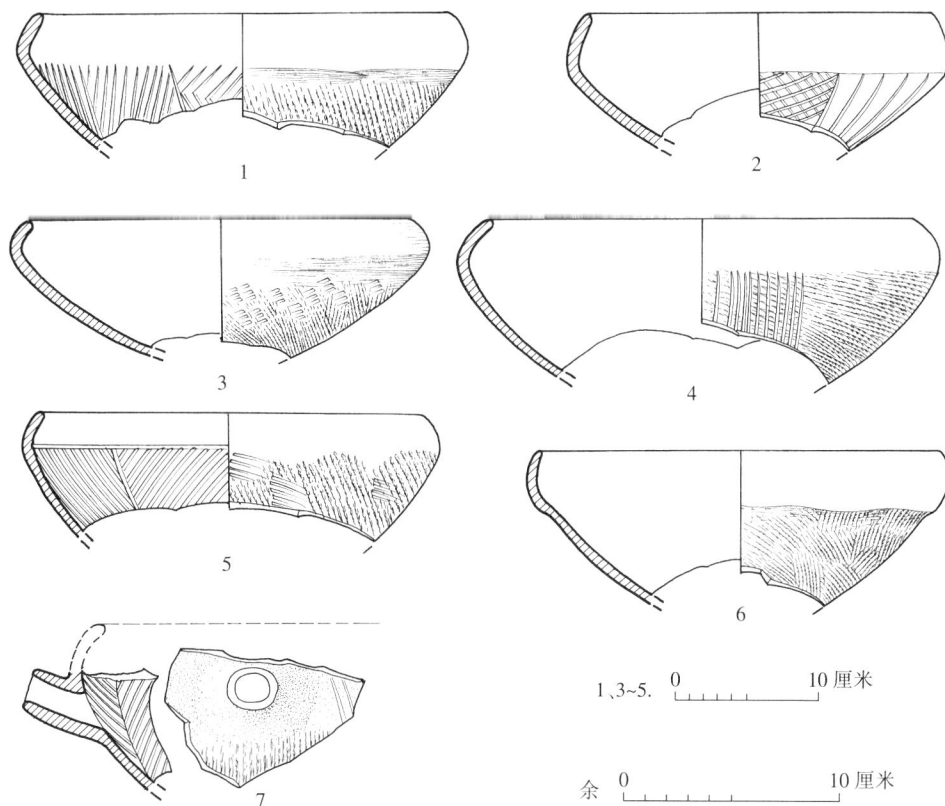

图一四二　第 4B 层出土陶钵、带流钵形器

1. Aa 型 III 式钵（T30④B：302）　2. Aa 型 IV 式钵（T30④B：290）　3、4. Ab 型 III 式钵（T30④B：281、T32④B：88）　5. Ac 型 II 式钵（T17④B：140）　6. Ba 型 II 式钵（T15④B：360）　7. 带流钵形器（T13④B：79）

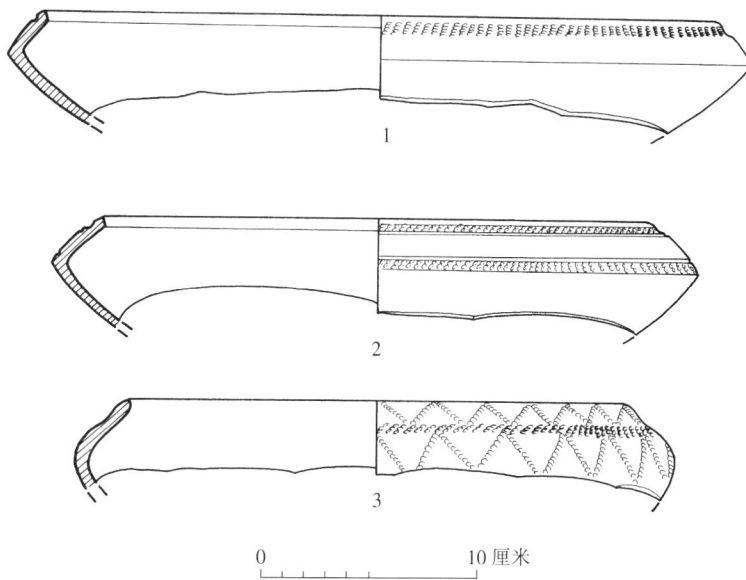

图一四三　第 4B 层出土陶豆、簋形器

1. Aa 型 III 式豆（T14④B：84）　2. Aa 型 IV 式豆（T30④B：284）　3. Ba 型 I 式簋形器（T17④B：148）

豆　3件。

Aa 型Ⅲ式　1件（T14④B：84）。泥质磨光黑褐陶。口微侈，窄沿。环绕唇部装饰一圈戳印短绳索纹带。口径31、残高4.6厘米（图一四三，1）。

Aa 型Ⅳ式　2件。T30④B：289，泥质磨光褐陶。敛口，宽肩，深腹。环绕唇部装饰由两条凹弦纹和戳印短绳索纹组成的一圈纹饰带，肩部则装饰由一条凹弦纹和戳印短绳索纹组成的纹饰带，肩部和唇部三个部位相连，相连部位各饰两个戳印圆圈纹。下腹部通饰绳纹。口径22.8、残高8.5厘米（图一四四）。T30④B：284，泥质磨光褐陶。敛口，宽肩，深腹。环绕唇部装饰由两条凹弦纹和戳印短绳索纹组成的一圈纹饰带，肩部则装饰由一条凹弦纹和戳印短绳索纹组成的纹饰带。口径25.6、残高5厘米（图一四三，2）。

簋形器　2件。

Ba 型Ⅰ式　2件。T17④B：148，泥质磨光褐陶。圆唇，圆鼓肩。肩部装饰一圈戳印短绳索纹带。在其上下则各饰一圈连续戳印"W"形状的纹饰带。口径22.8、残高4.2厘米（图一四三，3）。

釜　32件。

Aa 型Ⅳ式　2件。T30④B：303，夹砂灰褐陶。圆唇，折肩。肩部与腹部接合处装饰一圈戳印堆纹带，腹部则通饰绳纹。口径23.6、残高9.4厘米（图一四五，1）。

Aa 型Ⅴ式　12件。T24④B：124，夹砂灰褐陶。圆唇。口径26.4、残高4.4厘米（图一四五，2）。T24④B：116，夹砂褐陶。圆唇。肩部有一道突起的折棱。口径24、残高5.6厘米（图一四五，3）。

Ba 型Ⅱ式　1件（T15④B：420）。泥质磨光黑褐陶。肩部与腹部为一次对接而成尖唇，弧肩。唇部内侧装饰一圈戳印芒纹，肩部以上经过磨光处理。肩部以下则饰有绳纹，绳纹上再饰连续横

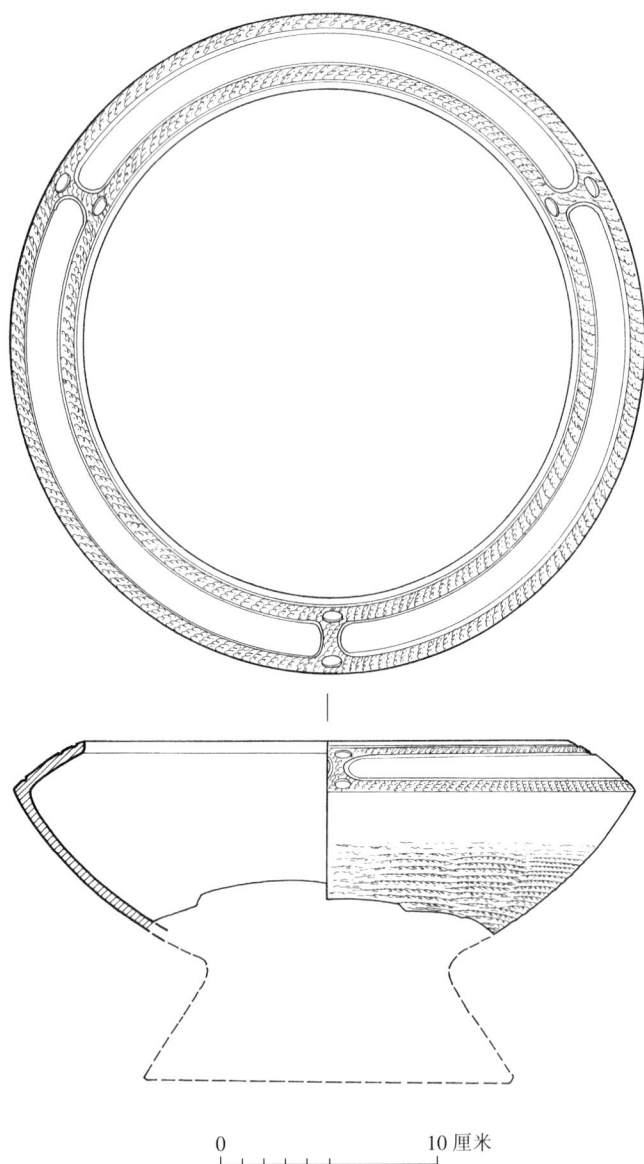

0　　　　　　　10厘米

图一四四　第4B层出土 Aa 型Ⅳ式陶豆
（T30④B：289）

"S" 状划纹。口径 29.2、残高
9.2 厘米（图一四六，1）。

　　Bb 型 Ⅱ式　1 件（T30④B：
298）。夹砂红褐陶。矮领。肩部
与腹部为二次对接而成。唇部内
侧装饰一圈戳印芒纹，肩部装饰
由两条凹弦纹和戳印短绳索纹组
成的纹饰带。口径 24.3、残高
4.8 厘米（图一四六，2）。

　　Da 型 Ⅱ式　1 件（T30④B：
166）。夹砂红褐陶。方唇，折
沿，矮领。唇部内侧装饰一圈戳
印芒纹，肩部装饰有凹弦纹。口
径 19.9、残高 3.4 厘米（图一四
六，3）。

　　Eb 型 Ⅱ式　7 件。T20④B：
109，夹砂褐陶。沿部经过磨光
处理，上遗留有清晰纵向刮痕。

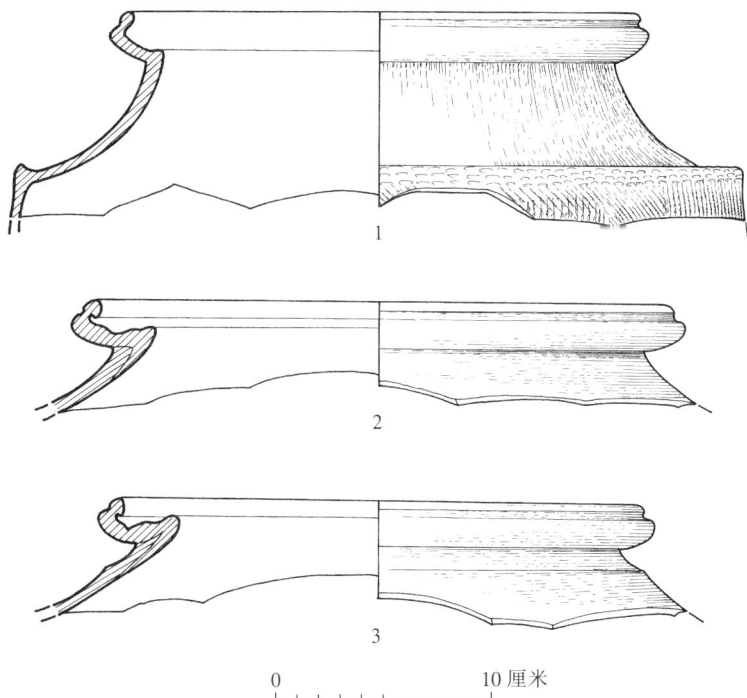

图一四五　第 4B 层出土 Aa 型陶釜
1. Ⅳ式（T30④B：303）　2、3. Ⅴ式（T24④B：124、T24④B：116）

口径 21.8、残高 8.2 厘米（图一四七，1）。

　　Ec 型 Ⅰ式　8 件。T20④B：128，夹砂褐陶。肩部装饰草叶交叉划纹。沿部经过磨光处理。口
径 24.6、残高 5.6 厘米（图一四七，3）。

　　釜身　7 件。

　　T15④B：418，口部和底部均残。肩部为泥质磨光黑褐陶，腹部为夹砂黑褐陶。肩部与腹部为
二次对接。肩部装饰两圈由凹弦纹和戳印短绳索纹组成的纹饰带，中间则饰一圈连续近 "Z" 字
形纹饰带。肩部以下饰绳纹。腹径 28.4、残高 12 厘米（图一四六，4）。T25④B：146，肩部为泥
质磨光黑褐陶，腹部为夹砂黑褐陶。高领，折肩，弧腹，肩部与腹部为二次对接。口部和底部均
残。肩部装饰两圈由凹弦纹和戳印短绳索纹组成的纹饰带，中间则饰两组由弧形弦纹和戳印短绳
索纹以及压印或戳印捺窝圆点纹组成的变形鸟纹带。肩部以下饰绳纹。腹径 31、残高 11.2 厘米
（图一四六，5）。

　　罐　39 件。

　　Aa 型 Ⅳ式　5 件。T13④B：78，夹砂褐陶。敞口，卷沿，尖圆唇，长颈。颈部装饰压印短方
格纹，颈部以下外壁通饰绳纹，绳纹上再饰草叶划纹。沿部外侧经过磨光处理。口径 16.2、残高
5.2 厘米（图一四七，2）。

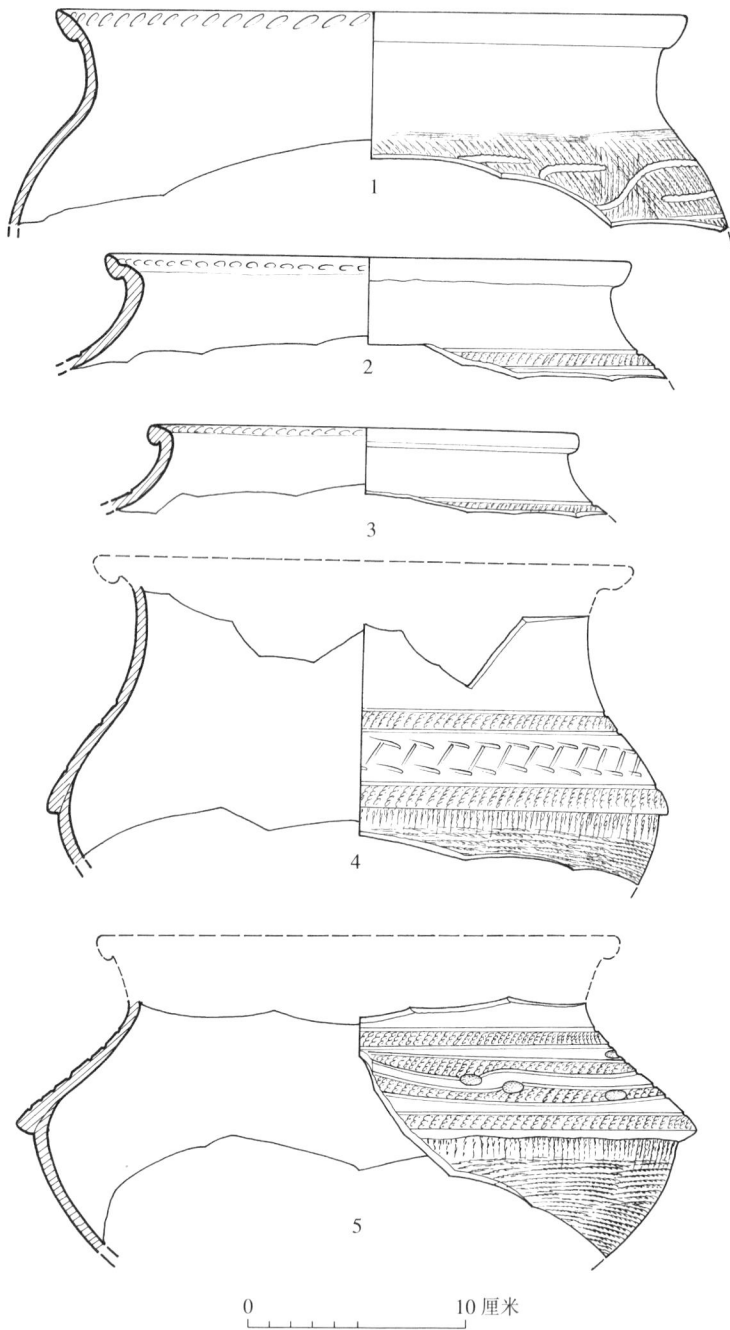

图一四六　第4B层出土陶器

1. Ba 型Ⅱ式釜（T15④B：420）　2. Bb 型Ⅱ式釜（T30④B：298）　3. Da 型Ⅱ式釜（T30④B：166）　4、5. 釜身（T15④B：418、T25④B：146）

Ab 型Ⅳ式　13 件。T15④B：373，夹砂褐陶。颈部装饰有条形短线划纹，颈部下通饰绳纹，绳纹上再与短线划纹间隔对应装饰草叶划纹。沿部经过磨光处理。口径 22.8、残高 7.8 厘米（图一四七，5）。

Ae 型Ⅰ式　18 件。T20④B：115，夹砂灰褐陶。颈部上装饰有水波划纹。颈部以下外壁经过抛光处理。沿部外侧有明显的轮修痕迹。口径 19.9、残高 6.8 厘米（图一四七，6）。

Ae 型Ⅳ式　3 件。T12④B：56，泥质磨光黑褐陶。尖唇，束颈，弧肩。颈部上装饰有水波划纹。颈部以下外壁经过抛光处理。口径 32.6、残高 7.2 厘米（图一四七，4）。

罐身　4 件。口部和底部均残，仅存肩部和腹部。鼓肩，弧腹。

T14④B：72，泥质磨光黑褐陶。肩部内侧遗留有明显的泥条盘筑痕迹。肩部装饰有斜向戳印芒点纹和草叶划纹，肩部以下饰绳纹，近肩处有一磨光带将绳纹分割成两片区域。腹径 21.6、残高 12 厘米（图一四七，8；图版五九，4）。

瓮形器　5 件。

Bb 型Ⅱ式　5 件。T14④B：79，夹砂灰褐陶。圆唇，颈部和

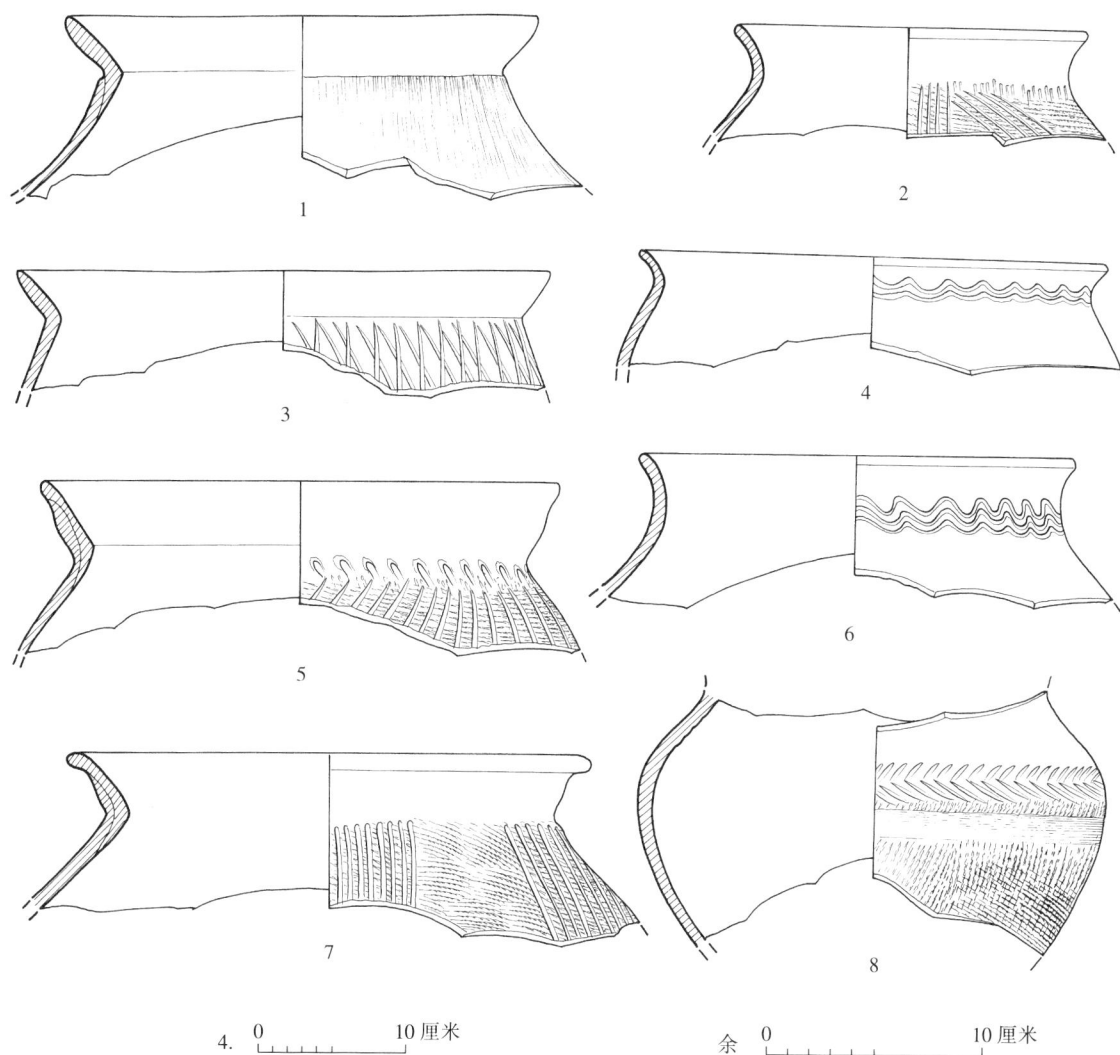

图一四七　第 4B 层出土陶器

1. Eb 型 II 式釜（T20④B：109）　2. Aa 型 IV 式罐（T13④B：78）　3. Ec 型 I 式釜（T20④B：128）
4. Ae 型 IV 式罐（T12④B：56）　5. Ab 型 IV 式罐（T15④B：373）　6. Ae 型 I 式罐（T20④B：115）
7. Bb 型 II 式瓮形器（T14④B：79）　8. 罐身（T14④B：72）

沿部由泥条二次对接而成。沿部以下饰绳纹，绳纹上有若干由陶拍侧缘刮划的竖向条纹。沿部经过磨光处理。口径 24.1、残高 8.5 厘米（图一四七，7）。

器盖　3 件。器物外壁因火烧而呈黑色。器纽均残。平面形状呈覆碗状。尖唇，深弧腹。腹部都通饰交错细绳纹，肩部和腹部之间有明显浅凹槽。器盖肩部外壁都有轮修痕迹。

Aa 型 III 式　2 件。T30④B：271，夹砂灰褐陶。口径 20、残高 11.5 厘米（图一四八，3）。

Aa 型 IV 式　1 件（T25④B：171）。夹砂灰褐陶。口径 15.5、残高 8 厘米（图一四八，2）。

器纽　1 件。捉手较矮，口部微外侈。

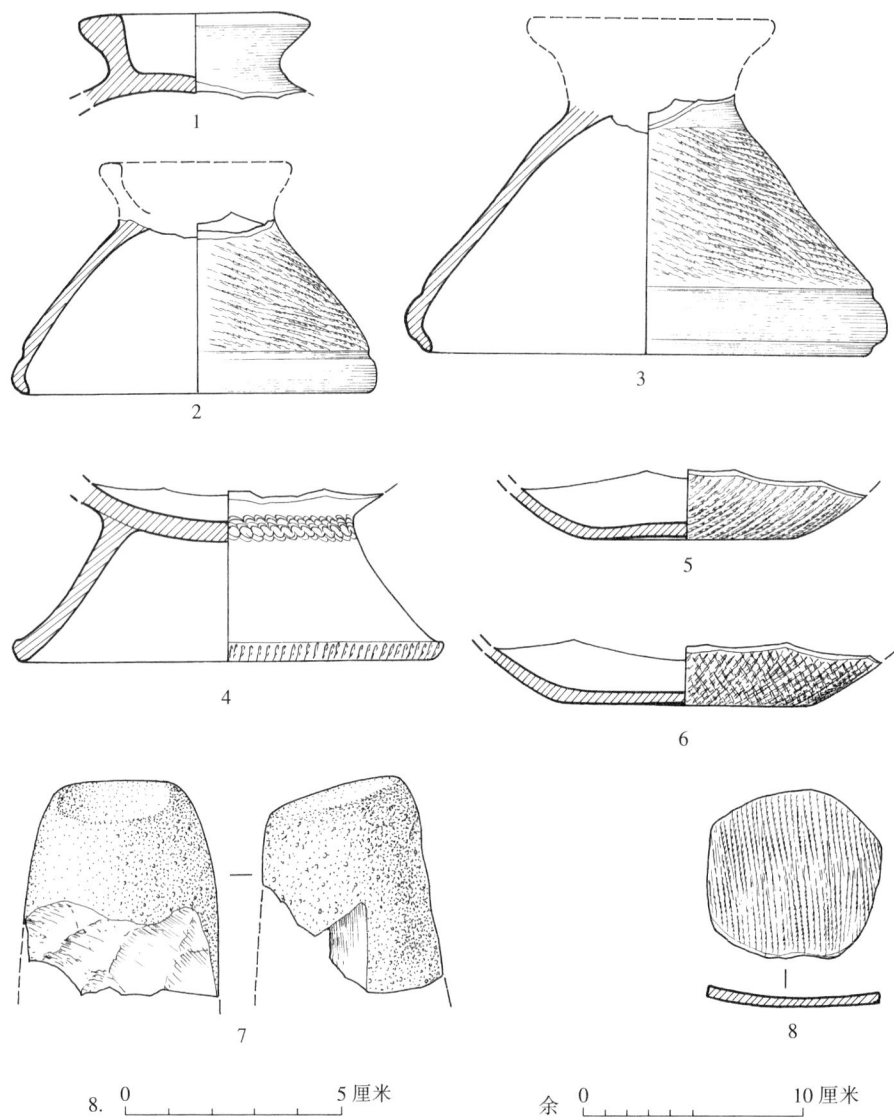

图一四八　第 4B 层出土陶器

1. 器纽（T13④B：73）　2. Aa 型Ⅳ式器盖（T25④B：171）　3. Aa 型Ⅲ式器盖（T30④B：271）

4. Bb 型圈足（T25④B：172）　5. Ab 型器底（T15④B：357）　6. Aa 型器底（T25④B：162）　7. 支

座（T15④B：358）　8. 陶拍（T25④B：135）

T13④B：73，夹砂黑褐陶。纽径 10.4、残高 3.6 厘米（图一四八，1）。

陶拍　2 件。

T25④B：135，夹砂褐陶。平面形状呈不规则圆形，周缘稍加打磨。表面饰有绳纹。直径 3.7 ~

3.9、厚 0.2 厘米（图一四八，8）。

圈足　1 件。

Bb 型　1 件（T25④B：172）。泥质红褐陶。足部外侈。足与底部接合处外表装饰数圈水波划纹，足根处则饰有一圈戳印点纹。圈足内壁上遗留有显著的红色矿物颜料痕迹。足径 19、残高 7.6 厘米（图一四八，4）。

支座　1 件。

T15④B：358，泥质褐陶。下段残，仅存顶部一段。其平面呈椭圆形。顶部微内凹，朝一边作倾斜状。顶面长 1.8~5.4、残高 9.6 厘米（图一四八，7）。

器底　71 件。

Aa 型　27 件。T25④B：162，夹砂红褐陶。近底腹部装饰交错细绳纹。底径 11.6、残高 2.8 厘米（图一四八，6）。

Ab 型　44 件。T15④B：357，夹砂褐陶。平底微内凹，近底腹部装饰绳纹。底径 9.2、残高 3.4 厘米（图一四八，5）。

2. 玉、石器

该层石器全部为磨制石器，不见打制石器，磨制石器磨制精致，器形规整。大型石器较少，石器体量普遍较小，其中尤以斧体形瘦长。石器岩性仍然以玄武岩为大宗，其他有砾岩、闪长岩、硅质岩、砂岩等。常见器形有斧、锛、凿，其中斧为大宗，锛、凿的数量相对较少；另有砺石、石拍、半成品。该层还出土 1 件灰绿色玉锛。

石斧　23 件。

Ba 型　4 件。灰绿色玄武岩。体厚。弧顶，舌形刃。磨制精细。T18④B：36，顶部略残。长 8.9、宽 4~4.8、厚 1.9 厘米（图一四九，1）。T11④B：47，刃部略残。残长 9.3、宽 3.8~4.3、厚 2.7 厘米（图一四九，2）。T11④B：10，顶部略残。有明显的使用痕迹。长 8.7、宽 2.7~4、厚 2.1 厘米（图一四九，3）。

Bb 型　8 件。T17④B：60，灰绿色玄武岩。平顶，弧刃。器表有多处崩疤。长 6.8、宽 3.3~4.8、厚 2.1 厘米（图一四九，4）。T24④B：21，灰黑色闪长岩。弧顶，刃部残断。器表有多处崩疤。残长 8.8、宽 4.2~5.4、厚 2 厘米（图一四九，5）。T17④B：54，灰绿色玄武岩。磨制精细。刃部残。残长 8.1、宽 4.4~6.2、厚 2.2 厘米（图一四九，6；图版六〇，1）。

Bc 型　2 件。T17④B：56，灰绿色闪长岩。平面形状近长方形。弧顶，刃部略残。器表有多处崩疤。顶和刃部有明显的使用痕迹。长 7.9、宽 4~5、厚 1.7 厘米（图一五〇，1）。

Bd 型　1 件（T24④B：24）。灰色闪长岩。柄部残断。荷包形刃。背部剥落。残长 5.8、宽 3.8~5.6、厚 1.7 厘米（图一五〇，2；图版六〇，2）。

Be 型　5 件。T30④B：12，灰黑色玄武岩。刃部略残。器表有砸击痕迹。残长 7.2、宽 3.7~4.8、厚 1.6 厘米（图一五〇，3）。T25④B：20，灰绿色玄武岩。器表有砸击痕迹。长 6.1、宽 3.1~4.3、厚 1.5 厘米（图一五〇，4）。T17④B：62，灰绿色玄武岩。平面形状呈扁圆形。弧顶，弧

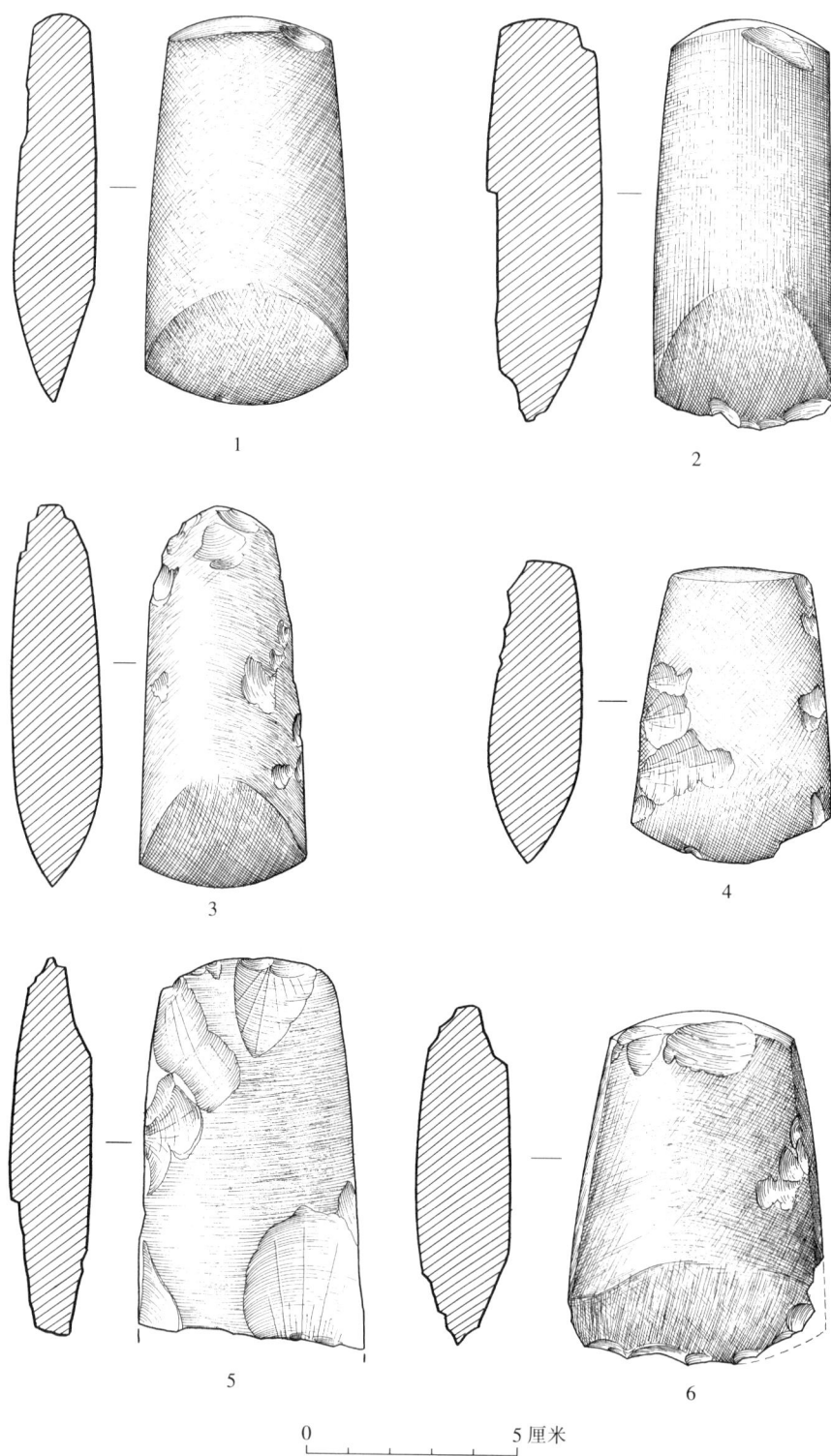

0   5 厘米

图一四九　第 4B 层出土 B 型石斧

1～3. Ba 型（T18④B：36、T11④B：47、T11④B：10）　 4～6. Bb 型（T17④B：60、T24④B：21、T17④B：54）

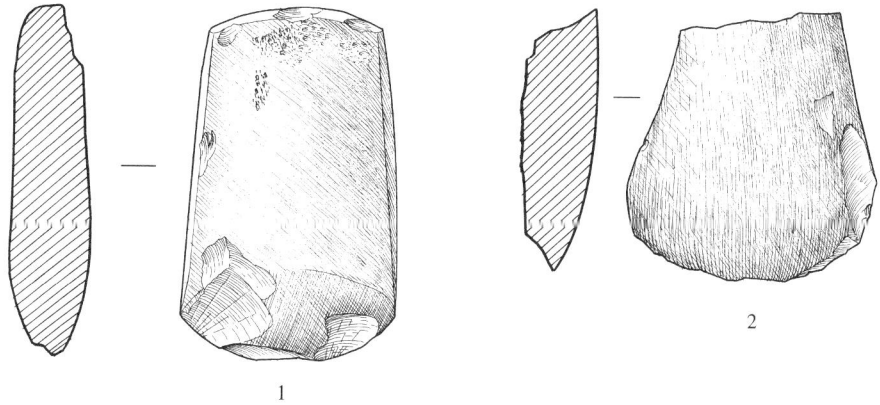

图一五○ 第4B层出土
　　 B 型石斧

1. Bc 型（T17④B：56）

2. Bd 型（T24④B：24）

3、4. Be 型（T30④B：12、
T25④B：20）

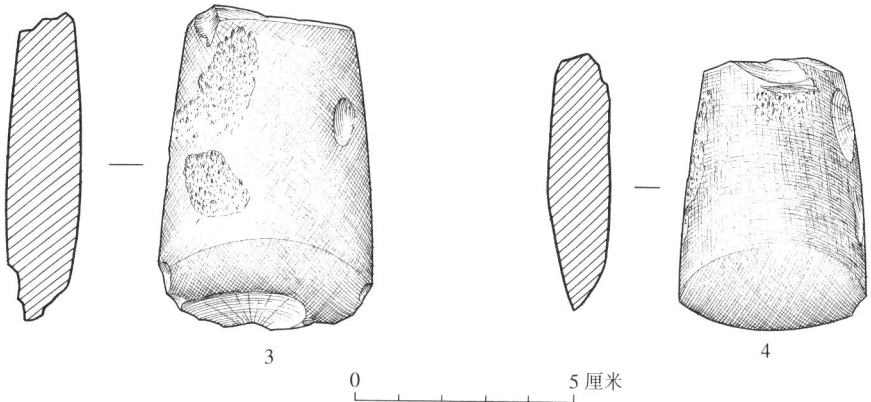

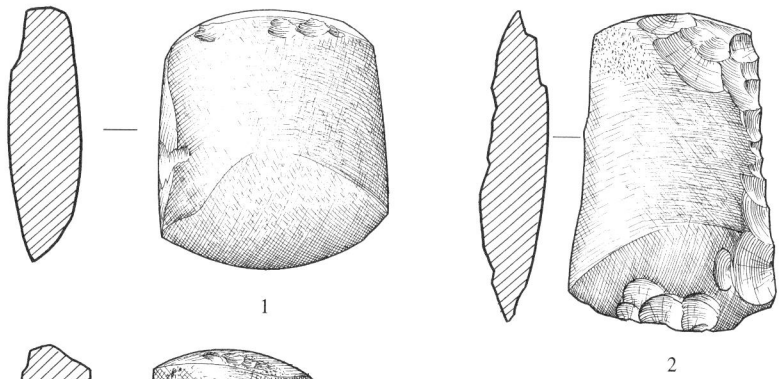

图一五一 第4B层
　　 出土石斧

1、2. Be 型（T17④B：62、
T17④B：56） 3. Ca 型
（T23④B：14） 4. Cc 型
（T24④B：22）

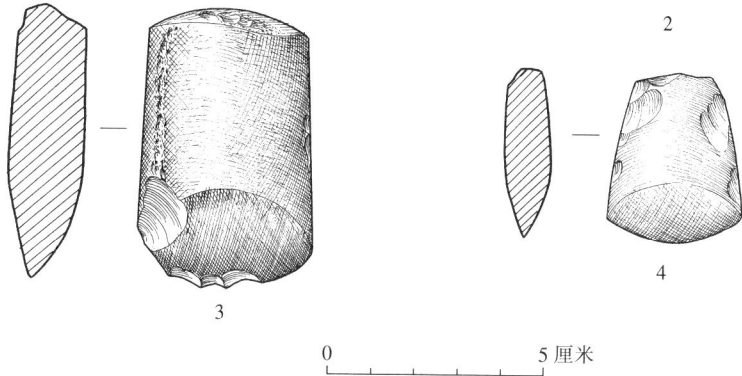

刃。顶部有明显的使用痕迹。长 5.7、宽 4.5~5.3、厚 1.7 厘米（图一五一，1）。T17④B∶56，灰绿色闪长岩。弧顶，弧刃。器表有多处崩疤，刃部略残。顶和刃部有明显的使用痕迹。长 7.9、宽4~5、厚 1.7 厘米（图一五一，2；图版六〇，3）。

Ca 型　2 件。灰绿色玄武岩。圆柱形，体厚。弧顶，舌形刃。磨制精细。T23④B∶14，刃部残缺。顶部有使用痕迹。残长 6.2、宽 3.7~4、厚 1.7 厘米（图一五一，3）。

Cc 型　1 件（T24④B∶22）。灰绿色玄武岩。体量较小，两侧有多处崩疤。磨制精细。长 3.8、宽 1.9~3.1、厚 1.1 厘米（图一五一，4）。

石锛　3 件。

Ac 型　2 件。平面形状呈三角形，近圭状，器物形体偏大。T24④B∶29，灰褐色砾岩。尖顶，弧刃略残。表面光滑，应为水流自然冲击而成。长 7.3、宽 0.6~3.8、厚 0.9 厘米（图一五二，

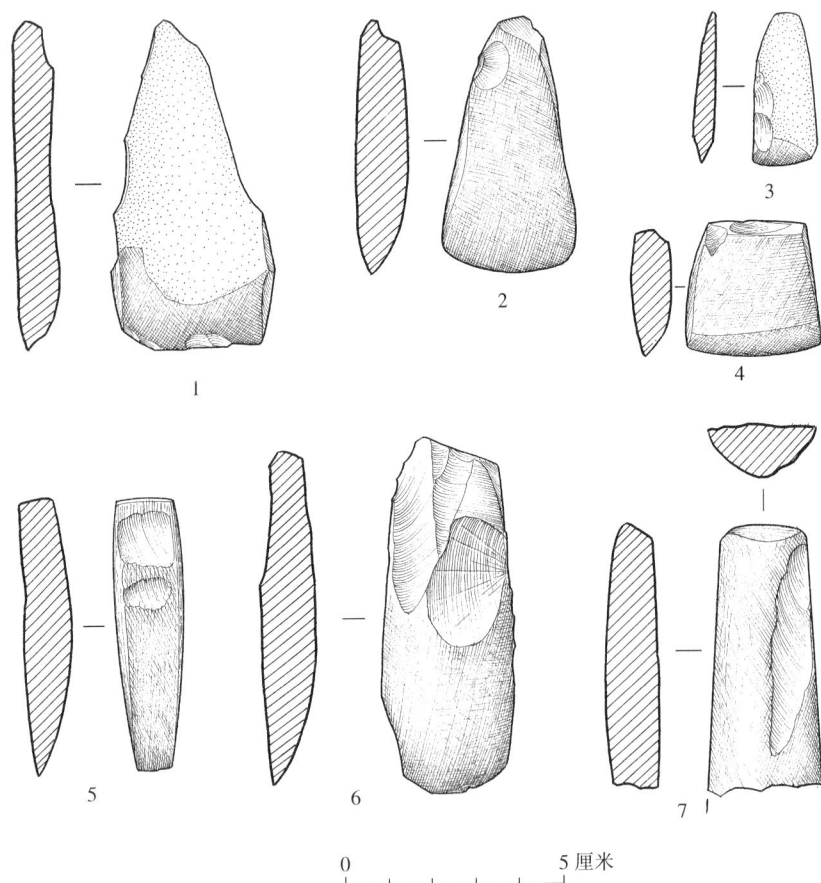

0　　　　　　　　5 厘米

图一五二　第 4B 层出土玉、石器

1、2. Ac 型石锛（T24④B∶29、T17④B∶50）　3. Bc 型石锛（T22④B∶9）　4. 玉锛（T13④B∶2）　5. D 型石凿（T16④B∶13）　6. C 型石凿（T24④B∶30）　7. A型石凿（T16④B∶16）

1；图版六〇，4）。T17④B：50，灰绿色玄武岩。尖顶，扇形刃。磨制精致。长 5.7、宽 1～3.1、厚 1.3 厘米（图一五二，2；图版六〇，5）。

　　Bc 型　1 件（T22④B：9），灰褐色砾岩。器物形体相对较小。圆顶，弧刃。仅刃部磨制。器表光滑，为水流自然冲击而成。长 3.4、宽 0.6～1.5、厚 0.4 厘米（图一五二，3；图版六〇，6）。

　　石凿　3 件。

　　A 型　1 件（T16④B：16）。灰绿色玄武岩。三角形顶，剖面呈三棱形，刃部残。磨制精细。残长 5.9、宽 1.8～2.6、厚 1.2 厘米（图一五二，7）。

　　C 型　1 件（T24④B：30）。灰褐色砾岩。长条形。斜顶，弧刃。一侧磨制，表面利用原生台面磨制而成，有多处崩疤。长 7.9、宽 2.2～3.1、厚 1.3 厘米（图一五二，6；图版六一，2）。

　　D 型　1 件（T16④B：13）。灰绿色硅质岩。平面为窄长条形，平顶，平刃锋利。磨制精致。长 6.1、宽 0.8～1.4、厚 1.1 厘米（图一五二，5；图版六一，3）。

　　半成品　1 件。

　　T30④B：62，灰绿色闪长岩。平面形状呈不规则长方形。一面有明显磨痕，十分光滑；另一面则为破裂面，大量崩疤。长 6、宽 2.7～3.4、厚 3.1 厘米（图一五三，3）。

　　石网坠　3 件。由灰褐色砾岩制成。均为打制而成，形状大小不一。

　　B 型　3 件。T30④B：9，平面形状近圆形。长 3.4、宽 3.3、

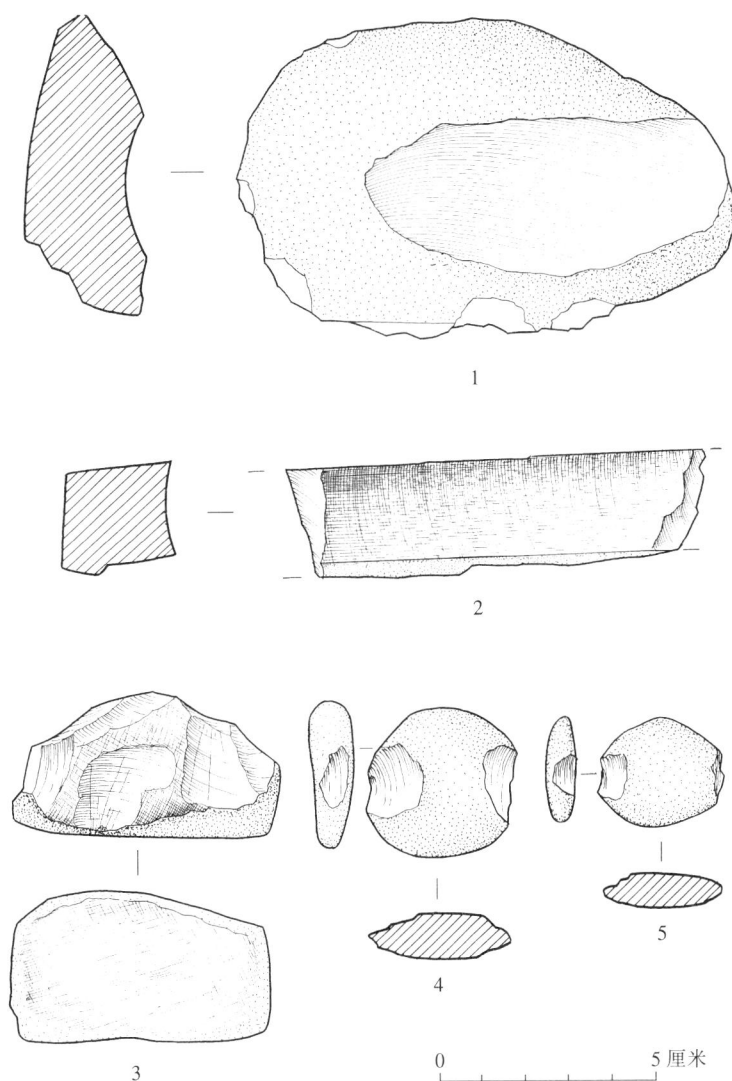

图一五三　第 4B 层出土石器

1、2. 砺石（T24④B：24、T30④B：8）　3. 半成品（T30④B：62）

4、5. B 型网坠（T30④B：9、T30④B：25）

厚1.1厘米（图一五三，4）。T30④B：25，平面形状呈横椭圆形。长2.9、宽2.4、厚0.8厘米（图一五三，5）。

砺石　3件。器物表面均有明显的磨痕，形成很深的凹槽。

T24④B：24，灰褐色砾岩。平面形状近椭圆形。长11.5、宽6.7、厚2.3厘米（图一五三，1）。T30④B：8，灰褐色板岩。平面形状呈长条形。长9.6、宽2.5、厚2.1厘米（图一五三，2；图版六一，4）。

石拍　1件。

T30④B：50，灰色细砂岩，面上见云母鳞片。平面形状近椭圆形，立面近圆柱状。器物正反两平面均刻划有网格纹，中部内凹形成腰部，可能是为了便于手握。上径5.7～7.7、下径6.5～7.8厘米，高8厘米（图一五四，1；图版六一，5）。

玉锛　1件。

T13④B：2，灰绿色。平面形状呈梯形。平顶，刃锋利。磨制精细。长3、宽2.3～3.1、厚0.9厘米（图一五二，4；图版六一，1）。

3. 骨器

仅见骨锥一种，不见其他器形，均系用动物肢骨磨制而成，锋部磨制尖锐。

锥　5件。

T30④B：17，系用半剖骨管制成。柄部残。平面形状呈长叶形。残长5.4、宽1.5、厚0.4厘米（图一五四，2）。T30④B：16，上端残。残长5.1、宽1.3、厚0.7厘米（图一五四，3）。T17④B：51，系用骨管破裂面制成。上端残。残长5.7、宽1.5、厚0.25厘米（图一五四，

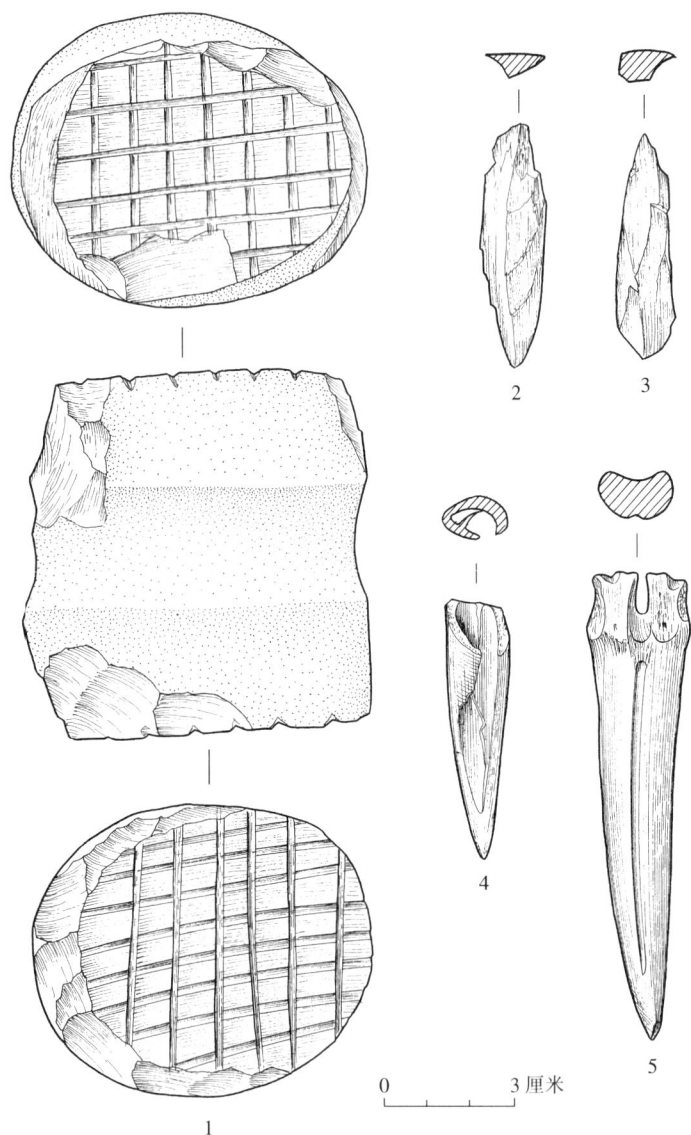

图一五四　第4B层出土石、骨器

1. 石拍（T30④B：50）　2～5. 骨锥（T30④B：17、T30④B：16、T17④B：51、T25④B：19）

4；图版六一，6）。T25④B：19，系用保留关节作为柄部的骨管制成，呈黄灰色，锥部乃为稍加磨制而成。锋部略残。平面形状呈圆锥状，锋部锐利。长 10.4、宽 1.7、厚 0.8 厘米（图一五四，5；图版六一，6）。

（一四）开口于第 4A 层下的遗迹

柱洞是该层下发现最多的遗迹，其中可辨认形状的建筑遗迹 1 座，平面形状呈长方形。该层下柱洞主要分布于发掘区的东南和西南部，集中分布于 T9、T10、T17、T18、T25、T30 内，柱洞的平面形状以圆形居多，剖面多为圆柱状，次为圆锥状，洞壁分斜直壁和直壁，斜壁多见；圜底多见，次为平底。柱洞内残留有竹柱，推测当时建筑使用的柱础多为竹子。填土为灰色夹砂土，结构疏松，内含少量残碎蚌壳，多无文化遗物。

F1　位于 T9 东北角、T10 的中部，其西北和东南因被塌落的巨石覆盖，未能清理。开口于第 4A 层下，叠压于第 4B 层上。建筑遗迹处于斜坡之上，从柱洞排列观察，推测其平面形状呈长方形，少数柱洞内还可见炭化竹柱的痕迹（图一五五，1；彩版一六、一七）。柱洞共计 29 个，平面形状有椭圆形和圆形两种，以圆形居多。椭圆形柱洞的长径约 0.1 ~ 0.24、短径约 0.08 ~ 0.2、深约 0.15 ~ 0.7 米，洞壁分直壁或斜直壁两种，洞底略呈弧形（D1、D25、D8、D4、D19、D20）。圆形柱洞的洞壁也分直壁和斜直壁，洞底形状有平底和弧底两种，弧底柱洞的洞壁一般为斜直壁，平底柱洞的洞壁一般为直壁。柱洞直径大小不一，大型柱洞直径 0.18 ~ 0.25、深 0.15 ~ 0.7 米，如 D2、D7、D8、D10、D12、D13、D14、D18、D21、D24、D29；小型柱洞的直径 0.1 ~ 0.15、深 0.25 ~ 0.5 米，如 D3、D5、D9、D22、D26、D27、D28。

柱洞　共计 67 个，均开口于第 4A 层下，叠压于第 4B 层上。平面形状呈椭圆形和圆形，以圆形居多，洞壁分斜直壁和直壁两种，剖面多呈圆柱状，少见圆锥状。柱洞直径大小不一，深浅也不一。圆形柱洞中大型柱洞的直径约 0.18 ~ 0.22、深约 0.21 ~ 0.52 米；小型柱洞的直径约 0.07 ~ 0.16、深约 0.11 ~ 0.6 米。椭圆形柱洞的长径约 0.12 ~ 0.28、短径约 0.1 ~ 0.24、深约 0.1 ~ 0.69 米。填土为灰色砂土，结构疏松，无文化包含物。

开口于 T17 第 4A 层下发现有 47 个柱洞，根据平面形状有椭圆形和圆形两种，以圆形居多。分斜直壁和直壁两种，除 T17D7 剖面为圆锥体外，其余剖面均呈圆柱体。

T30D1　平面形状呈圆形，剖面呈圆锥状，斜直壁，尖底。直径约 0.2、深约 0.4 米。填土为浅灰色砂土，结构疏松，无文化包含物（图一五五，4）。

T25D19　平面形状呈椭圆形，剖面呈近圆柱状，近直壁，圜底。长径约 0.21、短径约 0.15、深约 0.69 米。填土为灰色砂土，结构疏松，无文化包含物（图一五五，2）。

T17D47　平面形状呈圆形，剖面呈圆柱状，直壁，平底。直径约 0.16、深约 0.17 米。填土为灰色砂土，结构疏松，无文化包含物（图一五五，3）。

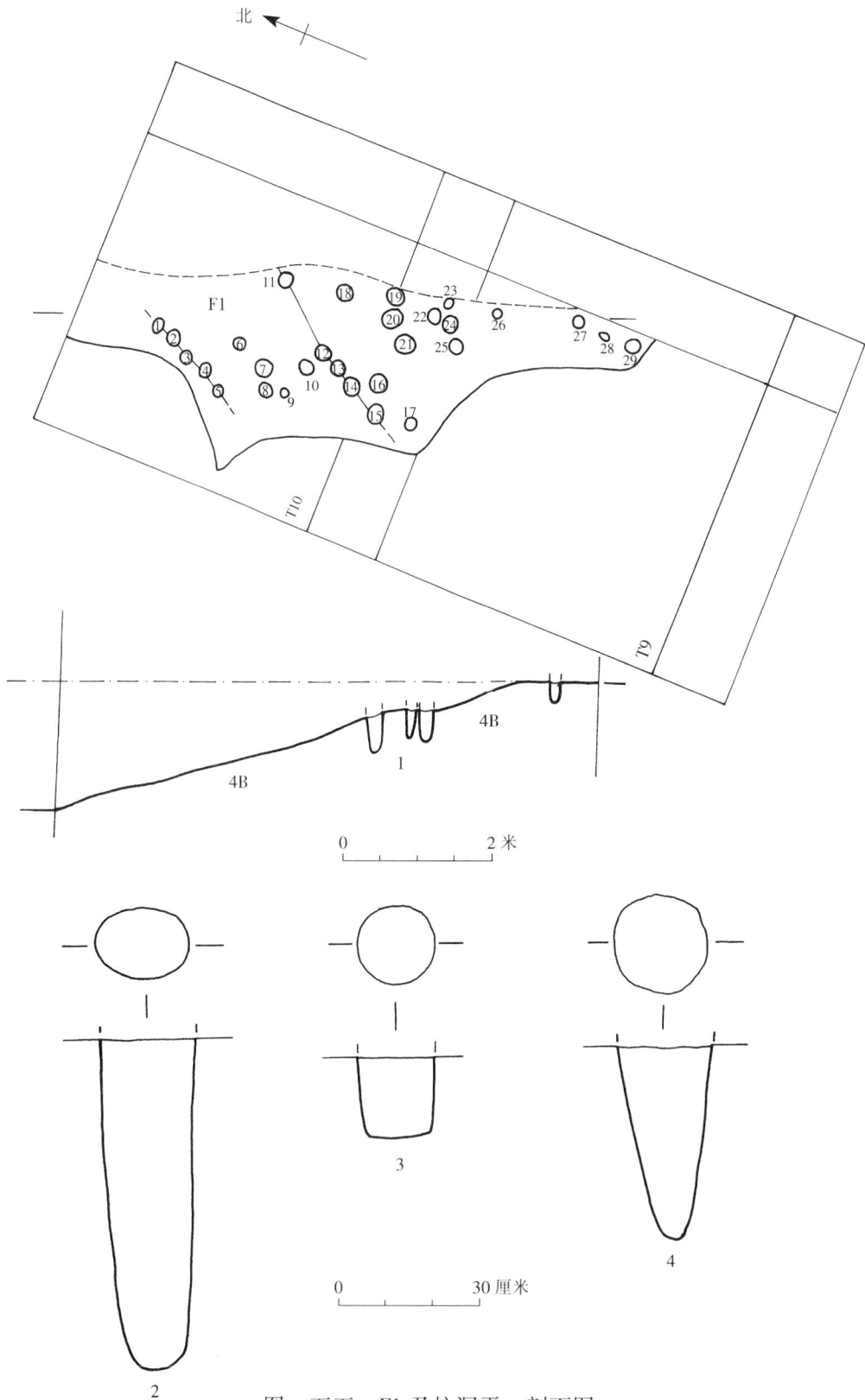

图一五五　F1 及柱洞平、剖面图

1. F1（F1 图中 1～29 为柱洞）　2. T25D19　3. T17D47　4. T30D1

（一五）第 4A 层出土遗物

1. 陶器

该层出土的陶片数量多，种类也丰富。陶片以夹砂黑褐多见，其次为夹砂灰褐、褐、红褐、黄褐陶；泥质陶仅占 10.2%，陶色以黑褐为主，其次褐、红褐、灰陶等（表一七）。钵、釜、罐、高领罐、陶拍等常见，豆、簋形器、器盖、支座等少见，不见瓮形器、碗、杯形器、盆形器等。器物颈部与肩部或领部二次对接制作的情形更加普遍或流行，如在 A 型釜、Af 型罐形器特别突出。陶片上常见的纹饰装饰手法以压印、刻划为主，另有少量的戳印，在同一器物的不同部位常常发现两种以上的装饰手法。常见的纹饰有绳纹、弦纹、水波划纹、戳印芒纹、网格纹、草叶划纹、"X" 状划纹、戳印指甲纹等，其中绳纹、水波纹、弦纹、草叶纹最为多见（表一八；图一五六）。

表一七　第 4A 层出土陶片陶质、陶色统计表

探方号	夹　砂						泥　质						合计
	黑褐	灰褐	褐	灰	红褐	黄褐	黑褐	灰褐	褐	灰	红褐	黄褐	
T24	16	7			4		2						29
T25	17	4	1		2	1	3						28
T17	105	29	7		8		5			1	2		157
T9	28	16	6		2		3		4		1		60
T15	2	2	1				1						6
T10	61	12	5		11		5		3		2		99
T18	39	5	11		2		2	2					61
T25	226	68	57	5	23	10	36	3	12		3		443
T14	1	5			1		1				1		9
T30		2											2
合计	495	150	88	5	53	11	58	5	19	1	9		894
总计	802（89.7%）						92（10.3%）						

钵　25 件。

Aa 型Ⅲ式　2 件。T25④A：214，夹砂灰褐陶。尖圆唇，浅弧腹，小平底。肩部以下通饰交错绳纹。口径 21.4、底径 7.4、高 6.2 厘米（图一五七，1）。

Aa 型Ⅳ式　8 件。T17④A：171，夹砂灰褐陶。圆唇，深弧腹。肩部以下通饰交错绳纹。口径 24、残高 9 厘米（图一五七，2）。

Ab 型Ⅲ式　5 件。T18④A：61，夹砂黑陶。圆唇，弧腹。肩部以下通饰斜向绳纹。口径 19.8、

表一八 第4A层出土陶片纹饰统计表

纹饰\探方号	绳纹	水波纹	划纹	网格划	戳印圆圈	素面	带状	"之"字纹	栉纹	弦纹	附加堆纹	篦点纹	斜线划纹	几何纹	"Z"字纹	"["形纹	合计
T24	23					5			1								29
T25	20					4		2							2		28
T17	129	2		1		12		2	5		4			2			157
T9	51					5			3							1	60
T15	3	1			1				1								6
T10	75	4		5		7			5		3						99
T18	41					10			2	4	3			1			61
T25	336	6	3	10	6	58			18	6							443
T14	2	1		2		4											9
T30	2																2
合计	682	13	4	11	14	105		4	35	10	10			3	2	1	894
百分比（%）	76.3	1.5	0.4	1.2	1.6	11.7		0.4	3.9	1.1	1.1			0.3	0.2	0.1	100

残高7.3厘米（图一五七，3）。

Bb型Ⅱ式 6件。T25④A：181，夹砂黑陶。圆唇，深曲腹。肩部装饰有花瓣、树枝及草叶划纹，肩部以下通饰绳纹。口径21.3、残高7厘米（图一五七，4）。

Bc型Ⅱ式 4件。T25④A：195，夹砂灰陶。圆唇，口微敛，深曲腹。肩部以下通饰斜向绳纹。口径20.6、残高7.5厘米（图一五七，5）。

豆 4件。

Aa型Ⅳ式 4件。圈足均残，未见完整之器物。T25④A：159，泥质磨光褐陶。尖唇，宽肩，弧腹。唇部外侧装饰一圈戳印点纹。口径15.3、残高4.4厘米（图一五七，6）。T17④A：179，泥质磨光黑陶。圆唇，肩部略窄。唇部外侧装饰一圈戳印锥刺纹。口径18.1、残高6厘米（图一五七，7）。

簋形器 1件。

A型Ⅰ式 1件（T14④A：91）。泥质磨光黑褐陶。圆唇，弧腹。唇部外侧装饰一圈戳印锥刺纹。口径20.5、残高5.8厘米（图一五七，8）。

釜 29件。

Aa型Ⅵ式 4件。唇部外侧凹槽突出，广肩。器物外表原都通饰绳纹，后经过打磨处理，但在局部仍然清晰可见绳纹痕迹。T19④A：18，夹砂黑陶。圆唇，唇部外侧凹槽突出，折沿，束颈。口径22、残高6.6厘米（图一五八，1）。T17④A：158，夹砂褐陶。圆唇，折沿，束颈。颈部与肩部二次对接而成。口径21.4、残高5厘米（图一五八，3）。

Ba型Ⅱ式 8件。T17④A：141，泥质灰褐陶。近盘口，圆唇，卷沿。唇部内侧装饰一圈戳印点纹。口径29、残高4.3厘米（图一五八，8）。

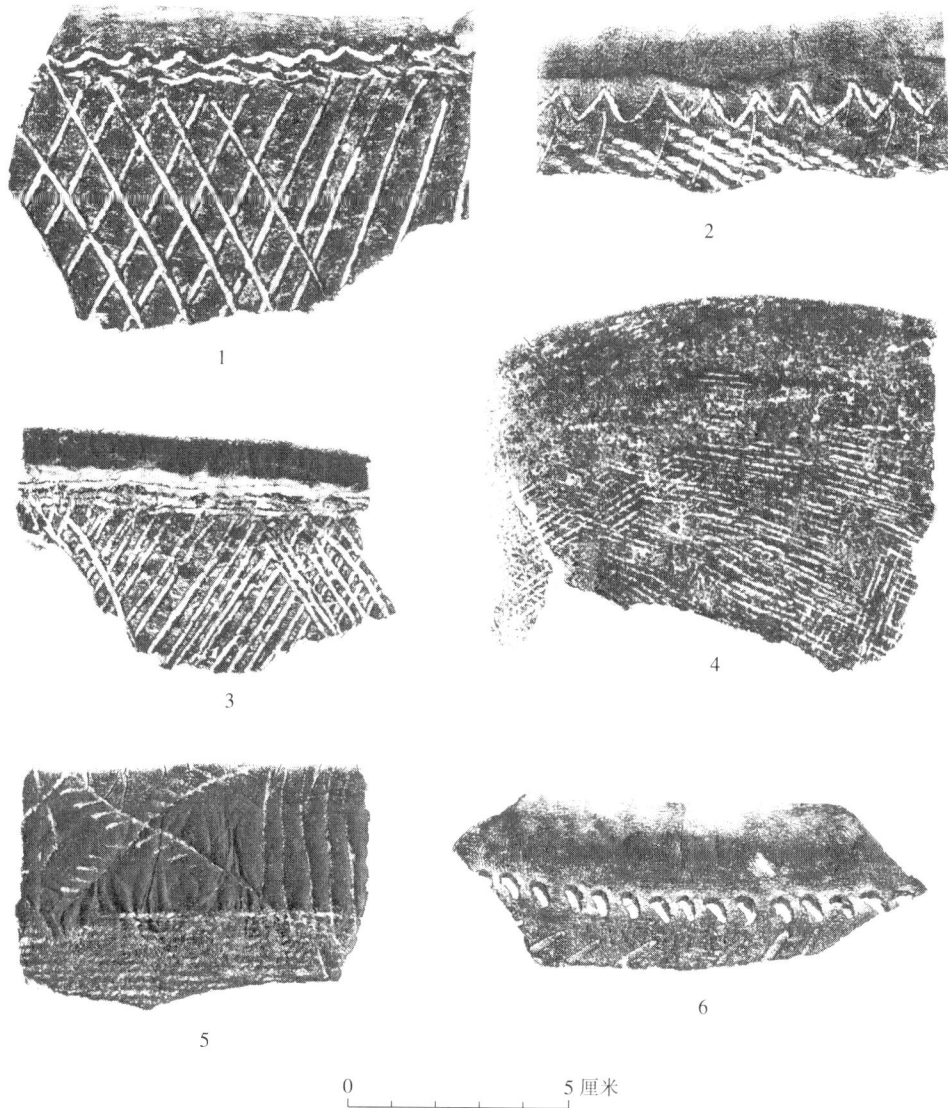

图一五六　第 4A 层出土陶片纹饰拓片

1. Ab 型Ⅲ式高领罐上的水波纹和网格划纹（T25④A：186）　2. Ab 型Ⅲ式罐上的水波纹、绳纹（T25④A：178）　3. 绳纹、草叶划纹、波浪纹（T25④A：176）　4. Aa 型Ⅲ式钵上的细绳纹（T25④A：214）　5. Bb 型Ⅱ式钵上的花瓣、树枝、草叶划纹及绳纹（T25④A：181）　6. Bb 型Ⅲ式罐上的附加锥刺点纹（T25④A：162）

Da 型Ⅱ式　2 件。T25④A：187，泥质磨光褐陶。圆唇，领部相对较高，弧肩。唇部内侧装饰一圈戳印芒纹；肩部以上经过磨光处理，肩部以下通饰绳纹，在近肩部处的绳纹上饰有两条凹弦纹，在其间则再饰一条"S"状划纹。口径 18、残高 9.6 厘米（图一五八，5）。

Db 型Ⅱ式　8 件。T25④A：182，泥质磨光灰褐陶。厚圆唇。唇部内侧装饰一圈戳印点纹；肩部装饰一条凹弦纹，在其下则饰戳印短绳索纹。口径 20.6、残高 5 厘米（图一五八，6）。T10④A：16，

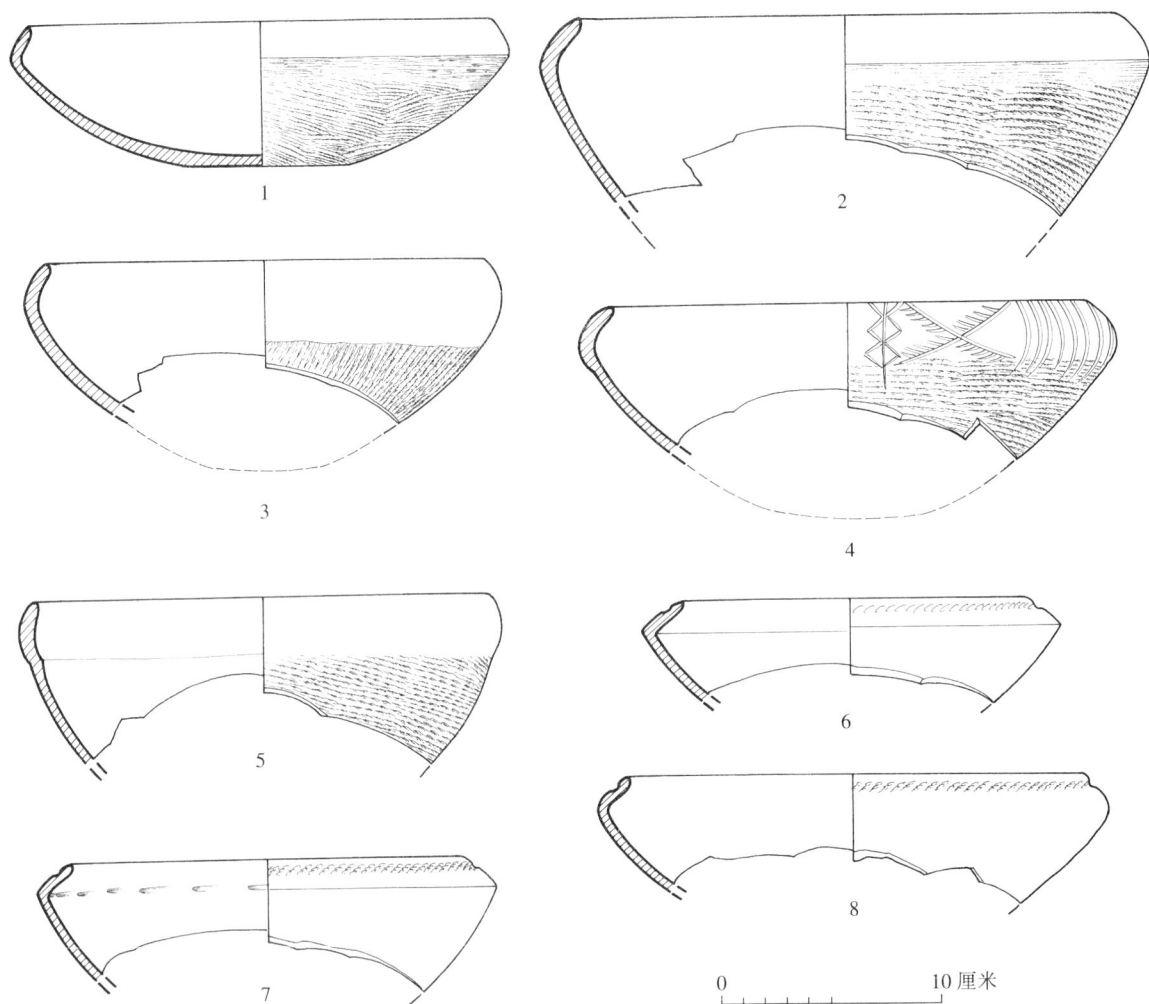

图一五七　第4A层出土陶器

1. Aa 型 Ⅲ 式钵（T25④A：214）　2. Aa 型 Ⅳ 式钵（T17④A：171）　3. Ab 型 Ⅲ 式钵（T18④A：61）

4. Bb 型 Ⅱ 式钵（T25④A：181）　5. Bc 型 Ⅱ 式钵（T25④A：195）　6、7. Aa 型 Ⅳ 式豆（T25④A：159、
T17④A：179）　8. A 型 Ⅰ 式簋形器（T14④A：91）

泥质磨光红褐陶。唇部内侧装饰一圈戳印芒纹。口径18.2、残高4厘米（图一五八，7）。

　　F 型 Ⅱ 式　7 件。颈部与领部二次对接而成。领部外侧遗留有明显的打磨痕迹。T19④A：16，
夹砂红褐陶。圆唇。口径13.4、残高5.4厘米（图一五八，2）。

　　釜身　1 件。

　　T25④A：213，口部残，仅存肩部以下部分。肩部与腹部为二次对接而成。肩部装饰由圆点和
弧线及填以其中的戳印纹组成的几何变形鸟纹，肩部和腹部对接泥条上则装饰由两条平行凹弦纹
和戳印短绳索纹组成的纹饰带，肩部以下遍饰交错绳纹。腹径39、残高22厘米（图一五八，9）。

　　高领罐　5 件。

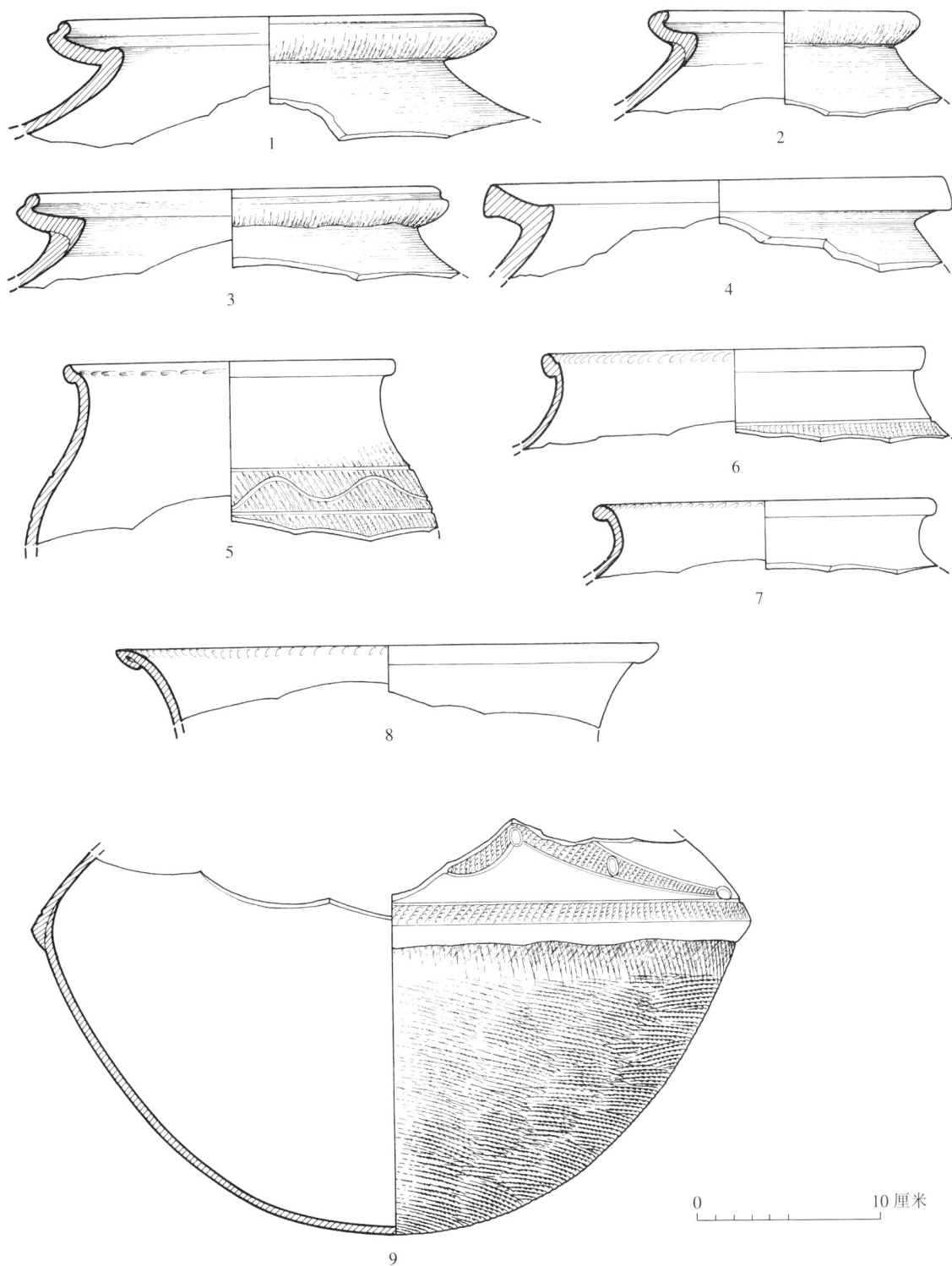

图一五八 第4A层出土陶器

1、3. Aa 型Ⅵ式釜（T19④A：18、T17④A：158） 2. F 型Ⅱ式釜（T19④A：16） 4. Db 型Ⅱ式罐（T10④A：14）

5. Da 型Ⅱ式釜（T25④A：187） 6、7. Db 型Ⅱ式釜（T25④A：182、T10④A：16） 8. Ba 型Ⅱ式釜（T17④A：141） 9. 釜身（T25④A：213）

Aa 型Ⅲ式　1件（T17④A：176）。夹砂灰褐陶。厚圆唇。唇部用一圈泥条附加而成。领部装饰有两条弦纹，其下遍饰交叉草叶划纹。口径22.4、残高4.4厘米（图一五九，10）。

Ab 型Ⅲ式　4件。T25④A：186，夹砂灰褐陶。圆唇。其上装饰有水波划纹，其下遍饰交叉草叶状划纹。领部有轮修痕迹。口径28、残高7.5厘米（图一五九，9）。

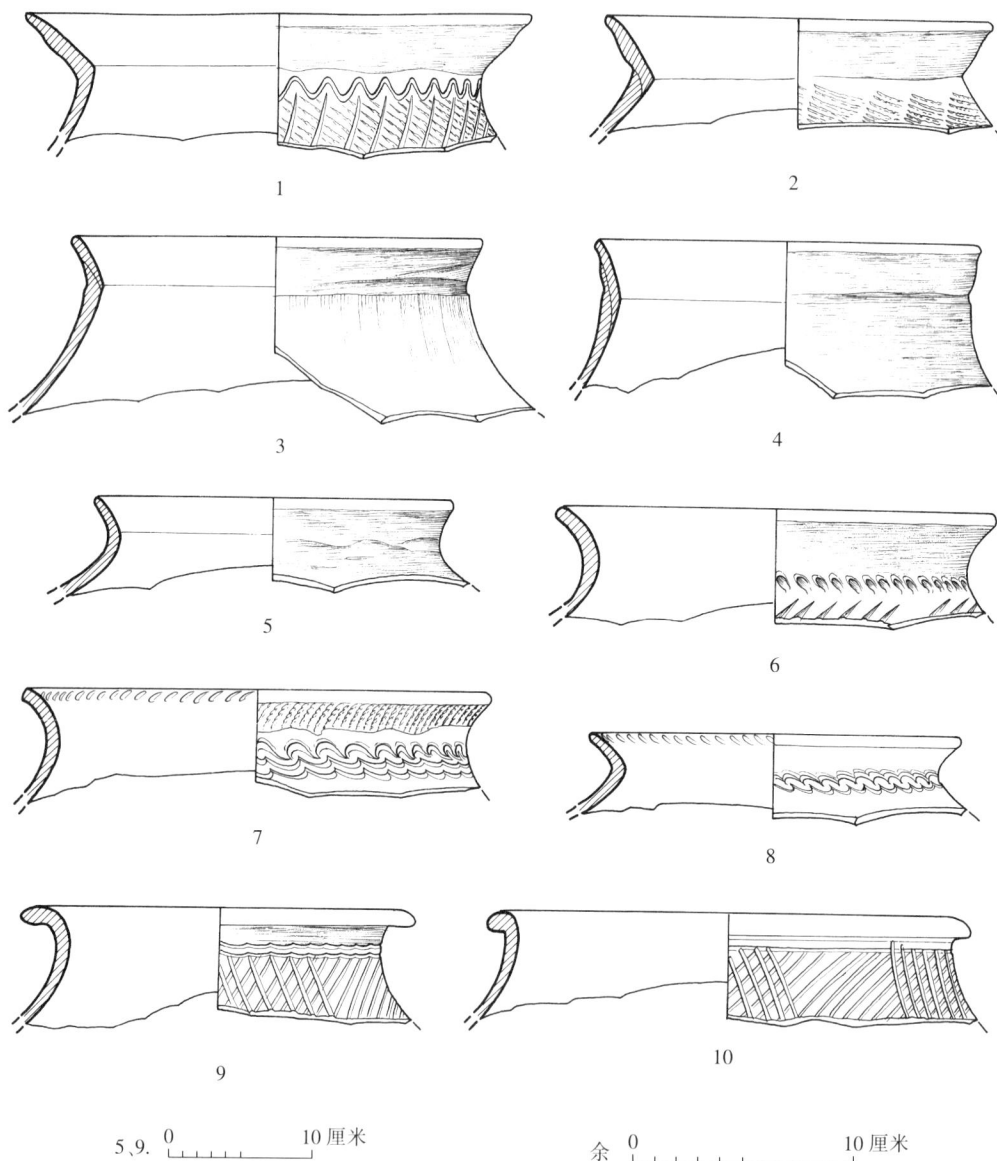

图一五九　第4A层出土陶器

1. Ab 型Ⅲ式罐（T25④A：178）　2. Ab 型Ⅳ式罐（T18④A：60）　3、4. Af 型Ⅰ式罐（T25④A：180、T25④A：193）　5. Bb 型Ⅱ式罐（T18④A：62）　6、7. Bb 型Ⅲ式罐（T25④A：162、T30④A：247）　8. Ae 型Ⅴ式罐（T17④A：173）　9. Ab 型Ⅲ式高领罐（T25④A：186）　10. Aa 型Ⅲ式高领罐（T17④A：176）

罐　35 件。

Ab 型Ⅲ式　3 件。T25④A：178，夹砂褐陶。尖唇，束颈。近颈部处饰有水波划纹，其下遍饰绳纹，绳纹上再饰草叶划纹。颈部经过刮磨处理。口径 23.2、残高 6 厘米（图一五九，1）。

Ab 型Ⅳ式　6 件。T18④A·60，夹砂褐陶。尖圆唇。肩部装饰有拍印绳纹。颈部经过打磨处理，有明显的轮修痕迹。口径 17.6、残高 4.8 厘米（图一五九，2）。

Ae 型Ⅴ式　2 件。T17④A：173，泥质磨光黑褐陶。尖圆唇。唇部内侧装饰一圈戳印点纹。颈部经过刮磨处理，其表面装饰有波浪纹。口径 17.1、残高 4 厘米（图一五九，8）。

Af 型Ⅰ式　5 件。颈部与领部二次对接而成。领部外侧遗留有明显的打磨痕迹。T25④A：180，夹砂红褐陶。圆唇。口径 18.9、残高 8.2 厘米（图一五九，3）。T25④A：193，夹砂灰褐陶。方唇。口径 17.4、残高 7 厘米（图一五九，4）。

Bb 型Ⅱ式　4 件。T18④A：62，夹砂灰褐陶。圆唇。颈部有明显的轮修痕迹。口径 25.5、残高 5.7 厘米（图一五九，5）。

Bb 型Ⅲ式　12 件。T25④A：162，夹砂褐陶。方唇。颈部有明显的轮修痕迹，颈部装饰一圈戳印点纹，肩部饰草叶划纹。口径 20.5、残高 5.2 厘米（图一五九，6）。T30④A：247，夹砂灰褐陶。方唇。唇部内侧装饰一圈戳印点纹。颈部原饰有绳纹，后部分经过刮磨处理后，颈部装饰数圈波浪纹，但仍然还遗留有绳纹痕迹。口径 21.3、残高 4.6 厘米（图一五九，7）。

Db 型Ⅱ式　3 件。T10④A：14，夹砂灰褐陶。厚方唇，折沿，束颈。口径 25.4、残高 5 厘米（图一五八，4）。

器盖　1 件。

Ac 型　T24④A：125，夹砂灰褐陶。捉手残，器盖呈覆碗状。口径 14.2、残高 5.2 厘米（图一六〇，3）。

陶拍　7 件。

T25④A：198，夹砂红褐陶。平面近圆形。表面饰绳纹。周缘略加打磨。直径 3.6 ~ 3.9、厚 0.6 厘米（图一六〇，4）。T17④A：185，泥质磨光黑褐陶。平面近圆形。周缘打磨规整。直径 3 ~ 3.3、厚 0.4 厘米（图一六〇，5）。

支座　1 件。

T14④A：4，泥质红褐陶，质地疏松。仅存顶部一段。顶部平面呈蘑菇形，中间有一圆孔。顶部直径 8.4、残高 8.9 厘米（图一六〇，6）。

圈足　2 件。

Aa 型Ⅱ式　2 件。T17④A：21，泥质黑褐陶。足部略内敛。表面装饰由弦纹和戳印绳索纹组成的几何纹饰带。足径 27.6、残高 4 厘米（图一六〇，1）。

圈足器　1 件。仅存圈足与底部接合部。

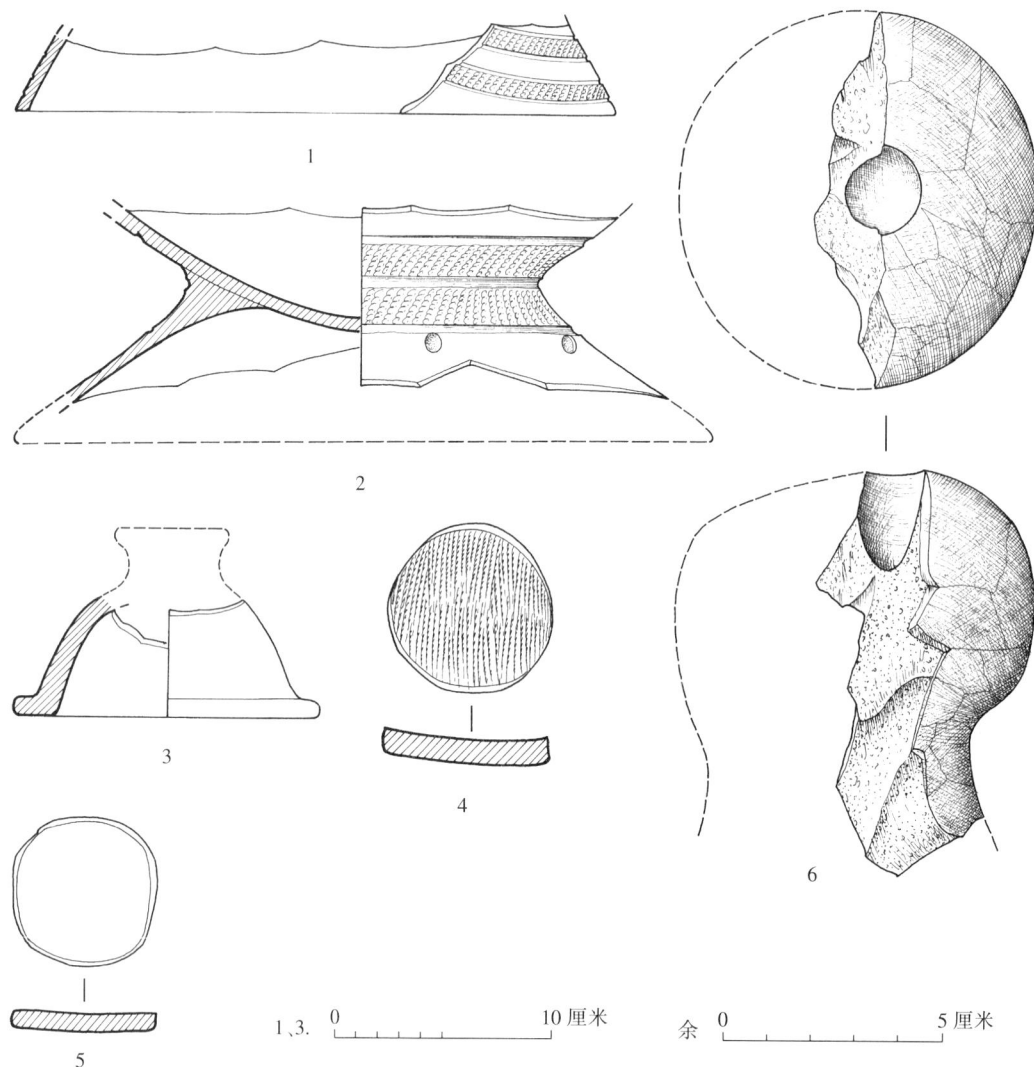

图一六〇　第4A层出土陶器

1. Aa 型Ⅱ式圈足（T17④A：21）　2. 圈足器（T17④A：182）　3. Ac 型器盖（T24④A：125）　4、5. 陶拍（T25④A：198、T17④A：185）　6. 支座（T14④A：4）

T17④A：182，夹砂黑褐陶。在圈足与底部接合处外壁上下装饰各由两条平行凹弦纹和其间填以戳印短绳索纹组成的纹饰带，另在圈足上还间隔分布圆形捺窝纹。器残高4.2厘米（图一六〇，2）。

2. 石器

该层出土的石器数量较多，全部为磨制石器，体形普遍修长，小型石器居多，少见大型石器。石器岩性以玄武岩为主，其他有砾岩、硅质岩、页岩、大理石、砂岩等。石器以生产和渔猎工具为主，其次为装饰品、纺织工具。斧、锛、凿、网坠较为常见，另有砺石、星形器、纺轮、贝饰等，其中以斧和网坠的数量最多。

　　斧　23 件。分为打制和磨制两类，打制石斧数量较少，器表遍布崩疤，局部磨制。磨制石斧数量较多，磨制精致，器形规整，表面有明显磨痕。

　　Ba 型　9 件。多平顶，舌形刃。磨制精致。T29④A：31，灰绿色玄武岩。顶部略残。长约

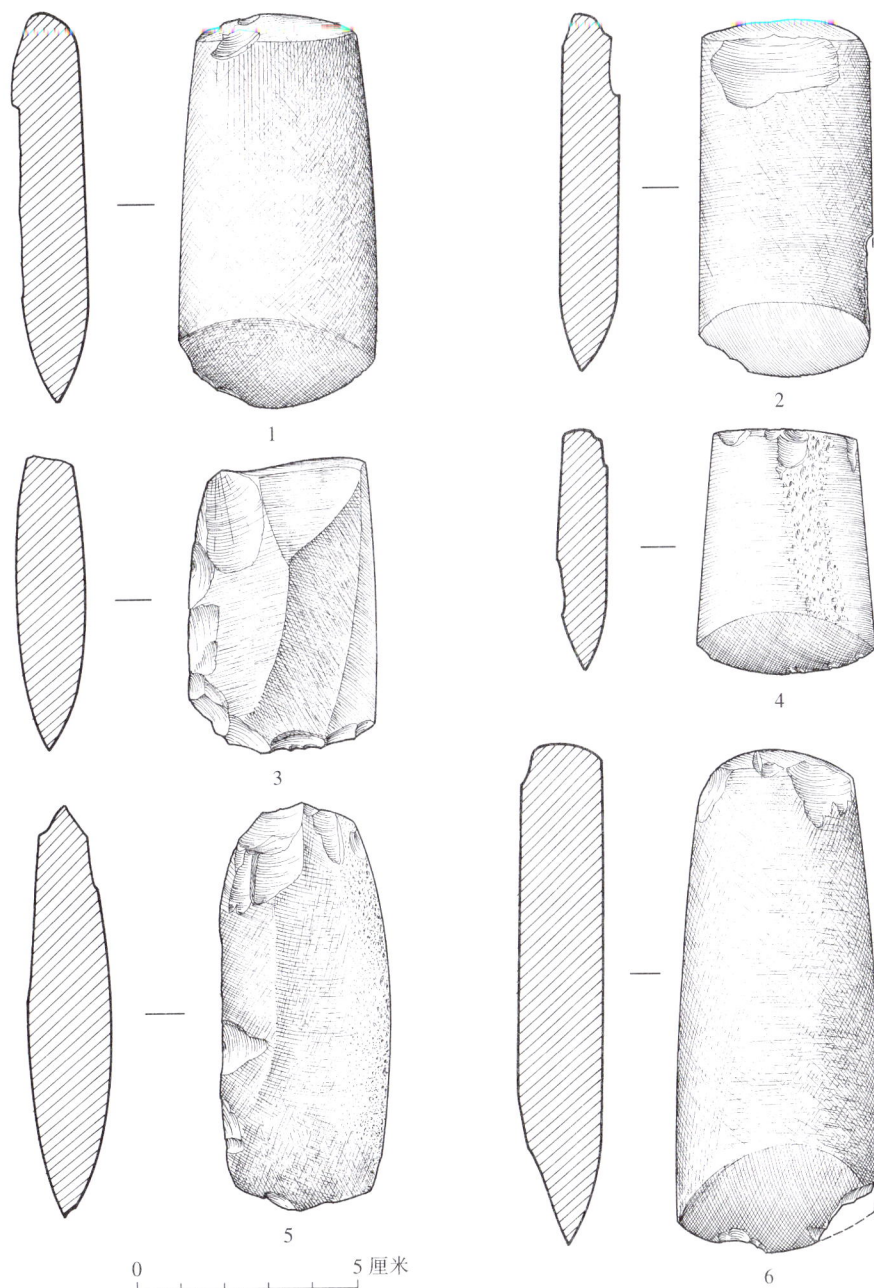

图一六一　第 4A 层出土石斧

1、2、6. Ba 型（T29④A：31、T29④A：28、T24④A：19）　3. Bc 型（T16④A：12）　4. Be 型
（T23④A：36）　5. Bf 型（T17④A：44）

8.8、宽 3.7~4.4、厚 1.5 厘米（图一六一，1）。T29④A：28，灰绿色玄武岩。柄部残缺一部。平顶，弧刃。横向磨痕清晰。长 7.9、宽 3.6~4、厚 1.3 厘米（图一六一，2）。T24④A：19，灰黑色玄武岩。刃部略残。长 11.1、宽 3.5~4.6、厚 2 厘米（图一六一，6）。

Bb 型　1 件（T17④A：46）。灰绿色玄武岩。平顶，弧刃。长 7.7、宽 3.7~5.2、厚 2 厘米（图一六二，4）。

Bc 型　1 件（T16④A：12）。灰绿色玄武岩。平顶，刃部残。残长 6.4、宽 3.3~4.2、厚 1.5 厘米（图一六一，3）。

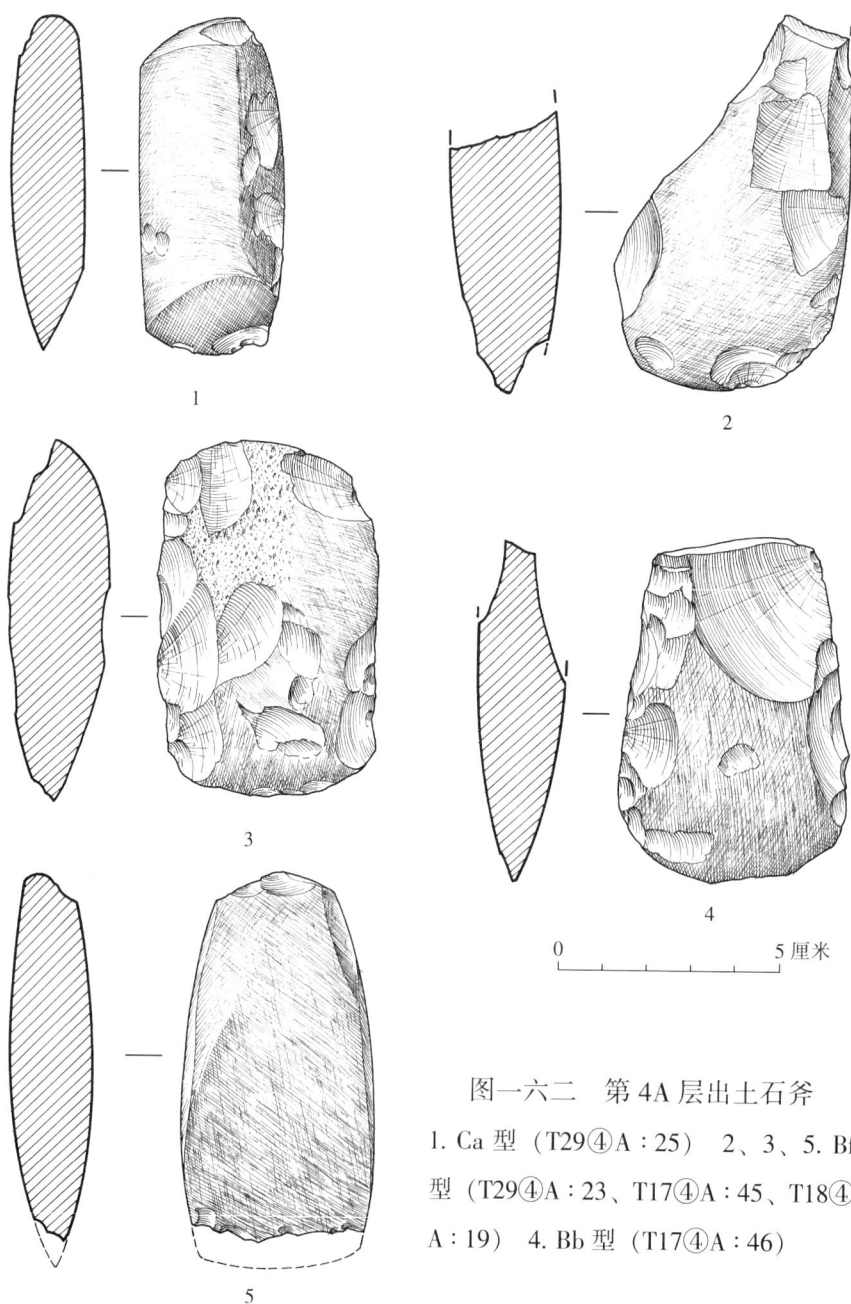

图一六二　第 4A 层出土石斧
1. Ca 型（T29④A：25）　2、3、5. Bf 型（T29④A：23、T17④A：45、T18④A：19）　4. Bb 型（T17④A：46）

Be 型 3 件。平顶，舌形刃。T23④A:36，灰绿色玄武岩。顶部略残。器表有砸击痕迹。长 5.5、宽 3.4~4.2、厚 1.2 厘米（图一六一，4）。T30④A:52，灰绿色玄武岩。近顶部有两处崩疤，刃部略残。磨制规整。长 6.2、宽 2.4~3.6、厚 1.5 厘米（图一六三，1）。

Bf 型 7 件。平面形状呈椭圆形。弧顶，弧刃。T17④A:44，浅灰绿色玄砾岩。顶部残。长约 9.1、宽 2.7~3.8、厚 2 厘米（图一六三，5）。T29①A:23，灰绿色玄武岩。柄部残缺一段。长约

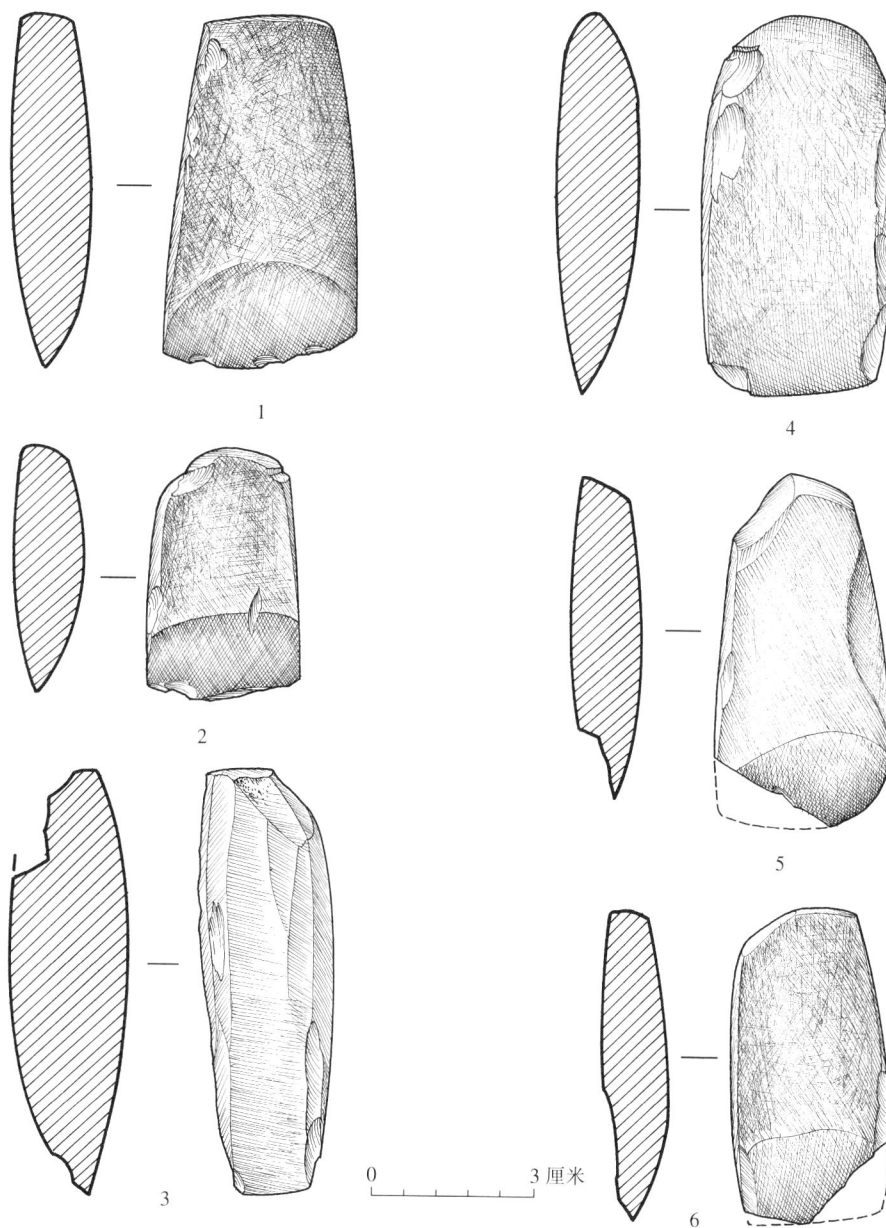

图一六三 第 4A 层出土石器

1. Be 型斧（T30④A:52） 2、6. Aa 型锛（T17④A:36、T7④A:45） 3. C 型凿（T24④A:18） 4. Bf 型斧（T25④A:16） 5. Ac 型锛（T17④A:39）

8.1、宽5.2、厚2.5厘米（图一六二，2）。T17④A：45，灰色角闪岩。弧顶，弧刃。长7.8、宽4.3～5、厚2.2厘米（图一六二，3）。T18④A：19，灰绿色玄武岩。平面形状呈扁圆柱形，顶和刃部残。磨制精致。残长8.2、宽2.9～4.6、厚2厘米（图一六二，5）。T25④A：16，深灰色玄武岩。刃部略残。两侧有多处崩疤。长6.8、宽2.7～3.5、厚1.5厘米（图一六三，4）。

Ca型　2件。T29④A：25，灰绿色玄武岩。刃部略偏。长7.5、宽2.2～3、厚1.7厘米（图一六二，1）。

锛　6件。均为小型石锛。器表磨制光滑，磨痕清晰。

Aa型　4件。梯形。舌形刃。T17④A：36，深灰色玄武岩。弧顶，刃部残。残长4.5、宽2～2.9、厚1.3厘米（图一六三，2）。T7④A：45，灰绿色玄武岩。弧顶，刃部残。长5.6、宽2.2～2.9、厚1.2厘米（图一六三，6；图版六二，1）。

Ac型　2件。T17④A：39，深灰色玄武岩。尖顶，刃部残。长6.3、宽2.4～3.2、厚1.4厘米（图一六三，5；图版六二，2）。

凿　3件。

C型　3件。T24④A：18，黑灰色硅质岩。平面形状近长叶形，顶略残，近平刃。磨制光滑。长7.5、宽1.4～2.2、厚2.2厘米（图一六三，3）。

星形器　1件。

T25④A：95，仅残一半。深灰绿硅质岩制成，因蛇纹石化而带绿色。上下小齿轮六等分，中间夹六等分大齿轮，平面形状呈放射状六角星状。复原后基本平面形状中部为一圆形，立面呈筒状，内壁遗留显著的磨制痕迹，上下沿对称分布着六个小锥状齿轮，中间也对称分布六个大小均一的长齿轮，齿轮长

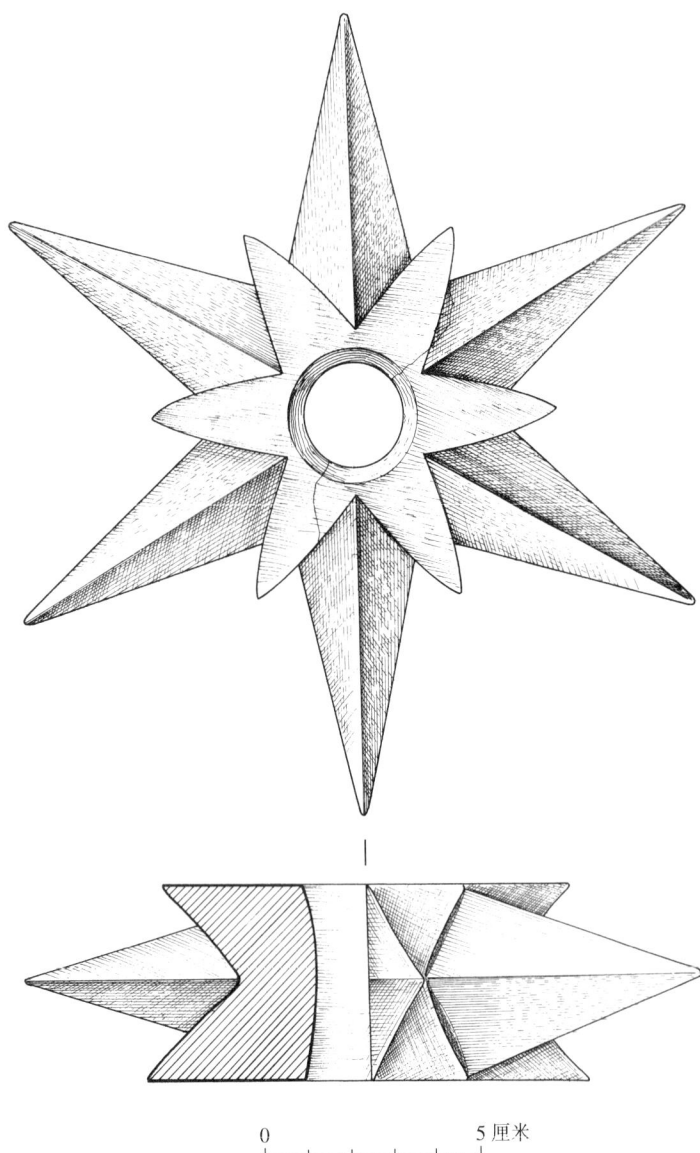

图一六四　第4A层出土石星形器（T25④A：95）

度大致等分，其中六个小齿轮与六个大齿轮对称交叉分布，磨制精细，几何切割和磨制技术均显示出高超的水平。穿孔上部直径 2.9、下部直径 2.3 厘米，高 4.3 厘米。复原后小齿轮长约 3.3 厘米，大齿轮 7.6 厘米，大、小齿轮之间连线长度分别为 18 厘米、9.6 厘米（图一六四）。

纺轮 1 件。

T17④A：34，深灰色页岩。平面形状呈圆形，中有单面穿的圆孔。表面磨制光滑。直径 6.4、孔径 0.6~1、厚 0.8 厘米（图一六五，2；图版六二，3）。

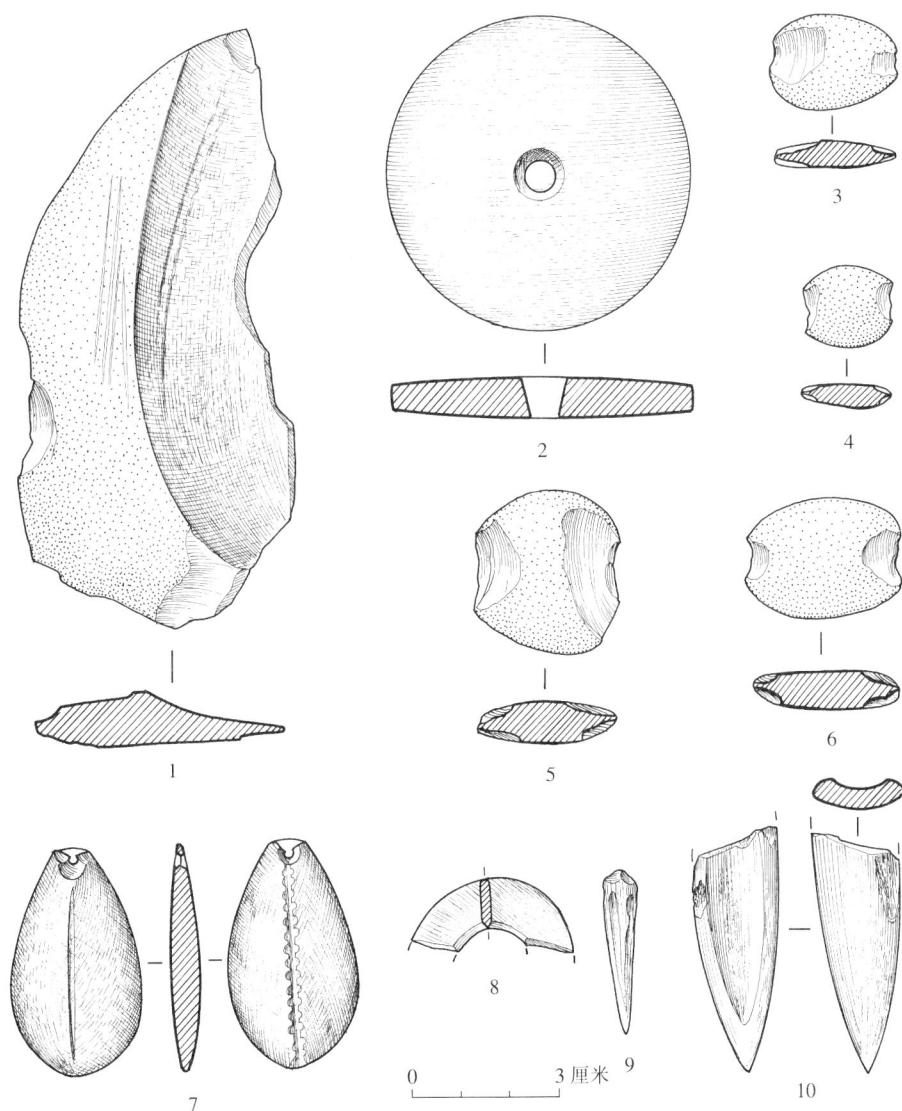

图一六五 第 4A 层出土石、骨器

1. 砺石（T14④A：16） 2. 石纺轮（T17④A：34） 3~6. B 型石网坠（T17④A：64、T17④A：67、T17④A：65、T17④A：66） 7. 石贝形饰（T22④A：15） 8. 骨耳玦（T17④A：41） 9、10. 骨锥（T14④A：46、T25④A：14）

贝形饰　1件。

T22④A：15，由白色大理石制成。平面形状近椭圆形，顶部对穿有圆孔，孔略残；一面装饰贝壳纹，另一面为光面。表面打磨规整。长4.6、宽1～2.7、厚0.8厘米，孔径0.5厘米（图一六五，7；彩版一八，1、2）。

网坠　39件。

B型　39件。均为小型灰褐色砾岩打击两端制成。T17④A：64，长2.7、宽1.9、厚0.6厘米（图一六五，3）。T17④A：67，体形较小，近圆形。长1.8、宽1.7、厚0.5厘米（图一六五，4）。T17④A：65，长3、宽3.3、厚0.9厘米（图一六五，5）。T17④A：66，长3.2、宽2.3、厚0.7厘米（图一六五，6）。

砺石　2件。

T14④A：16，灰黄色砂岩。平面形状呈璜形，侧面有较深的纵向磨痕。长12、宽0.6～5.8、厚0.2～1.1厘米（图一六五，1；图版六二，4）。

3. 骨器

骨器出土数量较少，仅见骨锥和耳玦两种，磨制精细，器形规整。系用动物肢骨和骨片磨制而成。

锥　2件。

T14④A：46，系用骨条制成。平面形状呈针叶形。柄部残，残长3.3厘米（图一六五，9；彩版一八，3）。T25④A：14，系用半剖骨管制成。平面形状呈长叶形。柄部残，残长5、宽1.8、厚0.4厘米（图一六五，10）。

耳玦　1件。

T17④A：41，系用骨片磨制。仅存一部，表面磨制光滑。残长3.4、厚0.25厘米（图一六五，8）。

（一六）第3B层出土遗物

1. 陶器

该层出土的陶片以夹砂黑褐、红褐为主，其次为灰褐、褐陶；泥质陶的数量相对较少，仅占7.6%，颜色仍然以黑褐为主，其次为灰褐、红褐、褐陶（表一九）。钵、釜、罐多见，豆、簋形器、碗、带流钵形器、高领罐、瓮形器、盆形器、尊形器少见，另有支座、陶拍、穿孔陶器等。陶器上的纹饰制作手法以刻划和压印多见，另有少量的戳印和剔划。纹饰种类以绳纹、蕉叶划纹、戳印芒纹、凹弦纹、水波纹、戳印篦点纹、草叶划纹、刻划栉纹等常见，复合纹饰仍占有一定比例（表二〇；图一六六）。

表一九　第 3B 层出土陶片陶质、陶色统计表

陶质 陶色 探方号	夹　砂						泥　质						合计
	黑褐	灰褐	褐	灰	红褐	黄褐	黑褐	灰褐	褐	灰	红褐	黄褐	
T16	28	7	5		11		5	2					58
T5	25	4	3		1		2						35
T17	86	20	9		26		17	7					165
T7	184	28	41		92		9		2		1		357
T15	56	16	18		6		7	2					105
T8	94	22	16		38		11				4		185
T4	11	11	10		15		3	1					51
合计	484	108	102		189		54	12	2		5		956
总计	883（92.4%）						73（7.6%）						100

表二〇　第 3B 层出土陶片纹饰统计表

纹饰 探方号	绳纹	素面	栉纹	水波纹	弦纹	交叉划纹	几何纹	附加堆纹	戳印纹	"S"形纹	划纹	折线纹	合计
T16	38	6	3	4	2	2			1	2			58
T5	31	2	1							1			35
T17	107	39	4	4	3	6	1		1				165
T7	306	32	3	3	7				5	1			357
T15	84	11	6				1				3		105
T8	152	5	10	3	3	7	1			2		2	185
T4	35	7	4		2				2	1			51
合计	753	102	31	14	17	15	3		9	7	3	2	956
百分比（%）	78.8	10.7	3.5	1.6	1.9	1.7	0.3		1.0	0.8	0.3	0.2	100

钵　26 件。

Ab 型Ⅲ式　22 件。体量普遍较大。T7③B：99，夹砂灰褐陶。圆唇。腹部饰绳纹。口径 37.2、残高 11 厘米（图一六七，1；图版六二，5）。T17③B：232，夹砂红褐陶。尖圆唇。腹部饰交错绳纹，其上再饰草叶划纹。口径 38.9、残高 11.7 厘米（图一六七，2；图版六二，6）。T15③B：431，夹砂褐陶。敛口，圆唇，鼓肩，深弧腹。腹部饰绳纹。口径 35.2、残高 13.5 厘米（图一六七，3；图版六三，1）。

Ba 型Ⅲ式　4 件。T17③B：229，夹砂灰褐陶。圆唇，口微敛。肩部与腹部界限明显。腹部饰交错绳纹，其上再装饰草叶划纹。口径 30.5、残高 9.3 厘米（图一六七，5；图版六三，2）。

带流钵形器　1 件。

T17③B：240，泥质磨光灰褐陶。圆形管状流，此类流为钵形器的器流。器物内壁有刻划纹装

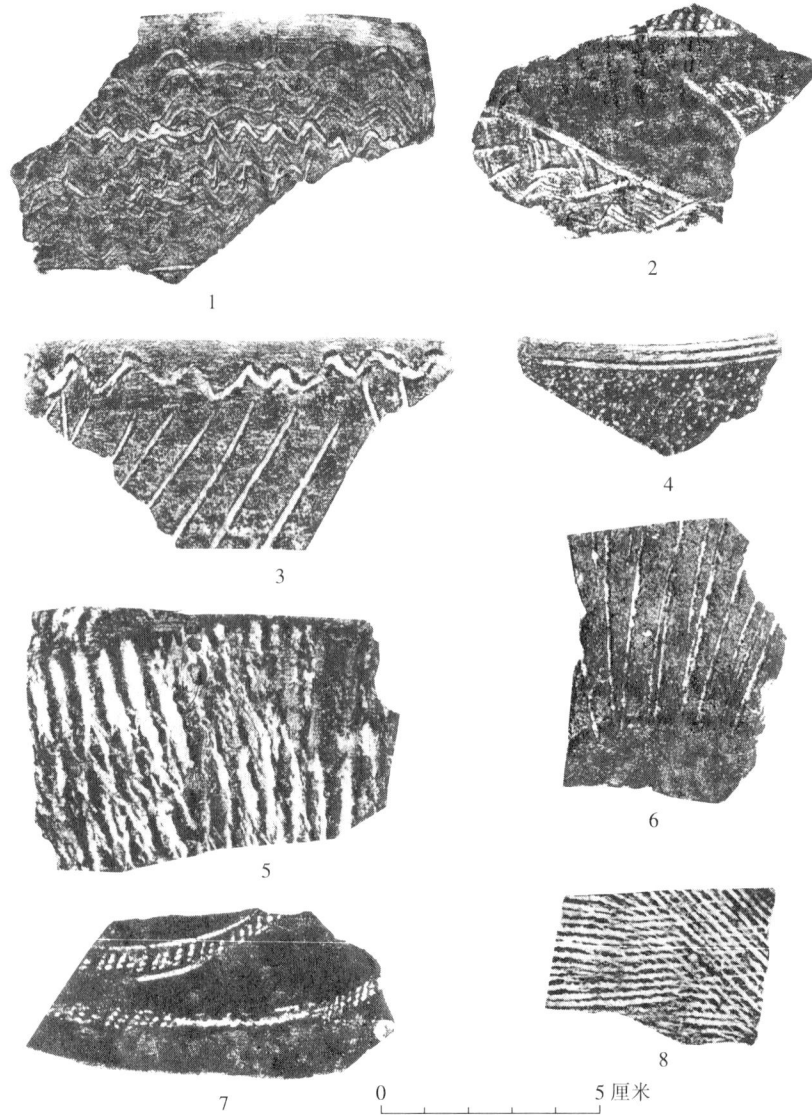

图一六六　第3B层出土陶片纹饰拓片

1. Ab型Ⅲ式罐上的水波划纹（T16③B：30）　2. 羽绒纹和磨光面（T7③B：13）　3. Ab型Ⅲ式高领罐上的水波纹和草叶划纹（T17③B：233）　4. Aa型Ⅱ式尊形器上的戳印篦点纹（T7③B：101）　5. 粗绳纹（T17③B：18）　6. 草叶划纹（T15③B：425）　7. Aa型Ⅱ式圈足上的弦纹、篦点纹和圆圈纹组成的复合纹饰（T7③B：118）　8. 绳纹（T7③B：11）

饰。流长4厘米，直径4~6、厚0.4厘米（图一六七，4；彩版一八，4）。

　　碗　1件。

　　Aa型Ⅳ式　1件（T16③B：27）。泥质灰褐陶。圆唇，口微敞，弧肩，弧腹。肩部上装饰有一圈蕉叶划纹。表面经过磨光处理。口径16.8、残高5.6厘米（图一六七，6）。

　　豆　3件。

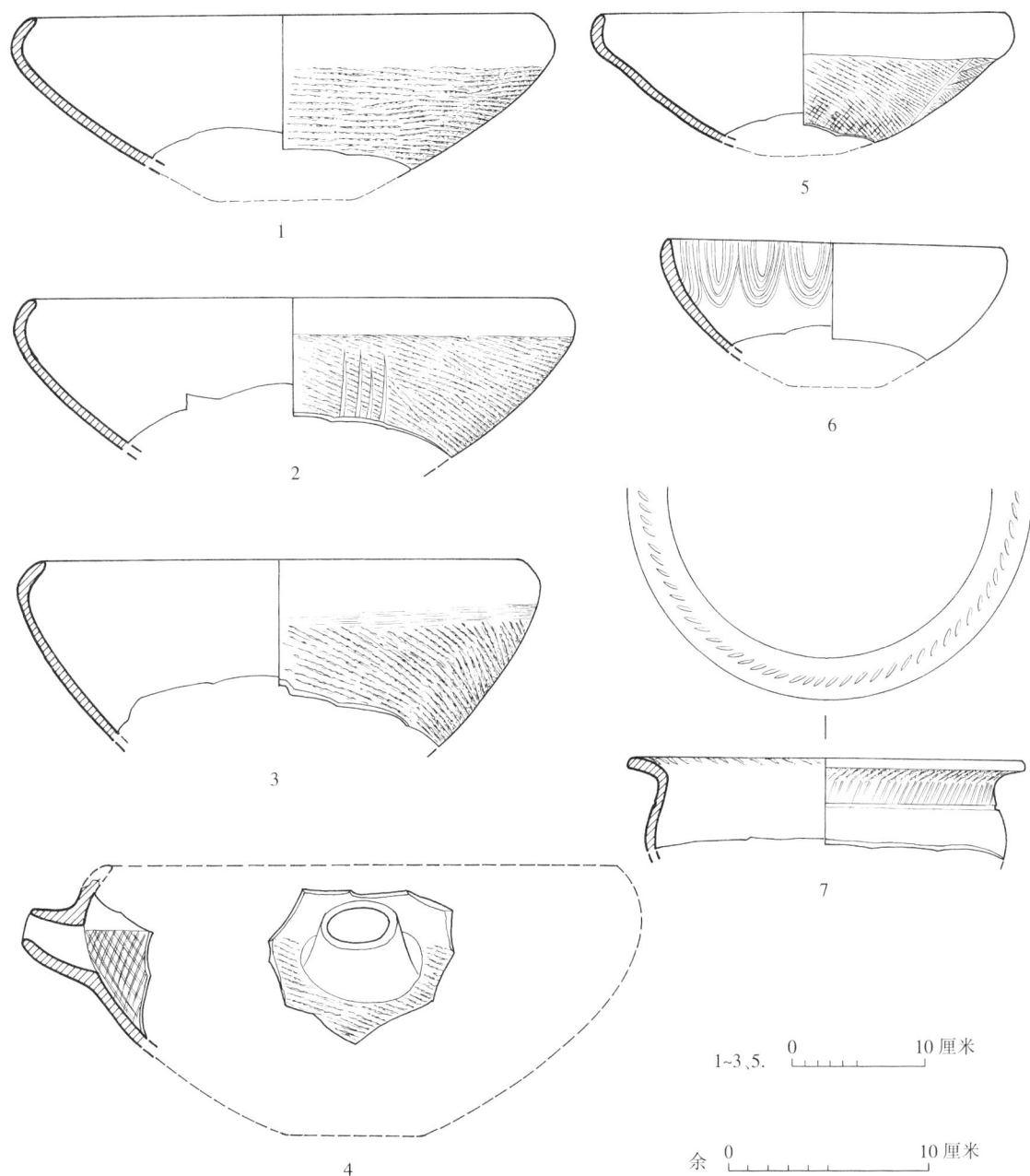

图一六七 第 3B 层出土陶器

1～3. Ab 型Ⅲ式钵（T7③B：99、T17③B：232、T15③B：431） 4. 带流钵形器（T17③B：240） 5. Ba 型Ⅲ
式钵（T17③B：229） 6. Aa 型Ⅳ式碗（T16③B：27） 7. B 型Ⅱ式盆形器（T8③B：33）

　　Aa 型Ⅲ式　1 件（T5③B：426）。泥质磨光黑褐陶。圆唇，圈足残。近唇部外装饰一圈戳印点
纹带。口径 20.8、残高 4.4 厘米（图一六八，1；图版六三，3）。

　　Ba 型Ⅲ式　2 件。T7③B：105，泥质黑褐陶。尖圆唇，深弧腹。上腹部经过磨光处理，下腹
部装饰绳纹。口径 17.2、残高 7.2 厘米（图一六八，2）。T8③B：97，泥质磨光黑褐陶。方唇。肩

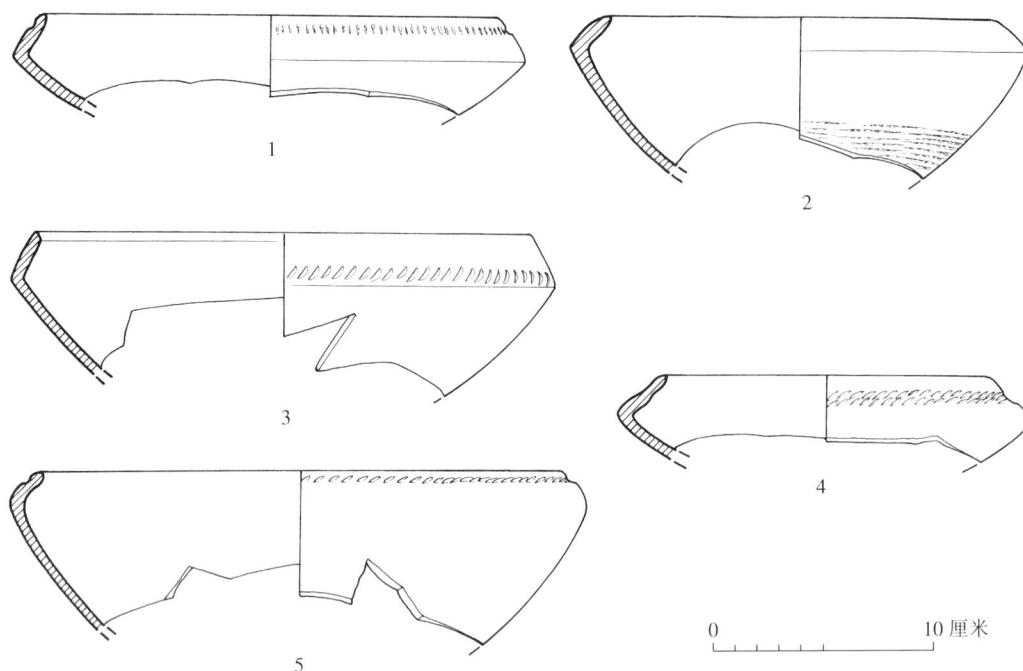

图一六八　第3B层出土陶豆、簋形器

1. Aa型Ⅲ式豆（T5③B：426）　2、3. Ba型Ⅲ式豆（T7③B：105、T8③B：97）　4. Ba型Ⅱ
式簋形器（T7③B：95）　5. A型Ⅱ式簋形器（T16③B：34）

部装饰一圈戳印月牙纹或指甲纹。口径23、残高7.2厘米（图一六八，3；图版六三，4）。

簋形器　3件。

A型Ⅱ式　2件。T16③B：34，泥质灰褐陶。圆唇。近唇部浅凹槽内装饰一圈戳印点纹。口径23.9、残高7.8厘米（图一六八，5；图版六三，5）。

Ba型Ⅱ式　1件（T7③B：95）。泥质磨光黑褐陶。小口，宽肩，浅腹急收。肩部上装饰一圈压印斜置重稻壳纹。口径14.6、残高3.8厘米（图一六八，4）。

釜　19件。

Aa型Ⅵ式　4件。T15③B：437，夹砂黑褐陶。圆唇，束颈。器物内外壁均有明显的刮磨痕迹。口径14、残高5厘米（图一六九，1）。

Bb型Ⅰ式　5件。T15③B：445，泥质黑褐陶。圆唇外翻加固唇部。唇部内侧装饰一圈戳印点纹。口径19.1、残高5.2厘米（图一六九，2；图版六三，6）。

Bb型Ⅱ式　3件。T7③B：121，泥质磨光黑褐陶。圆唇外翻加固唇部。唇部内侧装饰一圈戳印点纹，领部还依稀遗留有绳纹痕迹。口径30、残高7.8厘米（图一六九，3）。

Da型Ⅲ式　7件。T17③B：225，泥质磨光黑褐陶。厚唇，口部直径较小。唇部内侧装饰一圈戳印芒纹。口径12.9、残高4厘米（图一六九，4）。T16③B：47，泥质磨光黑褐陶。侈口，口较

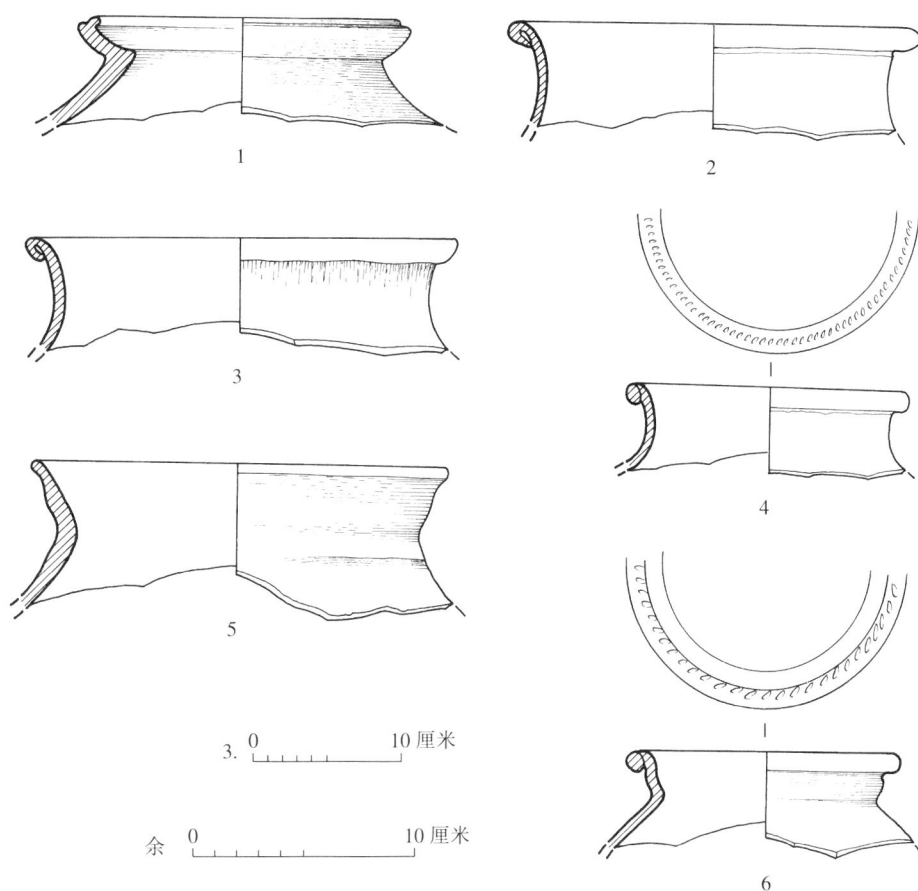

图一六九　第 3B 层出土陶釜、罐

1. Aa 型Ⅵ式釜（T15③B：437）　　2. Bb 型Ⅰ式釜（T15③B：445）　　3. Bb 型Ⅱ式釜（T7③B：121）

4、6. Da 型Ⅲ式釜（T17③B：225、T16③B：47）　　5. Af 型Ⅱ式罐（T15③B：435）

小，束颈，圆唇外翻。唇部内侧装饰一圈戳印点纹。口径 13、残高 4.8 厘米（图一六九，5）。

高领罐　5 件。

Aa 型Ⅲ式　2 件。T8③B：98，夹砂灰褐陶。口沿外翻。领部装饰两条水波划纹，其下饰网格状草叶划纹。口径 25.8、残高 4.8 厘米（图一七〇，10）。

Ab 型Ⅲ式　3 件。T17③B：233，夹砂灰褐陶。平沿。领部装饰一条水波划纹，其下饰网格状草叶划纹。口径 23.4、残高 6.8 厘米（图一七〇，7；图版六三，7）。

罐　39 件。

Aa 型Ⅱ式　7 件。T17③B：256，夹砂褐陶。尖圆唇。颈部装饰拍印绳纹。颈部以上经过磨光处理。口径 21.8、残高 6.2 厘米（图一七〇，2；图版六三，8）。

Ab 型Ⅲ式　7 件。T16③B：30，夹砂灰褐陶。方唇。颈部装饰水波划纹和一条凹弦纹。口径 27.2、残高 6.6 厘米（图一七〇，5）。

Ae 型Ⅲ式　1 件（T7③B：16）。泥质磨光褐陶。侈口，尖唇，束颈，鼓肩。颈部经过磨光处理，上装饰有水波划纹。口径 16.7、残高 5.8 厘米（图一七〇，1；图版六四，1）。

Ae 型 IV 式　2 件。T7③B：109，泥质磨光褐陶。广肩。颈部上装饰水波划纹，肩部饰网格划纹。口径 25、残高 6.4 厘米（图一七〇，3；图版六四，2）。

Af 型 II 式　12 件。T15③B：435，夹砂灰褐陶。尖圆唇。颈部装饰有几组压印指纹，肩部饰绳纹。肩部以上经过磨光处理。口径 19、残高 7 厘米（图一六九，5；图版六四，3）。

Bb 型 II 式　3 件。T8③B：100，夹砂黑褐陶。方唇，窄溜肩。通体装饰绳纹，然后颈部经过打磨处理后装饰几道水波划纹。口径 17.4、残高 5 厘米（图一七〇，6）。

Bb 型 III 式　7 件。T17③B：242，夹砂褐陶。圆唇，束颈。颈部经过磨光处理。口径 21.1、残高 4 厘米（图一七〇，8）。

瓮形器　6 件。

Aa 型　6 件。T7③B：91，泥质磨光红褐陶。圆唇，卷沿外翻。颈部装饰拍印绳纹，另在其上饰纵向刮划纹。颈部以上经过磨光处理。口径 20.2、残高 8.6 厘米（图一七〇，12）。

盆形器　1 件。

B 型 II 式　1 件（T8③B：33）。泥质黑褐陶。圆唇，宽沿，鼓腹。口沿内侧装饰一圈戳印芒纹，肩部则饰以斜向刮划短线纹，其下再饰一道凹弦纹。口径 20.2、残高 4.2 厘米（图一六七，7）。

尊形器　1 件。

Aa 型 II 式　1 件（T7③B：101）。夹砂褐陶。近盘口，束颈，溜肩。肩部装饰三道凹弦纹，其下通饰戳印篦点纹。口径 18.8、残高 4.6 厘米（图一七〇，13；图版六四，4）。

壶形器　4 件。

C 型　2 件。T15③B：457，泥质黑褐陶。圆唇。肩部以下饰绳纹，并在其上再饰纵向刮划条形纹。肩部以上经过磨光处理。口径 12.5、残高 4.8 厘米（图一七〇，4）。T8③B：104，夹砂黑褐陶。矮领。表面装饰斜向绳纹。口径 19.4、残高 6 厘米（图一七〇，9）。

D 型　2 件。T7③B：125，夹砂褐陶。领部装饰几何状和叶子划纹，颈部则饰有一条凹弦纹，肩部则装饰绳纹。领部经过磨光处理。口径 19.9、残高 5.4 厘米（图一七〇，11）。

角形銴手　1 件。

T17③B：235，泥质磨光黑褐陶。平面形状呈三角形。中空，外壁上下有两个间隔分布的圆形捺窝。器物内壁遗留明显的泥条盘筑痕迹。残长 5.9、厚 0.3 厘米（图一七一，6；彩版一八，5）。

穿孔陶器　1 件。

T8③B：18，夹砂红褐陶。表面略残。立面近柱形，上下两端均有单面穿孔，侧面也有一个单面穿孔，这些穿孔均未连接。宽 2.2～3.5、高 4.9 厘米（图一七一，5；图版六四，5）。

支座　3 件。

T7③B：52，泥质红褐陶。仅存顶部一段。顶部平面形状呈椭圆形。表面经过刮磨处理。顶部长 10.8、宽约 7、厚 5～7.2、残高 8.4 厘米（图一七二，2）。T7③B：123，夹砂红褐陶。中空。

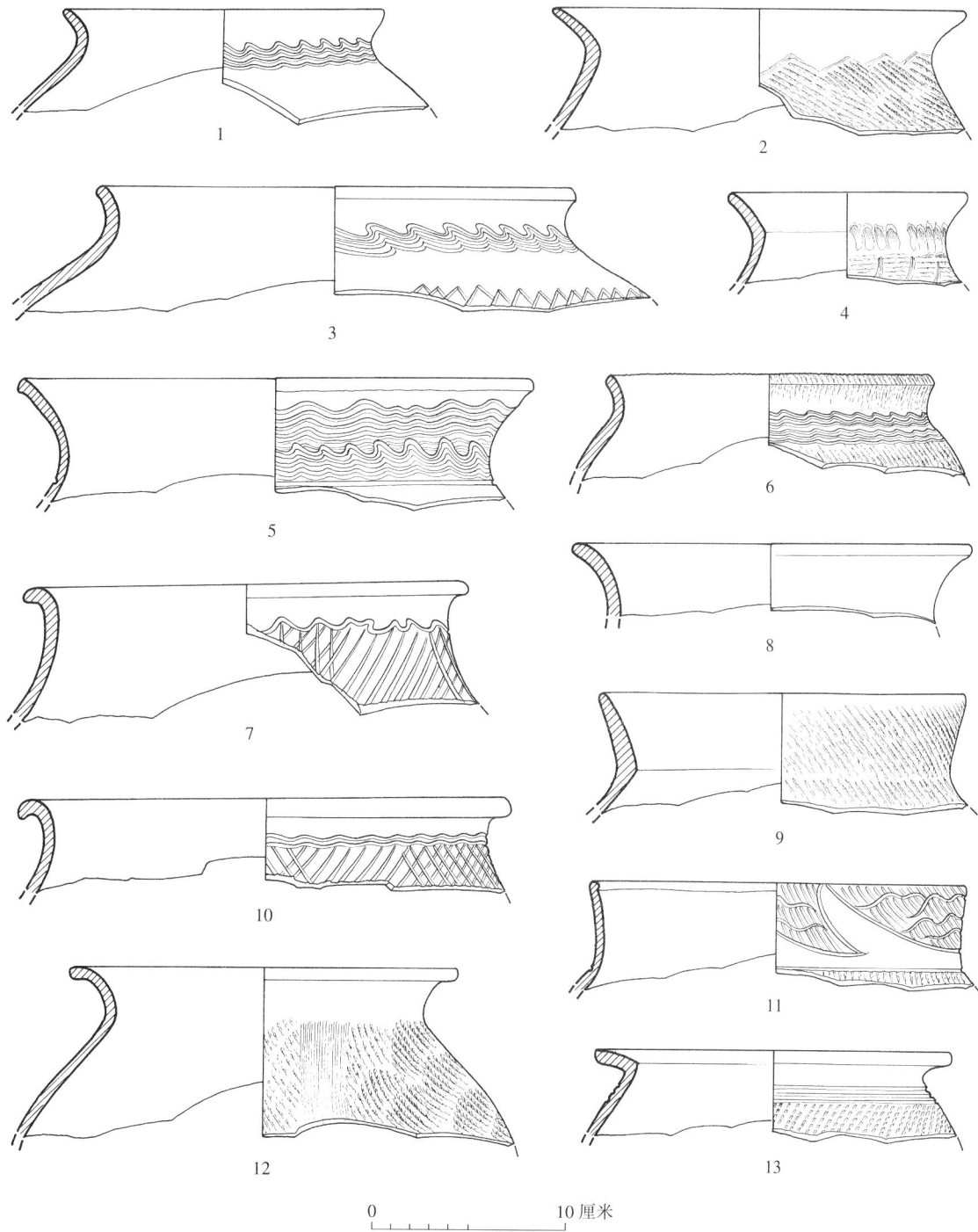

图一七〇　第 3B 层出土陶器

1. Ae 型Ⅲ式罐（T7③B：16）　2. Aa 型Ⅱ式罐（T17③B：256）　3. Ae 型Ⅳ式罐（T7③B：109）　4、9. C 型壶形器（T15③B：457、T8③B：104）　5. Ab 型Ⅲ式罐（T16③B：30）　6. Bb 型Ⅱ式罐（T8③B：100）　7. Ab 型Ⅲ式高领罐（T17③B：233）　8. Bb 型Ⅲ式罐（T17③B：242）　10. Aa 型Ⅲ式高领罐（T8③B：98）　11. D 型壶形器（T7③B：125）　12. Aa 型瓮形器（T7③B：91）　13. Aa 型Ⅱ式尊形器（T7③B：101）

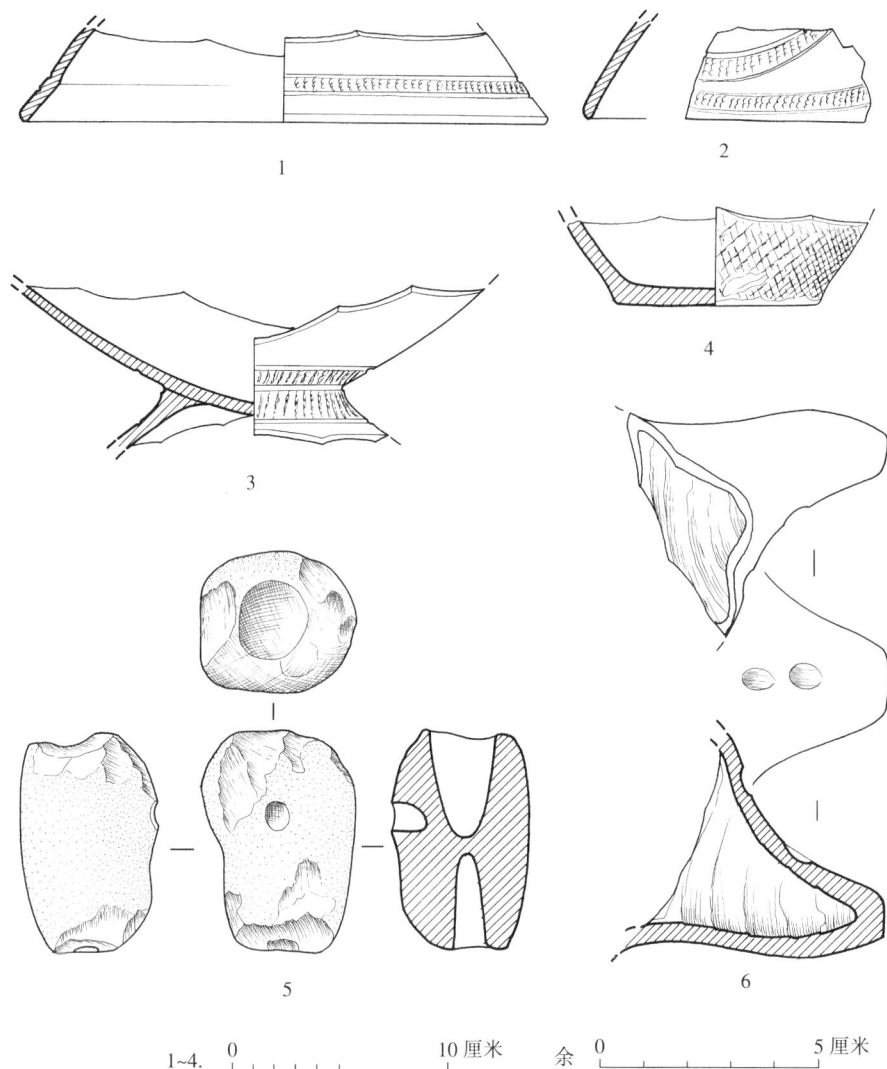

図一七一　第3B层出土陶器

1、2. Aa 型Ⅱ式圈足（T15③B：440、T7③B：118）　3. 圈足器（T15③B：459）　4. Ab 型器底（T4③B：69）　5. 穿孔陶器（T8③B：18）　6. 角形鋬手（T17③B：235）

顶部残，存下端一部。支座内敛。器表原都饰有绳纹，然后在绳纹上间隔刮划成箭头状光面。底径9、残高9.2厘米（图一七二，3）。T17③B：18，夹砂红褐陶。实心柱形。仅存底部一部。器物外壁和底部均饰有绳纹。底部残长6.6、宽约6、残高6.4厘米（图一七二，4；图版六四，6）。

陶拍　4件。

T17③B：255，夹砂褐陶。平面形状近圆形。表面有绳纹。周缘略加打磨处理。直径3.6～3.75、厚0.4厘米（图一七二，1）。

圈足　12件。

Aa 型Ⅱ式　12件。T15③B：440，泥质磨光黑褐陶。足部外侈。表面磨光，近足跟处装饰由

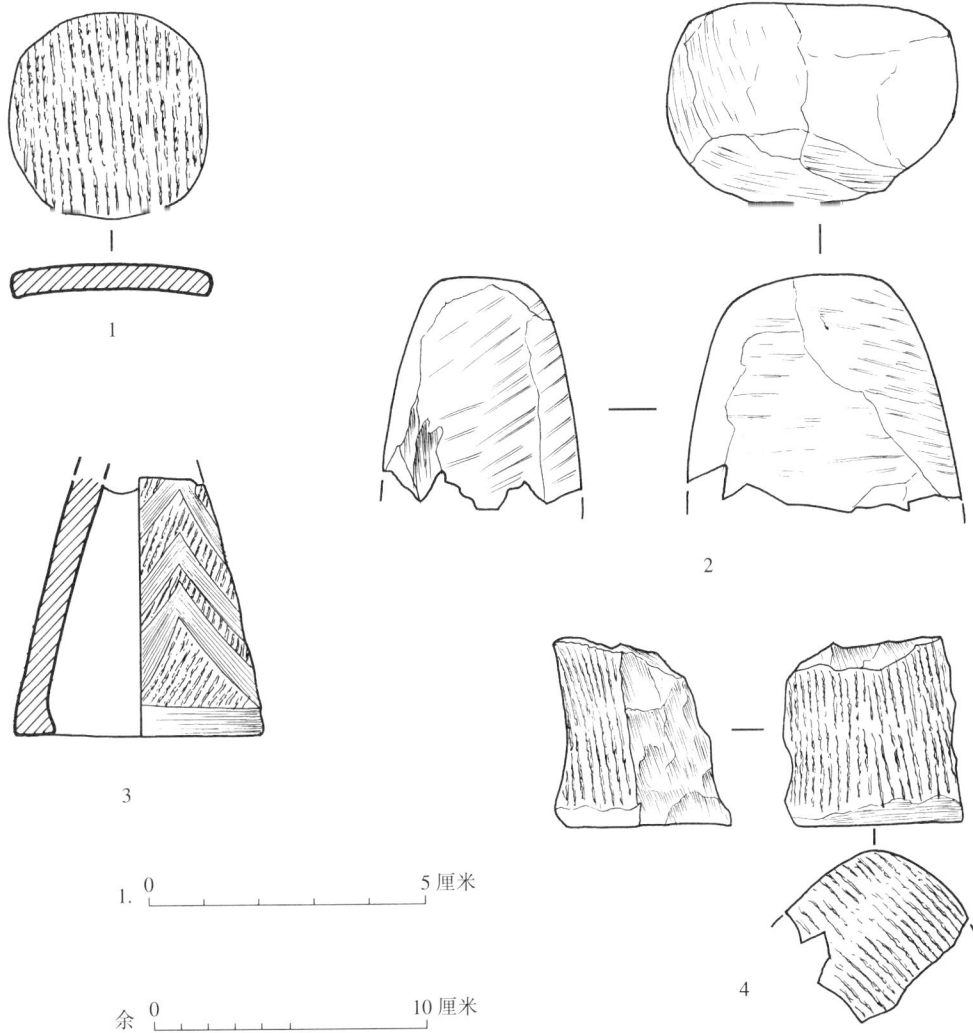

图一七二 第 3B 层出土陶器

1. 陶拍（T17③B：255） 2 ~ 4. 支座（T7③B：52、T7③B：123、T17③B：18）

两条平行凹弦纹和其间填以压印索纹组成的纹饰带。底径 24.4、残高 4.1 厘米（图一七一，1）。
T7③B：118，泥质磨光红褐陶。足部内敛。表面磨光，近足跟处装饰一圈由戳印点纹组成的纹饰
带，而足上则饰有一条戳印复合纹饰带。残高 4.2 厘米（图一七一，2）。

圈足器 1 件。

T15③B：459，泥质磨光褐陶。仅存圈足与器底接合部。在接合处装饰有由三条平行凹弦纹和
其间填以戳印短绳索纹组成的纹饰带。残高 7.2 厘米（图一七一，3）。

器底 7 件。

Ab 型 7 件。T4③B：69，夹砂灰褐陶。近底处饰有绳纹。底径 9.2、残高 4.6 厘米（图一七
一，4）。

2. 石器

本层出土的石器数量相对较少，全部为磨制石器，不见打制石器。大型石器数量较少，普遍为小型石器。石器岩性以玄武岩为主，其他有角闪片岩、硅质岩、砂岩、板岩等。斧、锛、凿、网坠多见，其他为砺石、磨盘、研磨棒、石锥等。

斧　11 件。

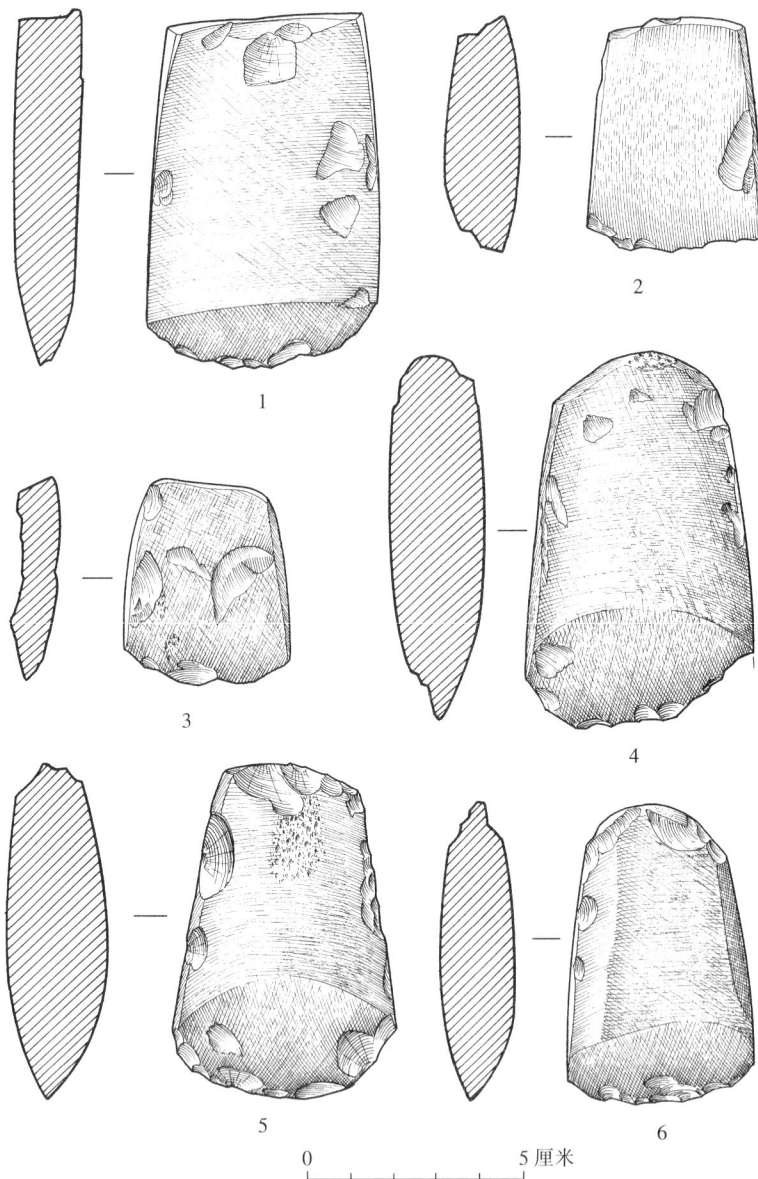

图一七三　第 3B 层出土石斧

1. Bb 型（T7③B：32）　2、3. Cb 型（T7③B：31、T7③B：39）
4～6. Be 型（T15③B：28、T15③B：29、T18③B：18）

Bb 型　4 件。平顶、弧刃微内凹。T7③B：32，深灰色玄武岩。表面有崩疤，刃部有使用痕迹。磨制规整，横向磨痕清晰。长 7.8、宽 4.5～5.3、厚 1.4 厘米（图一七三，1；图版六五，1）。T7③B：27，灰绿色玄武岩。表面有多处崩疤，刃部有使用痕迹。磨制规整。长 6.7、宽 3～4.4、厚 2 厘米（图一七四，1；图版六五，2）。T25③B：18，灰绿色玄武岩。顶和刃残断。残长 5.1、宽 3.7～4.6、厚 1.7 厘米（图一七四，3；图版六六，1）。

Be 型　3 件。锤状、弧顶、舌刃。磨制精致。T15③B：28，灰绿色玄武岩。刃部残，顶部和刃部均有使用痕迹。磨制规整。长 8.3、宽 3.7～5.2、厚 2.2 厘米（图一七三，4）。T15③B：29，灰绿色玄武岩。近顶部有砸击痕迹。长 7.4、宽 3.2～5.2、厚 2.1 厘米（图一七三，5；图版六五，3）。T18③B：18，浅灰色玄武岩。残长 6.6、宽 3.3~4.2、厚 1.7 厘米（图一七三，6；图版六五，4）。

Bf 型　1 件（T7③B：51）。灰蓝色角闪片岩。弧顶，弧刃。周缘均有显著打制痕迹，器表磨制。长 10.5、宽 3~5.7、厚 1.2 厘米（图一七四，4；图版六五，5）。

Cb 型　2 件。T7③B：31，灰色玄武岩。刃部残。残长 5.2、宽 2.9~4、厚 1.7 厘米（图一七三，2；图版六五，6）。T7③B：39，灰绿色玄武岩。弧刃，刃部略残。表面有多处崩疤，背部崩裂一部。长 4.6、宽 2.6~3.8、厚约 0.7 厘米（图一七三，3；图版六五，7）。

Cd 型　1 件（T7③B：38）。灰绿色玄武岩。顶和刃残断。残长 6.6、宽 2.9~3.4、厚 1.1 厘米（图一七四，2；图版六五，8）。

锛　7 件。表面磨制规整。

Aa 型　1 件（T15③B：26）。

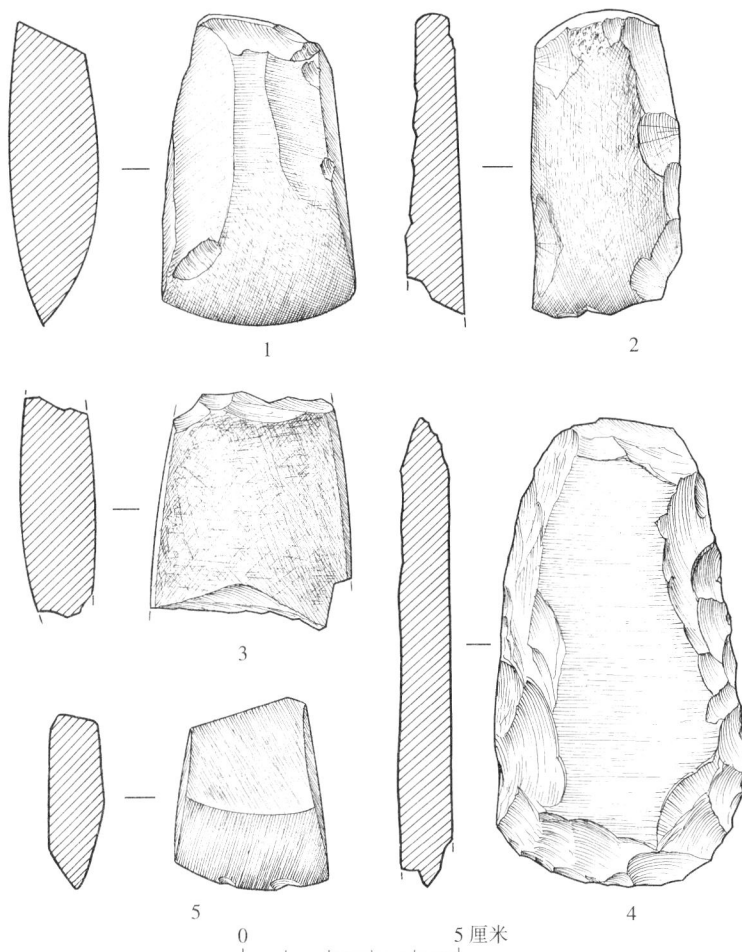

图一七四　第 3B 层出土石斧、锛

1、3. Bb 型斧（T7③B：27、T25③B：18）　2. Cd 型斧（T7③B：38）

4. Bf 型斧（T7③B：51）　5. Aa 型锛（T15③B：26）

浅灰色玄武岩。平面形状近梯形。斜顶，偏刃，刃部略残。磨制精细。长 4.2、宽 2.6~3.5、厚 1.3 厘米（图一七四，5；图版六六，2）。

Ab 型　2 件。长方形。T17③B：38，褐色玄武岩石片。平顶，弧刃扁薄。一侧为剥落破裂面，另一面为自然面。表面有多处明显崩疤。长 5.4、宽 2~2.4、厚 0.9 厘米（图一七五，6；图版六六，3）。

Ac 型　1 件（T15③B：50）。灰绿色玄武岩。近三角形。一侧残缺。长 5.5、残宽 0.9~2.7、厚 0.8 厘米（图一七五，5；图版六六，4）。

Bc 型　3 件。T11③B：21，灰绿色玄武岩。斜顶，刃部残缺一部。长 4.3、宽 0.8~2.2、厚 0.9 厘米（图一七五，3）。T25③B：17，灰绿色玄武岩。尖顶，弧刃。长 4.2、宽 1~1.6、厚 1 厘米（图一七五，4；图版六六，5）。

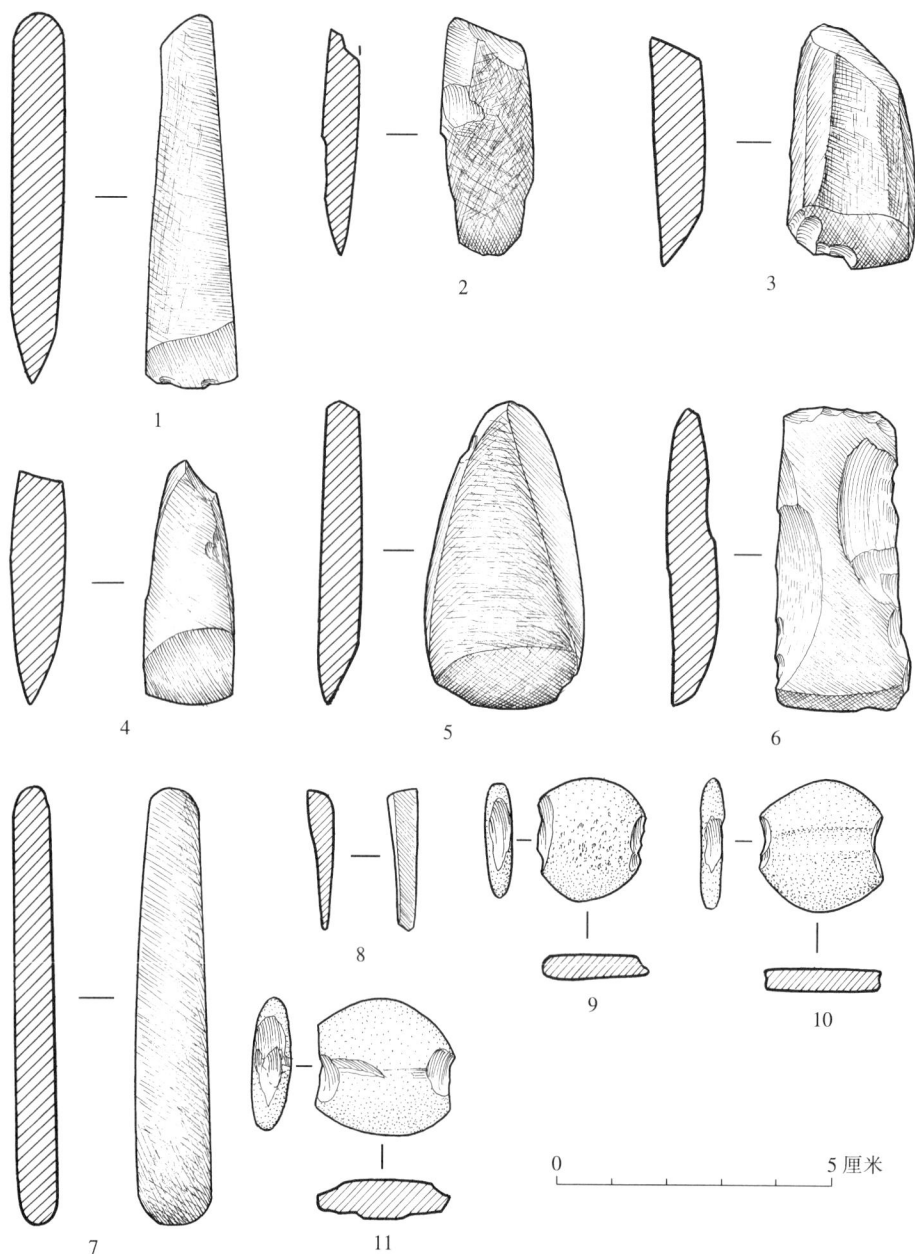

图一七五　第3B层出土石器

1、2. A型凿（T9③B∶18、T7③B∶40）　3、4. Bc型锛（T11③B∶21、T25③B∶17）　5. Ac型锛（T15③B∶50）　6. Ab型锛（T17③B∶38）　7. 研磨棒（T7③B∶29）　8. 锥（T7③B∶28）　9～11. B型网坠（T7③B∶24、T7③B∶36、T7③B∶35）

凿　3件。

A型　3件。T9③B∶18，灰绿色硅质岩。平面形状近长方形。斜顶，弧刃。表面有显著的斜向磨痕。长6.6、宽0.9～1.6、厚0.9厘米（图一七五，1；图版六六，6）。T7③B∶40，绿色硅质片岩。顶和刃部均残，弧刃。长4.2、宽1.1～1.4、厚0.6厘米（图一七五，2；图版六六，7）。

研磨棒　1 件。

T7③B∶29，灰褐色砂岩。平面形状呈长条形，近底部较平。表面有显著的斜向磨痕，磨面有明显的使用痕迹。长 7.8、宽 0.8～1.3、厚 0.7 厘米（图一七五，7；图版六六，8）。

锥　1 件。

T7③B∶28，灰色硅质岩。柄部残断，窄弧刃。残长 2.5、宽 0.3～0.5、厚 0.2 厘米（图一七五，8）。

网坠　7 件。

B 型　7 件。均为灰褐色砂岩制成的小型网坠，平面形状呈不规则椭圆形。腰部为打击两端而形成。T7③B∶24，长 2、宽 2.2、厚 0.5 厘米（图一七五，9）。T7③B∶36，长 2.2、宽 2.4、厚 0.3 厘米（图一七五，10）。T7③B∶35，长 2.5、宽 2.4、厚 0.7 厘米（图一七五，11）。

石磨盘　1 件。

T17③B∶19，灰白色砂岩制成，因风化而呈球状。平面形状呈圆形。表面有明显的使用痕迹。长 9.8、宽 8.8、厚 2.9 厘米（图一七六，2；彩版一八，6）。

砺石　2 件。

T7③B∶3，浅灰黄板岩制成。平面形状呈不规则状，表面有明显的纵向磨痕。长 18.8、宽 13～20.6、厚 1.6 厘米（图一七六，1）。

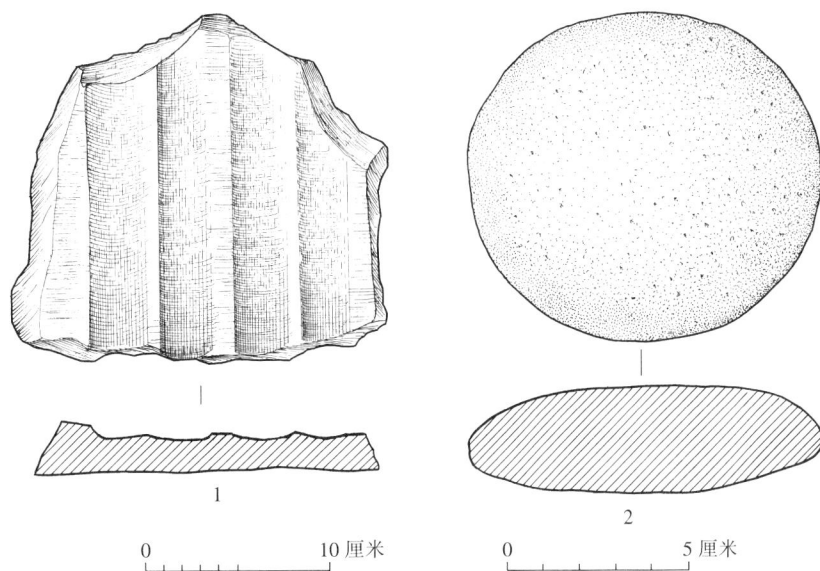

图一七六　第 3B 层出土石器
1. 砺石（T7③B∶3）　2. 磨盘（T17③B∶19）

（一七）开口于第 3A 层下的遗迹

该层下的遗迹主要为柱洞，仅见于 T17 内，其余探方不见，柱洞的分布凌乱，无规律可寻。另有蚌壳堆积一处，平面大致呈长方形。

1. 柱洞

该层下仅在 T17 内发现 27 个柱洞。开口于第 3A 层下，打破第 3B 层。平面形状呈椭圆形和圆形，以圆形居多。洞壁较直，除 T17D24、T17D27 底部弧度较大，剖面呈条状外，其余剖面均呈

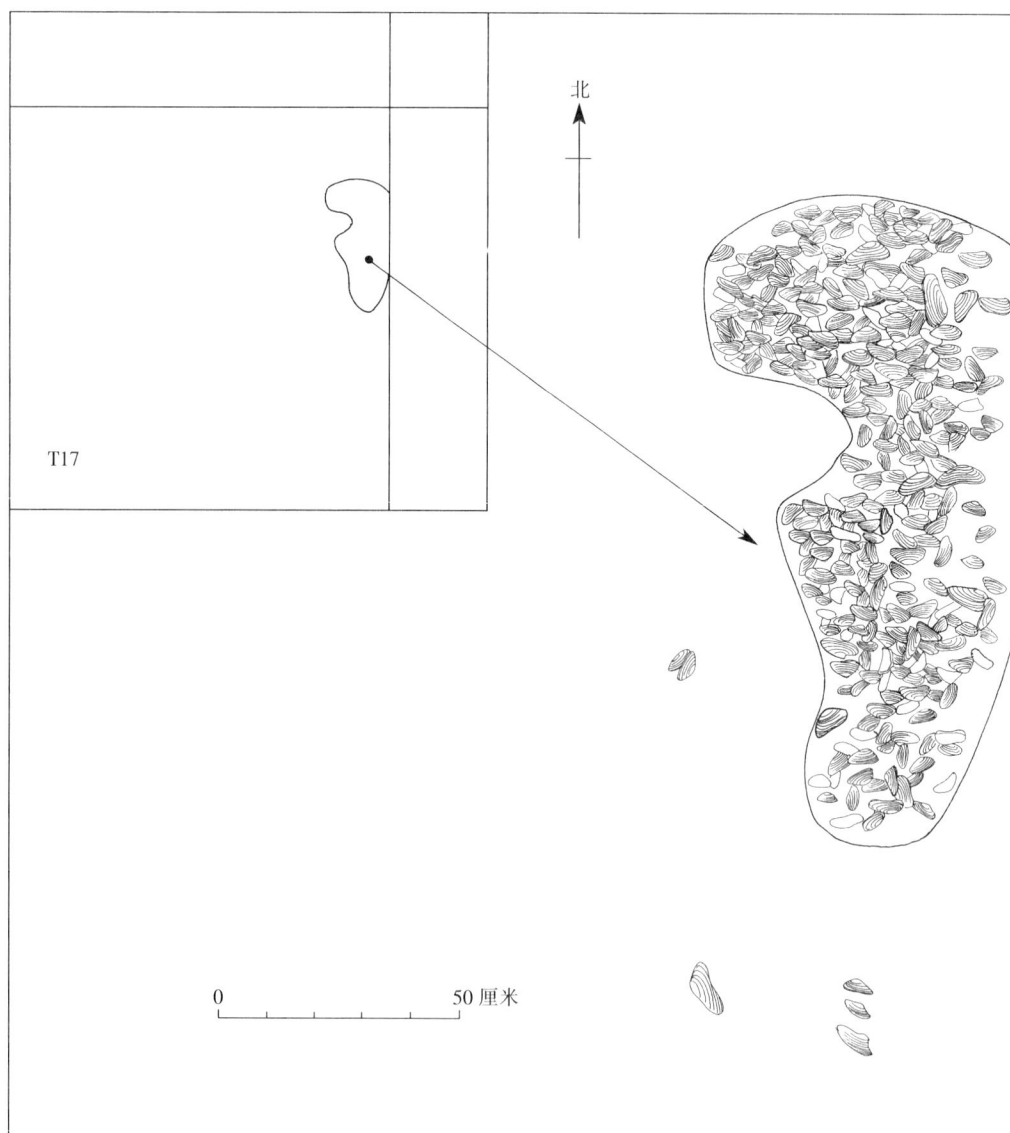

图一七七　蚌壳堆积平面图

圆柱形。椭圆形柱洞长径约 0.15 ~ 0.3、短径约 0.13 ~ 0.25、深约 0.21 ~ 0.49 米。圆形柱洞直径大小不一，分为大型柱洞和小型柱洞两种，大型柱洞的直径 0.2 ~ 0.27、深约 0.29 ~ 0.36 米（D9、D30）；小型柱洞的直径约 0.09 ~ 0.16、深约 0.1 ~ 0.54 米。这些柱洞分布的地面有一定的坡度，且所处地面未有加工处理的痕迹，由此，我们推测这些柱洞所承载的建筑可能为干栏式建筑。

2. 蚌壳堆积

位于 T17 东部，开口于第 3A 层下，叠压于第 3B 层上。分布平面形状大致呈长方形。长约 1.3、宽约 0.31 ~ 0.61 米。堆积中主要由蚌壳组成，另夹杂有少量的碎陶片和动物骨骼残片（图一七七；彩版一九，1、2）。

（一八）第 3A 层出土遗物

1. 陶器

该层出土陶片质地以夹砂黑褐陶居多，其次为红褐、灰褐、黄褐陶；泥质陶数量仅占 6.2%，颜色以黑褐为主，其次为红褐、灰褐、黄褐（表二一）。其中釜、钵、豆、罐等器物肩部或颈部普遍都经过磨光处理。平底器是最为常见的器类，另有少量圜底器、圈足器。颈部与肩部二次对接制作的情形较为少见，器物的体形普遍较小。钵、豆、篦形器、釜、高领罐、罐较常见，另有少量的盆形器、瓮形器、陶拍等，不见杯形器、尊形器、碗等器物。陶器上的纹饰装饰手法以压印

表二一 第 3A 层出土陶片陶质、陶色统计表

陶质 陶色 探方号	夹 砂						泥 质						合计
	黑褐	灰褐	褐	灰	红褐	黄褐	黑褐	灰褐	褐	红褐	黄褐	灰	
T15	50	4			45		2			5	1		107
T4	13	7			32	2	2			3			59
T25	50	21			3	2	3			4			83
T17	136	35			25		16						212
T7	95	10			75	1	4						185
T9	30	5			4	1	1			2			43
T17	138	36			24		6						204
T5	108	35			36	2	11	5		3			200
T14	3				4								7
合计	623	153			248	8	45	5		17	1		1100
总计	1032（93.8%）						68（6.2%）						

表二二　第 3A 层出土陶片纹饰统计表

纹饰＼探方号	绳纹	素面	栉纹	弦纹	戳印圆圈	水波纹	网格划纹	"S"形纹	交叉划纹	几何纹	附加堆纹	"Z"字纹	划纹	合计
T15	97	7	2					1						107
T4	41	8	2			1		1	1	1	4			59
T25	70	10	2				1							83
T17	181	21	4	5								1		212
T7	150	12	5	9		2							7	185
T9	35	4	3				1							43
T17	165	30	3			4	2							204
T5	172	28												200
T14	3	1	3											7
合计	914	121	24	14		7	4	2	1	1	4	1	7	1100
百分比（％）	83.1	11.0	2.2	1.3		0.6	0.4	0.2	0.1	0.1	0.4	0.1	0.6	100

和刻划为主，另有少量的戳印，在同一器物上往往不同的装饰手法都有体现，组成一组复合纹饰带。纹饰种类常见的有绳纹、弦纹、戳印篦点纹、水波纹、草叶划纹、圆圈纹以及戳印变形鸟纹等（表二二；图一七八）。

钵　26 件。

Aa 型Ⅳ式　3 件。T17③A∶210，夹砂黑褐陶。圆唇，宽肩，弧腹，底部残。腹部装饰斜向粗绳纹。口径 21.3、残高 7.2 厘米（图一七九，1；图版六七，1）。T5③A∶175，夹砂红褐陶。尖圆唇。腹部装饰斜向细绳纹。口径 22、残高 7.6 厘米（图一七九，2；图版六七，2）。

Ab 型Ⅳ式　8 件。T5③A∶174，夹砂灰褐陶。圆唇，弧腹。该器物原通体装饰细绳纹，后肩部经过磨光处理。口径 20.7、残高 7.2 厘米（图一七九，3；图版六七，3）。

Bc 型Ⅱ式　14 件。T7③A∶82，夹砂灰褐陶。尖圆唇。该器物原通体装饰细绳纹，后肩部经过磨光处理，腹部装饰绳纹。口径 21.6、残高 6.5 厘米（图一七九，4；图版六七，4）。

Bd 型Ⅱ式　1 件（T4③A∶81）。夹砂红褐陶。敛口，圆唇，弧肩，深腹。腹部通饰细绳纹。口径 22.2、底径 8、高 15.6 厘米（图一七九，5；图版六七，5）。

豆　2 件。

Aa 型Ⅳ式　2 件。T7③A∶81，泥质磨光黑褐陶。圆唇，浅弧腹。唇部外装饰一圈戳印连续点纹。口径 24.4、残高 4 厘米（图一七九，7）。

簋形器　3 件。

A 型Ⅱ式　2 件。T7③A∶73，泥质磨光黑褐陶。圆唇，深弧腹。唇部外装饰一圈戳印连续点纹。口径 20.6、残高 5.8 厘米（图一七九，9）。

图一七八　第 3A 层出土陶片纹饰拓片

1. Aa 型Ⅱ式圈足上的剔刺划纹和弧形弦纹组成的几何纹（T7③A：92）　2. 变形鸟纹（复合纹饰）由圆圈纹、弦纹及篦点纹组成（T4③A：63）　3. Bb 型圈足上的戳印短绳索纹和弧形弦纹组成的变形鸟纹（T5③A：168）　4. 网格划纹（T9③A：192）　5. 水波纹和弦纹及绳纹和磨光面（T30③A：306）

Ba 型Ⅱ式　1 件（T4③A：56）。泥质磨光红褐陶。圆唇，弧腹。肩部装饰一圈连续花瓣划纹。口径 13.2、残高 5 厘米（图一七九，8；图版六七，6）。

釜　23 件。该类器物表面原饰有绳纹，后肩部以上都经过打磨处理，但仍然遗留有绳纹痕迹，同时口沿外表轮修痕迹明显。

Aa 型Ⅴ式　3 件。T5③A：167，夹砂灰褐陶。口径 22.3、残高 7.8 厘米（图一八〇，2；图版六八，1）。

Aa 型Ⅵ式　1 件（T15③A：413）。夹砂红褐陶。小口，凹槽不突出。浅腹。口径 15、残高 6.8 厘米（图一八〇，1；图版六八，2）。

Ba 型Ⅱ式　8 件。T7③A：74，泥质磨光灰褐陶。唇部由泥条附加而成。体量较大，肩部以下残。盘口，折沿，尖圆唇，高领。唇部内侧装饰一圈戳印连续点纹，近领部饰由两条平行凹弦纹

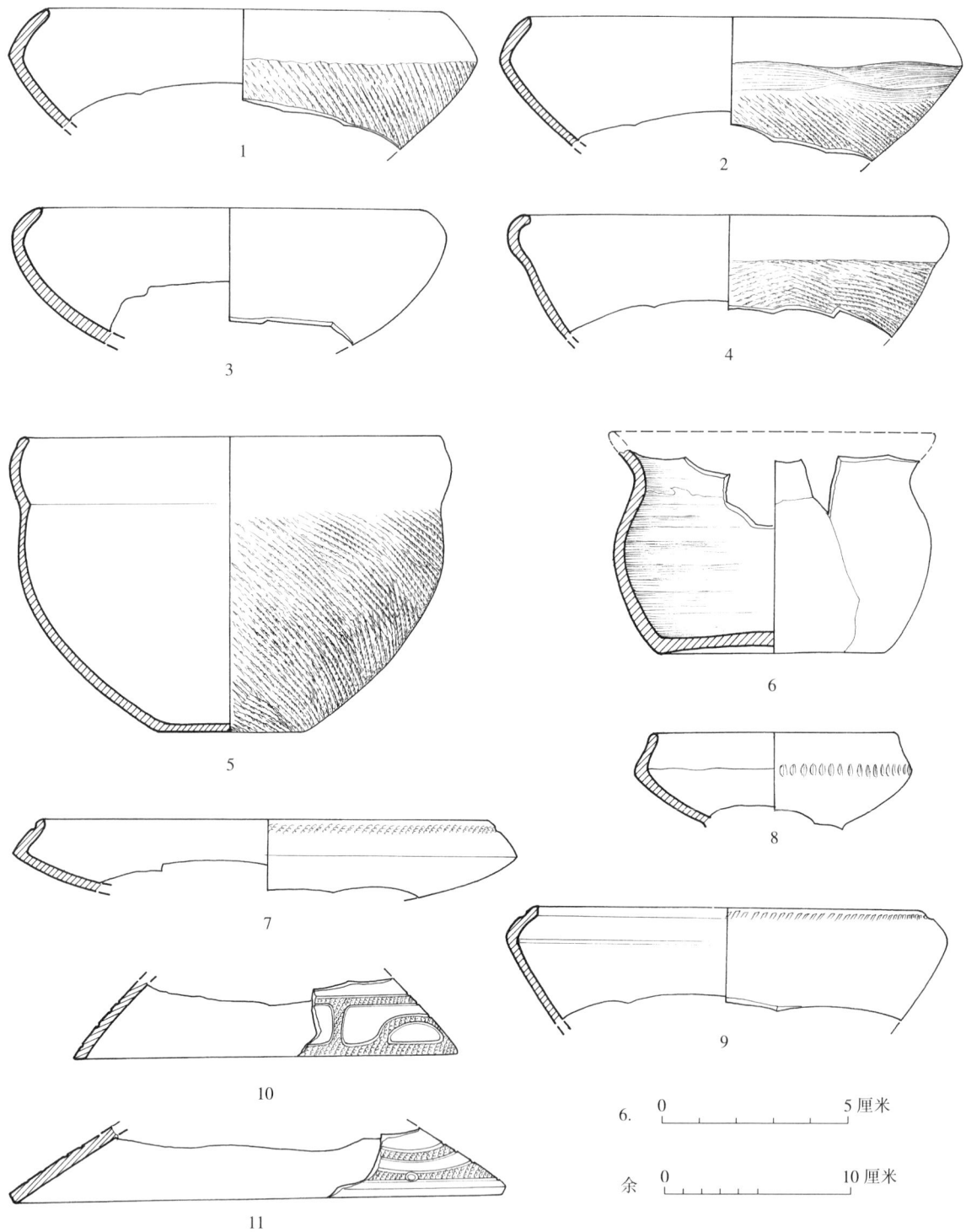

图一七九　第3A层出土陶器

1、2. Aa 型Ⅳ式钵（T17③A：210、T5③A：175）　3. Ab 型Ⅳ式钵（T5③A：174）　4. Bc 型Ⅱ式钵（T7③A：82）

5. Bd 型Ⅱ式钵（T4③A：81）　6. A 型Ⅳ式盆形器（T15③A：461）　7. Aa 型Ⅳ式豆（T7③A：81）　8. Ba 型Ⅱ式簋

形器（T4③A：56）　9. A 型Ⅱ式簋形器（T7③A：73）　10. Aa 型Ⅱ式圈足（T7③A：92）　11. Bb 型圈足（T5③A：168）

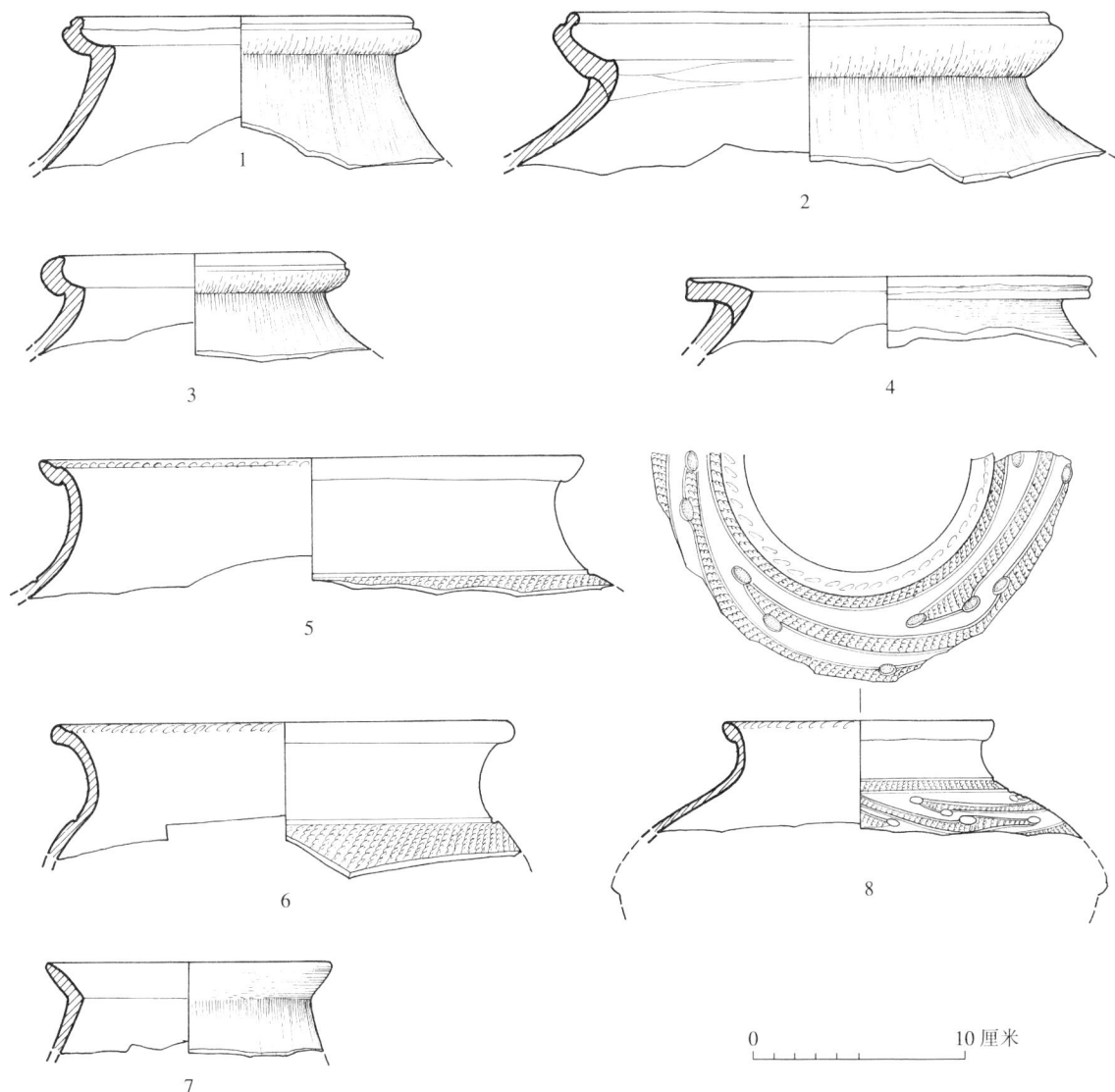

图一八〇　第 3A 层出土陶釜、罐

1. Aa 型Ⅵ式釜（T15③A：413）　　2. Aa 型Ⅴ式釜（T5③A：167）　　3. F 型Ⅲ式釜（T7③A：93）
4. Db 型Ⅱ式罐（T7③A：86）　　5. Ba 型Ⅱ式釜（T7③A：74）　　6. Da 型Ⅲ式釜（T7③A：79）　　7. Eb
型Ⅲ式釜（T4③A：48）　　8. Bb 型Ⅱ式釜（T4③A：13）

和压印索纹组成的纹饰带。口径 25.4、残高 6.2 厘米（图一八〇，5）。

　　Bb 型Ⅱ式　5 件。T4③A：13，泥质磨光红褐陶。尖唇，矮领，溜肩。唇部内侧装饰一圈戳印连续点纹。近领部则饰由两条平行凹弦纹和戳印短绳索纹组成的纹饰带，其下有戳印短绳索纹和弧形弦纹以及戳印圆圈纹组成的变形鸟纹。口径 12.7、残高 5 厘米（图一八〇，8；彩版二〇，1）。

　　Da 型Ⅲ式　2 件。T7③A：79，泥质磨光褐陶。肩部与腹部为一次对接而成。肩部以下残。圆唇，卷沿，高领，圆肩。唇部内侧装饰一圈戳印连续芒纹。近领部饰一条平行凹弦纹，其下通饰绳纹。口径21.8、残高6.8厘米（图一八〇，6；图版六八，3）。

Eb 型Ⅲ式　2件。T4③A：48，夹砂黑褐陶。圆唇，矮领。腹部原饰有绳纹，后经过磨光处理，但仍然可依稀辨其痕迹。口径13.2、残高4.2厘米（图一八〇，7）。

F 型Ⅲ式　2件。T7③A：93，夹砂灰褐陶。小口，凹槽已经不见。折沿，束颈。口径13、残高5厘米（图一八〇，3；图版六八，4）。

高领罐　18件。

Aa 型Ⅲ式　4件。T25③A：207，夹砂灰褐陶。大敞口，圆唇。近肩部装饰有水波划纹。口径23.8、残高4厘米（图一八一，4）。

Aa 型Ⅳ式　13件。T7③A：80，夹砂黑褐陶。圆唇，宽沿外翻。领部装饰有水波划纹，其下则饰草叶划纹。口径13.2、残高4厘米（图一八一，9）。

Ab 型Ⅳ式　1件（T7③A：192）。夹砂灰褐陶。圆唇，宽沿外翻。领部装饰有水波划纹，其下则饰草叶交叉划纹。口径13.6、残高4.6厘米（图一八一，7；图版六八，5）。

罐　17件。

Aa 型Ⅱ式　6件。T17③A：194，夹砂红褐陶。尖圆唇。口径20.3、残高4.4厘米（图一八一，3；图版六九，1）。T4③A：55，泥质磨光黑褐陶。方唇，束颈，弧肩。颈部上装饰水波划纹。器表经过磨光处理，颈部有明显的轮修痕迹。口径23.8、残高7.2厘米（图一八一，8）。

Ae 型Ⅴ式　2件。T4③A：36，泥质磨光黑褐陶。方唇，圆肩。唇部内侧装饰一圈戳印连续芒纹，颈部装饰连续月牙状划纹。器表经过磨光处理，颈部有明显轮修痕迹。口径17.3、残高4.8厘米（图一八一，1）。

Ba 型Ⅱ式　4件。T5③A：172，夹砂灰褐陶。大敞口，圆唇，弧肩。肩部以上原饰有绳纹，后经过打磨处理，但绳纹痕迹依稀可辨；颈部上装饰有水波划纹，肩部通饰绳纹，再在其上饰有一条横"S"状划纹。口径27.4、残高11.6厘米（图一八一，10；图版六九，2）。

Da 型Ⅱ式　2件。T7③A：78，泥质磨光黑褐陶。圆唇，圆肩。唇部内侧装饰一圈戳印连续芒纹，颈部装饰羽毛状划纹。器表经过磨光处理，颈部有明显轮修痕迹。口径17.2、残高5.6厘米（图一八一，5；图版六九，3）。

Db 型Ⅱ式　2件。T7③A：86，夹砂黑褐陶。盘口，方唇，折沿，束颈。颈部与沿部二次对接而成。口径19.3、残高3.2厘米（图一八〇，4）。

Ea 型Ⅱ式　1件（T5③A：100）。夹砂浅黄陶。葫芦口，圆唇。颈部饰有一条弦纹，弦纹上下各饰一条水波划纹。口径12.3、残高4.2厘米（图一八一，6）。

盆形器　1件。

A 型Ⅳ式　1件（T15③A：461）。夹砂灰褐陶。口部残。折沿，鼓肩，平底微凹。器物内壁有明显轮修痕迹。底径6.1、残高5.3厘米（图一七九，6）。

瓮形器　1件。

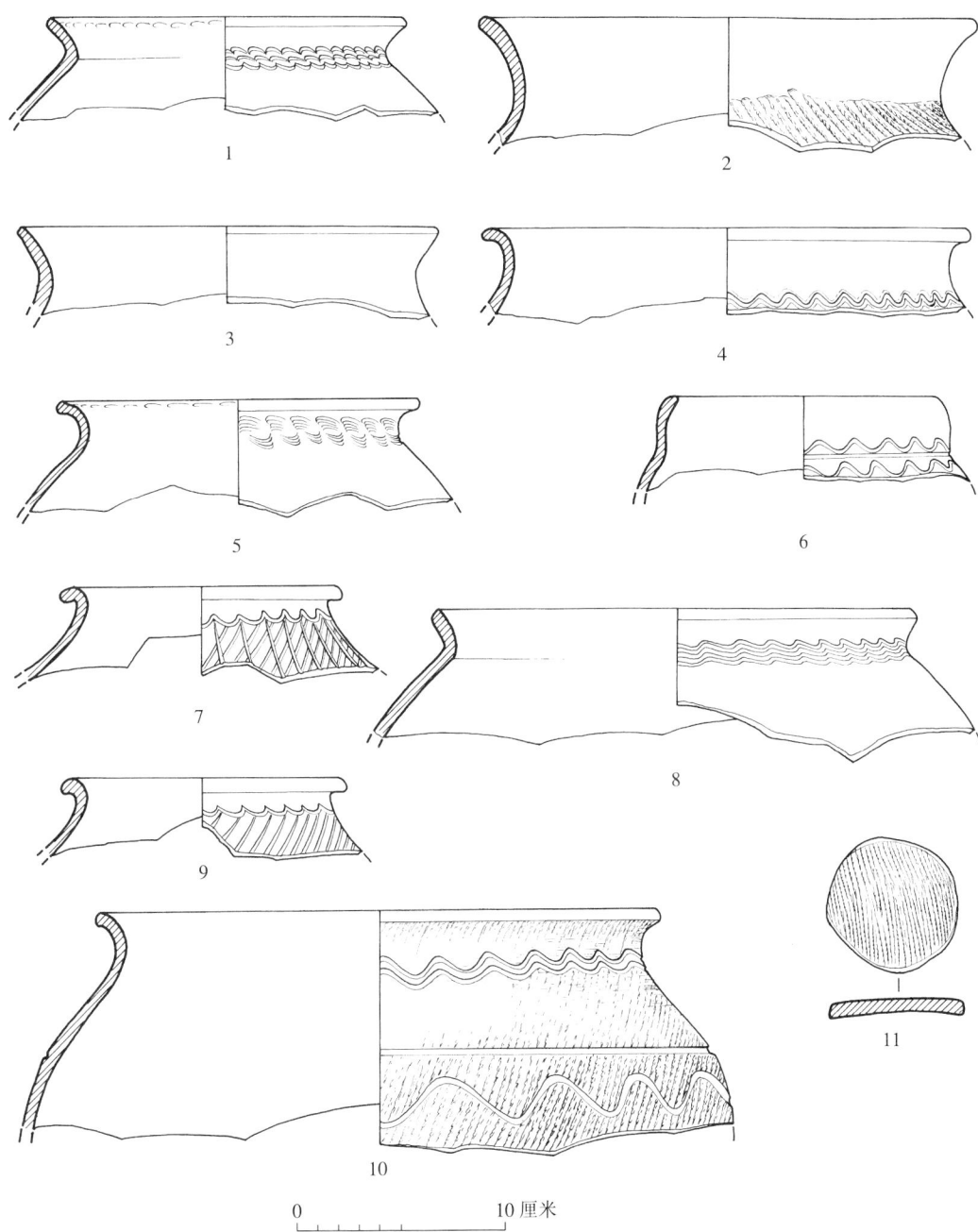

图一八一 第 3A 层出土陶器

1. Ae 型 Ⅴ式罐（T4③A：36） 2. Ba 型 Ⅱ式瓮形器（T4③A：59） 3、8. Aa 型 Ⅱ式罐（T17③A：194、T4③A：55） 4. Aa 型 Ⅲ式高领罐（T25③A：207） 5. Da 型 Ⅱ式罐（T7③A：78） 6. Ea 型 Ⅱ式罐（T5③A：100）

7. Ab 型 Ⅳ式高领罐（T7③A：192） 9. Aa 型 Ⅳ式高领罐（T7③A：80） 10. Ba 型 Ⅱ式罐（T5③A：172）

11. 陶拍（T7③A：94）

Ba 型 II 式　1 件（T4③A：59）。夹砂灰褐陶。圆唇。肩部以上原饰有绳纹，后经过磨光处理；肩部通饰绳纹。口径 24、残高 6.2 厘米（图一八一，2；图版六九，4）。

陶拍　3 件。

T7③A：94，夹砂灰褐陶。平面形状近圆形。表面饰有绳纹，周缘略加打磨。直径 3～3.2、厚 0.3 厘米（图一八一，11；图版六九，5）。

圈足　3 件。

Aa 型 II 式　2 件。T7③A：92，泥质磨光黑褐陶。足部内敛。器表磨光，上装饰有剔刺划纹和弧形弦纹组成的几何纹。足径 20.8、残高 4.1 厘米（图一七九，10；彩版二〇，2）。

Bb 型　1 件（T5③A：168）。泥质磨光黑褐陶。足部外侈。器表磨光，上装饰有戳印短绳索纹和弧形弦纹组成的变形鸟纹。足径 26.8、残高 3.4 厘米（图一七九，11；彩版二〇，3）。

2. 石器

出土石器仍然以磨制石器为主，仅见少量的打制石器，小型石器数量较多，大型石器较少见。石器岩性以玄武岩为大宗，其他有砾岩、硅质岩、板岩等。斧、锛、网坠、砺石常见，其他为凿和环，以生产工具多见，其次为渔猎工具和装饰品。

斧　18 件。

Ab 型　1 件（T9③A：19）。褐灰色天然砾岩打制而成。平面形状呈手斧状。平顶、弧刃。一面保留其自然面，另一面则为断裂面。两侧和顶部有明显打制痕迹，刃部则为磨制。长 11.3、宽 2.8～6.5、厚 2.6 厘米（图一八二，4；图版七〇，1）。

Ba 型　1 件（T7③A：52）。深灰色玄武岩。长方形。顶、刃部残。背部和刃部均脱落一部。周身遍布崩疤。残长 16.1、宽 3.3～5.6、厚 2.5 厘米（图一八二，1；图版七〇，2）。

Bb 型　1 件（T17③A：67）。灰绿色玄武岩。梯形。平顶，弧刃。顶和刃部有使用痕迹。磨制精细。长 8.4、宽 4.9～5.8、厚 2.2 厘米（图一八三，4；图版七〇，3）。

Be 型　1 件（T7③A：15）。灰绿色玄武岩。体量大，器物厚重。弧顶，舌形刃。顶、刃部有使用痕迹，器表有少许崩疤。磨痕清晰。长 14、宽 5.5～6.8、厚 2.6 厘米（图一八三，1；图版七一，1）。

Bf 型　5 件。T9③A：7，灰绿色玄武岩。柄部残断。残长 5.3、宽 5.3、厚 1.1 厘米（图一八三，2；图版七〇，4）。T25③A：5，灰绿色玄武岩。弧顶，刃略残。顶和刃部有崩疤。磨制精细。长 7.2、宽 3～4.9、厚 1.4 厘米（图一八三，3；图版七〇，5）。T7③A：13，浅灰绿色玄武岩。近平顶，弧刃。刃部残。两侧均有明显打制痕迹。长 7.2、宽 2.9～4.2、厚 2.2 厘米（图一八二，2；图版七〇，6）。T17③A：12，深灰色玄武岩。背面剥落。长 7.9、宽 2.6～4.3、厚 2 厘米（图一八二，3）。

Cb 型　1 件（T17③A：26）。灰绿色玄武岩。器表有清晰的磨痕。长 5.4、宽 3.3～4.3、厚

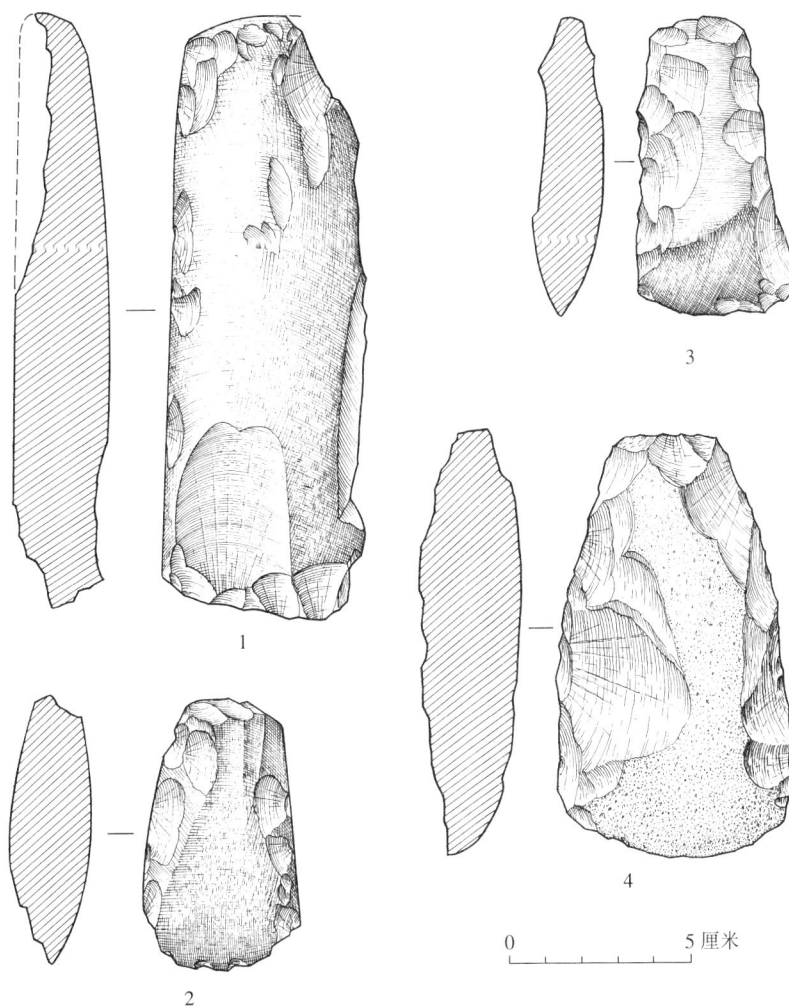

图一八二   第 3A 层出土石斧

1. Ba 型 （T7③A：52）   2、3. Bf 型 （T7③A：13、T17③A：12）   4. Ab 型 （T9③A：19）

1.2 厘米（图一八四，4；图版七一，2）。

Cc 型   7 件。T7③A：21，灰绿色玄武岩。顶、刃均残。表面有被砸击痕迹。长 7.3、宽 2.9～ 4.7、厚 1.6 厘米（图一八三，5；图版七一，3）。T17③A：66，灰绿色玄武岩。弧顶，弧刃，刃略残。柄部有崩疤。磨制精细。长 7.3、宽 2.3～3.7、厚 1.4 厘米（图一八四，1）。T4③A：23，深灰色玄武岩。弧顶，刃部残。表面有清晰的磨痕。残长 6.1、宽 1.9～3.5、厚 1.4 厘米（图一八四，2）。T16③A：11，灰绿色玄武岩。一侧有两处崩疤。器表有清晰的磨痕。长 5、宽 2.6～ 3.7、厚 1.3 厘米（图一八四，5；图版七一，4）。

Cd 型   1 件（T4③A：8）。灰色玄武岩。平顶，弧刃。顶和刃部有使用痕迹。器表有多处崩疤。长 5.1、宽 2.5～3.3、厚 1.3 厘米（图一八四，3；图版七一，5）。

锛   8 件。

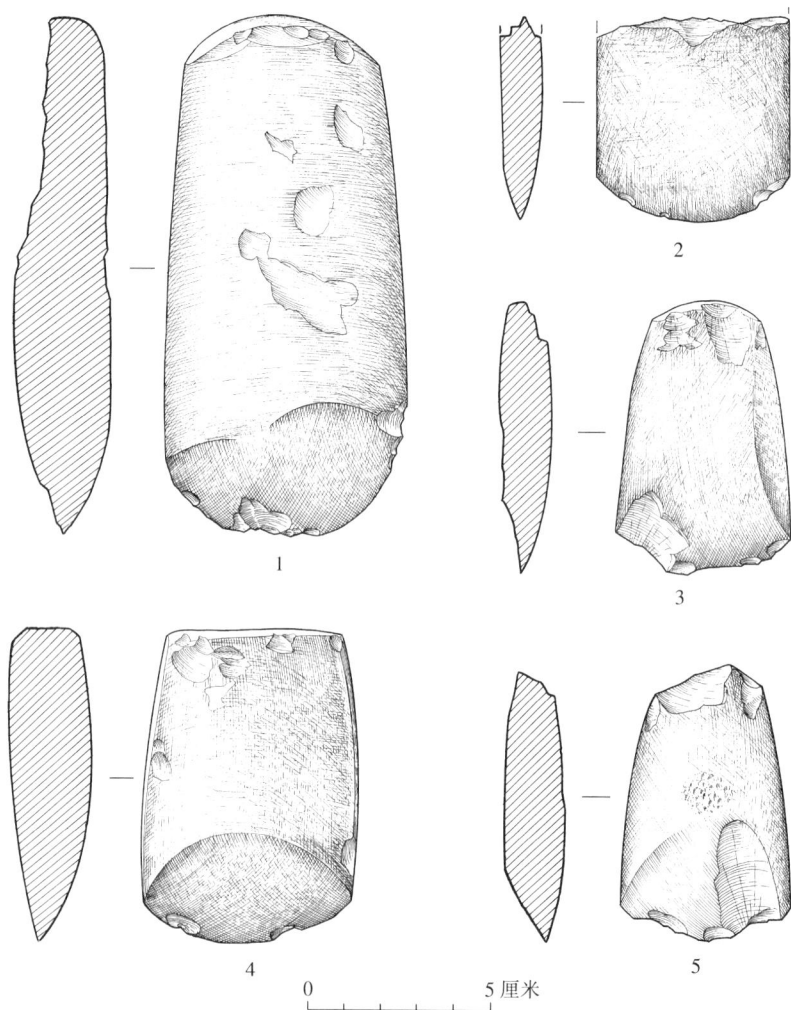

图一八三　第3A层出土石斧

1. Be 型（T7③A：15）　2、3. Bf 型（T9③A：7、T25③A：5）　4. Bb 型（T17③A：67）　5. Cc 型（T7③A：21）

　　Aa 型　6件。平顶，弧刃。T17③A：13，灰绿色玄武岩。偏弧刃。顶部有崩疤痕迹。长4.5、宽1.9~3、厚0.6厘米（图一八五，1；图版七二，1）。T25③A：7，灰绿色玄武岩。顶残。器表有清晰的磨痕。长4.6、宽1.7~2.7、厚0.7厘米（图一八五，3；图版七二，2）。T7③A：16，深灰色玄武岩石片磨制而成。器表多崩疤。长5.1、宽1.8~2.4、厚0.7厘米（图一八五，4；图版七二，3）。T18③A：16，系用天然灰褐色砾岩制成。平顶，近平刃。仅刃部磨制，其余保留其自然面。长5.2、宽1.6~2.7、厚0.9厘米（图一八五，5；图版七二，4）。

　　Ac 型　2件。T25③A：10，灰绿色玄武岩。弧顶，阔弧刃。顶略残。长4.7、宽2.6~4.6、厚1.4厘米（图一八四，6；图版七二，5）。T8③A：16，浅灰绿色玄武岩。近刃部处有砸击痕迹。长4.6、宽1.6~3.6、厚0.9厘米（图一八五，2）。

　　凿　1件。

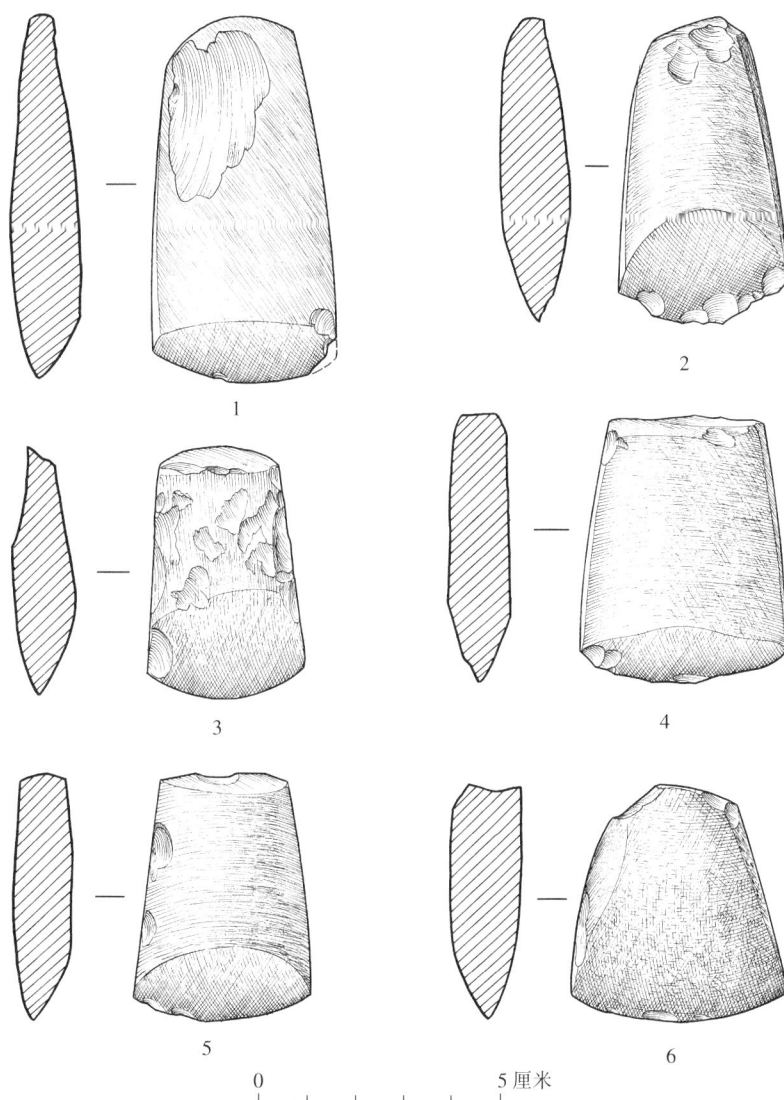

图一八四 第 3A 层出土石斧、锛

1、2、5. Cc 型斧（T17③A：66、T4③A：23、T16③A：11） 3. Cd 型斧（T4③A：8）

4. Cb 型斧（T17③A：26） 6. Ac 型锛（T25③A：10）

C 型 1 件（T17③A：68）。灰绿色硅质岩。柄部细长，斜顶，弧刃。刃部残。磨制精致。长 7.2、宽 1.2～2.5、厚 0.8 厘米（图一八五，6；图版七二，6）。

环 1 件。

T4③A：11，深灰色板岩。截面呈长方形。残。磨痕清晰。磨制规整。残长 6.3、厚 0.6 厘米（图一八六，4；图版七三，1）。

网坠 4 件。均用来自附近河流的灰褐色砾岩制成。平面形状呈横椭圆形，均为朝两侧打击而形成腰部。

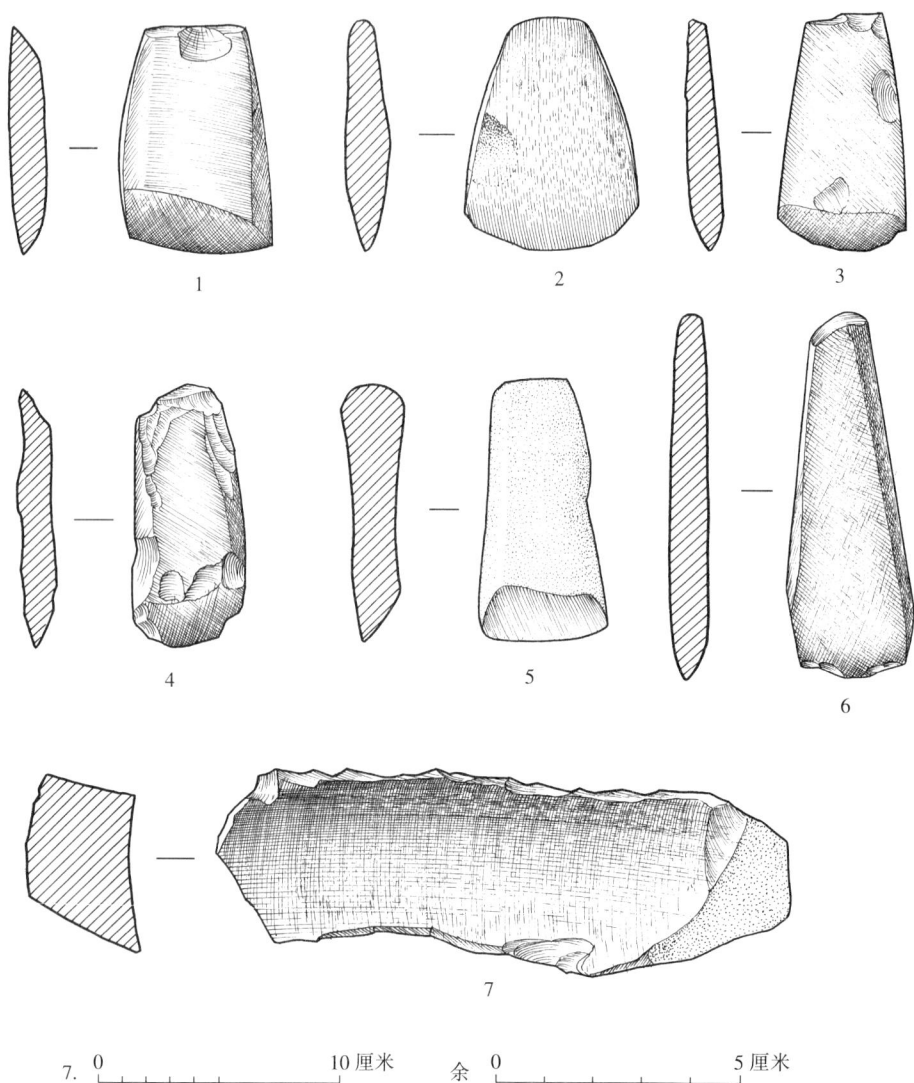

图一八五　第3A层出土石器

1、3～5. Aa 型锛（T17③A：13、T25③A：7、T7③A：16、T18③A：16） 2. Ac 型
锛（T8③A：16） 6. C 型凿（T17③A：68） 7. 砺石（T30③A：6）

　　B 型　4 件。T9③A：1，长 4.2、宽 3.7、厚 1 厘米（图一八六，1；图版七三，2）。T17③A：16，长 3、宽 2.6、厚 0.8 厘米（图一八六，2）。T17③A：22，长 2.5、宽 2.2、厚 0.7 厘米（图一八六，3；图版七三，2）。

　　砺石　5 件。

　　T30③A：6，浅灰黄色板岩。平面形状呈横长条形。劈理清晰，顺劈理磨制而成。磨面纵向磨痕明显。残长 24、宽 6～7、厚 4.4 厘米（图一八五，7；图版七三，3）。

3. 骨器

该层出土的骨器相对较多，以鱼钩为主，其他仅见骨针一种，这些鱼钩均为骨片磨制而成，磨制精细，为实用器。

鱼钩 15 件。多为小鱼钩，系用骨片磨制而成，钩部有倒刺，截面为圆形。

T5③A：5，长 2.15、截面直径 0.15 厘米（图一八六，5）。T5③A：6，长 2.1、截面直径 0.2 厘米（图一八六，6）。T5③A：27，长 2.2、截面直径 0.15 厘米（图一八六，7）。T16③A：16，大鱼钩，截面为方形。钩部和柄部均残。残长 2.7、截面直径 0.6 厘米（图一八六，8）。

针 1 件。

T5③A：29，系用骨条磨制而成。平面形状呈针叶形。柄部残。残长 4 厘米（图一八六，9）。

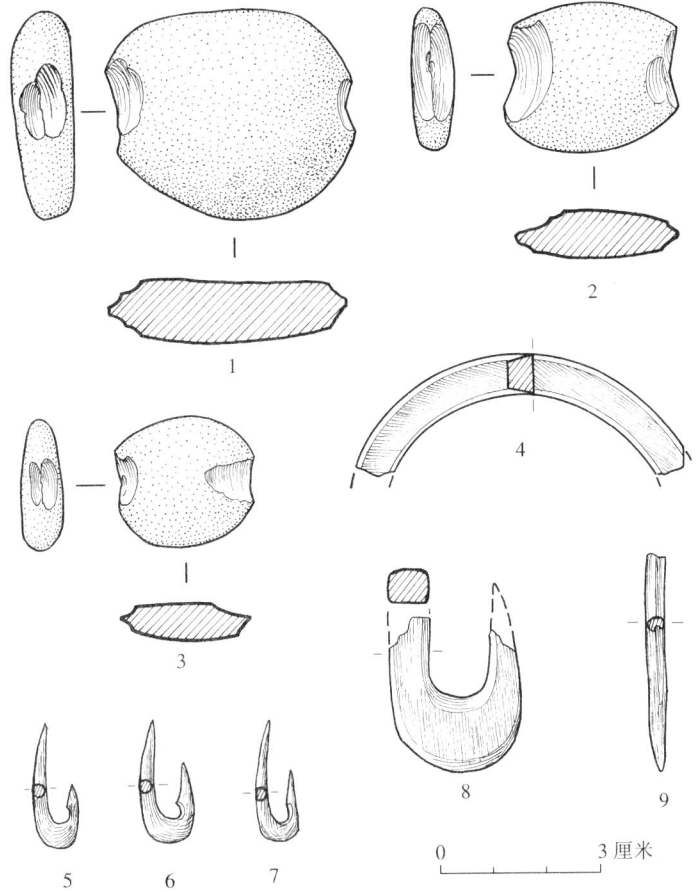

图一八六 第 3A 层出土石、骨器

1～3. B 型石网坠（T9③A：1、T17③A：16、T17③A：22） 4. 石环（T4③A：11） 5～8. 骨鱼钩（T5③A：5、T5③A：6、T5③A：27、T16③A：16） 9. 骨针（T5③A：29）

（一九）开口于第 2B 层下的遗迹

蚌壳和石器堆积 位于 T17 东部，开口于第 2B 层下，叠压于第 3A 层上。平面形状无规律可寻，大致分布于南北长约 4 米、东西宽约 1～1.85 米的范围内。堆积中主要由蚌壳和石器组成，另有少量的兽骨。蚌壳的数量相对较少，石器的数量较多，如砺石、石锛、网坠等（图一八七）。

（二〇）第 2B 层出土遗物

1. 陶器

由于该层仅在发掘区的局部地区存在，陶片出土较少，夹砂黑褐、灰褐为主；泥质陶少见，仅占 6.9%（表二三）。器物主要为平底器，少见圈足器和圜底器。钵、罐多见，尊形器、纺轮等

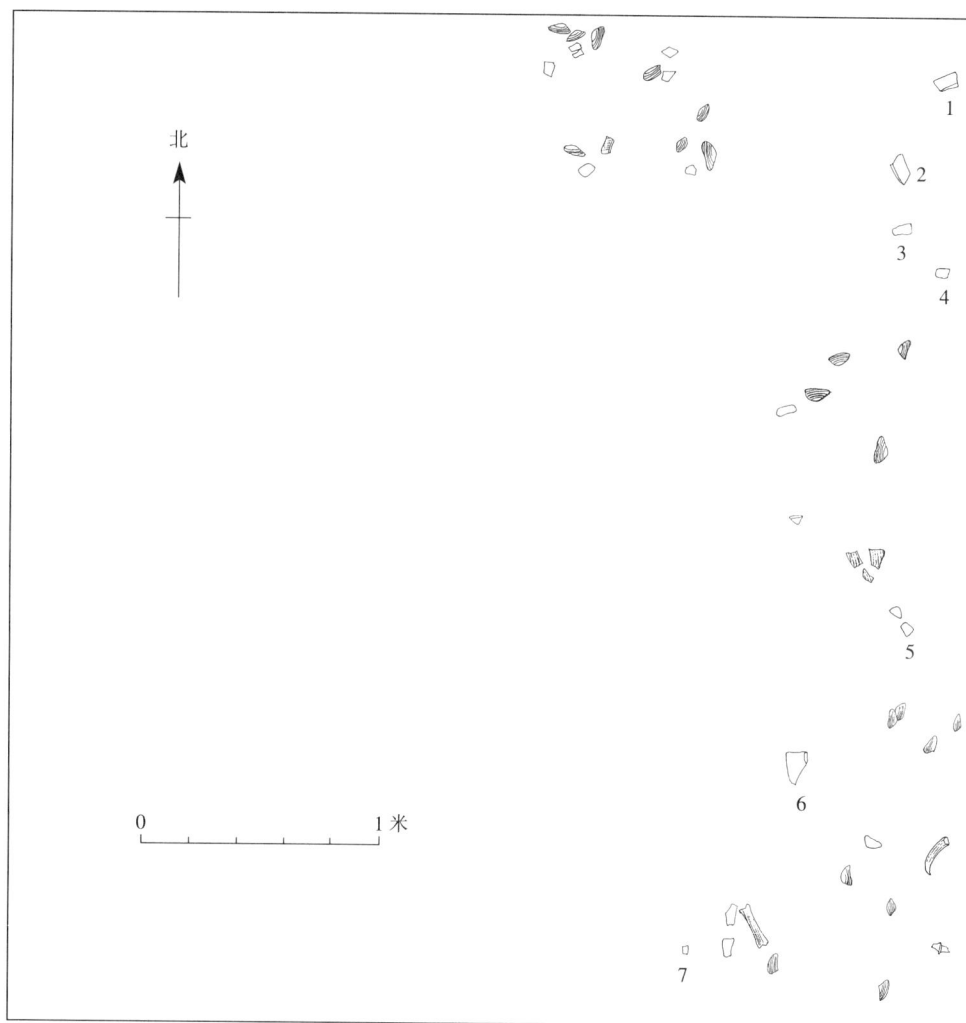

图一八七　T17 第 2B 层下蚌壳和兽骨堆积
1、2. 磨制石器　3~5. 石锛　6. 砺石　7. 石网坠　其余为蚌壳

少见。常见的陶片纹饰制法有压印，刻划多见，戳印少见，在同一器物上不同装饰手法往往同时使用。常见的纹饰以绳纹、水波划纹、弦纹多见，另有网格划纹、戳印圆圈纹等，复合纹饰较少见（表二四；图一八八）。

钵　5 件。此类陶钵纹饰装饰有一重要的特点，即先在陶器表面通体装饰绳纹、划纹等纹饰，然后肩部再刮磨处理。

Aa 型Ⅳ式　1 件（T17②B：135）。夹砂灰褐陶。圆唇。表面经过刮磨处理，依稀可见绳纹痕迹。肩部内外壁有显著的泥条盘筑痕迹。口径 22.2、残高 6.4 厘米（图一八九，1；图版七三，4）。

Ab 型Ⅲ式　1 件（T17②B：128）。夹砂灰褐陶。圆尖唇。腹部饰交错细绳纹，腹部上有不明显的刮痕。口径 22.7、残高 8 厘米（图一八九，2；图版七三，4）。

表二三　第 2B 层出土陶片陶质、陶色统计表

陶色＼陶质	夹　砂						泥　质						合计
探方号	黑褐	灰褐	褐	灰	红褐	黄褐	黑褐	灰褐	褐	灰	红褐	黄褐	
T17	97	19	16		2		6	1	3				144
总计	134（93.1%）						10（6.9%）						

表二四　第 2B 层出土陶片纹饰统计表

纹饰＼探方号	绳纹	素面	栉纹	水波纹	弦纹	交叉划纹	几何纹	附加堆纹	戳印纹	"S"形纹	划纹	折线纹	合计
T17	115	14	2	5	2	3			1		2		144
百分比（%）	79.9	9.7	1.4	3.5	1.4	2.1			0.7		1.4		100

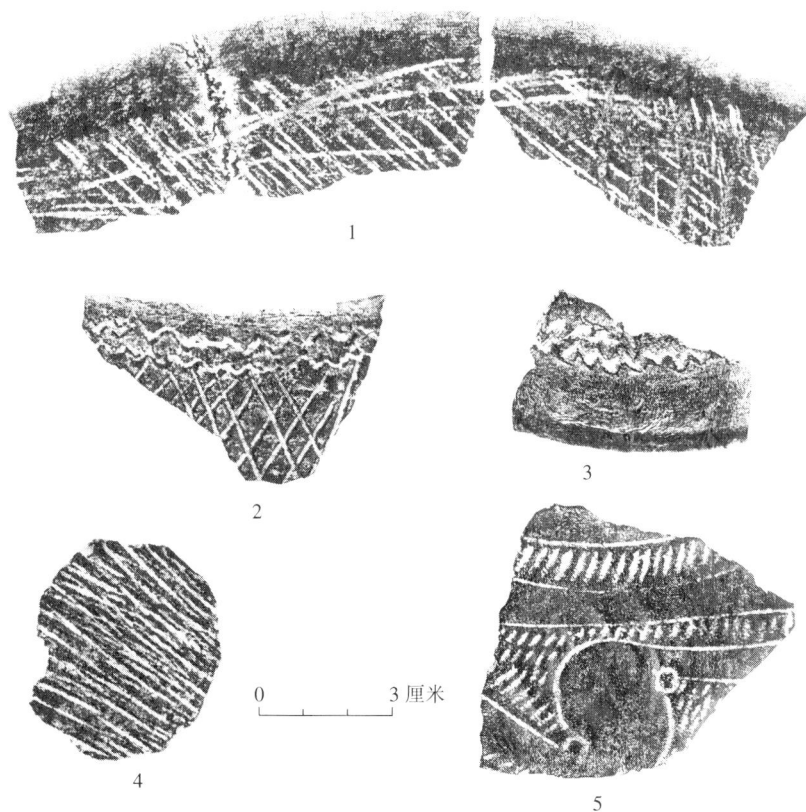

图一八八　第 2B 层出土陶片纹饰拓片

1. Ab 型Ⅳ式钵上的划纹（T17②B∶220）　2. 水波纹和网格划纹（T8②B∶104）　3. 水波纹（T17②B∶136）　4. A 型纺轮上的粗绳纹（T17②B∶140）　5. 残陶片上的由弦纹和戳印篦点纹及圆圈纹组成的变形鸟纹（T17②B∶134）

Ab 型Ⅳ式 3 件。圆肩，浅腹。T17②B：220，夹砂褐陶。圆唇。腹部上装饰有不规则划纹。口径24.2、残高6厘米（图一八九，3；图版七三，4）。T17②B：133，夹砂灰褐陶。圆唇。腹部装饰斜向交错绳纹。口径24、残高5.4厘米（图一八九，4）。

罐 4 件。

Aa 型Ⅳ式 2 件。T17②B：137，夹砂灰褐陶。圆唇，束颈。器表原先通体装饰绳纹，再将颈部近唇部处刮磨处理，近肩部饰有交错绳纹。口径16.1、残高4.2厘米（图一八九，6）。

Af 型Ⅲ式 2 件。T17②B：131，夹砂灰褐陶。圆唇，束颈。器表有明显刮磨处理的痕迹。口径25、残高6.8厘米（图一八九，5）。

尊形器 1 件。

C 型 1 件（T17②B：132）。泥质黑褐陶。圆唇，高领。唇部内侧装饰有戳印横长点纹，颈部外表经过刮磨处理后装饰有两道点波状划纹。口径16.6、残高3.8厘米（图一八九，7）。

残陶片 1 件。

T17②B：134，泥质黑褐陶。陶器的肩部残片。表面装饰由戳印纹和划纹组成的复合纹饰，上部饰两条凹弦纹，中间填以戳印长斜点纹。下部由两组抽象变形（鸟）羽纹组成，中间为光面。残长7.4、残高6.2厘米（图一八九，8）。

纺轮 1 件。

A 型 1 件（T17②B：140）。夹砂灰褐陶。用陶片打磨而成，平面形状近圆形，周缘打磨不甚规整，其中一侧有一残圆形穿孔。表面有纵向绳纹。长4.4～4.9、厚0.6厘米（图一八九，10；图版七三，5）。

器底 4 件。

Ab 型 4 件。T17②B：139，夹砂灰褐陶。底径9.8、残高1.4厘米（图一八九，9）。

2. 石器

该层出土的石器数量和种类均较少，均为磨制石器，不见打制石器。器形种类单一，仅见斧、锛及研磨棒三种。

斧 2 件。

Ba 型 1 件（T18②B：14）。灰绿色玄武岩。顶部和刃部残，顶部多有崩疤痕迹。残长11.4、宽5.4、厚2.3厘米（图一九〇，1）。

Cc 型 1 件（T17②B：9）。灰绿色玄武岩。弧刃。顶部和刃部有少量崩疤。磨制光滑。长5.1、宽3.9、厚1.1厘米（图一九〇，2）。

锛 1 件。

Ac 型 1 件（T18②B：13）。玄武岩，因石化而呈翠绿色。平面形状呈三角形。斜顶，斜刃。磨制光滑。长4.6、宽1.8～3.3、厚0.5厘米（图一九〇，3）。

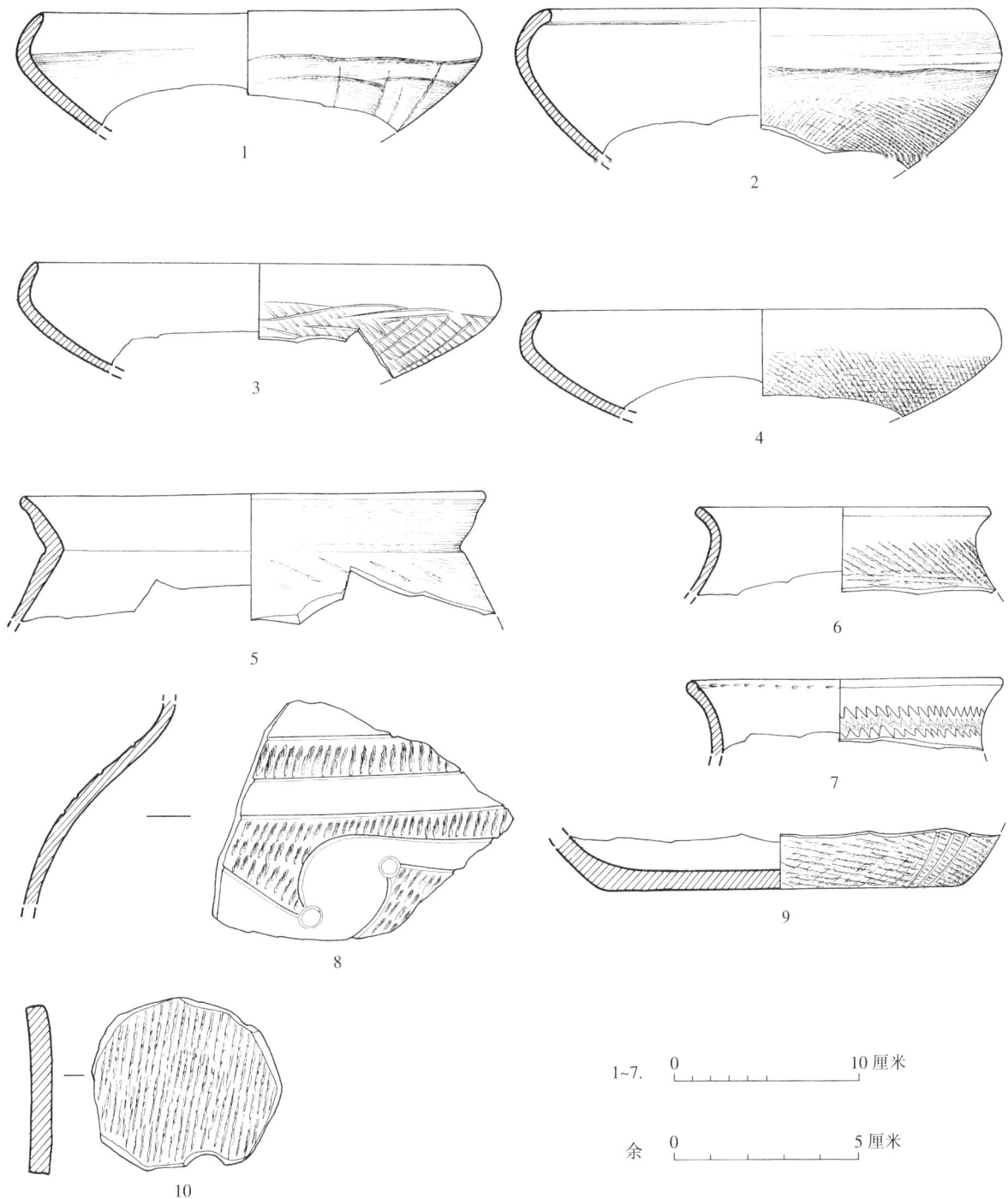

图一八九　第 2B 层出土陶器

1. Aa 型Ⅳ式钵（T17②B：135）　2. Ab 型Ⅲ式钵（T17②B：128）　3、4. Ab 型Ⅳ式钵（T17②B：220、T17②B：133）　5. Af 型Ⅲ式罐（T17②B：131）　6. Aa 型Ⅳ式罐（T17②B：137）　7. C 型尊形器（T17②B：132）　8. 残陶片（T17②B：134）　9. Ab 型器底（T17②B：139）　10. A 型纺轮（T17②B：140）

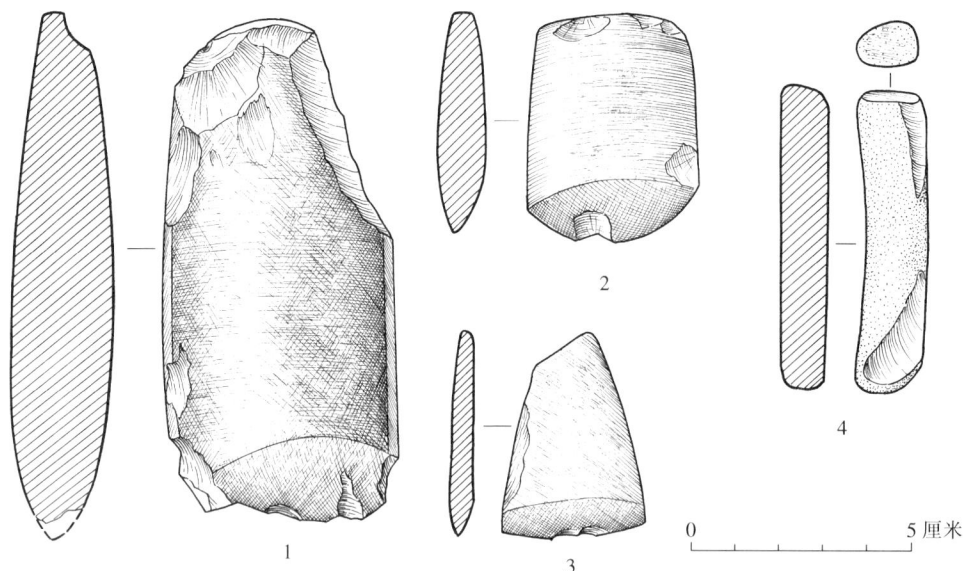

图一九〇　第2B层出土石器

1. Ba 型斧（T18②B∶14）　2. Cc 型斧（T17②B∶9）　3. Ac 型锛（T18②B∶13）　4. 研磨棒（T18②B∶11）

研磨棒　1件。

T18②B∶11，浅灰色玄武岩。平面形状呈长条形，弧顶。研磨面磨制光滑。长6.7、宽1.6、厚1.1厘米（图一九〇，4）。

（二一）第2A层出土遗物

1. 陶器

该层出土的陶片器类和数量相对2B层较多，质地以夹砂黑褐陶为主，其次为红褐、灰褐、褐陶；泥质陶数量依然较少，仅占12.4%，颜色主要有黑褐和红褐两种（表二五）。器类以圜底器最为常见，其次为圈足器和平底器。釜、钵、罐、高领罐、器盖等器形最多见，豆、陶拍、弹丸等少见。常见的纹饰装饰手法有压印和刻划两种，绳纹、弦纹最常见，另有少量的水波划纹和网格划纹及几何形或变形鸟纹状复合纹饰带（表二六；图一九一）。由于该层堆积中出现了少量明清时期的青花和白瓷片，其堆积可能被扰动，因此使用该层遗物时需谨慎。

钵　9件。敛口，圆唇，平底。器表原先整体通饰绳纹，后再在肩部轮制或刮磨成光面，近肩部处绳纹呈突兀之态势。

Aa 型Ⅲ式　1件（T9②A∶46）。夹砂灰褐陶。腹部装饰斜向绳纹，在绳纹上再饰纵向草叶划纹。肩部经过快轮修整。口径20.4、残高8厘米（图一九二，1）。

Aa 型Ⅳ式　3件。T5②A∶188，夹砂红褐陶。腹部装饰斜向绳纹。肩部经过快轮修整。口径

表二五　第 2A 层出土陶片陶质、陶色统计表

陶质 / 陶色 / 探方号	夹　砂						泥　质						合计
	黑褐	灰褐	褐	红褐	黄褐	灰	黑褐	灰褐	褐	灰	红褐	黄褐	
T7	22	8	12	18			5	2			6		73
T8	65	17	12	20			9				5		128
T4	45	12	9	36			5				12		119
T5	123	21	13	7			11	2			7		184
T9	6	1	2	3									12
T10									2				2
T15		2	5										7
T17				3									3
合计	261	61	53	87			30	4	2		30		528
总计	462（87.5%）						66（12.5%）						

表二六　第 2A 层出土陶片纹饰统计表

纹饰 / 探方号	绳纹	素面	栉纹	水波纹	弦纹	交叉划纹	几何纹	附加堆纹	戳印纹	划纹	合计
T7	55	8	3			4			3		73
T8	97	7	5	4	5	4	3	1	2		128
T4	86	11	2	3	9	4			4		119
T5	144	20	4		6		1	3	6		184
T9	8	1		2						1	12
T10		2									2
T15		7									7
T17	3										3
合计	393	56	14	9	20	12	4	4	15	1	528
百分比（%）	74.4	10.6	2.7	1.7	3.8	2.3	0.8	0.8	2.8	0.2	100

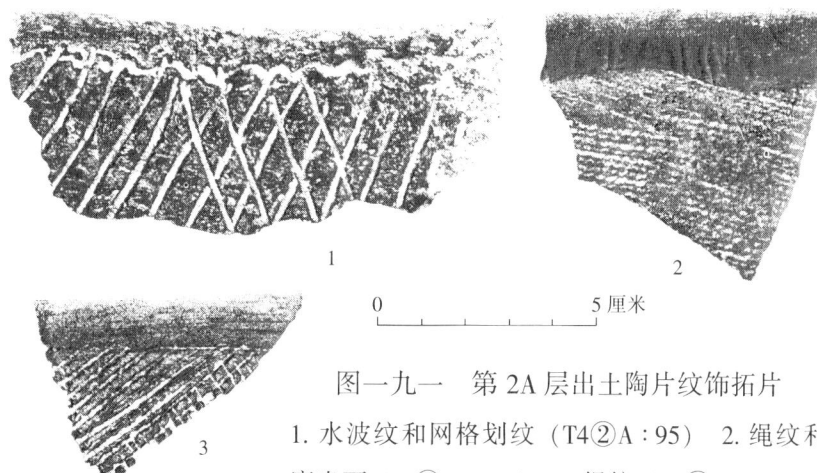

图一九一　第 2A 层出土陶片纹饰拓片

1. 水波纹和网格划纹（T4②A∶95）　2. 绳纹和磨光面（T8②A∶122）　3. 绳纹（T8②A∶112）

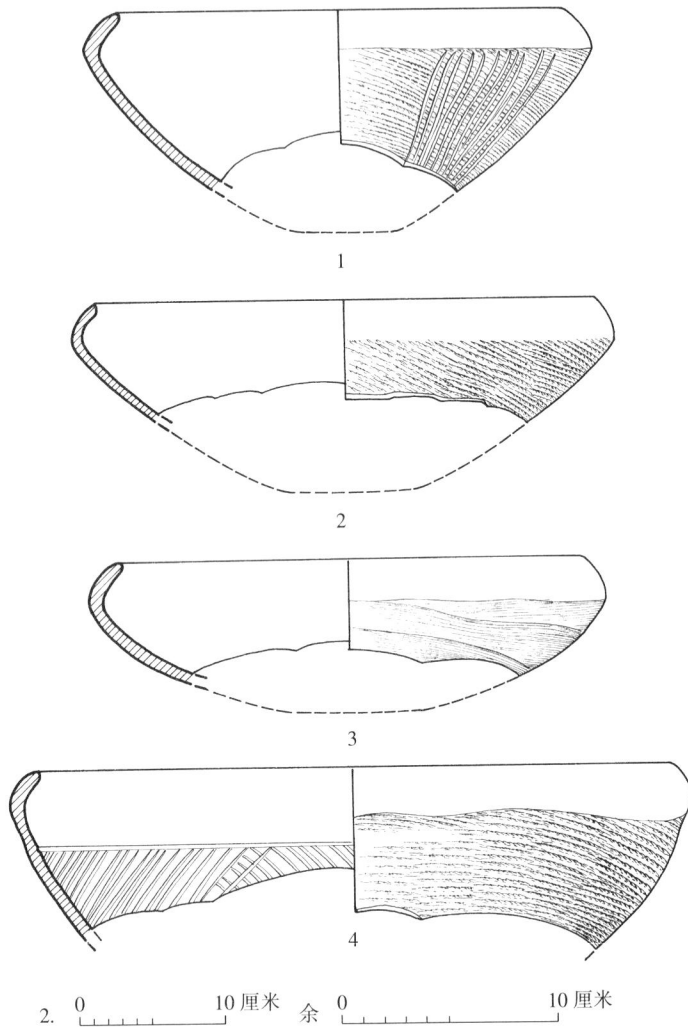

2.

图一九二　第2A层出土陶钵

1. Aa 型 Ⅲ 式（T9②A∶46）　2. Aa 型 Ⅳ 式（T5②A∶188）

3. Ab 型 Ⅲ 式（T4②A∶71）　4. Ba 型 Ⅲ 式（T9②A∶45）

35、残高 5.1 厘米（图一九二，2）。

Ab 型 Ⅲ 式　4 件。T4②A∶71，夹砂灰褐陶。肩部有快轮修整之痕迹，腹部则遗留有清晰刮抹的痕迹。口径 20.9、残高 5.2 厘米（图一九二，3）。

Ba 型 Ⅲ 式　1 件（T9②A∶45）。夹砂红褐陶。肩部经过快轮修整，肩部与腹部接合处内弧形成假腹。腹部外表装饰斜向绳纹，而自假腹以下内壁则饰一道凹弦纹，弦纹下再饰纵向划纹。口径 29.2、残高 8.2 厘米（图一九二，4）。

釜　12 件。

Aa 型 Ⅲ 式　4 件。T5②A∶182，夹砂灰褐陶。近肩部处装饰两条戳印月牙纹带，肩和腹部接合处饰两条戳印点纹带，腹部则通饰纵向粗绳纹。口径 18.8、残高 12 厘米（图一九三，1；图版七三，6）。

Aa 型 Ⅴ 式　3 件。T5②A∶171，夹砂灰褐陶。口径 24.6、残高 4.8 厘米（图一九三，2）。

C 型　1 件（T5②A∶84）。泥质磨光黑褐陶。大喇叭口，圆唇外折，高领。唇部内侧饰有一圈戳印点纹带。口径 34.5、残高 4.5 厘米（图一九三，4）。

Db 型 Ⅱ 式　1 件（T5②A∶180）。泥质磨光红褐陶。近直口，厚唇外折。唇部内侧饰有一圈戳印点纹带。口径 16、残高 4.2 厘米（图一九三，5）。

Eb 型 Ⅰ 式　3 件。T5②A∶130，夹砂红褐陶。圆唇，束颈，弧肩。器物原通体装饰绳纹，肩部以上经过刮磨处理。口径 25.2、残高 14 厘米（图一九三，6；图版七四，1）。T4②A∶68，夹砂红褐陶。圆唇。颈部有浅凹痕，肩部以上原装饰有绳纹，后经过刮磨处理，痕迹依稀可辨。口径 22.2、残高 4.2 厘米（图一九三，7）。

高领罐　8 件。

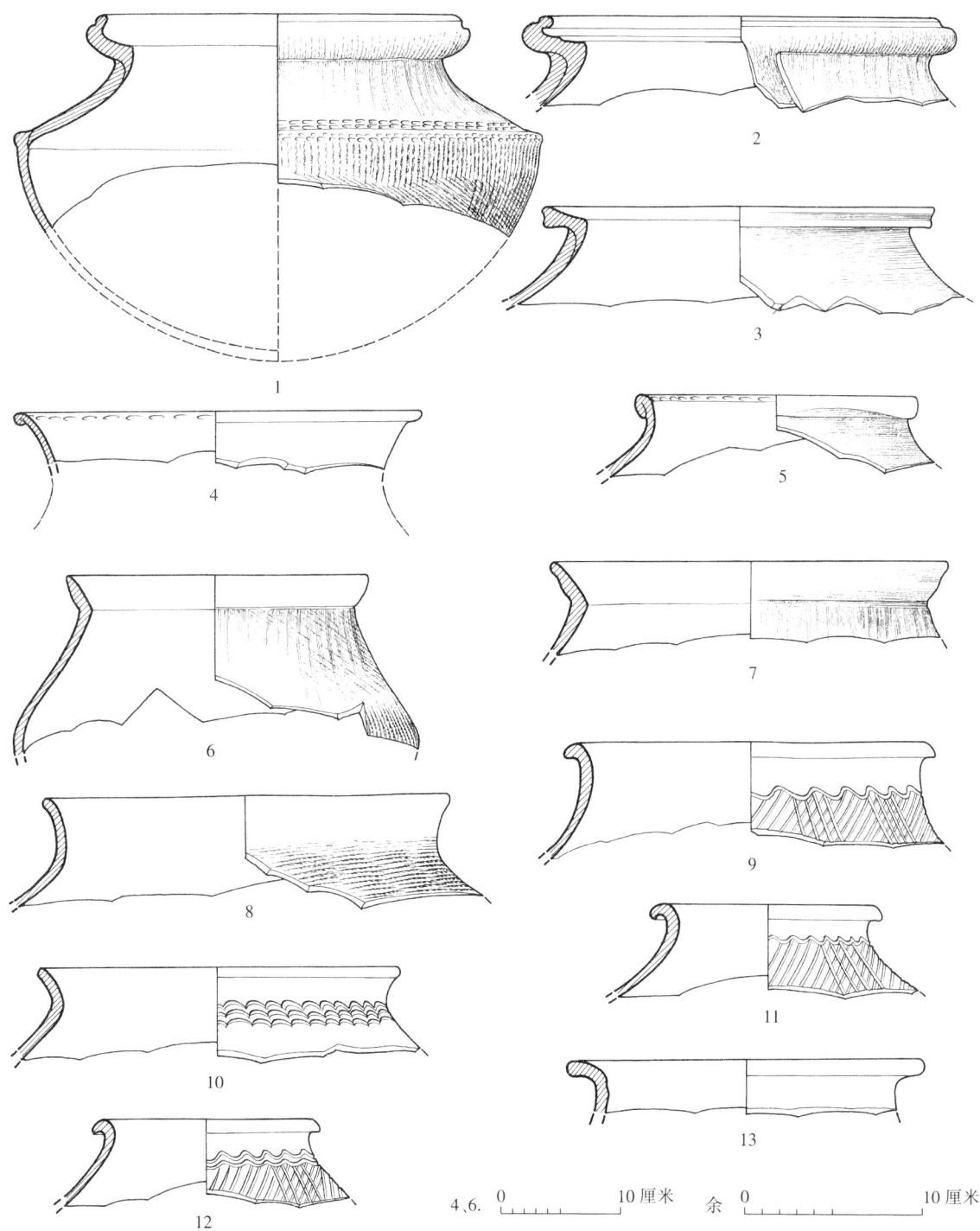

图一九三　第 2A 层出土陶器

1. Aa 型Ⅲ式釜（T5②A：182）　2. Aa 型Ⅴ式釜（T5②A：171）　3. Db 型Ⅱ式罐（T15②A：259）
4. C 型釜（T5②A：84）　5. Db 型Ⅱ式釜（T5②A：180）　6、7. Eb 型Ⅰ式釜（T5②A：130、T4②A：68）　8. Aa 型Ⅳ式罐（T5②A：166）　9. Ab 型Ⅳ式高领罐（T8②A：95）　10. Ae 型Ⅲ式罐（T9②A：47）　11、12. Aa 型Ⅲ式高领罐（T8②A：101、T8②A：104）　13. Ab 型Ⅱ式尊形器（T4②A：88）

Aa 型Ⅲ式　2件。T8②A∶101，夹砂灰褐陶。尖圆唇，宽沿外翻。颈部装饰有一条水波划纹，颈部以下饰交错草叶划纹。口径13.1、残高5厘米（图一九三，11；图版七四，2）。T8②A∶104，夹砂灰褐陶。圆唇。颈部装饰两条水波划纹，颈部以下饰交错草叶划纹。口径12.6、残高4.6厘米（图一九三，12；图版七四，3）。

Ab 型Ⅳ式　6件。T8②A∶95，夹砂灰褐陶。尖圆唇，宽沿外翻。颈部装饰有一条水波划纹，颈部以下饰交错草叶划纹。口径21.5、残高5.4厘米（图一九三，9）。

罐　9件。

Aa 型Ⅳ式　4件。T5②A∶166，夹砂灰褐陶。圆唇。领部以下饰绳纹。口径22.6、残高6.2厘米（图一九三，8）。

Ae 型Ⅲ式　4件。T9②A∶47，夹砂黑褐陶。方唇，束颈。颈部装饰有三条水波划纹带。口径20.1、残高5.2厘米（图一九三，10）。

Db 型Ⅱ式　1件（T15②A∶259）。夹砂褐陶。唇部和肩部有明显轮磨痕迹。口径21.9、残高5.8厘米（图一九三，3）。

尊形器　1件。

Ab 型Ⅱ式　1件（T4②A∶88）。夹砂褐陶。圆唇，长颈。口径20.4、残高2.8厘米（图一九三，13）。

器盖　2件。圈足均残。近口部外壁都经过磨光处理。

Aa 型Ⅰ式　1件（T4②A∶71）。泥质黑褐陶。器表刮磨处理为光面。口径18.4、残高4.2厘米（图一九四，2）。

B 型Ⅱ式　1件（T4②A∶78）。夹砂灰褐陶。表面饰斜向绳纹。口径17.3、残高7厘米（图一九四，1）。

陶拍　2件。

T8②A∶1，夹砂灰褐陶。用陶片打磨而成，平面形状呈圆形。表面饰有绳纹。周缘打磨不甚规整。长4.3～4.4、厚0.6厘米（图一九四，7；图版七四，4）。

弹丸　3件。平面形状呈圆形。

T10②A∶5，泥质褐陶。直径1.7厘米（图一九四，8；图版七四，5）。T10②A∶3，泥质褐陶。直径1.7厘米（图一九四，9；图版七四，5）。

圈足　7件。

Aa 型Ⅱ式　4件。T9②A∶48，夹砂褐陶。表面装饰有变形（鸟）羽纹。足外壁刮磨光滑。残高7.5厘米（图一九四，4）。

Ba 型　2件。底径较小，足壁厚重，足部外侈。此类圈足与圜底器结合使用，它们为分别制作，然后再接合成器。圜底器底部装饰的正绳纹与圈足内部接触，而使圈足与圜底器的接合面呈现出反绳纹的装饰现象。T4②A∶69，夹砂黑褐陶。泥条盘筑痕迹不明显。底径10.8、残高3.3厘米

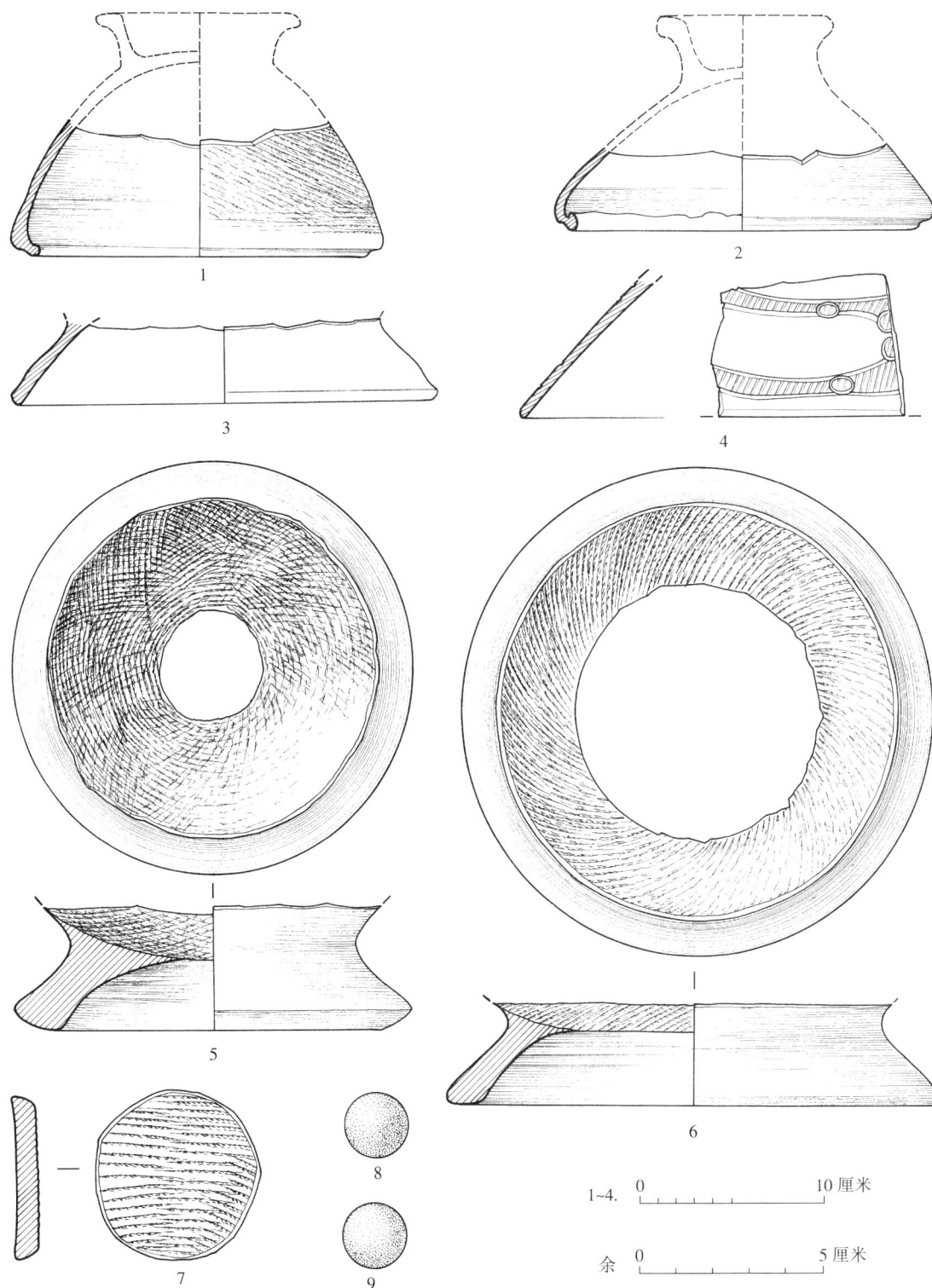

图一九四 第 2A 层出土陶器

1. B 型Ⅱ式器盖（T4②A：78） 2. Aa 型Ⅰ式器盖（T4②A：71） 3. Bb 型圈足（T4②A：85） 4. Aa 型Ⅱ式圈足（T9②A：48） 5、6. Ba 型圈足（T4②A：69、T5②A：179） 7. 陶拍（T8②A：1） 8、9. 弹丸（T10②A：5、T10②A：3）

（图一九四，5；图版七四，6）。T5②A：179，夹砂灰褐陶。足部内壁泥条盘筑痕迹显著。底径12.8、残高2.7厘米（图一九四，6；图版七四，6）。

　　Bb型　1件（T4②A：85）。泥质红褐陶。底径大，足壁轻薄，足部内敛。底径22.3、残高4.2厘米（图一九四，3）。

2. 石器

　　石器全部为磨制石器，仍然以小型石器为主，但大型石器也占有相当比例。石器岩性仍然以玄武岩为主，其他有砾岩、闪长岩、板岩、页岩、大理石、泥岩等。器形种类主要是斧、锛、凿、网坠，其他还有砺石、纺轮、石璧等。

　　斧　18件。

　　Ba型　7件。平顶，弧刃。器物打磨较为规整。T5②A：10，灰绿色闪长岩。刃部残，顶部有多处崩疤痕迹。长7.1、宽3.4～4.2、厚1.4厘米（图一九五，1）。T10②A：31，绿色闪长岩。刃部略残。顶部有几处崩疤。长7.9、宽4.2～4.9、厚1.2厘米（图一九五，2；图版七五，1）。T18②A：9，墨蓝色玄武岩。弧顶，弧刃。刃部略残。顶部和侧缘有多处崩疤痕迹。长9.3、宽4～5.6、厚2.3厘米（图一九五，4；图版七五，1）。

　　Bb型　1件（T17②A：7）。灰蓝色玄武岩。平顶，弧刃。表面有多处崩疤。长6.3、宽3.3～4.9、厚1.7厘米（图一九六，3）。

　　Be型　1件（T6②A：5）。灰绿色闪长岩。平顶，弧刃，刃部残。表面有少量崩疤。器物打

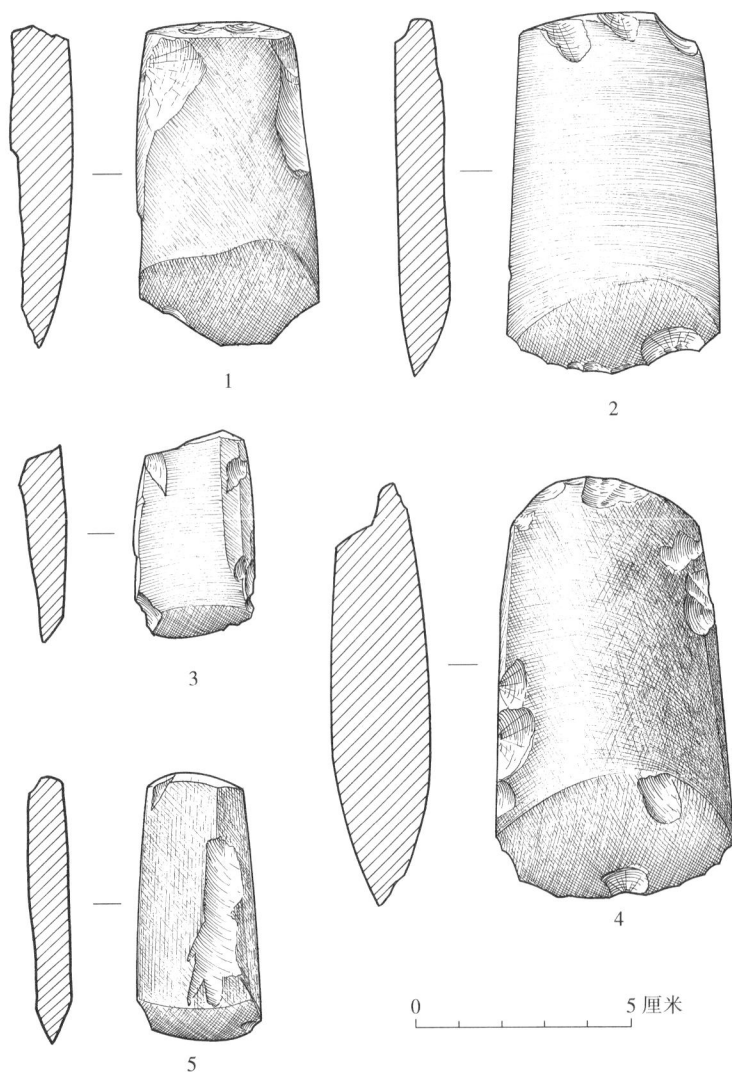

图一九五　第2A层出土石斧

1、2、4. Ba型（T5②A：10、T10②A：31、T18②A：9）　3、5. Ca型（T23②A：2、T5②A：4）

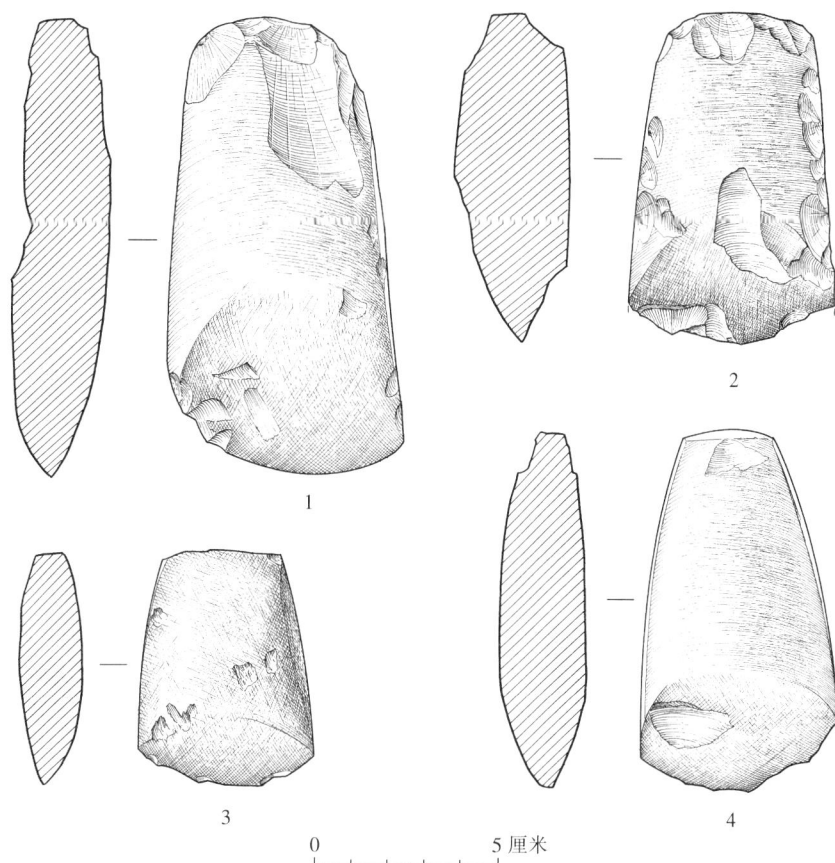

图一九六 第 2A 层出土 B 型石斧

1、2. Bf 型（T9②A：15、T18②A：11） 3. Bb 型（T17②A：7） 4. Be 型（T6②A：5）

磨规整。长 9.6、宽 2.6～5.8、厚 2.4 厘米（图一九六，4；图版七五，2）。

Bf 型 4 件。近椭圆形，器物浑圆。T9②A：15，墨蓝色玄武岩。弧顶，弧刃。刃部略残，顶部和刃部有多处崩疤痕迹。长 12.2、宽 4～6.4、厚 2.6 厘米（图一九六，1；图版七五，2）。T18②A：11，墨蓝色玄武岩。弧顶，弧刃。刃部略残。器表有多处崩疤痕迹。长 8.8、宽 4～5.8、厚 3.2 厘米（图一九六，2）。

Ca 型 2 件。T23②A：2，灰蓝色玄武岩。顶残，弧刃。周身有多处崩疤痕迹。残长 4.5、宽 2.4～2.9、厚 0.9 厘米（图一九五，3）。T5②A：4，灰蓝色玄武岩。顶弧，刃略残。器表有一崩槽。长 5.9、宽 2.3～2.9、厚 0.9 厘米（图一九五，5）。

Cd 型 3 件。T23②A：5，灰绿色玄武岩。斜顶，斜弧刃。周身有多处崩疤。长 6.7、宽 3.4～4.5、厚 1.7 厘米（图一九七，1）。T9②A：17，翠绿色玄武岩。弧顶，弧刃。周缘有多处崩疤。长 5.1、宽 2.7～3.4、厚 1.4 厘米（图一九七，2）。

锛 3 件。

Ac 型 3 件。弧刃。磨制精细。T9②A：3，翠绿色玄武岩。近似三角形。顶部和刃部略残。

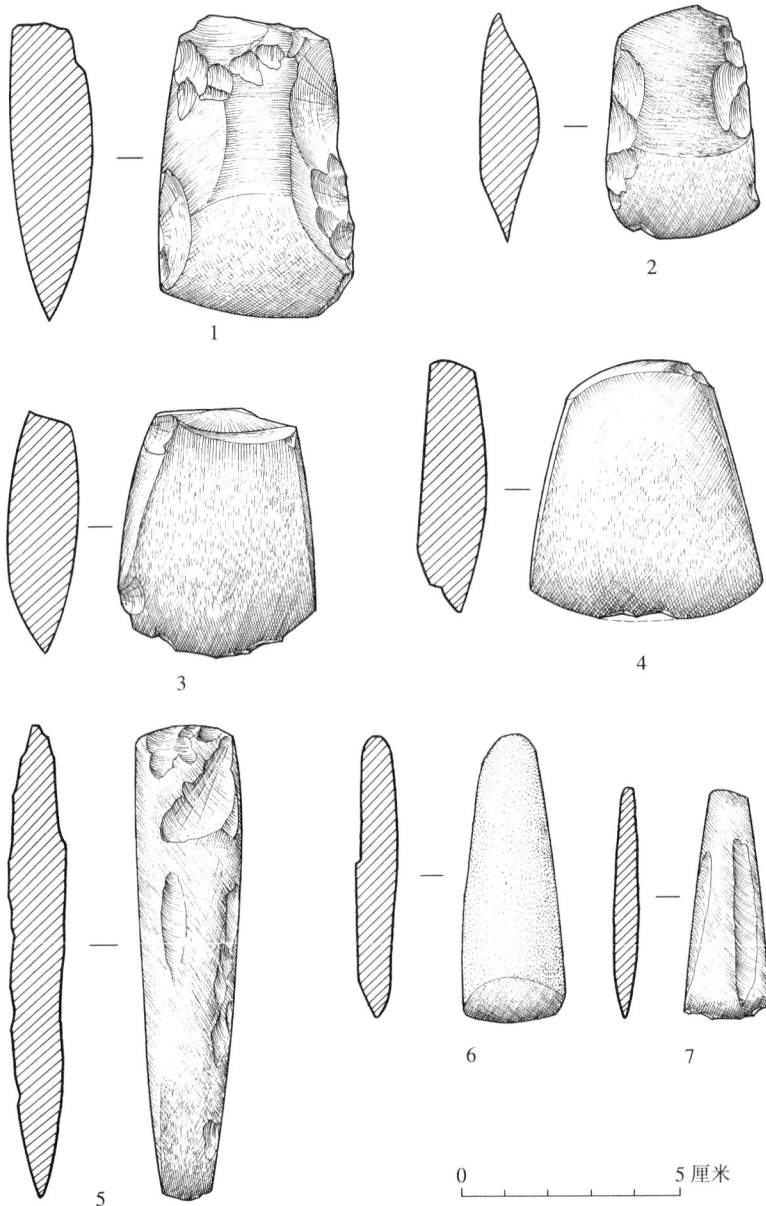

图一九七　第2A层出土石器

1、2. Cd 型斧（T23②A∶5、T9②A∶17）　3、4. Ac 型锛（T9②A∶3、T17②A∶8）　5. C 型凿（T4②A∶10）　6. A 型凿（T18②A∶36）　7. B 型凿（T23②A∶41）

长 5.5、宽 3.4 ~ 4.5、厚 1.6 厘米（图一九七，3）。T17②A∶8，翠绿色玄武岩。近三角形。顶和刃部略残。长 5.8、宽 3.3 ~ 5.3、厚 1.5 厘米（图一九七，4）。

凿　5件。

A 型　2件。长条形。T18②A∶36，灰褐色砾岩。略残。体形较短，弧刃。仅刃部稍加磨制，其余保留其自然面。长 6.4、宽 1 ~ 2.3、厚 0.9 厘米（图一九七，6；图版七五，3）。

B 型　2件。T23②A∶41，灰色玄武岩。刃部略残，近平顶，弧刃。器表有两条崩槽。通体磨制精致。长 5.1、宽 0.8 ~ 2、厚 0.4 厘米（图一九七，7；图版七五，3）。

C 型　1件（T4②A∶10）。灰白色玄武岩。体形较长，弧顶，弧刃。锛形凿，一端为锛，而另一端为凿。表面有多处崩疤痕迹。长 10.6、宽 1 ~ 2.4、厚 1.3 厘米（图一九七，5；图版七五，3）。

镯　1件。

T7②A∶9，灰黑色板岩。

残。剖面呈圆箍状，束腰。磨制精致。直径 6.4 ~ 7、厚 0.25、高 2.8 厘米（图一九八，1；彩版二〇，4）。

纺轮　1件。

T5②A∶11，灰黑色页岩。略残。平面形状呈圆形，居中有对穿圆孔。磨制规整。直径 5、孔

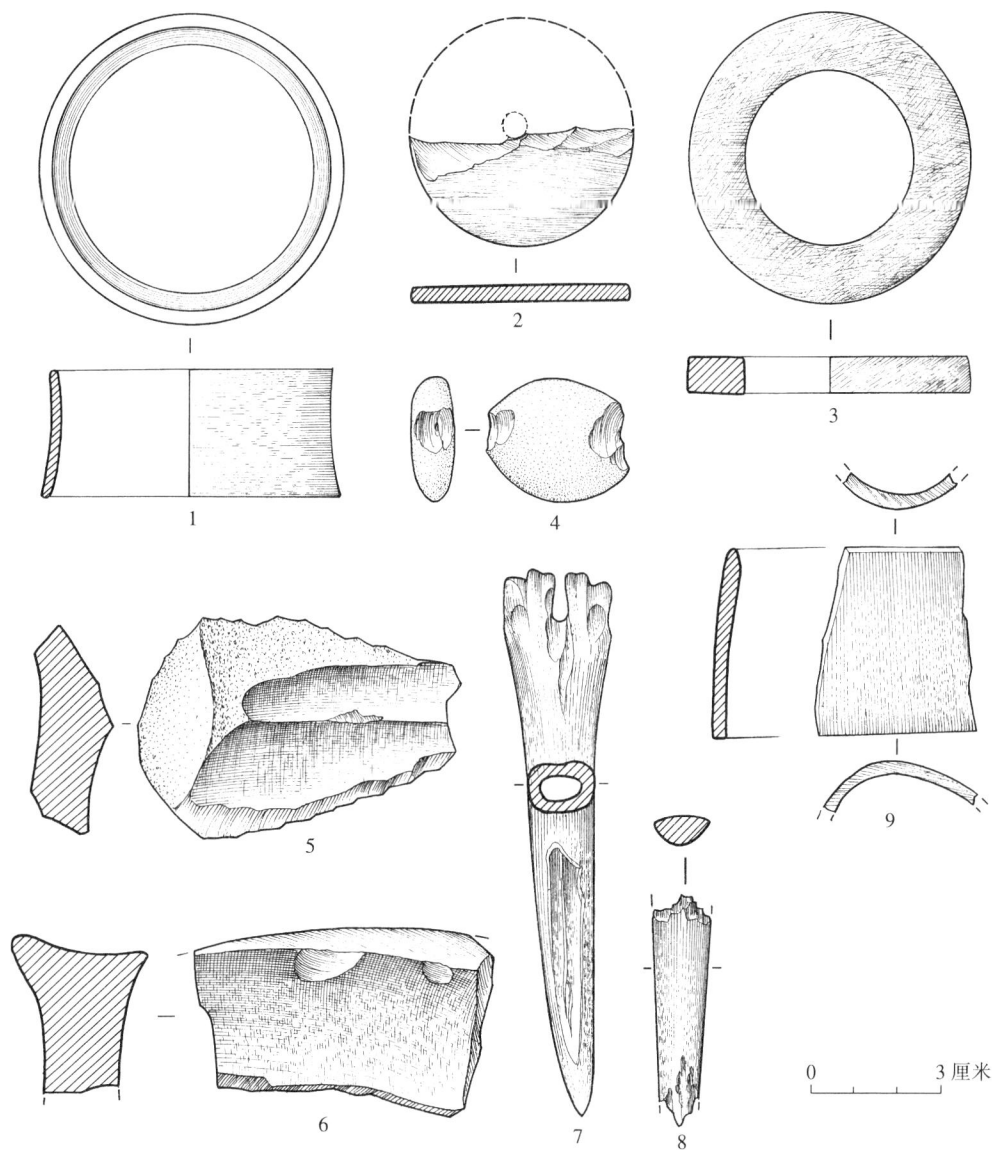

图一九八　第 2A 层出土石、骨器

1. 石镯（T7②A：9）　2. 石纺轮（T5②A：11）　3. 石璧（T4②A：1）　4. B 型网坠（T23②A：3）
5、6. 砺石（T5②A：3、T4②A：3）　7、8. 骨锥（T10②A：2、T5②A：2）　9. 骨扳指（T5②A：5）

径 0.5、厚 0.4 厘米（图一九八，2）。

璧　1 件。

T4②A：1，灰白色大理石。残，表面泛褐色。截面呈长方形。表面上遗留有红色颜料痕迹。磨制规整。直径 6.6、沿宽 1.4、高 0.8 厘米（图一九八，3）。

网坠　5 件。

B 型　5 件。T23②A：3，灰褐色砾岩。椭圆形砾石两端打制截断而成。长 3.1、宽 2.8、厚 1

厘米（图一九八，4）。

砺石　2件。

T4②A：3，灰黄色泥岩。平面形状呈横长方形。表面有较宽的纵向磨痕。长7、宽3.1～4.2、厚1.8～3.1厘米（图一九八，6）。T5②A：3，灰褐色砾岩。平面形状呈不规则状。表面有三道显著的纵向磨痕。长7.4、宽2.2～4.9、厚1～1.6厘米（图一九八，5；图版七五，4）。

3. 骨器

骨器数量出土较少，仅见骨锥和扳指两种，其中骨锥较多见。系用动物的肢骨磨制而成，磨制较为精细，器形规整。

锥　2件。T10②A：2，系用骨管制成，保留关节作柄部，利用下端破裂面稍加磨制成锋部。平面形状呈尖叶状。周身磨制精细。长12.1、宽1.5、厚1厘米（图一九八，7；图版七五，5）。T5②A：2，系用骨条制成。柄端和锥部均已残。平面形状呈圆锥状。磨制光滑。残长5.1、宽1.3、厚0.6厘米（图一九八，8）。

扳指　1件。

T5②A：5，系用黄色骨管制成。仅存一段，不可复原。磨制精致。沿宽0.3、厚0.35、高4.2厘米（图一九八，9；图版七五，6）。

（二二）第1层出土遗物

1. 陶器

该层陶片纹饰的装饰手法有压印、刻划以及戳印，常见的纹饰种类有绳纹、水波纹、弦纹、篦点纹、菱形纹、叶脉纹、变形鸟纹等（图一九九）。器类有钵、带流钵形器、罐、釜、杯形器、篦形器、尊形器等，该层所挑选标本多为2A层以下完整和不见或少见之器物。由于该层为现代堆积层，被近现代人为活动严重扰乱，器物杂混，所选器物按采集标本来处理。

带流钵形器　2件。

T19①：23，泥质灰褐陶。敛口，鼓肩。管状流，微上翘，其位置位于肩部；腹部残。腹部外壁则通饰以绳纹，腹部内壁则遍饰草叶划纹。肩部经过磨光处理形成光面。口径26、残高7厘米，流长2.6、宽1.4厘米（图二〇〇，1；图版七六，1）。T10①：54，泥质灰褐陶。口微侈，尖唇，折沿，折肩。管状流，微上翘，其位置近口部；腹部残。沿部装饰由两条弦纹和戳印点纹组成的纹饰带，肩部经过刮磨处理，形成一道光面，腹部则通饰以绳纹。流管近口处外壁饰有一道弦纹。口径22.8、残高6厘米，流长3.2、宽2.8厘米（图二〇〇，2）。

钵　6件。

Ab型Ⅲ式　6件。T9①：53，夹砂灰褐陶。腹部外壁通饰以绳纹。肩部经过磨光处理形成光

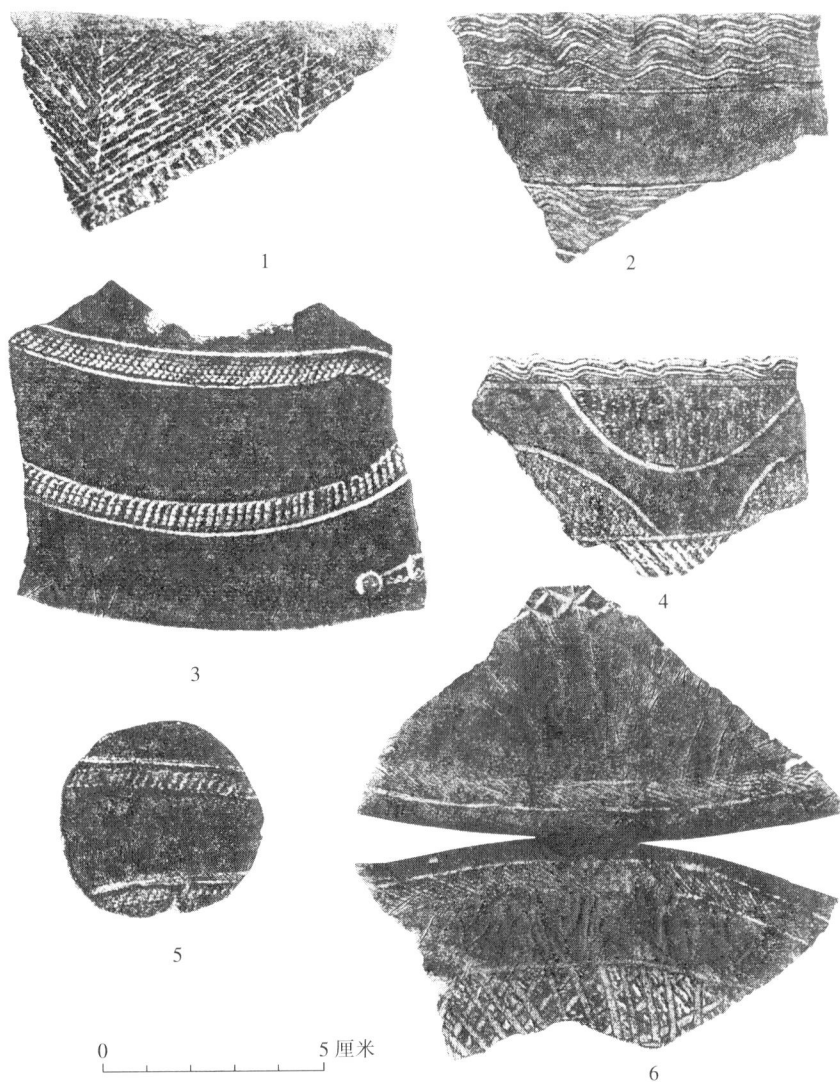

图一九九　第 1 层出土陶片纹饰拓片

1. 带流钵形器上的草叶划纹（T19①：23）　2. Ab 型Ⅲ式罐上的水波划纹（T3①：12）　3. 变形鸟
纹带（T27①：21）　4. Bb 型Ⅱ式釜上的由弦纹和压印鱼鳞纹组成的半圆形复合纹饰（T9①：52）
5. 陶拍上的弦纹和压印短绳索纹纹饰带（T16①：8）　6. 绳纹、弦纹、箅点纹（T32①：100）

面。口径 16.9、高 8 厘米（图二〇〇，3）。

篮形器　1 件。

D 型　1 件（T29①：112）。夹砂灰褐陶。圆唇，卷沿，折肩，弧腹。腹部和肩部为二次对接
而成。肩部与沿部接合处装饰有锥刺间断麦穗纹，腹部通饰细绳纹。口径 22、残高 5.8 厘米（图
二〇〇，5；图版七六，2）。

杯形器　1 件。

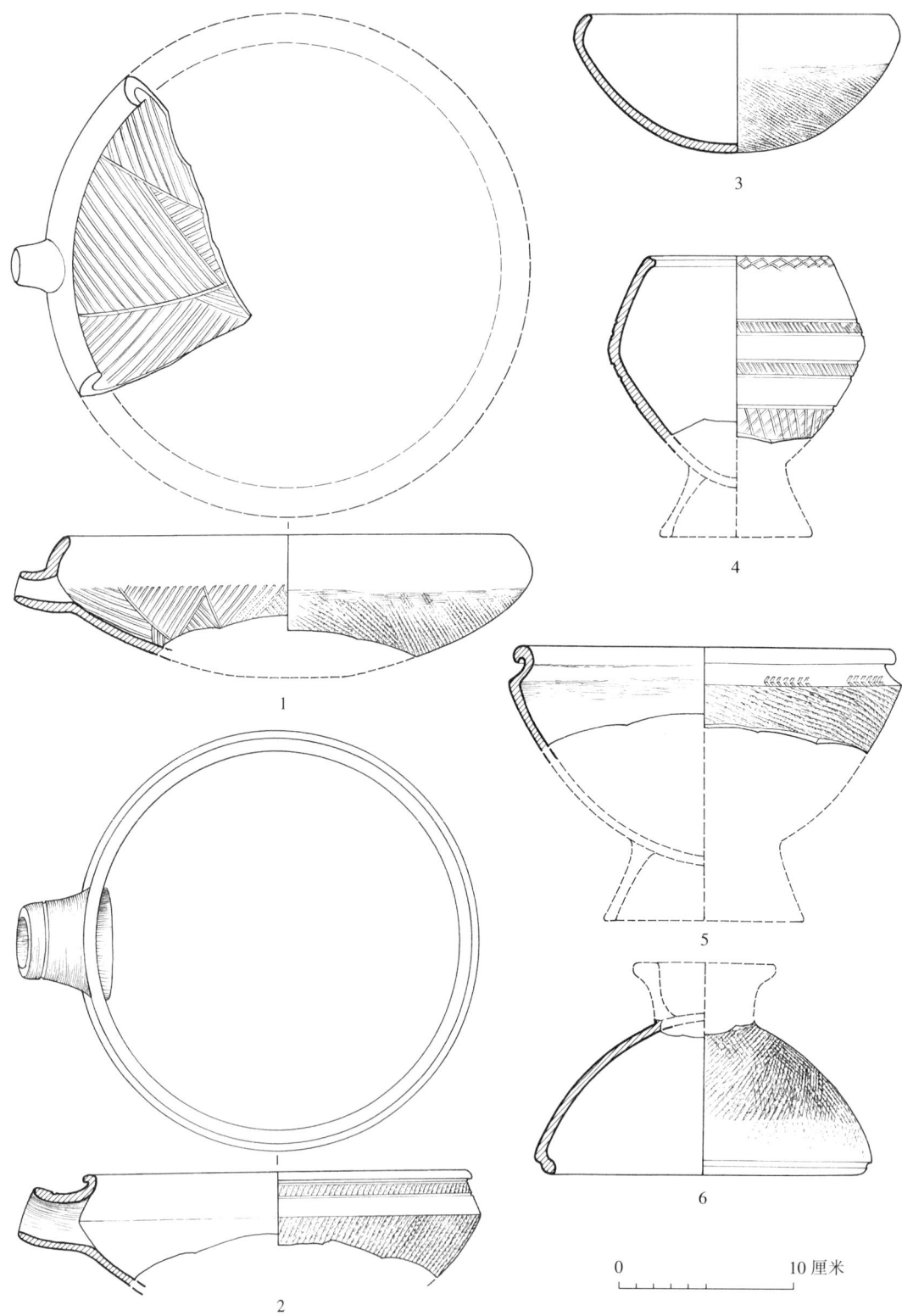

图二〇〇　第1层出土陶器

1、2. 带流钵形器（T19①：23、T10①：54）　3. Ab 型Ⅲ式钵（T9①：53）　4. A 型杯形器
（T22①：100）　5. D 型簋形器（T29①：112）　6. Aa 型Ⅲ式器盖（T27①：15）

A 型　1件（T22①：100）。夹砂黑褐陶。圆唇，敛口，鼓腹。圈足残。唇部外装饰一圈菱形划纹带；腹部则饰有两条平行弦纹复合纹饰带，每一纹饰带由两条平行凹弦纹和其间填以刮划纹组成；腹部近圈足处则装饰一条凹弦纹，弦纹下则饰以网格状划纹。外表经过磨光处理。口径10、残高10.4厘米（图二〇〇，4）。

器盖　1件。

Aa 型Ⅲ式　1件（T27①：15）。夹砂褐陶。捉手残。圆唇，弧壁，子母口。盖身外壁遍饰绳纹。口径17.5、残高8.6厘米（图二〇〇，6）

釜　8件。

Aa 型Ⅴ式　3件。T29①：114，夹砂褐陶。尖圆唇。腹部残。该器物的口部与颈部和肩部与腹部都为二次对接而成。近肩部间隔装饰压印小方格纹，肩部与腹部有附加泥条上戳印一圈月牙纹，腹部通饰绳纹。口径14.2、残高8.8厘米（图二〇一，1；图版七六，3）。

Bb 型Ⅱ式　1件（T9①：52）。泥质灰褐陶。尖唇，近盘口，折沿，矮领。领部以下残。领部装饰两条弦纹，在上段弦纹间饰以水波划纹，两条弦纹之间填以中间压印鱼鳞纹的半圆复合纹饰带，领部以下遍饰粗绳纹。口径22.2、残高6厘米（图二〇一，3；彩版二〇，5）。

Ec 型Ⅱ式　4件。T6①：13，夹砂褐陶。尖圆唇，束颈。肩部以下残。颈部遗留有部分刮痕。口径19.1、残高6.6厘米（图二〇一，2；图版七六，4）。

单耳罐口沿　2件。

T32①：93，泥质磨光黑褐陶。圆唇。颈部以下残。颈部装饰有波浪划纹。口径26、残高5.6厘米（图二〇一，8；图版七六，5）。T32①：95，泥质黑褐陶。圆唇，折沿。颈部以下残。口部内壁装饰由两条平行凹弦纹和压印绳索纹组合而成的一条复合纹饰带。口径28.6、残高5.4厘米（图二〇一，6；图版七六，6）。

罐　8件。

Ab 型Ⅲ式　1件（T3①：12）。泥质磨光黑褐陶。方唇，束颈。肩部以下残。颈部装饰水波划纹和三条凹弦纹，其中两条弦纹中间经过刮磨形成一条光面带。口径23.8、残高6.2厘米（图二〇一，9；图版七七，1）。

Ae 型Ⅴ式　2件。T3①：4，泥质黑褐陶。束颈。肩部以下残。颈部装饰两条连续月牙形划纹。口径17.7、残高7厘米（图二〇一，5；图版七七，2）。

Db 型Ⅱ式　2件。T21①：86，夹砂灰褐陶。方唇，盘口，折沿。肩部以下残。口径22.7、残高5.6厘米（图二〇一，4；图版七七，3、4）。

Ea 型Ⅱ式　3件。T18①：69，泥质灰褐陶。圆唇。肩部以下残。口径10.8、残高4.6厘米（图二〇一，10；图版七七，5）。

尊形器　1件。

B 型Ⅱ式　1件（T6①：15）。泥质磨光褐陶。尖唇，子母口，折沿，矮领。领部以下残。领

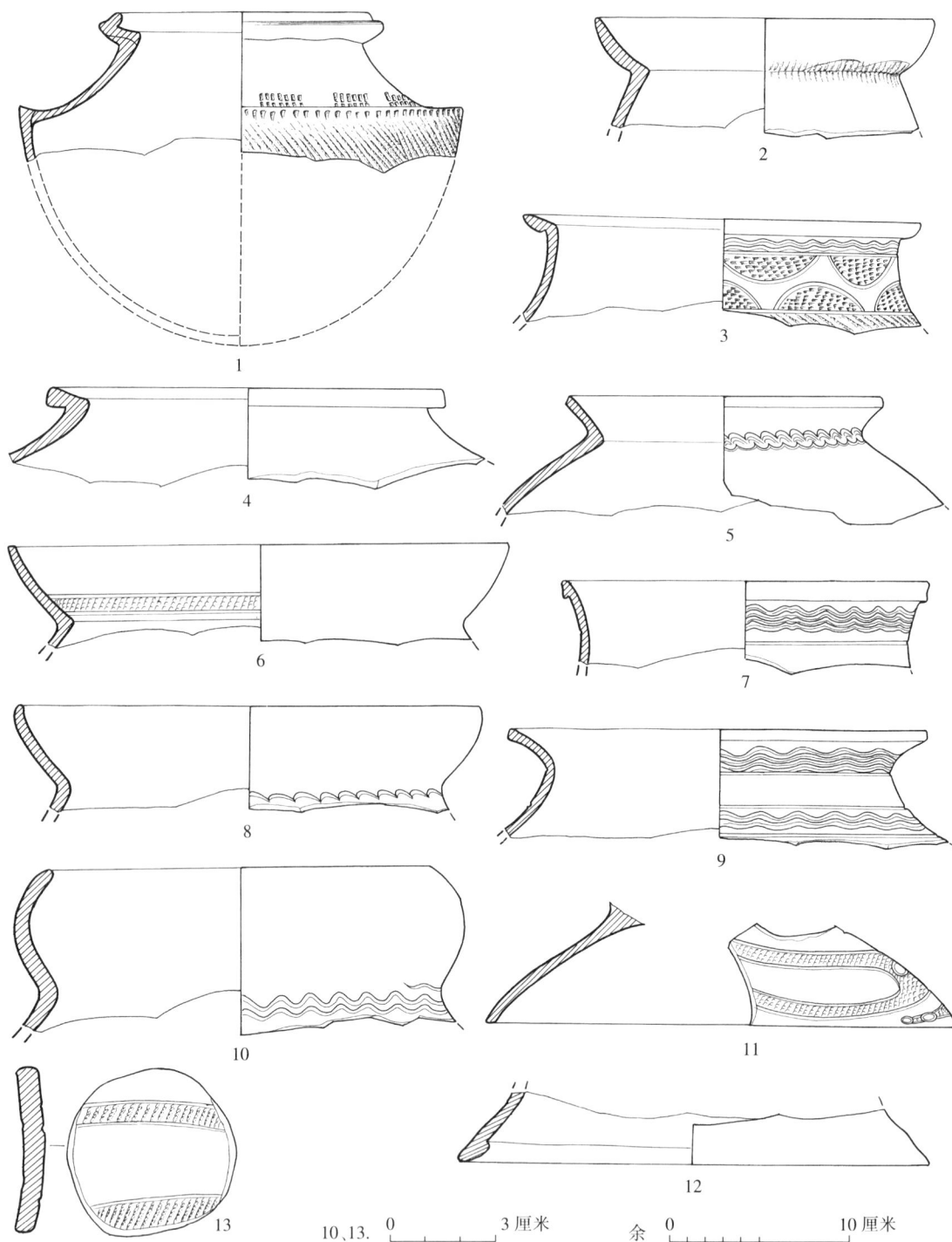

图二〇一　第 1 层出土陶器

1. Aa 型Ⅴ式釜（T29①：114）　2. Ec 型Ⅱ式釜（T6①：13）　3. Bb 型Ⅱ式釜（T9①：52）　4. Db 型Ⅱ式罐（T21①：86）　5. Ae 型Ⅴ式罐（T3①：4）　6、8. 单耳罐口沿（T32①：95、T32①：93）　7. B 型Ⅱ式尊形器（T6①：15）　9. Ab 型Ⅲ式罐（T3①：12）　10. Ea 型Ⅱ式罐（T18①：69）　11. Aa 型Ⅱ式圈足（T27①：36）　12. Ab 型Ⅱ式圈足（T17①：22）　13. 陶拍（T16①：8）

部装饰有水波划纹和一条凹弦纹。口径 20.5、残高 4.8 厘米（图二〇一，7）。

陶拍　4 件。

T16①：8，泥质褐陶。平面形状近圆形。表面上装饰两条平行纹饰带，该纹饰带由两条平行凹弦纹和中间填以压印短绳索纹组成。表面经过刮磨处理，周缘打磨光滑。直径 4.4 ~ 4.5、厚 0.6 厘米（图二〇一，13；图版七七，6）。

圈足　6 件。

Aa 型 II 式　5 件。T27①：36，泥质磨光黑褐陶。外壁装饰由戳印圆点纹和几何弧线划纹组成的复合纹饰，在弧线划纹中填以压印绳索纹。足径 27.1、残高 5.6 厘米（图二〇一，11）。

Ab 型 II 式　1 件（T17①：22）。夹砂灰褐陶。足径 26.2、残高 3.6 厘米（图二〇一，12）。

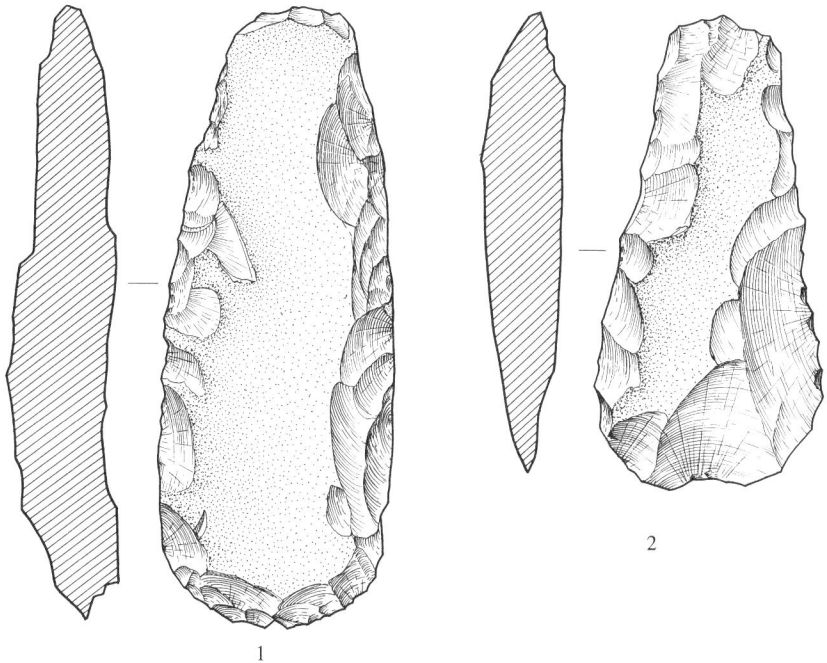

2. 石器和骨、角器

该层石、骨器也是主要挑选此前地层堆积中少见或不见之器物，主要有打制的石斧、石铲、石璧、石臼以及骨锥、骨耳珫、角锥等器物。

石斧　5 件。

Aa 型　3 件。弧顶，弧刃。刃部、顶部以及周缘均有显著打制痕迹，一面保留其自然面，另一面为破裂面。T20①：4，灰褐色砾岩。平面形状呈长

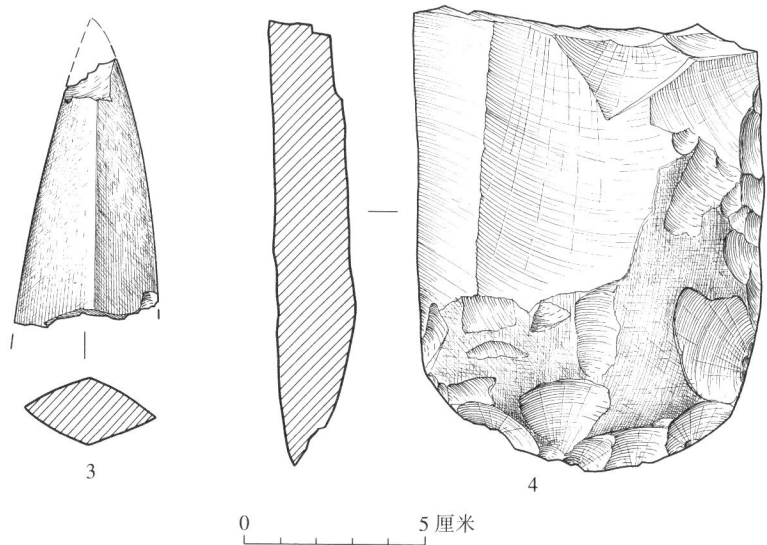

图二〇二　第 1 层出土石器

1. Aa 型斧（T20①：4）　2. Ab 型斧（T24①：7）　3. 星形器残件（T21①：4）　4. 石铲（T24①：11）

椭圆形。长 16.5、宽 3.4 ~ 6.5、厚 2.6 厘米（图二〇二，1；图版七八，1）。

　　Ab 型　2 件。T24①:7，灰褐色砾岩。平面形状呈不规则三角形，手斧状。柄部内收，便于手握。刃部一面崩落。长 12.6、宽 3 ~ 6.3、厚 2.1 厘米（图二〇二，2；图版七八，2）。

　　石星形器残件　1 件。为星形器上的齿轮残断。

　　T21①:4，深灰绿色硅质岩。平面形状呈锥状，截面呈菱形。残长 6.9、宽 1.8 ~ 4 厘米，截面厚 1.7 厘米（图二〇二，3）。

　　石铲　2 件。

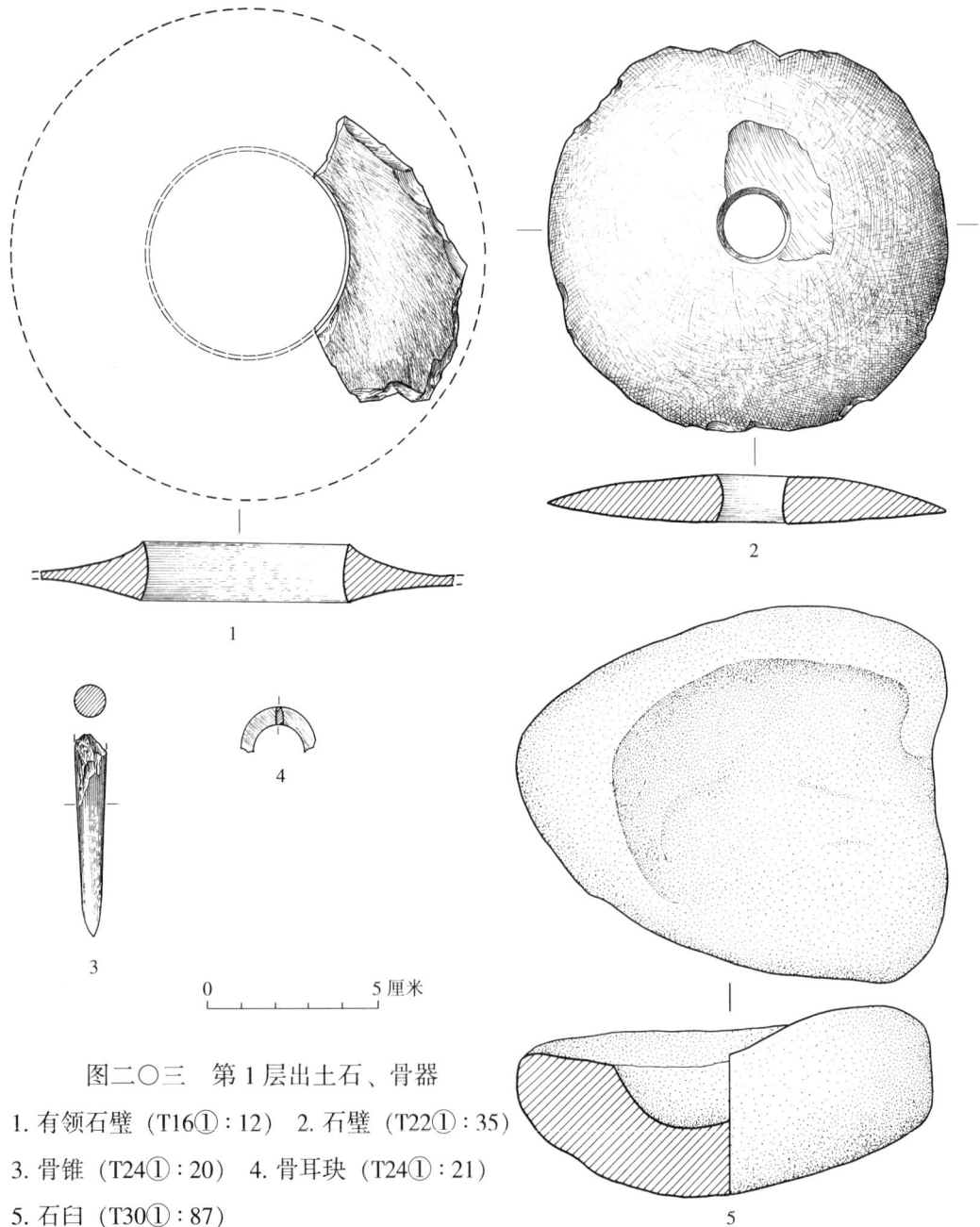

图二〇三　第 1 层出土石、骨器

1. 有领石璧（T16①:12）　2. 石璧（T22①:35）

3. 骨锥（T24①:20）　4. 骨耳玦（T24①:21）

5. 石臼（T30①:87）

T24①：11，墨蓝色硅质岩石片。平面形状呈扁平阔叶形，弧刃。柄部残断。刃部有明显使用痕迹，两侧打击痕明显。周身打制痕迹显著，刃部有磨制痕迹。残长 11.8、宽 8.9～9.5、厚 2.1 厘米（图二〇二，4；图版七八，3）。

石璧　1 件。

T22①：35，墨蓝色硅质岩。肉部有边缘向孔部增厚，缘部锋利。缘部略残，中有一对穿圆孔。表面有使用痕迹。磨制光滑。直径 11.8、厚 0.1～1.3、孔径 1.8～2.1、高 1.3 厘米（图二〇三，2；图版七八，4）。

有领石璧　1 件。

T16①：12，浅黄色泥岩，质地细腻。肉部有中心向边缘减薄，中有一圆孔。复原后直径 14、厚 0.1～1.6、孔径 6、高 1.6 厘米（图二〇三，1；图版七八，5）。

石臼　1 件。

T30①：87，灰黄色砂岩。平面形状呈心形。长 9.8～12.5、高 4 厘米（图二〇三，5；图版七八，6）。

骨锥　2 件。

T24①：20，柄部残，系用骨条磨制而成。平面形状呈圆锥状，截面呈圆形。周身磨制光滑。残长 5.8、宽 0.9、厚 0.9 厘米（图二〇三，3；图版七八，7）。

骨耳玦　1 件。

T24①：21，仅残一部，用骨片磨制而成。表面磨制光滑。残长 2.2、宽 0.5、厚 0.25 厘米（图二〇三，4；彩版二〇，6）

角锥　7 件。

T18①：1，系用小鹿左侧角加工而成，基部稍残。角部磨制成锥形，由于长期使用尖部略平。长 6、宽 2.3、厚 1.2 厘米（图二〇四，2）。

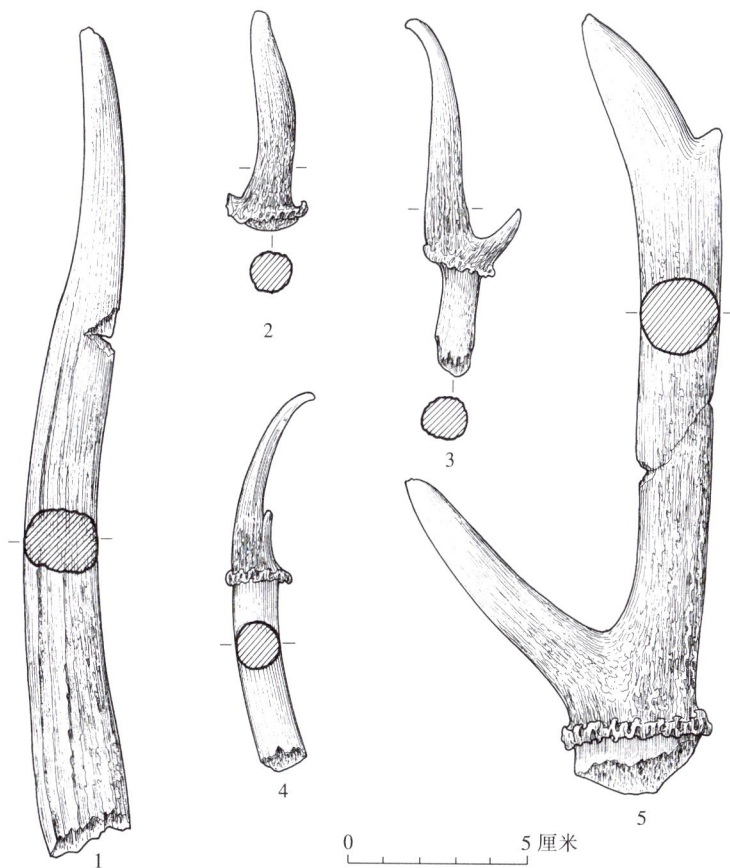

图二〇四　鹿角和角锥

1. 鹿角（T15④D：56）　2～5. 角锥（T18①：1、T22⑤：60、T13④C：3、T22⑤：61）

第四章 1983 年度发掘的遗迹和遗物

一 遗迹

1983 年试掘中发现的建筑遗存有椭圆形和长方形建筑遗迹各 1 座，椭圆形建筑长径约 3.7 米，周围共有柱洞 6 个，口径 0.12～0.15、深 0.25～0.3 米，柱洞壁清晰，内含松土。长方形建筑长约 3.5、宽约 3 米，四周共有柱洞 14 个，口径 0.1～0.15、深 0.2～0.25 米，柱洞壁经过烘烤，形成厚约 2 厘米的红烧结土。两座建筑遗存的居住面相同，即就地略加平整，先铺碎石，再垫黄土，稍加拍打、踩踏而成。室内均发现不规则的火塘各一。屋顶结构不详。因缺乏该年度相关的文字说明及线图资料，我们不清楚其具体的开口层位和分布位置，这对于我们了解该年度遗迹造成了极大的遗憾。但通过 2003 年发掘资料推测，这些建筑遗存的形制和结构可能是相似的。

二 遗物

1983 年的试掘出土了丰富的遗物，这些遗物根据其用途可初步分为生产工具、生活用具。生产工具以石器为主，骨器次之。石器均为通体磨光，类型复杂，多为砍伐树木、开辟耕地的斧、锛、凿等。骨器制作粗糙，多在刃部稍加磨制而成，类型较少，有锥、笛。生活用具主要是陶器，制作的原料多为本地黏土，视其类型和用途而掺入数量不等的砂砾。以夹砂陶为主，泥质陶少见。制作精致，火候较高，质地坚硬，夹砂陶的胎壁普遍较厚。制作方式多为手制，少数为轮制。纹饰繁缛多样，常见的有绳纹、篮纹、弦纹、划纹、芒纹、复合纹饰等。器形以钵、釜、罐为主，另有瓮形器、簋形器、纺轮等。这些器物与遗迹同 2003 年度发现的遗迹和遗物一致，它们属于同一文化面貌。但由于该年度试掘的文字和图像资料均已不存，器物编号和堆积单位的层位比较混乱，同 2003 年度发掘层位对应不上，因此在描述该年度陶器时，为了与 2003 年度发掘器物描述相对应，仅对所挑选的同类陶器进行型式的区分；并且描述该年度发掘出土器物时，使用的标本仅是 2003 年度发掘中少见或不见以及较为完整之器物，统计的标本件数仅是挑选出来类型的件数，并未涵盖所有的器形。

（一）第 4 层出土遗物

陶器

该层主要挑选的器物是 A 型和 B 型钵，C 型篦形器，Aa、Bb、Fb 型釜，Ab、Ac、Ae 型罐，另有器底、器盖、纺轮等器物。陶片上纹饰装饰手法有压印、戳印、刻划，常见的纹饰种类有绳纹、刻划条纹、戳印点纹、草叶纹以及复合纹饰等（图二〇五）。

钵　41 件。

Ab 型Ⅲ式　13 件。T2④：110，夹砂红褐陶。尖唇，深弧腹。底残。腹部装饰交错细绳纹。口径 27.1、残高 8.4 厘米（图二〇六，1）。T2④：84，夹砂褐陶。平底微内凹。腹部顺时针通饰细绳纹，在绳纹上再饰草叶和电波状划纹。口径 24.6、底径 7.5、高 8 厘米（图二〇六，2；彩版二一，1）。

Ac 型Ⅰ式　8 件。T2④：184，泥质磨光褐陶。圆唇，浅弧腹，小平底内凹。口径 13.2、底径 3.4、高 3.4 厘米（图二〇六，5）。

Ac 型Ⅱ式　14 件。T2④：109，夹砂红褐陶。尖唇，圆鼓肩，深腹。底残。腹部装饰细绳纹。口径 32、残高 8.4 厘米（图二〇六，3）。

Bb 型Ⅱ式　6 件。T2④：185，泥质磨光褐陶。近侈口，圆唇，仰折肩，上腹内凹，下腹曲，平底内凹。器物内外壁都经过刮磨处理。口径 13.6、底径 3.6、高 4.5 厘米（图二〇六，4；图版七九，1）。

篦形器　2 件。

C 型　2 件。T1④：126，泥质褐陶。口微侈，圆唇，折肩。肩部以下残。领和肩部交接处有两圈戳印点纹，肩部上则饰以弧线半圆划纹，每个半圆弧纹中再饰以一戳印点纹。口径 19.3、残高 3.6 厘米（图二〇六，6）。T2④：114，

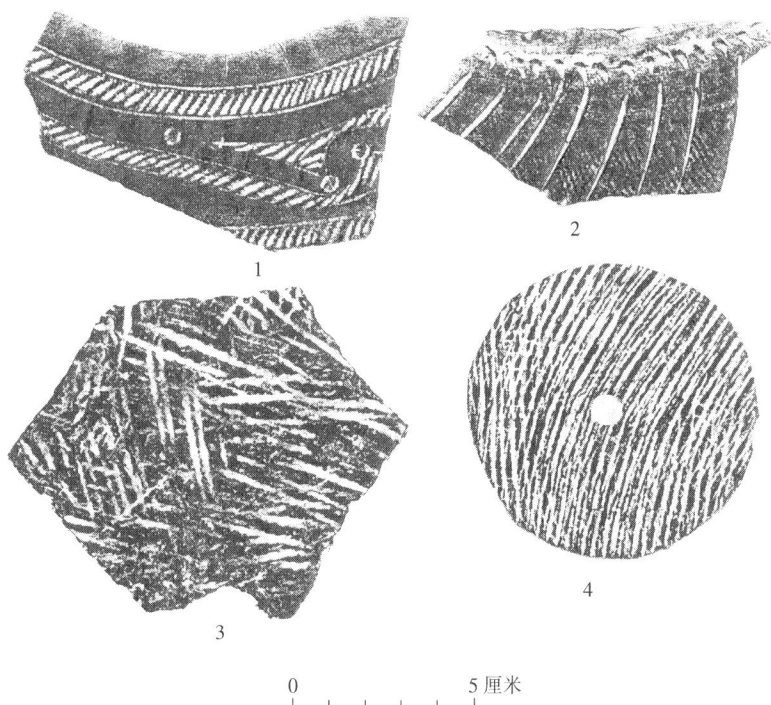

0 _____ 5 厘米

图二〇五　1983 年第 4 层出土陶片纹饰拓片

1. Bb 型Ⅰ式釜上的弦纹、戳印点纹、几何弧线纹组成的变形鸟纹（T2④：103）　2. Ab 型Ⅰ式罐上的附加戳印点纹和草叶划纹（T2④：101）　3. Ac 型Ⅱ式钵上的绳纹（T2④：109）　4. A 型纺轮上的绳纹（T2④：16）

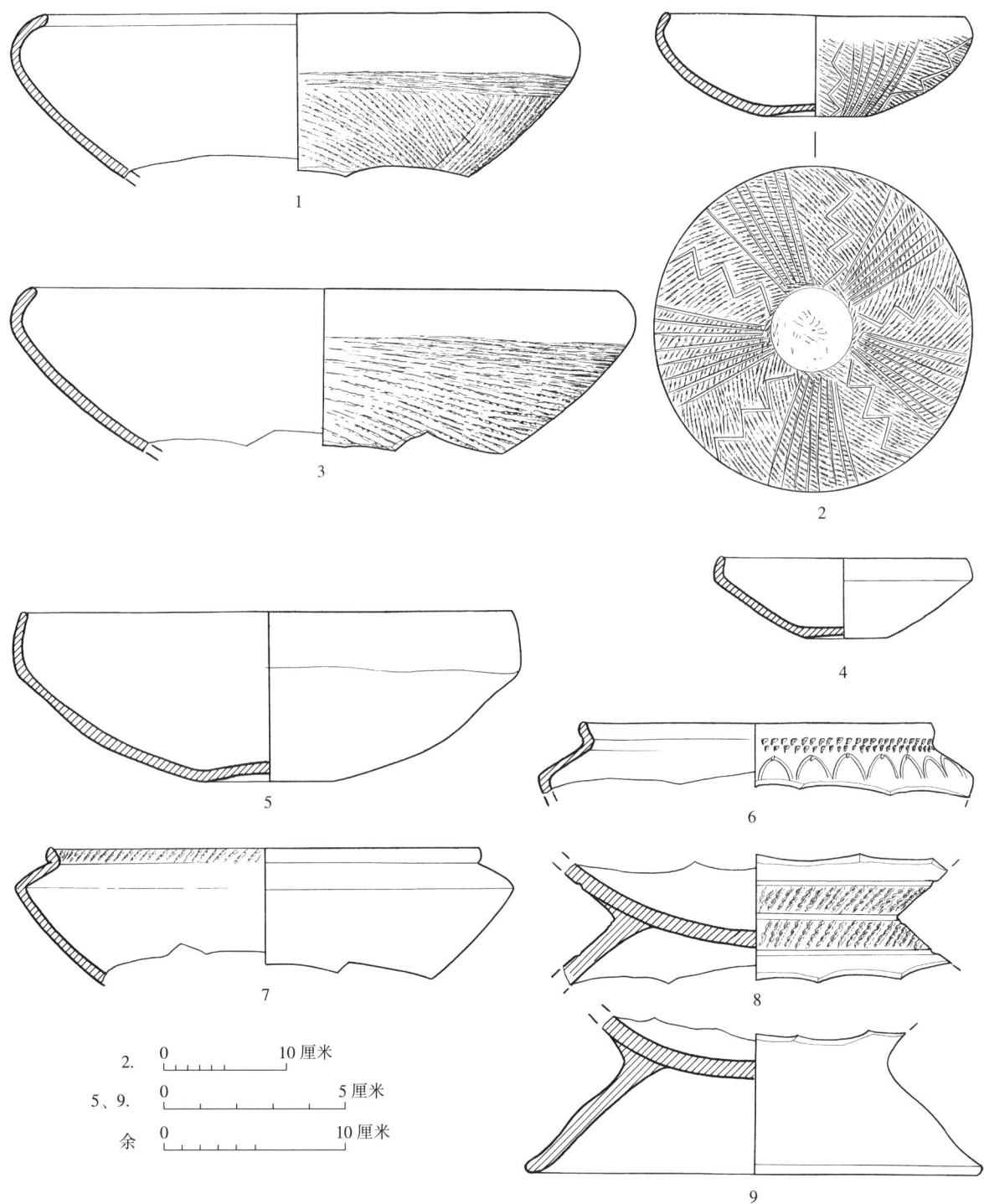

图二〇六　1983 年第 4 层出土陶器

1、2. Ab 型Ⅲ式钵（T2④：110、T2④：84）　　3. Ac 型Ⅱ式钵（T2④：109）　　4. Bb 型Ⅱ式钵（T2④：185）　　5. Ac 型Ⅰ式钵（T2④：184）　　6、7. C 型簋形器（T1④：126、T2④：114）　　8. 圈足器（T2④：143）　　9. Bb 型圈足（T2④：186）

泥质磨光褐陶。圆唇，弧腹。唇部内侧装饰一圈压印点纹带。口径 24、残高 7 厘米（图二〇六，
7；图版七九，2）。

　　釜　12 件。

　　Aa 型 V 式　2 件。颈部与口部和腹部二次对接。T2④：119，夹砂褐陶。尖唇，敛口，折肩。
肩部与腹部接合处装饰一圈戳印麦穗纹，腹部则饰以绳纹。颈部外壁经过磨光处理。口径 22.6、
残高 11.4 厘米（图二〇七，1；图版七九，3）。

　　Bb 型 I 式　2 件。T2④：103，夹砂黑陶。器物肩部以上内外壁均经过刮磨处理，其中外壁呈
磨光黑陶。尖唇，侈口，卷沿，圆肩，弧腹。唇部近口处装饰一圈戳印点纹；肩部装饰有两圈平
行的弦纹复合纹饰带，每条弦纹带由两条平行凹弦纹和弦纹中间填以压印绳索纹。在两圈平行的
弦纹复合纹饰带中间则饰有一圈由戳印圆点纹和几何弧线划纹组成的变形鸟纹，几何弧线中间则

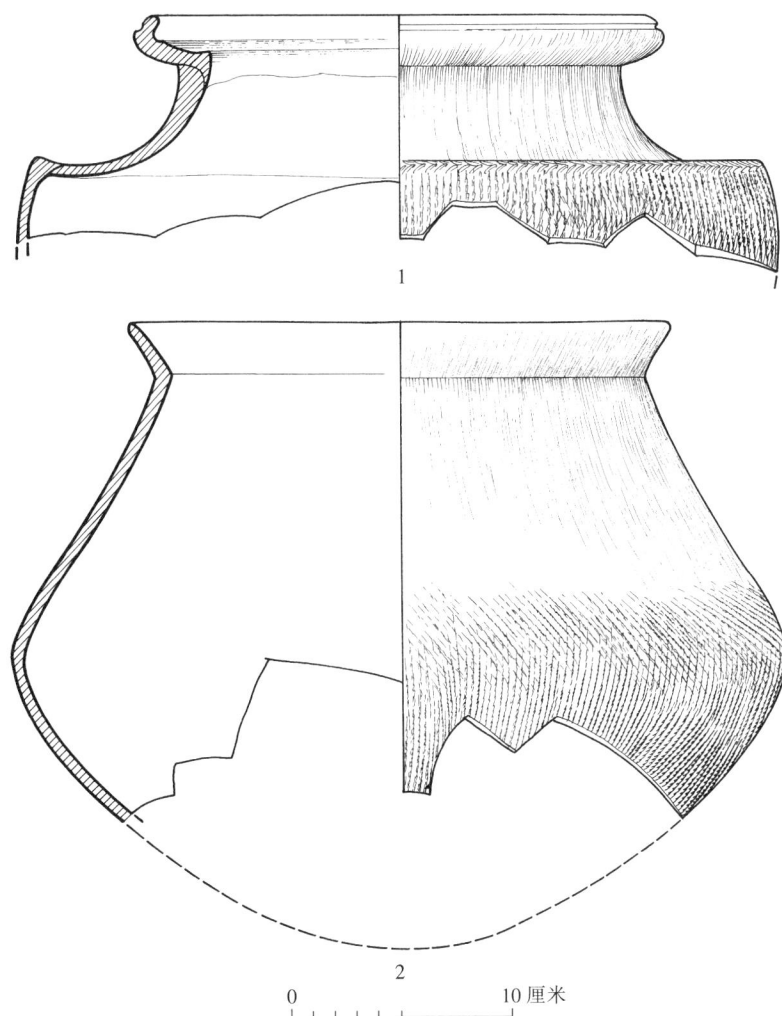

图二〇七　1983 年第 4 层出土陶釜

1. Aa 型 V 式（T2④：119）　　2. Eb 型 I 式（T2④：120）

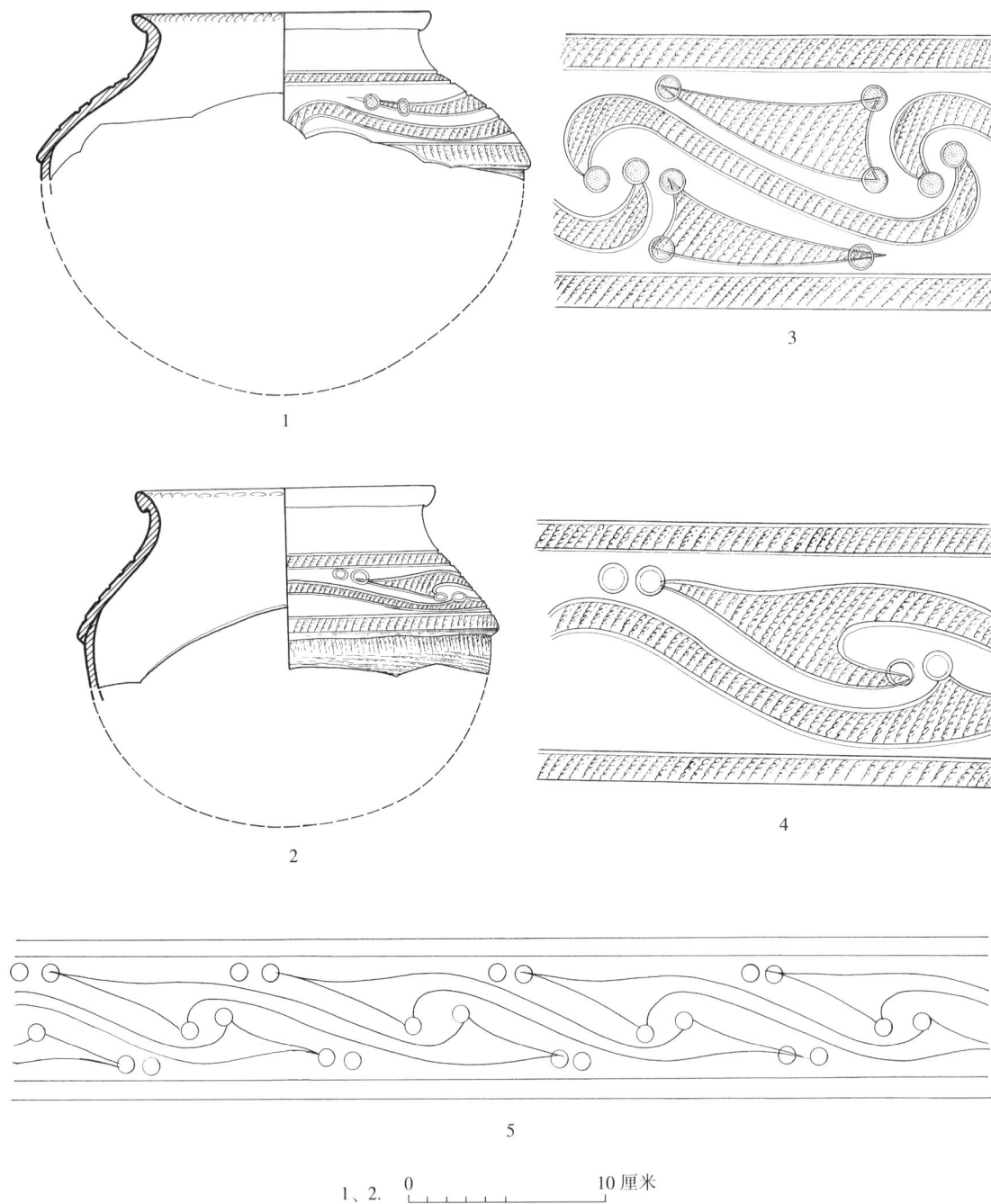

图二〇八　1983 年第 4 层出土陶釜

1. Bb 型 Ⅱ 式釜（T2④：105）　　2. Bb 型 Ⅰ 式釜（T2④：103）　　3. Bb 型 Ⅱ 式釜（T2④：105）局部纹饰（放大）　　4、5. Bb 型 Ⅰ 式釜（T2④：103）局部纹饰（放大）、二方连续纹饰样

填以压绳索纹。腹部遍饰交错绳纹。肩部和腹部为二次对接而成。口径 15.1、残高 9.2 厘米（图二〇八，2、4、5）。

Bb 型Ⅱ式　5 件。T2④:105，泥质磨光褐陶。器物肩部以上内外壁均经过刮磨处理，其中外壁呈磨光黑陶。尖唇，侈口，卷沿，圆肩，弧腹。唇部近口处装饰一圈戳印点纹；肩部装饰有两圈平行的弦纹复合纹饰带，每条弦纹带由两条平行四弦纹和弦纹中间填以压印绳索纹组成。在两圈平行的弦纹复合纹饰带中间则饰有一圈由压印圆点纹和几何封闭弧线划纹组成的变形鸟纹，几何弧线中间则填以压印绳索纹。腹部遍饰交错绳纹。肩部和腹部为二次对接而成。口径 15.6、残高 7.8 厘米（图二〇八，1、3；彩版二一，2）。T2④:147，夹砂黑陶。器物肩部以上内外壁均经过刮磨处理，其中外壁呈磨光黑陶。尖唇，侈口，卷沿，折肩，弧腹。唇部近口处装饰一圈呈顺时针方向排列的戳印短芒纹；领部上段饰一圈由两条凹弦纹和中间填以压印绳索纹组成的复合纹饰带，而近肩处则装饰有四段由两条凹弦纹和中间填以压印短绳索纹组成的纹饰带，其间由压印捺窝纹上下间隔对称分布。肩部则在一条凹弦纹下饰斜线划纹。腹部遍饰交错绳纹。唇部为泥条外折而成，肩部和腹部为二次对接而成。口径 46.5、残高 41.5 厘米（图二〇九）。

Eb 型Ⅰ式　3 件。T2④:120，夹砂褐陶。尖唇，长颈，溜肩。底残。肩部以下遍饰交错粗绳纹。口径 24.7、腹径 36、残高 22 厘米（图二〇七，2）。

罐　3 件。

Ab 型Ⅰ式　1 件（T2④:101）。夹砂灰褐陶。圆唇，近圆肩。底残。颈部与肩部接合处饰以一圈戳印点纹，肩部则装饰以斜向绳纹，在绳纹上再饰斜向划纹或草叶纹。口径 16.8、残高 5.6 厘米（图二一〇，3）。

Ac 型Ⅲ式　1 件（T2④:106）。夹砂黑陶。圆唇。下腹残。颈部外壁饰一圈刻划草叶

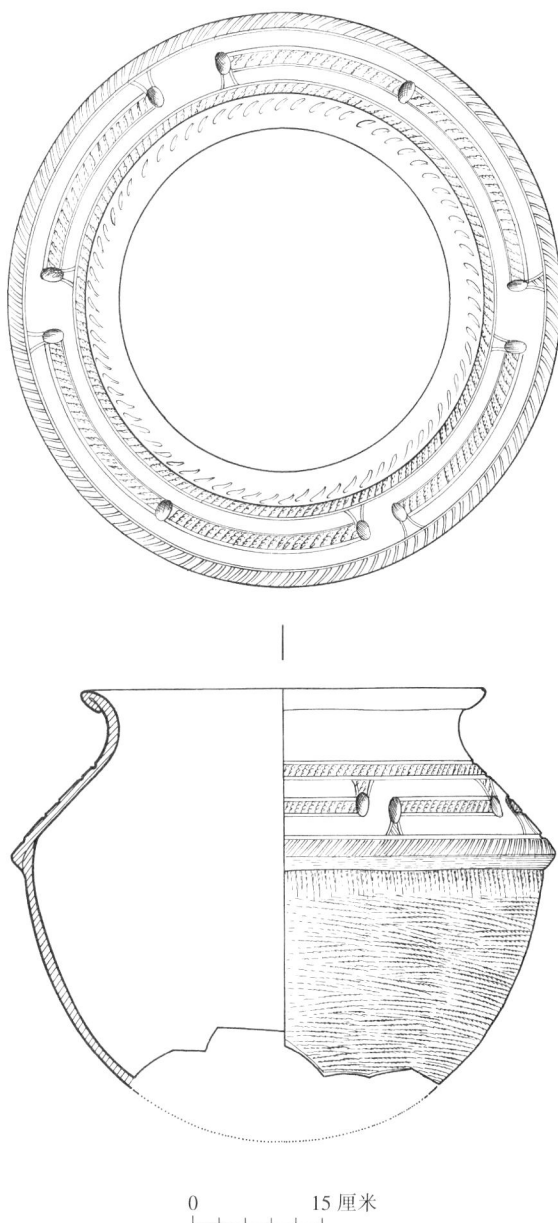

图二〇九　1983 年第 4 层出土 Bb 型Ⅱ式陶釜（T2④:147）

纹，其下则有一圈凸棱纹；肩部上下凹槽中装饰一圈短压印绳索纹，腹部则遍饰细绳纹。器物内外壁经过刮磨处理，外壁磨光。口径 17.3、残高 10.2 厘米（图二一〇，2）。

　　Ae 型Ⅲ式　1 件（T2④∶187）。夹砂褐陶。尖圆唇。颈部外壁饰数道水波纹，其下则有一圈凸棱纹；肩部两平行凹弦纹中装饰一圈篦纹带，肩部与腹部则用绳索状泥条附加堆纹装饰；腹部

0　　　　　　　　10厘米

图二一〇　1983 年第 4 层出土 A 型陶罐

1. Ae 型Ⅲ式（T2④∶187）　2. Ac 型Ⅲ式（T2④∶106）　3. Ab 型Ⅰ式（T2④∶101）

遍饰细绳纹。器物内外壁经过刮磨处理，外壁磨光。口径 22.8、底径 11、高 37.8 厘米（图二一〇，1；彩版二三，3）。

器盖　1 件。

Aa 型 Ⅱ 式　1 件（T2④:184）。夹砂灰褐陶。腹部饰绳纹。口径 18、纽径 8、高 10.4 厘米（图二一一，1；彩版二三，3）。

纺轮　2 件。

A 型　2 件。T2④:16，夹砂红褐陶。边缘略残。表面饰有斜向交错细绳纹。直径 8.1、孔径 0.8、厚 0.4 厘米（图二一一，3；图版七九，4）。

陶拍　3 件。

T2④:121，夹砂红褐陶。边缘略残。表面饰有斜向粗绳纹。长 4.4、厚 0.5 厘米（图版七九，4）。

器底　1 件。

B 型　1 件（T2④:109）。夹砂红褐陶。底面遍饰交错绳纹。残高 1.5 厘米（图二一一，2）。

圈足　2 件。一般为圜底器与圈足二次对接。

Bb 型　2 件。T2④:186，泥质灰褐陶。为簋形器的圈足，表面有明显的轮磨痕迹。圈足部内壁有红色颜料痕迹。足径 12.6、足高 3.5、器残高 4.3 厘米（图二〇六，9；图版七九，5、6）。

圈足器　3 件。

T2④:143，泥质黑皮陶。为豆的圈足，足残。圈足与器底接合处饰有三道凹弦纹，弦纹中间

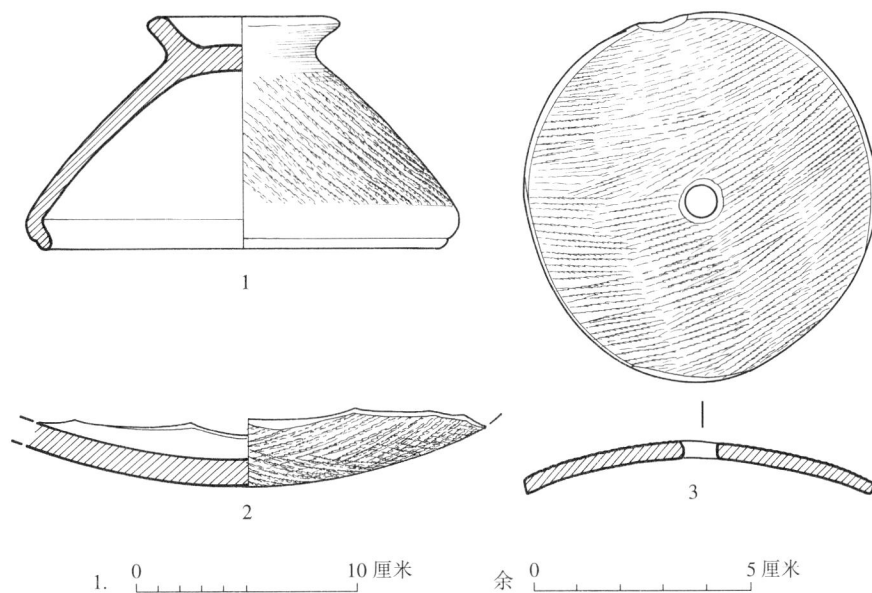

图二一一　1983 年第 4 层出土陶器

1. Aa 型 Ⅱ 式器盖（T2④:184）　2. B 型器底（T2④:109）　3. A 型纺轮（T2④:16）

填以两条戳印鱼鳞纹或麻花纹。残高6.6厘米（图二〇六，8）。

（二）第3层出土遗物

1. 陶器

该层主要挑选标本为 Aa 型钵、Ab 型豆、釜、罐、壶形器、器盖、纺轮、支座等。陶片上纹饰装饰手法有压印、戳印、刻划，常见的纹饰种类有绳纹、叶脉纹、水波纹、刻划条纹、戳印点纹、草叶纹以及复合纹饰等（图二一二）。

图二一二　1983 年第 3 层出土陶片纹饰拓片

1. Ae 型Ⅲ式罐上的戳印芒纹、水波划纹及草叶划纹（T1③：170）　2. 绳纹（T2③：13）

3. Aa 型Ⅱ式钵上的草叶划纹（T2③：3）　4. 叶脉纹（T1③：11）

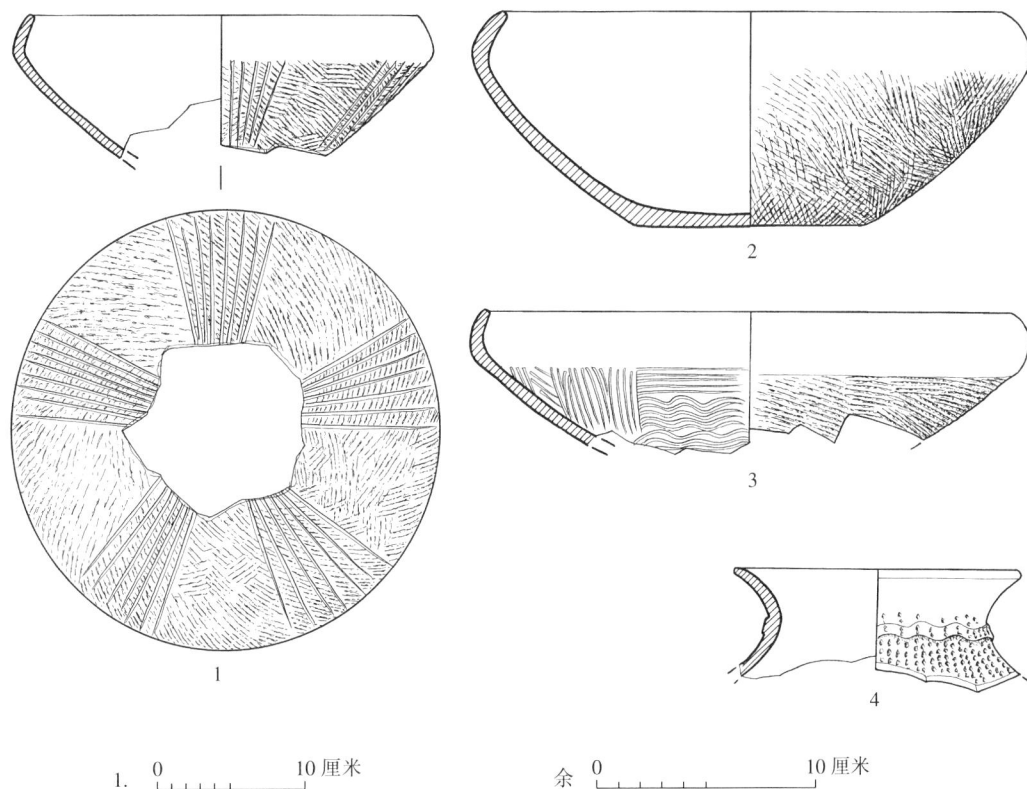

图二一三　1983 年第 3 层出土陶器

1～3. Aa 型Ⅱ式钵（T2③：3、T2③：183、T2③：167）　4. C 型壶形器（T1③：126）

钵　25 件。此类器物一般在原装饰有绳纹的肩部都进行刮磨处理，形成光面，腹部则保留其自然绳纹。

Aa 型Ⅱ式　25 件。T2③：3，夹砂灰褐陶。圆唇。腹部装饰交错细绳纹，其上再饰草叶划纹。口径 27、残高 9 厘米（图二一三，1）。T2③：183，夹砂灰褐陶。圆唇，弧腹，平底。腹部装饰交错绳纹。口径 22.6、底径 10、高 9.6 厘米（图二一三，2；彩版二一，4）。T2③：167，夹砂褐陶。尖唇，肩部与腹部有明显界限，近棱状；浅弧腹。腹部装饰交错细绳纹，内壁则饰以刻划纹，形状有草叶、水波和横线。口径 24、残高 6.2 厘米（图二一三，3；彩版二一，5、6）。

豆　3 件。此类器物一般在原装饰有绳纹的肩部都进行刮磨处理，形成光面，腹部则保留其自然绳纹。此类器物可能存在着器物形式的变化。

Ab 型　3 件。T2③：162，泥质磨光褐陶。尖唇，肩部折棱突出，浅腹，腹部上段外弧，下段斜直并微内弧。圈足残。唇部外侧装饰一圈压印点纹带，同时在其下部饰有对称分布的戳印捺窝纹。口径 26、残高 6.6 厘米（图二一四，1）。T2③：180，泥质红褐陶。尖唇，深腹。圈足残。唇部外侧装饰一圈压印点纹带，圈足与腹部接合处则装饰由三道凹弦纹、中间填以短线划纹组成的纹饰带。口径 28.2、残高 11.8 厘米（图二一四，2）。T2③：181，泥质磨光红褐陶。尖唇，敛口

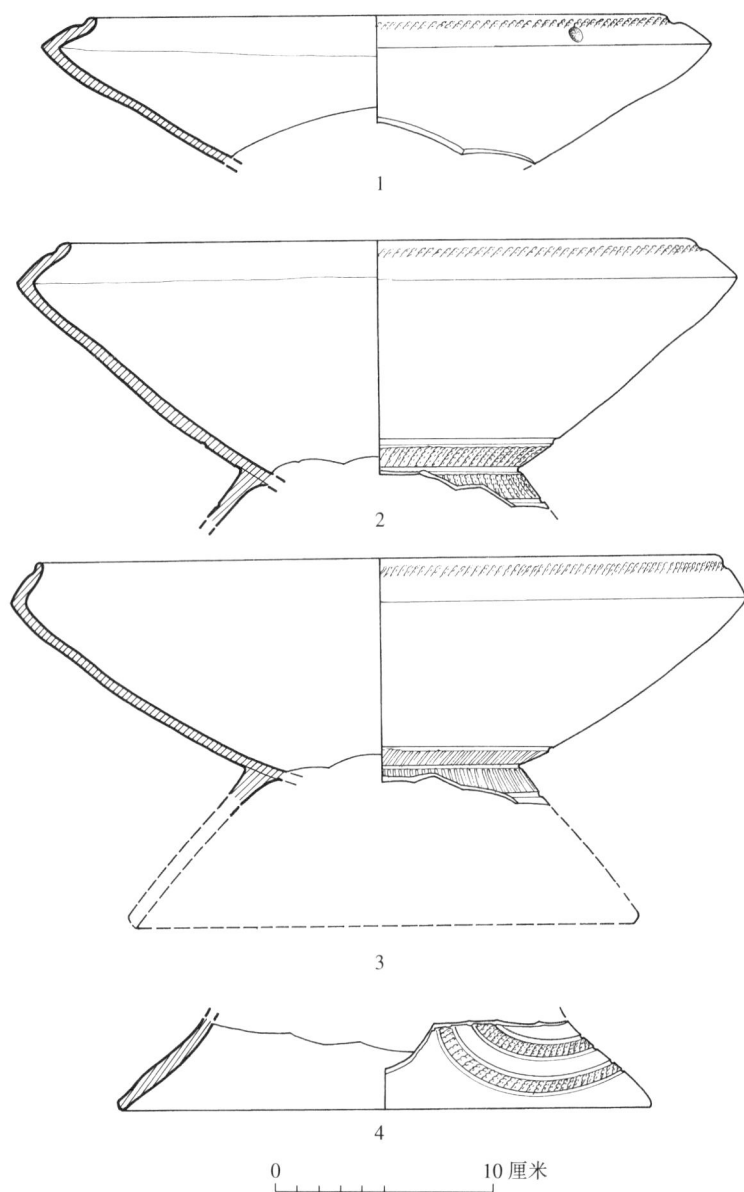

图二一四　1983年第3层出土陶器

1～3. Ab型豆（T2③：162、T2③：180、T2③：181）　4. Ab型Ⅱ式圈足（T2③：174）

微侈，深腹。圈足残。唇部外侧装饰一圈短线划纹带，圈足与腹部接合处则装饰由三道凹弦纹、中间填以短线划纹组成的纹饰带。口径31.2、残高11厘米（图二一四，3）。

釜　15件。

Aa型Ⅴ式　9件。T2③：165，夹砂灰褐陶。尖圆唇，折肩。肩部间断装饰平面形状呈塔状的压印方格纹，肩腹部接合处泥条上饰一圈压印点纹，腹部则饰以绳纹。颈部外壁经过磨光处理。颈部与口部和腹部二次对接。口径12.8、残高10.2厘米（图二一五，1）。

Ba型Ⅱ式　2件。T2③：188，夹砂灰褐陶。圆唇，鼓肩。肩部下通饰绳纹，在其上再饰四条平行凹弦纹。颈部和肩部外壁经过磨光处理。口径26、高22.6厘米（图二一五，5）。

Db型Ⅰ式　2件。T2③：147，泥质磨光红褐陶。器物肩部以上内外壁均经过刮磨处理，其中外壁呈磨光红陶。尖唇，唇部为泥条外折而成，敞口，卷沿，矮领。内壁唇部近口处装饰一圈呈顺时针方向排列的戳印芒纹。领部与肩部接合处饰一圈由两条凹弦纹和中间填以压印绳索纹组成的复合纹饰带，而近肩处则装饰由戳印圆点和弧形划纹组成的变形鸟纹带，在变形鸟纹中填以戳印箆点纹；腹部通饰绳纹。口径15.2、高17.2厘米（图二一六至二一八；彩版二二，1、2）。T2③：175，泥质磨光红褐陶。器物肩部以上内外壁均经过刮磨处理，其中外壁呈磨光红陶。尖唇，唇部为泥条外折而成，敞口，卷沿，矮领。肩部下段以下残。唇部近口处装饰一圈呈顺时针方向排列的戳印短芒纹；领部与肩部

图二一五　1983 年第 3 层出土陶器

1. Aa 型 V 式釜（T2③：165）　　2. Ga 型釜（T2③：148）　　3. Bc 型罐（T2③：172）　　4. Ab 型瓮形器
（T2③：177）　　5. Ba 型 II 式釜（T2③：188）　　6. Db 型 I 式釜（T2③：175）　　7. Gb 型釜（T2③：187）
8. Ac 型 I 式罐（T2③：171）　　9. Ae 型 III 式罐（T1③：170）

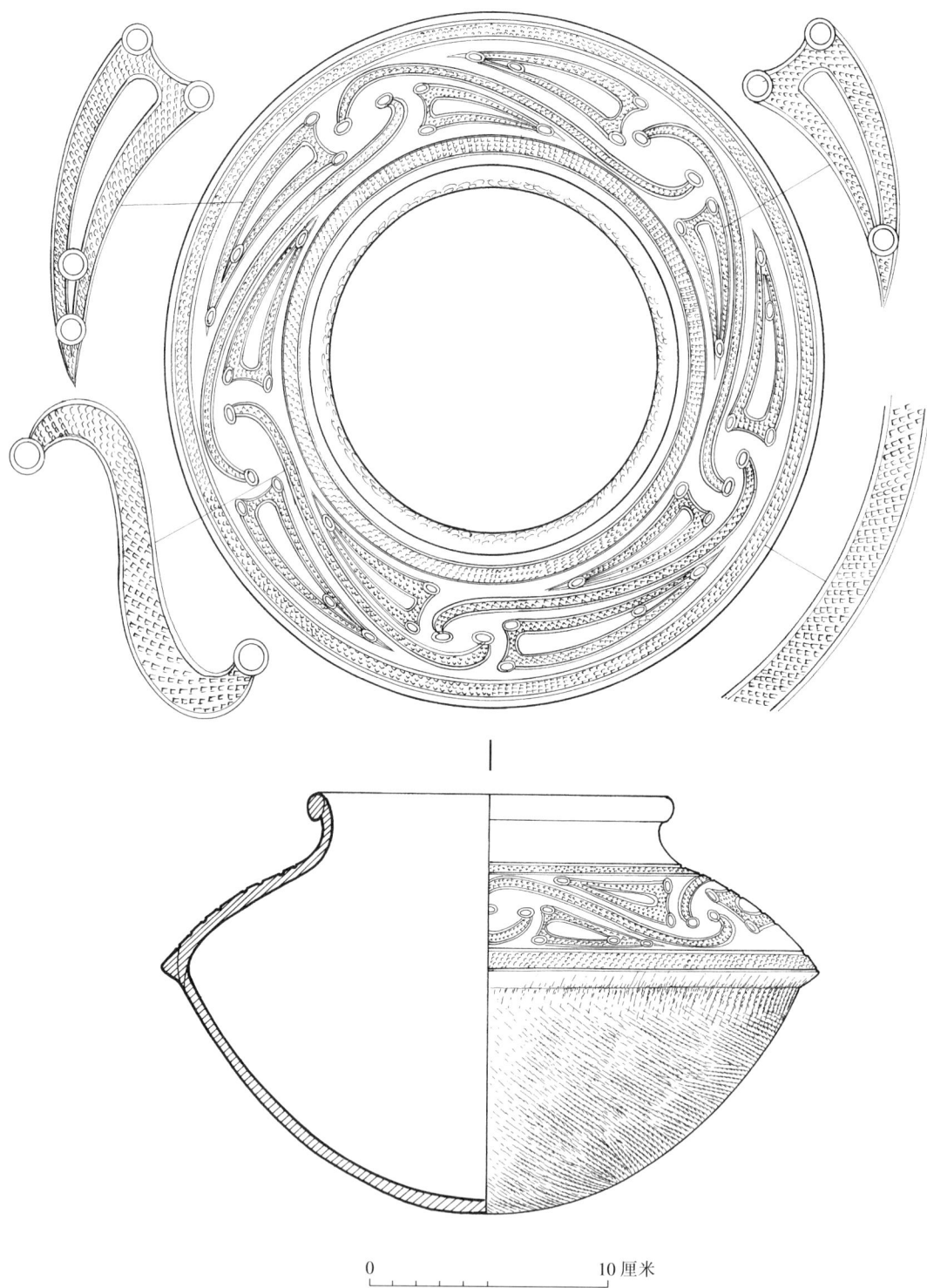

0   10 厘米

图二一六　1983 年第 3 层出土 Db 型 I 式陶釜（T2③：147）

图二一七　1983 年第 3 层
出土 Db 型 I 式陶釜（T2
③∶147）肩部纹饰拓片

图二一八　1983 年第 3 层出土 Db 型 I 式陶釜（T2③∶147）腹部绳纹拓片

0　　　　　　　5 厘米

接合处饰一圈由两条凹弦纹和中间填以压印绳索纹组成的复合纹饰带，而近肩处则装饰由戳印圆点和弧形划纹组成的变形鸟纹带，在变形鸟纹中填以压印短绳索纹。口径 16.5、残高 7.4 厘米（图二一五，6；图版八〇，1）。

Ga 型　1 件（T2③：148）。夹砂灰褐陶。圆唇，卷沿。颈部以下通饰绳纹。口径 18.2、高 18.8 厘米（图二一五，2）。

Gb 型　1 件（T2③：187）。夹砂灰褐陶。圆唇，束颈。束颈处装饰一条附加泥条纹。下腹部则饰以绳纹。颈部外壁经过轮磨处理。口径 16.2、高 23.1 厘米（图二一五，7）。

罐　13 件。

Ac 型 I 式　2 件。T2③：171，泥质磨光黑褐陶。方唇，圆肩，肩部上段微凸，形成假肩，鼓肩，浅弧腹。底部残。唇部内侧装饰一圈戳印点纹，颈部饰一圈水波划纹带，肩部饰由两条凹弦纹和压印绳索纹组成的复合纹饰带。器物内外壁经过刮磨处理，外壁磨光。口径 21、残高 10.2 厘米（图二一五，8；图版八〇，2）。

Ae 型 III 式　10 件。T1③：170，泥质磨光灰褐陶。圆唇，圆肩。颈部上饰有一圈水波划纹带，肩部则装饰戳印芒纹，腹部则饰由绳纹和草叶划纹组成的复合纹饰。肩部刮磨成光面。口径 16、残高 8.2 厘米（图二一五，9；图版八〇，3）。

Bc 型　1 件（T2③：172）。夹砂黑褐陶。圆唇，矮领，弧腹较直。底残。近肩腹部接合部装饰有一道凹槽，并在接合部的泥条上再饰以一圈戳印点纹，腹部通饰交错绳纹。口径 18.2、残高 16 厘米（图二一五，3；图版八〇，4）。

瓮形器　8 件。

Ab 型　8 件。T2③：177，夹砂灰陶。圆唇，矮领，折腹。底残。沿部以下通饰交错绳纹。唇部用泥条二次加固。口径 20.3、残高 8.4 厘米（图二一五，4；图版八〇，5）。

器盖　1 件。

Aa 型 III 式　1 件（T1③：125）。夹砂褐陶。圆唇，弧腹。肩部装饰一圈泥条附加的凸棱而使口部呈子母口状。腹部上部饰四道弦纹，下腹部则饰以数圈旋涡划纹。口径 18.3、残高 6.6 厘米（图二一九，1；图版八〇，6）。

壶形器　1 件。

C 型　1 件（T1③：126）。夹砂黑褐陶。侈口，圆唇，卷沿。肩部上装饰戳印纹，颈部上则再饰一条呈波浪状的压印附加堆纹。口径 13.2、残高 5.5 厘米（图二一三，4；图版八一，1）。

纺轮　1 件。

A 型　1 件（T2③：18）。夹砂红褐陶。中间有一圆形穿孔。平面形状呈圆饼形，周缘打磨光滑。直径 6.9、孔径 1、厚 0.8 厘米（图二一九，3；图版八一，2）。

陶拍　1 件。

T1③：8，夹砂红褐陶。平面形状呈圆形，中间有一条凹弦纹和一压印绳索纹组成的复合纹饰。

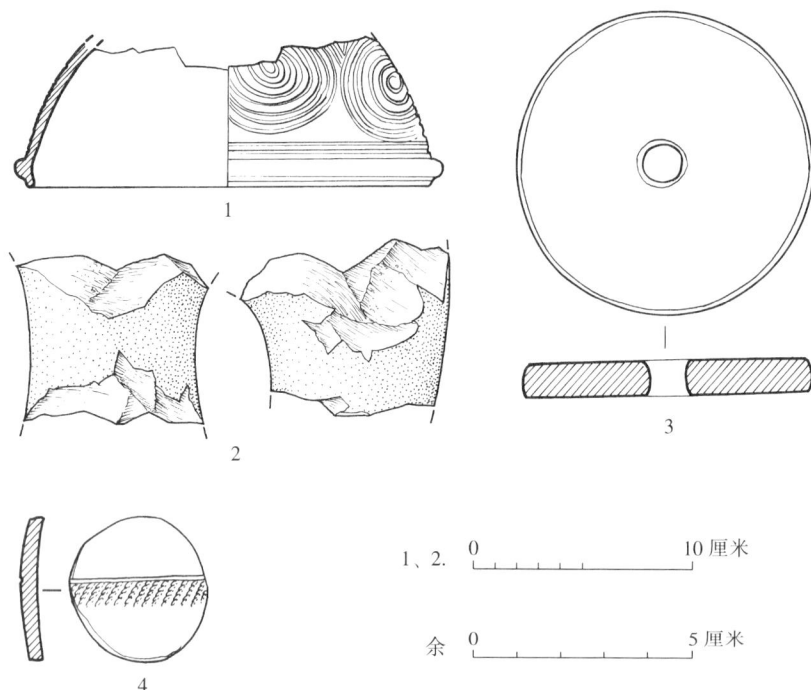

图二一九　1983 年第 3 层出土陶器

1. Aa 型 Ⅲ 式器盖（T1③：125）　2. 支座（T2③：22）　3. A 型纺轮（T2③：18）　4. 陶拍（T1③：8）

表面打磨处理。直径 3.3、厚 0.4 厘米（图二一九，4；图版八一，3）。

支座　1 件。

T2③：22，夹砂红褐陶，含砂砾多。两端粗壮，均残；中间收腰。表面稍作处理。腰宽 7.6、残高 7.4 厘米（图二一九，2；图版八一，4）。

圈足　5 件。

Ab 型 Ⅱ 式　5 件。T2③：174，泥质磨光黑褐陶。足部外侈，上部残。外壁上装饰有两道圆圈纹，每道圆圈由两条圆形弦纹组成，弦纹中间填以压印绳索纹。足径 25、残高 3.8 厘米（图二一四，4；图版八一，5）。

2. 石器

星形器　2 件。

T2③：6，灰绿色硅质岩制成，因蛇纹石化而带绿色。大小齿轮均六等分，平面形状呈放射状六角星状。复原后平面形状中部为一圆形，立面呈筒状，内壁遗留显著的磨制痕迹，上下沿对称分布着十二个小锥状齿轮，中间也对称分布六个大小均一的长齿轮，齿轮长度大致等分，其中六个小齿轮与六个大齿轮对称交叉分布。磨制精细，几何切割和磨制技术均显示出高超的水平。穿孔直径 3、高 4.6 厘米，复原后小齿轮长约 2.6、大齿轮长约 4.65 厘米，大、小齿轮之间连线长度为 14 厘米和 8.4 厘米（图二三〇，1；彩版二三，4）。

（三）采集标本

1. 陶器

采集的陶片标本主要有钵、瓮形器、罐，另有簋形器、带流钵形器、单耳罐、人脚形器、高领罐、瓮形器等。陶片纹饰装饰手法有压印、刻划及戳印，常见的纹饰种类有绳纹、花瓣纹、篦点纹、网格纹、刻划符号"囲"、"S"形划纹、圆形划纹、戳印叶脉纹以及弦纹、篦点纹、圆圈纹组成的复合纹饰带和变形鸟纹以及椭圆形捺窝组成的复合纹等（图二二〇）。

钵 13 件。

Ab 型 II 式 3 件。C：11，夹砂灰褐陶。圆唇，平底内凹。腹部通饰交错绳纹，内壁刮划叶脉纹。口径 34.5、底径 13.5、高 15.6 厘米（图二二一，1）。C：32，夹砂灰褐陶。圆唇，平底。腹部通饰交错绳纹。口径 44、底径 16、高 21 厘米（图二二一，2）。

Ac 型 II 式 5 件。C：15，夹砂灰褐陶。尖唇，敛口，底部残。肩部装饰四道凹弦纹，腹部通饰绳纹。口径 21.4、残高 5.8 厘米（图二二一，5；图版八二，1）。

Bb 型 I 式 5 件。C：33，夹砂灰褐陶。尖圆唇，平底。腹部通饰交错绳纹。口径 28.5、底径 12、高 11.4 厘米（图二二一，3）。

带流钵形器 1 件。

C：24，夹砂褐陶。圆唇，鼓肩，弧腹。底残。肩部与腹部交接处有一管状短流。肩部磨光形成光面，腹部装饰交错细绳纹，内壁则饰以刻划草叶纹。口径 17.6、残高 6.8 厘米（图二二一，4）。

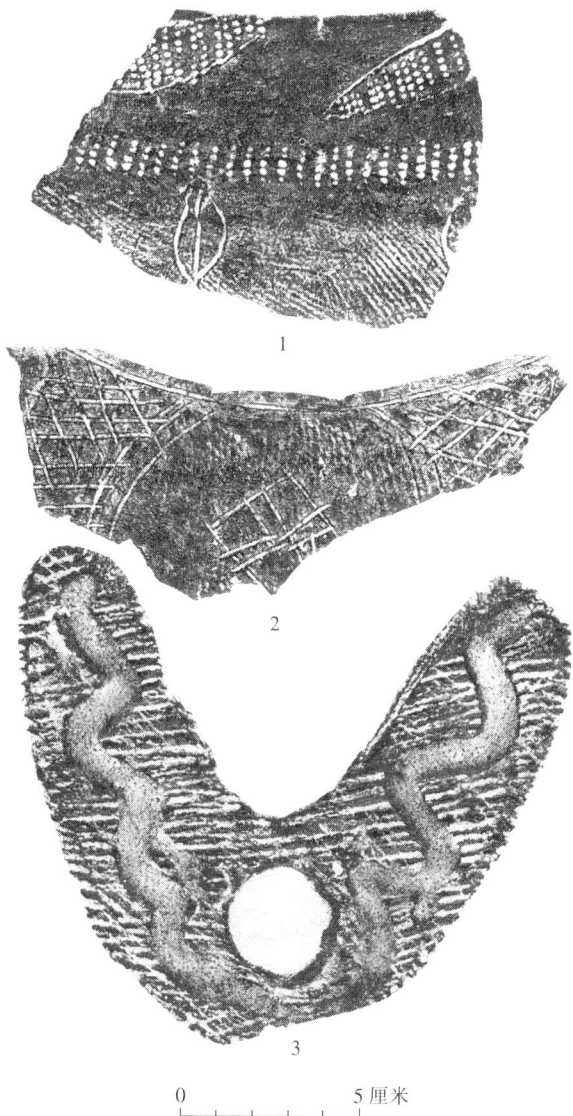

图二二〇 1983 年采集陶片纹饰拓片

1. 小口罐形器上的戳印点纹、绳纹和花瓣划纹（C：25） 2. Ab 型 II 式罐上的网格划纹和"刻划符号"（C：10） 3. 人脚形器上的"S"形划纹和绳纹（C：26）

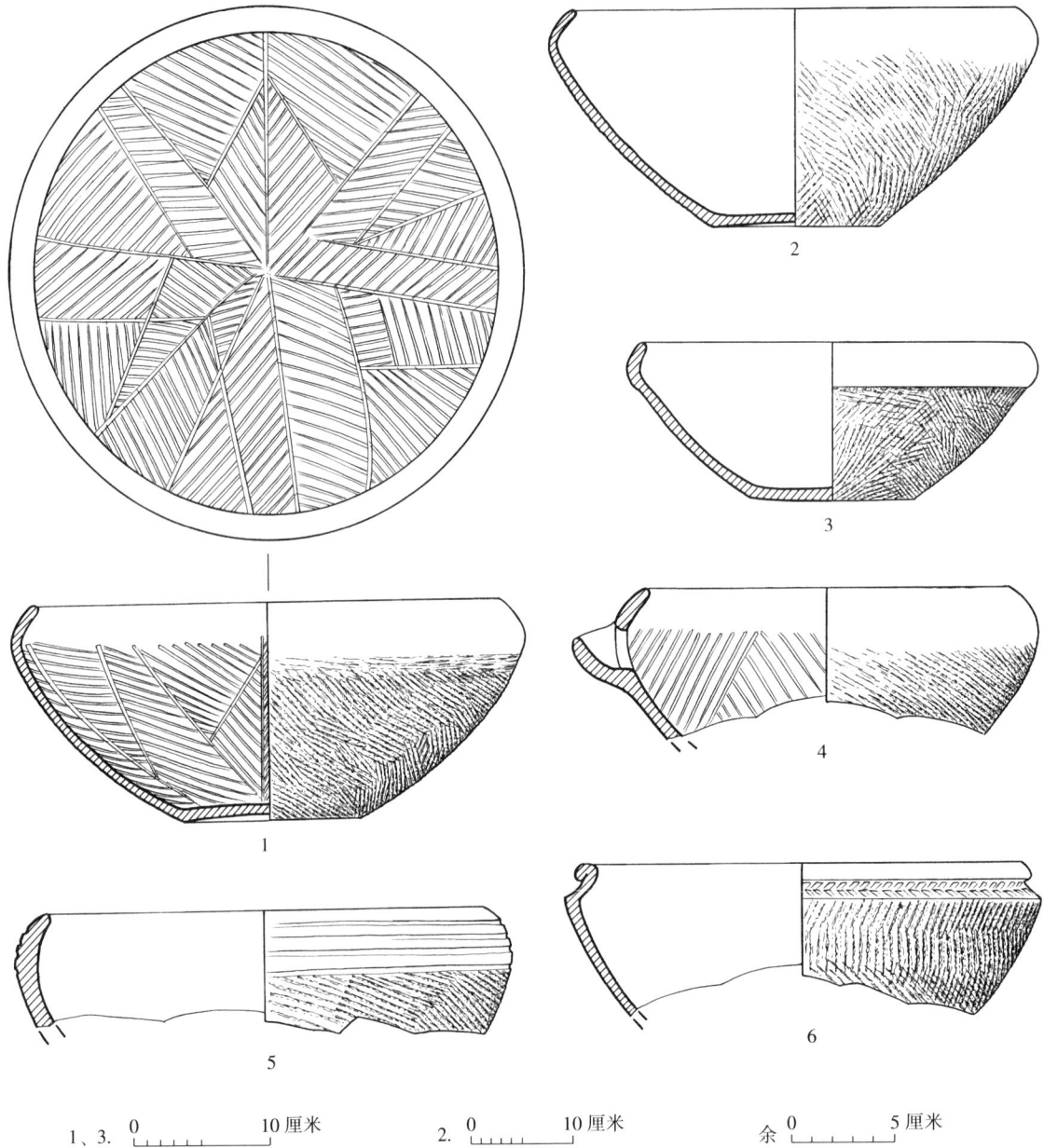

图二二一　1983 年采集陶器

1、2. Ab 型Ⅱ式钵（C∶11、C∶32）　3. Bb 型Ⅰ式钵（C∶33）　4. 带流钵形器（C∶24）　5. Ac
型Ⅱ式钵（C∶15）　6. D 型簋形器（C∶9）

簋形器　1 件。

D 型　1 件（C∶9）。夹砂黑褐陶。圆唇，敞口，折肩，弧腹。底部残。肩部与沿部接合处装
饰一圈锥刺麦穗纹，腹部通饰交错细绳纹。口径 22、残高 7.2 厘米（图二二一，6）。

釜　2 件。

Da 型Ⅰ式　2 件。C∶90，泥质褐陶。仅存口部。敞口，高领。口径 22.2、残高 3 厘米（图二

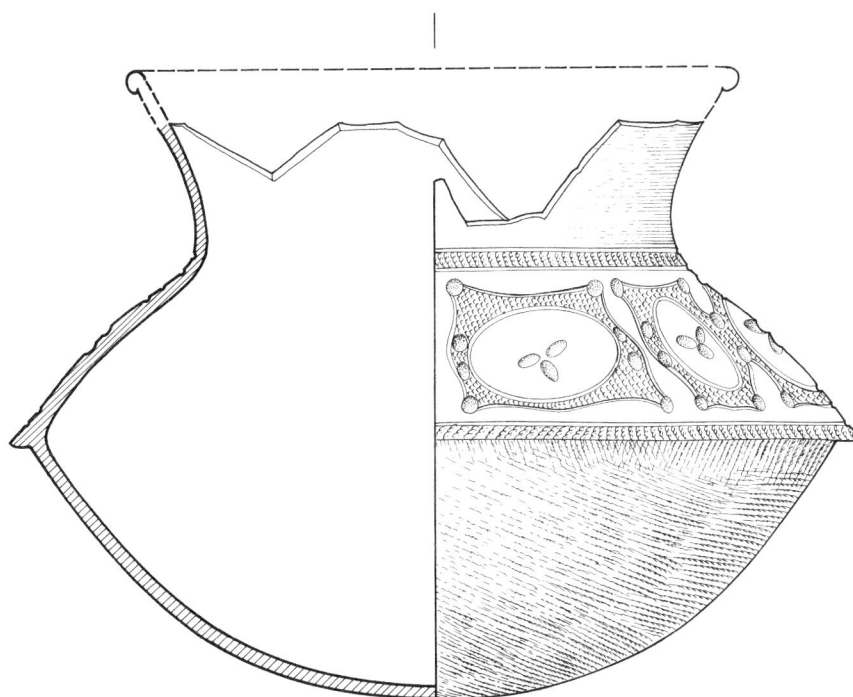

图二二二　1983 年采集陶釜
身（C：72）

0 　　　　　　　10 厘米

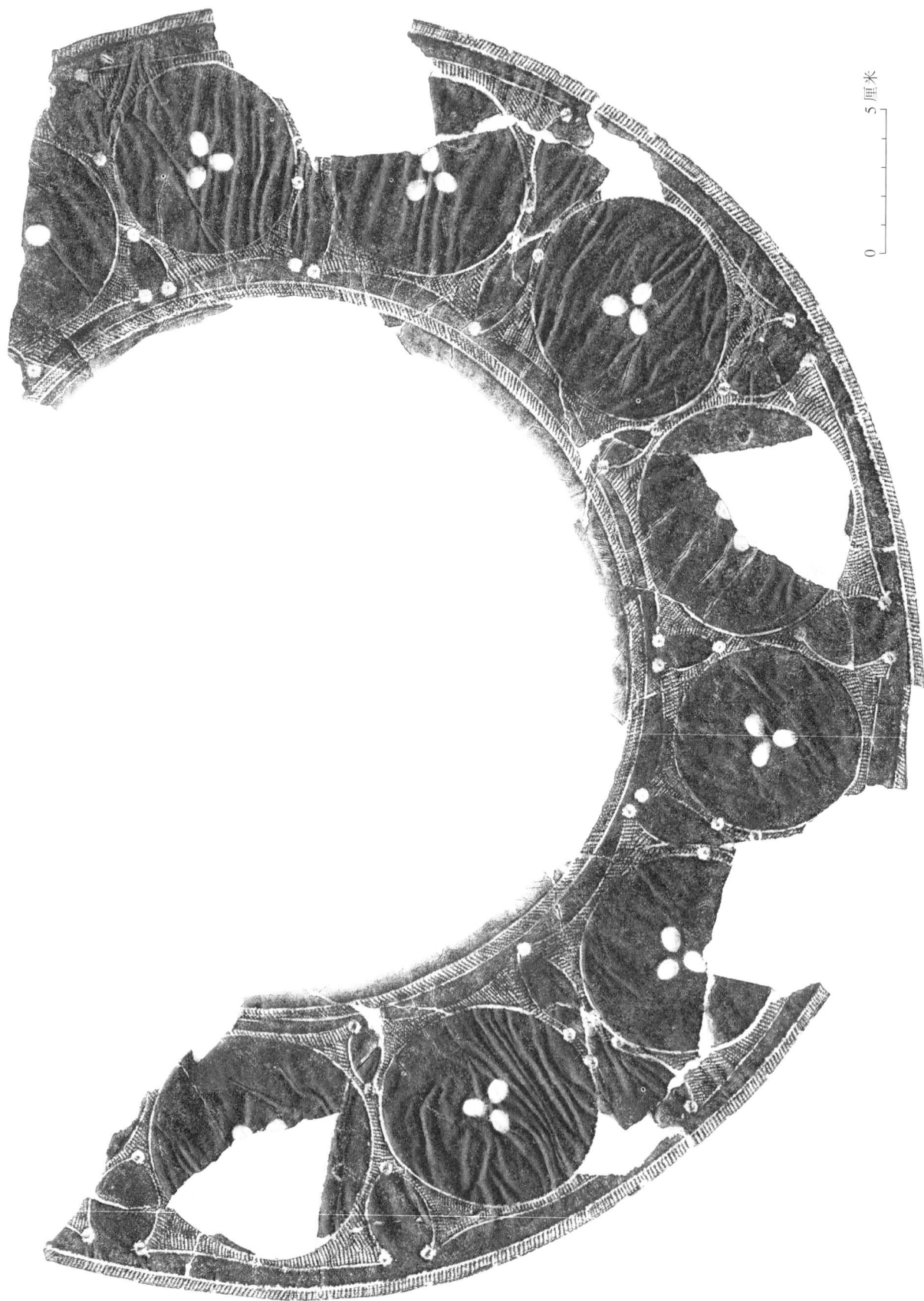

图二三三　1983 年采集陶釜身（C∶72）肩部纹饰拓片

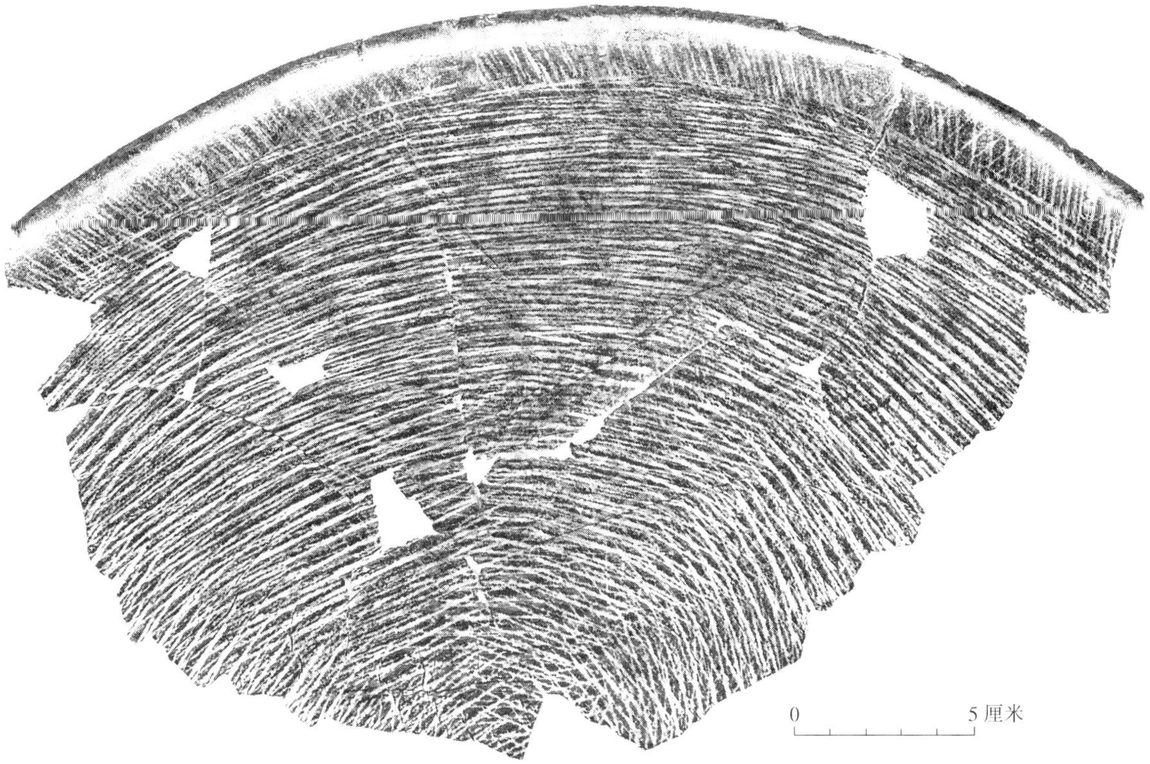

图二二四 1983 年采集陶釜身（C:72）腹部纹饰拓片

二八，3）。

釜身 4件。

C:72，泥质磨光黑褐陶。口部残。器物肩部以上内外壁均经过刮磨处理，其中外壁呈磨光红陶。肩部和领部装饰两条由平行凹弦纹和鱼鳞纹组成的复合纹饰带，纹饰带间隔饰弧形弦纹和戳印圆圈及椭圆形捺窝纹组成的星状复合纹饰带，腹部通饰绳纹。残高 23 厘米（图二二二至二二四；彩版二二，3、4）。C:27，泥质磨光红褐陶。口部残。器物肩部以上内外壁均经过刮磨处理，其中外壁呈磨光红陶。肩部和领部装饰两条由平行凹弦纹和鱼鳞纹组成的复合纹饰带，纹饰带中再饰一条横“S”状复合纹饰带，间隔饰以椭圆形捺窝纹，腹部通饰绳纹。残高 16.2 厘米（图二二五至二二七）。C:31，夹砂灰褐陶。口和底部均残。鼓腹。腹部通饰绳纹。残高 19 厘米（图二二八，6）。

高领罐 2件。

Aa型Ⅰ式 2件。C:34，夹砂灰褐陶。圆唇，宽沿。领部以下残。颈部饰有两道水波划纹，其下饰网格划纹。口径 22.4、残高 7.4 厘米（图二二八，7；图版八二，2）。

罐 5件。

Ab型Ⅱ式 3件。C:10，夹砂灰褐陶。侈口，近方唇，折沿，束颈。沿部饰有一道凹弦纹。

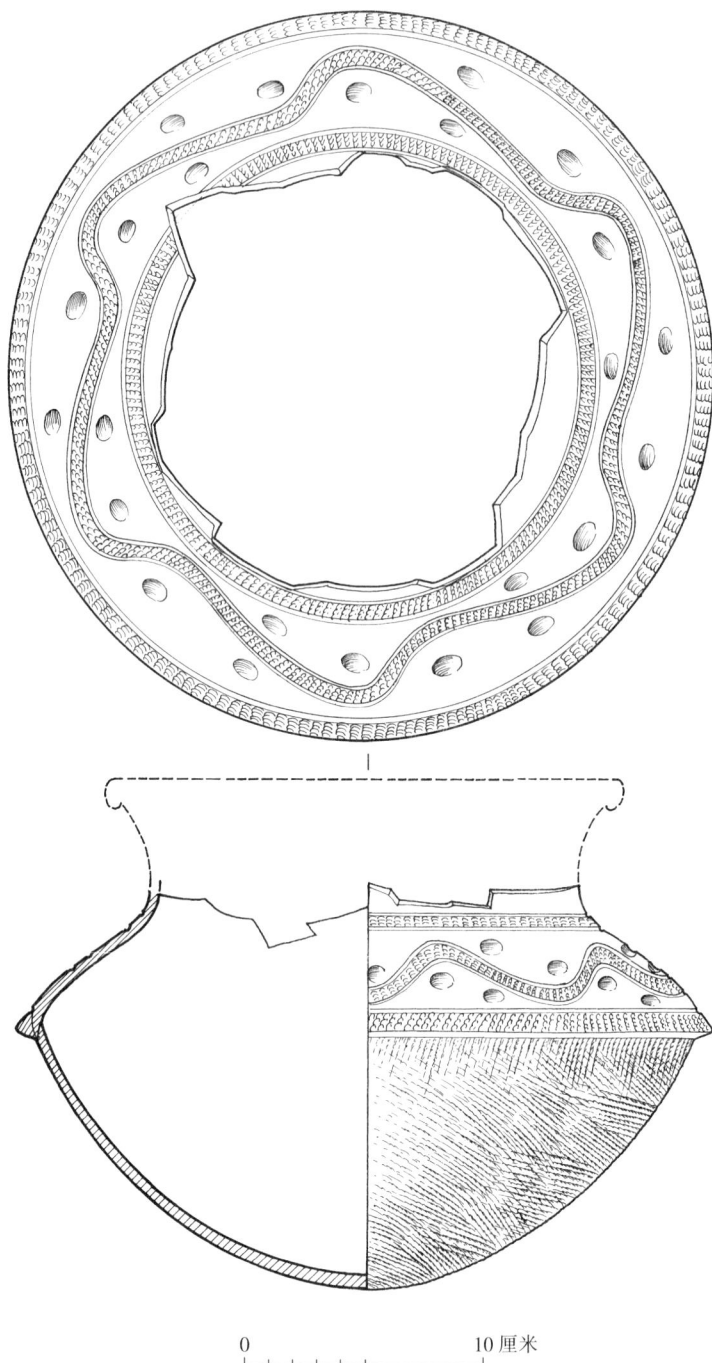

图二二五　1983 年采集陶釜身（C：27）

肩部则通饰网格划纹，并间隔一定的距离饰有由三道弧形划纹形成的圆圈纹，圆圈中刻划有"不规则方格纹"或"刻划符号"。口径20、残高7.8厘米（图二二八，8、9；图版八二，3）。

Ea 型 II 式　2件。C：19，泥质磨光褐陶。尖唇，卷沿。颈部以下残，近颈部饰有刻划纹。口径10.9、残高5.8厘米（图二二八，4）。

小口罐形器　1件。体小，装饰繁缛。

C：25，夹砂磨光褐陶。圆唇，近直口，口微敛，矮领，折肩，弧腹。底残。领部装饰划纹和戳印点纹组成的叶纹；肩部饰一圈戳印点纹带；腹部饰绳纹，其上再饰有花瓣划纹。口径13.5、残高8.8厘米（图二二八，5；图版八二，4）。

瓮形器　3件。

Bb 型 I 式　3件。C：60，夹砂灰褐陶。敞口，圆唇，折沿，圆肩，肩部以下残。肩部装饰用陶拍拍印而成的绳纹和其侧面刮划而成的草叶纹。口径29、残高13.8厘米（图二二八，2；图版八二，5、6）。

单耳罐　1件。

C：7，泥质磨光黑陶。鋬耳残。侈口，尖圆唇，折肩，平底。口径10、底径7、高11厘米（图二二八，1；彩版二三，1）。

人脚形器　1件。

5 厘米

0

图二二六 1983 年采集陶釜身（C：72）肩部纹饰拓片

图二二七　1983 年采集陶釜身（C：72）腹部纹饰拓片

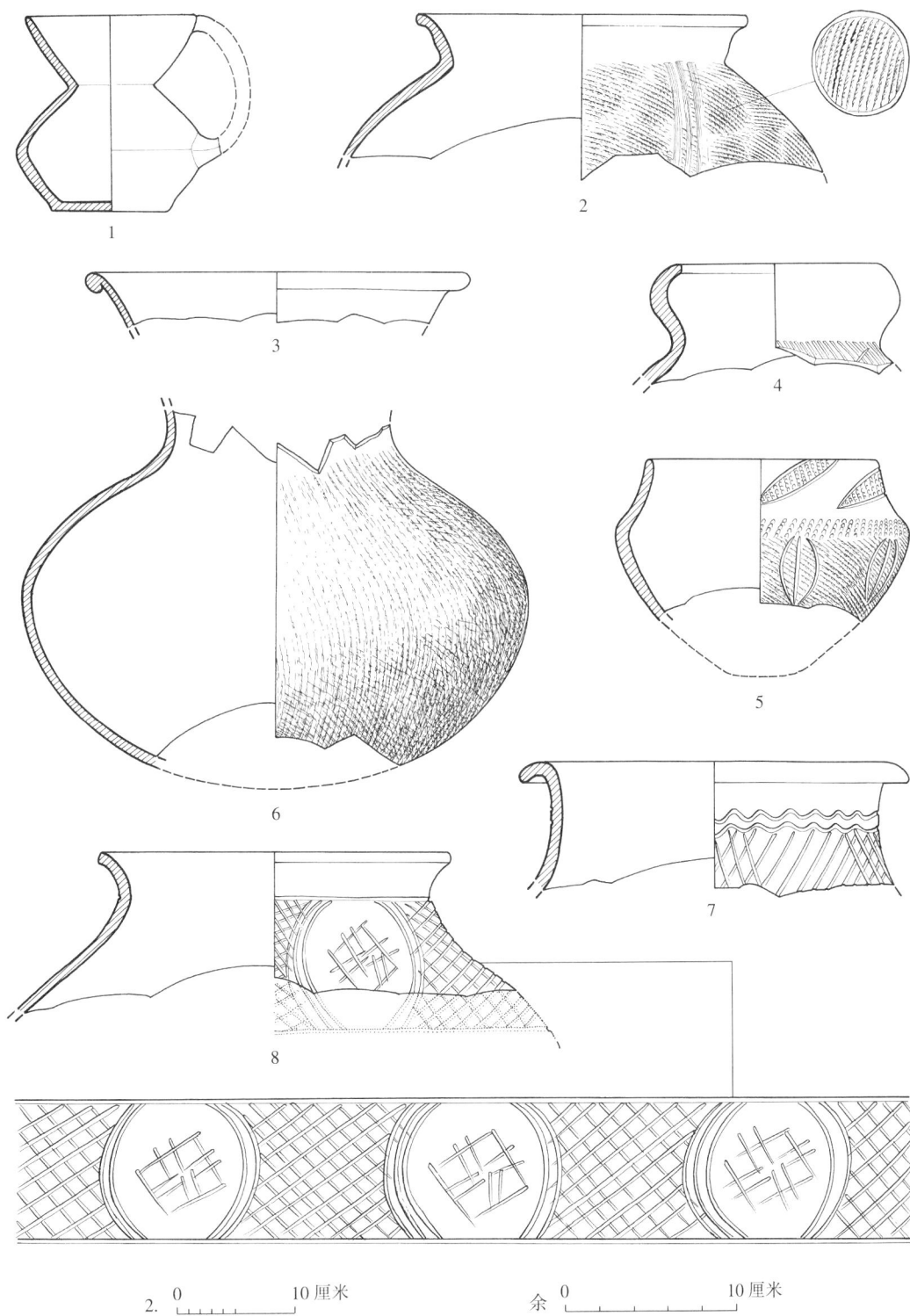

图二二八　1983 年采集陶器

1. 单耳罐（C：7）　　2. Bb 型 I 式瓮形器（C：60）　　3. Da 型 I 式釜（C：90）　　4. Ea 型 II 式罐（C：19）

5. 小口罐形器（C：25）　　6. 釜身（C：31）　　7. Aa 型 I 式高领罐（C：34）　　8. Ab 型 II 式罐（C：10）

C：26，夹砂褐陶。腹部以上残，仅存脚部。双腿平座，足部呈八字形叉开，两腿交接处有一单面对穿圆孔。周身遍饰绳纹，在足部下部绳纹上再饰"S"形划纹。足长16.2、穿孔直径2.4、器残高9.8厘米（图二二九；彩版二三，2）。

2. 石器和骨器

石剑　1件。

C：48，浅灰绿色板岩。平面形状呈尖叶形，截面呈圆六棱形。锋部和柄部均残，中部有脊。磨制精致。残长22.3、宽1.6～4、截面直径2厘米（图二三一，1；图版八三，1）。

石璧　1件。

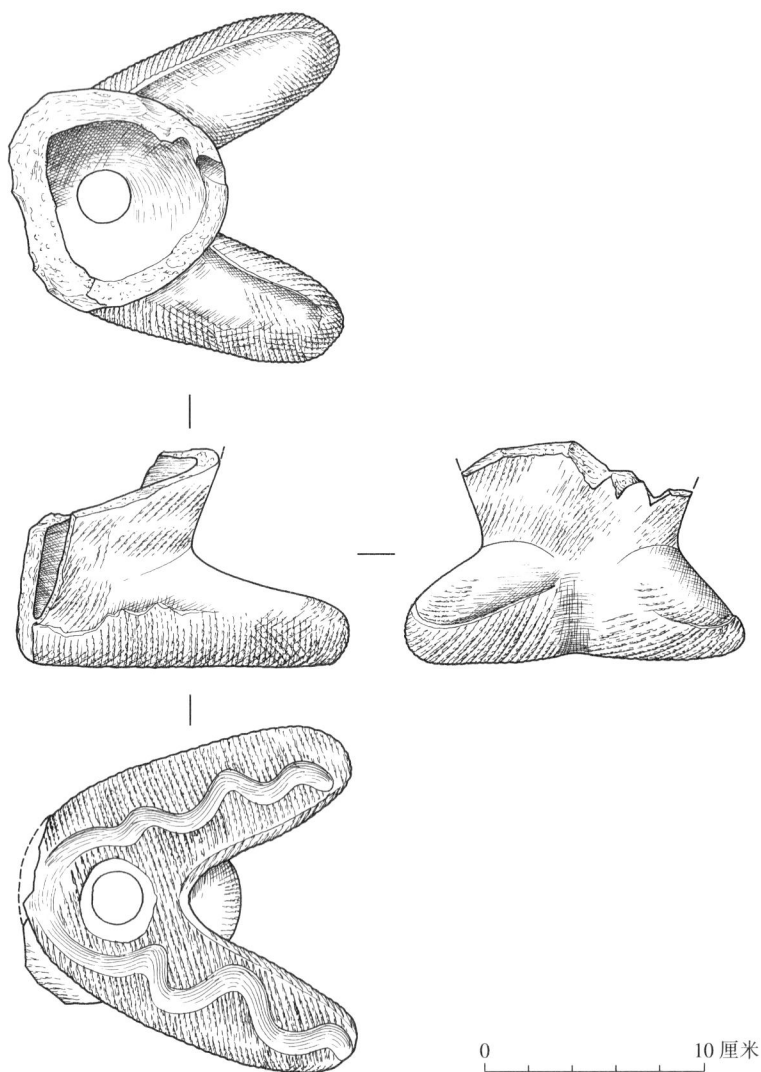

0　　　　　　　　10厘米

图二二九　1983年采集人脚形陶器（C：26）

C：28，墨蓝色硅质岩。肉部有边缘向孔部增厚，缘部锋利。璧中有一单面对穿圆孔。仅存一部。磨制光滑。直径 10.6、孔径 2.4、厚 0.1～1.4 厘米（图二三〇，2）。

石环　1 件。

C：49，仅存一段，灰黑色板岩。截面呈算珠状。磨制规整。残长 6.5、截面直径 0.8 厘米（图二三一，5）。

研磨棒　1 件。

C：36，灰褐色砂岩。平面形状呈不规则船桨状，柄端呈弧形，研磨面呈勺形。磨制规整。长 18.7、宽 3.1～4.7、厚 2.4 厘米（图二三一，2；图版八三，3）。

星形器　2 件。

C：1，深灰绿色硅质岩制成，因蛇纹石化而呈绿色。保存相对完整，仅齿轮尖部略残。上下齿轮六等分，平面形状呈放射状六角花瓣状。复原后基本平面形状中部为一圆形，立面呈筒状，内壁遗留显著的磨制痕迹，上下沿对称分布着十二个小锥状齿轮，中间也对称分布六个大小均一的长齿轮，齿轮长度大致等分，其中六个小齿轮与六个大齿轮对称交叉分布，磨制精细。穿孔上部直径 2.9、下部直径 2.1、高 5.5 厘米；复原后小齿轮长约 3.5 厘米，大齿轮长约 5.4 厘米，大、小齿轮之间连线长度为 13.8 厘米和 9.5 厘米（图二三二，1；彩版二三，4）。

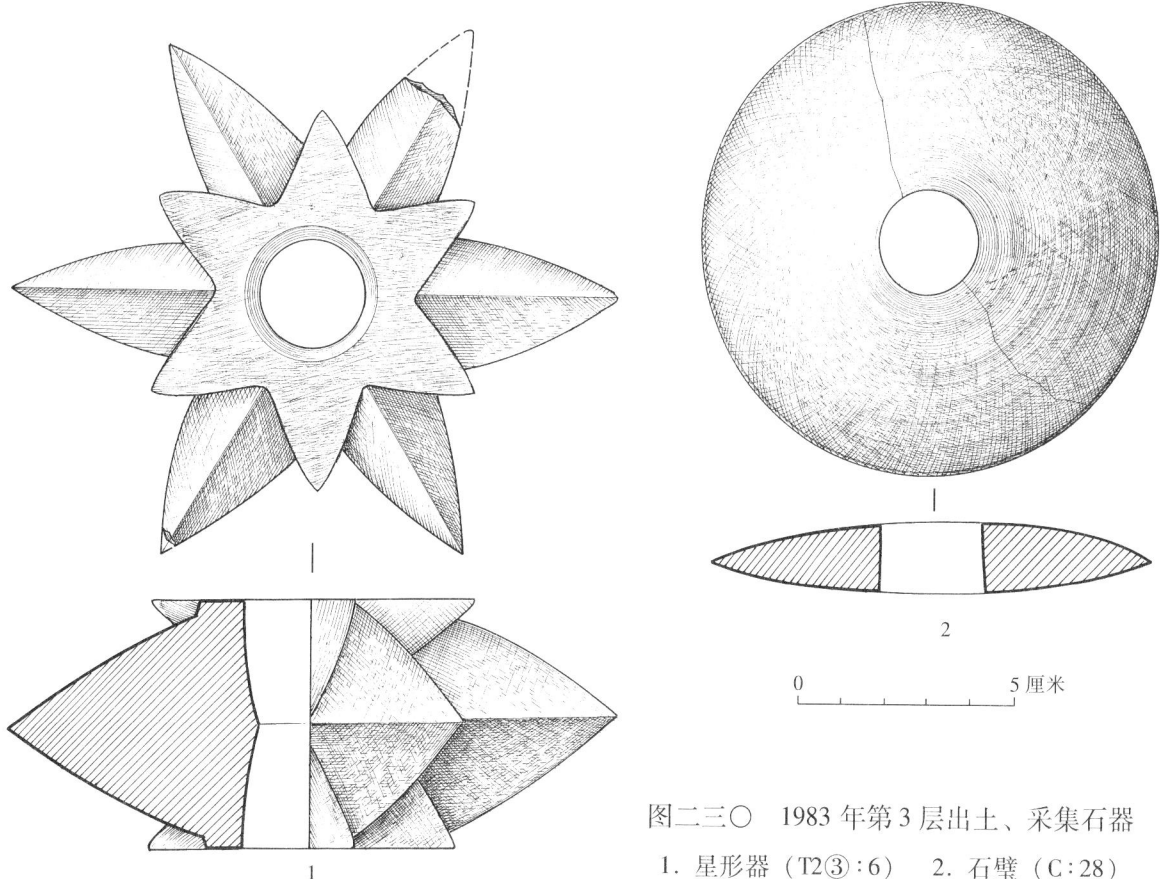

图二三〇　1983 年第 3 层出土、采集石器

1. 星形器（T2③：6）　2. 石璧（C：28）

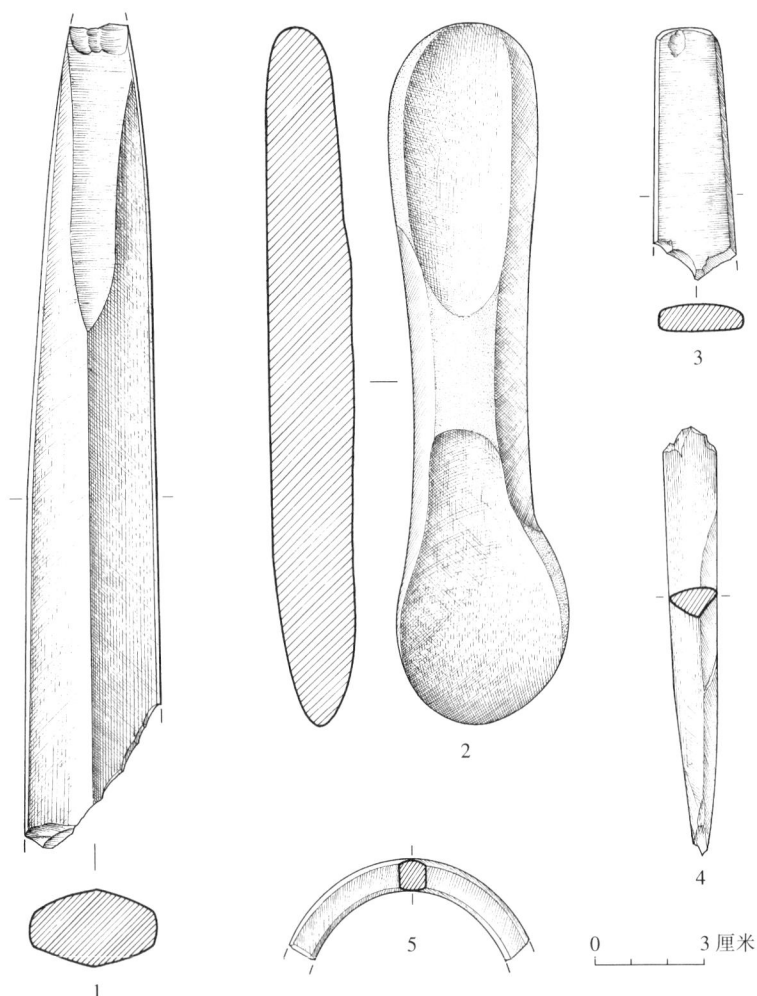

图二三一　1983 年采集石、骨器

1. 石剑（C∶48）　　2. 研磨棒（C∶36）　　3. 残骨器（C∶2）

4. 骨锥（C∶3）　　5. 石环（C∶49）

磨盘　1 件。

C∶55，浅灰褐色砂岩。平面形状呈椭圆形，中间厚，边缘略薄。上下面磨制规整。长 24.1、宽 13.3、厚 4.9 厘米（彩版二三，5）。

磨棒　1 件。

C∶56，浅灰褐色砂岩。平面形状呈圆棒形，较粗。磨制规整。长 12.1、宽 5.3、厚 3.9 厘米（彩版二三，5）。

残石器　1 件。

C∶5，浅灰绿板岩。仅存柄部，截面呈扁圆形。磨痕清晰。残长 7.5、宽 2.6～3.6、厚 0.9 厘米（图二三二，2；图版八三，3）。

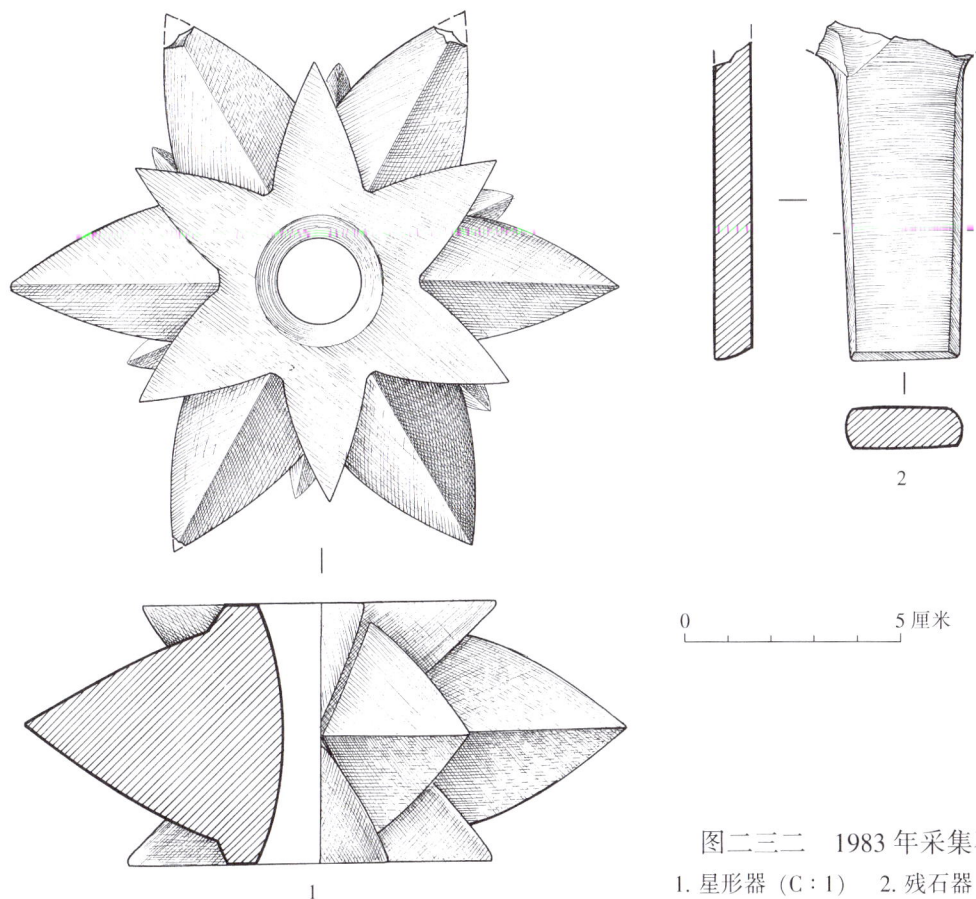

图二三二　1983 年采集石器
1. 星形器（C∶1）　2. 残石器（C∶5）

残骨器　1 件。

C∶2，用骨片制成。平面形状呈长方形。仅存一段，其器形已不可辨认。磨制规整。残长 6.7、宽 2.3、厚 0.7 厘米（图二三一，3；图版八三，4）。

骨锥　1 件。

C∶3，系用肢骨磨制而成。顶部和锋部均残。截面呈三角形。残长 11.5、厚 1.4 厘米（图二三一，4；图版八三，5）。

骨笛　1 件。

C∶4，系用骨管磨制而成，表面光滑。骨管中空，一端表面有两个圆单面形穿孔。长约 7.5、管径约 1.4 厘米（彩版二三，6）。

第五章　分期与年代

石佛洞遗址文化堆积较厚，文化内涵也较为丰富。依据地层叠压关系和出土文化遗物的变化，可将该遗址先秦时期的文化遗存分为一、二两期，其中一期遗存可分为早、晚两段，二期遗存可分为早、中、晚三段。

（一）第一期文化遗存

第一期堆积文化内涵丰富，文化特征鲜明。依据地层叠压关系和出土遗物的变化可分为早、晚两段，第9层、第8层以及叠压于第8层下的遗迹和遗物为早段遗存，第7层、第6层及叠压于第7、6层下的柱洞、蚌壳堆积及遗物为晚段遗存。

1. 第一期早段文化遗存特征

（1）遗迹

第一期早段未发现建筑遗存，仅见灰坑1个和墓葬1座，其他遗迹现象不见。墓葬未见葬具和随葬品。灰坑形制规整，出土了少量石器和1件陶罐。这些遗迹中出土的器物与同段地层堆积中的同类器物接近。

（2）遗物

第一期早段遗物以陶器为主，以夹砂黑褐、灰褐、褐、灰陶常见，泥质陶少见，磨光黑陶、灰褐陶、灰陶等常见。纹饰以绳纹、弦纹、草叶划纹、附加堆纹等常见，复合纹饰带少见。器形以钵、豆、碗、釜、花边口沿罐、高领罐、器盖、罐、盆形器、壶形器等常见，陶拍、纺轮、尊形器等少见，不见簋形器。口沿装饰有抹断绳纹或压印锯齿纹的花边口沿罐，是第一期早段一大特色。

陶器基本组合为Aa型Ⅰ式钵，Aa型Ⅰ式、Ab型、Ba型Ⅰ式、C型碗，Aa型Ⅰ式、Ac型、Bb型Ⅰ式豆，Aa型Ⅰ式、Ab型Ⅰ式和Ⅱ式、Ac型Ⅰ式、Ba型Ⅰ式、Bc型Ⅰ式、Da型Ⅰ式、F型Ⅰ式釜，Aa型Ⅰ式、Ab型Ⅰ式、Ba型Ⅰ式和Ⅱ式高领罐，Ab型Ⅰ式、Ac型Ⅰ式、Ad型Ⅰ式、Ba型Ⅰ式、Bb型Ⅰ式、Ea型Ⅰ式罐，A型、Ba型Ⅰ式和Ⅱ式、Bb型Ⅰ式花边口沿罐，Aa型Ⅰ式、Ab型Ⅰ式、B型Ⅰ式器盖；此外，A型Ⅰ式、Ba型、C型壶形器，B型Ⅰ式尊形器，Aa

型、Ba 型Ⅰ式、C 型瓮形器，A 型Ⅰ式、Ca 型、Cb 型盆形器，B 型、C 型杯形器等也为该段的特色器物。

第一期早段石器数量较少，尤其是第 9 层更少。石器中打制和磨制石器共存，磨制石器占主流，石器的体形较大，大型石器器形不太规整，周身布满打制痕迹；小型石器相对较少，表面磨制精致，器形规整。器形有斧、锛、凿、网坠、研磨器、砺石、镞、环、星形器、匕首和矛等，还有一些坯料和半成品，其中网坠、凿、镞、星形器、匕首等较少见。

另外，骨、牙器的数量和种类较少，有骨镞、骨锥、牌饰和牙饰等。

2. 第一期晚段文化遗存特征

（1）遗迹

第一期晚段仅在局部探方的第 7 层下发现少量柱洞，分布无规律，其结构和营造技术不明，柱洞的平面形状均呈圆形，剖面形状以圆锥状居多，圆柱状少见；柱洞的直径普遍较小。填土为浅灰色砂土，结构疏松，多数柱洞内不见遗物，仅见少量的小型动物骨骸或残蚌壳碎片夹杂其中。另外在第 6 层下，还发现少量无规律摆放的蚌壳堆积，这些遗迹出土的器物与同段地层堆积中出土的同类器物相同或接近。

（2）遗物

第一期晚段遗物以陶器为主，不仅数量较多，而且种类也较为丰富。陶质仍然以夹砂陶最多，黑褐、灰褐、褐陶较常见；泥质陶数量相对较少，以黑褐、褐、灰褐常见。陶器为手制，多经过快轮加工，部分泥质陶质地细腻，器表多经过磨光处理，这在钵、豆、釜、罐等器物上表现突出，另外，钵、釜、豆等器物肩部以上普遍经过磨光处理。陶片表面多有纹饰，素面陶少见，常见纹饰的装饰手法有压印、刻划和戳印；纹饰种类有绳纹、弦纹、草叶纹、水波划纹、"S"状篦点纹带、条形篦点纹带、花瓣纹、变形鸟纹、篦点纹、芒纹、羽纹、圆形捺窝纹等，其中绳纹、弦纹、草叶划纹最多，其次为由圆圈纹、弦纹和压印鱼鳞纹组成圆形和变形鸟纹复合纹饰，复合纹饰开始较为流行。

陶器器形以圜底器和平底器居多，另有少量的圈足器，不见三足器。常见器形有钵、盆形器、豆、盘、釜、尊形器、壶形器、高领罐、罐、纺轮等，花边口沿罐、器盖、碗、高领罐、瓮形器、盆形器等少见，篦形器、杯形器等不见。新出现器物有盘、E 型釜、器流和陶支座。

陶器基本组合为 Aa 型Ⅱ式、Ab 型Ⅰ式、Ac 型Ⅰ式、Ba 型Ⅰ式、Bb 型Ⅰ式钵，Aa 型Ⅱ式和Ⅲ式、Ba 型Ⅱ式、Bb 型碗，Ba 型Ⅰ式豆，Aa 型Ⅱ式和Ⅲ式、Bb 型Ⅰ式、C 型、Db 型Ⅰ式、Ea 型Ⅰ式、Eb 型Ⅰ式和Ⅱ式釜，Aa 型Ⅱ式、Ac 型Ⅰ式、Ba 型Ⅲ式高领罐，Aa 型Ⅰ式、Ab 型Ⅱ式、Ac 型Ⅱ式、Ae 型Ⅰ式、Da 型Ⅰ式罐，Bb 型Ⅱ式和Ⅲ式花边口沿罐，Aa 型Ⅱ式、Ab 型Ⅱ式器盖；此外，A 型Ⅱ式、Bb 型壶形器，Aa 型Ⅰ式、B 型Ⅱ式尊形器，Ba 型Ⅱ式瓮形器，A 型Ⅱ式、Cc 型盆形器，A 型纺轮等为该段特色器物。

第一期晚段石器不仅数量多，而且种类也较为丰富，以磨制石器为主，打制石器非常少见，大型石器相对少见，中、小型石器居多。磨制石器的表面磨制精致，器形规整。石器以生产工具为主，次为渔猎工具、生活用具和装饰品。常见器形有斧、锛、凿、网坠、研磨器、砺石（个别砺石表面遗留有红色颜料粉末痕迹，此类砺石可能是作为研磨颜料所用）、镞、环、星形器、璧、半成品等，新出现六角星璧形器、铲、C 型网坠、石拍、切割器、磨盘、磨棒、石臼、石球、砍砸器等器物，其中斧、网坠、锛、凿、镞等数量剧增。

骨、牙器的数量和种类相对较多，有骨锥、骨戒指、骨刀、骨镞、骨针、骨镖、穿孔牙饰、牙锥形饰等。这些骨器系用动物肢骨或骨片磨制而成，器表磨制精细，以加工和装饰品为主，另为制陶工具和渔猎工具。

另外，该段堆积中出土该遗址唯一的 1 件青铜器，具有重要的意义。

（二）第二期文化遗存

第二期堆积的文化内涵较为丰富，可分为紧密相连的早、中、晚三段。第 5、4D、4C 层以及叠压于第 5 层和 4D 层下的遗迹和遗物属早段遗存，第 4B、4A 层及叠压于 4A 层下的遗迹与遗物属中段遗存，第 3B、3A 层和 2B 层以及叠压于 3A 和 2B 层下的遗迹与遗物属晚段遗存。

1. 第二期早段文化遗存特征

（1）遗迹

第二期早段遗迹主要是大量分布密集的柱洞，其中可分辨出平面形状和构造的有 7 座建筑遗存，这些建筑的构造形式均为立柱式建筑，平面形状以长方形居多（5 座），另有少量的圆形（2座），柱洞的柱子以竹柱常见，木柱少见。这些建筑在修建前要平整地面，然后立柱起墙。柱洞的平面形状均呈圆形，柱洞的直径普遍较大。椭圆形柱洞少见，直径大小不一。柱洞剖面以圆柱状多见，普遍较浅；次为圆锥状，普遍较深。柱洞底部以圜底多见，此为尖底和平底。填土多为浅灰色砂土，结构疏松，多无包含物，少见碎陶片、小型动物骨骼和石网坠等遗物。

（2）遗物

第二期早段是该遗址出土器物最为丰富的地层，出土了大量的陶片，器形和种类均较为丰富。夹砂黑褐、红褐、灰褐陶多见，泥质黑褐、红褐、灰褐陶少见。泥质陶质地细腻，火候较高，器物肩部以上普遍都经过磨光处理。陶器的火候较高，器物为手制，多经过快轮加工，钵、豆、簋形器、B 型和 D 型釜的肩部都经过磨光处理。

陶器器类以圜底器最常见，其次为圈足器和平底器，不见三足器。钵、豆、簋形器、釜、盆形器、高领罐、罐、瓮形器、器盖、纺轮、陶拍、支座等是常见器形，其中钵、豆、釜、高领罐、罐等大量集中出现，种类较为丰富。新出现 Bd 型钵、錾耳罐、Bc 型和 Bb 型簋形器、B 型和 C 型纺轮、空心支座、缸、马鞍形支座等。花边口沿罐、缸、盆形器等少见，尊形器、杯形器和壶形器等不见。

陶器主要的装饰手法以压印、刻划、戳印常见，许多器物上往往是多种装饰手法复合使用，如在豆、釜、罐等器物上压印、刻划以及戳印往往在不同部位同时使用。纹饰种类较为繁缛，以绳纹、弦纹、芒纹、圆圈纹、水波划纹、草叶划纹、刻划栉纹、戳印篦点纹、附加堆纹、花瓣划纹、网格纹、麦穗纹、"Z"字纹以及菱形方格纹、条形划纹等多见，复合纹饰发达，在豆和釜肩部上弦纹、"S"形纹、压印椭圆形捺窝纹、变形鸟纹等复合纹饰常见。

陶器基本组合为 Aa 型Ⅲ式、Ab 型Ⅱ式、Ac 型Ⅱ式、Ba 型Ⅱ式、Bc 型Ⅰ式、Bd 型Ⅰ式钵，Aa 型Ⅱ式、Ab 型、Ba 型Ⅱ式豆，Bb 型、Bc 型篁形器，Aa 型Ⅳ式、Ac 型Ⅱ式、Ba 型Ⅱ式、Bc 型Ⅱ式、Da 型Ⅱ式、Db 型Ⅱ式、Ea 型Ⅱ式、Ec 型Ⅰ式和Ⅱ式釜，Ab 型Ⅱ式高领罐，Aa 型Ⅲ式、Ab 型Ⅲ式、Ac 型Ⅲ式、Ad 型Ⅱ式、Ae 型Ⅱ式和Ⅲ式、Bc 型、Ca 型、Cb 型、Db 型Ⅰ式、Eb 型Ⅰ式和Ⅱ式罐，Ba 型Ⅲ式花边口沿罐，Aa 型Ⅲ式、B 型Ⅱ式、C 型器盖；此外，Ab 型、Bb 型Ⅰ式、C 型瓮形器，A 型Ⅲ式盆形器，B、C、D 型纺轮及带耳器等为该段特色器物。

第二期早段石器出土数量最多，而且种类也最为丰富，以磨制石器为主，打制石器少见（多为坯料或半成品），多仅打制周缘，表面未进行深加工，仍然保留岩石自然面。石器岩性中玄武岩最多，其次为砂岩、砾岩、硅质岩、闪长岩、板岩、千枚岩、泥岩、页岩等。大型石器数量较少，小型石器数量和种类均较为丰富。磨制石器表面磨制精致，器形规整。石器以生产工具为主，次为渔猎工具、生活用具和装饰品，常见器形有斧、锛、凿、网坠、砺石（个别砺石表面遗留有红色颜料粉末痕迹，此类砺石可能是作为研磨颜料所用）、镞、环、星形器、璧、石拍和半成品等，新出现锄、穿孔重石、锥形器、犁（或镐）形器、石球和砍砸器等器物，其中斧、网坠、锛、凿、镞等数量和种类最多。

骨角器数量较多，种类相当丰富，多系用动物肢骨和骨片磨制而成，普遍磨制精细。常见的器形有骨锥、骨耳玦、骨环、骨戒指、骨匕、圆形骨片、马鞍形骨饰、骨鱼钩、角锥、骨扳指和骨矛等，以骨锥的数量最多，其中骨鱼钩、角锥、骨矛等为新出现的器形。

2. 第二期中段文化遗存特征

（1）遗迹

第二期中段发现最多的遗迹是柱洞，其中可辨认出有建筑遗迹 1 座，平面形状呈长方形，修建于斜坡上，推测可能为干栏式建筑。这个时期的柱洞主要集中分布于发掘区的东南和西南部，柱洞的平面形状以圆形居多，次为椭圆形；剖面形状多为圆柱状，次为圆锥状；洞壁分斜直壁和直壁两种，斜壁多见；底部圜底多见，次为平底。柱洞内柱子多为竹柱。填土为灰色夹砂土，结构疏松，内含少量残碎蚌壳，多无其他文化遗物。

（2）遗物

第二期中段出土的陶片数量相对较多，质地以夹砂黑褐陶为主，其次为灰褐、红褐、褐与黄褐陶。泥质陶数量有所增加，黑褐陶多见，次为灰褐、红褐、褐陶等。钵、豆、釜、器盖、罐等依然常见，簋形器、带流钵形器、瓮形器、陶拍和支座等少见，杯形器、盆形器、尊形器、壶形器等不见。颈部与肩部为二次对接而成是该层陶器制作一大特色，如在 A 型釜、Af 型罐上表现特别突出。

陶器上纹饰繁缛，素面陶较少见，仅占约 10%；装饰手法以压印、戳印和刻划为主，在同一器物的不同部位常常发现两种以上的装饰手法并用。常见的纹饰种类有绳纹、弦纹、芒纹、圆圈纹、戳印篦点纹、麦穗纹、花瓣纹、戳印附加堆纹、草叶划纹、"X"状划纹和戳印指甲纹等，复合纹饰依然发达，如由压印鱼鳞纹与弦纹组成的复合纹饰，还有变形鸟纹、"W"形纹和"Z"字形纹等。

陶器基本组合为 Aa 型Ⅳ式、Ab 型Ⅲ式、Bb 型Ⅱ式、Bc 型Ⅱ式钵，Aa 型Ⅲ式豆，A 型Ⅰ式、Ba 型Ⅰ式簋形器，Aa 型Ⅴ式、Bb 型Ⅱ式、Eb 型Ⅱ式、F 型Ⅱ式釜，Aa 型Ⅲ式高领罐，Aa 型Ⅳ式、Ab 型Ⅳ式、Ae 型Ⅳ式和Ⅴ式、Af 型Ⅰ式、Bb 型Ⅱ式、Db 型Ⅱ式罐，Aa 型Ⅳ式、Ac 型器盖，Bb 型Ⅱ式瓮形器等。

第二期中段石器全部为磨制石器，不见打制石器，石器磨制精致，器形规整。大型石器较少，石器体量普遍较小，体形较为瘦长，其中尤以斧体瘦长。石器岩性仍然以玄武岩为大宗，其他有砾岩、闪长岩、硅质岩、砂岩和页岩、大理石等。常见器形有斧、锛、凿、网坠，其中斧和网坠数量较多，锛、凿的数量相对较少，另有砺石、石拍、星形器、纺轮、贝形饰和半成品。玉器仅见 1 件灰绿色玉锛。骨器出土的数量和种类均较少，仅见骨锥和耳块两种，骨锥磨制精细，锋部磨制尖锐。

3. 第二期晚段文化遗存特征

（1）遗迹

第二期晚段的遗迹主要为柱洞，仅分布于发掘区的局部，柱洞分布凌乱，无规律可寻，不可理清其平面形状和构造。柱洞平面形状呈椭圆形和圆形，以圆形居多，柱洞口部直径大小不一。洞壁较直，除个别柱洞的底部弧度较大、剖面呈条状外，其余剖面均呈圆柱形。另有一平面形状呈长方形的蚌壳堆积，主要由蚌壳组成，另夹杂有少量的碎陶片和动物骨骼残片。

（2）遗物

第二期晚段堆积仅在发掘区的局部存在，出土陶片较少，陶片以夹砂黑褐、红褐为主，其次为灰褐、褐、黄褐陶；泥质陶的数量相对较少，颜色仍然以黑褐为主，其次为灰褐、红褐、黄褐陶。钵、釜、罐多见，其中釜、钵、豆、罐等器物肩部或颈部普遍都经过磨光处理。平底器是最为常见的器类，另有少量圜底器和圈足器。颈部与肩部二次对接制作的情形较为少见，器物的体形普遍较小。

陶器纹饰制作手法以刻划和压印多见，另有少量的戳印和剔划。纹饰种类以绳纹、戳印芒纹、凹弦纹、水波划纹、戳印篦点纹、草叶划纹、刻划栉纹、网格划纹、戳印圆圈纹及变形鸟纹等常见，复合纹饰相对较少见，但仍占有一定比例。钵、A 型釜、豆、簋形器、碗、带流钵形器、高领罐、瓮形器、盆形器、尊形器少见，另有支座、陶拍、带孔陶器、陶拍等，不见杯形器。

陶器基本组合为 Ab 型Ⅳ式、Ba 型Ⅲ式、Bd 型Ⅱ式钵，Aa 型Ⅳ式碗，Aa 型Ⅳ式、Ba 型Ⅲ式豆，A 型Ⅱ式、Ba 型Ⅱ式簋形器，Aa 型Ⅵ式、Eb 型Ⅲ式、F 型Ⅲ式釜，Aa 型Ⅳ式高领罐，Af 型Ⅱ式和Ⅲ式、Bb 型Ⅲ式、Da 型Ⅱ式、Ea 型Ⅱ式罐，C、D 型壶形器，Aa 型Ⅱ式、C 型尊形器，A 型Ⅳ式、B 型Ⅱ式盆形器等。

第二期晚段石器数量和种类相对较少，仍然以磨制石器为主，少见打制石器。大型石器数量较少，普遍为小型石器。石器岩性以玄武岩为主，其他有砾岩、角闪片岩、硅质岩、砂岩、板岩等。斧、锛、凿、网坠多见，其他为砺石、磨盘、研磨棒、石锥等。以生产工具和生活用具多见，其次为渔猎工具和装饰品。

骨器无论数量或种类均较少，仅见鱼钩和骨针，鱼钩均为骨片磨制而成，磨制精细，为实用器。骨针系用骨条磨制而成。

（三）年代

云南南部地区目前考古学文化的区系类型研究较为贫乏，可供对比的材料和年代数据有限，我们对该遗址时代的推测，主要依据该遗址的碳–14 测年数据以及周边地区古代遗址的测年数据。

石佛洞遗址共测定三个碳–14 数据，堆积单位分别为第 8 层和 4D 层，第 8 层的时代为公元前 1410～前 1110 年[①]；第 4D 层的时代分别为公元前 1320～前 1110 年和公元前 1320～前 1120 年[②]。

距离该遗址西南约 5 公里的南碧桥遗址，与石佛洞属于同一文化类型，有一个碳–14 测年数据为距今 2820±75 年[③]。

南碧桥与石佛洞二者时代非常接近，由此我们推测石佛洞遗址的时代为距今 3500～3000 年之间。根据上述分期，我们发现该遗址各期段遗物之间的变化较小，器物之间的衔接紧密，器物形态变化相对较小，文化面貌的承续性特征突出，这也间接表明了该遗址各期段之间的时段变化小，时代关系连接紧密。由此，我们可初步推测该遗址各期段的时代如下：

[①] 石佛洞遗址 2003 年第 8 层炭化稻（BA07771）测年数据为距今 3015±50 年，树轮校正后年代为公元前 1410～前 1110 年。参见本书附录七。

[②] 石佛洞遗址 2003 年 T13④D 层木炭测年数据 ZK－3198 的时代为公元前 1320～前 1110 年；ZK－3199 的年代为公元前 1320～前 1120 年。参见中国社会科学院考古研究所考古科技实验研究中心碳十四实验室：《放射性碳素测定年代报告（三一）》，《考古》2005 年 7 期。

[③] 耿马南碧桥洞穴遗址碳十四测年结果为距今 2820±75 年，树轮校正年代距今 2935±110 年。文物保护科学技术研究所碳十四实验室：《放射性碳素测定年代报告（五）》，《文物》1984 年 4 期。

器类 型 分期 分段		钵				
		A			B	
		Aa	Ab	Ac	Ba	Bb	Bc
一期	早段	I 式（T29⑨：68）	I 式（T15⑧：136）		I 式（T29⑨：67）		
	晚段	II 式（T23⑥：13）		I 式（T25⑦：82）	II 式（T30⑦：81）	I 式（T20⑦：66）	
二期	早段	III式（T13④D：33） IV式（T15④D：391）	II式（T24⑤：83） III式（T15④D：363） IV式（T22④C：156）	II 式（T7⑤：68）			I 式（T15④D：393） II式（T30④C：235）
	中段					II式（T24④A：181）	
	晚段				III式（T17③B：229）		

图二三三（一）　主要陶器

碗		豆		簋形器	
Aa	Ba	Aa	Ba	A	Ba
Ⅰ式(T30⑨：93)	Ⅰ式(T30⑧：154)	Ⅰ式(T15⑧：41)	Ⅰ式(T5⑨：93)		
Ⅱ式(T5⑦：67)	Ⅱ式(T23⑥：122)	Ⅱ式(T23⑥：77)			
Ⅲ式(T25⑦：71)					
		Ⅲ式(T30④C：234)	Ⅱ式(T5④D：10)		
		Ⅳ式(T30④B：289)		Ⅰ式(T14④A：91)	Ⅰ式(T17④B：148)
Ⅳ式(T16③B：27)		Ⅲ式(T7③B：105)		Ⅱ式(T16③B：34)	Ⅱ式(T7③B：95)

分期图（一）

器类 型	釜				
分期 分段	A		B		
	Aa	Ab	Ba	Bb	Bc
一期 早段	Ⅰ式(T5⑨:90)	Ⅰ式(T30⑨:148) Ⅱ式(T30⑧:162)	Ⅰ式(T23⑨:61)		Ⅰ式(T23⑧:65)
一期 晚段	Ⅱ式(T15⑦:205) Ⅲ式(T30⑦:179)			Ⅰ式(T5⑦:107)	
二期 早段	Ⅳ式(T13④D:51)				Ⅱ式(T32④C:83)
二期 中段	Ⅴ式(T24④B:124) Ⅵ式(T17④A:158)		Ⅱ式(T17④A:141)	Ⅱ式(T30④B:298)	
二期 晚段					

图二三三(二)　主要陶器

釜				
D		E		F
Da	Db	Ea	Eb	
Ⅰ式(T8⑧∶41)				Ⅰ式(T30⑧∶157)
	Ⅰ式(T5⑦∶106)	Ⅰ式(T15⑥∶274)	Ⅰ式(T5⑦∶104)	
			Ⅱ式(T15⑦∶206)	
Ⅱ式(T24⑤∶89)	Ⅱ式(T15④D∶413)	Ⅱ式(T18④D∶51)		
Ⅲ式(T22⑤∶141)				
				Ⅱ式(T19④A∶16)
			Ⅲ式(T4③A∶48)	Ⅲ式(T7③A∶93)

分期图（二）

器类型分分期段	高领罐		花边口沿罐	
	A		B	
	Aa	Ab	Ba	Bb
一期 早段	I式(T23⑨:62)　II式(T15⑧:25)	I式(T28⑧:16)	I式(T30⑨:143)　II式(T4⑧:36)	I式(T32⑨:43)
一期 晚段				II式(T5⑦:122)　III式(T25⑥:104)
二期 早段	III式(T17⑤:102)	II式(T22④D:156)	III式(T12④D:55)	
二期 中段		III式(T25④A:186)		
二期 晚段	IV式(T7③A:80)	IV式(T3③A:192)		

图二三三(三)　主要陶器

罐				
A				
Aa	Ab	Ac	Ad	Ae
	Ⅰ式(T30⑧:163)	Ⅰ式(T15⑧:126) Ⅱ式(T15⑧:121)	Ⅰ式(T29⑨:64)	
Ⅰ式(T9⑥:23) Ⅱ式(T25⑥:105)	Ⅱ式(T15⑦:164)			Ⅰ式(T30⑦:182)
Ⅲ式(T8④D:9)	Ⅲ式(T30④C:269)	Ⅲ式(T15⑤:311)	Ⅱ式(T15④D:405)	Ⅱ式(T13④D:46) Ⅲ式(T30④C:226)
Ⅳ式(T13④B:78)	Ⅳ式(T15④B:373)			Ⅳ式(T12④B:56) Ⅴ式(T17④A:173)

分期图（三）

器类\型 分期\分段	器　盖 Aa	尊形器 Aa	盆形器 A	瓮形器 Ba	瓮形器 Bb
一期 早段	Ⅰ式(T30⑧:151)		Ⅰ式(T15⑧:158)	Ⅰ式(T15⑧:123)	
一期 晚段	Ⅱ式(T30⑦:821)	Ⅰ式(T32⑦:54)	Ⅱ式(T25⑦:53)	Ⅱ式(T30⑥:201)	
二期 早段	Ⅲ式(T16④C:24) Ⅳ式(T17④C:134)		Ⅲ式(T24④D:104)		Ⅰ式(T15⑤:298)
二期 中段					Ⅱ式(T14④B:79)
二期 晚段		Ⅱ式(T7③B:101)	Ⅳ式(T15③A:461)		

图二三三(四)　　主要陶器分期图（四）

表二七　典型陶器型式分期表

器类	型	式	⑨	⑧	⑦	⑥	⑤	④D	④C	④B	④A	③B	③A	②B
釜	F		I							II			III	
釜	E	Ec					I	II						
釜	E	Eb			I	II				II			III	
釜	E	Ea			I	I	I	II						
釜	D	Db				I		II		II				
釜	D	Da	I		I		II	III		II			III	
釜	C				∨									
釜	B	Bc	I				II							
釜	B	Bb			I			II		II			II	
釜	B	Ba	I			I	II			II			II	
釜	A	Ac					I	II						
釜	A	Ab	I	II										
釜	A	Aa	I		II	III	III	IV		IV	V		V	VI
篮形器	B	Bc					∨							
篮形器	B	Bb					∨							
篮形器	B	Ba								I			II	
篮形器	A									I			II	
豆	B	Bb					∨							
豆	B	Ba	I		I		I	II					III	
豆	A	Ab					∨							
豆	A	Aa	I		I	II	II	III		III	IV		III	IV
碗	C		I	∨										
碗	B	Bb			II	∨								
碗	B	Ba	I	∨	II									
碗	A	Ab	I	∨										
碗	A	Aa	I		II	III							IV	
钵	B	Bd					I						II	
钵	B	Bc					I	II		II			II	
钵	B	Bb				I				II				
钵	B	Ba	I		I	II	II			II			III	
钵	A	Ac					II							
钵	A	Ab	I		I		II	III	IV	III			III	IV
钵	A	Aa	I		I	II	II	III	IV	III	IV			

分段：⑨⑧＝一期早段；⑦⑥＝一期晚段；⑤④D④C＝二期早段；④B④A＝二期中段；③B③A②B＝二期晚段。分期：一期、二期。

续表二七

分期	分段	层位	高领罐 A			高领罐 B				罐 A						罐 B			罐 C		罐 D			罐 E		花边口沿罐 A	花边口沿罐 B	
			Aa	Ab	Ac	Ba	Bb	Bc	Bd	Aa	Ab	Ac	Ad	Ae	Af	Ba	Bb	Bc	Ca	Cb	Da	Db	Dc	Ea	Eb	A	Ba	Bb
一期	早段	⑨	I	I		I		∨	∨		I	I	I			I	I							I		∨	I	I
一期	早段	⑧	II			II						II	I				I										II	
一期	晚段	⑦	II	I	I	II				I	I	II		I							I							II
一期	晚段	⑥				III				II	III																	III
二期	早段	⑤	II	I	II		∨			III	II	III	III	II				∨	∨	∨		I	∨		I		III	
二期	早段	④D	III	II							III			III											II			
二期	中段	④C																										
二期	中段	④B									III			IV			II					II						
二期	中段	④A								IV	IV			V	I	II	III											
二期	晚段	③B	III	III											II		III											
二期	晚段	③A	IV	IV											III					II			II					
二期	晚段	②B																										

续表二七

分期	分段	层位	器盖 A Aa	器盖 A Ab	器盖 A Ac	器盖 B	器盖 C	壶形器 A	壶形器 B Ba	壶形器 B Bb	壶形器 C	壶形器 D	尊形器 A Aa	尊形器 B	尊形器 C	盆形器 A	盆形器 B	盆形器 C Ca	盆形器 C Cb	盆形器 C Cc	瓿形器 B Ba	瓿形器 B Bb	瓿形器 C
一期	早段	⑨ ⑧	I	I		I		I Ⅱ	∨		∨		I	I		I		∨	∨		I		∨
一期	晚段	⑦ ⑥	Ⅱ	Ⅱ				Ⅱ		∨				Ⅱ		Ⅱ				∨	Ⅱ	I	
二期	早段	⑤ ④D	Ⅱ Ⅲ Ⅳ			Ⅱ	∨									Ⅲ						I	
二期	中段	④C ④B ④A	Ⅲ Ⅳ		∨																	Ⅱ	
二期	晚段	③B ③A ②B									∨	∨	Ⅱ		∨	Ⅳ	Ⅱ						

第一期早段遗存的时代推测约为距今 3500～3400 年。

第一期晚段遗存的时代推测约为距今 3400～3300 年。

第二期早段遗存的时代推测约为距今 3300～3200 年。

第二期中段遗存的时代推测约为距今 3200～3100 年。

第二期晚段遗存的时代推测约为距今 3100～3000 年。

石佛洞文化类型延续时期较长，属于同一文化范畴，由于历时性的变化，呈现前后两期的变化。这些变化表现为简单至复杂再简化，呈现出发展、兴盛、衰退的趋势。一期早段和二期晚段石器数量和种类普遍较少，大型石器多；陶器装饰较简单，器形单一，花边口沿罐、陶碗多见于第一期早段；一期早段和二期晚段建筑遗迹少见。而一期晚段和二期早、中段的石器则无论数量或种类均较为丰富，陶器的器形繁多，纹饰则繁缛复杂，带耳罐、带流器、簋形器均不见于一期早段，而碗、花边口沿罐、壶形器等不见或少见。二期早段建筑遗迹发现较多。此外，陶瓮形器、尊形器、壶形器、盆形器等多见于第一期，第二期相对较少见；圈足的变化一、二期之间呈现出由低至高的趋势（图二三三；表二七）。目前该文化类型第一期早段的材料还发现较少，资料缺乏造成了许多缺憾，还需要进一步加强该区域典型遗址的考古发掘与研究，以便于进一步了解该区域古代文化的源流。

第六章　结语

石佛洞遗址是澜沧江下游地区目前经过科学发掘的一处较为重要的先秦时期遗址，出土了大量具有鲜明地域特色和时代特征的器物，其丰富的文化内涵为我们研究澜沧江下游地区乃至整个西南地区先秦时期的文化与社会提供了重要的考古资料。通过石佛洞遗址遗迹与遗物的分析与研究，加强了我们对于澜沧江下游地区古代居民的生业模式和社会生活的认识，并且拓宽了云南西南部与东南亚地区之间古代族群的分布及相互关系的认识。

（一）文化性质分析

1. 石佛洞遗存的文化面貌与特征

石佛洞遗址的主要遗存尽管已经进入了早期青铜时代，但所使用的工具仍然以石器、骨器、角器等为主，出土石器中以磨制石器为主，仅见少量的打制石器（尽管石佛洞遗址不见，但在挡帕山遗址遗迹崖画地点遗址中常常可以看到石核石器，如尖状器、砍砸器、敲砸器等[①]）。其中磨制石器磨制精细，器形规整；打制石器多为大型石制品，周身遍布打制痕迹，多用自然岩石打制成型。大型石器较为少见，磨制石器普遍为小型石器，种类和数量均较丰富。

石佛洞石器的岩性以玄武岩为主，颜色以灰绿色居多，另有灰色、灰黑色等，其次为砾岩、硅质岩、砂岩、闪长岩、板岩、页岩、大理石、泥岩等（表二八）。这说明当时人们根据岩石矿物的天然结构、构造、力学性质、色泽特点等方面的差异来进行材料选择，根据其特点加工成不同的器物。

从用途而言，这些石器以生产工具为主，其次为渔猎工具、生活用具、装饰品和礼器等。常见的器形是斧、锛、凿、网坠、镞、砺石、锄、铲、璧、星形器、纺轮、臼、研磨器、磨盘、磨棒、弹丸、矛、匕首、切割器、砍砸器、半成品及坯料等，其中出土数量最多，器形也最为丰富的是用玄武岩打磨而成的斧，其次为锛、凿等；而 Ba、Be、Bf 型斧，Aa、Ac 型锛，A、B 型网坠，砺石，星形器，角形璧、钺形璧，贝饰等较具强烈的地方特色（表二九）。

[①] 2009 年全国第三次文物普查成果，该遗址资料现存临沧市文物管理所。

表二八　主要石器岩性统计表

器类 材质/段别	砍砸器	切割器	穿孔石器	石锛	石斧	石凿	石矛	匕首	石镞	石针	石镯	网坠	纺轮	研磨器	石环	石球	弹丸	星形器	锥形器	梭形石器	贝形饰	磨盘	磨棒	石铲	石臼	石拍	石璧	石锄	砺石	半成品	小计	小百分比	合计
一期早段																																	
砂岩												3																	4	1	8	18.18	44
板岩															2																2	4.55	
硅质岩																		1													1	2.27	
砾质岩									1					4						1											6	13.64	
泥岩							1																								1	2.27	
角闪岩																														1	1	2.27	
长石					1																										1	2.27	
玄武岩				4	8	2			1																						15	34.09	
闪长岩					2																										2	4.55	
千枚岩							1	1	5																						7	15.91	
一期晚段																																	
砂岩	1	2	1									31													1						36	20.11	179
砾岩					3							20		3		2						1	1	1					3	2	36	20.11	
大理石												1														1					1	0.56	
泥质岩						1																									1	0.56	
页岩									3																						3	1.68	
玄武岩				41	33	6		1	3																			2		3	86	48.04	
闪长岩				8																											8	4.47	
硅质岩																		1													5	2.79	
片岩															1														1		1	0.56	
板岩									1																						2	1.12	

续表二八

段别	材质	打制石器		穿孔石器	磨制石器																										半成品	小计	百分比	合计
		砍砸器	切割器		石斧	石锛	石凿	石矛	匕首	石镞	石针	石镯	网坠	纺轮	研磨器	石环	石球	弹丸	星形器	锥形器	梭形石器	贝形饰	磨盘	磨棒	石铲	石臼	石拍	石璧	石锄	砺石				
二期早段	砂岩											1	52					1					2				1					57	19.13	298
	泥岩												3																			3	1.01	
	砾岩				10								5				1												1	11		28	9.40	
	板岩													1		3													1			5	1.68	
	片岩									2																						2	0.67	
	页岩									3				1																		4	1.34	
	硅质岩			1			10				1								2	1								2				17	5.70	
	玄武岩			1	75	79	10																								5	171	57.38	
	闪长岩				9																											9	3.02	
	千枚岩								2																							2	0.67	
二期中段	砂岩																										1			2		3	2.65	113
	砾岩				2	1							42																	2		47	41.59	
	板岩																					1										1	0.88	
	页岩													1																		1	0.88	
	大理石					1	4																									5	4.42	
	硅质岩																		1													1	0.88	
	玄武岩	7			41	1																										49	43.36	
	闪长岩				5																										1	6	5.31	

续表二八

表中器类分为：打制石器（欹砸器、切割器）、穿孔石器、磨制石器，以及砺石、半成品、石料等。

段别 / 材质	欹砸器	切割器	穿孔石器	石碎	石锛	石凿	石矛	匕首	石镞	石针	石镯	网坠	纺轮	研磨器	石环	石球	弹丸	星形器	锥形器	梭形石器	贝形饰	磨盘	磨棒	石铲	石臼	石拍	石璧	石铆	砺石	半成品	石料	小计	百分比	合计
二期晚段　砂岩												7										1	1									9	12.16	74
二期晚段　角闪岩				1																												1	1.35	
二期晚段　砾岩				1								4																				5	6.76	
二期晚段　板岩						4									1																	8	10.81	
二期晚段　硅质岩																3	1		1										7			5	6.76	
二期晚段　玄武岩				16	29															1												46	62.16	
采集和晚期堆积　砂岩																						1	1									3	5.45	55
采集和晚期堆积　泥岩																							1			1	1		1			3	5.45	
采集和晚期堆积　砾岩				6		2						5											1						1			14	25.45	
采集和晚期堆积　板岩													1								1											2	3.64	
采集和晚期堆积　页岩																										1						1	1.82	
采集和晚期堆积　硅质岩														1				5				1	1		1							9	16.36	
采集和晚期堆积　玄武岩				14		3																		2			2					20	36.36	
采集和晚期堆积　闪长岩				3																												3	5.45	
小计	1	2	3	140	261	44	21	4	1	1		173	4	7	8	3	1	10	1	1	1	5	5	3	2	3	8	1	33	13	1	710（93.05%）		
合计	6（0.79%）																												47（6.16%）					763

表二九　主要石器器类统计表

期别	层位	石斧Aa	石斧Ab	石斧Ba	石斧Bb	石斧Bc	石斧Bd	石斧Be	石斧Bf	石斧Ca	石斧Cb	石斧Cc	石斧Cd	凿A	凿B	凿C	凿D	锛Aa	锛Ab	锛Ac	锛Ad	锛Ae	锛Ba	锛Bb	锛Bc	锛Bd	网坠A	网坠B	网坠C	镞A	镞B	镞C	镞D	小计	百分比(%)
一期早段	9	1	1															1																3	0.47
	8	1		1	2									2						1							1	1		3	1	2		20	3.13
	H1			1	1																						1	1						4	0.63
一期晚段	7			2	4					10	4			5	2	2	3		3	3	4	2	2	3	1		4	28						81	12.68
	6			7	2	15				5	1				2			10	5				3					18				3	1	70	10.95
二期早段	5			8	5		3	4		13	5			5	2	2	3	9	7	2			5	3	1		3	15		1	1	3	3	102	15.96
	4D	10		5	2		1	7	10	3	1		3	3				12					5	10	5	2	1	36				2	1	117	18.31
	4C	1		1	1			5	8	1		1		2		1		1		12			1					5	1					41	6.42
二期中段	4B			4	8	2	1	5		2	5	1	1	1		1				2					1			3						32	5.01
	4A			9	4	1		3	7	2	2		1	3		3		4		2								39						71	11.12
二期晚段	3B			1	1			3	1	3		1	1					1	2	1					3			7						28	4.38
	3A	1	1	1	1			1	5			7	1	2		1		6		2								4						31	4.85
	2B							1				1								1														3	0.47
晚期堆积	2A			7	1	2			4	2	2		2	2						3								5						31	4.85
	1	3	2																															5	0.78
小计		16	4	47	32	20	5	29	35	41	14	10	8	23	6	9	6	44	17	28	4	2	16	16	11	2	10	162	1	4	2	10	5	639	100
(百分比%)		40.85												6.89				21.91									27.07			3.29					

最有特点的星形器，可能与后来铜鼓上太阳纹光体有一定的相似性，它们之间应有着某种宗教或信仰崇拜意义上的联系。这类器物不仅制作工艺考究，它的用途也很值得研究。遗址出土的石器是目前澜沧江流域加工技术最为先进的地区，其磨制精细程度以及其特殊的形制和造型充分显示出同流域同时期遗存的差异性和特殊性。

陶器是石佛洞遗址出土数量最多的遗物，陶质以夹砂黑褐陶为主，其次为灰褐、褐、红褐陶；泥质陶较少，常见有黑褐、灰褐、褐、红褐等。陶器制法以手制为主，个别器物可能有慢轮修整。许多器物的肩部以上经过磨光处理，肩部和腹部以及肩部与颈部二次对接制作而成的釜、罐是一大特色。大部分陶器火候较高，少数器物烧制较精，质地坚硬。陶器表面多有纹饰，素面陶器少见，纹饰装饰手法以压印、刻划、戳印、锥刺为主，常见的纹饰种类有绳纹、弦纹、附加堆纹、水波纹、网纹、草叶划纹、篦点纹、花瓣纹以及几种纹饰组合而成的复合纹饰等，在器物抹光后形成的光面上再装饰纹饰是陶器装饰的一大特点，图案复杂的复合纹饰也是较为流行的纹饰，具有鲜明的族群特色和象征意义。如 B、C、D 型釜肩上复杂的复合纹饰图案，这些变形鸟纹环绕平面形状呈圆形的口部，其寓意丰富而深刻，让人联想到古代的太阳崇拜，这与铜鼓上的"飞鸟运日"的象征图案有异曲同工之妙[①]。

陶器的器形有平底器、圜底器和圈足器，不见三足器，其中平底器和圜底器的种类与器形繁多，数量比较多。器形以釜、钵、豆、罐、高领罐和器盖为主，另有碗、篦形器、瓮形器、杯形器、壶形器、盆形器、尊形器、缸、支座和纺轮等。Aa、Ab、Ba、Bb 型钵，Aa、Ba 型碗，Aa、B 型豆，A 型篦形器，A ~ E 型釜，Aa、Ab 型高领罐，Aa ~ Ac、Af、B、E 型罐，Aa 型器盖，B 型瓮形器及 A 型纺轮等是典型器物。器流和带耳器虽有所发现，但数量较少。

遗址出土的骨器数量和种类特别丰富，在不同时期的堆积层中有所区别，一期早段和二期中、晚段骨器均较少。这些骨器系用动物肢骨和骨片磨制而成，器表磨制精致，器形相对规整。数量最多的器形是骨锥，其次为匕、镞、刀、耳玦、牌饰、鱼钩等。角、牙器主要为角锥、穿孔牙饰、牙锥等，数量和种类较少，其用途多为制陶工具，其次为装饰品。

石佛洞遗址发现的遗迹现象较为单一，仅见建筑遗迹、灰坑、墓葬等，其中建筑遗迹最为常见。这些建筑遗迹的营造形式都是在地面挖柱洞起建的干栏式建筑和地面建筑，一期和二期早、中段多是地面建筑，二期晚段为干栏式建筑。建筑遗迹的平面形状呈长方形和圆形，以长方形居多，圆形次之。这些建筑的方向多为东北—西南向，即面向洞口较高的位置，有利于采光，其门道可能开在西南。

柱洞平面形状以圆形居多，另有少量的椭圆形，洞壁普遍较直，剖面有圆柱状、圆锥状等。个别洞壁经过烘烤，形成厚约 2 厘米的烧结层。依洞内残留物判断，建筑多使用竹柱，木柱较少见。建筑的墙壁系用不拌泥的竹笆或其他植物做墙，而不是木骨泥墙。建筑遗存内的地面上往往可以发现较硬的居住面，厚度一般为 5 ~ 10 厘米，地面上还常常可以发现磨盘、磨棒、砺石、石

---

① 易学忠：《铜鼓"四飞鸟"为犀鸟"运日"说》，《云南文物》19 期，1996 年。

锛、石斧等石器。在室内还常常发现烧灶或火塘，可进一步确认此类建筑为地面建筑。此类早期建筑的居住面一般是用谷糠或蚌壳与泥土踩踏而成，结构紧密，非常坚硬。晚期建筑的地面则是就地略加平整，先铺碎石，再垫黄土，稍加拍打踩踏而成。屋顶结构不详。在同时期的沧源满坎Ⅱ号地点崖画中可看到其特定区域的"巢居"式建筑（干栏式）图案[1]，提供了该区域古代居民建筑形式的图像资料，是复原研究石佛洞干栏式建筑的重要参考。

现代耿马境内的孟定、勐简地方的傣族，福荣乡的拉祜族和佤族，河外乡班辛的德昂族，耿宣镇芒国的佤族及勐永、大兴的部分拉祜族等，居住的都是干栏式竹木楼房。干栏式楼房称掌房或千脚落地房，也有的叫"孔明帽"掌房，民间相传是祖先萨目从人类脱离洞穴居住后，在寻找住房时得到狗、孔雀和鹭鸶等动物的启示建成的，所以楼房的每个部位都带有动物身体某部的称谓，屋脊叫狗背，房两侧椭圆偏厦叫鹭鸶翅膀等。

西南山地的地形、气候、地震等自然因素，势必会影响到当地建筑的形式、风格和建筑方式等。干栏式的建筑适应当地炎热潮湿和降雨量大的气候，就地取材，建造方便，成本低廉。此类建筑既便于通风散热防潮，又可防御野兽、毒蛇的攻击和洪水的侵袭。建房前一般要先备好竹木、竹板，编好草片，择日在亲友帮助下，简单一些的建筑用一天时间即可建成。干栏房屋一般是楼上为生活层，有阳台、盛水器皿亭、火塘、客厅、龛桌及睡房，楼下为关畜禽、囤粮食、堆放生产工具及柴禾等杂物的地方。建盖时柱脚埋进土内，房高4~5米，屋顶铺盖草片，楼底板、楼壁、隔板为竹片铺编，桁条和椽子全以竹子为材料，用藤条捆绑稳固。室内视家庭人口多寡和经济情况，决定楼房的大小宽窄和楼房内的修饰布置。习惯是客人或家人进家时从楼梯走上，要脱鞋赤足，席地而座。楼房的四旁种植竹木、薪炭林、蔬菜、果树及花卉。干栏聚族而建，村寨楼房顶犬齿交错，掩映于竹林丛中。

值得特别注意的是，石佛洞遗址的干栏式房屋是建筑在偌大的洞穴中，不必考虑防备大风大雨，也不会有猛兽入侵，所以建筑的规模会小一些，强度也会弱一些。不过这种在洞穴中建房居住的做法还是很值得关注的，这在古代可能有着普遍意义，今后可能会有更多的发现。

石佛洞文化遗存内涵丰富，具有鲜明的区域和时代特点，主要分布于澜沧江流域的中下游地区。石佛洞遗址是该区域唯一经过正式大规模发掘的遗址，文化特征和时代特点突出，农业发展水平较高，石器及陶器制作工艺技术较为发达。综合同一时段云南境内新石器晚期遗址分析，可以初步认定同类遗存可能已经进入早期青铜时代，其发展与表现形式与中原地区古代文化有着明显的区别，这是今后从事边缘地区古代文化的历史与文化研究时需要特别注意的。鉴于目前同文化类型的遗址点经过正式考古发掘的较少，相关研究也非常滞后，其文化发展的源头和流向均不明朗，因此我们建议暂且将以石佛洞遗址文化面貌特征为代表的文化遗存命名为"石佛洞文化"，

---

[1] 汪宁生：《云南沧源崖画发现与研究》，文物出版社，1985年；张增祺：《云南建筑史》21页，云南美术出版社，1999年；耿马傣族佤族自治县地方志编纂委员会：《耿马傣族佤族自治县志》382页，云南民族出版社，1995年。

以促进区域考古文化研究的进一步拓展。

石佛洞文化的年代大致在距今 3500～3000 年，其中距今 3400～3200 年是它最发达的时期。

2. 石佛洞居民产业与工艺观察

（1）生业模式：稻作农业和渔猎经济

长期以来，云南西南部地区的田野考古调查与发掘工作比较薄弱，这一区域一直被认为是一片瘴疠之地，推论以为这是一个历史与文化的空白地带。根据近些年来旧石器时代考古调查与发掘，可以认定其实该区域很早就有人类活动，在距离石佛洞遗址约 10 公里、距下邦硝洞遗址约 5 公里的农口硝洞旧石器晚期洞穴遗址，是滇西南旧石器文化的首次发现，根据洞穴地质、石制品工具及伴生的哺乳动物化石推测，其地质时代为晚更新世后期或末期，年代为距今约 10000 年[1]，表明旧石器时代晚期就有人类在此居住。

该区域古代文化被世人所认知，是 1965 年沧源岩画的发现与研究，但随后由于正式田野考古发掘与研究滞后，在相当长的一个时期，对古代居民生产与社会面貌的认识一直未能深入。从石佛洞遗址出土的野生动物群及植物遗存看，当时这一区域的气候垂直变化较大，河谷地带温暖湿润，植被茂密，野生动物较多（见附录二），土壤肥沃，是人类比较理想的生存与繁衍场所。

石佛洞遗址位于澜沧江的支流小黑江上游地区的石灰岩溶洞穴内，这种择址情况在西南热带地区较为常见，在云南西南部和东南部的亚热带河谷地区这种居住方式特别普遍。古人利用靠近水源地的天然洞穴和岩厦作为栖身的场所，一来可遮风避雨；二来可以很好的解决防御问题。此类遗址还有一个分布特点是，遗址附近往往有较为开阔的盆地或河谷冲积带，这样的地形有利于农耕、渔猎、取水等。

石佛洞遗址延续了近 600 年的时间，其文化面貌一直未发生较大的变化，这表明当时居民的社会结构较为稳定。经过特殊处理的地面和地面建筑的出现，表明当时的居民们已经过着较为稳固的定居生活。而大量炭化稻谷和一定数量石锄、石铲、犁（或镐）形器、A 型石斧等大型石器的出土，则表明农业是石佛洞居民一项重要的生产活动，水稻是当时居民主要的农作物，这些出土的炭化稻经鉴定以粳稻为主，另有少量的籼稻，可能还有光壳稻陆生态类型[2]。

耿马地区种植水稻的历史悠久，在唐、宋时期孟定和耿马的傣族已经开田种稻，经普查鉴定，当地传统地方品种有 112 个，其中籼稻有 61 个，粳稻 51 个。石佛洞遗址的发现与研究，将该地区的水稻栽培史延伸到了 3500 年前。

大量石磨盘和石磨棒的出土，表明遗址的主人生产和消耗谷物数量已达到了相当惊人的程度。农业经济是石佛洞先民们生活的主体形式，农业的发达和农产品的剩余催生了家畜饲养的发展，

---

① 张兴永：《云南沧源、河口发现旧石器》，《人类学学报》3 卷 2 期；阚勇：《云南耿马石佛洞遗址出土的炭化古稻》，《农业考古》1983 年 2 期。

② 阚勇：《云南耿马石佛洞遗址出土炭化稻》，《农业考古》1983 年 2 期。

当时饲养的动物有猪、水牛和狗。居民所需的动物蛋白大部分必须依靠周围森林中的野生动物，遗址发现最多的是鹿科动物骨骼，有水鹿、麂子、斑鹿等，另有竹鼠、黑熊、猕猴、小灵猫和鸟类等。另外，遗址周围的河流和池塘中的鱼类、蚌、螺等淡水类动物，也是其重要的食物来源。遗址中石镞、石矛、石弹丸、石球、骨镞等狩猎工具以及石网坠、骨鱼钩、骨镖等捕鱼工具的普遍出土，说明在当时居民的生业模式中，渔猎经济占有相当重要的地位。

石佛洞居民在经营农耕、饲养家畜的同时，又以渔猎活动作为获取肉食资源的重要手段。遗址周围除有丰富的动物资源外，植被繁茂，采集业也应该是经济生活中不可或缺的补充形式。在石佛洞居民的经济结构中，狩猎经济所占的比例较高，对野生动物资源有很强的依赖性，这意味着需要众多相对稳定的野生动物资源，来提供丰富的食物资源。丰富的自然资源和较少的食物资源与人口压力，使得石佛洞居民在相对狭小的空间里维持文化稳定的发展。

（2）南下的粟米

粟（*Setaria italica*），禾本科（Gramineae）狗尾草属，一年生草本植物。粟的种子，去壳即小米。又称谷子、小米、狗尾粟、白粱粟、籼粟、硬粟，古农书称粟为粱，糯性粟为秫。粟在我国北方广为栽培，华北地区为主要产区。

中国种粟的历史悠久，最早出现于黄河流域和北方草原农牧混合地带，如距今八九千年的河北磁山、河南裴李岗和距今 6000 年的西安半坡遗址，北方地区的以西辽河流域和距今七八千年的内蒙古兴隆洼与兴隆沟等为代表，这些新石器遗址均已经广泛出现粟。许多学者将中国列为粟的起源中心，中国拥有丰富的粟的品种资源，中国粟被列为大粟亚种的普通粟。中国粟品种有穗粒大、分蘖性弱等特点，表明其栽培进化的程度较高。

我国南方地区一般都不种植粟，石佛洞遗址粟米遗存的发现，揭示早在 3500 年以前，粟米就已经在澜沧江下游地区种植。粟种的来源可能与澜沧江流域上游地区距今 5000 年的卡若文化有密切的关系[1]。粟在澜沧江中下游地区的出现，可能是西北高原地区族群移动或文化交流的结果，揭示了早在 3000 年以前生活于此的居民族群的多样性与文化的复杂性。

（3）建筑技术与工具制作

石佛洞居民在建筑方面的技术已经相当娴熟，干栏式建筑是他们为适应当地自然环境的最好选择。人们利用洞穴周围茂盛的竹林作为建筑的原材料，在洞中立竹柱，编竹篱，盖竹房。由于架屋在洞内，不必太担心风雨侵袭，建筑的强度也许并不大。不过建筑的地面一般都经过特殊处理，室内发现有烧灶、石磨盘、石磨棒、陶支座等遗迹和遗物。

石佛洞遗址居民有着发达的石器加工业，出土石器一般都是根据岩石的天然结构加工而成。居民充分利用小黑江丰富的天然石材资源加工器物，在具体加工各种不同类型的器物时，人们已经能依据颜色、材质的差异以及构造特点等来进行材料选择，然后根据其特点加工制作。在石器加工

---

[1] 吴玉书等：《卡若遗址的孢粉分析与栽培作物的研究》，《昌都卡若》168 页，文物出版社，1985 年。

技术上，人们根据石料的层理和力学性质，一般都是采用顺层方式打磨，显示出高超的技术与经验传统。石器以磨制为主，打制较为少见，石器普遍磨制精致，表面光滑。石器所使用的石料主要是玄武岩，其次为砂岩、砾岩、大理岩、板岩、千枚岩、硅质岩等，花岗岩、泥岩较为少见。

骨器制作也是当时居民一项重要的副业，他们利用废弃或食后的动物肢骨和骨片磨制而成所需的骨锥、戒指、耳玦、牌饰等，器形规整，磨制精致。其中作为制陶或纺织工具使用的骨锥数量最多，其他均为装饰品。而竹篱和骨针、骨锥及大量 A 型陶纺轮的出土，则表明这些居民应该从事着简单的编织和纺织活动，编织品和纺织品应该广泛出现于日常生活之中。

（4）制陶工艺

制陶业是石佛洞居民一项重要的手工业。石佛洞遗址出土的陶器具有鲜明区域和时代特点，这些陶器器类多样，器形丰富，陶器的制作和装饰具有鲜明的技术传统和装饰特色。石佛洞遗址陶器制作工艺和装饰风格的分析，有助于我们了解这些远古边缘地区居民的陶器制作水平和特点以及其特有的装饰和审美习惯，进入其独特的审美世界。

①陶土

石佛洞居民针对不同用途的器物选择不同的陶土制作。一般泥质陶的陶土都经过淘洗和仔细筛选，成器大小匀称，质地细腻。夹砂陶的胎土可能未经淘洗，其胎土质地一般都呈现粗大颗粒，质地比较粗糙。石佛洞洞穴内的土壤，主要为粉尘，含泥少，并不适合作为陶土的原料。因此当时居民所选用的陶土可能来自小黑江沿岸台地的土壤，主要有砖红壤、赤红壤、石灰土以及水稻土。取土后还需捣细，然后进行过筛和拣选，再进行羼料，最后才形成泥料。

从陶片断茬观察，陶片有夹砂陶和泥质陶，夹砂陶为主，夹砂陶的质地相对粗糙，而泥质陶的质地则较为细腻。有的陶器的陶土经过淘洗和仔细筛选，胎质细腻。而有的陶片的胎土则未曾经过淘洗，胎质一般都呈现粗大颗粒。质地粗糙陶土的原岩可能为粉砂质泥岩、钙质泥岩，一般陶土中都羼杂有蚌壳或螺壳粉末羼和料，也有石英（白云石）和方解石颗粒。

石佛洞陶器的质地一般都较为细腻，部分陶器的质地较为粗糙。泥质灰陶仅见于遗址一期早段，所见早期陶器胎土较厚，羼和料粗大，表面抹光，多素面，器类单一，仅见碗和高领罐。

②成型

陶器多为手制，制作方法以泥条盘筑为主，工艺较为成熟。分析陶器成型方法是，用泥料在支垫物上拍成圆饼，并将周边折起立衬作为坯底，手搓圆形泥条沿器底一圈圈向上挤压盘塑而成器壁。泥条盘塑到一定高度即开始对初坯进行拍打，手持木拍均匀拍打器壁，外壁是利用木拍或石拍从外往里拍打（图二三四，1），同时内壁用卵石作为衬垫。在制作器物口沿和颈部时，需用手仔细捏塑修整。陶器的双耳、流及鋬手之类的附件，一般是捏塑成型后贴于器肩和口沿之上，器盖也是用手捏塑成型。

遗址出土的许多陶器内壁清晰可见泥条盘筑的痕迹，个别器物甚至经过慢轮修整，陶器制作工艺和成型方法较为成熟。从釜的折肩部位包在腹壁的内部看，推测它的成型方法可能为正筑法。

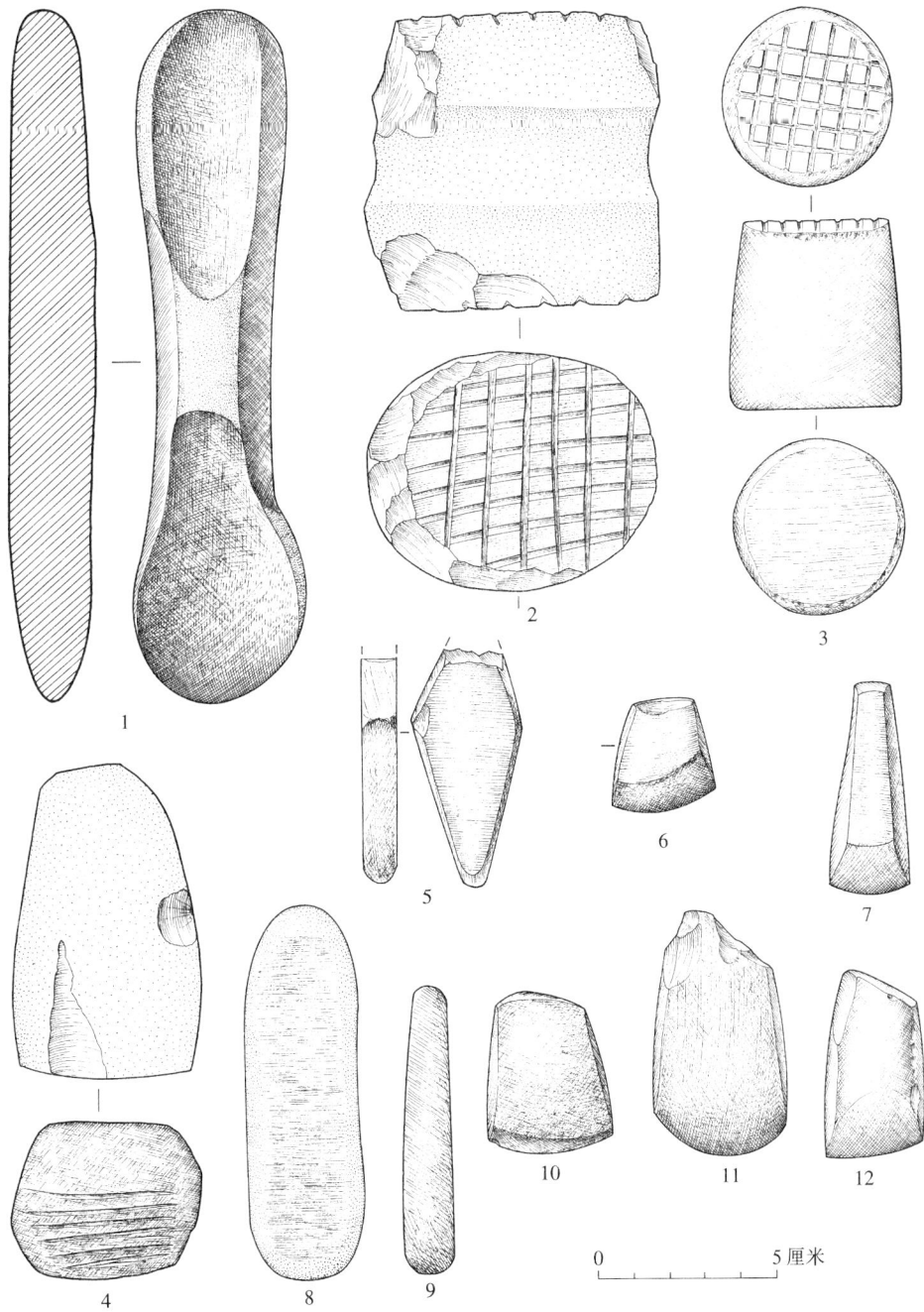

图二三四　石质制陶工具

1. 拍压工具（C：36）　　2～4. 拍印工具（T30④B：50、T30⑦：79、T15④D：65）
5、8、9. 抛光工具（T5⑦：72、T20⑥：27、T7③B：29）　　6、7、10～12. 刮抹工具
（T22⑤：46、T12⑤：8、T24⑤：45、T15⑤：72、T22⑤：61）

而豆、簋形器等圈足器则可能是圈足为正筑法制作，而器身成型则为倒筑法。

圈足器、折肩釜、圜底罐的肩部和腹部多遗留有明显的二次对接而成的痕迹，这是石佛洞遗址陶器制作的一大特色，具有鲜明的时代特征。有的为肩部和腹部一次拼接，常见的为肩部和腹部（图二三五，5）或沿部和颈部二次拼接（图二三五，1）以及沿部、颈部和腹部都为二次对接而成（图二三五，2）或圈足与底部对接（图二三五，3、4、6）。

陶器是石佛洞居民最为常见的器物，器类以圜底器、平底器多见，其次为圈足器，不见三足器。器类有钵、簋形器、釜、罐、器盖、豆、高领罐、碗、纺轮、陶拍、支座、盆形器、尊形器、壶形器等。器盖、钵、釜、豆、罐、高领罐是数量最多、器类最为丰富的器形。A 型釜与器盖以及支座应为组合使用之器物（图二三六），在 A 型釜口沿内侧常常可以发现沿面有两种截然不同的面，内侧面与外侧面颜色、手感不一，内侧光滑平整，颜色较深；外侧则粗糙，颜色也浅一些。

③装饰

陶坯制作完成后，趁其未完全干时，利用印模或印有纹饰的拍子拍打器物的外壁，这样就得到了所需的纹饰。拍印纹饰时仍然需要打磨石作为器物内壁的衬垫，以免陶坯开裂或变形。陶器纹饰装饰完成后，移至阴凉通风处晾干。

石佛洞居民常见的装饰手法为拍印、刻划及戳印等，纹饰种类中以绳纹、弦纹、芒纹、篦点纹、草叶划纹等最多见。绳纹是最主要的纹饰种类，普遍装饰于各类器物之上，常见的装饰部位为器物的腹部或颈部及唇部，肩部较少见，多为交错绳纹，另有少量斜向绳纹和附加绳纹，这些绳纹多是利用缠绕绳索的拍子拍印或用石拍压印而成。另外，还有许多肩部磨光的器物，其实原来通体都装饰有绳纹，后经过磨光处理再装饰其他纹饰或保留其光面，个别器物磨光面仍然可清晰看见绳纹的痕迹。许多器物的肩部和内壁（以钵、豆、釜等最为常见）多用骨刀、骨匕或小型磨光石斧、石锛或石凿磨光或刮磨处理（图二三四，6、7、10~12），许多器物肩部或颈部遗留有明显的刮磨痕迹，多数器物是在原通体施纹的外壁上进行刮磨处理（图二三七，1、3），一些部位的绳纹因此被刮掉了（图二三七，4、7）。陶器光面上的精美纹饰，是用骨锥、角锥（图二三八，1~5、7、8）及竹木制锥刺工具（其齿针对不同类型纹样有不同的设计）等制成；另外在许多器物颈部或肩部上还常常可以见到利用竹（或木）制刻划、管状、实心工具制作的刻划纹、圆圈纹、捺窝纹等（图二三九，1~7；图二三七，7~10）；个别器物可能使用了刻划技术。绳纹则是利用陶拍（图二三九，9~11；图二三七，2）拍印或压印而成，部分器物是利用竹木制工具缠绕绳索滚印或压印而成（图二三九，8；图二三七，5、6），此外，还有相当数量器物的纹饰是利用石拍压印而成，如网格纹。

有少数纹饰具有鲜明的时代特征，如花边口沿罐，在一期堆积中多有出土，二期以下堆积中几乎不见。此类器物未见完整器，均为夹砂陶器，质地粗糙，器形相对原始，颈部和唇部多附加有泥条。

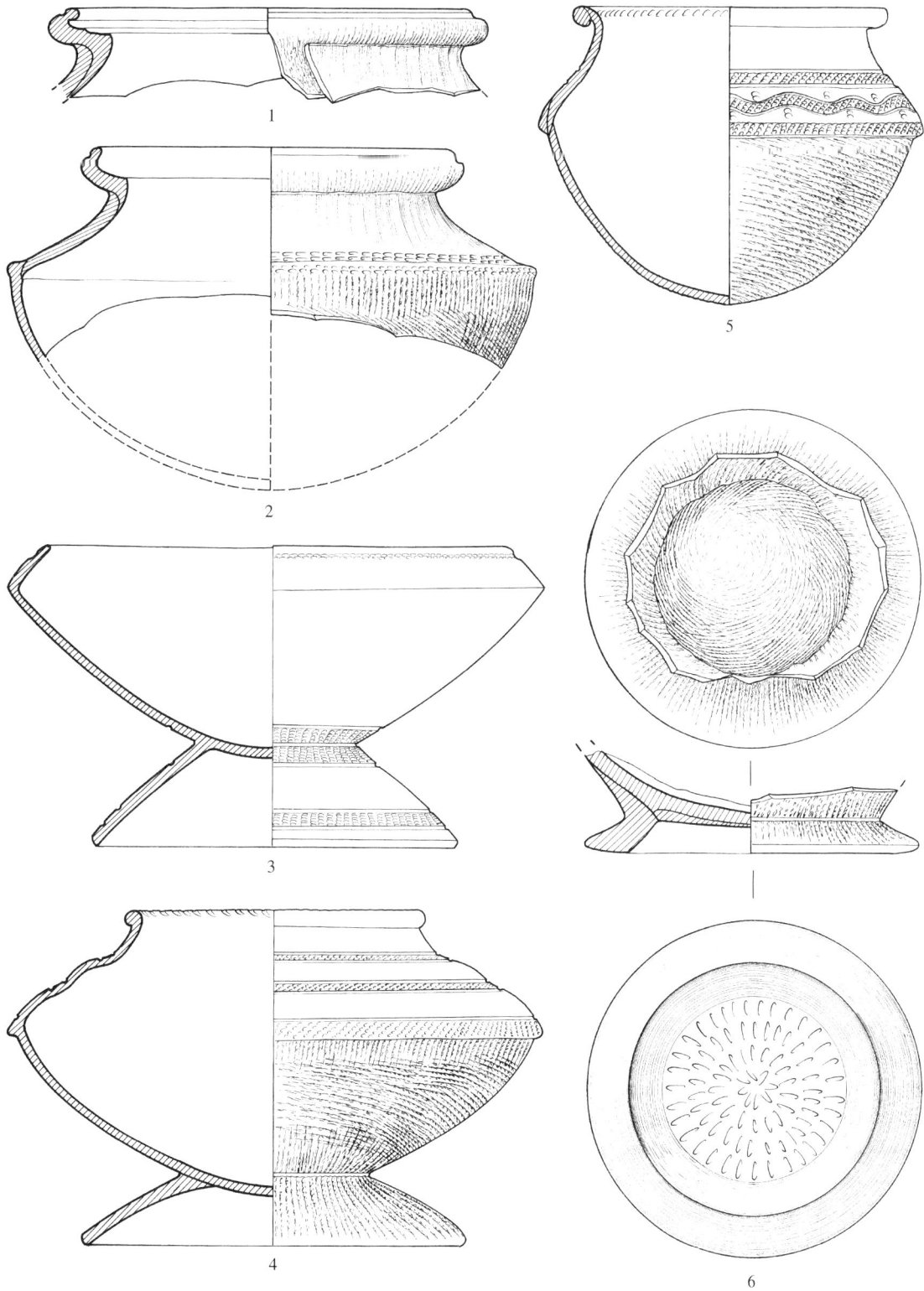

图二三五　陶器制法标本

1. T5②A：171　　2. T5②A：182　　3. T14④D：120　　4. T24④D：108　　5. T22⑤：141　　6. T17④C：135

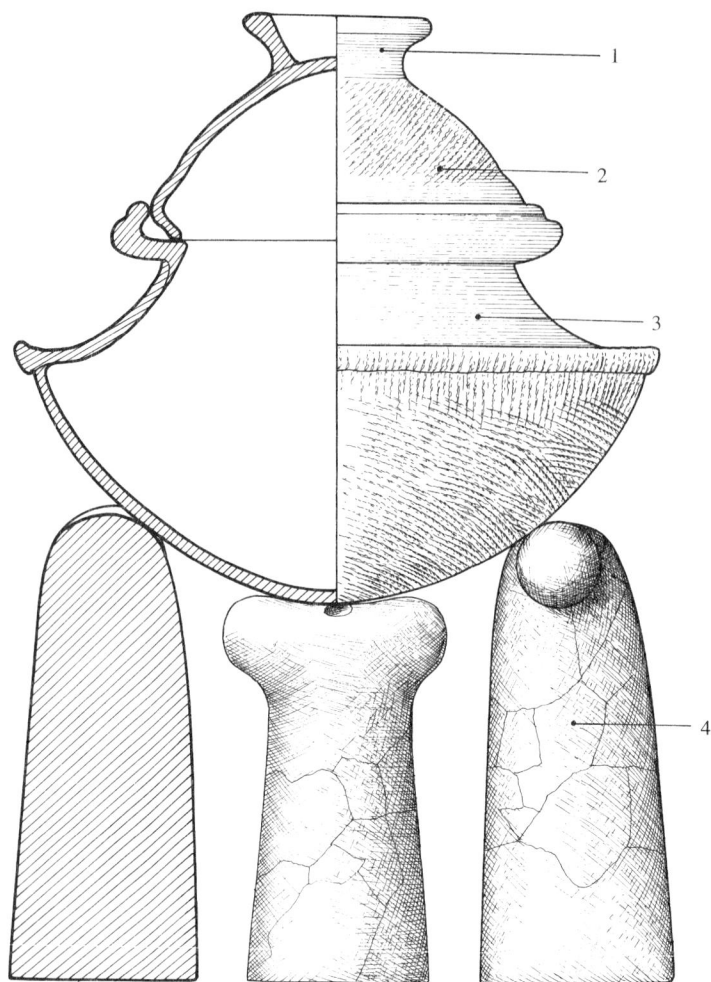

图二三六　陶器组合复原图

1. 器纽（T15⑥：264）　　2. 器盖（T15⑥：100）　　3. 釜（T32⑥：64）　　4. 支座（T8⑤：36）

　　部分器物的肩部和内壁（以钵、釜、豆最为常见）经磨光或刮磨处理，肩部光面上饰有精美的纹饰。陶器装饰繁缛多样，表现手法独特。在众多的纹饰中以绳纹最多，主要装饰于器物下腹部，其次为肩部，多为交错绳纹，另有斜向绳纹，有粗细之分。此外有各种各样刻划及丰富的戳印、捺压等纹饰。最有特点的纹饰是圆点弧线变形鸟纹与圆形光面组合而成的复合图案（图版八四、八五）。

　　石佛洞居民高超的装饰艺术，主要表现在陶器装饰的复合纹饰上。这些复合纹饰以刻划、锥刺和戳印的变形鸟纹、几何纹、圆圈纹、弧线纹饰带为主，以器物圆形口部为中心，环绕中心均匀排列或对称分布在经过磨光处理的器物肩部（图二四〇）。纹饰制作精细，构图繁缛，在钵、釜、豆等器物的肩部、颈部及圈足的磨光面上常见复合纹。一般复合纹饰是以圆点为起始点，主体构图为弧线羽状纹，弧线间填充戳印的篦点纹，器口和肩部饰细密的戳印芒纹或禾穗纹，戳印

图二三七　陶器表面纹饰制法标本

1. T25④A：193　　2. C：60　　3. T25④A：180　　4. T5②A：130　　5. T30⑨：143　　6. T29⑨：72　　7. T30④
A：247　　8. T2④：187　　9. T25④A：186　　10. C：10

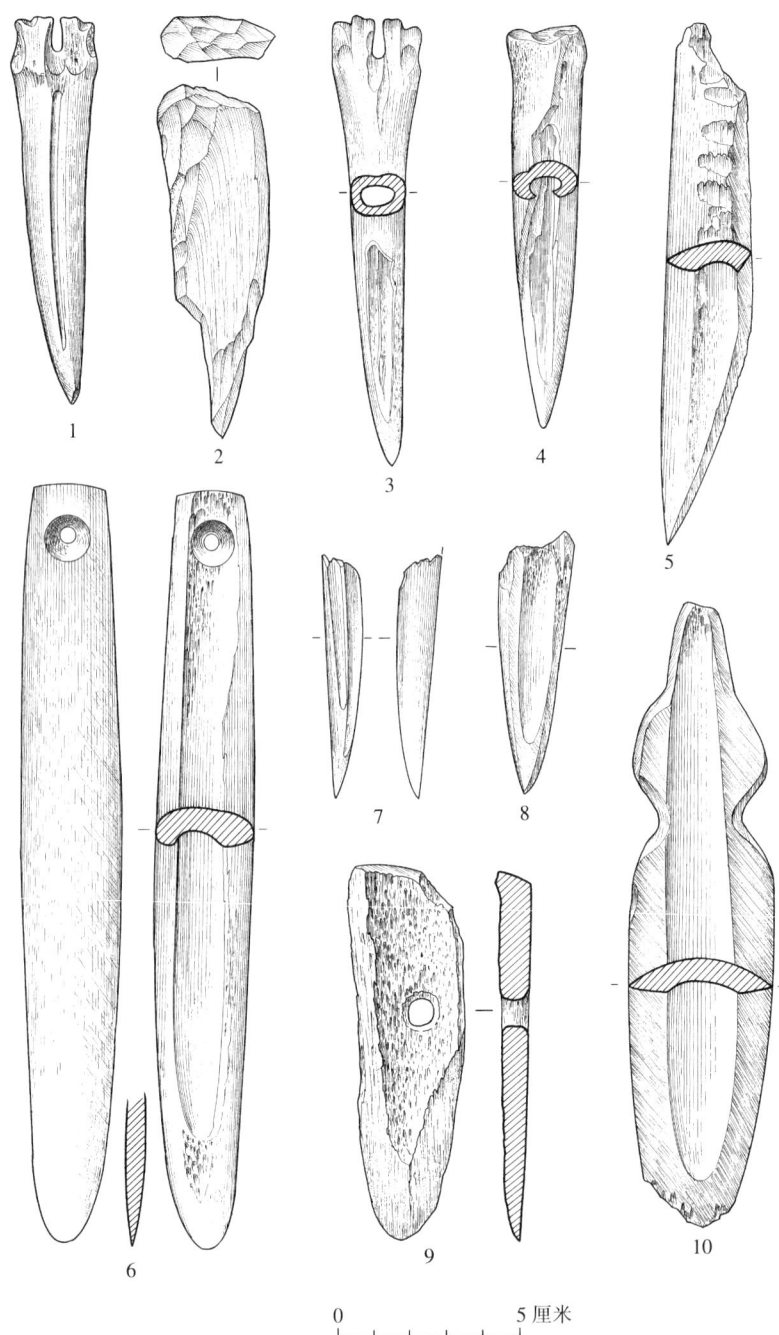

图二三八　骨质制陶工具

1~5、7、8. 刻划、戳印（锥刺）工具（T25④B：19、T15④D：62、
T10②A：2、T25④D：28、T15⑥：109、T21⑤：30、T20⑤：22）

6、9、10. 切割、刮抹工具（T25④D：29、T15⑥：11、T13④D：82）

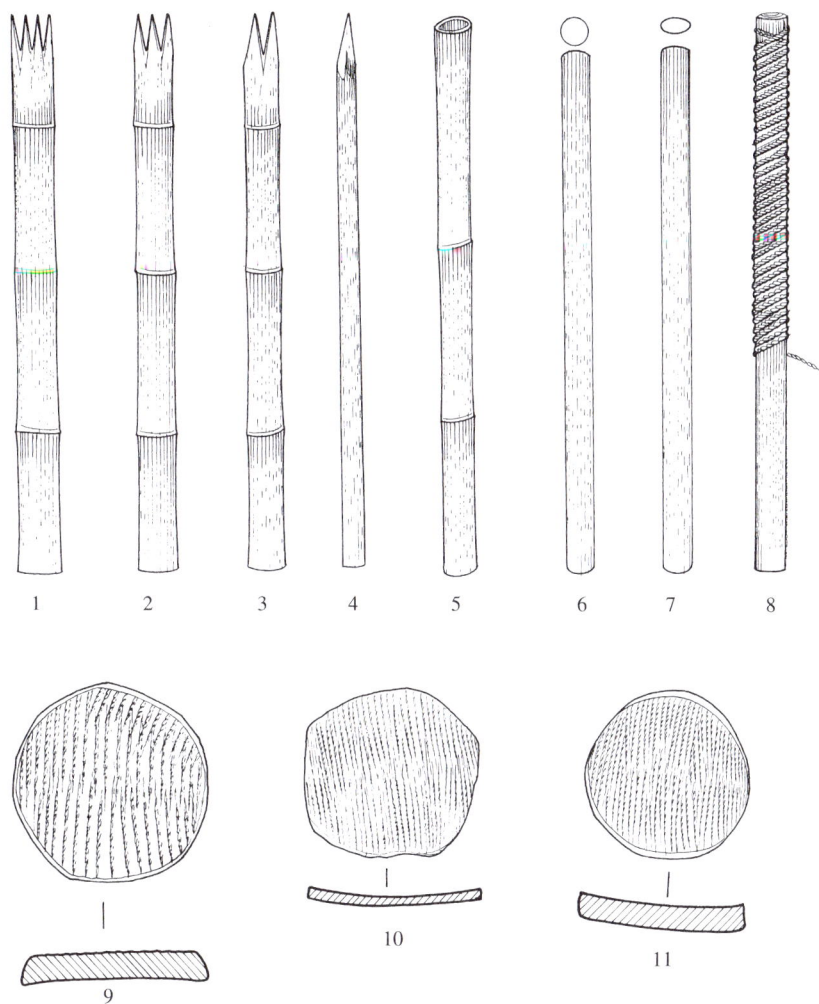

图二三九　竹、木、陶质制陶工具

1~4. 多齿到单齿刻划工具　5. 空心管状工具　6. 横断面为圆形实心工具
7. 横断面为椭圆形宽实工具　8. 绳纹的滚印工具　9、10、11. 陶拍（T8
②A：1、T25④B：135、T25④A：198）

多为小三角形和圆点状。最有特点的纹饰是变形鸟纹，由戳印圆点纹、弧线划纹、羽状纹与圆形光面组合图案，纹饰单元重复出现，构成二方连续图案，同时巧妙地利用空间对称表现出隐含的图案。

变形鸟纹是石佛洞遗址除绳纹外，出现频率最多的一类纹饰，构图之繁复，制作之精致，在同时代的考古学文化中实属少见。所饰器物均为制作精良之器，表明石佛洞人具有特定的审美意识，而那些流行纹饰一定蕴含着特定的象征意义。这些复合纹饰图案构图严谨，似乎与西北地区和中原地区新石器时代的彩陶纹饰有着某种渊源关系。

刻划纹较为随意，主要为斜线划纹、草叶划纹、水波划纹、花瓣纹、网格纹等。草叶划纹可能是利用常见的陶拍刮划而成，网格纹为石拍拍印而成，其他纹饰则可能为骨锥刻划而成。骨锥、

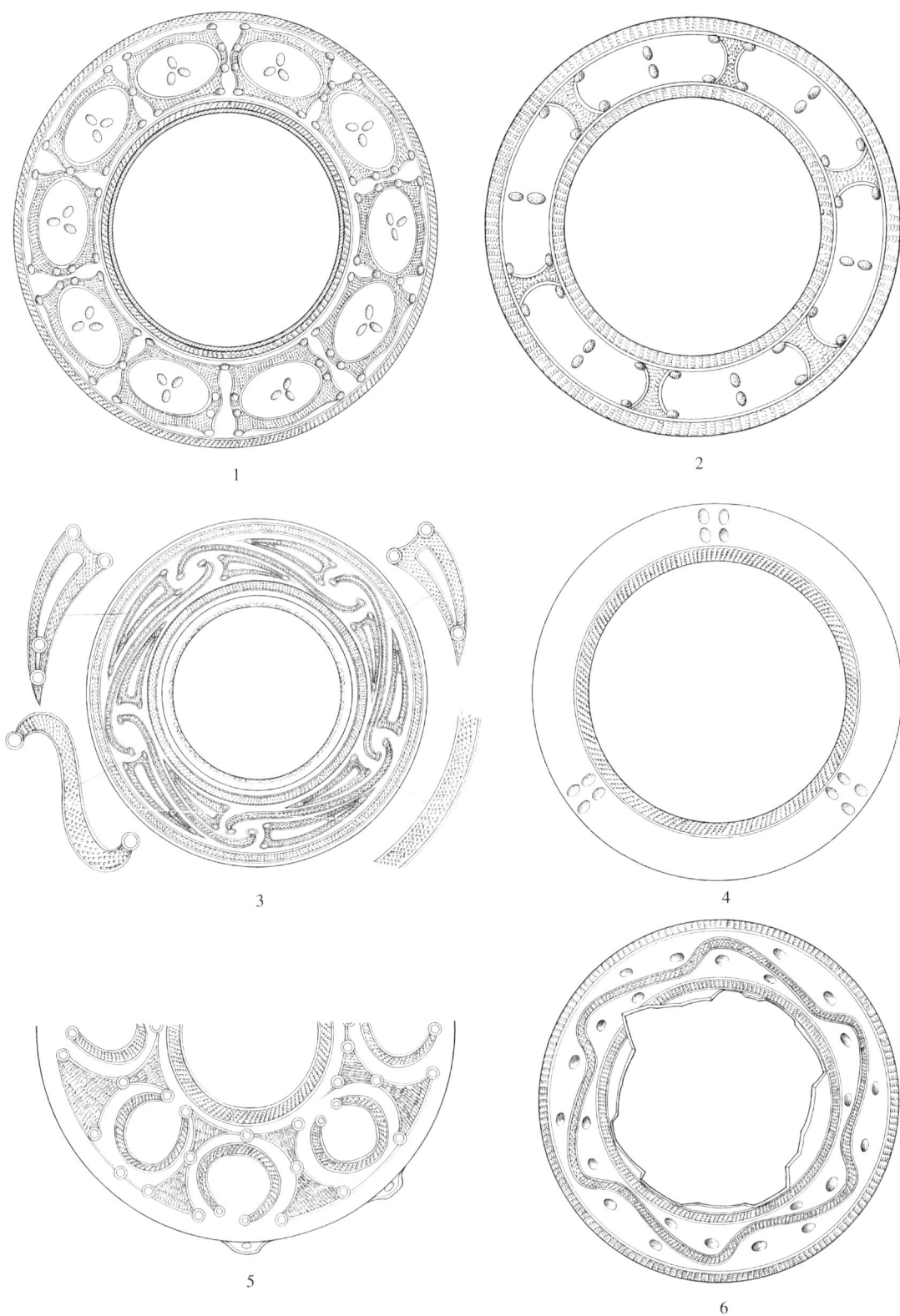

图二四〇　复合纹饰标本

1. C：72　　2. T25⑦：168　　3. T2③：147　　4. T30⑦：168　　5. T23④D：128　　6. C：27

石拍、陶拍是石佛洞居民装饰陶器纹饰最主要的装饰工具,骨刀、小型舌形刃石斧、骨匕等器物则可能是陶坯修整及陶器表面磨光处理常用的工具。

陶器表面多见磨光处理也是石佛洞居民较具特色的装饰手法。磨光方法可区分为连片磨光和间隔磨光两种,碗、豆、钵等多见连片磨光,而釜、罐、盘等则采用间隔磨光进行装饰。

④焙烧

石佛洞陶器器表颜色均匀,扣之铿锵,烧成温度较高。发掘区内未见陶窑及其他相关遗迹残留,结合当地佤族烧陶技术民族学材料研究,推测石佛洞人当时烧陶可能为平地堆烧,还没有使用标准的陶窑。

现代当地佤族、傣族仍然保留的平地陶器堆烧技术,是将成型器物放置阴干后,选择一处平坦通风的场地,事先在地面上撒一层草木灰,再平铺一层木柴,将陶器堆码在木柴上,然后在陶器四周和顶部覆盖稻草,稻草表面再涂上一层泥。焙烧时从底部点燃柴草,熄火冷却后,揭去草木灰,陶器便可以取出使用了。石佛洞人用这种平地堆烧的技术,烧造出了火候较高的陶器,说明在无窑环境下火候控制得很好①。

(5) 早期青铜技术

在2003年度的发掘中,在发掘区西南部T12⑦层中出土了一件残青铜器,器表锈蚀比较严重,表面可见青铜锈斑和气孔,断面呈红铜色。残器形状呈椭圆形,可见弧形刃,推测可能是一件铜斧。这是遗址中出土的唯一一件青铜器,也是一个非常重要的发现,提出了新的研究课题。

这件青铜器从成型特点观察,其制造方法应该是属于锻造,而非铸造,制作技术可能还尚处于青铜冶金的初级阶段。青铜原料在石佛洞居民社会生活中应当属于稀有资源,占有者可能有着特定的身份。

这件青铜器的出现,至少表明在距今3000年左右,云南南部区域居民已经开始冶铸青铜器,他们可能已经迈进到了早期青铜时代。早期青铜器在云南境内屡有发现,如龙陵大花石遗址②、剑川海门口遗址③及银梭岛遗址④、云县芒怀遗址⑤、昭通闸心场遗址及马厂遗址⑥等都出土过小

① 马娟:《临沧原始制陶工艺》,《云南文物》3期,2001年;苏伏涛:《那里村傣族原始制陶工艺》,《云南文物》27、28期,1990年;郑静:《孟连县芒养寨傣族慢轮制陶》,《云南文物》2期,2004年;徐康宁:《勐海傣族的原始制陶技术》,《云南文物》11期,1982年。
② 王大道:《滇西史前考古的重要收获——大花石遗址、墓地发掘硕果累累》,《中国文物报》1992年4月19日(第15期)第一版。
③ 云南省博物馆筹备处:《剑川海门口古文化遗址清理简报》,《考古通讯》1958年6期;云南省博物馆:《云南剑川海门口青铜时代早期遗址》,《考古》1995年9期;云南省文物考古研究所等:《云南剑川海门口遗址第三次发掘》,《考古》2009年8期。
④ 云南省文物考古研究所等:《云南大理市海东银梭岛遗址发掘简报》,《考古》2009年8期。
⑤ 云南省文物工作队:《云南云县忙怀新石器时代遗址调查》,《考古》1977年3期;戴宗品:《云南云县曼干遗址的发掘》,《考古》2004年8期。
⑥ 陈万煜:《昭通县发现古文化遗址》,《文物》1959年9期;云南省文物工作队:《云南昭通文物调查简报》,《文物》1960年6期;云南省文物工作队:《云南昭通马厂和闸心场遗址调查简报》,《考古》1962年10期;丁长芬:《昭通青铜文化初论》,《云南文物》1期,2002年。

件青铜器，这些遗址的年代一般在距今约 3000 年前，原来都被认为属于新石器时代。这些早期青铜器的地位与作用需要我们重新审视以前的研究与认识，这对于我们认识这些遗址的社会性质和发展阶段有着重要的意义。

（6）人体装饰

石佛洞居民非常注意身体的装饰，出土的骨牌饰、骨戒指、骨耳玦、穿孔牙饰、石环、石贝饰等是经常佩戴的装饰品，这些饰物侧重于人体项、手、耳、臂等部位的装饰。

出土的一枚石质穿孔贝饰，是仿海贝制作的精致装饰品。虽然石佛洞遗址并未发现海贝遗留，但石贝饰的发现表明石佛洞居民可能与东南亚沿海地区的古代居民之间有着贸易往来或文化交流。

（7）尚红习俗

石佛洞遗址的地层堆积中常常发现大量赤铁矿粉末和赭红色颜料，这些颜料和赤铁矿粉末杂乱集中于几个区域内，堆积无形状，摆放也无一定规律。同时在出土的一些石磨盘、磨棒、研磨器、砺石、石斧表面和陶片内侧以及一些陶器圈足内壁，常常发现赭红色颜料的遗留，这些颜料并非刻意涂抹于器物表面或陶器之内。一些陶器内的红色赤铁矿粉末，可能为加工（研磨）颜料或盛放颜料之残迹（彩版二四）。

2003 年 T25④D 层出土了一件长约 5.1、直径约 1.5～2.1 厘米的椭圆形固体颜料，其成分为三氧化二铁（见附录五）。而 2000 年在遗址中部还曾经出土一件长 11.5、直径 8 厘米的红色圆柱体颜料团，是用含铁量为 93.1% 赤铁矿粉黏合而成，与距离不远的沧源崖画所用颜料成分大体一致[1]。在沧源岩画多处地点的岩层上，常常可以发现有较为纯净的赤铁矿，目前至少在两个地点中发现有人工挖掘的痕迹。经光谱分析，这些原生矿石与岩画颜料的成分基本相同，有学者认为他们属同一物质[2]。

可以推测当时居民们比较广泛地使用这种红色颜料，除了有可能绘制崖画以外，红色一定还有更多的用途。红色颜料被关注的原因，可能是因红色类似于血液的颜色，它代表着生命、吉祥、喜气、热烈、奔放、激情和斗志。在世界上许多民族中，红色被认为有驱逐邪恶的功能。在中国古代许多宫殿和庙宇的墙壁，也都用红色来装饰。在中国传统文化中，五行中火所对应的颜色就是红色，八卦中的离卦象征的也是红色。史前人类或许因崇拜太阳而崇尚红色，红色被认作是太阳的象征。在石佛洞中并未发现岩画痕迹，也未发现刻意装饰施红的器物，人骨上也不见涂朱的现象，石佛洞人会将红色用于什么物件的装饰，这些都并不清楚。石佛洞也许只是当时的颜料加工场所，红色的用途还有待探索。这些颜料经检测为三氧化二铁，并未包含有其他特殊成分。

我们注意到在小黑江流域的中上游，在勐省坝子周围区域内，分布有众多的古代岩画点，其中有著名的沧源岩画。调查发现的岩画地点，沧源境内有 15 处、耿马 1 处、永德 2 处、临沧 1 处

① 吴永昌：《石佛洞人与沧源崖画》，《云南文物》1 期，2001 年。
② 章道昆：《昆明有色金属研究所光谱分析报告》131 页，《云南沧源崖画的发现与研究》，文物出版社，1985 年。

（大光芒岩画）。另外在四排山区小光芒寨悬岩上，发现有用赤铁矿粉画的数组有狩猎、舞蹈、蛟龙、猛兽等 39 个不同形态的图像。值得注意的是，在许多崖画点附近还可以发现早期堆积，这些堆积中出土的器物风格与石佛洞大体一致。在靠近沧源岩画地点的缅甸掸邦地区北部的巴登林洞穴中，也曾发现新石器文化堆积与岩画同在的情形，岩画位于距洞口深 30～60 米的洞顶之上，所绘图像有人手、鱼、牛、鹿和象等，同时还发现了表面磨制光滑的赤铁矿石，发掘者认为"这些绘画颜料与石头工具是同时代的，这些画可以稳妥地认为属于新石器洞穴居民的文化"。该遗址出土木炭、骨炭和骨胶所作的碳－14 测年数据为距今 1750 ± 81～1340 ± 200 年[①]，时代大致在公元 200～600 年，即中国的魏晋南北朝时期。沧源崖画第三地点的碳–14 测年为距今 3030 ± 70 年[②]；第五地点崖画颜料孢粉花粉分析，其组合相当于亚北方期，为距今 3500～2500 年[③]。沧源崖画的年代，同石佛洞文化居民在此区域活动的时间大致接近。

这些线索为我们寻找其与岩画之间的联系提供了重要的信息，它们和岩画的主人究竟有何种联系？从目前的情况分析，我们可以认为这些崖画的创作者应该与石佛洞居民有着密切的关系，崖画分布区域大都发现了红色颜料，其中以石佛洞发现的数量最多。这些颜料广泛存在于石佛洞居民的陶器内、砺石、研磨器以及地面上，不但有赤铁矿粉末，还有大量的赤铁矿块，显然石佛洞是颜料加工的场所，不是古代艺术家进行创作的地方。

（二）石佛洞遗址与石佛洞文化的几个问题

从澜沧江流域先秦文化特征看，它们有着与中原地区不同的发展进程，对他们的审慎观察，可以看出边地与中心进入青铜时代有着不同的发展模式与动力，族群的移动或许是本地区文化发展的主要动力之一。同时边地地区文化发展阶段与中心地区相比，具有明显的"滞后性"特点。由于耿马及其周边地区目前相关的基础研究比较薄弱，造成了我们认识上的缺憾，有关石佛洞文化揭示的问题，将随着研究的深入会越来越清晰，它也将引导我们更加接近古代居民真实的历史文化面貌。

石佛洞文化展现出一种较为复杂的文化形态，它本身有太多疑问需要我们思考，比如耿马地区早期文化面貌是怎样的，本地区多元文化因素存在的原因是什么，它和周边地区新石器文化如何发生联系，都是需要深入探讨的问题。在这里首先要探讨的是石佛洞遗址和石佛洞文化的几个具体问题，关于文化关系方面的讨论将放在后文进行。

1. 石佛洞遗址废弃的原因

石佛洞遗址文化堆积层较厚，石佛洞居民在洞中居住的时间很长。洞中的居住环境应当是非

---

① 缅·乌·阿乌纳格·萨乌：《缅甸巴登林洞穴的"新石器"文化》，《民族考古译文集》1985 年 1 期。
② 吴学明：《石佛洞新石器文化与沧源崖画关系探索》45 页，《云南文物》25 期，1989 年。
③ 雷作琪等：《根据沧源岩画颜料中的孢粉和硅藻化石推论云南沧源地区古人类生活时期的自然环境》，《史前研究》1985 年 2 期。

常适宜的，但是石佛洞人后来却放弃了这一座家园，而且似乎是突然撤离走了，一定是发生了什么特别的变故。

在洞内地层堆积中发现了两层黑色碎石层，碎石层的底部分布有大量的炭灰、炭化稻、陶片、石器及骨器等，都发现有大片建筑遗迹。碎石层上面往往覆盖有从洞顶塌落的巨大石块，大石块与碎石沉重地覆盖在居住面上。推测这些建筑遗迹的废弃，是洞顶的大面积落石造成的，应当是遭遇了不可抗拒的外力作用的结果。这种巨大的外力作用，最有可能的是强烈的地震。

耿马地区地处地震带上，南汀河断裂带横贯全境，地震灾害频繁，1988 和 1989 年耿马就发生过特大地震，造成了极大的破坏。分析石佛洞居民可能也是经历过巨大地震，而且地震还曾引发过大火，双重灾难使得石佛洞人从洞中家园撤离。两层碎石层及两个时期居住面的发现，说明石佛洞人后来第二次又返回洞中居住，但又被另一次强震击倒，不得不再次撤离。遗址堆积形成与延续时间较长，而且在长达近 600 年的时间里主人为同一文化的居民，留存下来的物质文化遗存见证了石佛洞文化的灿烂。

石佛洞居民的来源及后来的去向，现在还无从知晓，还要等待更多的考古发现来论证。

2. 石佛洞居民族属

目前所发现的石佛洞文化遗存，以遗址材料为主，墓葬较少，这不利于我们了解居民的丧葬习俗。大量同时期遗址的发现，反映这个时期该地区应当有着可观的人口数量，加强相关聚落考古研究是一个重点。

石佛洞遗址居民人骨目前仅见一例，人骨标本体形较纤细，明显属于南方人种，而头骨上"印加骨"的出现，对于该地区人种学的研究有着重要的意义。同时通过多角度探查，对石佛洞居民的营养状况、饮食乃至于族属等相关问题探讨成为可能。不过目前获得的资料毕竟太少，加强石佛洞文化人骨标本的采集及进行人种学鉴定，是一个非常必要的步骤，这对于探讨居民族属将提供最为直接的资料。同时还应该加强该区域现代居民的体质人类学、民族学方面的调查，开展对比研究。

石佛洞遗址出土的遗物具有明显的南方古代文化的特征，但也受到了周边地区古代族群与文化的影响，特别是西北地区古代族群的影响，如粟米的种植、带耳和带流陶器及近似于彩陶纹样的复合纹饰等。滇西南地区作为西北族群和南中国越系族群交汇点，族群的"复杂性"与"多元性"特征突出，文化面貌的"复合性"明显；文化传统的"断裂"与"异化"显著。许多地点地处高山峡谷地区和河流冲积扇，古代遗址发现较为困难，典型遗址在澜沧江流域发掘不够，时代的缺环和空白点多，给该流域新石器文化的研究工作造成很大的困难。因此在研究该流域古代文化时需要将其置于一个宏大的叙事背景中予以思考，流域内"流域性"的开放与"区域"封闭性特征交互影响，要特别注意各文化类型的独特性与文化因素多元性的形成与发展。

3. 石佛洞遗址的功能性质

石佛洞遗址分布面积大，文化内涵也很丰富。遗址居住建筑密集，表明它是一个较高规格的聚落，可能是该区域聚落群的中心聚落。石佛洞人发达的石器制作技术与高超的陶器装饰艺术，显示出澜沧江支流小黑江流域一种具有强烈区域色彩地方文化类型的特征。

石佛洞陶器和石器制作代表该文化的最高水平，特殊的器形标示着它们有着特别的用途。制作精美、纹饰繁缛的陶器，很多并非为实用器，有可能是具有特殊用途的艺术品，有的应当属于礼仪用器。质料经过精心挑选、精工制作的特殊石器，如星形器、角形璧等有着独特的形制，它们也不可能是实用器，也是专用的礼仪用器。这些特殊器物都可能与石佛洞人当时特殊的仪式有关，推测即是崇拜太阳的仪式。石佛洞遗址可能曾经举行过这样的仪式，正是那些礼仪用器透露了相关的信息。

石佛洞居民可能已经出现了初步的社会分层，出现了专门从事宗教活动的巫师或萨满之类的人员。那些造型独特、制作精美的石质"星形器"的出现，可以看作是一个重要的证据。这类器物选料考究，制作工艺复杂，成品数量很少，可能为特殊人物专用权杖的"杖首"。这类杖首平面形状与铜鼓上的"芒体"装饰非常相似[①]，二者可能有着同样的象征意义，当为太阳崇拜观念的体现。星形石器在北方地区间或也有发现，如在内蒙古的扎鲁特旗新石器时代墓地就发现有同类器物，这样的发现有助于了解这种器物的源流和功能[②]。

从这一点观察，我们认为石佛洞遗址不仅是石佛洞文化聚落中的一处中心聚落址，而且是一个具有特殊功能的遗址。

4. 早期青铜文化问题

在澜沧江流域的中、下游地区发现的一些史前遗存中，普遍都有青铜器出土，如芒怀文化、石佛洞文化、曼蚌囡文化等，它们的时代大致在距今 3000 年左右。从这些发现看，显示在本地区该时段已经进入青铜时代早期阶段。而云南境内此时段的其他新石器晚期文化，也多有类似发现，如剑川海门口[③]、大理银梭岛[④]、龙陵大花石[⑤]遗址等，都出现了青铜器或红铜器以及石范等。在

---

① 李伟卿：《铜鼓的光体》，《云南文物》22 期，1987 年。
② 内蒙古文物考古研究所等：《内蒙古扎鲁特旗南宝力皋吐新石器时代墓地》，《考古》2008 年 7 期。
③ 云南省博物馆筹备处：《剑川海门口古文化遗址清理简报》，《考古通讯》1958 年 6 期；云南省博物馆：《云南剑川海门口青铜时代早期遗址》，《考古》1995 年 9 期；云南省文物考古研究所等：《云南剑川海门口遗址第三次发掘》，《考古》2009 年 8 期。
④ 云南省文物考古研究所等：《云南大理市海东银梭岛遗址发掘简报》，《考古》2009 年 8 期。
⑤ 王大道：《云南出土青铜时代铸范及铸造技术初论》，《云南考古文集》，云南民族出版社，1998 年；王大道：《滇西史前考古的重要收获——大花石遗址、墓地发掘硕果累累》，《中国文物报》1992 年 4 月 19 日（第 15 期）第一版。

这些遗址中出土石器和陶器数量仍然非常多，这可能代表了边缘地区早期青铜时代不同的发展模式和特征。这些并非孤例的种种迹象表明，与石佛洞文化同期的诸多史前遗址应当都属于早期青铜时代。我们需要由全新的角度来重新认识这些遗存。

石佛洞遗址丰富的文化内涵和大量具有鲜明区域性特点遗物的出土，加深了我们对滇西南地区的古代族群文化和历史的认识。遗址所处地区特殊的地理位置及其"边缘"的地位，对于周邻地区以及东南亚地区古代族群历史和文化的研究必将产生深远的意义。由于在此之前该地区尚未进行过科学的考古发掘，我们对该遗址的认识只是初步的，对石佛洞文化面貌的认识也是初步的。不过对石佛洞文化与其他考古学文化的性质有了新的定位以后，我们对整个西南地区古代文化的发展高度也会作出新的判断。

（三）石佛洞遗址发掘的学术意义

石佛洞遗址发掘与研究的重要意义，可以从以下四个方面进行阐述。

（1）石佛洞是近年来在西南地区发现的一处少见的人类文化遗址，主要遗存代表着一种分布于澜沧江中下游地区的重要考古学文化。目前除了上游的卡若文化和中游地区的新光文化及芒怀文化以外，在滇西南地区发现的这种新石器晚期（或早期青铜）文化是又一个非常重要的发现。

（2）耿马地区位于中国云南省的西南部，与缅甸接壤，地处中国横断山区古代民族与文化走廊的南部边缘地区，在这个走廊地带上的若干文化的代表性器物或代表性的文化因素，都可以在耿马附近地区找到踪迹。这些南来北往的器物在云南西南部地区的集中出现，表明耿马盆地是中国西南部文化交汇的一个节点，这对于研究中国西部的文化传播过程与交互影响现象，具有十分重要的地位。

（3）石佛洞文化所透露出来的多元化文化倾向，反映了西南地区古代文化在形成过程中的复杂性。该文化是由自身独特的文化元素与大量外来文化元素相结合而形成的一种区域性文化，这种特殊的文化现象在石佛洞文化上得到充分表现，为我们寻找西南地区古代民族文化的形成规律提供了一条路径。

（4）我国西南自古便是一个多民族聚集的地区，由于文献资料的缺失，该区域古代居民与文化一直不为人们所了解。根据文献记载，仅在战国至西汉这个历史阶段，西南地区的民族就已经多如繁星，除了在史籍上留下名称的夜郎、滇、邛、笮、昆明等，还有众多名称与数量都不可考的"诸君长"，考古学资料也证明西南地区这一时期文化与族群的多样性。虽然其中的考古学文化还很难与历史上的民族准确地一一对应起来，但随着考古工作的深入，这样的问题最终一定会得到解决。石佛洞遗址的发掘与研究，正是为进一步探索云南西南部地区古代居民的历史和文化提供丰富材料的尝试。如何解释这个发现，各方面的学者都会有自己的主张，大家的认识也一定会逐渐统一起来。

（四）　与周边地区古代文化的关系

1. 与澜沧江流域先秦文化的关系

澜沧江源于青藏高原，是横断山区重要的河流，是中国最长的南北向河流，全长 2354 公里。澜沧江至南腊河口流出中国国境，出境后称湄公河，在越南胡志明市入南海。澜沧江素有"东方多瑙河"之称，其上游地区山势平缓，河谷平浅。中游峡谷区河床坡降大，谷形紧窄。下游山势降低，窄谷与宽谷相间出现，河道经过峡谷和平坝，形成串珠状的河谷。这些河谷地带肥沃的土壤，适宜的气候条件，为早期人类的生存与发展提供了理想的条件，同时南北向的河谷为早期人类的迁移以及文化传播提供了便利的通道。

澜沧江流域的早期居民遗留下丰富的文化遗迹及遗物，对于流域早期文化的历史与文化研究提供了重要的实物资料。由于自然与历史的原因，作为一条国际性河流的历史与文化研究，长期以来一直未得到足够的注意或重视。20 世纪 50 年代以后，随着流域内一批田野考古调查与发掘新成果的问世，正逐步改变该流域由于资料缺失而造成的研究盲区的状况。

石佛洞文化是澜沧江下游地区一支具有鲜明区域特色的古代文化，它不仅影响了澜沧江下游地区云南西南部和缅甸东北部地区的古代文化，而且与澜沧江流域中、上游地区的古代文化有着十分密切的联系，表现出许多共同的文化因素（图二四一）。

石佛洞文化与位于澜沧江上游地区的卡若文化[①]有着密切的联系，有着许多共同的文化因素。如陶器制作中的一个共同特点：罐、釜等器物肩部和颈部多为二次对接而成，在最大径处使用附加堆纹，既加固了器体，又有美观效果。陶器装饰图案有一些共同题材，如刻划纹、附加堆纹、折线纹、篦纹、三角纹及复合纹饰等，锥刺、刻划、压印也是二者较为常见的装饰手法。而穿孔重石、微型石锛、砾石石斧、花边口沿罐、利用废弃陶片制作的陶拍和穿孔纺轮等是二者常见的器物。另外，都是以农业为主，种植有粟米，所不同的是卡若人是以种植粟米为主，而石佛洞人则是以水稻为主。饲养业也都比较发达，狩猎经济同样是重要的经济补充形式。不过卡若人中不见渔业经济，居住于石砌建筑，他们与西北地区古代族群有着密切关系。石佛洞居民日常生活中渔业经济发达，居住于干栏式建筑中，属于南方稻作人群。石佛洞居民的粟米栽培技术，可能源于距今 5000～4000 年前活跃于澜沧江上游地区的卡若人。

澜沧江中游地区新光文化居民，居住于平面形状呈长方形的干栏式建筑内，流行使用小型磨制石器，石器普遍磨制精细规整。陶器全部为手制，工艺精，火候高，有相当数量的磨光陶，这些文化因素与石佛洞文化非常接近。新光遗址的柳叶形石镞、石矛、石磨盘、石磨棒等，还有陶

[①]　西藏自治区文物管理委员会等：《昌都卡若》，文物出版社，1985 年；西藏自治区文物管理委员会：《西藏昌都卡若遗址试掘简报》，《文物》1979 年 9 期。

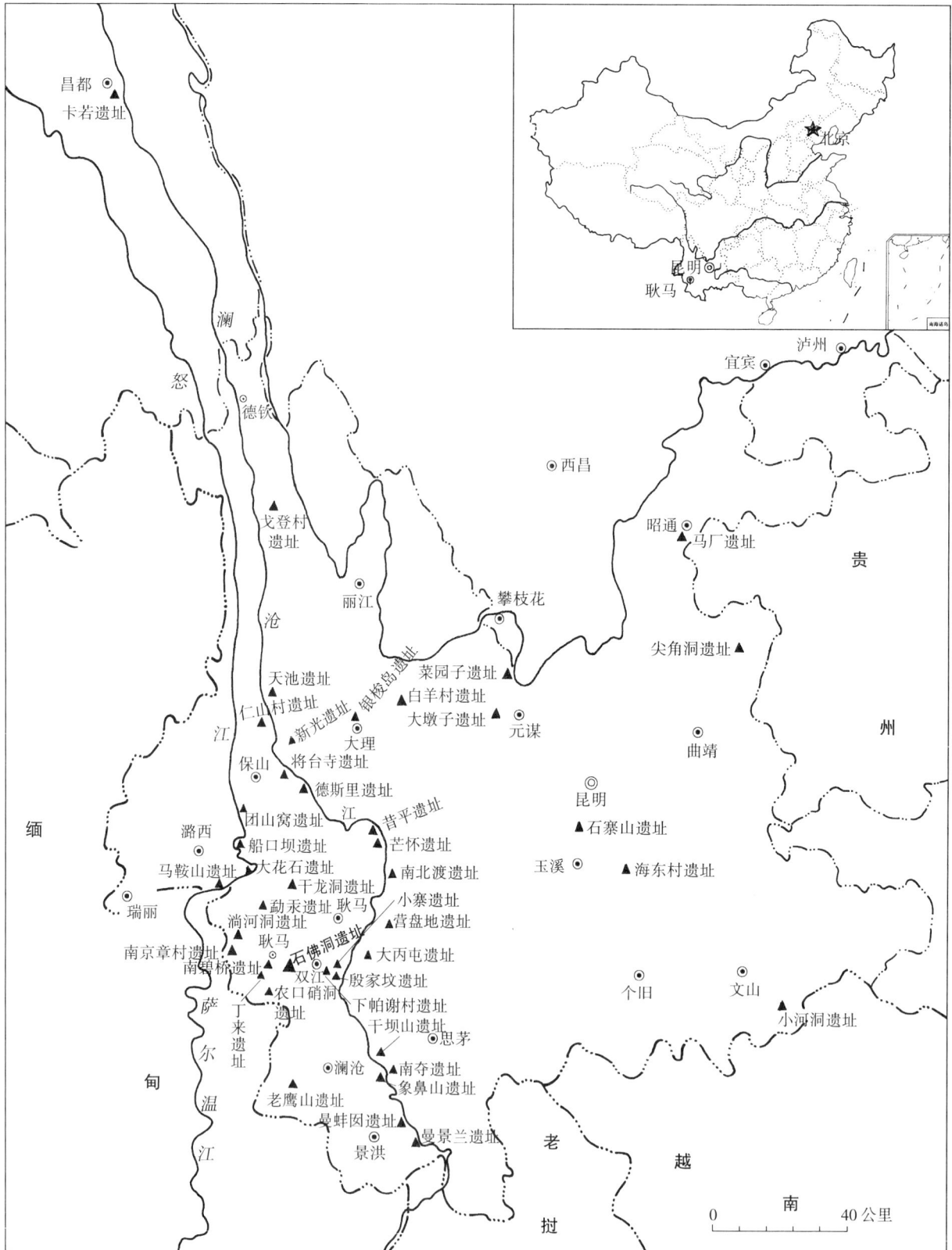

昌都 ◎
卡若遗址 ▲

澜
怒 江
德钦 ◎

泸州 ◎
宜宾

西昌 ◎

昭通 ◎
马厂遗址 ▲

贵

戈登村
遗址 ▲

尖角洞遗址 ▲

丽江 ◎

攀枝花 ◎

沧
江

天池遗址 ▲
银梭岛遗址
仁山村遗址 ▲
新光遗址

菜园子遗址 ▲
白羊村遗址 ▲
大墩子遗址 ▲

州

大理
将台寺遗址 ▲

元谋 ◎

保山 ◎
德斯里遗址 ▲
江
团山窝遗址 ▲
昔平遗址 ▲

曲靖 ◎

昆明 ◎

缅

潞西 ◎
船口坝遗址 ▲
芒怀遗址 ▲
马鞍山遗址 ▲
大花石遗址
南北渡遗址 ▲
干龙洞遗址 ▲
瑞丽 ◎
勐汞遗址 ▲ 耿马
淌河洞遗址 ▲
耿马
南京章村遗址 ▲
南碧桥遗址 ▲
丁来遗址 ▲
石佛洞遗址
双江
殷家坟遗址
农口硝洞遗址
下帕谢村遗址
干坝山遗址

石寨山遗址 ▲

玉溪 ◎
海东村遗址 ▲

小寨遗址
营盘地遗址
大丙屯遗址 ▲

个旧 ◎
文山 ◎
小河洞遗址 ▲

甸

萨
尔
温

恩茅 ◎

澜沧 ◎
南夺遗址 ▲
象鼻山遗址

越

老鹰山遗址 ▲
景蚌囡遗址 ▲
曼景兰遗址 ▲
景洪 ◎

江

老
挝

南

0　　　　　　　40公里

图二四一　石佛洞与周边地区古代文化遗址点

豆、器盖、花边罐等与石佛洞遗址出土的同类器有许多相似之处。另外，两地陶器上的纹饰繁缛精美，都使用刻划、压印、戳印装饰手法。两地都种植水稻，也都以狩猎活动获取动物蛋白来源[①]。

石佛洞文化与芒怀文化[②]分布地域接近，年代也大体相当，但它们之间的文化因素却差异较大。芒怀文化流行简易的柱洞式建筑，石制品以打制石器多见，少见磨制石器，砾岩打制的有肩石斧和鞋形钺是最具特点的器物。石佛洞文化几乎不见典型的打制砾岩双肩石斧，但石球、石网坠、石拍等是二者共有的文化因素，他们都有着发达的渔猎经济，都出现了早期铜器。但由于芒怀文化遗址堆积普遍较薄，陶器很少发现，文化面貌一直不很清晰，还需要通过进一步的调查和发掘以深化研究。芒怀文化与石佛洞文化在澜沧江中下游地区分布较广，二者应当有着非常密切的关系。怒江流域中上游地区大量发现与芒怀文化内涵接近的遗址[③]，这些发现有利于了解芒怀文化的分布范围和来源。

澜沧江下游地区的曼蚌囡文化[④]，遗址多分布于江河旁的台地上，洞穴、岩厦类遗址发现数量较少。曼蚌囡文化磨制石器中的石杵、锛、环、磨盘、磨棒、杵和砺石等，打制石器中的砍砸器、尖状器、敲砸器和网坠等，同石佛洞文化的同类器物相近，其中用扁平砾石打制成亚腰状的大型网坠是二者共有的特色，另外，陶弹丸、骨锥、贝饰、铜器也是二者共有的器物。曼蚌囡文化居民中多见海贝或贝饰，并且其分布地域比较靠近海域，可以推测石佛洞居民的海贝贸易或创意或与他们有着直接的关系。曼蚌囡文化中的洞穴与岩厦类遗址，分布地点接近石佛洞文化分布区域，它们之间类似居住方式的联系可能较为密切。石佛洞文化不见曼蚌囡文化的磨制长条形的斧或锛、平双肩的斧或锛、长三角形矛等特色器物。二者在陶器质地、颜色、器形纹饰和装饰手法上，也有着明显的差异。渔猎采集经济是曼蚌囡类型的居民主要经济形式，没有发现明确的农耕文化证据。

卡若文化是目前澜沧江流域发现时代最早的新石器时代遗存，沿袭的时间也最长，其发达的石器制作技术和独特的陶器风格传统，深深影响了下游和周边地区的古代文化。新光文化虽然出土打制石器、细石器，发现了石砌建筑遗迹，但陶器上以刻划纹和附加堆纹为主的繁缛装饰传统，还有半月形石刀、长条形或梯形石锛等，则可能与卡若文化有着或多或少的联系，他们可能有着相近的生业形态。新光文化的时代与卡若文化的晚期接近，二者之间应当有着一定的联系。芒怀文化与卡若文化和新光文化面貌差别明显，其聚落规模普遍较小，建筑形式简陋（应为临时性居所）。芒怀文化出土遗物中石器数量多陶器少的特点显得其与众不同，而独具特色的有肩石斧和靴

---

① 云南省文物考古研究所等：《云南永平新光遗址发掘报告》，《考古学报》2002 年 2 期；云南省文物考古研究所等：《永平新光遗址第二次发掘报告》，《云南文物》1 期，2004 年。

② 云南省博物馆文物工作队：《云南云县忙怀新石器时代遗址调查》，《考古》1977 年 3 期。

③ 周志清：《浅析澜沧江流域的新石器时代文化类型》，《成都考古研究（一）》上，科学出版社，2009 年。

④ 宋兆麟：《云南景洪附近的新石器时代遗址》，《考古》1965 年 11 期；杨玢：《云南西双版纳勐腊发现石器》，《考古》1963 年 3 期。

形石锛则与怒江流域发现的诸多新石器遗址相同，和青铜时代的铜锛有着渊源关系，此类文化遗存的来源极有可能是怒江流域的原始文化。石佛洞文化发达的石器制作技术与高超的陶器装饰艺术，表明它是澜沧江支流小黑江流域一种具有强烈区域色彩的地方文化类型，其陶器和石器的器形和制作代表该类型的最高水平，它应当是该文化类型聚落群的中心，已经影响至周边地区。

澜沧江流域的新石器文化类型主要呈现出两种不同的生业形态，以卡若、新光、石佛洞文化为代表的以农业经济为主（辅之狩猎或渔猎经济）和以芒怀、曼蚌囡文化为代表的以渔猎采集经济为主的经济生业模式，二者之间无论是聚落规模、生产力发展水平、技术传统等均呈现明显区别。该流域新石器时代遗址的时代跨度大，从距今 5000 年至 3000 年之间，总体而言，中上游地区新石器文化的时代较中下游地区早，早期文化影响呈现出由北向南推进的总趋势，而晚期则出现南北互动的发展趋势，同时也不排除其他多种方式或途径影响的存在，这样的互动深刻影响了该流域新石器时代文化的演变，使得各文化之间随着地域性的变化而呈现出多元文化因素共存的文化景观。这些文化类型之间由于河流的天然通道作用，一些共同的文化因素或传统在不同文化类型之间有不同程度的体现，但从整体文化面貌和时代特征观察，该流域新石器文化的区域性和时代性特点非常显著，各自形成不同的文化体系，并因此共同构成了澜沧江流域新石器时代文化面貌的多样性。

2. 与雅鲁藏布江流域曲贡文化的关系

西藏拉萨的曲贡遗址[①]和石佛洞遗址虽然属于不同的流域，但二者之间的文化面貌有着一定相似或相近的因素。如在曲贡遗址中常见的陶圆饼、骨匕、骨锥（制陶工具），穿孔重石，研色石（研磨棒、研磨器），圜底形砂岩磨盘、磨棒、A 型网坠等器物，在石佛洞遗址中也常常可以发现，并且二者基本不见双肩或有段石器。两个文化中的陶器都以夹砂黑褐、褐、红陶多见，并有着较为精美的磨光陶，常见的陶器装饰手法为磨光、剔刺、刻划，所不同的是曲贡遗址装饰手法中不见拍印或压印，而压印或拍印是石佛洞文化较常见的装饰手法。二者的陶器有着一些共同的纹饰种类，如刻划、网纹、三角纹和弧线纹等，这些表明了它们之间可能存在的联系。

但二者之间的文化面貌是有着明显差别的，如在陶器器形和组合上有着非常大的差异，曲贡遗址泥质陶多见，器物成型多为"倒置法"，器形以带耳陶器为主，如双耳罐、单耳罐、高领罐、圜底钵、单耳杯和圈足碗等，不见平底器。石佛洞遗址以夹砂陶多见，器物成型多为"正置法"。少见带耳陶器，平底器和圜底器均较多见，以平底器居多，常见器物为平底钵、圈足豆、釜、罐、平底碗和器盖等。二者陶器表面上的纹饰种类差异较大，曲贡遗址盛行菱格纹、重菱纹、折线纹和镂空等，石佛洞则盛行绳纹、水波纹、芒纹和篦点纹等。曲贡遗址中以打制石器居多，磨制石

① 中国社会科学院考古研究所等：《拉萨曲贡》，中国大百科全书出版社，1999 年；李文杰、黄素英：《曲贡遗址制陶工艺实验研究》，《拉萨曲贡》260 页，中国大百科全书出版社，1999 年。

器少见，另外还有少量的细石器、梳形器、穿孔石刀、穿孔重石、研色盘和打磨石等，而石佛洞遗址以磨制石器为主，打制石器少见，不见细石器、打磨石和刮削器等。这些文化因素上的差异，清晰表明二者之间文化面貌上有着迥然的差异，它们分别属于不同的文化系统，有着不同的发展模式和源流。曲贡文化当更多受到了西北地区古代文化的影响，如石室墓和带耳陶器的盛行，生业模式是以农耕畜牧为主、狩猎为辅的经济形态。石佛洞文化则是南方古越人在周边地区占文化影响下形成的独具特色的文化，也受到了来自西北地区古代族群间接的影响，如少量带耳陶器和复合纹饰就是重要的证据。

3. 与怒江中游先秦古代文化的关系

石佛洞文化与怒江中游地区的新石器时代晚期文化遗存之间也有着一定的联系。耿马境内的南汀河流域属于怒江水系，南汀河与南碧河之间有着通畅的交通孔道，这为二者古代文化之间的交流提供了便利的条件。

两地文化因素较为接近的地区，主要集中在怒江中游东岸的保山坝和施甸坝等区域，如将台寺遗址出土的陶釜、陶钵同石佛洞遗址出土的 E 型和 G 型釜、B 型钵相似，二者陶器有着相近的质地，以黑陶居多，出现了泥质褐陶；陶器表面的纹饰装饰手法也接近，以压印、刻划、戳印为主，同一器物上常见不同装饰方法复合使用，复合纹饰常见。绳纹、水波纹、刺点纹、折线划纹、网纹等是二者常见的纹饰。将台寺遗址出土的青灰色板岩石盘[1]，与南碧桥遗址出土的圆形砺石接近；二台坡遗址出土的石环和石璧[2]与施甸团山窝遗址出土穿孔盘形器和陶钵类似[3]，C 型网坠与龙陵大花石遗址所见相同[4]。

石佛洞文化不见或少见怒江中游地区新石器时代文化遗存中比较流行的打制或磨制双肩或有段石器、穿孔石刀、砍砸器和切割器以及镂空陶器等。怒江中游地区新石器晚期文化与石佛洞文化类型之间所见共同文化因素，可能是由人群之间的文化交流与互动的结果。从文化面貌的主体性上而言，怒江中游地区的新石器晚期文化与石佛洞文化不属于同一文化系统，它们当有着不同的发展源流。怒江流域目前史前考古发掘与研究非常滞后，要全面认识两地考古学文化之间的关系，还要加强二者文化内涵的系统发掘与研究。

4. 与东南亚古代文化的关系

石佛洞遗址距离中缅国境线仅 25 公里，所在区域与缅甸山水相连，其文化面貌同东南亚地区

[1] 耿德铭等：《保山坝新石器时代文化遗存》，《保山史前考古》106～107 页，云南科技出版社，1992 年。资料现存临沧市文物管理所，为 2009 年第三次全国文物普查发现。
[2] 肖明华：《二台坡新石器遗址》，《保山史前考古》116 页，图版十四，云南科技出版社，1992 年。
[3] 耿德铭等：《施甸县新石器时代文化遗存》，《保山史前考古》140 页，云南科技出版社，1992 年。
[4] 耿德铭等：《龙陵怒江流域新石器时代文化遗存》，《保山史前考古》158 页，云南科技出版社，1992 年。

的古代文化之间应当有着非常密切的联系，但由于缅甸境内靠近中国地区的考古发掘与研究的缺失，给研究造成极大的缺憾。至今在邻近的缅甸区域尚未进行过正式的考古发掘，目前掌握的材料仅是缅甸掸邦地区北部的巴登林洞穴①中发现了新石器文化堆积，有学者认为该遗址堆积中出土的器物同沧源崖画点出土的同类器物接近，它们之间可能属于同一文化类型。近年位于缅甸中部曼德勒的凉岗墓地②的发掘，是缅甸境内首次正式考古发掘，该墓地时代为青铜时代，距今约3000年，但由于缅甸学者对于考古发掘方法和认知的差异，他们发掘时没有很好地解决不同层位遗存之间关系与年代问题，导致了不同时期遗物混杂，给研究工作带来了极大的困难。但透过该墓地出土的器物，可知其文化面貌与石佛洞遗址差别较大，但也有少量相似的文化因素，如屈肢葬是二地共同流行的葬式，部分陶器也有着相似性，如都发现有类似的釜、钵、有领玉璧和石璧等。由于目前在云南西部与缅甸接壤地区所做的田野考古与研究相对较少，缺乏与之对应比较的直接材料。但从自然地理上而言，云南西南部相当部分的河流流入到了缅甸，自古以来两地的文化联系应当是非常紧密的，它们之间应当有着许多相似或相近的文化因素，这需要进一步加强两国之间的合作与交流。

石佛洞遗址中出土的陶釜同泰国北部地区班清文化③出土的同类器物相近，该文化遗址目前发掘较少，其中一些器形在越南境内的冯原文化④中也多有发现。石佛洞遗址出土的石环、石璧、泥质磨光黑陶釜上的复合纹饰与刻花，同越南鹰村遗址出土的石环、玉璧、陶锅上纹饰相似⑤，但它们不属于相同的文化系统，文化面貌差异较大，冯原文化主要分布在越南北部的红河流域，中心主要在红河三角洲地区，时代相对早于石佛洞文化，地理空间上也不属于同一地理单元。

云南边境地区与东南亚地区的古代文化有着许多空白点，边境地区田野考古与研究比较薄弱，影响了边境地区考古学文化区系和年代框架的建立，影响到深入认识边境地区古代文化与族群活动。当前我们迫切需要加强"边境考古"课题的意识，加快这些地区田野考古工作的步伐。对于云南边境地区古代文化的研究，必须置于南中国与东南亚地区这一宏大的地理背景中进行。

---

① 缅·乌·阿乌纳格·萨乌：《缅甸巴登林洞穴的"新石器"文化》，《民族考古译文集》1985年1期。
② 蒋志龙：《缅甸凉岗青铜时代墓地的发掘》演示文稿，2003年北京边疆考古发现与研究学术发言。
③ 王大道：《再论云南新石器时代文化类型》，《云南考古文集》，云南民族出版社，1998年；周志清：《浅析澜沧江流域的新石器时代文化类型》，《成都考古研究（一）》上，科学出版社，2009年。
④ 越南国家历史博物馆：《越南考古新发现报告》演示文稿，纪念三星堆祭祀坑发现二十周年暨史前遗址博物馆学术讨论会，2006年7月。
⑤ 越南国家历史博物馆：《越南考古新发现报告》演示文稿，纪念三星堆祭祀坑发现二十周年暨史前遗址博物馆学术讨论会，2006年7月。

附录一　石佛洞遗址 M1 人骨鉴定报告

玳　玉

（哈佛大学人类学考古系）

石佛洞 M1 的发掘工作完成之后，在云南省文物考古研究所我对出土人骨进行了鉴定。总体上看，这具骨骼的保存状况较好，它的埋藏环境使得许多有机组织被白垩类物质所替代。虽然头骨和大部分长骨被保存了下来，但脊椎骨和盆骨等松质骨在发掘过程中受到损坏。

1. 观测方法

如果条件允许，最好通过对多个特征点的观测推断墓主性别和死亡年龄。仅仅靠一个特征点所显示出来的性别或年龄倾向而得出的判断结果很少是准确的。对于石佛洞 M1 出土人骨，由于作为推断成年人年龄和性别的最重要部位之一的盆骨未能保存下来，我们只能用其他几种标准进行推断。而全部人骨中保存最好的部位是头骨，颅骨骨缝的愈合程度便成为推断其年龄的重要因素。由于有几处骨缝是否愈合无法看清，我们不能用 Meindl 和 Lovejoy 于 1985 年制定的复合评分系统[1]，只能采用 Vallois 于 1937 年详细阐述[2]、Rosing 于 1977 年改进的颅骨骨缝愈合程度评估方法[3]，同时结合臼齿磨损程度来估计年龄。这里我们采用了 Brothwell[4]和 Miles[5]两种不同的根据臼齿磨损程度估计年龄的方法。

性别判断是根据头骨的性别特征进行的。我们应用了多个性别特征来鉴定 M1 人骨的性别：眶上缘、眉弓和乳突。观察结果根据 Buikstra 和 Ubelaker 于 1994 年制定的评分方法得出[6]。

颅骨性别特征评分如下：

① Meindl,R.S and Lovejoy,C. O. 1985. Ectocranial suture closure：A revised method for the determination of skeletal age at death cased on the later-anterior sutures. *American Journal of Physical Anthropology* 68：57 – 66.

② Vallois,H. V. 1937. La duree de vie chez l'homme fossil. *L'Anthropologie* 47：499 – 532.

③ Rosing,F. W. 1977. Methoden und Aussagemöglichkeiten der anthropologischen Leichenbrandbearbeitung. *Archäologie Natur-wiss.* 1：53 – 80.

④ Brothwell,D. ,R. 1981. *Digging up Bones*. 3rd ed. Cornell University Press,Ithaca,New York.

⑤ Miles,A. 1963. Dentition in the estimation of age. *Journal of Dental Research* 42：255 – 263.

⑥ Buikstra,Jane and Ubelaker,Douglas(eds.). 1994. *Standards for Data Collection from Human Skeletal Remains：Proceedings of a Seminar at The Field Museum of Natural History Organized by Jonathan Hass*. Arkansas Archaeological Survey Research Series,Vol. 44,Arkansas Archaeological Survey,Fayetteville,Arkansas.

　　由下表可见此个体各性别特征得分均偏小，可能为女性。同时该骨架整体外观比较纤细，也倾向于这一结论。由于根据盆骨的性别特征比用颅骨鉴定性别更可靠，为了确

特征点	得分
眶上缘	2
眉弓	1~2
乳突	2~3

定这一结论有必要对盆骨部位进行观测。另外，尽管对欧美人种已有根据骨骼长度推断性别的公式，但在东南亚地区到目前为止在这方面还没有进行任何研究工作。因而对这一个体，虽然可以采用欧美的样本公式计算推断其性别，但这样得出的结果不仅不可信，而且会误导我们。所以对这一个体我们不考虑做这方面的研究。

　　颅骨骨缝观测结果如下：

骨缝号	观测结果
C1	未愈合（此骨缝对于女性一般在 55 ~ 64 岁之间愈合）
C2	未愈合（此骨缝对于女性一般在 60 ~ 74 岁之间愈合）
C3	观测困难，但看上去似乎是未愈合的（此骨缝一般在 33 ~ 57 岁之间愈合）
S1	未愈合（此骨缝一般在 50 ~ 59 岁之间愈合）
S2	未愈合（此骨缝一般在 35 ~ 52 岁之间愈合）
S3	未愈合（此骨缝一般在 20 ~ 34 岁之间愈合）
S4	未愈合（此骨缝一般在 38 ~ 52 岁之间愈合）

　　此表表明此个体最大年龄不超过 34 岁。由于上颌和下颌第三臼齿（M_3）所在部位损坏，无法判断 M_3 是否长出。同时此个体大部分牙齿在生前已脱落，仅有三颗臼齿保存下来，它们是上 M^2、下 M_2 和上 M_1。根据这三颗臼齿的磨损程度所推断的年龄结果如下：

　　此结果确认了前面由颅骨骨缝得出的年龄结果：此个体死于青壮年期。值得注意的是上 M^1 和下 M_2 的磨损程度实际上比推断的年龄所应具有的磨损程度更厉害。这可能是由于该个

牙齿	Miles 标准（岁）	Brothwell 标准（岁）
上 M^2	18	17~25
下 M_2	32	25~35
上 M^1	24	25~35

体大部分牙齿在生前已脱落，导致剩下的臼齿承担了所有的咀嚼工作，从而加重了磨损程度。

　　综上所述，尽管此骨架较破碎以至于难以准确地判断其年龄和性别，但我们仍有足够的依据判定此个体很可能为一青壮年女性。

2. 病理观察

　　在出土人骨残存的长骨或脊椎骨中没有发现明显的病状。但是此个体龋齿严重，导致生前大多臼齿脱落，左下颌甚至连一颗臼齿都没有。因为脱落牙齿的齿槽已完全愈合，很明显这些牙齿都是在其生前脱落的。左下颌前臼齿 P_2 的脓肿也很明显，脓肿范围很大以至于扩散到颏孔处，甚

至在此个体死亡时该脓肿都仍在扩散。左上颌犬齿也存在脓肿现象。可以想象，如果这些脓肿继续扩散下去的话会导致死亡。此个体的犬齿和门齿磨损严重，这种严重磨损可能与某种用牙齿工作的行为有关（图一）。

为了在墓群中找出墓主之间的血亲关系，有必要对骨骼的一些非测量性状进行观测。虽然在这个遗址中只出土了一具人骨，我们仍然观测了它的非测量性状特征。根据 Buikstra 和 Ubelaker 于 1994 年制定的鉴定标准，经过观测，我们发现此个体只有一个非测量性状特征，即在其颅骨上存在印加骨（图二）。

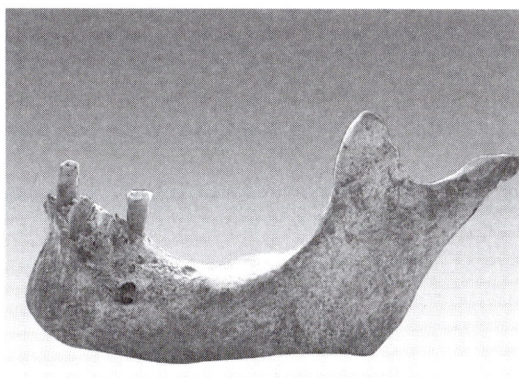

图一　M1 出土人骨的左下颌骨　　　　　　　图二　印加骨所在部位

3. 对今后研究的一点建议

为了更准确地鉴定此个体的性别和年龄，需要了解整个族群中可能存在的变异和差异。在某一族群中，男女性别特征的区别可能并不明显，而在其他族群中却可能区别很大。在不同族群之间，骨龄和实际年龄之间的差异也应该分别考虑，这很大程度上取决于该族群的活跃水平、健康状况、卫生条件和承受的生存压力。如果有较大数量的人骨样本，我们就能通过排列对比的方法更好地研究其族群性别特征的两性差异，也能更好地把因某种行为造成的特征与年龄因素呈现的特征区分开来。随着该地区开展更多考古发掘工作，更多该地区该时代的人骨被发掘出来，我们可以更多了解此族群的健康状况和日常生活情况。未来关于牙齿磨损程度的分析研究可以提供该个体牙齿遭到严重磨损的答案。研究该地区的饮食结构可以解释为何该个体的口腔健康状况如此之差。如果有较大数量的人骨样本，我们就能将所获得的卫生、健康和生存压力方面的信息与其性别和社会地位联系起来，从而更好地理解该地区该时代还不为人知的社会情况。

附录二　石佛洞遗址动物骨骼鉴定报告

何锟宇

（成都文物考古研究所）

石佛洞遗址在发掘中采用了浮选的方法，所以收集的动物骨骼很丰富也很破碎，出土的动物遗存保存状况较差，共 2636 件，其中哺乳纲动物骨骼 1769 件、爬行纲 2 件、鸟纲 37 件、鱼纲 624 件、半鳃纲 204 件。哺乳动物骨骼中可鉴定标本（NISP）395 件，包括鉴定到了属种的头骨、上颌骨、下颌骨、肢骨等，代表动物最小个体数（MNI）117 个。哺乳动物的种类有猕猴（*Macaca* sp.）、豪猪（*Hystrix brachyura*）、竹鼠（*Rhizomys* sp.）、松鼠（*Callosciurus* sp.）、牛（*Bubalus* sp.）、驴（*Equus* sp.）、水鹿（*Cervus unicolor*）、斑鹿（*Cervus nippon*）、小鹿（*Muntiacus reevesi*）、猪（*Sus* sp.）、黑熊（*Selenarctos thibetanus*）、狗（*Canis familiaris*）、小灵猫（*Viverricula indica*）等。鸟纲、鱼纲、爬行纲的材料太少，且标本残破，不能鉴定属种。现将骨骼鉴定报告分类记述于下（附表）。

（一）动物骨骼鉴定

1. 哺乳纲（MAMMALIA）

I. 灵长目（Primates）

　　猴科（Cercopithecidae）

　　　猕猴（*Macaca* sp.）

仅发现 1 件，出于第 7 层，标本 T5⑦：6[①]，猕猴下颌，下颌后支残破，M_1 已经出，仅稍有磨蚀，M_2 正萌出（图版八六，1）。

II. 食肉目（Carnivora）

　　熊科（Ursidae）

　　　黑熊（*Selenarctos thibetanus*）

[①] 本报告动物骨骼采用单独编号，编号全称为 YGS（骨）T5⑦：6，表示云南耿马石佛洞遗址 5 号探方第 7 层出土的 6 号动物骨骼标本，为叙述方便，简称为 T5⑦：6，下同。

仅发现牙齿 2 枚，标本采集：1，牙根部有人工所刻系绳的凹槽，为牙挂饰品（图版八六，8）。

犬科（Canidae）

狗（*Canis familiaris*）

狗的标本虽然较少，但基本上每个地层都出有，NISP 共 21 件，代表 MNI 10 个。

上颌骨共 4 件，其中左侧 3 件，右侧 1 件。标本 T17⑦B：1，右上颌，保存 $P^3 \sim M^2$，P^4 长 15.84、宽 9.12 毫米，M^1 长 10.49、宽 12.46 毫米。标本 T15⑥：3，左上颌，齿列保存 $P^4 \sim M^1$，P^4 长 13.61、宽 10.24 毫米（图版八六，3）。

下颌 6 件，左右各 3 件，标本 T5④D：1，左侧下颌，保存 M_3（图版八六，6）。

尺骨 1 件，标本 T10①：1，左尺骨（图版八六，10）。

肱骨共 3 件，左侧 1 件，右侧 2 件，均为肱骨远端，测量数据见表一。

表一　狗肱骨远端测量数据　　　　　（单位：毫米）

标本号	左/右	长	宽
T15⑥：2	右	19.76	26.18
T15⑥：1	左	19.73	26.32
T15④D：1	右	19.96	26.78

灵猫科（Viverridae）

灵猫亚科（Viverrinae）

小灵猫（*Viverricula indica*）

标本少，NISP 共 7 件，代表 MNI 4 个。

顶骨 1 件，标本 T5⑦：1，保存较好（图版八六，2）。

肱骨 1 件，右侧。

下颌 2 件，左右各 1 件。T17⑤：1，左下颌，齿列保存 $P_3 \sim M_1$，M_1 异常锋利（图版八六，5）；标本 T17③B：4，右下颌，$P_4 \sim M_1$，M_1 异常锋利（图版八六，4）。

尺骨 3 件，左侧 2 件，右侧 1 件。标本 T17⑤：3，左侧尺骨（图版八六，9）。

另外，遗址还发现有少量小型食肉目的遗骸，由于无对比标本目前尚未鉴定到属种，如标本 T20⑦：31 为小食肉类犬齿，齿冠部有穿孔，当为装饰品（图版八六，7）。

III. 奇蹄目（PERISSODACTYLA）

马科（Equidae）

驴（*Equus* sp.）

仅 1 件标本，出于第 7 层，标本 T30⑦：1，左侧掌骨上端，关节面愈合，从掌骨的形态来看，该种驴形体较小。

IV. 偶蹄目（Artiodactyla）

　　牛科（Bovidae）

　　　牛亚科（Boridae）

　　　　牛（*Bubalus* sp.）

牛的骨骼较少，多为后肢骨，NISP 共 17 件，代表最小个体数 MNI 7 个。

有少数牙齿出土，T7③A：22，左侧 M_1 或 M_2（图版八七，2）。

胫骨 2 件，均为右侧，标本 T18②：1，右侧胫骨近端，近端长 85.71、宽 100.93 毫米（图版八七，9）。

距骨 2 件，左右各 1 件，标本 T32⑤：3，右侧，外侧长 81.94、内侧长 74.52 毫米，前宽 54.61、后宽 49.64 毫米，高 44.09 毫米；标本 T17③A：2，左侧，外侧长 80.07、内侧长 67.78 毫米，前宽 55.24、后宽 49.95 毫米，高 42.72 毫米。

跟骨 1 件，标本 T30④C：3，左侧，长 134.27、宽 54.24、高 50.34 毫米（图版八七，8）。

趾骨/指骨数量占的比例较大，测量数据见表二。

第一趾骨/指骨 2 件，标本 T17③A：1，长 79.04 毫米，近端长 47.42、宽 42.06 毫米，远端长 35.62、宽 43.13 毫米（图版八七，3）。

第三趾骨/指骨 1 件，标本 T17⑤：4，长 71.77、宽 24.91、高 46.37 毫米（图版八七，7）。

表二　牛趾骨/指骨测量数据　　　　　　（单位：毫米）

标本号	名称	近端长	近端宽	远端长	远端宽	长	宽	高
T17⑦：3	第一趾/指骨	42.71	37.07	30.42	36.86	71.34		
T17③A：1	第一趾/指骨	47.42	42.06	35.62	43.13	79.04		
T17④A：2	中间趾/指骨	36.85	31.02	29.19	25.07	48.92		
T5④C：13	第三趾/指骨					78.65	29.79	51.16
T17⑤：4	第三趾/指骨					71.77	24.91	46.37

　　鹿科（Cervidae）

　　　鹿亚科（Cervinae）

　　　　水鹿（*Cervus unicolor*）

水鹿的骨骼标本从第 1 层到第 9 层多有发现，NISP 共 48 件，代表 MNI 13 个。

鹿角 4 件。标本 T15④D：56，水鹿分枝，下端有砍切痕迹（图版八八，2）；标本 T30④D：1，水鹿角保存完整，主枝与眉枝夹角约 60°，从角盘处自然脱落，被烧过（图版八八，6）。

下颌 4 件，左侧 1 件，右侧 3 件。标本 T25④A：1，左下颌，牙齿保存 $P_3 \sim M_3$，M_3 长 25.97、宽 9.81 毫米（图版八九，3）。

桡骨 2 件，左右各 1 件。标本 T17③A：3，左侧桡骨近端，近端长 33.28、宽 61.31 毫米。标本 T23⑧：49，右侧桡骨，保存完整，全长 32.18 毫米，近端长 36.77、宽 66.91 毫米，远端长 42.01、宽 40.70 毫米（图版八八，1）。

掌骨 5 件，左侧 3 件，右侧 2 件。标本 T9⑥：1，左侧，保存完整，长 262 毫米，近端长 33.73、宽 50.62 毫米，远端长 30.45、宽 46.99 毫米（图版八九，7）；标本 T25④B：19，掌骨远端，靠近端磨制成锐尖骨锥（图版八九，8）。

胫骨 4 件，左侧 1 件，右侧 3 件。T30④C：2，右侧胫骨近端，近端长 77.91、宽 82.26 毫米；标本 T25⑤：1，右侧远端，远端长 46.08、宽 59.63 毫米；标本 T30⑤：1，左侧远端，远端长 39.63、宽 55.64 毫米。

跖骨 4 件，左侧 2 件，右侧 2 件。标本 T17③A：8，左侧，保存完整，上下关节愈合，长 295 毫米，近端长 43.13、宽 40.31 毫米，远端长 30.32、宽 46.42 毫米（图版八九，1）；标本 T5⑦：4，左侧，保存完整，上下关节愈合，长 278 毫米，近端长 40.43、宽 37.21 毫米，远端长 27.12、宽 40.23 毫米（图版八九，2）。

距骨 2 件，左、右侧各 1 件。标本 T17③A：15，右侧距骨，外侧长 62.07、内侧长 58.73 毫米，前宽 39.05、后宽 36.18 毫米，高 35.56 毫米。

水鹿第一趾骨/指骨 4 件，测量数据见表三。

表三　水鹿第一趾骨/指骨测量数据　　　（单位：毫米）

标本号	长	近端长	近端宽	远端长	远端宽
T15⑥：6	60.55	28.81	22.31	21.58	19.91
T30④B：10	72.31	33.02	26.10	21.61	25.24
T17③A：10	69.36	40.25	30.41	24.72	30.06
T25⑧：2	57.15	29.03	23.43	19.82	20.51

斑鹿（*Cervus nippon*）

斑鹿的骨骼标本在多数地层单位多有发现，NISP 共 42 件，代表 MNI 11 个。

下颌 3 件，左侧 2 件，右侧 1 件。标本 T30①：1，左侧，保存 $P_2 \sim M_2$，M_3 尚未萌出（图版八九，4）；标本 T13④B：1，左侧，保存 $P_2 \sim M_3$（图版八九，5）。

肩胛骨 2 件，左、右侧各 1 件。标本 T17④A：1，右侧，保存完整，被烧过（图版八九，10）。

股骨 2 件，均为左侧。标本 T5④A：18，左侧股骨远端，远端长 47.61、宽 39.73 毫米；标本 T10①：3，左侧股骨近端，近端长 35.95、宽 43.02 毫米。

胫骨 5 件，左侧 4 件，右侧 1 件。标本 T17④B：2，左侧胫骨远端，远端长 26.19、宽 40.95 毫米；标本 T15⑧：113，左侧胫骨远端，远端长 21.44、宽 27.42 毫米；标本 T25④A：1，右侧胫骨近端，近端长 36.48、宽 41.43 毫米。

掌骨 4 件，左右各 2 件。标本 T15④A：68，掌骨远端，远端长 24.38、宽 41.81 毫米（图版八九，9）；标本T17④B：7，右侧掌骨近端，近端长24.73、宽35.49毫米。

跟骨1件。标本T17⑤：2，左侧跟骨，长65.24、宽23.22、高23.33毫米。

距骨3件，左侧1件，右侧2件。标本T17③A：9，右侧距骨，外侧长46.36、内侧长40.89毫米，前宽30.17、后宽28.55毫米，高23.73毫米；标本T1①：1，左侧距骨，外侧长55.34、内侧长42.19毫米，前宽28.62、后宽28.48毫米，高24.22毫米；标本T15⑥：5，右侧距骨，外侧长44.24、内侧长38.12毫米，前宽27.35、后宽26.45毫米，高20.77毫米。

麂亚科（Muntiaina）

小麂（*Muntiacus reevesi*）

小麂的可鉴定标本NISP共72件，代表MNI 16个。

角7件，其中3件保存较完整（图版八八，3、4、5）。

上颌2件，左右各1件。标本T14④B：2，右侧上颌，齿列保存$P^2 \sim M^1$，M^1长11.71、宽14.65毫米；标本T5④A：11，左上颌，齿列保存$P^4 \sim M^2$，长33.48毫米（图版八九，6）。

肱骨共6件，左右各3件，测量数据见表四。

表四　小麂肱骨下端测量数据　　　　　　　　　　　（单位：毫米）

标本号	左/右	长	宽
T13④A：4	右	24.94	27.14
T8⑤：2	右	26.61	31.17
T14③A：3	右	26.07	28.70
T30⑦：1	左	25.79	28.31
T9④A：6	左	25.91	29.64
T17③A：16	左	24.98	29.03

股骨7件，左侧3件，右侧4件。标本T28⑤：1，左侧股骨近端，近端长19.45、宽31.82毫米；标本T9⑤：4，右侧股骨远端，远端长25.15、宽26.59毫米。

胫骨4件，左侧3件，右侧1件，4件远端关节均保存完整，测量数据见表五。

表五　小麂胫骨远端测量数据　　　　　　　　　　　（单位：毫米）

标本号	左/右	长	宽
T9⑤：3	左	20.94	27.61
T13④B：2	左	19.95	25.38
T25⑧：1	左	20.69	27.78
T9④A：7	右	16.73	23.39

距骨7件，左侧3件，右侧4件，测量数据见表六。

表六　小鹿距骨测量数据　　　　　　　　　　（单位：毫米）

标本号	左/右	外侧长	内侧长	前端宽	后端宽	高
T9③A：1	右	31.55	29.57	19.65	18.71	——
T5④A：20	右	31.15	29.59	20.18	18.70	16.33
T5④A：21	右	29.69	27.98	18.32	18.70	15.95
T5⑦：4	左	28.95	27.45	18.11	17.27	16.07
T17③B：5	左	31.42	29.95	19.28	18.43	17.29

桡骨6件，左侧3件，右侧3件，其中1件保存完整，4件近端关节保存完整，1件（关节部分破损）。标本T9⑥：1，左侧桡骨，保存完整，长132.14毫米，近端长14.61、宽22.11毫米，远端长13.18、宽21.84毫米。其他4件测量数据见表七。

表七　小鹿桡骨测量数据　　　　　　　　　　（单位：毫米）

标本号	左/右	近端/远端	长	宽
T5⑦：3	右	近端	15.25	28.17
T30④B：9	左	近端	16.19	27.66
T30④C：12	右	远端	17.17	24.09
T10①：4	左	近端	15.09	26.43

掌骨8件，左右各4件，均为掌骨远端，测量数据见表八。

表八　小鹿掌骨远端测量数据　　　　　　　　（单位：毫米）

标本号	左/右	长	宽
T5⑦：2	右	14.09	21.84
T15④D：69	左	15.44	23.31
T17③A：21	左	15.72	23.33
T17③A：12	右	14.42	23.65
T17③A：2	右	12.41	21.23
T9⑤：1	左	15.58	25.53

跖骨11件，左侧6件，右侧5件，测量数据见表九。

表九　小鹿跖骨测量数据　　　　　　（单位：毫米）

标本号	左/右	全长	近端/远端	长	宽
T15⑥:8	右	——	近端	20.11	22.01
T25④D:78	右	——	近端	18.44	20.02
T5⑦:14	左	138.79	近端	21.09	20.82
			远端	14.99	22.94
T9④A:4	右	——	远端	14.36	22.37
T17③A:18	左	152.68	近端	22.80	22.52
			远端	15.27	23.81
T25④B:19	左	——	远端	12.42	22.42
T17④D:2	右	——	远端	13.88	21.72

猪科 (Suidae)

　　猪 (*Sus* sp.)

猪的骨骼非常破碎，从骨骼形态来看，可能为饲养的家猪。可鉴定标本131件，代表MNI 28个。

　　标本T30⑤:53，左侧上颌，残，仅保留有犬齿（图版八七，4）。标本T13④D:1，右下颌，M_3正萌出，M_1前高40.76毫米，M_1长18.25、宽13.68毫米，M_2长23.18、宽17.28毫米（图版八七，5），约2岁。标本T30⑤:12，左侧下颌，M_2刚萌出未磨蚀（图版八七，6）。标本T30④C:1，下颌联合（图版八七，1）。

　　标本T25⑤:2，右侧肱骨远端，远端长38.12、宽41.23毫米；标本T25④B:2，左侧肱骨远端，远端长49.62、宽47.33毫米。

　　标本T17③A:1，左侧股骨远端，远端长46.82、宽38.87毫米。

V. 啮齿目 (Rodentia)

　　竹鼠科 (Rhizomyidae)

　　　竹鼠 (*Rhizomys* sp.)

NISP共41件，代表MNI 17个。

上颌2件。标本T5③A:1，左侧保存较为完整，左侧齿列保存$M^2 \sim M^3$，M^1脱落（图版九〇，1）。

下颌6件，左侧1件，右侧5件。标本T5④A:2，右下颌，保存$M_1 \sim M_2$，M_3脱落（图版九〇，3）；标本T15④A:1，左下颌，保存较为完整，但牙齿全部脱落（图版九〇，2）。

　　　松鼠 (*Callosciurus* sp.)

NISP共11件，代表MNI 6个。可以看到保存比较好的上颌骨骼（图版九〇，6）。

　　豪猪科 (Hystricidae)

　　　豪猪 (*Hystrix brachyura*)

NISP 共 1 件，代表 MNI 1 个。

标本 T5④A：13，右下颌，齿列保存完整，$M_1 \sim M_3$ 齐全（图版九○，7）。

2. 双壳纲（Lamellibranchia）

　　帘蛤科（Veneridae）

　　　理纹格特蛤（*M. marmorata*）

　　共 30 枚，贝壳三角软圆形，壳顶较尖，位于贝壳中央稍靠前方。壳面浅棕黄色，同心生长纹十分细密，在壳顶区亦可见到纹理清晰的微细同心纹（图版九○，13），分布于广东雷州半岛的乌石，广西北海、海南、台湾和香港亦有记录。此外，波斯湾、巴基斯坦（卡拉奇）、印度（孟买）、斯里兰卡、缅甸、菲律宾、印度尼西亚（爪哇）、新加坡、越南以及新喀里多尼岛、澳大利亚等地都有分布①。

　　珠蚌科（Unionidae）

　　　珠蚌（*Unio* sp.）

　　174 枚（图版九○，4）。珠蚌系软体动物门双壳纲蚌目珠蚌科一属，广泛分布于亚洲南部等地区，常栖息于湖泊、河流和池塘等淡水水域。

　　另外，鸟纲、鱼纲、爬行纲的骨骼非常破碎，难以鉴定到属种。其中，鱼纲主要为小型鲤科类的脊椎骨、肋骨和少量鳃盖骨；而鸟纲多为肢骨，有的肢骨上有规整的钻孔，当为骨笛（图版九○，5、8 ~ 12、14 ~ 21）。

（二）遗址周围的自然环境和动物资源

　　石佛洞洞穴遗址地处耿马县，现代的总体气候特征属于南亚热带低纬山地季风气候，年平均气温 17.5 ~ 20.5℃，最热月均温 21.5 ~ 25.0℃，最冷月均温 11 ~ 13℃，夏季较长而无冬季，热量资源较充裕。由于地处低纬度地区，光热资源丰富，四季不明显，干湿季分明，降水充沛，气候垂直差异明显。

　　石佛洞洞穴遗址出土的动物种类丰富，有猪、狗、牛、水鹿、小麂、斑鹿、竹鼠、豪猪、松鼠、黑熊、小灵猫、猕猴、驴、蚌类、鱼类和鸟类等，说明当时遗址周围植被浓郁，水域应该比较宽广，动物资源丰富，为先民提供了良好的生境。通过对可鉴定标本数（表一○）的统计我们可以看到，野生动物中以哺乳动物为主，而哺乳动物中有偶蹄目、奇蹄目、食肉目、灵长目和啮齿目，其中偶蹄目占绝大多数。另外，少量的鸟类和淡水鱼类、蚌类也是食物结构的重要组成部分。此外，竹鼠和松鼠两种啮齿类动物所占的比例也不小，可达鉴定标本数的 13.16%，这也是洞穴遗址有别于聚落遗址在动物骨骼遗存方面的重大区别。驴的标本仅 1 件，体型较小，要做进一

---

① 中国科学院中国动物志编辑委员会：《中国动物志软体动物门双壳纲帘蛤科》209 ~ 210 页，科学出版社，2001 年。

步的鉴定研究还有待于材料的增多。

遗址中出土的动物骨骼中除了猪、狗、牛是家畜外，其他的都是野生动物，这有利于我们考察遗址周围的动物分布、植被状况等生态环境，也为我们探讨耿马地区的动物资源和生态环境提供了宝贵材料。石佛洞洞穴遗址出土的动物骨骼以鹿科动物发现最多，其中水鹿群栖息于针阔混交林、阔叶林、稀林草原等生境；小鹿栖息于常绿阔叶林和针阔混交林，灌丛和河谷灌丛；斑鹿栖息于针阔混交林的林间和林缘草地以及山丘草丛；这些动物的存在说明遗址周围的植被有较多的阔叶林、针阔混交林。小灵猫生活在热带、亚热带森林边缘，以岩洞和树洞为巢，夜行性，白天多卧伏在灌丛中休息，说明遗址周围还有浓郁的灌丛和草丛，体现出明显的垂直分布差异。在石佛洞洞穴遗址中我们发现了少量鱼类等淡水类动物，遗物中也发现有一定的网坠等捕鱼工具，这反映附近有水塘和小河之类的小型淡水水域。总的看来，石佛洞遗址所处的地区地表起伏比较大，从而导致气候、植被类型的多样化和垂直分布明显，对于资源动物的种属构成、数量和分布地域影响很大，也与出土的动物骨骼呈现出当时动物种属的多样性吻合。从上所述，我们可以看到石佛洞洞穴遗址的先民生活在一个林草茂密的自然环境中，也有一定的灌丛和草丛，植被垂直变化比较明显，动物群和植被的多样性为先民提供了广阔的采集和狩猎空间，古今生态、气候环境差异不大。

（三）从动物遗存看石佛洞先民的生业方式

通过对可鉴定标本数的统计我们可以看到，野生动物中以哺乳动物为主，而哺乳动物中有偶蹄目、食肉目、灵长目和啮齿目，其中偶蹄目占绝大多数。在395件可鉴定标本中，鹿科三种动物共162余件，占总可鉴定标本的41.01%，这一方面说明遗址周围鹿科动物分布密集，资源丰富，另一方面也可能因为鹿性情温顺，虽然警觉但防御性差，先民狩猎捕杀时的危险性小。猪的可鉴定标本131件，占可鉴定标本总数的33.16%，鹿科和猪科动物是当时石佛洞遗址先民的主要肉食来源，两者共占74.17%，狗、牛、黑熊、小灵猫、猕猴、豪猪所占比例较小（表一〇）。另外，少量的鸟类和淡水鱼类、蚌类也是食物结构的重要组成部分。此外，竹鼠和松鼠两种啮齿类动物所占的比例也不小，达可鉴定标本数的13.16%，这也是洞穴遗址有别于聚落遗址在动物骨骼遗存方面的重大区别。

石佛洞新石器洞穴遗址出土的石器数量较多，器类丰富，石器有磨制和打制两种，以磨制石器为主，此类石器均为通体磨光，磨制较精，器类复杂多样，发现的狩猎工具有镞、弹丸和石球

表一〇　主要哺乳动物骨骼可鉴定标本统计表（NISP总数为395件）

动物属种	小鹿	水鹿	斑鹿	猪	狗	小灵猫	牛	竹鼠	松鼠
NISP	72	48	42	131	21	7	17	41	11
百分比（%）	18.23	12.15	10.63	33.16	5.32	1.77	4.30	10.38	2.78

等；骨器多制作粗糙，其中镞和鱼钩均为渔猎工具，这些都说明当时先民的生业方式中，渔猎占有重要的地位。另外，石佛洞遗址试掘同时对灰坑填土进行了浮选，收集的植物标本经过初步鉴定，可以确认发现了炭化水稻等作物品种，说明石佛洞先民也栽培水稻。

综上，我们认为石佛洞先民在农耕、饲养家畜的同时，又以狩猎作为获取肉食资源的主要手段。遗址周围除有丰富的动物资源外，植被浓郁，采集业也应该是经济生活中不可或缺的补充形式。在石佛洞先民的经济结构中，狩猎经济所占的比例较高，从肉类食物结构组成来看，占60%多，对野生动物资源有很强的依赖性，一方面意味着有众多的野生动物资源而且相对稳定，足以提供丰富的食物资源，另一方面，也可能与饲养技术不发达有关。石佛洞先民这一生业方式说明遗址地处山区，人口密度相对较小，食物资源压力也相对要小，所以从不同层位出土的动物骨骼来看，动物种类和他们各自所占的比例都比较稳定，说明这一文化在稳定发展。

附表　石佛洞出土哺乳动物骨骼统计表

出土单位	种属	上颌骨左	上颌骨右	下颌骨左	下颌骨右	下颌联合	角	牙齿	肩胛骨左	肩胛骨右	肱骨左	肱骨右	尺骨左	尺骨右	桡骨左	桡骨右	腕骨左	腕骨右	掌骨左	掌骨右	指骨左	指骨右	髋骨左	髋骨右	股骨左	股骨右	胫骨左	胫骨右	髌骨左	髌骨右	跗骨左	跗骨右	跖骨左	跖骨右	趾/指骨左	趾/指骨右	距骨左	距骨右	跟骨左	跟骨右	NI SP	M NI
H10	猪			1					1																																2	1
8层	小鹿																							1																	1	1
	狗															1																									1	1
	猪							1																																	3	1
	竹鼠				1			1																																	2	1
	松鼠				1			2																																	1	1
	水鹿																1																			1						2	1
	小麂																																								1	1
	斑鹿																																			2						3	1
7层	牛					5		1						1														1								1						1	1
	水鹿							1												1								1						1								2	1
	小麂					1		1 1	1												1						2											1				6	1
	猪							1	1					1								1				2															12	2
	狗													1		1																									2	1
	猕猴																			1																						1	1
	驴	1																		1																						1	1
	小灵猫	1（顶骨）												1	1							1																				4	2
6层	斑鹿																			1														1								2	1
	水鹿										1	1		1						1							1							1					1			3	1
	小麂																			1																1 1						6	1
	狗	1														1																										4	1
	猪			1	1							1		1		1																										7	1
	竹鼠							1																																		1	1

续附表

出土单位	种属	上颌骨左	上颌骨右	下颌骨左	下颌骨右	下颌联合	角	牙齿	肩胛骨左	肩胛骨右	肱骨左	肱骨右	尺骨左	尺骨右	桡骨左	桡骨右	腕骨左	腕骨右	掌骨左	掌骨右	指骨左	指骨右	髋骨左	髋骨右	股骨左	股骨右	胫骨左	胫骨右	髌骨左	髌骨右	跗骨左	跗骨右	跖骨左	跖骨右	趾骨左	趾骨右	距骨左	距骨右	跟骨左	跟骨右	SP NI	M NI
5层	小麂						2						1						1						1	1	1	1														8	1
	斑鹿							1															2																1	1		5	1
	水鹿				1		1		1	1																	1	1													6	1
	狗	1														1																									2	1
	猪	1						3			3		1	1					1							1										1					12	3
	小灵猫	1												1																											2	1
	竹鼠							2																																	2	1
	牛					1																				1												1			3	1
4D层	水鹿	1																					2									2									5	2
	猪				2			8		1			3			1				1														2		1	1			1	20	3
	小麂				1		1	1																												1		1			5	2
	斑鹿				1																			2																	3	1
	黑熊							1																																	1	1
	竹鼠	1						1																																	2	1
	牛			1				1																																	1	1
	狗	2				1							1																												4	2
4C层	水鹿								1																																	1	1
	斑鹿																												1													1	1
	小麂	1					1																		1																	3	1
	牛			1		1																																				2	1
	竹鼠							2																																		2	1
	猪	1			2			1												2						1	1										1					9	2

续附表

出土单位	种属	上颌骨左	上颌骨右	下颌骨左	下颌骨右	下颌联合	角	牙齿	肩胛骨左	肩胛骨右	肱骨左	肱骨右	尺骨左	尺骨右	桡骨左	桡骨右	腕骨左	腕骨右	掌骨左	掌骨右	指骨左	指骨右	髋骨左	髋骨右	股骨左	股骨右	胫骨左	胫骨右	髌骨左	髌骨右	跗骨左	跗骨右	跖骨左	跖骨右	趾/指骨左	趾/指骨右	距骨左	距骨右	跟骨左	跟骨右	NISP	MNI
4B层	小鹿	1			1																					1		1						1								8	1
	斑鹿			1							2			1									1					1													5	1
	猪	1	1		1			2				2	1	1						1		1	2			1															13	2
	竹鼠				1			5																																		5	2
	水鹿				1						1							1	1								1								1						5	1
	猪	1	4		2			2	1	1	1		2	2	1					1	1	1		1	1	1	1						1		1						20	4
	小鹿	1		1				1	1	1	1		1											2	2	1							1	1		1	2			15	2
	水鹿		1	1	1			1	1	1								1					1	1		1				2				2				1		9	1
	斑鹿	1						1		1			1			1		1					1	1		1				2				2			1	2	1	14	1
4A层	狗				1			1		1																															1	1
	松鼠	1	1																																						2	1
	竹鼠	1	1					5																																	7	2
	蒙猪		1							1																															1	1
	牛																											1							1						2	1
3B层	小鹿						1						1							1													1	1		1		1			5	1
	水鹿						1					1		1																					1					1	5	1
	斑鹿				1				1							1																									1	1
	猪	2		1																																					4	2
	狗		1																																						1	1
	小灵猫		1																																						1	1
	松鼠		1																																						1	1
	竹鼠	1			1			4																																	6	2

续附表

出土单位	种属	头骨 上颌骨左	上颌骨右	下颌骨左	下颌骨右	下颌联合	角	牙齿	前肢骨 肩胛骨左	肩胛骨右	肱骨左	肱骨右	尺骨左	尺骨右	桡骨左	桡骨右	腕骨左	腕骨右	掌骨左	掌骨右	指骨左	指骨右	后肢骨 髋骨左	髋骨右	股骨左	股骨右	胫骨左	胫骨右	髌骨左	髌骨右	跗骨左	跗骨右	跖骨左	跖骨右	趾/指骨左	趾/指骨右	距骨左	距骨右	跟骨左	跟骨右	NISP	MNI
3A层	猪	5			3	1		7	1	1	1								1						1		1								2				2		25	5
	斑鹿		1								1																								1			1			3	1
	小鹿	1					1	1								1			1	2													3					1			11	3
	水鹿				1						1				1					1					1								1		1			1			7	1
	竹鼠				2			6																	1																9	3
	松鼠	1			2								1		1																										5	2
	狗	1			1						1																														3	1
	牛						1	2			1														1			1													6	1
2层	斑鹿																			1																					1	1
	水鹿																								1																1	1
	牛						1																												1						2	1
1层	水鹿														1				1																						2	1
	小鹿																										1	1				1									3	1
	黑熊							1																																	1	1
	斑鹿	1			1																														1			1			4	1
	狗	1			1								1																												3	1
	松鼠	1			1																																				2	1
	竹鼠							5																																	5	3
	猪	2	1		1																														1						4	2
总计																																									395	117

注：遗址出土遗骸尚未鉴定到属种的标本未列入该统计表。

附录三　石佛洞遗址植物遗存分析报告

赵志军

（中国社会科学院考古研究所）

石佛洞遗址是一处属于澜沧江流域新石器时代晚期的大型洞穴遗址，位于云南省南部边境地区的耿马县境内。2003 年，由云南省文物考古研究所、中国社会科学院考古研究所、成都文物考古研究所等单位组成的联合考古队对该遗址进行了发掘，清理出了房址、墓葬、灰坑等遗迹现象，出土了大量的陶器、骨器以及制作精美、形制特殊的石器。

在发掘的过程中发现了一批植物种子遗存，现场采集后送交中国社会科学院考古研究所植物考古实验室进行鉴定和分析，以下是鉴定的结果。

这批植物遗存共分为 6 组，分别采自 T13、T15、T22 和 T23 等四个探方，每组植物遗存所包含的具体内容各有不同（表一）。

表一　石佛洞遗址出土植物遗存

出土单位	稻米（整）	稻米（碎）	粟粒	豆科未知种属 - I（整）	豆科未知种属 - I（碎）	豆科 - 未知种属 - II
T13④D	1658	443		9		1
T13④D 北隔梁			239			
T13④C				4	4	
T15④D				12	3	
T22④D	3050	1660				
T23⑧	2020	1240				
合计	6728	3343	239	25	7	1

（1）T13④D 出土的植物遗存内容比较丰富，经鉴定有稻谷（*Oryza sativa*）和豆科植物（Leguminosae）两类植物遗存。

出土的稻谷遗存按照保存情况又可分为两类，炭化的稻米和未炭化的稻壳碎屑。大部分炭化稻米在出土时还比较完整，计 1658 粒，少部分已经残破，计 443 粒，合计共出土了 2101 粒（图一）。未炭化的稻壳十分破碎，但仍然可以清晰地识别出稻谷壳的表面特征（图二）。一般而言，考古遗址出土的都是炭化的植物遗存，未炭化植物是很难长期保存在文化堆积中的。但是，稻谷壳的主要成分是粗纤维、木质素和灰分等，这些物质的结构在常温常压的情况下，比以淀粉颗粒为主要成分的稻米坚固得多，较难分解。因此，在某些特殊的埋藏条件下，未炭化的稻壳也可以保存较长时间。

图一　T13④D出土稻米

图二　T13④D出土稻壳碎屑

出土的豆科植物种子共有10粒，分为两个种类，目前尚未鉴定到属种，暂称之为未知种属－I和未知种属－II。豆科未知种属－I有9粒种子，均呈圆柱状，个体较大，平均粒长22.8、平均粒宽10.7、平均粒厚8.9毫米（图三）。豆科未知种属－II仅发现了一粒种子，呈圆饼状，个体很大，直径25.3、粒厚15.2毫米（图四）。在植物界，豆科是一个大科，品种十分繁多，根据植株形态可分为木本、藤本和草本三大类。石佛洞遗址出土的这两种豆科植物种子的个体都非常大，推测应该属于木本或藤本类的豆科植物。

图三　T13④D出土豆科未知种属－I

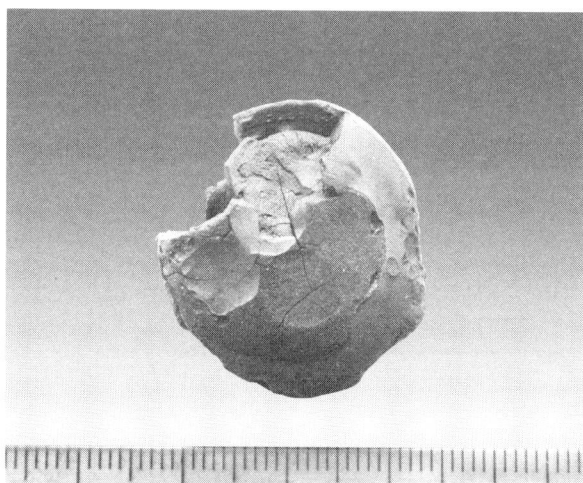

图四　T13④D出土豆科未知种属－II

（2）T13④D 北隔梁出土的植物遗存内容比较单纯，经鉴定都是炭化的粟粒（*Setaria italica*），共计 239 粒。出土炭化粟粒的形状近圆球状，直径 1.2 毫米左右，表面较光滑，胚部较长，因烧烤爆裂呈深沟状（图五）。

（3）T13④C 出土的植物遗存内容也比较单纯，都属于未知种属 - Ⅰ 的豆科植物种子，共计 8 粒，其中 4 粒完整，4 粒破碎。

（4）T15④D 出土的植物遗存与 T13④C 的完全相同，也都属于未知种属 - Ⅰ 的豆科植物种子，但数量稍多一些，共计 15 粒，其中 12 粒完整，3 粒破碎。

（5）T22④D 出土的植物遗存都是炭化稻米，数量很多，共计 4710 粒，其中完整的有 3050 粒，残破的有 1660 粒（图六）。

图五　T13④D 北隔梁出土粟粒　　　　　　图六　T22④D 出土稻米

（6）T23⑧出土的植物遗存与 T22④D 的完全相同，也都是炭化稻米，数量也很多，共计 3260 粒，其中完整的有 2020 粒，残破的有 1240 粒。

根据以上的鉴定和统计结果，在石佛洞遗址发现的植物种子是以炭化稻米为主，总计多达 1 万余粒。由于出土稻谷遗存的数量异常突出，推测这些稻谷有可能是在当地种植的。如是，则说明在新石器时代晚期，云南的南部地区已出现了稻作农业。但当时稻作农业的发展程度以及稻作生产在当地文化经济生活中的地位等问题，还需要更多和更系统的资料来作进一步的分析和研究。

在出土稻谷遗存的三组样品中，随机抽取了 60 粒完整炭化稻米进行测量（每组 20 粒）。结果显示，石佛洞遗址出土炭化稻米的粒长平均值是 4.97 毫米，粒宽平均值为 2.71 毫米，粒厚平均值是 2.02 毫米（表二）。通过计算，这批炭化稻米的长宽比值在 1.28～2.44 之间，平均值为 1.85。根据现代稻谷形态特征的测量和统计，籼稻的长宽比值一般在 2.3 以上，粳稻的长宽比值在 1.6～2.3 之间，由此看出，石佛洞遗址出土炭化稻米从总体上讲似乎应该属粳稻类型，但也有少数个体的测量数值落在了籼稻数值内。需要指出的是，利用稻粒形态特征判别稻谷品种仅仅是相对的，因为判别的标准即长宽比值是根据一般的规律人为设定的；另外，长宽比值作为判别标准一般是用于带壳的稻谷，而石佛洞遗址发现的都是裸露的稻米，原来设定的判别界限是否仍然适用仍需要讨论；再有，此次出土的都是炭化的稻米，一般而言，植物籽粒经过火的烧烤多少都会有些变形，而稻米在炭化后的形态变化规律目前还不清楚。因此，根据形态和测量数据判断石佛洞遗址出土稻谷遗存的品种仅具参考价值。

表二　石佛洞遗址出土炭化稻米测量结果　　　　（单位：毫米）

出土单位	粒长	粒宽	粒厚	长宽比值
T13④D	5.175	3.126	2.272	1.655
T13④D	5.562	3.013	1.922	1.846
T13④D	5.113	3.102	2.335	1.648
T13④D	5.037	2.950	2.197	1.707
T13④D	5.250	2.925	2.297	1.795
T13④D	5.626	2.686	1.895	2.095
T13④D	5.218	2.799	2.123	1.864
T13④D	5.084	2.812	1.943	1.808
T13④D	4.712	2.638	1.927	1.786
T13④D	5.318	2.674	2.134	1.989
T13④D	4.776	2.310	1.494	2.068
T13④D	4.488	2.398	1.695	1.872
T13④D	5.162	2.749	2.200	1.878
T13④D	4.988	2.661	1.824	1.874
T13④D	5.087	2.322	1.799	2.191
T13④D	5.117	2.441	1.820	2.096
T13④D	5.737	3.014	2.267	1.903
T13④D	5.033	2.977	2.159	1.691
T13④D	5.352	2.776	2.117	1.928
T13④D	5.247	3.190	2.036	1.645
T23⑧	5.175	3.088	2.455	1.676
T23⑧	5.138	2.826	1.985	1.818
T23⑧	5.315	2.799	2.178	1.899
T23⑧	5.737	2.661	1.979	2.156
T23⑧	4.602	2.736	2.436	1.682
T23⑧	5.188	2.936	2.292	1.767
T23⑧	3.963	2.071	1.573	1.914
T23⑧	4.112	2.423	1.858	1.697

出土单位	粒长	粒宽	粒厚	长宽比值
T23⑧	4.038	2.372	1.665	1.702
T23⑧	4.776	2.737	2.118	1.745
T23⑧	5.062	2.887	2.160	1.753
T23⑧	5.462	2.711	2.208	2.015
T23⑧	4.213	2.159	1.583	1.951
T23⑧	4.112	2.185	1.453	1.882
T23⑧	4.837	1.983	1.550	2.439
T23⑧	4.901	2.385	1.924	2.055
T23⑧	4.077	2.062	1.607	1.977
T23⑧	4.100	2.347	1.592	1.747
T23⑧	5.714	2.762	2.084	2.069
T23⑧	5.438	2.517	2.021	2.161
T22④D	5.183	2.750	2.100	1.885
T22④D	5.500	2.977	2.191	1.847
T22④D	5.500	2.548	1.896	2.159
T22④D	5.191	2.637	1.718	1.969
T22④D	4.114	3.203	2.277	1.284
T22④D	4.762	3.014	2.176	1.580
T22④D	3.913	2.849	2.174	1.373
T22④D	4.326	2.837	1.849	1.525
T22④D	5.025	2.435	1.740	2.064
T22④D	4.937	2.874	2.086	1.718
T22④D	4.812	2.849	2.273	1.689
T22④D	5.425	2.824	2.077	1.921
T22④D	5.291	3.013	2.364	1.756
T22④D	5.112	2.887	2.194	1.771
T22④D	5.220	2.826	2.565	1.847
T22④D	5.164	2.964	2.072	1.742
T22④D	5.250	2.435	1.886	2.156
T22④D	5.512	2.686	2.154	2.052
T22④D	4.363	2.917	2.197	1.496
T22④D	4.250	2.611	1.814	1.628
平均值	4.965	2.706	2.016	1.848

在 T13④D 北隔梁出土的数百粒炭化粟粒很是耐人寻味。粟也称谷子，是中国北方地区旱作农业的代表性农作物。根据我们以往浮选工作的经验，在长江以南的新石器时代遗址中很少发现粟的遗存。此次在云南南部地区的一处新石器时代晚期考古遗址中发现了粟，而且数量还比较显著，说明的问题值得进一步探讨。例如，这些粟究竟是当地种植的还是外来的？但是，仅一处考古遗址的发现证据过于薄弱，目前尚无法做出任何判断，有待于今后更多的发现。

附录四　石佛洞遗址石料鉴定报告

钟昆明[1]　周志清[2]

（1. 重庆科技学院石油工程学院　2. 成都文物考古研究所）

石佛洞遗址出土石器以磨制石器居多，一般都是根据石料的层理和力学性质顺层打磨，普遍磨制精致，表面光滑，个别器物已经接近玉石。打制石器相对较少。石器种类丰富，主要有斧、锛、矛、镞、网坠、磨盘、砺石等。所使用的石料主要是玄武岩，其次为砂岩、砾岩、大理岩、板岩、千枚岩、辉绿岩、硅质岩等，少见花岗岩、泥岩。现将该遗址出土主要石器类型的质料初步鉴定结果介绍如下。

斧、锛类主要用玄武岩（矿物为微晶－玻璃质，一般取自玄武岩层中部新鲜的部分）制成，顺层打磨，硬度较高，力学性质较好，主要呈黑色，个别石斧因风化而颜色变浅。少量石斧用闪长岩制成，灰绿色，矿物颗粒2~5毫米。另有少量石斧用角闪片岩制成，矿物定向排列，沿矿物排列方向打磨制成。

石凿多用硅质岩制成，硬度大，较为细腻，面上尚见共生的砂岩残留。

矛主要用千枚岩制成，浅蓝色，面上见丝绢光泽，并带黑色斑点状构造，显得美观，打磨方向顺岩石矿物定向排列方向，力学性质较好，也容易打磨成长轴的形状。

磨盘主要用砂岩、砾岩制成，见球状风化痕迹，少量为河流流水冲刷而成。

网坠、砺石多用砾岩、砂岩制成，顺砾岩的板辟理或砂岩层理打磨。

星形器、穿孔重石多用硅质岩制成，质地细腻，硬度大，表面光泽，比较美观，多呈深灰色。

六角星璧形器、凿多由硅质岩制成，硬度大，质地细腻，比较美观，多呈墨绿色。

石臼主要由砂岩制成，顺球状风化的凹面稍作加工而成。

石环由板岩制成，较为细腻，硬度小。

印模主要用大理岩、砂岩制成，比较美观，硬度不大，较易磨制。

石球、弹丸由砾岩和砂岩制成，浅灰色。砾岩制成的石球因流水冲蚀湖石英颗粒脱落，表面留下小坑凹，可能由球状风化和流水冲刷共同作用形成。

石佛洞遗址出土数量最多、器形最为丰富的是用玄武岩打磨而成的斧，其次为锛、铲等；网坠、石球、磨盘、臼、砺石等则以砂岩和砾岩为主要材料；板岩、千枚岩、辉绿硅质岩等制成的器物较为特殊，数量相对较少。一般都根据岩石矿物的天然结构、构造、力学性质和色泽加工成不同类型的器具。斧、锛、凿等一般选用硬度较高、颜色较深的质料，环、镞等装饰品和小件器物则普遍选择颜色较浅的石料。体量较大的器物一般选择硬度较小的板岩、千枚岩等，体量相对较小、有特殊用途的器物则使用硬度较大的硅质岩等。还充分利用小黑江丰富的石材资源加工器物，如利用河流中天然的砾岩、砂岩等直接用作石球，或稍作加工而成磨盘、杵、臼、网坠等。

附录五　石佛洞遗址红色颜料分析报告

杨颖东

（成都文物考古研究所）

1. 颜料样品

两个红色颜料样品出自石佛洞遗址第4D层，此种颜色的颜料在石佛洞遗址的地层堆积及出土器物上很常见，选取的这两块样品保存情况相对较好，其颜色纯净，结合紧密，因此样品具有一定的代表性。颜料样品状况见表一和图一、二（彩版二四，3、4）。

表一　颜料样品表

样品编号	出土位置	样品状况描述
H1	T24④D 层	块状，长6.2、宽5厘米，整体红色。一曲面光滑，似与容器器壁接触。整个颜料块组成颗粒相对较粗，大多如绿豆大小，似为颜料研磨的半成品
H2	T25④D 层	椭圆形固体颜料，长5.1、直径1.5~2.1厘米，整体红色，质地均匀细腻，可能为已经研磨好的颜料团

图一　H1 红色颜料样品

图二　H2 红色颜料样品

2. 分析方法和仪器

（1）X 射线荧光光谱分析（XRF）测定样品中元素组成及含量

仪器：岛津 XRF1800CCDE 型 X 射线荧光光谱仪，管电压 40kV，管电流 95mA，探测器为闪烁计数管，使用 Rh 靶，LiF 晶体和真空光路，检测依据 JY/T016－1996 波长色散型 X 射线荧光光谱方法通则。

（2）X 射线衍射分析（XRD）确定颜料物相

仪器：荷兰飞利浦 X'Pert ProMPD X 射线衍射仪，管电压 40kV，管电流 35mA，CuKa 靶，狭缝宽度：发射狭缝 DS 为 0.5°，接收狭缝 RS 为 0.3mm。检测依据参照 JY/T 009－1996 转靶多晶体 X 射线衍射方法通则。

（3）红外光谱分析（FT－IR）测定颜料中有机物

仪器：傅里叶变换红外光谱仪 Nicolet FT－IR 6700，检测范围 4000～400cm^{-1}，分辨率 4cm^{-1}。将样品用有机溶剂萃取后，取样检测。

（4）化学分析法测定三氧化二铁的含量

按照国家标准《氧化铁颜料》[①] 进行测定。准确称取适量试样，经过干燥、三价铁还原二价铁等过程处理，以二苯胺磺酸钠作为指示剂，用重铬酸钾标准滴定溶液滴定二价铁至稳定的紫色为终点。根据滴定试剂用量，计算 Fe_2O_3 的质量百分比含量（%）。样品平行测定两次，如果两次平行测定结果之差大于 0.3%，应重新测定。取两次测定结果的平均值。

3. 分析结果

（1）XRF 元素分析结果

分析结果见表二。

表二　XRF 分析结果

元素		Fe	O	C	Si	Ca	As	Al	P	Zn	Pb	V	K	Sb	Mn	Cu
含量%	H1	56.7	39.7	1.6	0.6	0.1	0.8	0.1	0.05	0.1	0.09	0.08	0.05	0.04	0.01	0.02
	H2	46.4	47.0	2.5	1.8	0.8	0.6	0.4	0.1	0.1	0.07	0.07	0.06	0.04	0.03	0.02

（2）XRD 物相分析结果

分析结果表明红色颜料主要物相为 Fe_2O_3（图三、四）。

[①] 中华人民共和国国家质量监督检验检疫总局、中国国家标准化管理委员会：《氧化铁红颜料》，《中华人民共和国国家标准》（GB/T 1863－2008），2008 年 6 月 4 日发布。

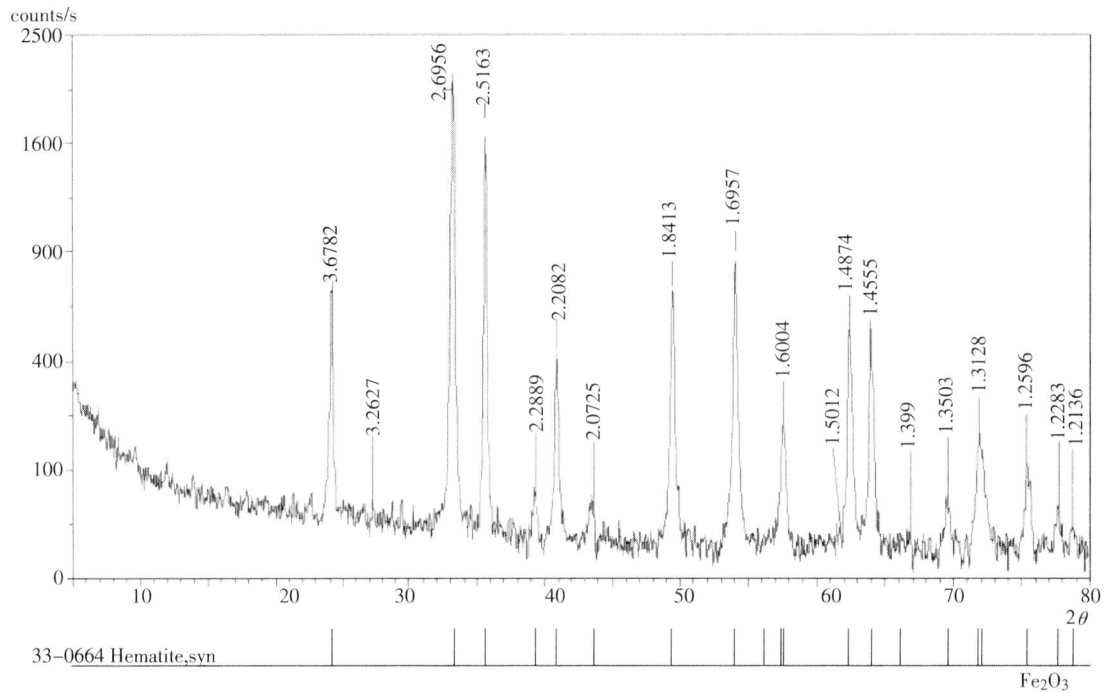

图三　H1 红色颜料样品 XRD 图谱

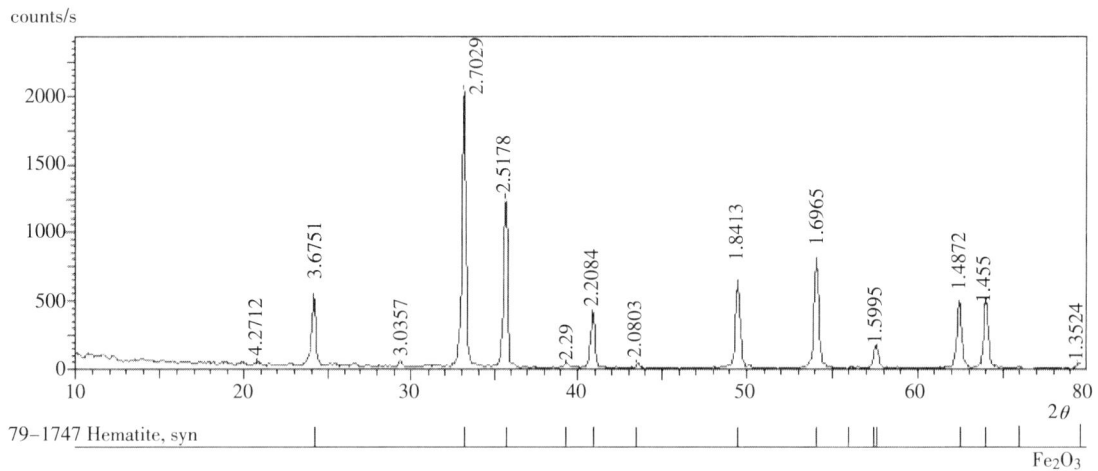

图四　H2 红色颜料样品 XRD 图谱

（3）颜料中 Fe_2O_3 含量测定结果

测定结果见表三。

（4）红外光谱测定结果

红外光谱分析显示：H1 样品的红外光谱中含羟基、饱和烃、酰胺、C-H 等有机基团（图五）。H2 样品的红外光谱中含有羟基、饱和烃、酯、酰胺等有机基团（图六）。

表三　Fe₂O₃ 含量测定结果

表三　Fe_2O_3 含量测定结果

分析项目	样品	分析结果		
		第一次（%）	第二次（%）	平均值（%）
Fe_2O_3 含量测定	H1	93.57	93.59	93.58
	H2	94.91	94.77	94.84

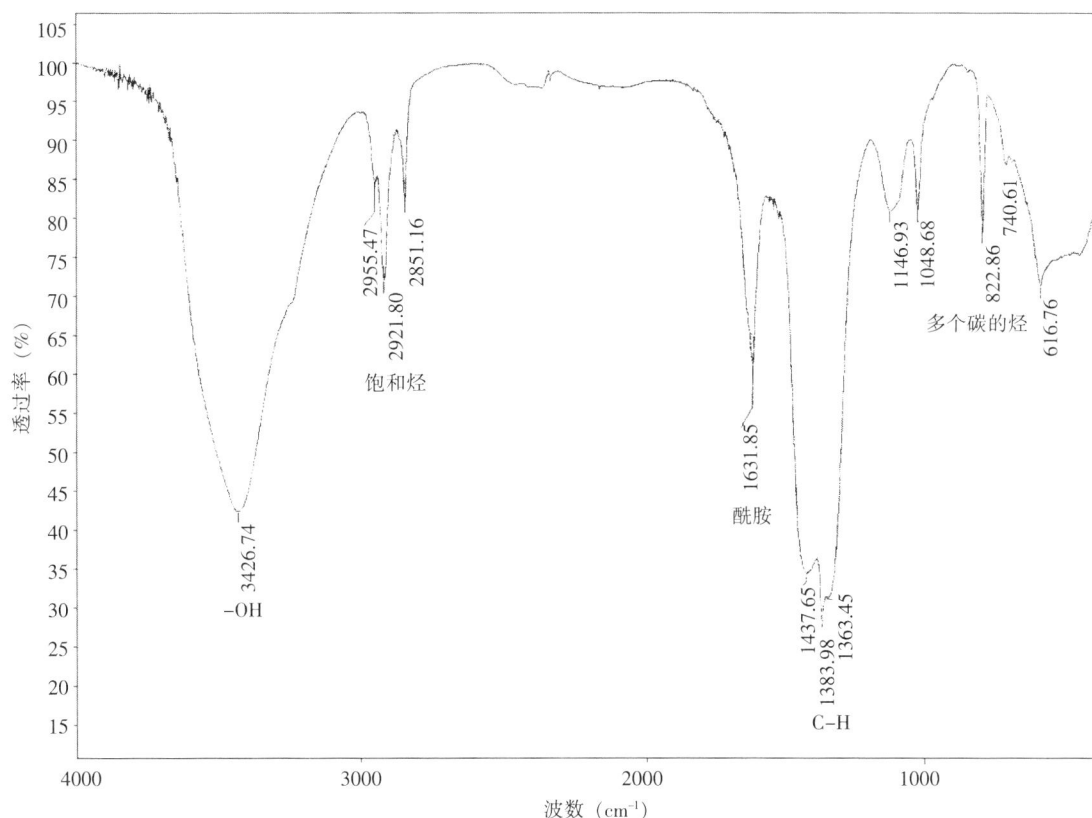

图五　H1 颜料样品的红外光谱

4. 结果讨论

（1）XRF 分析结果表明，两个样品所含元素种类完全一样，所含元素有 Fe、O、C、Si、As、Pb、Mn 等共 15 种元素；从含量情况来看，Fe 和 O 是每个样品中含量最多的两个元素，二者总量在 H1 和 H2 中分别高达 96.4% 和 93.4%，其余元素的含量都很低。由这些元素化合而成的矿物颜料，在古代被常用且能够显示红色的只有铁红（Fe_2O_3）和铅丹（Pb_3O_4），与 Fe 元素相比，Pb 元素含量极低，几乎是微量的，因此推断，如果样品中含有铅丹，其含量也是极低的，相反，铁红

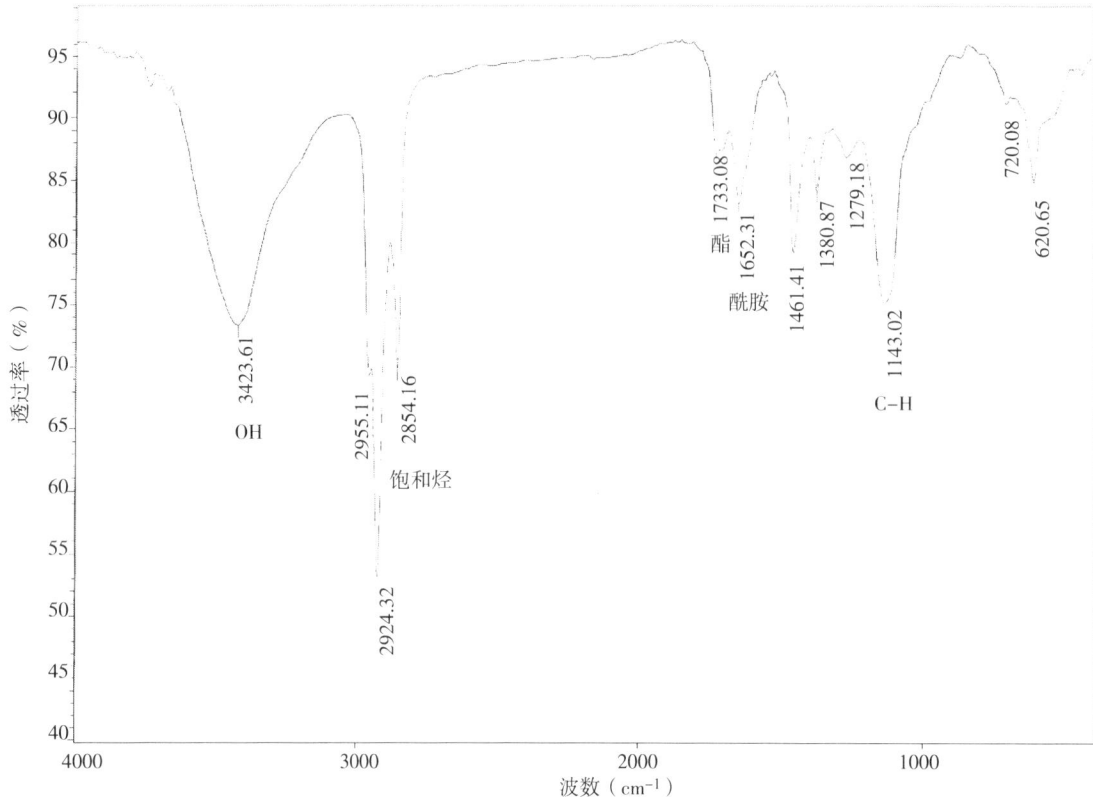

图六 H2 颜料样品的红外光谱

的含量应该是很高的。所含其他元素，应该是伴随原料矿而来的杂质或类质同像替代元素，这是区别于人工合成颜料，以天然矿物作为颜料不可避免的结果。从 X 射线衍射图谱来看，基本全是 Fe_2O_3 的谱峰，其特征谱峰显著，其他物相的谱峰很少、峰强度也很弱，没有发现 Pb_3O_4 物相的谱峰，这说明此颜料块样品中铁红含量很高、样品纯度亦较高。换言之，铅丹不存在或含量过低，超过了仪器的检测限优。化学分析结果 Fe_2O_3 含量高达 94％ 左右，这无疑肯定地印证了以上推论是正确的。

以上采用 XRF 分析、XRD 分析和化学分析得到的结果是非常一致的，可以断定当时先民利用这种红色颜料，主要是利用了其中的铁红成分 Fe_2O_3，而非其他成分。

（2）古人使用的颜料，大多为矿物颜料，由于颜料本身不具备任何黏附性，所以容易掉落。因此，在使用过程中，往往加入桐油、动物血、鱼胶、骨胶等植物性或动物性材料进行调制，以增强颜料的附着力。在 H1 样品的红外光谱中含有酰胺键基团，这说明可能使用了蛋白质类物质如动物胶等进行调制。在 H2 样品中，除含有酰胺外，还含有少量酯，推测可能使用动物性胶或植物性油之类的胶结材料。由于颜料是在地层中出土的，保存环境极为复杂，不排除颜料被污染的可能，而且在颜料用途并不确定的前提下，颜料中含有的动物性和植物性有机物是否为古人有目的添加的调和材料，这一问题还难以确切回答。在此将分析结果列出，以期为研究者们在以后此类颜料分析工作中提供数据参考，并期待在今后更多类似实例如岩画、彩绘器物中得到求证。

5. 结论

（1）此红色颜料含有 Fe、O、C、Si、Ca、As、Pb、Sb、Mn、Cu 等共 15 种元素，Fe 和 O 是其中含量最多的两种元素。颜料的红色显色物相为氧化铁（Fe_2O_3），即颜料为铁红颜料（赤铁矿粉）；

（2）颜料纯度高，Fe_2O_3 含量高达 94% 左右；

（3）颜料中含有蛋白质和酯类有机物，推测可能为调制颜料而添加的动物胶和植物油。

6. 对此红色颜料的几点认识

（1）铁红颜料发现的意义

铁红颜料是中国古代，特别是历史早期时代（旧石器、新石器时代）所发现遗址中较多使用的一种天然颜料。古人使用颜料，主要依靠自然界所能提供的材料，如《天工开物》丹青中记载有胡粉、黄丹、淀花、石绿、银朱、大青、铜绿、石黄、代赭石等[1]，铁红颜料在古代大多经天然赤铁矿、赭石、红土研磨得到。文献表明：早在旧石器时代晚期山顶洞人遗址中就发现对铁红颜料的认识和使用[2]。在新石器时代，在大地湾文化、仰韶文化、大汶口文化、马家窑文化等遗址中也发现对铁红颜料（赤铁矿粉）的使用[3]，据目前研究资料显示，直到历史中后期，铁红颜料一直出现在多个朝代的岩画、墓葬壁画、洞窟壁画和器物上[4]，是使用最普遍的红色颜料之一。

该遗址发现铁红颜料，为中国先民在新石器时代使用铁红颜料又增添一例证。

（2）颜料对遗址功能判定的作用

该遗址地层中多处发现了这种红色颜料，且存在量较大；同时，遗址还出土了数量较多的石质研磨工具，如石磨棒、磨盘、研钵等，并在这些器物上黏附或积聚大量红色颜料粉。本文选择的这两块颜料样品，从颗粒大小来看，H1 颗粒稍粗，H2 则非常细腻，可以认为这反映了颜料加工由粗到细的研磨过程。从地质结构来看，该地多处存在赤铁矿，有在古代被开采过的遗迹，因

---

① 宋应星著，潘吉星译注：《天工开物》（丹青）卷十四，上海古籍出版社，1993 年。

② 吴新智：《山顶洞人的种族问题》，《古脊椎动物与古人类》1960 年 2 期；吕遵谔：《山顶洞人》，《中国大百科全书》（考古学卷），中国大百科全书出版社，1986 年。

③ 张朋川、周广济：《试谈大地湾一期与其他类型文化的关系》，《文物》1981 年 4 期；马清林、胡之德、李最雄：《中国古代颜料概述》，《中国文物分析鉴别与科学保护》，科学出版社，2001 年。

④ 李最雄：《莫高窟壁画中的红色颜料及其变色机理探讨》，《敦煌研究文集》（石窟保护篇·上），甘肃民族出版社，1993 年；北京市文物研究所：《北京地区辽金墓葬壁画保护研究》，科学出版社，2008 年；张群喜：《唐墓壁画颜料的分析与研究》，《唐墓壁画研究文集》411 ~ 419 页，三秦出版社，2001 年；郭宏等：《广西花山岩画颜料及其褪色病害的防治对策》，《文物保护与考古科学》2005 年 4 期。

此，存在制作铁红颜料的物质基础，所以在该处生产制作颜料是有可能的。综合这些现象，可以认为颜料加工是该遗址的重要功能之一。

（3）铁红颜料的用途

这种红色颜料在古代存在以下三种用途：其一，利用其鲜艳的红色，将颜料粉撒于遗址中某些特殊位置和区域，表达先民的一种观念或崇拜；其二，用做绘画颜料作画使用；其三，在年代早期作为染料使用，对器物或服饰等进行染色装饰和美化。该遗址中发现的红色颜料，在有些区域比较集中，再联系附近沧源崖画同样使用铁红颜料绘画的现象[1]，可以认为颜料用途属于前两种的可能较大。

（4）颜料可能为经过揉制而成的颜料团

仔细观察研究这两块颜料发现，其内外颜色一样、颜料组成颗粒大小比较均匀，特别是 H2 颜料，质感细腻滑润，含量测定亦证明铁红纯度很高，且含有古代调和颜料常用的调和材料。因此推测此颜料块，很可能是古人将经过淘洗和已经研磨好的颜料粉，加入调和材料揉制而成的颜料团。

---

[1] 汪宁生：《云南沧源崖画的发现与研究》15～17 页，文物出版社，1985 年。

附录六　石佛洞遗址淀粉粒分析报告

玭玉[1]　杨晓燕[2]

（1. 哈佛大学人类学考古系　2. 中国科学院地理科学与资源研究所）

1. 古淀粉研究的介绍

因为古代的淀粉不像植物大化石那样在潮湿的热带气候环境下不易保存，在过去的 20 年内古淀粉研究已成为古植物研究的焦点。在古淀粉研究之前，古植物的研究主要依赖于一些在考古遗址里容易保存的植物遗存，例如种子与孢粉。除了一些很特别的情况如干涸、矿化或饱水条件以外，块茎植物的遗存很少能很好地保存在考古遗址里，这也使它们在早期农业发展扮演的角色被长期忽略（Hather 1991；Ugent 1982，1997），一直到最近 20 年才受到重视。另外，块茎与种子和孢粉有很大的区别：块茎的大化石遗存不具有鉴定特征。因为种子在考古遗址里面保存的量很大，考古学家们得花很多精力来研究其在农业起源中扮演的角色，尤其是稻、玉米、小麦等植物。而淀粉颗粒研究是一项重要的方法上的突破，可以帮助我们研究相对来说已被忽视的块茎历史。这种研究方法不但可以扩大我们识别的各种古植物的范围，而且可以让我们在种子方面作进一步的研究。

淀粉是植物的主要能量来源，并储存在植物结构的各个部分，包括叶片、茎、种子、根等地方。淀粉有两种主要类型，但可以说只有其中一种真正对考古学有用。瞬态、临时或暂时的淀粉存在于植物的叶子并在夜间通过重新转换回糖分来作为能量，这种淀粉很少能被考古学家们用来做研究。瞬态淀粉颗粒的形状没有鉴定特征，而且主要由它们形成的空间决定。另一种在种子、块茎、球茎、水果和植物根茎内存储的淀粉，是解决生态生存进化而必须的长远能源的对策。这类存储淀粉使植物在恶劣气候如干旱、水灾及冷热变化下生存下来，这类淀粉的形式可能具有鉴定特征，且可以在考古遗址里面大量保存下来。

淀粉是一种有半晶体结构的葡萄糖聚合物。在偏光显微镜下，淀粉颗粒结构具有强烈的双折射性与马耳他十字消光特征。

在大小和形状方面，淀粉粒的变异性很大。其大小范围为 1~100 微米。淀粉粒的形状有球形（或似球形）、卵圆形、多面体等等。在考古发现里，我们也可以用不同的技术，比如碘染色技术（Barton 2007；Loy，et al. 1992；Torrence and Barton 2006）或淀粉酶（Hardy，et al. 2009），来确定一个淀粉颗粒的存在。刚果红的使用也可以用来鉴定煮熟或损坏的淀粉粒（Lamb and Loy 2005）。

古淀粉的研究属于新兴的研究领域，近20年才真正开始。对于淀粉的学术兴趣起源于20世纪初，而最重要的淀粉粒分析贡献也来自这个时期。早期的研究者如科学家 Reichert（1913）。他确定和描述了300种不同的种属特异性淀粉粒。其开创性的出版物仍然是当代考古学家的重要参考书。在考古界对古代淀粉真正的研究始于20世纪80年代的 D. Ugent（1982，1997）在秘鲁对干涸块茎的研究和 T. H. Loy（1986,1994；Loy, et al. 1992）对考古遗址中古代淀粉粒的发现。由于这些初步的研究，淀粉粒分析现在已经被广泛应用到各种石器（Babot and Apella 2003；Barton 2007；Barton, et al. 1998；Dickau, et al. 2007；Fullagar, et al. 2006；Loy 1994；Loy, et al. 1992；Perry 2004；Piperno and Holst 1998；Piperno, et al. 2000；Piperno, et al. 2004；Zarillo and Kooyman 2006）、炭化残留物（Zarillo, et al. 2008）、牙垢（Boyadjian, et al. 2007；Henry and Piperno 2008；Juan - Tresserras, et al. 1997；Lalueza Fox, et al. 1996；Lalueza Fox and Perez - Perez 1994；Piperno and Dillehay 2008；Scott Cummings and Magennis 1997）和土样（Balme and Beck 2002；Horrocks 2005；Lentfer, et al. 2002）等考古器物和文化层堆积中。研究主要集中在美洲和太平洋，但最近也已对欧洲和地中海东部地区进行了研究。除了吕烈丹（中国社会科学院考古研究所，2003）在甑皮岩遗址的工作以外，到现在为止没有其他人在中国南方做过淀粉粒分析方面的工作。

虽然淀粉粒分析提出了一种古植物学的研究途径，这种新技术也受到了相当的批评。批评者对于这个新技术提出一些潜在的问题。首先他们怀疑现代淀粉在土壤里面的迁移或发掘后污染的可能性（Haslam 2004；Therin 1998，2006；Williamson 2006）。通过实验有些学者已经判断淀粉在土壤中有迁移的可能，这些颗粒很容易在土壤中缓慢移动，而这些颗粒还能够黏附在石器上（Therin 1998，2006；Williamson 2006）。因为淀粉颗粒微小，无法用碳-14来证明它的年代，并且无法保证其真实。为了提高淀粉研究的可信性，最近一些学者尝试从保护和封闭的环境内（如在炭化的陶器残留物和牙垢里）提取淀粉颗粒。在一份（Zarillo et al.）2008年关于厄瓜多尔的 Loma Alta遗址（距今5300～4960年）的研究报告中，他们直接应用碳-14来判断与淀粉粒有关的炭化残留物的年代。虽然这确实增加了对淀粉颗粒分析的可信性，但仍然难以排除在实验室污染的可能性。

2. 石佛洞遗址样品的基本介绍

石佛洞遗址的年代距今约3500～3000年。我们缺乏对于这一地区这段时间内人类群体经济组织的认识。我们从事石佛洞陶器标本淀粉颗粒分析的目的，是为了阐明当时人类群体所依赖的食物资源。我们提取的两个样品来自于两片炭化残留物较多的陶片。第一个样品是来自第8层，其编号为T15⑧∶154（样品1）。第二个样品来自第4B层，其完整编号为T14④B∶79（图版九一，1）。

3. 实验方法

从陶片上用牙科刮刀把炭化残留物直接刮进清洗过的离心管里。重液分离步骤是最常见的用来从石器和土壤里分离微体植物化石的方法。使用与植物比重（sg）相同的重液（sodium meta-tungstate）可把植物残迹物如硅酸体、淀粉颗粒、孢粉等一起离心。我们修改了 Sonia Zarillo（2008）从炭化残留物提取淀粉的程序（附录）。步骤 1~4 用氧化和机械搅拌的方法从炭化残留物里释放淀粉颗粒。步骤 5 用来排除所有比重高于 1.3sg 的杂物。步骤 6~7 用来排除比重高于 1.7sg 的杂物，剩余的则是淀粉颗粒（1.5sg）和任何其他比重在 1.3~1.7sg 之间的杂物。步骤 7~12 用来清洗重液。通过离心步骤使淀粉颗粒集中在离心管底部。我们保留高于 1.7sg 的部分来提取硅酸体。为了避免交叉污染，我们在每一个不同的样品上使用一次性聚丙烯吸液管吸取上清液。提取的淀粉里还包含了比重在 1.3~1.7sg 之间的炭化的其他物质。这些物质会影响提取物在载玻片上的观察量。所以，为了清楚地观察所有的淀粉颗粒，我们一般推荐使用较多数量的载玻片。用吸管小量等分（aliquot）放置到载玻片上，在载片干透后可再放置新等分，最多可放三等分。密封后，整片物载玻片在 200 倍显微镜下观察分析。当淀粉粒被发现时，我们需把显微镜换到 400 倍，以便仔细研究。我们用摄影和测量来对每一个淀粉颗粒作分析。为了判断淀粉粒的种类，我们把淀粉颗粒跟已发表的或我们自己的淀粉标本（McNair 1930；Reichert 1913）作比较。

4. 试验结果

第一个样品共制作了 21 个载玻片，在其中的 8 个载玻片中发现了淀粉颗粒。第二个样品共制作了 16 个载玻片，在每一个载玻片上都有淀粉颗粒的发现。

我们从这两个样品中获得了大量的淀粉颗粒（表一）。从后期的第 4 层里（样本 2）观察到了大量的淀粉粒，这些淀粉粒似乎是两种大小不同种类的淀粉粒组合。大的淀粉粒平均粒径在 7~10 微米（种类 1）（图一），但小的淀粉粒粒径在 3~4 微米（种类 2）（图版九一，2）。我们把它们分别归类为类型 1 和 2。类型 1 有一层很明显的层纹，这是我们以前没有见到的特征。我们将其与黍、粟、稻、藕和其他已经发表的颗粒种类作了比较（Reichart 1913），但没有找到类似的例子。我们只能说这些淀粉颗粒不代表上述的植物种类。

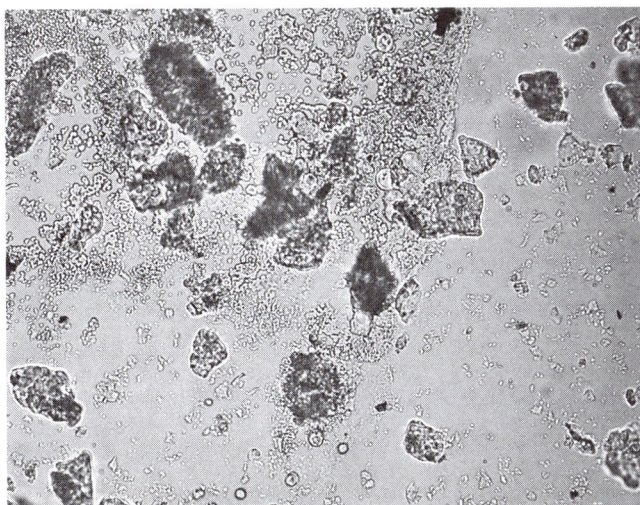

图一　第 1 类淀粉粒

表一　石佛洞遗址的淀粉粒种类

类型	大小（微米）	形状	裂隙	脐点	层纹	种类	照片
种类 1	7～10	球形	不清楚	不清楚	有，很清楚	?	
种类 2	3～4	球形	不清楚	不清楚	有	?	
种类 3	19.8	多面体	横断状	居中，开放的	没有	?	
种类 4	13	多面体	横断状	不中	没有	?	
种类 5	25～26	豆状核	横断状	不清	没有	早熟禾亚科	
种类 6	21	多面体	横断状	居中，开放	没有	禾本科：粟（Setaria italica）	
种类 7	17.5	多面体	横断状	居中	没有	薏苡（Coix lacryma-jobi）	

第 4 层还包含了另外两种颗粒种类：种类 3（平均粒径在 20 微米）（图版九一，3）和种类 4（平均粒径在 13 微米）（图版九一，4）。第 3 类是一个多面体的并在颗粒中心有一个明确裂缝的淀粉颗粒。其裂隙形态是横向和微曲的。第 4 类是一个脐点不位于中心的多面体淀粉粒。其裂隙成横断状。

第 8 层样本含有更多的淀粉种类，其中包括少量的淀粉 1 型和 2 型。淀粉中还包括其他三个种类。第 5 类的形状和大小（平均粒径在 25～26 微米）与早熟禾亚科某些植物种属（如大麦属、小麦属和粗山羊草属）很接近（类型 5）：我们在其中发现两颗此类淀粉颗粒（图二、三；图版九一，5、6）。

除了这两颗颗粒以外，我们还发现了一个很有特征的粒径在 21 微米的禾本科淀粉颗粒（类型 6）（图版九一，7）。这类淀粉很可能是一种小米。其大小超过黍（Panicum miliaceum）的平均范围。黍的平均粒径在 6.5～7.5 微米，单颗最大粒径 11.52 微米。这颗淀粉有可能属于粟类植物（Setaria italica），但是它比粟的平均粒径（9～12 微米，单颗最大值 19.34 微米）要稍大一些（杨等，2010）。

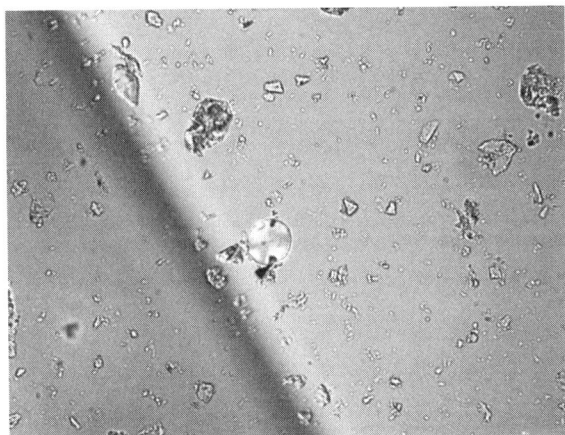

图二　第 5 类淀粉粒：早熟禾亚科　　　　　　　图三　第 5 类淀粉粒：早熟禾亚科

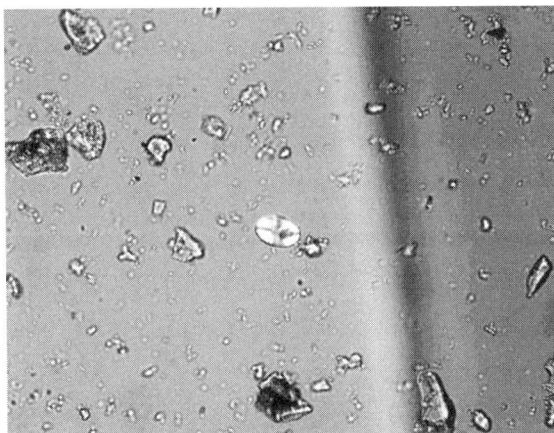

最后一种种类的淀粉可能是来自薏仁（*Coix lacryma-jobi*），但这颗淀粉受到的破坏使它难以得到确切的鉴定（类型 7）（图版九一，8）。

5. 结论

从第 8 层的淀粉颗粒，我们可以推断当时的居民依赖多种植物来作为他们的食物。我们从第 4B 层提取的淀粉颗粒要相对单一一些，而且可能包含两种不同的种类。但是，我们很难判断这是否代表当时社会存在从丰富食物到单一食物的趋势。因为我们无法知道我们所找到的淀粉是反映了几年的食物堆积还是一次性的用餐。我们难以以这个发现推测当时的整个社会体系。为了回答这个问题，我们需要观察一组更具代表性的炭化残留物样品。

有意思的是，虽然目前的研究推测这一地区当时已经依赖稻作农业为食物来源，但是我们在研究石佛洞遗址古淀粉的过程中没有找到任何稻米淀粉颗粒。当然，这不能证明这个遗址的居民从来没有依赖过稻米。遗址的浮选研究结果已经证明有稻类的存在。我们通过这次淀粉颗粒的研究可以知道，虽然稻作农业已经存在，但是居民还依赖丰富的采集植物为主要食品来源。石佛洞居民的身份又是什么？他们是迁移去那里的农业人口，还是采集狩猎者的后代？石佛洞居民依赖农业的程度又有多少呢？水稻又是怎么来到石佛洞遗址的呢？哪些稻作物是由当地人耕种的，还是通过依靠农业社会的贸易交流而到达石佛洞遗址的呢？要回答这些问题，我们需要对石佛洞内的农业工具作进一步的研究。从这个遗址的动物考古结果来分析，当时的经济主要还是以打猎为主。为了了解这个地区当时的社会经济系统模式，我们还需要在石佛洞以及其周围的遗址进行更细致的古植物与动物考古研究。

附录　从陶器炭化残留物提取淀粉粒的程序（Zarillo，2008）

1. 在 50 毫升离心试管中，用玻璃棒轻轻研磨残留物，然后用 5 毫升 6% 双氧水（室温）冲洗玻璃棒。

2. 将离心试管中的物质充分混合，并放在摇床上振荡 @150rpm，5 分钟。

3. 用超纯水将每个试管加满，轻轻摇晃混合，然后离心 @3000rpm，5 分钟。

4. 如果反应停止（比如，没有气泡产生），用一次性聚丙烯塑料吸管吸取表层溶液，在离心试管中留下 1~2 厘米未被扰动的液体（一次性试管可以做标签以便继续在同一样品中使用）。如果反应仍然继续，将样品分装在两个离心试管中，分别用超纯水加满，再一次离心；离心完毕后吸出上清液，每个试管留下 1~2 厘米溶液，然后将两个试管中的溶液倒在一起，并用超纯水清洗试管。

5. 用超纯水装满每个离心试管，离心 @3000rpm，5 分钟。吸出上清液。重复这个步骤两次以除掉双氧水。将离心试管放入干燥箱，在小于 40℃ 下干燥。

6. 样品干燥后，用玻璃棒轻轻研磨。用 8 毫升比重 1.3 的重液在离心试管中冲洗玻璃棒。

7. 充分混合，离心 @2500rpm，12 分钟。吸出并丢弃上清液。

8. 加入 5 毫升比重 1.7 的重液。

9. 离心 @2000rpm，10 分钟。

10. 将上清液轻轻倒入一个新的 50 毫升的离心试管中，贴上标签，注明 "starch extract"。

11. 重复步骤 8~10，将上清液倒入同一个新的 50 毫升离心试管中。原来的一组离心试管中现在包含了比重大于 1.7 的物质，为植硅体；新的离心试管中包含了比重在 1.3~1.7 之间的物质，为淀粉粒。

12. 给每个新的 50 毫升离心试管中加满超纯水以降低比重。

13. 充分混合，离心 @3000rpm，10 分钟。

14. 吸出表层大约 15 毫升的上清液，吸出时不要扰动离心试管底部的残留物。

15. 再给离心试管中加满超纯水，混合，分离 @3000rpm，10 分钟。

16. 吸出表层大约 20 毫升的上清液，吸出时不要扰动底部溶液。

17. 重复步骤 15，最后吸出大部分上清液，只保留 1~2 厘米的残留物小粒，吸出时不要扰动底部。

18. 用一次性塑料吸管吸取一部分做观察片。等提取物稍微有点儿干以后，加入 50% 甘油。用指甲油封片。

参考文献

Babot，M. d. P. and M. C. Apella

  2003 Maize and bone：residues of grinding in Northwestern Argentina. *Archaeometry* 45(1)：121 – 132.

Balme，J. and W. E. Beck

  2002 Starch and charcoal：useful measures of activity areas in archaeological rockshelters. *Journal of Archaeological Science* 29：157 – 166.

Barton，H.

  2007 Starch resides of museum artifacts：implications for determining tool use. *Journal of Archaeological Science* 34(10)：1752 – 1762.

Barton，H.，R. Torrence and R. Fullagar

  1998 Clues to stone tool function re – examined：comparing starch grain frequenceies on used and unused obsidian artefacts. *Journal of Archaeological Science* 25(12)：1231 – 1238.

Boyadjian，C. H. C.，S. Eggers and K. Reinhard

  2007 Dental wash：a problematic method for extracting microfossils from teeth. *Journal of Archaeological Science* 34：1622 – 1628.

Dickau，R.，A. J. Ranere and R. Cooke，G.

  2007 Starch grain evidence for the preceramic dispersals of maize and root crops into tropical dry and humid forests of Panama. *Proceedings of the National Academy of Sciences of the United States of America* 104(9)：3651 – 3656.

Fullagar，R.，J. Field，T. Denham and C. Lentfer

  2006 Early and mid – holocene tool – use and processing of taro (Colocasia esculenta)，yam (Dioscorea sp.) and other plants at Kuk Swamp in the highlands of Papua New Guinea. *Journal of Archaeological Science* 33(5)：595 – 614.

Hardy，K.，T. Blakeney，L. Copeland，J. Kirkham，R. Wrangham and M. Collins

  2009 Starch granules，dental calculus and new perspectives on ancient diet. *Journal of Archaeological Science* 36(2009)：248 – 255.

Haslam，M.

  2004 The decomposition of starch grains in soils：implications for archaeological residue analyses. *Journal of Archaeological Science* 31：1715 – 1734.

Hather，J. G.

  1991 The identification of charred archaeological remains of vegetative parenchymatous tissues. *Journal of Archaeological Science* 18：661 – 675.

Henry，A. and D. R. Piperno

  2008 Using plant microfossils from dental calculus to recover human diet：a case study from Tell al – Raqa'i，Syria. *Journal of Archaeological Science* 35(7)：1943 – 1950.

Horrocks，M.

  2005 A combined procedure for recovering phytoliths and starch residues from soils，sedimentary deposits and similar materials. *Journal of Archaeological Science* 32(8): 1169 – 1175.

Juan – Tresserras, J., C. Lalueza, R. M. Albert and M. Calvo

 1997 Identification of phytoliths from prehistoric human dental remains from the Iberian Peninsula and the Balearic Islands. In *Primer Encuentro Europeo Sobre el Estudio de Fitolitos*, edited by A. Pinilla, J. Juan – Tresserras and M. J. Machado. Graficas Fersan, Madrid.

Lalueza Fox, C., J. Juan and R. M. Albert

 1996 Phytolith analysis on dental calculus, enamel surface, and burial soil: information about diet and paleoenvironment. *American Journal of Physical Anthropology* 101(1): 101 – 113.

Lalueza Fox, C. and A. Perez – Perez

 1994 Dietary information through the examination of plant phytoliths on the enamel surface of human dentition. *Journal of Archaeological Science* 21: 29 – 34.

Lamb, J. and T. Loy

 2005 Seeing red: the use of Congo Red dye to identify cooked and damaged starch grains in archaeological residues. *Journal of Archaeological Science* 32: 1433 – 1440.

Lentfer, C., M. Therin and R. Torrence

 2002 Starch grains and environmental reconstruction: a modern test case from west new Britain, Papua New Guinea. *Journal of Archaeological Science* 29(7): 687 – 698.

Loy, T.

 1986 Potential applications of organic residues on ancient tools. In *Proceedings of the 24th International Archaeometry Symposium*, edited by J. Olin and M. Blackman, pp. 179 – 186. Smithsonian Institution Press, Washington.

 1994 Methods in the analysis of starch residues on prehistoric stone tools. In *Tropical Archaeobotany*, edited by J. G. Hather, pp. 86 – 114. Routledge, London.

Loy, T., M. Spriggs and S. Wickler

 1992 Direct evidence for human use of plants 28,000 years ago: Starch residues on stone artifacts from the northern Solomon Islands. *Antiquity* 66(253): 898 – 912.

McNair, J. B.

 1930 *The Differential Analysis of Starches* Botanical Series 9. Field Museum of Natural History, Chicago.

Perry, L.

 2004 Starch analyses reveal the relationship between tool type and function: an example from the Orinoco valley of Venezuela. *Journal of Archaeological Science* 31(8): 1069 – 1081.

Piperno, D. R. and T. D. Dillehay

 2008 Starch grains on human teeth reveal early broad crop diet in northern Peru. *Proceedings of the National Academy of Sciences of the United States of America* 105(50): 19622 – 19627.

Piperno, D. R. and I. Holst

 1998 The presence of starch grains on prehistoric stone tools from the humid neotropics: indications of early tuber use and agriculture in Panama. *Journal of Archaeological Science* 25(8): 765 – 776.

Piperno, D. R., A. J. Ranere, I. Holst and P. Hansell

　　2000　Starch grains reveal early root crop horticulture in the panamanian tropical forest. *Nature* 407(6806): 894 – 897.

Piperno, D. R., E. Weiss, I. Holst and D. Nadel

　　2004　Processing of wild cereal grains in the Upper Paleolithic revealed by starch grain analysis. *Nature* 430: 670 – 673.

Reichert, E. T.

　　1913　*The Differentiation and Specificity of Starches in Relation to Genera, Species, etc.* Carnegie Institution of Washington, Washington DC.

Scott Cummings, L. and A. Magennis

　　1997　A phytolith and starch record of food and grit in Mayan human tooth tartar. In *Primer Encuentro Europeo Sobre el Estudio de Fitolitos*, edited by A. Pinilla, J. Juan – Tresserras and M. J. Machado, pp. 211 – 218. Graficas Fersan, Madrid.

Therin, M.

　　1998　The movement of starch grains in sediment. In *A Closer Look: Australian Studies of Stone Tools*, edited by R. Fullagar, pp. 61 – 72. University of Sydney Archaeological Computing Laboratory, Sydney.

　　2006　Starch movement in sediment. In *Ancient Starch Research*, edited by R. Torrence and H. Barton, pp. 91 – 93. Left Coast Press, Walnut Creek, California.

Torrence, R. and H. Barton (editors)

　　2006　*Ancient Starch Research.* Left Coast Press, Walnut Creek, California.

Ugent, D. S.

　　1982　Archaeological potato tuber remains from the Casma Valley of Peru. *Economic Botany* 36: 182 – 192.

　　1997　The Tuberous plant remains of Monte Verde. In *Monte Verde: A late Pleistocene Settlement in Chile: The Archaeological Context and Interpretation*, edited by T. D. Dillehay, pp. 903 – 910. Vol. 2. Smithsonian University Press, Washington.

杨晓燕, 孔昭宸, 刘长江, 葛全胜

　　2010　中国北方现代粟、黍及其野生近缘种的淀粉粒形态数据分析，第四纪研究 30(2): 364 – 371。

Williamson, B. S.

　　2006　Investigation of potential contamination on stone tools. In *Ancient Starch Research*, edited by R. Torrence and H. Barton, pp. 89 – 90. Left Coast Press Inc, Walnut Creek.

Zarillo, S. and B. Kooyman

　　2006　Evidence for berry and maize processing on the Canadian plains from starch grain analysis. *American Antiquity* 71(3): 473 – 499.

Zarillo, S., D. M. Pearsall, S. J. Raymond, M. A. Tisdale and J. D. Quon

　　2008　Directly dated starch residues document early formative maize (Zea mays L.) in tropical Ecuador. *Proceedings of the National Academy of Sciences of the United States of America* 105(13): 5006 – 5011.

中国社会科学院考古研究所

　　2003　桂林甑皮岩，文物出版社，北京。

附录七　石佛洞遗址碳-14测试报告

北京大学考古文博学院科技考古与文物保护实验室

Lad 编号	样品	样品原编号	碳-14 年代（BP）	树轮校正后年代（BC）	
				1δ（68.2%）	2δ（95.4%）
BA07771	炭化稻	2003. GS. ⑧	3015±50	1380BC（66.9%）~1190BC 1140BC（1.3%）~1130BC	1410BC（95.4%）~1110BC

注：所用碳-14半衰期为5568年，BP为距1950年的年代。

树轮校正所用曲线为IntCal04①，所用程序为OxCal v3.10②。

① Reimer PJ, MGL Baillie, E Bard, A Bayliss, JW Beck, C Bertrand, PG Blackwell, CE Buck. G Burr, KB Cutler, PE Damon, RL Edwards, RG Fairbanks, M Friedrich, TP Guilderson, KA Hughen, B Kromer, FG McCormac. S Manning. C Bronk Ramsey, RW Reimer, S Remmele, JR Southon, M Stuiver, S Talamo, FW Taylor, J van der Plicht. and CE Weyhenmeyer. 2004 *Radiocarbon* 46：1029－1058.

② Christopher Bronk Ramsey 2005, www. rlaha. ox. ac. uk/orau/oxcal. html

后　记

石佛洞遗址的发掘前后进行了两次，两次都是由来自不同单位的人员组成联合发掘队，参与其事的单位有近十家，人员有二十多人。

1983 年 4 月的发掘队由四个单位人员组成，云南省博物馆文物工作队：邱宣充、阚勇、何金龙；临沧地区文物管理所吴学明及临沧地区各县文物工作人员：耿马县的许崇宽，沧源县的李学宏，凤庆县的字正贤、毕光廷等。

2003 年 6～8 月的发掘人员来自六个单位，有云南省文物考古研究所：戴宗品、王艺乾、朱云康、李文斌、赵继红、赵琳；中国社会科学院考古研究所：陈超、赵明辉、王仁湘；成都文物考古研究所：王仲雄、杨永鹏、周志清；临沧市文物管理所：马娟、董宏、吴永昌、李恩风、张世列；耿马傣族佤族自治县文化体育局的杨新梅，临沧县文物管理所的周剑平，孟连县博物馆的郑静等。

第二次发掘领队是戴宗品和王仁湘。

发掘报告的整理分三个年度进行，2004 年参与人员有戴宗品、赵明辉、周志清、朱云康、王艺乾、卢引科、曹桂梅；2005 年参与人员有刘旭、王艺乾、周志清；2007 年参与人员有周志清、何锟宇、卢引科、师孝明、刘旭、王艺乾。具体整理工作由周志清负责。

成都文物考古研究所的卢引科、曹桂梅，重庆市文物考古所的师孝明承担了所有绘图工作。

摄影：周志清、王仁湘、戴宗品、赵明辉。

拓片：成都文物考古研究所戴福尧。

本报告主编为戴宗品、王仁湘和周志清。各章编写都由周志清负责执笔，由王仁湘修改审定，并重点改写了结语部分。

石佛洞遗址在发掘及报告的整理编写过程中得到了云南省文物局熊正益局长、云南省文物考古研究所杨德聪所长和刘旭副所长及其单位同仁的大力支持，成都文物考古研究所的王毅所长、江章华和蒋成副所长对报告的完成提供了重要的物力与人力支持，并对报告的编写提出许多建设性的意见，特此致谢！另外，还要特别感谢哈佛大学人类学系傅罗文教授和台湾大学人类学系陈伯桢先生对本书摘要的翻译。

石佛洞遗址的发掘要特别致谢国家文物局、云南省文物局、临沧市政府、耿马县政府、临沧市文化局、临沧市文物管理所、耿马县文体局、临沧县文体局、双江县文体局、沧源县文体局、耿马县勐省村委会及当地佤族和傣族群众，我们得到了来自各方面的支持与帮助。

编　者

Abstract

The Dai and Wa Autonomous County of Gengma is located southwest of Lincang city in Yunnan Province and the site of Shifodong is located in the southeastern part of this county. Shifodong is an important Pre-Qin site in the lower reaches of the Lancang River in this part of Yunnan. The site is a residential cave site that is relatively well preserved. A number of wattle and daub houses were investigated in this cave over the course of two excavation campaigns. Many of the artifacts have characteristics that are peculiar to the region and time period of the site. There are many exquisite stone tools and ceramic objects which demonstrate the sophisticated level of technology that had been achieved by the residents of Shifodong.

Among the important features discovered at the site are the wattle and daub houses, the majority of which are rectangular, while a smaller number are circular. Most of these structures are oriented toward the entrance of the cave—from northeast to southwest. The associated postholes are either circular or elliptical and in some cases contain carbonized bamboo and wood. The walls would have been made of bamboo. Both outside and inside of the structures hard-packed earth was discovered. Both grain chaff and shell fragments were mixed into the matrix of the packed surfaces creating a hard structure. Artifacts including manos, matates, grinding stones, adzes, and chisels were discovered on these surfaces.

The largest proportion of artifacts from the Shifodong site are ceramics. These were constructed of local clays, in some cases tempered with sand. Most of the ceramics were made of a sandy grey-brown ware, although there was a small proportion of fine-ware objects. Surface treatments included polishing on vessel shoulders and cord-marking on the lower portions of vessels such as jars and cauldrons with inverted rims. Pottery vessels include forms with flat bottoms, rounded bottoms and ring feet, as well as a small number of vessels with spouts and handles. No tripods are known from the collection, which contains a wide variety of forms including *bo* bowls, cauldrons, stemmed *dou* vessels, jars, and lids. In addition, excavations uncovered a few basin-shaped vessels, *hu* jar-shaped vessels, *zun*-shaped containers, *weng* urn-shaped vessels, cups, *gui*-shaped vessels, vats, vessel supports, bowls, spindle whorls, and ceramic disks.

A large quantity and variety of stone tools were recovered from the site. Most are groundstone objects, although a few flaked stone items were also discovered. The groundstone objects were polished to a high degree and have a lustrous surface. Among the various object types are axes, adzes, chisels, grinding stones, net weights, spear points, projectile points, star-shaped objects, *bi*-disk shaped objects, manos, matates, mortars, stamp seals, spindle whorls, and pellets. In addition, a large number of unfinished objects and raw material was found at the site, including unfinished axes, adzes, chisels, net weights and grinding stones.

Bone tool technology was relatively crude. Most were constructed by cutting and polishing. In a few cases, the polishing was of finer quality. There is little variability in the bone objects—most are awls, chisels, projectile points, needles, and fish hooks.

Shifodong is one of the rare archaeological sites discovered in Southwest China in recent years. It is representative of one of the important archaeological cultures distributed along the middle lower reaches of the Lincang River. To date, in addition to the Karuo-culture sites of the upper Lincang, and the Xinguang and the Manghuai-culture sites of the Middle Lincang, Shifodong comprises one of the most important finds of Southwestern Yunnan Neolithic (or early Bronze Age) archaeology. Concerning the roots of this archaeological culture, the Shifodong material does not belong to the cultural system of Neolithic sites from the middle reaches of the Nujiang River. Instead, these regions have different developmental histories.

Some of the artifacts from Shifodong are similar to other objects associated with cultures in Northern Burma, the Banchiang-culture in Northern Thailand, and the Northern Vietnamese Phùng Nguyên-culture, however this does not imply that they belong to the same archaeological culture. Instead, the cultural differences are rather large. Furthermore, the Shifodong-culture was influenced by ethnic groups from the Northwest as evidenced by the rare vessels with handles and certain decorative motifs.

The Gengma region is located in the southwestern part of Yunnan province, on the border with Burma, in a region where ancient cultures and ethnicities crossed mountains and cut across regions. In this corridor of communication substantial evidence of different cultural influence and artifacts of different cultures can be found. This evidence of southern artifacts is concentrated in southwestern Yunnan indicates that the Gengma region is a central node in the broader analysis of southwestern culture and is therefore crucial to any understanding of the spread of cultures in Southwestern China. Shifodong-culture illuminates the multiple origins of culture and the complexity of cultural development in Southwestern China. It represents a regional culture that resulted from the combination of independent cultural elements together with many cultural components that came from outside. There is ample evidence of this combination of factors in the Shifodong material, and therefore these data offer a window into the archaeological study of ancient ethnic groups in Southwestern China.

Southwestern China is a region where many different ethnic groups were concentrated together. The nature of ancient settlements and cultures in this region has always been poorly understood. The excavation and analysis of the Shifodong site now allows us to improve our understanding of the ancient history of populations in this region by providing a rich collection of cultural material. The development of stone tool technology in the Shifodong-culture and the sophistication of the ceramic technology all suggest that this was an influential cultural type based along the the Xiaohei branch of the Lincang River system. It is clear that the ceramic and stone tool technologies of the Shifodong-culture were both quite sophisticated. The Shifodong site should be an important central site in the regional settlement group of this culture.

The characteristics of the Shifodong material are numerous and clearly distinct, and thereby definitely represent a separate archaeological culture which dates to the period between 3500 – 3000 BP and is distributed along the middle and the lower reaches of the Lincang River. Shifodong is the only site that has been subjected to large-scale excavations in this region. The cultural characteristics identified at this site are clear and the site contains evidence for a highly-developed level of agriculture. Furthermore, the levels of stone tool and ceramic technology are also quite high. Based on the analysis of other Neolithic sites in the Yunnan region from the same period we can preliminary conclude that sites such as Shifodong have already entered the early stages of the Bronze Age. The development and character of this culture is distinctly different from contemporary cultures of the Central Plains.

The excavations at Shifodong contribute significantly to the understanding of both the middle Lincang River region and all of Southwestern China during the Pre-Qin period. This is not only important for our investigation of models that concern the ancient populations of peripheral areas but also contributes to our understanding of both Southwestern Yunnan and the relationship between ancient communities in this region and elsewhere in Southeast Asia.

1. 石佛洞（由西南向东北）

2. 石佛洞与小黑江

石佛洞外景

1. 石佛洞洞口（由北向南）

2. 石佛洞佛像

石佛洞外景

1. 2003 年发掘人员合影

2. 专家检查工地和听取汇报

发掘人员合影及专家检查工地和听取汇报

1. 发掘现场

2. 发掘区局部（由东向西）

发掘现场

1. 发掘现场

2. 发掘区局部（由西北向东南）

发掘现场

1. T15 东壁地层剖面

2. T17 东壁地层剖面

地层剖面

1. T14 第 4D 层出土炭化稻谷颗粒

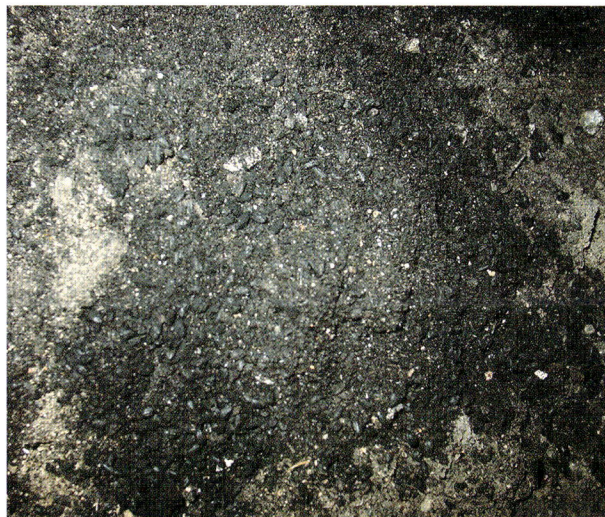

2. T14 第 4D 层出土炭化稻谷颗粒

3. 石星形器（T22⑧：76）

4. 骨牌饰（T20⑧：30）

5. Ba 型 Ⅱ 式陶钵（T30⑦：81）

6. Ba 型 Ⅱ 式陶钵（T30⑦：81）

炭化稻谷颗粒、石器、骨器、陶器

1. Bb 型陶碗（T25⑦：88）

2. Bb 型陶碗（T25⑦：88）

3. Ab 型 I 式陶圈足（T25⑦：90）

4. Ab 型 II 式陶圈足（T15⑦：247）

5. 六角星石璧形器（T23⑦：43）

6. 青铜器（T12⑦：7）

第 7 层出土器物

1. T5 东北角第 6 层下蚌壳堆积

2. 石星形器（T15 ⑥：46）

3. Eb 型Ⅰ式陶罐（T8 ⑤：65）

第 6、5 层遗存

1. 第 4D 层下门槛遗迹

2. F3～F6

建筑遗迹

1. F2

2. F2 东墙竹篱及竹柱

3. F2 东墙附近竹篱边上的植物果核

F2

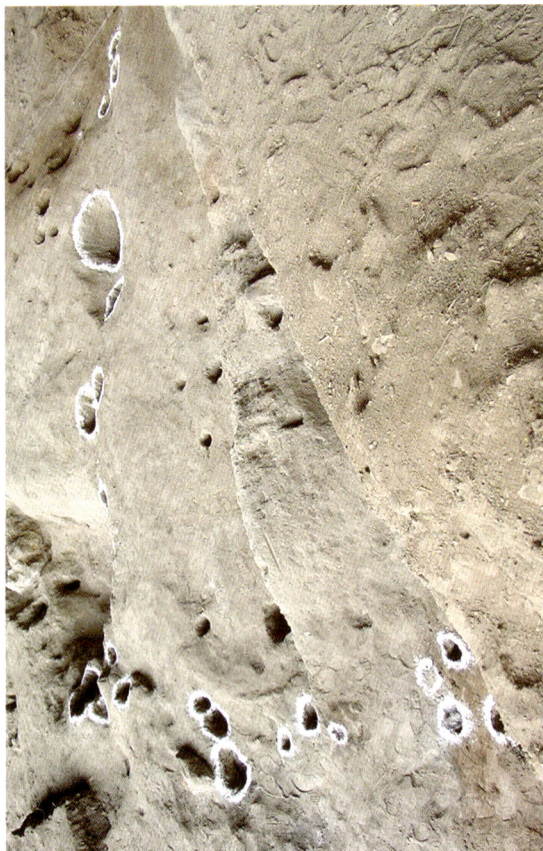

2. F3

4. F4 北墙的竹柱、柱洞及陶支座

1. F3、F4

3. F4

F3、F4

2. F7

4. F8

1. F6

3. F7 西南竹篱笆墙、竹柱及堆积中的植物果核

F6、F7、F8

1. Z1

2. 白灰硬面堆积

烧灶址 Z1 及白灰硬面堆积

1. Bb 型陶簋形器（T24④D：108）

2. 陶鏊耳罐（T23④D：128）

3. 石璧（T29④D：44）

4. 石星形器（T27④D：11）

5. 骨鱼钩（T5④D：7）

6. Aa 型 I 式陶圈足（T17④C：137）

第 4D、4C 层出土器物

1. F1

2. F1

F1

2. F1 柱洞

1. F1

4. F1 柱洞

3. F1 柱洞

F1

1. 石贝形饰（T22④A：15）

2. 石贝形饰（T22④A：15）出土情形

3. 骨锥（T14④A：46）

4. 带流钵形陶器（T17③B：240）

5. 角形陶鋬手（T17③B：235）

6. 石磨盘（T17③B：19）

石器、陶器、骨器

1. T17 东部蚌壳堆积

2. T17 东部蚌壳堆积

T17 东部第 3A 层下蚌壳堆积

1. Bb 型Ⅱ式陶釜（T4③A：13）

2. Aa 型Ⅱ式陶圈足（T7③A：92）

3. Bb 型陶圈足（T5③A：168）

4. 石镯（T7②A：9）

6. 骨耳玦（T24①：21）

5. Bb 型Ⅱ式陶釜（T9①：52）

第 3A、2A、1 层出土器物

1. Ab 型 Ⅲ 式钵（T2④：84）

2. Bb 型 Ⅱ 式釜（T2④：105）

3. Aa 型 Ⅱ 式器盖（T2④：184）

4. Aa 型 Ⅱ 式钵（T2③：183）

5. Aa 型 Ⅱ 式钵（T2③：167）

6. Aa 型 Ⅱ 式钵（T2③：167）

1983 年第 4、3 层出土陶器

2. Db 型 I 式釜（T2③：147）

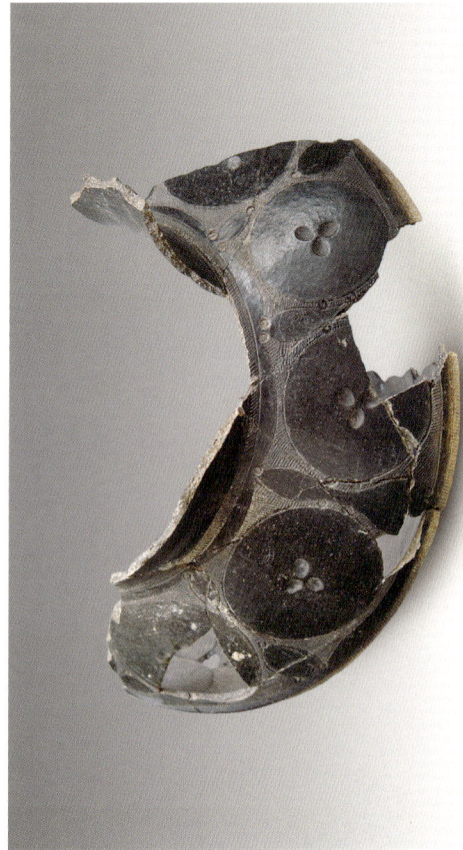

4. 釜身（C：72）

1. Db 型 I 式釜（T2③：147）

3. 釜身（C：72）

1983 年出土、采集陶器

1. 陶单耳罐（C：7）

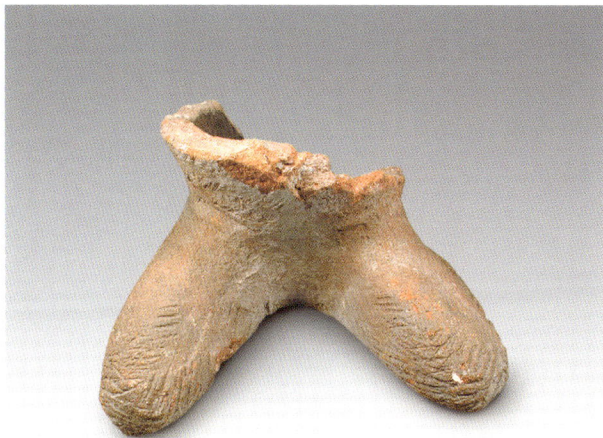

2. 人脚形陶器（C：26）

3. Ae 型 Ⅲ 式罐（修复前）（T2④：187）

4. 石星形器（T2③：6、C：1）（左—右）

5. 石磨盘（C：55）、石磨棒（C：56）

6. 骨笛（C：4）

1983 年出土、采集器物

1. T28④D：1陶片上的颜料

2. T23④D：33圈足内壁颜料

3. T24④D层出土颜料

4. T25④D层出土颜料

5. T23④D层出土颜料

6. T17④D层石纺轮上的颜料

7. T22北隔梁④D层出土赤铁矿粉末

8. T17④D层出土蚌形石饰及赤铁矿粉末

赤铁矿粉末及赭红色颜料

1. 发掘前地表情况

2. 发掘前清理发掘场地

发掘前地表情况及清理发掘场地

1. 1983 年发掘情形

2. 1983 年发掘的 T1（由南向北）

1983 年发掘情形

1. 测绘工作照

2. 绘图工作照

测绘、绘图工作照

1. 浮选工作照

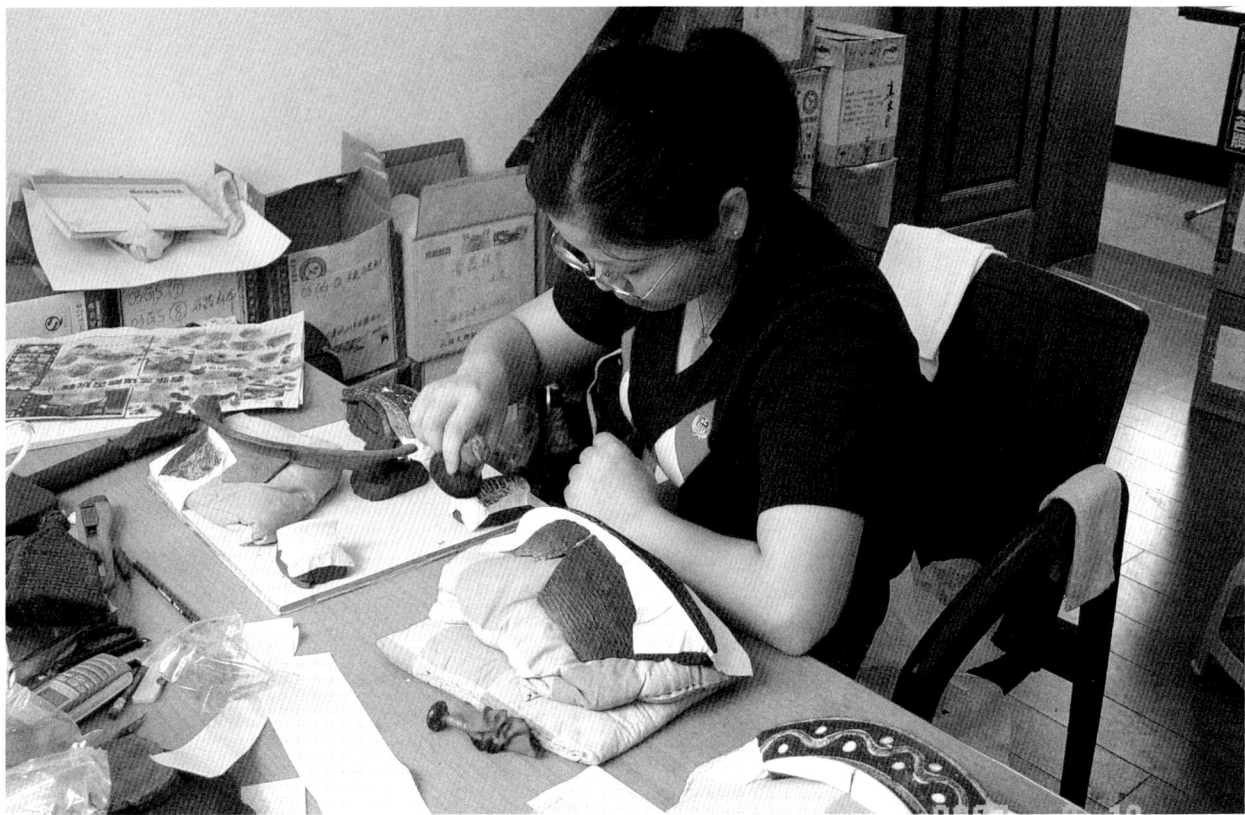

2. 拓片工作照

浮选、拓片工作照

1. T4 第 8 层出土人头骨

2. T4 第 8 层出土 C 型陶碗（T4⑧：28）

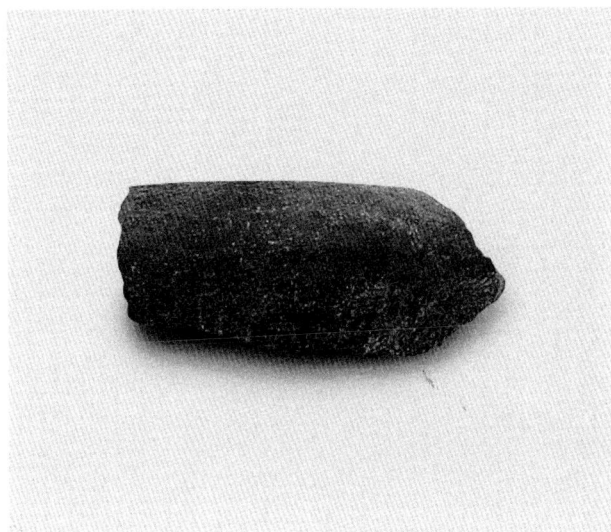

3. Aa 型 I 式钵（T29⑨：68）

4. Ba 型 I 式钵（T29⑨：67）

第 9、8 层出土人头骨及陶器

1. Aa 型 I 式碗（T30⑨：93）

2. Ba 型 I 式碗（T30⑨：12）

3. Aa 型 I 式豆（T23⑨：63）

4. Ab 型 I 式釜（T30⑨：148）

5. Ac 型 I 式釜（T28⑨：7）

6. Ba 型 I 式釜（T23⑨：61）

第 9 层出土陶器

1. Aa 型 I 式高领罐（T23⑨：62）

2. Ba 型 I 式高领罐（T29⑨：74）

3. Ba 型 II 式高领罐（T30⑨：111）

4. Ba 型 II 式高领罐（T29⑨：73）

5. Ba 型 II 式高领罐（T30⑨：99）

6. Bc 型高领罐（T30⑨：98）

第 9 层出土陶器

1. Bd 型高领罐（T8 ⑨：40）

2. Ad 型 I 式罐（T29 ⑨：64）

3. Ba 型 I 式罐（T30 ⑨：123）

4. Ba 型 I 式花边口沿罐（T30 ⑨：143）

5. Ba 型 I 式花边口沿罐（T29 ⑨：72）

6. Bb 型 I 式花边口沿罐（T30 ⑨：127）

第 9 层出土陶器

1. Bb 型 I 式花边口沿罐（T32⑨：43）

2. Bb 型 I 式花边口沿罐（T30⑨：102）

3. B 型 I 式尊形器（T28⑨：10）

4. Ca 型盆形器（T29⑨：75）

5. C 型瓮形器（T30⑨：136）

第 9 层出土陶器

1. A 型 I 式陶壶形器（T30⑨：108）

2. C 型陶杯形器（T30⑨：141）

3. Aa 型 I 式陶圈足（T5⑨：92）

4. Aa 型石斧（T28⑨：38）

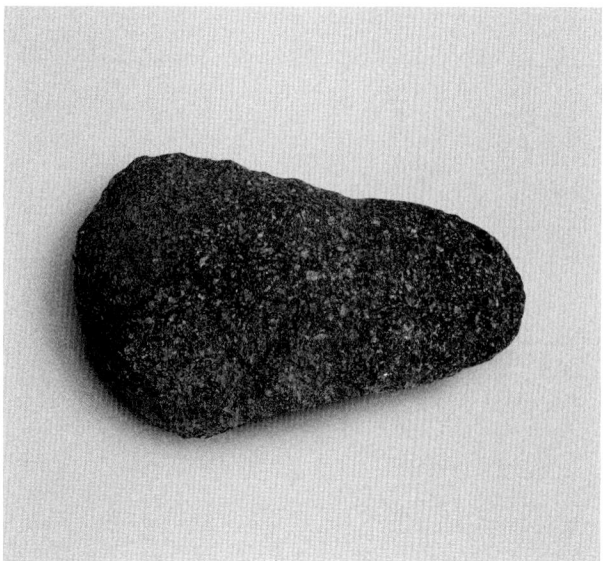

5. Ab 型石斧（T7⑨：61）

第 9 层出土陶器、石器

1. 石环（T30⑨：92）

2. 石器半成品（T30⑨：91）

3. 骨镞（T30⑨：95）

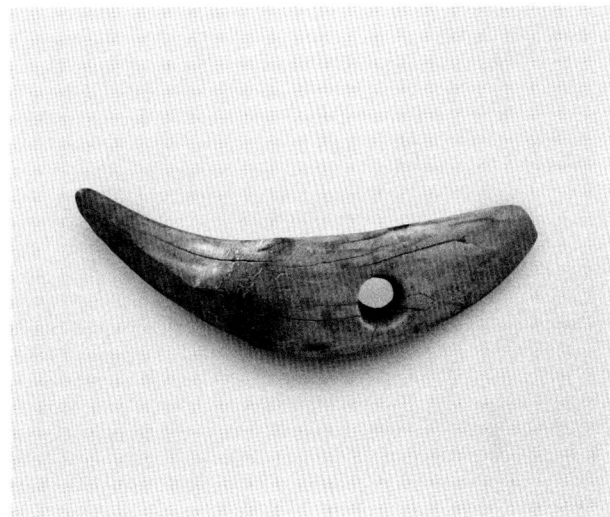

4. 牙饰（T15⑨：119）

5. D型石镞（H1：1）

第9层、H1出土器物

图版一二

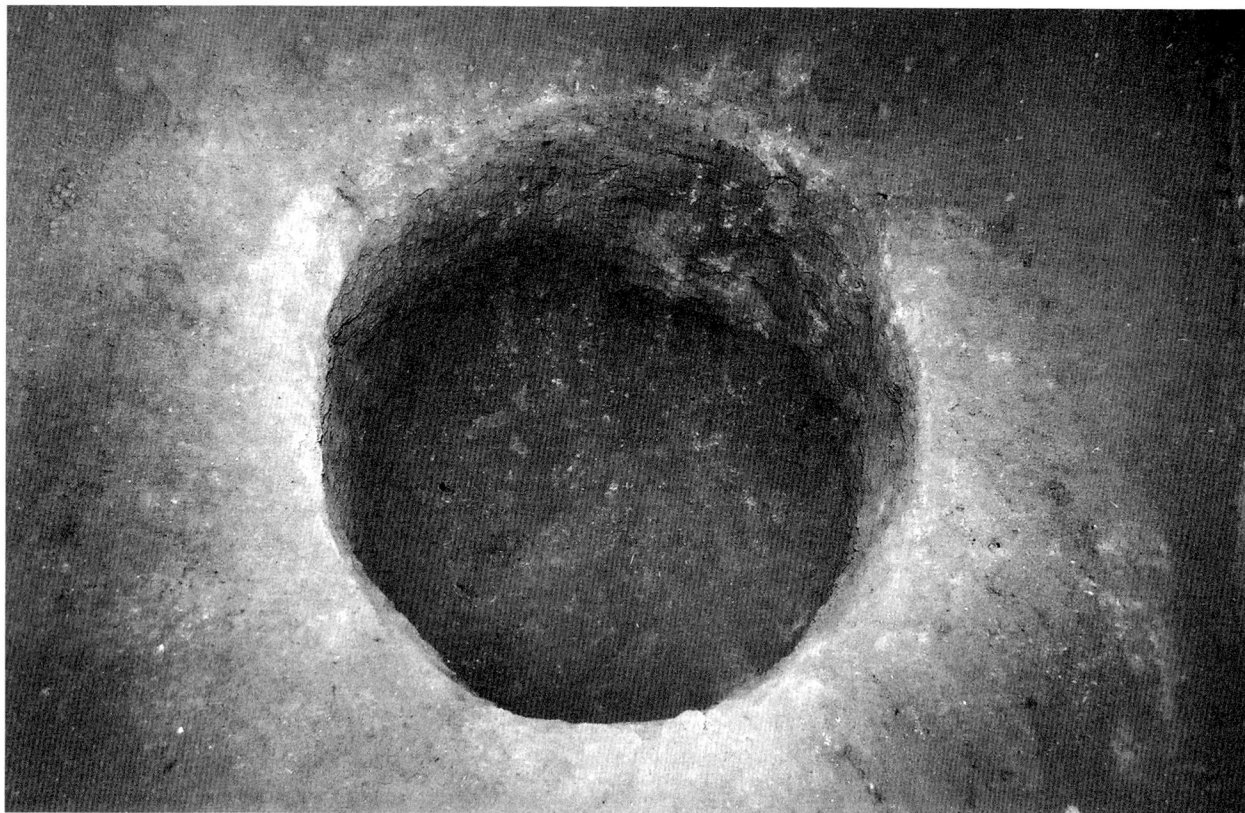

1. H1

2. M1 出土人骨

H1 及 M1 出土人骨

1. Aa 型 I 式钵（T15⑧：124）

2. Aa 型 I 式钵（T15⑧：124）

3. Ab 型 I 式钵（T15⑧：136）

4. Aa 型 I 式钵（T20⑧：48）

5. Aa 型 I 式钵（T15⑧：127）

6. Aa 型 I 式豆（T15⑧：41）

第 8 层出土陶器

1. C 型碗（T4⑧：28）

2. C 型碗（T4⑧：28）

3. Ba 型 I 式碗（T30⑧：154）

4. Aa 型 I 式釜（T15⑧：128）

5. Aa 型 I 式釜（T30⑧：152）

6. Ab 型 II 式釜（T30⑧：162）

第 8 层出土陶器

1. F 型 I 式釜（T30⑧：157）

2. Bc 型 I 式釜（T23⑧：65）

3. Aa 型 I 式器盖（T30⑧：151）

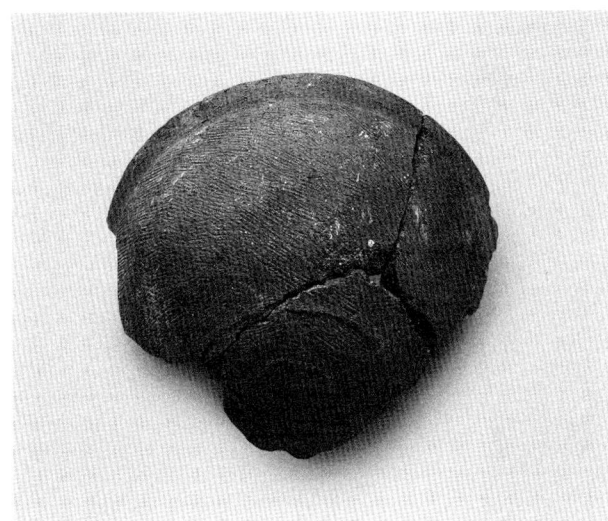

4. Aa 型 I 式器盖（T30⑧：151）

5. B 型 I 式器盖（T8⑧：37）

6. B 型 I 式器盖（T8⑧：37）

第 8 层出土陶器

1. A 型 I 式盆形器（T15⑧：158）

2. Cb 型盆形器（T15⑧：122）

3. Ba 型 II 式花边口沿罐（T4⑧：36）

4. Ba 型 II 式花边口沿罐（T21⑧：53）

5. Ba 型 I 式高领罐（T32⑧：50）

6. Ac 型 I 式罐（T21⑧：52）

第 8 层出土陶器

1. Ac 型 I 式罐（T15⑧：126）

2. Ac 型 II 式罐（T15⑧：121）

3. Ba 型 I 式瓮形器（T15⑧：123）

4. Ba 型 I 式瓮形器（T15⑧：123）

5. 陶拍（T21⑧：50）

6. 陶拍（T15⑧：145）

第 8 层出土陶器

1. Ba 型斧（T15⑧：93）

2. Ca 型斧（T29⑧：58）

3. Bb 型斧（T15⑧：112）

4. Aa 型锛（T23⑧：36）

5. 环（T12⑧：13）

6. A 型网坠（T22⑧：77）

第 8 层出土石器

1. 星形器（T22⑧：76）

2. 星形器（T22⑧：76）

3. 砺石（T4⑧：30）

4. 矛（T24⑧：53）

5. 匕首（T15⑧：114）

6. C型镞（T22⑧：78）

第8层出土石器

1. Aa 型 I 式钵（T30⑦：188）

2. Ab 型 I 式钵（T8⑦：38）

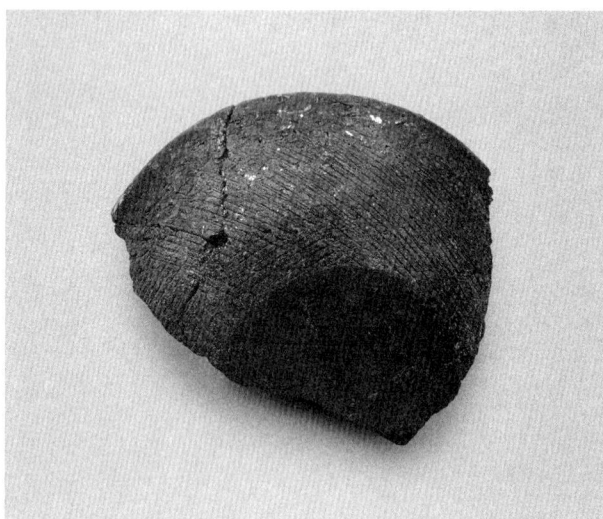

3. Ba 型 I 式钵（T24⑦：68）

4. Ba 型 I 式钵（T24⑦：68）

5. Aa 型 I 式豆（T15⑦：198）

第 7 层出土陶器

1. Ba 型 II 式高领罐（T5 ⑦：181）

2. Bb 型 II 式花边口沿罐（T25 ⑦：45）

3. Ab 型 I 式罐（T30 ⑦：176）

4. Bb 型 I 式瓮形器（T15 ⑦：162）

5. Aa 型 I 式尊形器（T32 ⑦：54）

6. 陶拍（T15 ⑦：203）

第 7 层出土陶器

1. A 型纺轮（T30⑦：83）

2. 器流（T17⑦：73）

3. Ab 型器底（T15⑦：231）

4. Ab 型器底（T15⑦：231）

5. Aa 型器底（T25⑦：96）

6. 支座（T21⑦：36）

第 7 层出土陶器

1. Ba 型（T23 ⑦：31）

2. Ba 型（T20 ⑦：34）

3. Bb 型（T5 ⑦：62）

4. Bb 型（T15 ⑦：17）

5. Ca 型（T15 ⑦：104）

6. Ca 型（T15 ⑦：107）

第 7 层出土石斧

1. Ca 型斧（T5⑦：97）

2. Ab 型锛（T20⑦：35）

3. Ab 型锛（T30⑦：73）

4. Ad 型锛（T15⑦：90）

5. Ad 型锛（T5⑦：79）

6. Ad 型锛（T15⑦：95）

第 7 层出土石器

1. D 型镞（T20⑦：38）

2. 石球（T12⑦：12）

3. 石球（T30⑦：76）

4. 穿孔器（T20⑦：7）

5. 残匕首（T30⑦：75）

6. A 型网坠（T5⑦：71、T5⑦：75）（左—右）

第 7 层出土石器

1. B 型网坠（T5⑦：48、T24⑦：52）（左一右）

2. 石器半成品（T5⑦：72）

3. 石拍（T30⑦：79）

4. 石拍（T30⑦：79）

5. 研磨器（T23⑦：35）

6. 石铲（T28⑦：41）

第 7 层出土石器

1. 骨锥（T23⑦：34）

2. 骨戒指（T5⑦：74）

3. 骨器半成品（T5⑦：88）

4. 骨器半成品（T5⑦：88）

5. 骨器半成品（T5⑦：41）

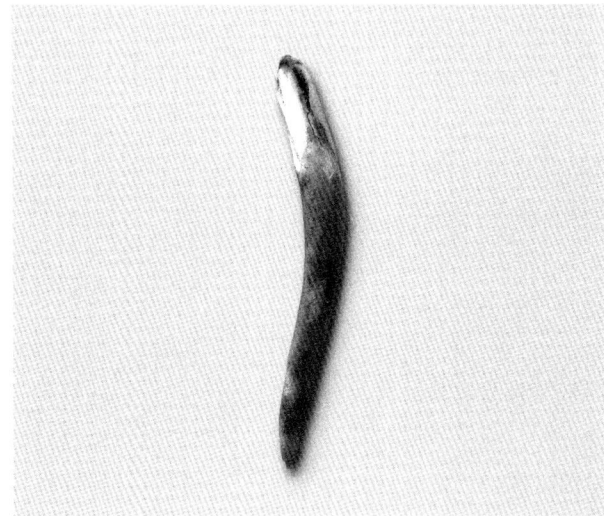

6. 牙锥形饰（T30⑦：43）

第 7 层出土骨器、牙器

1. Ba 型 I 式陶釜（T23⑥：83）

2. Da 型 I 式陶釜（T15⑥：267）

3. 陶器流（T23⑥：77）

4. 陶器流（T23⑥：77）

5. Bc 型石斧（T9⑥：13、T18⑥：25）（左一右）

6. Ba 型石斧（T30⑥：19）、Ca 型石斧（T25⑥：100）（左一右）

第 6 层出土陶器、石器

1. Ba 型斧（T24⑥：50）

2. Ca 型斧（T5⑥：35）

3. Ba 型斧（T23⑥：15）

4. Bc 型斧（T30⑥：59）

5. Bc 型斧（T23⑥：25）

6. Aa 型锛（T5⑥：33）

第 6 层出土石器

1. Ab 型锛（T15⑥：82）

2. Aa 型锛（T15⑥：15）

3. Aa 型锛（T23⑥：21）

4. Ab 型锛（T5⑥：38）

5. C 型镞（T23⑥：18）出土情形

6. D 型镞（T24⑥：51）

第 6 层出土石器

1. C 型石网坠（T8⑥：24）

2. 石切割器（T5⑥：65）出土情形

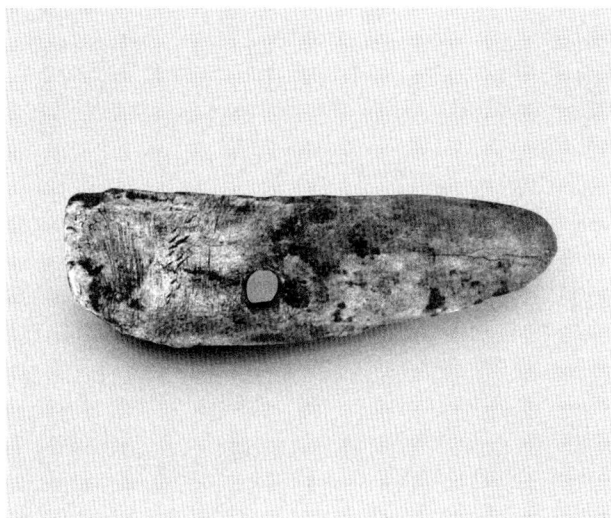

3. 骨刀（T15⑥：11）

4. 骨刀（T15⑥：109）

5. 骨锥（T15⑥：18）

6. 骨镞（T23⑥：17）

7. 骨镖（T23⑥：57）

第 6 层出土石器、骨器

1. Aa 型 Ⅱ 式钵（T22⑤：108）

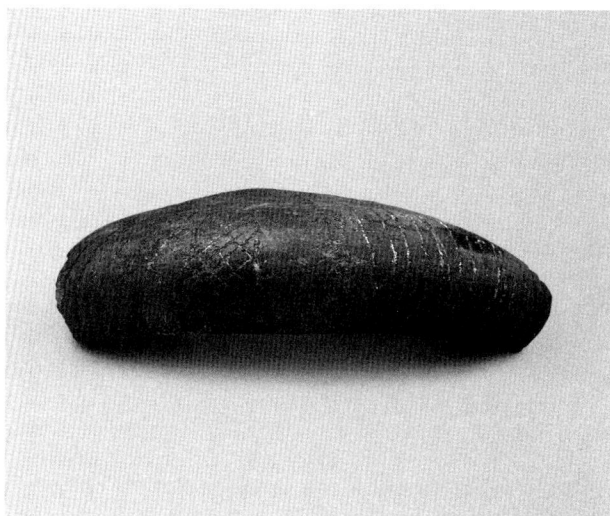

2. Ab 型 Ⅱ 式钵（T24⑤：83）

3. Ab 型 Ⅱ 式钵（T23⑤：132）

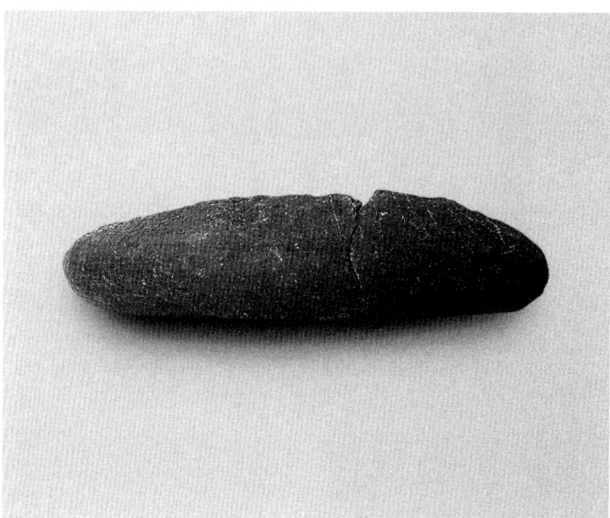

4. Ab 型 Ⅱ 式钵（T15⑤：299）

5. Ba 型 Ⅱ 式钵（T9⑤：41）

6. Ba 型 Ⅱ 式钵（T9⑤：41）

第 5 层出土陶器

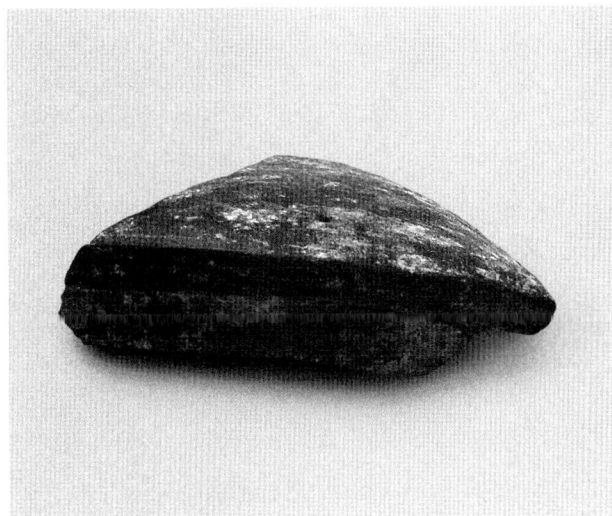

1. Ba 型 I 式豆（T15⑤：312）

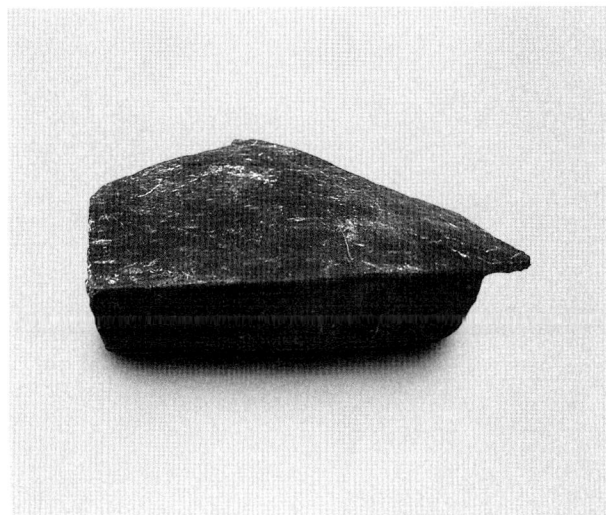

2. Aa 型 II 式豆（T15⑤：300）

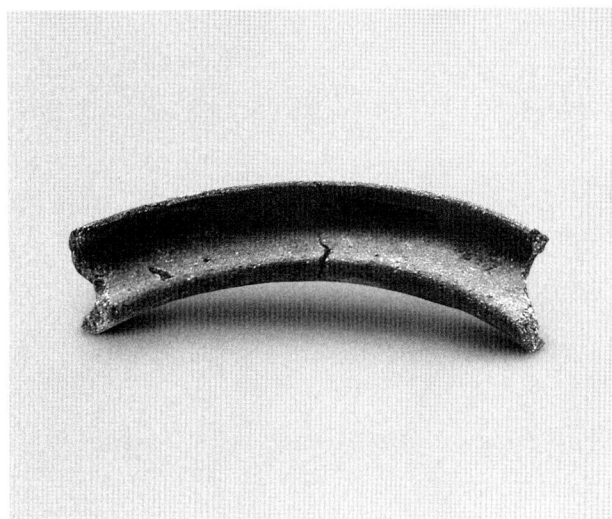

3. Ac 型 I 式釜（T15⑤：320）

4. Aa 型 III 式釜（T25⑤：115）

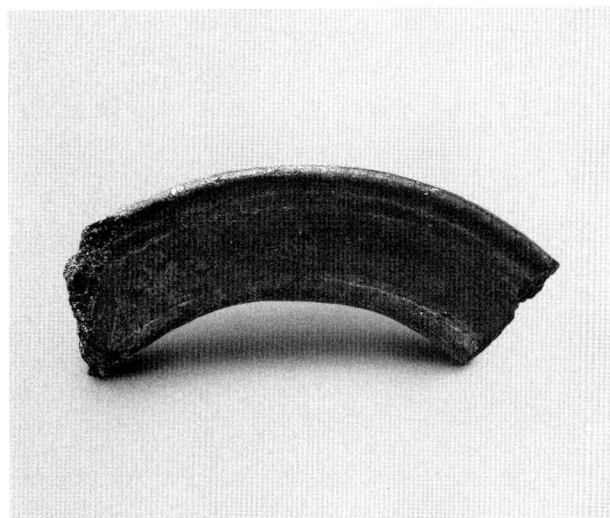

5. Db 型 I 式罐（T20⑤：87）

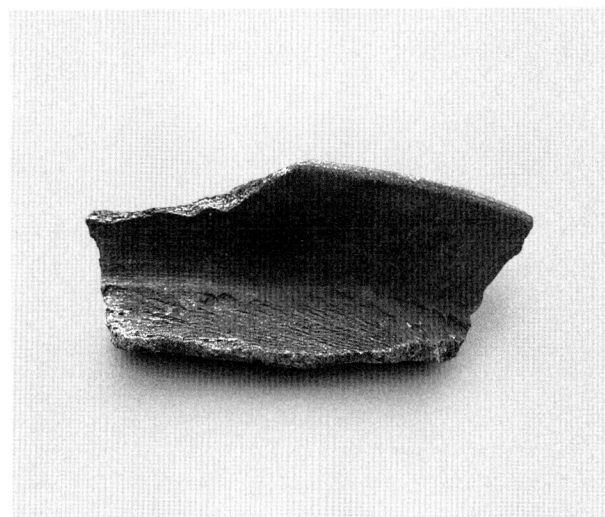

6. Ba 型 I 式瓮形器（T18⑤：43）

第 5 层出土陶器

1. Bc 型罐（T9⑤：33）

2. Aa 型 II 式高领罐（T17⑤：107）

3. Da 型 II 式釜（T21⑤：58）

4. A 型纺轮（T9⑤：5）

5. A 型纺轮（T15⑤：75）

第 5 层出土陶器

1. 陶拍（T15⑤：13）

2. 陶拍（T15⑤：23）

3. 陶臼（T8⑤：23）

4. 陶臼（T8⑤：23）

5. Ab 型器底（T12⑤：44）

6. 支座（T8⑤：36）

第 5 层出土陶器

1. Ba 型（T18⑤：35）

2. Bb 型（T18⑤：10）

3. Bb 型（T15⑤：22）

4. Be 型（T29⑤：49）

5. Be 型（T15⑤：70）

6. Be 型（T15⑤：35）

第 5 层出土石斧

1. Bd 型斧（T24⑤：34）

2. 石斧半成品（T15⑤：40）

3. 石斧半成品（T32⑤：38）

4. Ab 型锛（T12⑤：9）

5. Ac 型锛（T21⑤：27）

6. Ab 型锛（T22⑤：61）

第 5 层出土石器

1. Ba 型锛（T15⑤：38）

2. Aa 型锛（T30⑤：54）

3. Aa 型锛（T30⑤：67）

4. A 型镞（T11⑤：31）

5. B 型镞（T5⑤：31）

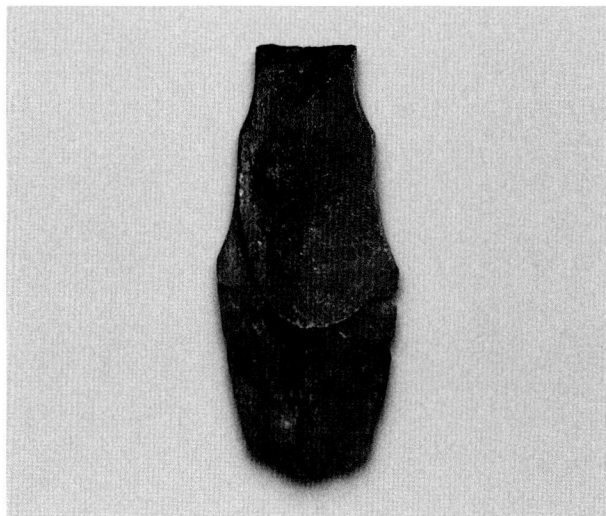

6. 矛（T23⑤：45）

第 5 层出土石器

1. B 型凿（T12⑤：8）

2. B 型凿（T12⑤：8）出土情形

3. C 型凿（T24⑤：38）

4. 锥形器（T25⑤：30）

5. 纺轮（T21⑤：29）

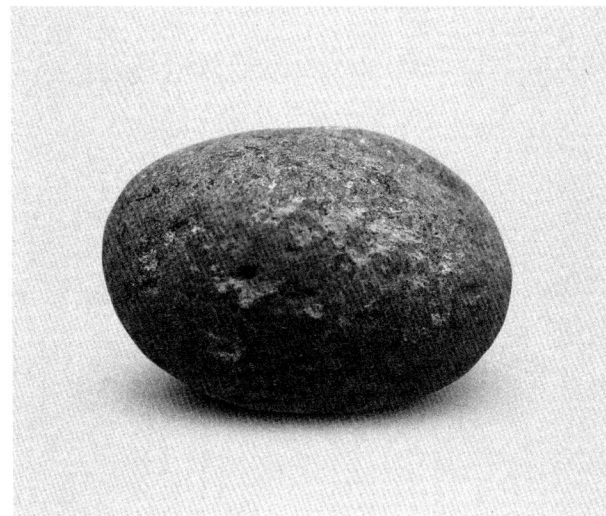

6. 石球（T30⑤：66）

第 5 层出土石器

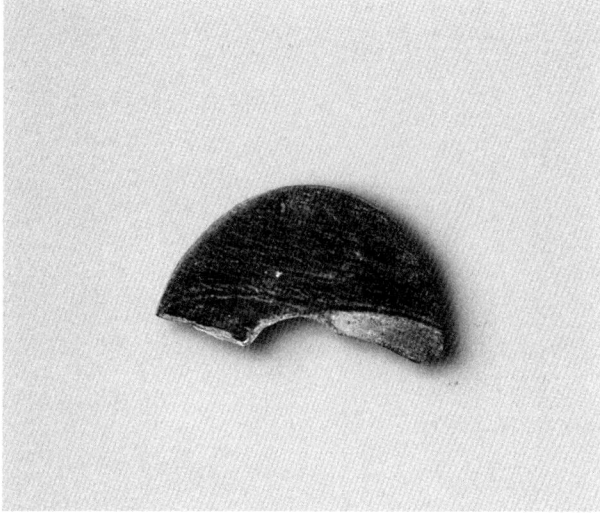

1. 耳玦（T14⑤：32）

2. 耳玦（T14⑤：32）出土情形

3. 骨匕（T22⑤：59）

4. 圆形骨片（T21⑤：22）

5. 戒指（T15⑤：11）

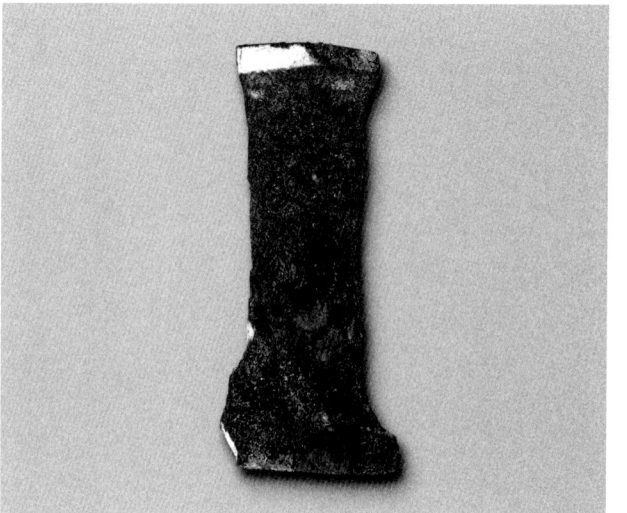

6. 马鞍形骨饰（T15⑤：45）

第 5 层出土骨器

1. F2 东墙的竹篱墙残骸

2. T22 第 4D 层出土稻壳

第 4D 层出土稻壳及 F2

1. Ac 型 Ⅱ 式钵（T15④D：400）

2. Bd 型 Ⅰ 式钵（T14④D：89）

3. Ab 型 Ⅲ 式钵（T23④D：137）、Bc 型 Ⅰ 式钵
（T15④D：393）（左—右）

4. Ab 型 Ⅲ 式钵（T5④D：408）

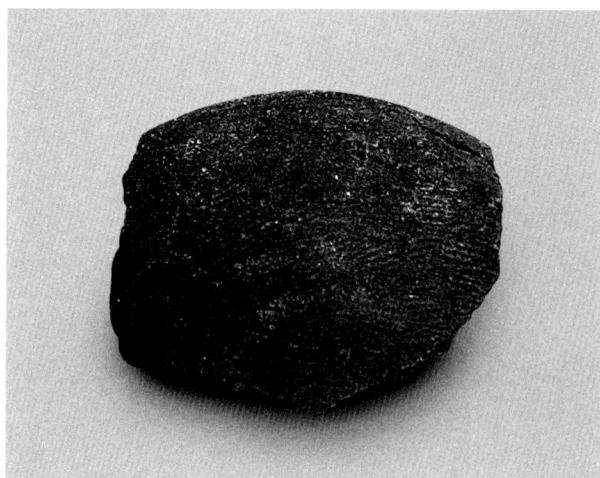

5. Aa 型 Ⅳ 式钵（T5④D：161）

6. Ab 型豆（T5④D：147）、Ba 型 Ⅱ 式豆（T5④
D：10）（左—右）

第 4D 层出土陶器

1. Aa 型 Ⅳ 式（T17④D：127）

2. Aa 型 Ⅳ 式（T13④D：51）

3. Ba 型 Ⅱ 式（T13④D：238）

4. Db 型 Ⅱ 式（T15④D：413）

5. Ec 型 Ⅰ 式（T17④D：125）

6. Ec 型 Ⅱ 式（T18④D：70）

第 4D 层出土陶釜

1. Ab 型 Ⅲ 式罐（T13④D：25）

2. Ae 型 Ⅱ 式罐（T13④D：46）

3. Bb 型 Ⅰ 式瓮形器（T15④D：380）

4. C 型瓮形器（T15④D：381）

5. C 型器盖（T13④D：460）

6. Aa 型 Ⅰ 式圈足（T17④D：125）

第 4D 层出土陶器

1. A 型纺轮（T30④D：39）

2. C 型纺轮（T13④D：14）

3. B 型纺轮（T13④D：5）

4. B 型纺轮（T13④D：5）

5. 陶拍（T22④D：143）

6. 支座（T13④D：20）

第 4D 层出土陶器

1. Aa 型（T13④D：23）

2. Bb 型（T25④D：27）

3. Be 型（T25④D：25）

4. Be 型（T4④D：33）

5. Bf 型（T24④D：42）

6. Bf 型（T13④D：6）

第 4D 层出土石斧

1. Aa 型（T22④D：31）

2. Aa 型（T21④D：17）

3. Aa 型（T22④D：32）

4. Aa 型（T22④D：16）

5. Ba 型（T30④D：33）

第 4D 层出土石锛

1. Bb 型锛（T18④D：57）

2. Bb 型锛（T24④D：43）

3. Bc 型锛（T24④D：36）

4. Bc 型锛（T12④D：6）

5. Bd 型锛（T26④D：17）

6. A 型凿（T14④D：44）

第 4D 层出土石器

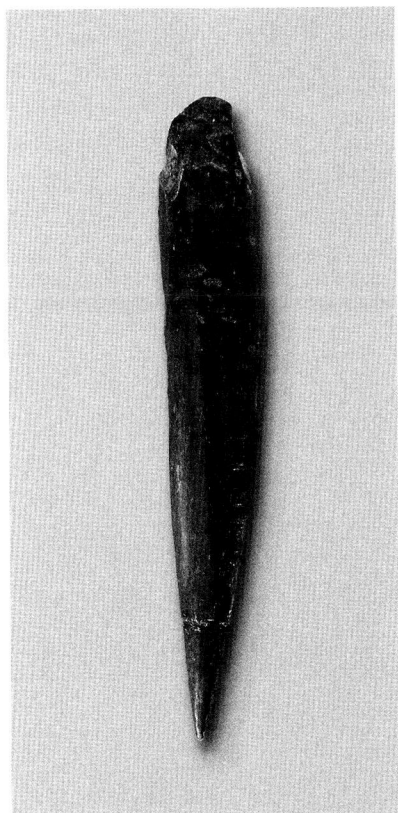

1. 骨锥（T13④D：7）　　　2. 骨锥（T30④D：41）　　　3. 角锥（T15④D：62）

4. 琵琶形骨饰（T22④D：29）　　　5. 骨矛（T13④D：82）

第4D层出土骨器、角器

1. Ab 型 Ⅲ 式钵（T30④C：225）

2. Ab 型 Ⅲ 式钵（T30④C：237）

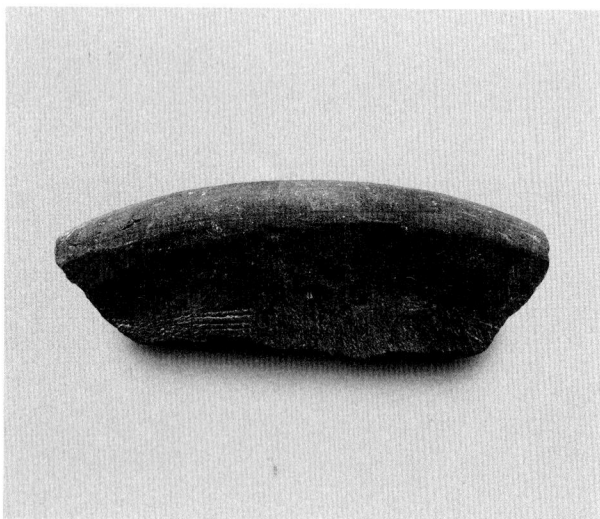

3. Ac 型 Ⅱ 式钵（T25④C：22）

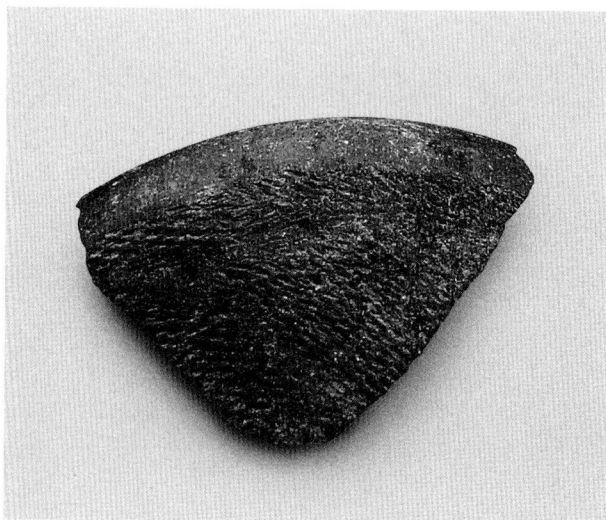

4. Bc 型 Ⅱ 式钵（T30④C：235）

5. Aa 型 Ⅲ 式豆（T30④C：252）

6. Aa 型 Ⅲ 式豆（T30④C：234）

第 4C 层出土陶器

1. Bc 型 Ⅱ 式釜（T32④C：83）

2. Bb 型 Ⅰ 式花边口沿罐（T25④C：20）

3. Ab 型 Ⅱ 式罐（T30④C：109）

4. Ca 型罐（T30④C：215）

5. Cb 型罐（T29④C：26）

6. Eb 型 Ⅱ 式罐（T17④C：1）

第 4C 层出土陶器

1. Ba 型圈足（T17④C：135）

2. Ba 型圈足（T17④C：135）

3. 圈足器（T30④C：223）

4. 圈足器（T30④C：223）

5. Ba 型圈足（T30④C：243）

第 4C 层出土陶器

1. Ba 型斧（T30④C：58）

2. Be 型斧（T30④C：55）

3. Bf 型斧（T30④C：14）

4. Cc 型斧（T22④C：38）

5. Aa 型锛（T29④C：36）

6. Ac 型锛（T17④C：63）

第 4C 层出土石器

1. Ac 型锛（T22④C：8）

2. Ac 型锛（T17④C：30）

3. Ba 型锛（T16④C：14）

4. C 型凿（T30④C：26）

5. D 型凿（T17④C：28）

6. D 型凿（T30④C：24）

第 4C 层出土石器

1. B 型石网坠（T30④C：37、T30④C：56）（左一右）

2. 石璧（T17④C：31）

3. 石弹丸（T29④C：38）

4. 陶罐身（T14④B：72）

5. 陶带流钵形器（T13④B：79）

6. 陶带流钵形器（T13④B：79）

第 4C、4B 层出土器物

1. Bb 型斧（T17④B：54）

2. Bd 型斧（T24④B：24）

3. Be 型斧（T17④B：56）

4. Ac 型锛（T24④B：29）

5. Ac 型锛（T17④B：50）

6. Bc 型锛（T22④B：9）

第 4B 层出土石器

1. 玉锛（T13④B：2）

2. C 型石凿（T24④B：30）

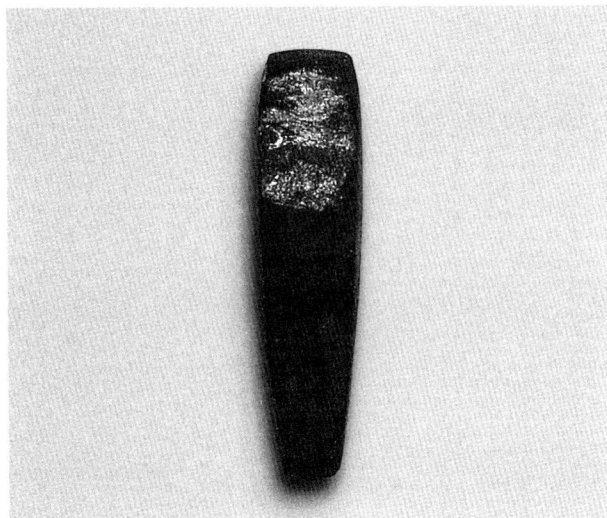

3. D 型石凿（T16④B：13）

4. 砺石（T30④B：8）

5. 石拍（T30④B：50）

6. 骨锥（T25④B：19、T17④B：51）（左一右）

第 4B 层出土器物

1. Aa 型石锛（T7④A：45）

2. Ac 型石锛（T17④A：39）

3. 石纺轮（T17④A：34）

4. 砺石（T14④A：16）

5. Ab 型Ⅲ式陶钵（T7③B：99）

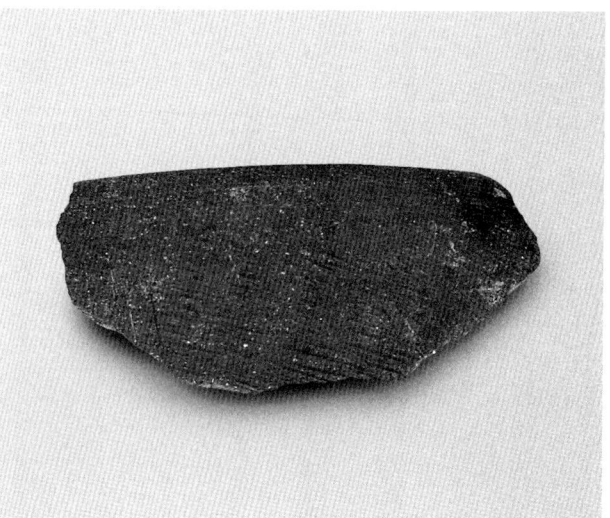

6. Ab 型Ⅲ式陶钵（T17③B：232）

第 4A、3B 层出土器物

1. Ab 型 III 式钵（T15③B：431）

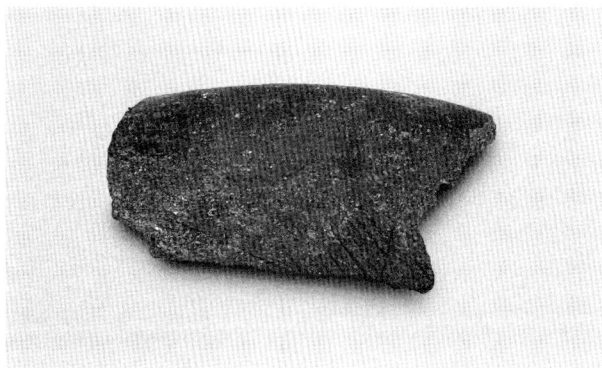

2. Ba 型 III 式钵（T17③B：229）

3. Aa 型 III 式豆（T5③B：426）

4. Ba 型 III 式豆（T8③B：97）

5. A 型 II 式簋形器（T16③B：34）

6. Bb 型 I 式釜（T15③B：445）

7. Ab 型 III 式高领罐（T17③B：233）

8. Aa 型 II 式罐（T17③B：256）

第 3B 层出土陶器

1. Ae 型Ⅲ式罐（T7③B：16）

2. Ae 型Ⅳ式罐（T7③B：109）

3. Af 型Ⅱ式罐（T15③B：435）

4. Aa 型Ⅱ式尊形器（T7③B：101）

5. 穿孔陶器（T8③B：18）

6. 支座（T17③B：18）

第 3B 层出土陶器

1. Bb 型（T7③B∶32）

2. Bb 型（T7③B∶27）

3. Be 型（T15③B∶29）

4. Be 型（T18③B∶18）

5. Bf 型（T7③B∶51）

6. Cb 型（T7③B∶31）

7. Cb 型（T7③B∶39）

8. Cd 型（T7③B∶38）

第 3B 层出土石斧

1. Bb 型斧（T25③B：18）

2. Aa 型锛（T15③B：26）

3. Ab 型锛（T17③B：38）

4. Ac 型锛（T15③B：50）

5. Bc 型锛（T25③B：17）

6. A 型凿（T9③B：18）

7. A 型凿（T7③B：40）

8. 研磨棒（T7③B：29）

第 3B 层出土石器

1. Aa 型 Ⅳ 式钵（T17 ③ A：210）

2. Aa 型 Ⅳ 式钵（T5 ③ A：175）

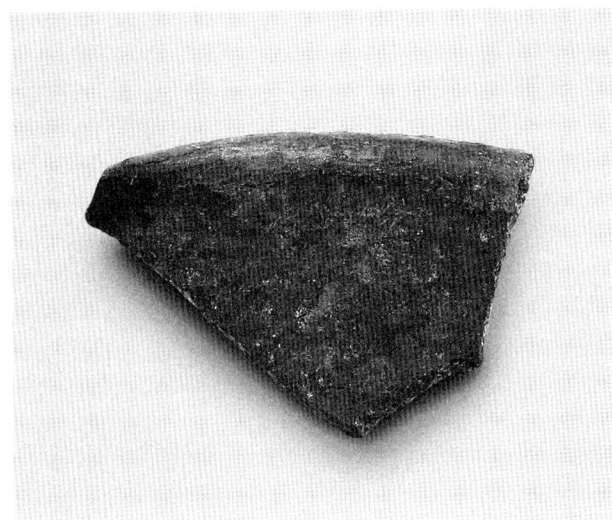

3. Ab 型 Ⅳ 式钵（T5 ③ A：174）

4. Bc 型 Ⅱ 式钵（T7 ③ A：82）

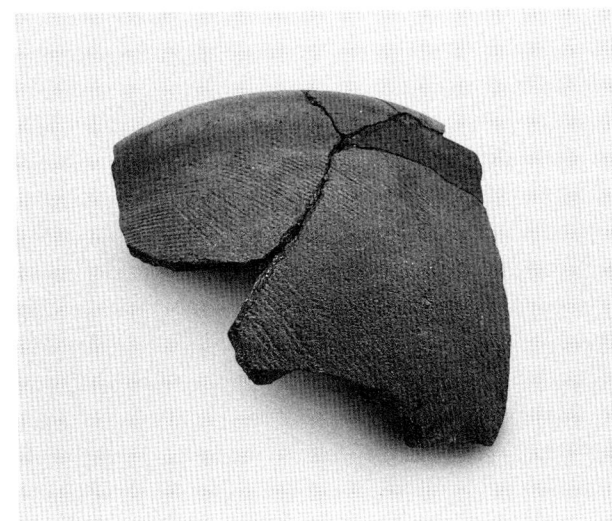

5. Bd 型 Ⅱ 式钵（T4 ③ A：81）

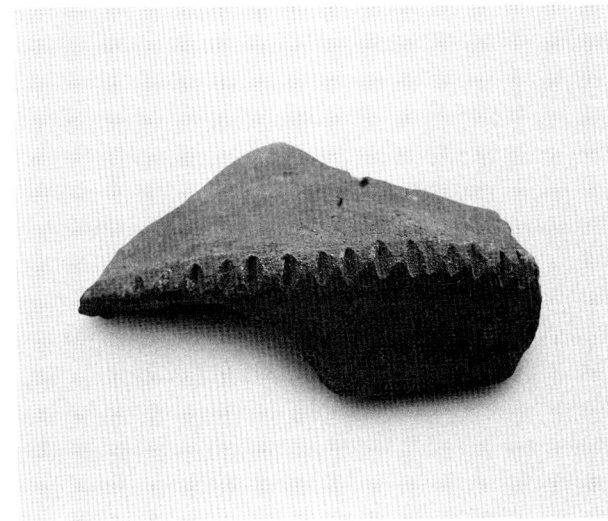

6. Ba 型 Ⅱ 式簋形器（T4 ③ A：56）

第 3A 层出土陶器

1. Aa 型 V 式釜（T5③A：167）

2. Aa 型 VI 式釜（T15③A：413）

3. Da 型 III 式釜（T7③A：79）

4. F 型 III 式釜（T7③A：93）

5. Ab 型 IV 式高领罐（T7③A：192）

第 3A 层出土陶器

1. Aa 型 Ⅱ 式罐（T17 ③ A：194）

2. Ba 型 Ⅱ 式罐（T5 ③ A：172）

3. Da 型 Ⅱ 式罐（T7 ③ A：78）

4. Ba 型 Ⅱ 式瓮形器（T4 ③ A：59）

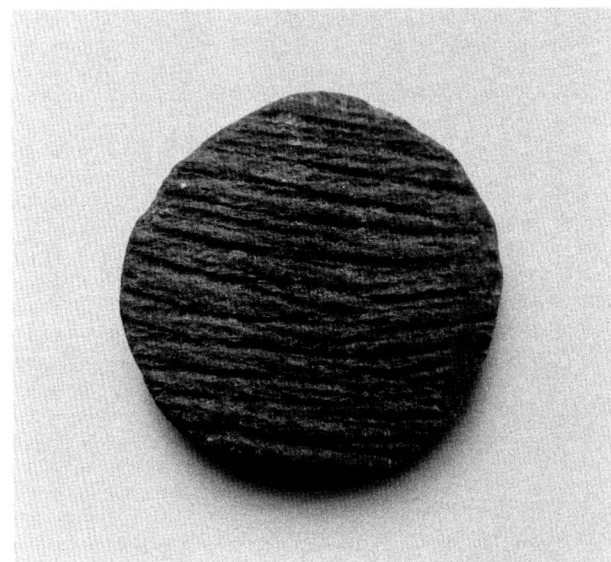

5. 陶拍（T7 ③ A：94）

第 3A 层出土陶器

1. Ab 型（T9③A：19）

2. Ba 型（T7③A：52）

3. Bb 型（T17③A：67）

4. Bf 型（T9③A：7）

5. Bf 型（T25③A：5）

6. Bf 型（T7③A：13）出土情形

第 3A 层出土石斧

1. Be 型（T7③A：15）

2. Cb 型（T17③A：26）

3. Cc 型（T7③A：21）

4. Cc 型（T16③A：11）

5. Cd 型（T4③A：8）

第 3A 层出土石斧

1. Aa 型锛（T17③A：13）

2. Aa 型锛（T25③A：7）

3. Aa 型锛（T7③A：16）

4. Aa 型锛（T18③A：16）

5. Ac 型锛（T25③A：10）

6. C 型凿（T17③A：68）

第 3A 层出土石器

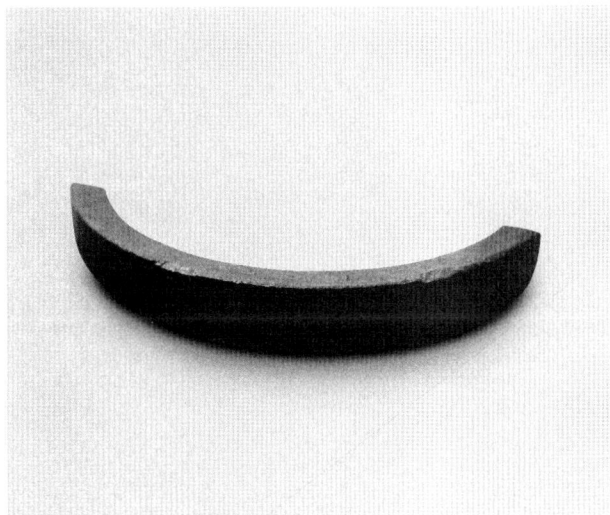

1. 石环（T4③A：11）

2. B 型石网坠（T9③A：1、T17③A：22）（左—右）

3. 砺石（T30③A：6）

4. Ab 型 Ⅲ 式陶钵（T17②B：128）、Aa 型 Ⅳ 式陶钵
（T17②B：135）、Ab 型 Ⅳ 式陶钵（T17②B：220）
（上—下，左—右）

5. A 型陶纺轮（T17②B：140）

6. Aa 型 Ⅲ 式陶釜（T5②A：182）

第 3A、2B、2A 层出土器物

1. Eb 型 I 式釜（T5②A：130）

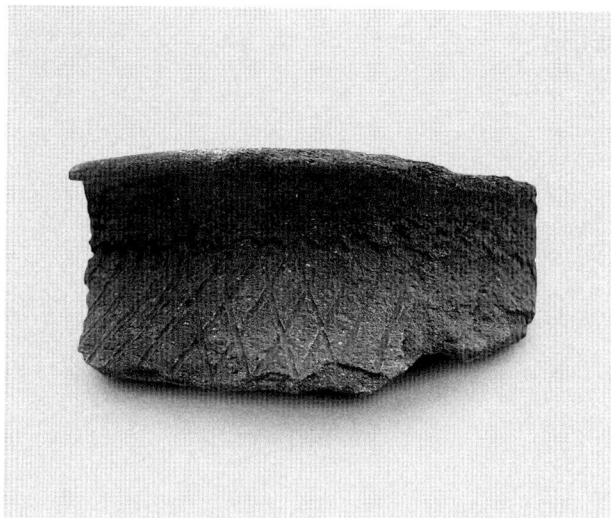

2. Aa 型 Ⅲ 式高领罐（T8②A：101）

3. Aa 型 Ⅲ 式高领罐（T8②A：104）

4. 陶拍（T8②A：1）

5. 弹丸（T10②A：5、T10②A：3）（左—右）

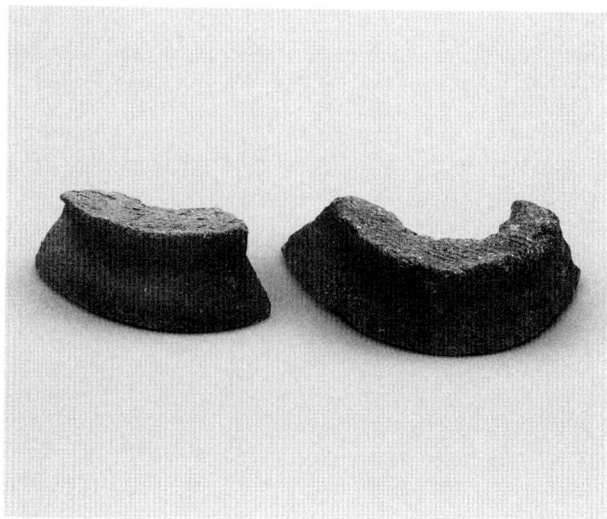

6. Ba 型圈足（T4②A：69、T5②A：179）（左—右）

第 2A 层出土陶器

1. Ba 型石斧（T18②A：9、T10②A：31）（左—右）

4. 砺石（T5②A：3）出土情形

2. Be 型石斧（T6②A：5）、Bf 型石斧（T9②A：15）（左—右）

5. 骨锥（T10②A：2）

3. A 型石凿（T18②A：36）、B 型石凿（T23②A：41）、C 型石凿（T4②A：10）（左—右）

6. 骨扳指（T5②A：5）

第 2A 层出土石器、骨器

1. 带流钵形器（T19①：23）

2. D 型篦形器（T29①：112）

3. Aa 型 V 式釜（T29①：114）

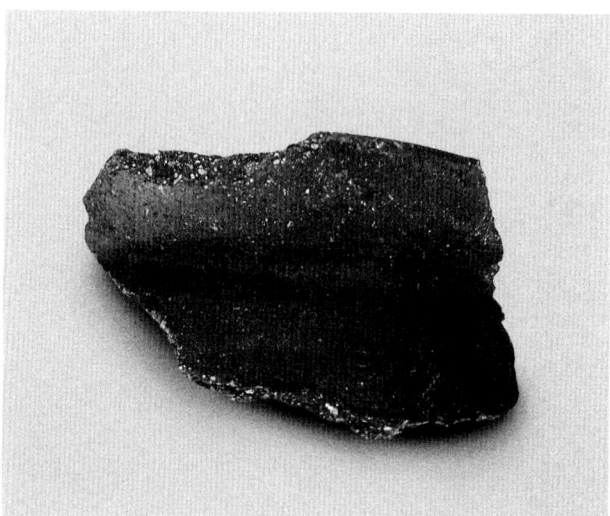

4. Ec 型 II 式釜（T6①：13）

5. 单耳罐口沿（T32①：93）

6. 单耳罐口沿（T32①：95）

第 1 层出土陶器

1. Ab 型 Ⅲ 式罐（T3①：12）

2. Ae 型 Ⅴ 式罐（T3①：4）

3. Db 型 Ⅱ 式罐（T21①：86）

4. Db 型 Ⅱ 式罐（T21①：86）

5. Ea 型 Ⅱ 式罐（T18①：69）

6. 陶拍（T16①：8）

第 1 层出土陶器

1. Aa 型石斧（T20①：4）

2. Ab 型石斧（T24①：7）

3. 石铲（T24①：11）

4. 石璧（T22①：35）

5. 有领石璧（T16①：12）

6. 石臼（T30①：87）

7. 骨锥（T24①：20）

第 1 层出土石器、骨器

1. Bb 型 II 式钵（T2④：185）

2. C 型簋形器（T2④：114）

3. Aa 型 V 式釜（T2④：119）

4. 纺轮（T2④：16）、陶拍（T2④：121）（左一右）

5. Bb 型圈足（T2④：186）

6. Bb 型圈足（T2④：186）

1983 年第 4 层出土陶器

1. Db 型 I 式釜（T2③：175）

2. Ac 型 I 式罐（T2③：171）

3. Ae 型 Ⅲ 式罐（T1③：170）

4. Bc 型罐（T2③：172）

5. Ab 型瓮形器（T2③：177）

6. Aa 型 Ⅲ 式器盖（T1③：125）

1983 年第 3 层出土陶器

1. C 型壶形器（T1③：126）

2. A 型纺轮（T2③：18）

3. 陶拍（T1③：8）

4. 支座（T2③：22）

5. Ab 型 II 式圈足（T2③：174）

1983 年第 3 层出土陶器

1. Ac 型 Ⅱ 式钵（C：15）

2. Aa 型 Ⅰ 式高领罐（C：34）

3. Ab 型 Ⅱ 式罐（C：10）

4. 小口罐形器（C：25）

5. Bb 型 Ⅰ 式瓮形器（C：60）

6. Bb 型 Ⅰ 式瓮形器（C：60）

1983 年采集陶器

1. 石剑（C：48）

2. 石研磨棒（C：36）

3. 残石器（C：5）

4. 残骨器（C：2）

5. 骨锥（C：3）

1983 年采集石器、骨器

1. T15 ④ D：13

2. T23 ⑤：9

3. T30 ④ C：12

4. T30 ④ C：13

变形鸟纹

1. T13④B：3

2. T15④D：32

3. T18④D：39

4. T21④D：92

变形鸟纹

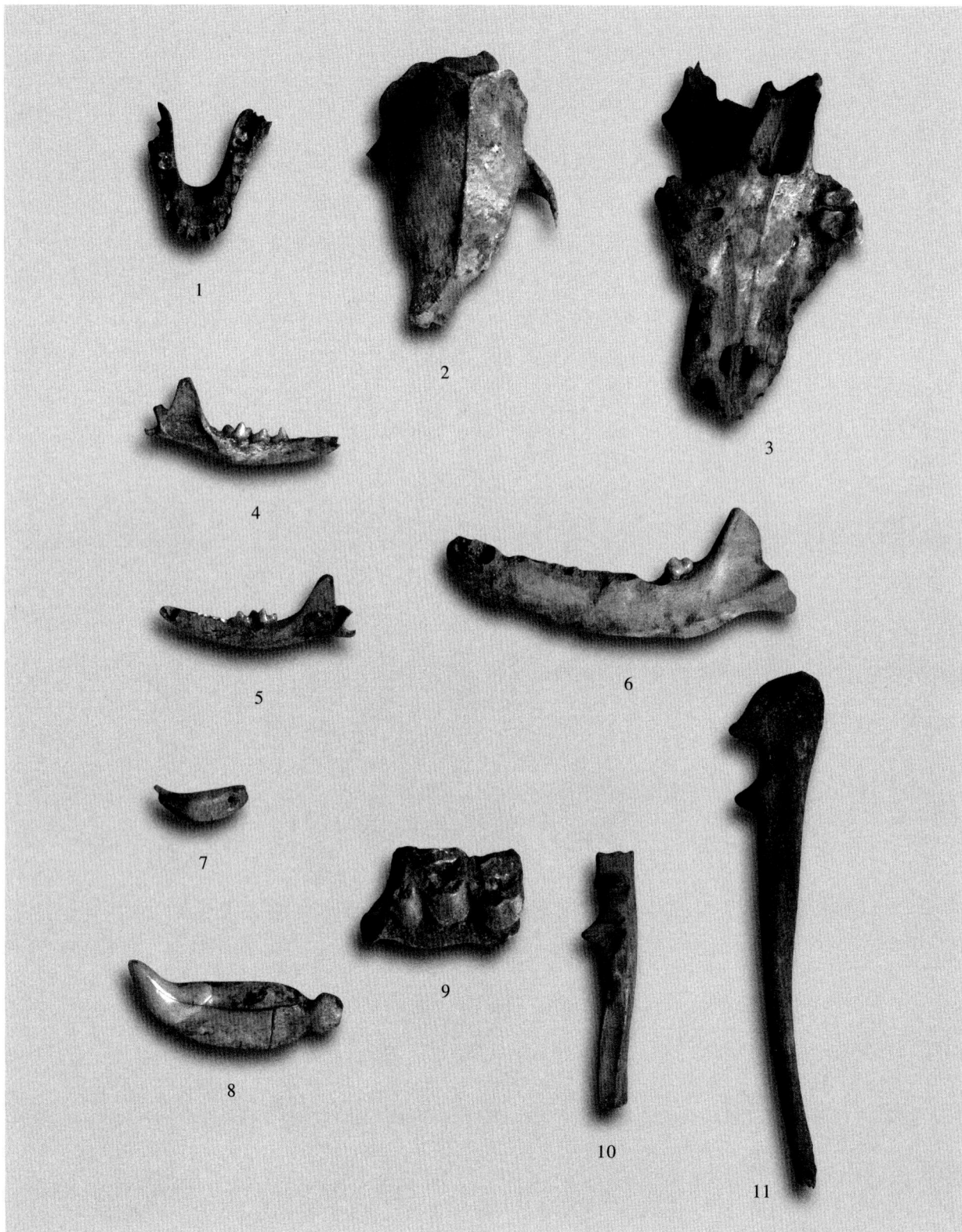

1. 猕猴下颌（T5⑦：6） 2. 小灵猫顶骨（T5⑦：1） 3. 狗左上颌（T15⑥：3） 4. 小灵猫右下颌（T17③B：4） 5. 小灵猫左下颌（T17⑤：1） 6. 狗左下颌（T5④D：1） 7. 小食肉类穿孔犬齿（T20⑦：31） 8. 黑熊犬齿（采集：1） 9. 小灵猫左尺骨（T17⑤：3） 10. 狗左尺骨（T10①：1）

灵长类、食肉类骨骼和牙齿

（图版八六至九〇中编号为动物骨骼编号）

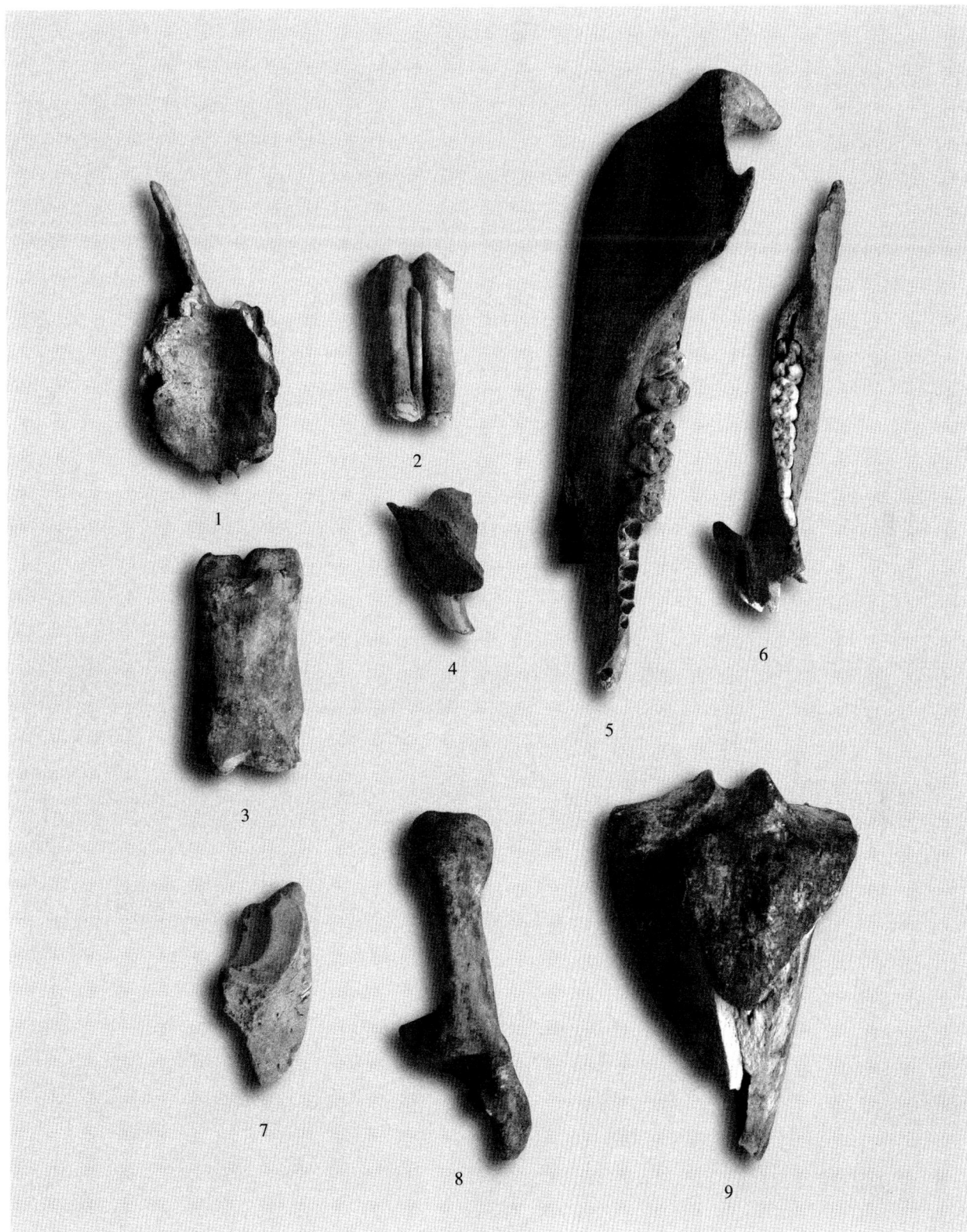

1. 猪下颌联合（T30④C：1） 2. 牛左 M_1 或 M_2（T7③A：22） 3. 牛第一趾骨/指骨（T17③A：1）
4. 猪左上颌（T30⑤：53） 5. 猪右下颌（T13④D：1） 6. 猪左下颌（T30⑤：12） 7. 牛第三趾骨/指骨（T17⑤：4） 8. 牛左跟骨（T30④C：3） 9. 牛右胫骨（T18②：1）

猪、牛的骨骼和牙齿

1. 水鹿右桡骨（T23⑧：49）　2. 水鹿角（T15④D：56）　3. 小鹿角（T22⑤：60）　4. 小鹿角（T18①：1）
5. 小鹿角（T13④C：3）　6. 水鹿角（T30④D：1）

鹿科动物骨骼、角

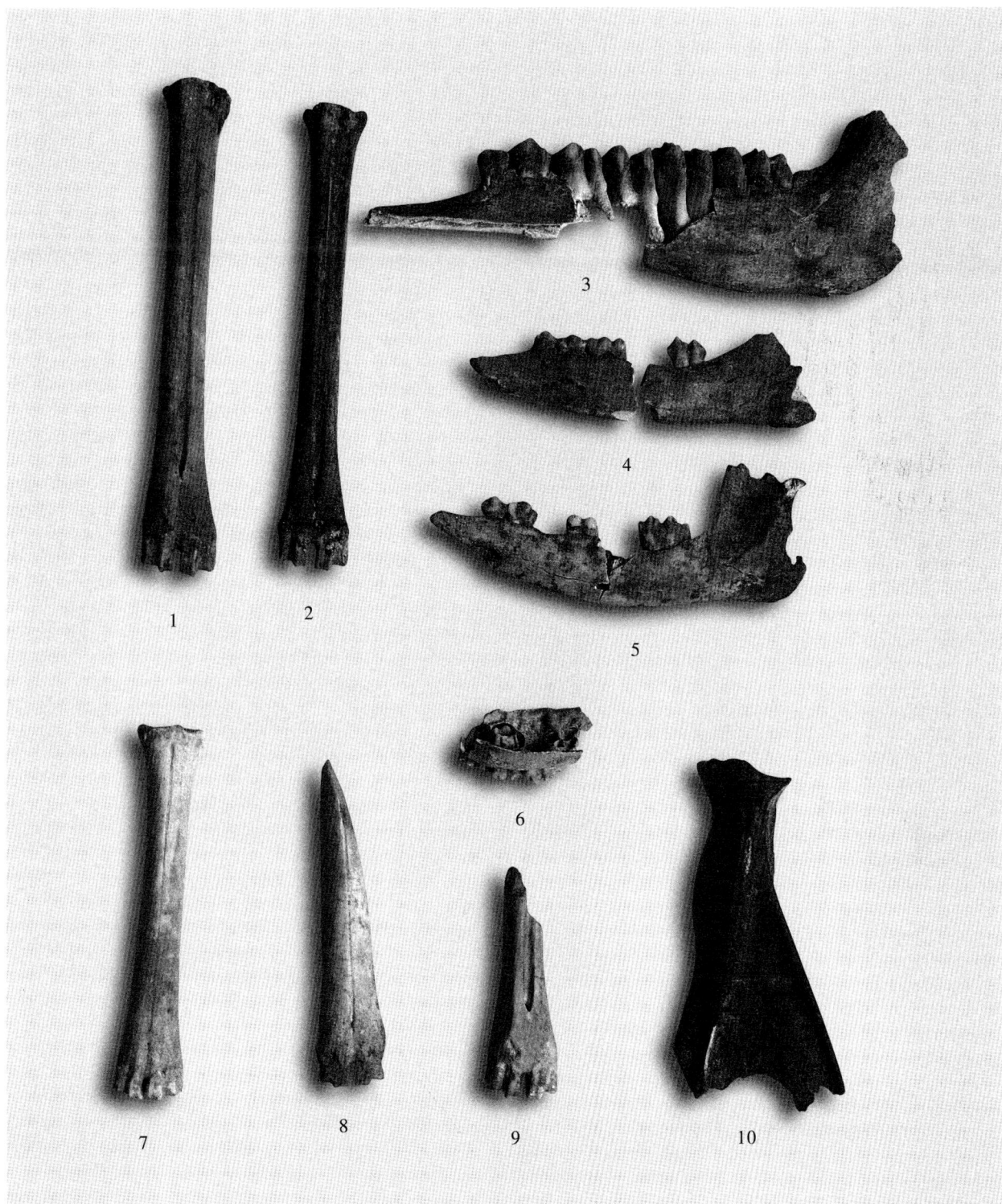

1. 水鹿左跖骨（T17③A：8）　2. 水鹿左跖骨（T5⑦：4）　3. 水鹿左下颌（T25④A：1）　4. 斑鹿左下颌（T30①：1）　5. 斑鹿左下颌（T13④B：1）　6. 小鹿左上颌（T5④A：11）　7. 水鹿左掌骨（T9⑥：1）　8. 骨锥（水鹿掌骨）（T25④B：19）　9. 斑鹿掌骨（T15④A：68）　10. 斑鹿右肩胛骨（T17④A：1）

鹿科动物骨骼

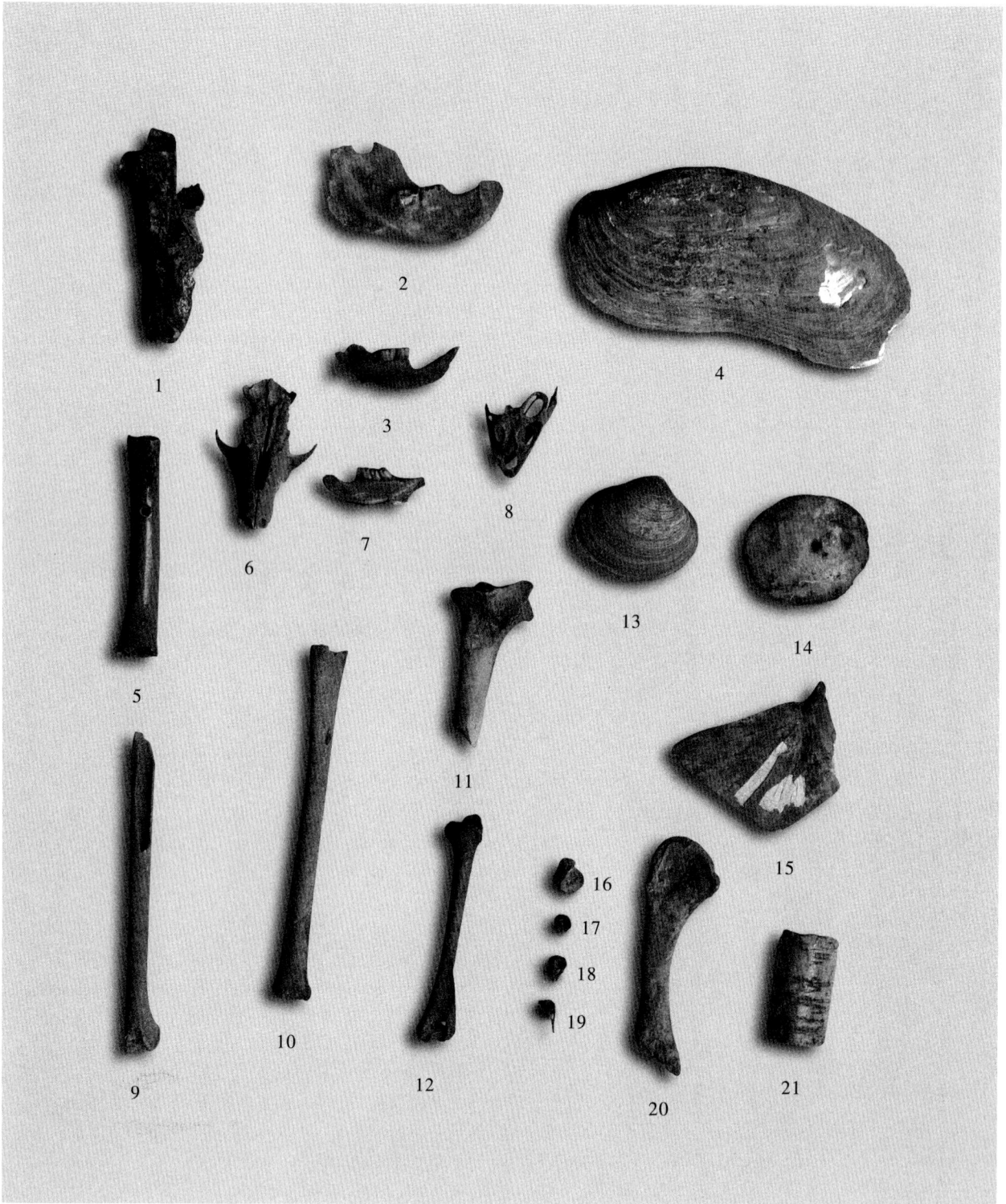

1. 竹鼠左上颌（T5③A：1）　2. 竹鼠左下颌（T15④A：1）　3. 竹鼠右下颌（T5④A：2）　4. 珠蚌（T18④B：1）　5. 骨笛（？）（T25④A：7）　6. 松鼠上颌（T5④A：12）　7. 豪猪右下颌（T5④A：13）　8. 小爬行类头骨（T10①：3）　9. 鸟股骨（T13④D：1）　10. 鸟肢骨（T14④B：23）　11. 鸟肢骨（T13④D：5）　12. 鸟右肱骨（T25④A：3）　13. 理纹格特蛤（T18④B：11）　14. 穿孔骨片（T18④B：25）　15. 鱼鳃盖骨（T25④B：1）　16~19. 鱼脊椎骨（T5⑧：11~14）　20. 鸟喙骨（T10①：8）　21. 鸟骨管（T15③A：1）

啮齿类、鸟纲、鱼纲、瓣鳃纲骨骼和壳

1. 陶器（T14④B：79）内壁大量炭化残留物

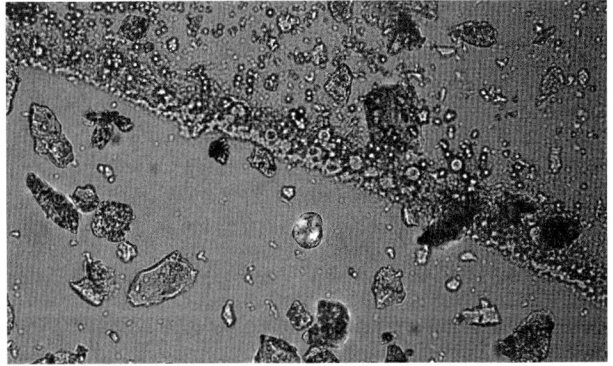

2. 第2类淀粉粒

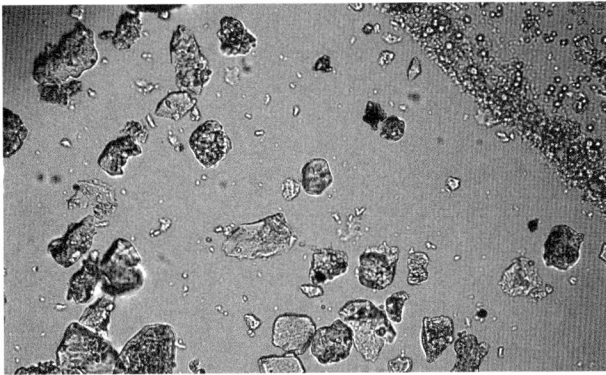

3. 第3类淀粉粒

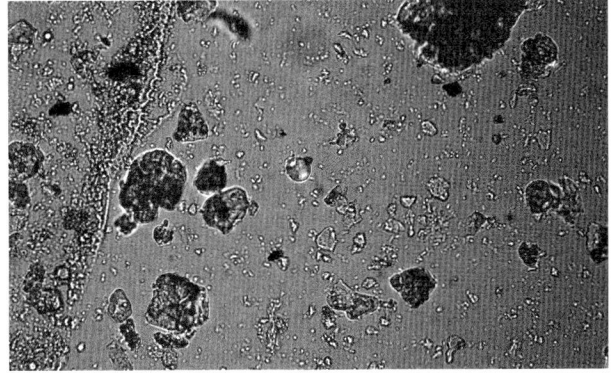

4. 第4类淀粉粒

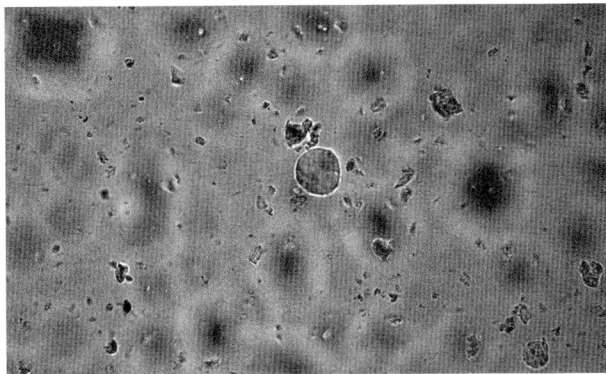

5. 第5类淀粉粒：早熟禾亚科

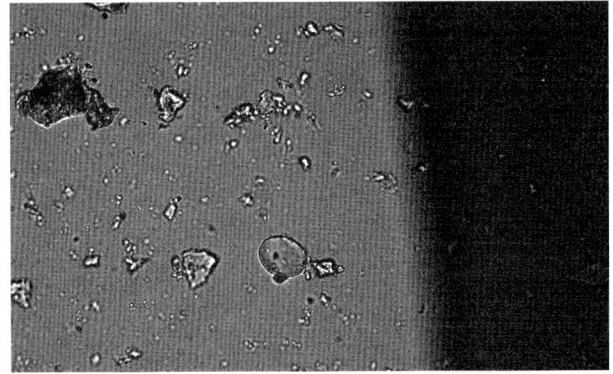

6. 第5类淀粉粒：早熟禾亚科

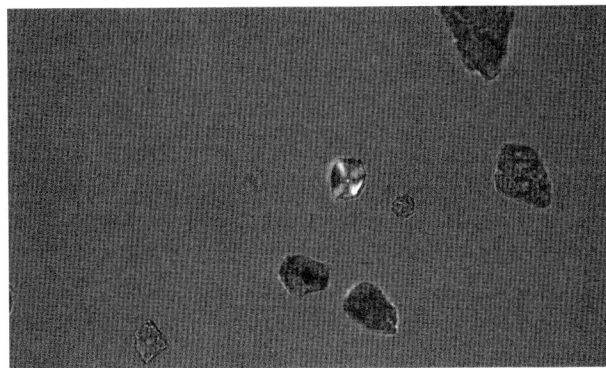

7. 第6类淀粉粒：粟

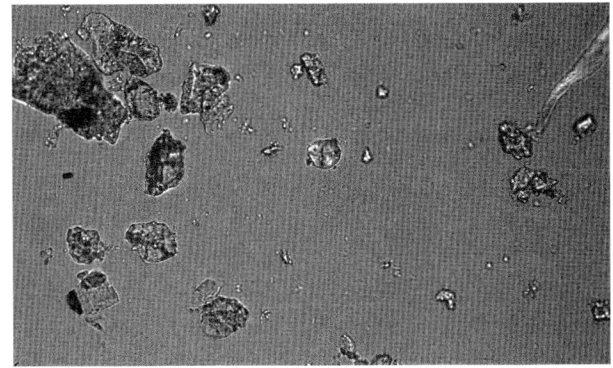

8. 第7类淀粉粒：薏苡

古代淀粉粒分析